国家统计局贸易外经统计司　编

Compiled by
Department of Trade and External Economic Relations Statistics, National Bureau of Statistics of China

2017

中国零售和餐饮连锁企业统计年鉴

STATISTICAL YEARBOOK OF CHINA CHAIN STORES OF RETAIL TRADES AND CATERING SERVICES

中国统计出版社
China Statistics Press

图书在版编目 (CIP) 数据

中国零售和餐饮连锁企业统计年鉴．2017 / 国家统计局贸易外经统计司编．-- 北京 ：中国统计出版社，2017.11
ISBN 978-7-5037-8391-3

Ⅰ．①中… Ⅱ．①国… Ⅲ．①零售企业－连锁企业－统计资料－中国－2017－年鉴②饮食业－连锁企业－统计资料－中国－2017－年鉴 Ⅳ．① F721.7-66
② F719.3-66

中国版本图书馆 CIP 数据核字 (2017) 第 258256 号

中国零售和餐饮连锁企业统计年鉴－2017

作　　者／国家统计局贸易外经统计司
责任编辑／尹　伊
封面设计／李雪燕　王　芳
出版发行／中国统计出版社
通信地址／北京市丰台区西三环南路甲 6 号　邮政编码／100073
电　　话／邮购（010）63376909　书店（010）68783171
网　　址／http://www.zgtjcbs.com/
印　　刷／河北鑫兆源印刷有限公司
经　　销／新华书店
开　　本／880mm × 1230mm　1/16
字　　数／1576 千字
印　　张／50
版　　别／2017 年 12 月第 1 版
版　　次／2017 年 12 月第 1 次印刷
定　　价／460.00 元

如有印装差错，由本社发行部调换。

编辑说明 PREFACE

一、《中国零售和餐饮连锁企业统计年鉴—2017》是反映我国零售和餐饮连锁企业情况的资料性工具书。旨在通过大量、丰富、详实、具体和权威的统计数据，全面系统和多角度地反映我国零售和餐饮业连锁企业发展的规模、水平。

二、本年鉴正文内容分为五部分：第一部分，零售企业综合篇；第二部分，零售企业地区篇；第三部分，餐饮企业综合篇；第四部分，餐饮企业地区篇；第五部分，连锁企业情况。同时，还附有主要统计指标解释。

三、本年鉴中涉及的全国性统计资料，均未包括台湾省、香港特别行政区和澳门特别行政区数据。

四、本年鉴中资料来源于2016年零售和餐饮连锁企业统计年报，时期数据为2016年年度数据，时点数据为2016年年末数据。

五、本年鉴中各表中的“空格”表示该项统计指标数据不足本表最小单位数、不详或无该项数据。

目录

CONTENTS

第一部分　零售企业综合篇

第二部分　零售企业地区篇

第一部分

零售企业综合篇

1-1 连锁零售企业总体情况

项目	单位	总计		直营店		加盟店	
		2016年	2015年	2016年	2015年	2016年	2015年
连锁总店数	个	2726					
连锁门店总数	个	232444	222683	147566	141108	84878	81575
年末从业人员	人	2449920	2531380	2141094	2225421	308826	305959
年末零售营业面积	平方米	179600921	170696459	169109723	160615092	10491198	10081367
连锁门店商品购进总额	万元	310368516	309041065	294793122	293247014	15575393	15794051
其中：统一配送商品购进额	万元	241737371	239482879	227844009	225382280	13893362	14100599
其中：自有配送中心	万元	139891574	139820044	133385809	133551188	6505765	6268857
非自有配送中心	万元	43423459	40468472	41877733	38860759	1545726	1607713
商品销售总额	万元	359228936	358344457	342737190	341464583	16491746	16879873
其中：零售额	万元	268561584	262790033	254847807	249344823	13713776	13445211

1-2 连锁零售企业基本情况

项　　目	连锁总店数（个）	门店数（个）		年末从业人员（人）		年末零售营业面积（平方米）	
	2016年	2016年	2015年	2016年	2015年	2016年	2015年
总　　计	**2726**	**232444**	**222683**	**2449920**	**2531380**	**179600921**	**170696459**
一、按登记注册类型分							
内资企业	2454	213025	203521	1937662	2005207	142326546	138529090
国有企业	172	14772	14866	115099	116365	10204135	10863022
集体企业	22	791	793	9315	9505	520871	519678
股份合作企业	7	390	388	4713	4714	557918	498897
联营企业	4	242	205	1178	1207	30357	30513
国有联营企业	1	191	154	751	767	21563	21563
集体联营企业							
国有与集体联营企业	1	5	5	26	30	928	928
其他联营企业	2	46	46	401	410	7866	8022
有限责任公司	1062	76814	73457	644346	657176	36288994	35825596
国有独资公司	28	2607	2704	19830	20034	2193085	2224514
其他有限责任公司	1034	74207	70753	624516	637142	34095909	33601082
股份有限公司	273	60584	58471	762456	818545	79601853	76460748
私营企业	889	56905	52989	384995	381769	14613349	13837648
私营独资企业	28	1027	1194	4835	5133	149444	154517
私营合伙企业	7	652	420	3047	3046	269647	255046
私营有限责任公司	809	46328	42849	310898	306262	12073099	11339409
私营股份有限公司	45	8898	8526	66215	67328	2121159	2088676
其他企业	25	2527	2352	15560	15926	509069	492988
港、澳、台商投资企业	123	9477	9024	245025	242125	20731140	15169770
港澳台商合资经营企业	35	3482	3353	38013	39318	2040945	2199407
港澳台商合作经营企业	3	229	224	58742	60466	2944413	2678037
港、澳、台商独资经营企业	81	5072	4733	103959	101260	9615107	4960672
港、澳、台商投资股份有限公司	3	218	322	2163	1937	44753	45326
其他港、澳、台商投资企业	1	476	392	42148	39144	6085922	5286328
外商投资企业	149	9942	10138	267233	284048	16543235	16997599
中外合资经营企业	55	4956	5057	136436	147066	9969481	10314786
中外合作经营企业	8	1075	1138	21032	22641	960359	950489
外资企业	82	3721	3751	106119	110514	5157647	5265888
外商投资股份有限公司	4	190	192	3646	3827	455748	466436
其他外商投资企业							
二、按行业分							
批发业	**317**	**49079**	**49212**	**279676**	**291362**	**44743929**	**44368566**
农、林、牧产品批发	7	4484	4284	10888	10584	370021	359236
食品、饮料及烟草制品批发	55	6146	6010	33104	34154	737462	646500
纺织、服装及家庭用品批发	16	1558	1591	18083	18777	1765050	1654344
文化、体育用品及器材批发	9	455	533	16682	15451	797765	790199
医药及医疗器材批发	34	2664	2641	10145	9597	268441	243743
矿产品、建材及化工产品批发	175	32512	32883	180751	192376	39723406	39591660
机械设备、五金产品及电子产品批发	10	255	267	1641	1554	42720	43340
贸易经纪与代理							
其他批发业	11	1005	1003	8382	8869	1039064	1039544
零售业	**2409**	**183365**	**173471**	**2170244**	**2240018**	**134856992**	**126327893**
综合零售	820	70169	67472	1343825	1402255	87725524	79013942
食品、饮料及烟草制品专门零售	165	23180	21093	82809	78628	1093006	993767
纺织、服装及日用品专门零售	176	14609	14416	79902	76198	2532697	3336118
文化、体育用品及器材专门零售	92	1957	2249	35187	35816	1234253	1258438
医药及医疗器材专门零售	724	51266	46230	272692	249918	6801111	5934306

1–2 续表 1

项目	连锁总店数（个）	门店数（个）		年末从业人员（人）		年末零售营业面积（平方米）	
	2016年	2016年	2015年	2016年	2015年	2016年	2015年
汽车、摩托车、燃料及零配件专门零售	197	13901	13768	129463	131445	20015175	20485922
家用电器及电子产品专门零售	208	7401	7374	216531	255479	14994280	14880240
五金、家具及室内装饰材料专门零售	17	220	201	6398	7276	402570	368722
货摊、无店铺及其他零售业	10	662	668	3437	3003	58376	56438
三、按业态分							
便利店	100	18588	17503	84208	82634	1622461	1528101
折扣店	3	540	410	2047	2139	183101	188862
超市	399	33372	32802	419808	436424	19180385	19317343
大型超市	166	8452	8482	535472	572111	37621657	34275026
仓储会员店	5	97	126	12481	14419	681810	684040
百货店	107	4987	4847	263279	270585	27378799	22047475
专业店	1511	118601	113758	900059	930977	85477601	84798800
其中：加油站	305	35970	35875	278277	291168	56802699	57157913
专卖店	352	32413	30677	175938	168230	4592806	5045899
家居建材商店	13	57	62	2688	2847	211629	319280
厂家直销中心	8	612	722	3749	3731	156454	157789
其他	62	14725	13294	50191	47283	2494218	2333844
直营门店合计		**147566**	**141108**	**2141094**	**2225421**	**169109723**	**160615092**
一、按登记注册类型分							
内资企业		132648	126526	1722500	1798110	136313795	132591208
国有企业		11001	10984	111633	112743	10038083	10648032
集体企业		411	396	6937	7043	471831	470598
股份合作企业		372	372	4541	4562	551203	494795
联营企业		191	177	1063	1064	26389	26545
国有联营企业		140	126	636	624	17595	17595
集体联营企业							
国有与集体联营企业		5	5	26	30	928	928
其他联营企业		46	46	401	410	7866	8022
有限责任公司		49159	46263	582712	596170	34400829	33896475
国有独资公司		2185	2282	18824	19053	2180385	2211814
其他有限责任公司		46974	43981	563888	577117	32220444	31684661
股份有限公司		39707	38872	697608	756138	78050051	74921293
私营企业		30718	28543	307005	309353	12357150	11729225
私营独资企业		531	518	4064	4097	121206	113886
私营合伙企业		310	301	3044	3043	243997	246121
私营有限责任公司		24666	22723	245457	244837	10181665	9575241
私营股份有限公司		5211	5001	54440	57376	1810282	1793977
其他企业		1089	919	11001	11037	418259	404245
港、澳、台商投资企业		7435	6992	178439	174461	17381567	12097208
港澳台商合资经营企业		3144	3013	36756	38347	1998610	2152280
港澳台商合作经营企业		70	74	1192	1201	42713	43037
港、澳、台商独资经营企业		3527	3191	96180	93832	9209569	4570237
港、澳、台商投资股份有限公司		218	322	2163	1937	44753	45326
其他港、澳、台商投资企业		476	392	42148	39144	6085922	5286328
外商投资企业		7483	7590	240155	252850	15414361	15926676
中外合资经营企业		4336	4367	124143	131661	9478278	9861956
中外合作经营企业		283	334	10483	11210	470168	477321
外资企业		2674	2697	101883	106152	5010167	5120963
外商投资股份有限公司		190	192	3646	3827	455748	466436
其他外商投资企业							

1–2 续表 2

项　目	连锁总店数（个）	门店数（个）		年末从业人员（人）		年末零售营业面积（平方米）	
	2016年	2016年	2015年	2016年	2015年	2016年	2015年
二、按行业分							
批发业		**29759**	**30137**	**241681**	**253281**	**43323844**	**42980210**
农、林、牧产品批发		236	235	1658	1677	91550	89541
食品、饮料及烟草制品批发		1559	1621	22376	23672	341875	303187
纺织、服装及家庭用品批发		535	501	15331	15680	1560024	1445194
文化、体育用品及器材批发		453	531	16671	15440	797155	789589
医药及医疗器材批发		1320	1140	7638	6703	196852	166334
矿产品、建材及化工产品批发		24613	25070	168607	180360	39273800	39123327
机械设备、五金产品及电子产品批发		216	214	1594	1456	33704	33674
贸易经纪与代理							
其他批发业		827	825	7806	8293	1028884	1029364
零售业		**117807**	**110971**	**1899413**	**1972140**	**125785879**	**117634882**
综合零售		38398	36939	1157289	1212808	80652185	72272207
食品、饮料及烟草制品专门零售		9711	9225	51617	52192	670615	640875
纺织、服装及日用品专门零售		7569	7355	63272	58365	2205651	2963813
文化、体育用品及器材专门零售		1918	1963	34552	35109	1232312	1253677
医药及医疗器材专门零售		38818	34293	240269	219876	5657782	4848647
汽车、摩托车、燃料及零配件专门零售		13791	13664	128820	130787	19951533	20425922
家用电器及电子产品专门零售		7208	7178	216006	254680	14987455	14837296
五金、家具及室内装饰材料专门零售		220	201	6398	7276	402570	368722
货摊、无店铺及其他零售业		174	153	1190	1047	25776	23723
三、按业态分							
便利店		9858	9630	55420	56691	1045497	1027531
折扣店		359	236	1990	2049	143101	149292
超市		17631	16974	365394	381308	17364011	17425131
大型超市		5150	5123	450746	481752	33504336	30481052
仓储会员店		97	91	12481	14367	681810	683290
百货店		3278	3119	254485	260930	26956676	21625061
专业店		93622	89383	840060	873872	83547215	82914320
其中：加油站		35777	35674	276640	289348	56713147	57067689
专卖店		15151	14303	128935	123658	3612377	4130319
家居建材商店		57	62	2688	2847	211629	319280
厂家直销中心		249	359	2907	2887	88054	89389
其他		2114	1828	25988	25060	1955017	1770427
加盟门店总计		**84878**	**81575**	**308826**	**305959**	**10491198**	**10081367**
一、按登记注册类型分							
内资企业		80377	76995	215162	207097	6012751	5937882
国有企业		3771	3882	3466	3622	166052	214990
集体企业		380	397	2378	2462	49040	49080
股份合作企业		18	16	172	152	6715	4102
联营企业		51	28	115	143	3968	3968
国有联营企业		51	28	115	143	3968	3968
集体联营企业							
国有与集体联营企业							
其他联营企业							
有限责任公司		27655	27194	61634	61006	1888165	1929121
国有独资公司		422	422	1006	981	12700	12700
其他有限责任公司		27233	26772	60628	60025	1875465	1916421
股份有限公司		20877	19599	64848	62407	1551802	1539455
私营企业		26187	24446	77990	72416	2256199	2108423
私营独资企业		496	676	771	1036	28238	40631
私营合伙企业		342	119	3	3	25650	8925

1–2 续表 3

项　　目	连锁总店数（个）	门店数（个）		年末从业人员（人）		年末零售营业面积（平方米）	
	2016年	2016年	2015年	2016年	2015年	2016年	2015年
私营有限责任公司		21662	20126	65441	61425	1891434	1764168
私营股份有限公司		3687	3525	11775	9952	310877	294699
其他企业		1438	1433	4559	4889	90810	88743
港、澳、台商投资企业		2042	2032	66586	67664	3349573	3072562
港澳台商合资经营企业		338	340	1257	971	42335	47127
港澳台商合作经营企业		159	150	57550	59265	2901700	2635000
港、澳、台商独资经营企业		1545	1542	7779	7428	405538	390435
港、澳、台商投资股份有限公司							
其他港、澳、台商投资企业							
外商投资企业		2459	2548	27078	31198	1128874	1070923
中外合资经营企业		620	690	12293	15405	491203	452830
中外合作经营企业		792	804	10549	11431	490191	473168
外资企业		1047	1054	4236	4362	147480	144925
外商投资股份有限公司							
其他外商投资企业							
二、按行业分							
批发业		**19320**	**19075**	**37995**	**38081**	**1420085**	**1388356**
农、林、牧产品批发		4248	4049	9230	8907	278471	269695
食品、饮料及烟草制品批发		4587	4389	10728	10482	395587	343313
纺织、服装及家庭用品批发		1023	1090	2752	3097	205026	209150
文化、体育用品及器材批发		2	2	11	11	610	610
医药及医疗器材批发		1344	1501	2507	2894	71589	77409
矿产品、建材及化工产品批发		7899	7813	12144	12016	449606	468333
机械设备、五金产品及电子产品批发		39	53	47	98	9016	9666
贸易经纪与代理							
其他批发业		178	178	576	576	10180	10180
零售业		**65558**	**62500**	**270831**	**267878**	**9071113**	**8693011**
综合零售		31771	30533	186536	189447	7073339	6741735
食品、饮料及烟草制品专门零售		13469	11868	31192	26436	422391	352892
纺织、服装及日用品专门零售		7040	7061	16630	17833	327046	372305
文化、体育用品及器材专门零售		39	286	635	707	1941	4761
医药及医疗器材专门零售		12448	11937	32423	30042	1143329	1085659
汽车、摩托车、燃料及零配件专门零售		110	104	643	658	63642	60000
家用电器及电子产品专门零售		193	196	525	799	6825	42944
五金、家具及室内装饰材料专门零售							
货摊、无店铺及其他零售业		488	515	2247	1956	32600	32715
三、按业态分							
便利店		8730	7873	28788	25943	576964	500570
折扣店		181	174	57	90	40000	39570
超市		15741	15828	54414	55116	1816374	1892212
大型超市		3302	3359	84726	90359	4117321	3793974
仓储会员店			35		52		750
百货店		1709	1728	8794	9655	422123	422414
专业店		24979	24375	59999	57105	1930386	1884480
其中：加油站		193	201	1637	1820	89552	90224
专卖店		17262	16374	47003	44572	980429	915580
家居建材商店							
厂家直销中心		363	363	842	844	68400	68400
其他		12611	11466	24203	22223	539201	563417

1-3 连锁零售企业

项目	商品购进总额		统一配送商品购进额	
	2016年	2015年	2016年	2015年
总计	**310368516**	**309041065**	**241737371**	**239482879**
一、按登记注册类型分				
内资企业	254609370	255560174	204817007	206084765
国有企业	33223482	35535470	30295573	32158885
集体企业	834551	803176	145363	152304
股份合作企业	1028078	951424	994673	912931
联营企业	77196	66798	77196	66798
国有联营企业	54026	42214	54026	42214
集体联营企业				
国有与集体联营企业	812	725	812	725
其他联营企业	22357	23860	22357	23860
有限责任公司	62681187	61484289	50639210	49427388
国有独资公司	6635347	6382931	6360817	6084288
其他有限责任公司	56045841	55101357	44278393	43343100
股份有限公司	132753964	134399585	101698271	103714951
私营企业	23474691	21811209	20456625	19157752
私营独资企业	312547	284627	229335	206195
私营合伙企业	202343	197902	194820	197743
私营有限责任公司	19586557	17701570	16984625	15429342
私营股份有限公司	3373244	3627110	3047845	3324472
其他企业	536221	508224	510098	493757
港、澳、台商投资企业	24128440	23087781	18273870	16685875
港澳台商合资经营企业	3536691	3789821	1846565	1989853
港澳台商合作经营企业	4389234	4435571	4384177	4430443
港、澳、台商独资经营企业	10030669	10077919	7311666	6729904
港、澳、台商投资股份有限公司	176023	179663	135640	139527
其他港、澳、台商投资企业	5995823	4604807	4595822	3396148
外商投资企业	31630705	30393110	18646494	16712239
中外合资经营企业	15040377	15154735	9622086	9119623
中外合作经营企业	1668357	1651642	1111747	1022869
外资企业	14311480	12985244	7516877	6209605
外商投资股份有限公司	610492	601490	395784	360142
其他外商投资企业				
二、按行业分				
批发业	**93838467**	**95059504**	**84248226**	**85014121**
农、林、牧产品批发	1694841	1674202	1650155	1636241
食品、饮料及烟草制品批发	6737633	7377008	5816068	6340364
纺织、服装及家庭用品批发	1723821	1823168	1057136	963749
文化、体育用品及器材批发	3663173	3427689	3663173	3427689
医药及医疗器材批发	632787	611879	410295	389326
矿产品、建材及化工产品批发	76767499	77200632	69132656	69404889
机械设备、五金产品及电子产品批发	572030	476242	496166	416679
贸易经纪与代理				
其他批发业	2046683	2468683	2022579	2435185
零售业	**216530049**	**213981562**	**157489145**	**154468758**
综合零售	116063789	113179689	77548536	74090070
食品、饮料及烟草制品专门零售	3486707	3096503	2917925	2766633
纺织、服装及日用品专门零售	3083971	3377999	2055151	2277670
文化、体育用品及器材专门零售	5273952	5181533	5052405	4934907
医药及医疗器材专门零售	9344676	8161772	8635503	7590763

经营情况

单位：万元

自有配送中心配送商品购进额		非自有配送中心配送商品购进额		商品销售总额		零售额	
2016年	2015年	2016年	2015年	2016年	2015年	2016年	2015年
139891574	**139820044**	**43423459**	**40468472**	**359228936**	**358344457**	**268561584**	**262790033**
120475735	121706735	36356761	36035166	295146257	294993629	211599848	206753003
13117770	14577675	5804951	5307050	39027514	40955335	22971139	22328456
106925	111929	12453	12127	983494	913233	547779	496371
980341	898368			1135253	1066580	873097	842264
13922	15089			95039	89415	90616	80392
				66565	54556	66565	54556
				932	836	932	836
13922	15089			27542	34023	23120	25000
29098813	28277259	6232043	6510148	72568255	70987206	55976210	54686836
3557829	3355643	41749	19053	6903050	6584709	3323579	3152153
25540983	24921616	6190294	6491095	65665205	64402496	52652631	51534683
65293478	66042493	21180730	21515817	155207489	156193012	108351614	106566819
11734296	11660151	2836488	2466153	25586730	24237550	22269619	21200647
151743	130605	26294	26669	376447	339581	298155	258081
165999	171510			215338	207941	206310	207750
8929412	8570467	2776598	2407108	20791077	19480030	18414044	17358552
2487143	2787568	33596	32376	4203869	4209999	3351110	3376264
130190	123771	290098	223872	542483	551300	519774	551218
8074274	8807509	4341753	2202422	26648679	26327365	23803874	23294578
1455097	1569724	137123	153464	4513475	4657987	4300316	4450055
20958	21317			4174723	4441895	4174723	4441895
4564675	4298101	1506711	1431649	12812144	12787813	10209679	9991798
18721	21479	116919	118049	226138	225190	196958	196350
2014822	2896888	2581000	499260	4922199	4214480	4922199	4214480
11341566	9305801	2724945	2230883	37434000	37023463	33157862	32742453
5886432	4968837	1312798	1377176	18131951	18305150	15499594	15325564
930542	828617	115743		1731971	1670578	1656481	1579296
4306249	3272817	1118962	729095	16842670	16318272	15285358	15118357
218343	235530	177441	124612	727408	729462	716430	719236
49119394	**50006735**	**17303966**	**17012607**	**107594848**	**108520182**	**63212613**	**60205178**
1644541	1630792	1365	1334	1795096	1775723	1681071	36030
3399264	3741414	117535	113355	9174319	9600517	1336649	1433881
960549	857315	6418	8504	2951032	3000690	1451323	1492550
3548198	3318789			3689867	3446211	1409641	1306839
339306	324390	13074	13780	739630	696598	315178	267363
37259610	37804556	17162902	16869023	86592702	86926017	54942685	53154258
334463	285071	2671	6611	637813	527606	339587	311001
1633463	2044407			2014389	2546819	1736479	2203256
90772180	**89813309**	**26119493**	**23455865**	**251634088**	**249824275**	**205348971**	**202584856**
47642586	46843908	12089624	10007813	131737116	130409491	115396621	114664097
1972046	1868967	157802	223882	4486815	3947018	3789906	3316188
865262	934682	360106	262810	5205025	5345874	4810255	4976175
4423646	4336144	389987	274804	5562211	5320609	2942081	2763084
4706733	4015844	1610841	1497593	11425646	9945794	10157160	8890658

1-3 续表 1

项　　目	商品购进总额		统一配送商品购进额	
	2016年	2015年	2016年	2015年
汽车、摩托车、燃料及零配件专门零售	41981249	45565017	35978793	38934001
家用电器及电子产品专门零售	36806839	34858257	24852962	23375896
五金、家具及室内装饰材料专门零售	398346	490037	381753	457294
货摊、无店铺及其他零售业	90520	70756	66119	41523
三、按业态分				
便利店	3270227	3155827	2649420	2482433
折扣店	260991	262161	136302	131691
超市	27845154	28037748	23381057	23128855
大型超市	46936504	43844563	34670738	31909389
仓储会员店	2739554	2582554	321549	339520
百货店	32240220	32597726	14261754	14292464
专业店	177439253	178442630	153004488	153750964
其中：加油站	109642299	113399245	96646250	99710979
专卖店	15361185	15556940	10170320	10357604
家居建材商店	313523	337240	291276	304498
厂家直销中心	546501	605467	541226	600839
其他	3415403	3618209	2309242	2184623
直营门店合计	**294793122**	**293247014**	**227844009**	**225382280**
一、按登记注册类型分				
内资企业	244834453	245620249	196508678	197628799
国有企业	32288247	34454948	29369747	31183756
集体企业	734212	702572	132805	139404
股份合作企业	1026279	949914	992873	911421
联营企业	72645	59031	72645	59031
国有联营企业	49475	34447	49475	34447
集体联营企业				
国有与集体联营企业	812	725	812	725
其他联营企业	22357	23860	22357	23860
有限责任公司	60799377	59433562	49222606	47901340
国有独资公司	6612908	6362279	6358846	6081940
其他有限责任公司	54186470	53071283	42863759	41819400
股份有限公司	128095029	129716208	97656330	99540681
私营企业	21333160	19837004	18598373	17438564
私营独资企业	264447	244563	183316	166480
私营合伙企业	195084	197771	194820	197743
私营有限责任公司	17995678	16241369	15502298	14080488
私营股份有限公司	2877951	3153302	2717940	2993852
其他企业	485504	467011	463299	454602
港、澳、台商投资企业	19342306	18266490	13645954	12017849
港澳台商合资经营企业	3464026	3723149	1802864	1952290
港澳台商合作经营企业	142962	112922	137905	107794
港、澳、台商独资经营企业	9563473	9645948	6973723	6422089
港、澳、台商投资股份有限公司	176023	179663	135640	139527
其他港、澳、台商投资企业	5995823	4604807	4595822	3396148
外商投资企业	30616363	29360276	17689377	15735632
中外合资经营企业	14544996	14598896	9126705	8563784
中外合作经营企业	1244415	1290717	744742	717845
外资企业	14216460	12869172	7422146	6093861
外商投资股份有限公司	610492	601490	395784	360142
其他外商投资企业				

单位：万元

自有配送中心配送商品购进额		非自有配送中心配送商品购进额		商品销售总额		零售额	
2016年	2015年	2016年	2015年	2016年	2015年	2016年	2015年
15443786	16701405	8839819	8844694	52679845	56105471	42216194	42362939
15464475	14796831	2646695	2323298	39680497	37977661	25227907	24917344
198828	281415	15304	15217	757228	693521	747294	654231
54818	34112	9315	5756	99703	78836	61553	40140
1209219	1086468	656716	619850	4224482	3922596	3901902	3530129
136302	131691			298119	314500	298119	282733
15408460	15313666	3242939	2999420	30671519	30432660	27431359	27068742
20124800	19700132	6049459	4165411	51080218	49912478	45228808	44537449
5142	2824	5859	3315	2593414	2486573	2593414	2486573
9271487	9376115	1688462	1834221	38964970	39477644	33050726	33801888
85668890	86427958	30357422	29361574	205737123	206499540	138416677	134024605
50185569	51745571	22373976	22356035	129569822	133386058	92727390	91691755
6246566	6185344	568526	565417	19921802	19302548	14605466	13943390
65402	83857	59134	64357	440656	461701	435690	421144
61517	65057	450925	498041	598471	668942	76438	78658
1693789	1446933	344018	356868	4698163	4865275	2522985	2614722
133385809	**133551188**	**41877733**	**38860759**	**342737190**	**341464583**	**254847807**	**249344823**
115020831	116482457	34857469	34488479	284449235	284248055	203533655	199245672
12828359	14485451	5742255	5159022	38015235	39805651	22707891	22088952
94773	99029	12453	12127	918501	846658	516760	461913
978541	896857			1133151	1064800	870995	840485
13922	15089			90488	79376	86065	70353
				62014	44518	62014	44518
				932	836	932	836
13922	15089			27542	34023	23120	25000
28112204	27249474	5946757	6196656	70120262	68478208	53925434	52581650
3556010	3353836	41597	18513	6870898	6553643	3321580	3148493
24556194	23895638	5905160	6178143	63249363	61924565	50603854	49433157
62287634	63051185	20583963	20906486	150700594	151622069	104926383	103492048
10582913	10572150	2320925	2016275	22983423	21849035	20033095	19208067
110039	95122	25954	26413	323598	294913	245306	213413
165999	171510			206628	207783	206310	207750
8091006	7788937	2273880	1969258	18861115	17724394	16755877	15923887
2215870	2516581	21091	20604	3592082	3621945	2825602	2863016
122484	113222	251117	197915	487581	502257	467032	502203
7928618	8675633	4335739	2195447	21920522	21351189	19222858	18464421
1424595	1539136	131109	146489	4411322	4568594	4206105	4364928
20958	21317			149004	119246	149004	119246
4449521	4196813	1506711	1431649	12211858	12223680	9748593	9569416
18721	21479	116919	118049	226138	225190	196958	196350
2014822	2896888	2581000	499260	4922199	4214480	4922199	4214480
10436360	8393098	2684525	2176833	36367433	35865339	32091295	31634731
5429782	4467438	1277942	1326486	17581223	17679139	14948865	14749798
563537	523594	115743		1302630	1303033	1227140	1211751
4224698	3166535	1113398	725735	16756173	16153705	15198860	14953947
218343	235530	177441	124612	727408	729462	716430	719236

1-3 续表 2

项目	商品购进总额		统一配送商品购进额	
	2016年	2015年	2016年	2015年
二、按行业分				
批发业	**90833681**	**91795251**	**81409229**	**82044513**
农、林、牧产品批发	1374377	1378643	1372371	1376902
食品、饮料及烟草制品批发	6614823	7263960	5700802	6234286
纺织、服装及家庭用品批发	1578900	1608008	940684	802539
文化、体育用品及器材批发	3661805	3426487	3661805	3426487
医药及医疗器材批发	567803	527870	378129	355228
矿产品、建材及化工产品批发	74466023	74714055	66882984	67062289
机械设备、五金产品及电子产品批发	540980	424686	465116	365122
贸易经纪与代理				
其他批发业	2028973	2451543	2007338	2421661
零售业	**203959441**	**201451763**	**146434780**	**143337767**
综合零售	105852037	102975686	68476157	65025433
食品、饮料及烟草制品专门零售	2499426	2319490	2161484	2089603
纺织、服装及日用品专门零售	2791255	3011895	1856764	2004583
文化、体育用品及器材专门零售	5268500	5176386	5050707	4932799
医药及医疗器材专门零售	8661321	7487022	7999916	6979396
汽车、摩托车、燃料及零配件专门零售	41704233	45284771	35701777	38653755
家用电器及电子产品专门零售	36713509	34646728	24759809	23164366
五金、家具及室内装饰材料专门零售	398346	490037	381753	457294
货摊、无店铺及其他零售业	70814	59750	46413	30537
三、按业态分				
便利店	2241489	2245555	1764499	1728320
折扣店	199622	243951	74932	113481
超市	25121181	25293905	21332351	20997916
大型超市	41623796	38396444	29455417	26552967
仓储会员店	2739554	2582450	321549	339415
百货店	31471370	31823712	13715806	13733335
专业店	174388441	175243069	150184493	150800773
其中：加油站	108787261	112503571	95791212	98815304
专卖店	13605112	13891868	8606544	8764113
家居建材商店	313523	337240	291276	304498
厂家直销中心	531484	590796	527574	587503
其他	2557550	2598026	1569567	1459961
加盟门店总计	**15575393**	**15794051**	**13893362**	**14100599**
一、按登记注册类型分				
内资企业	9774917	9939925	8308329	8455967
国有企业	935235	1080522	925826	975129
集体企业	100339	100604	12558	12900
股份合作企业	1800	1511	1800	1511
联营企业	4551	7767	4551	7767
国有联营企业	4551	7767	4551	7767
集体联营企业				
国有与集体联营企业				
其他联营企业				
有限责任公司	1881810	2050727	1416604	1526048
国有独资公司	22439	20653	1971	2348
其他有限责任公司	1859371	2030075	1414634	1523700
股份有限公司	4658934	4683377	4041941	4174269
私营企业	2141532	1974204	1858251	1719189
私营独资企业	48100	40064	46019	39714
私营合伙企业	7259	131		

单位：万元

自有配送中心配送商品购进额		非自有配送中心配送商品购进额		商品销售总额		零售额	
2016年	2015年	2016年	2015年	2016年	2015年	2016年	2015年
46983458	**47984351**	**17268553**	**16902431**	**104551598**	**105217928**	**62389867**	**59617837**
1372371	1376902			1466713	1466174	1416492	8398
3310936	3656805	91261	92091	9088827	9529022	1273542	1374756
898019	747350	6418	8504	2729525	2748842	1338005	1382139
3546830	3317587			3688684	3445120	1408459	1306643
313364	296017	12950	12852	661448	593252	274264	232001
35577606	36263254	17155253	16782373	84317436	84436157	54606642	52808464
330869	282029	2671	6611	605992	472893	335986	302180
1633463	2044407			1992975	2526469	1736479	2203256
86402350	**85566836**	**24609180**	**21958328**	**238185591**	**236246655**	**192457940**	**189726986**
44541103	43823719	10850992	8772313	121256285	119662942	105093752	104172464
1226837	1209745	155920	215941	3336649	3054161	2762712	2534120
700496	698297	338946	238290	4657980	4758898	4349355	4430335
4421948	4334036	389987	274804	5555857	5315580	2938474	2759797
4447934	3792530	1362202	1268374	10579838	9126678	9403203	8187917
15443786	16701405	8839819	8844694	52372134	55797842	41939178	42082693
15386174	14702484	2646695	2322941	39582551	37768544	25175053	24875636
198828	281415	15304	15217	757228	693521	747294	654231
35245	23206	9315	5756	87071	68489	48920	29793
809229	799710	436077	382462	2976990	2808130	2729854	2548913
74932	113481			270207	282829	270207	251062
14065035	13917609	2612618	2339895	27803822	27538817	24603008	24232768
19223165	18759403	5982045	4072365	45933306	44377946	40081896	39003916
5142	2719	5859	3315	2593414	2486472	2593414	2486472
8877410	8998884	1682448	1828560	38176505	38661344	32325102	33048386
83580386	84335467	30063162	29093060	202402203	202999196	136616144	132570781
49607548	51130143	22373976	22356035	128684089	132463001	92160454	91102891
5327542	5260414	566243	555732	17831021	17298702	13287275	12720584
65402	83857	59134	64357	440656	461701	435690	421144
49504	53194	449560	496707	580866	651529	58833	61245
1308062	1226450	20587	24306	3728199	3897918	1846384	1999553
6505765	**6268857**	**1545726**	**1607713**	**16491746**	**16879873**	**13713776**	**13445211**
5454904	5224278	1499292	1546687	10697022	10745574	8066193	7507331
289411	92224	62696	148029	1012279	1149684	263249	239504
12152	12900			64994	66574	31019	34458
1800	1511			2102	1780	2102	1780
				4551	10038	4551	10038
				4551	10038	4551	10038
986609	1027785	285286	313492	2447993	2508998	2050776	2105186
1819	1808	152	540	32151	31066	1999	3660
984790	1025978	285134	312952	2415842	2477932	2048777	2101526
3005844	2991309	596767	609331	4506894	4570943	3425231	3074771
1151383	1088001	515563	449878	2603307	2388514	2236523	1992580
41704	35483	340	256	52849	44668	52849	44668
				8710	157		

1-3 续表 3

项　目	商品购进总额		统一配送商品购进额	
	2016年	2015年	2016年	2015年
私营有限责任公司	1590880	1460202	1482327	1348854
私营股份有限公司	495293	473807	329905	330621
其他企业	50717	41213	46798	39154
港、澳、台商投资企业	4786134	4821291	4627916	4668026
港澳台商合资经营企业	72665	66672	43701	37563
港澳台商合作经营企业	4246272	4322649	4246272	4322649
港、澳、台商独资经营企业	467197	431971	337943	307815
港、澳、台商投资股份有限公司				
其他港、澳、台商投资企业				
外商投资企业	1014342	1032835	957117	976607
中外合资经营企业	495381	555839	495381	555839
中外合作经营企业	423942	360925	367005	305023
外资企业	95020	116071	94732	115745
外商投资股份有限公司				
其他外商投资企业				
二、按行业分				
批发业	**3004785**	**3264252**	**2838997**	**2969609**
农、林、牧产品批发	320464	295559	277784	259339
食品、饮料及烟草制品批发	122811	113048	115266	106078
纺织、服装及家庭用品批发	144922	215160	116452	161210
文化、体育用品及器材批发	1368	1202	1368	1202
医药及医疗器材批发	64984	84009	32166	34098
矿产品、建材及化工产品批发	2301476	2486577	2249672	2342601
机械设备、五金产品及电子产品批发	31050	51557	31050	51557
贸易经纪与代理				
其他批发业	17711	17140	15241	13524
零售业	**12570608**	**12529799**	**11054365**	**11130991**
综合零售	10211751	10204003	9072378	9064637
食品、饮料及烟草制品专门零售	987281	777014	756440	677030
纺织、服装及日用品专门零售	292717	366104	198387	273087
文化、体育用品及器材专门零售	5452	5146	1698	2108
医药及医疗器材专门零售	683355	674750	635588	611367
汽车、摩托车、燃料及零配件专门零售	277016	280246	277016	280246
家用电器及电子产品专门零售	93330	211530	93153	211530
五金、家具及室内装饰材料专门零售				
货摊、无店铺及其他零售业	19706	11006	19706	10986
三、按业态分				
便利店	1028738	910272	884921	754113
折扣店	61370	18210	61370	18210
超市	2723973	2743843	2048707	2130940
大型超市	5312708	5448120	5215321	5356422
仓储会员店		105		105
百货店	768850	774014	545948	559129
专业店	3050812	3199562	2819995	2950191
其中：加油站	855038	895675	855038	895675
专卖店	1756073	1665072	1563776	1593491
家居建材商店				
厂家直销中心	15017	14671	13652	13337
其他	857853	1020183	739675	724662

单位：万元

自有配送中心配送商品购进额		非自有配送中心配送商品购进额		商品销售总额		零售额	
2016年	2015年	2016年	2015年	2016年	2015年	2016年	2015年
838406	781531	502718	437850	1929962	1755635	1658168	1434665
271273	270987	12505	11771	611786	588054	525507	513248
7706	10548	38981	25957	54902	49043	52742	49015
145656	131875	6014	6975	4728157	4976176	4581016	4830157
30502	30588	6014	6975	102153	89394	94211	85127
				4025719	4322649	4025719	4322649
115154	101288			600286	564133	461087	422382
905206	912704	40420	54051	1066567	1158124	1066567	1107722
456650	501399	34856	50691	550729	626011	550729	575766
367005	305023			429341	367545	429341	367545
81551	106282	5564	3360	86498	164568	86498	164411
2135935	**2022384**	**35413**	**110176**	**3043249**	**3302254**	**822745**	**587341**
272170	253890	1365	1334	328384	309549	264579	27632
88328	84609	26275	21264	85492	71495	63107	59125
62530	109965			221507	251849	113318	110410
1368	1202			1183	1091	1183	197
25942	28373	124	928	78183	103347	40914	35362
1682004	1541302	7649	86650	2275266	2489861	336043	345794
3594	3043			31821	54714	3601	8821
				21414	20350		
4369830	**4246473**	**1510313**	**1497537**	**13448497**	**13577619**	**12891031**	**12857870**
3101483	3020189	1238632	1235500	10480831	10746549	10302869	10491633
745208	659222	1883	7942	1150167	892858	1027194	782068
164767	236385	21160	24520	547046	586976	460900	545841
1698	2108			6355	5029	3607	3286
258800	223314	248639	229218	845809	819115	753958	702741
				307711	307628	277016	280246
78302	94348		357	97947	209117	52855	41708
19573	10906			12633	10348	12633	10348
399991	286758	220639	237388	1247492	1114466	1172049	981216
61370	18210			27912	31672	27912	31672
1343425	1396057	630320	659525	2867697	2893843	2828351	2835975
901635	940728	67414	93045	5146912	5534533	5146912	5533533
	105				100		100
394077	377231	6014	5661	788465	816300	725624	753502
2088505	2092492	294260	268513	3334920	3500344	1800533	1453824
578022	615429			885733	923057	566936	588864
919024	924931	2284	9685	2090781	2003846	1318191	1222806
12013	11863	1365	1334	17605	17413	17605	17413
385727	220483	323431	332562	969964	967357	676601	615169

1-4 按行业与登记注册类型分连锁零售企业基本情况

内资企业

项　目	连锁总店数（个）	门店数（个）		年末从业人员（人）		年末零售营业面积（平方米）	
	2016年	2016年	2015年	2016年	2015年	2016年	2015年
总　计	**2454**	**213025**	**203521**	**1937662**	**2005207**	**142326546**	**138529090**
批发业	**303**	**47678**	**47733**	**272378**	**283219**	**44271995**	**43887857**
农、林、牧产品批发	7	4484	4284	10888	10584	370021	359236
食品、饮料及烟草制品批发	51	5745	5581	31322	32250	680339	582365
纺织、服装及家庭用品批发	13	945	928	16883	17285	1603749	1490935
文化、体育用品及器材批发	8	447	525	16634	15388	797243	789677
医药及医疗器材批发	34	2664	2641	10145	9597	268441	243743
矿产品、建材及化工产品批发	172	32356	32729	179000	190595	39475707	39344946
机械设备、五金产品及电子产品批发	10	255	267	1641	1554	42720	43340
贸易经纪与代理							
其他批发业	8	782	778	5865	5966	1033775	1033615
零售业	**2151**	**165347**	**155788**	**1665284**	**1721988**	**98054551**	**94641233**
综合零售	679	60270	58052	926679	967248	56882368	53445982
食品、饮料及烟草制品专门零售	152	22654	20532	78207	74327	1050054	949464
纺织、服装及日用品专门零售	121	10415	9946	39113	37840	958520	1590758
文化、体育用品及器材专门零售	88	1897	2145	33159	33310	1060955	1082578
医药及医疗器材专门零售	716	50102	45249	265025	243623	6617152	5759066
汽车、摩托车、燃料及零配件专门零售	171	11825	11717	107249	110015	16547397	17028281
家用电器及电子产品专门零售	203	7316	7292	207387	246688	14615020	14497805
五金、家具及室内装饰材料专门零售	11	206	187	5028	5934	264709	230861
货摊、无店铺及其他零售业	10	662	668	3437	3003	58376	56438
直营门店合计		**132648**	**126526**	**1722500**	**1798110**	**136313795**	**132591208**
批发业		**28841**	**29186**	**234560**	**245394**	**42962761**	**42613936**
农、林、牧产品批发		236	235	1658	1677	91550	89541
食品、饮料及烟草制品批发		1174	1210	20623	21816	285333	239724
纺织、服装及家庭用品批发		389	348	14279	14396	1508993	1395548
文化、体育用品及器材批发		445	523	16623	15377	796633	789067
医药及医疗器材批发		1320	1140	7638	6703	196852	166334
矿产品、建材及化工产品批发		24457	24916	166856	178579	39026101	38876613
机械设备、五金产品及电子产品批发		216	214	1594	1456	33704	33674
贸易经纪与代理							
其他批发业		604	600	5289	5390	1023595	1023435

1-4 续表 1

内资企业

项　目	连锁总店数(个)	门店数(个)		年末从业人员(人)		年末零售营业面积(平方米)	
	2016年	2016年	2015年	2016年	2015年	2016年	2015年
零售业		**103807**	**97340**	**1487940**	**1552716**	**93351034**	**89977272**
综合零售		30507	29403	823392	865526	53979690	50520958
食品、饮料及烟草制品专门零售		9273	8759	47284	48208	629892	599334
纺织、服装及日用品专门零售		5153	4814	32005	30014	817580	1419430
文化、体育用品及器材专门零售		1858	1859	32524	32603	1059014	1077817
医药及医疗器材专门零售		37798	33456	233049	214138	5482423	4682007
汽车、摩托车、燃料及零配件专门零售		11715	11613	106606	109357	16483755	16968281
家用电器及电子产品专门零售		7123	7096	206862	245889	14608195	14454861
五金、家具及室内装饰材料专门零售		206	187	5028	5934	264709	230861
货摊、无店铺及其他零售业		174	153	1190	1047	25776	23723
加盟门店合计		**80377**	**76995**	**215162**	**207097**	**6012751**	**5937882**
批发业		**18837**	**18547**	**37818**	**37825**	**1309234**	**1273921**
农、林、牧产品批发		4248	4049	9230	8907	278471	269695
食品、饮料及烟草制品批发		4571	4371	10699	10434	395006	342641
纺织、服装及家庭用品批发		556	580	2604	2889	94756	95387
文化、体育用品及器材批发		2	2	11	11	610	610
医药及医疗器材批发		1344	1501	2507	2894	71589	77409
矿产品、建材及化工产品批发		7899	7813	12144	12016	449606	468333
机械设备、五金产品及电子产品批发		39	53	47	98	9016	9666
贸易经纪与代理							
其他批发业		178	178	576	576	10180	10180
零售业		**61540**	**58448**	**177344**	**169272**	**4703517**	**4663961**
综合零售		29763	28649	103287	101722	2902678	2925024
食品、饮料及烟草制品专门零售		13381	11773	30923	26119	420162	350130
纺织、服装及日用品专门零售		5262	5132	7108	7826	140940	171328
文化、体育用品及器材专门零售		39	286	635	707	1941	4761
医药及医疗器材专门零售		12304	11793	31976	29485	1134729	1077059
汽车、摩托车、燃料及零配件专门零售		110	104	643	658	63642	60000
家用电器及电子产品专门零售		193	196	525	799	6825	42944
五金、家具及室内装饰材料专门零售							
货摊、无店铺及其他零售业		488	515	2247	1956	32600	32715

1—4 续表 2

国有企业

项　　目	连锁总店数（个）	门店数（个）		年末从业人员（人）		年末零售营业面积（平方米）	
	2016年	2016年	2015年	2016年	2015年	2016年	2015年
总　计	**172**	**14772**	**14866**	**115099**	**116365**	**10204135**	**10863022**
批发业	**66**	**7523**	**7654**	**43774**	**44925**	**4522730**	**4512127**
农、林、牧产品批发	2	102	101	183	186	2926	2796
食品、饮料及烟草制品批发	24	197	211	11675	12784	168924	114220
纺织、服装及家庭用品批发							
文化、体育用品及器材批发	1	8	8	3106	3056	65000	65000
医药及医疗器材批发	2	54	59	203	276	4138	4164
矿产品、建材及化工产品批发	37	7162	7275	28607	28623	4281742	4325947
机械设备、五金产品及电子产品批发							
贸易经纪与代理							
其他批发业							
零售业	**106**	**7249**	**7212**	**71325**	**71440**	**5681405**	**6350895**
综合零售	11	2098	2249	14667	15830	425986	440868
食品、饮料及烟草制品专门零售	8	129	103	841	597	8465	5252
纺织、服装及日用品专门零售	2	205	228	2335	2430	48755	731803
文化、体育用品及器材专门零售	23	267	263	4875	4849	192816	195756
医药及医疗器材专门零售	16	1464	1324	7897	6377	182788	159630
汽车、摩托车、燃料及零配件专门零售	46	3086	3045	40710	41357	4822595	4817586
家用电器及电子产品专门零售							
五金、家具及室内装饰材料专门零售							
货摊、无店铺及其他零售业							
直营门店合计		**11001**	**10984**	**111633**	**112743**	**10038083**	**10648032**
批发业		**5006**	**5087**	**42554**	**43862**	**4421165**	**4365407**
农、林、牧产品批发		102	101	183	186	2926	2796
食品、饮料及烟草制品批发		197	211	11675	12784	168924	114220
纺织、服装及家庭用品批发							
文化、体育用品及器材批发		8	8	3106	3056	65000	65000
医药及医疗器材批发		8	7	72	68	1148	1044
矿产品、建材及化工产品批发		4691	4760	27518	27768	4183167	4182347
机械设备、五金产品及电子产品批发							
贸易经纪与代理							
其他批发业							

1-4 续表 3

国有企业

项　　目	连锁总店数（个）	门店数（个）		年末从业人员（人）		年末零售营业面积（平方米）	
	2016年	2016年	2015年	2016年	2015年	2016年	2015年
零售业		**5995**	**5897**	**69079**	**68881**	**5616918**	**6282625**
综合零售		1324	1395	13147	13992	395894	407243
食品、饮料及烟草制品专门零售		129	103	841	597	8465	5252
纺织、服装及日用品专门零售		205	228	2335	2430	48755	731803
文化、体育用品及器材专门零售		266	262	4873	4846	192766	195706
医药及医疗器材专门零售		985	864	7173	5659	148443	125035
汽车、摩托车、燃料及零配件专门零售		3086	3045	40710	41357	4822595	4817586
家用电器及电子产品专门零售							
五金、家具及室内装饰材料专门零售							
货摊、无店铺及其他零售业							
加盟门店合计		**3771**	**3882**	**3466**	**3622**	**166052**	**214990**
批发业		**2517**	**2567**	**1220**	**1063**	**101565**	**146720**
农、林、牧产品批发							
食品、饮料及烟草制品批发							
纺织、服装及家庭用品批发							
文化、体育用品及器材批发							
医药及医疗器材批发		46	52	131	208	2990	3120
矿产品、建材及化工产品批发		2471	2515	1089	855	98575	143600
机械设备、五金产品及电子产品批发							
贸易经纪与代理							
其他批发业							
零售业		**1254**	**1315**	**2246**	**2559**	**64487**	**68270**
综合零售		774	854	1520	1838	30092	33625
食品、饮料及烟草制品专门零售							
纺织、服装及日用品专门零售							
文化、体育用品及器材专门零售		1	1	2	3	50	50
医药及医疗器材专门零售		479	460	724	718	34345	34595
汽车、摩托车、燃料及零配件专门零售							
家用电器及电子产品专门零售							
五金、家具及室内装饰材料专门零售							
货摊、无店铺及其他零售业							

1-4 续表 4

集体企业

项目	连锁总店数（个）	门店数（个）		年末从业人员（人）		年末零售营业面积（平方米）	
	2016年	2016年	2015年	2016年	2015年	2016年	2015年
总　计	**22**	**791**	**793**	**9315**	**9505**	**520871**	**519678**
批发业	**3**	**230**	**238**	**455**	**514**	**7489**	**7689**
农、林、牧产品批发							
食品、饮料及烟草制品批发	1	141	152	284	328	3200	3400
纺织、服装及家庭用品批发							
文化、体育用品及器材批发							
医药及医疗器材批发							
矿产品、建材及化工产品批发	2	89	86	171	186	4289	4289
机械设备、五金产品及电子产品批发							
贸易经纪与代理							
其他批发业							
零售业	**19**	**561**	**555**	**8860**	**8991**	**513382**	**511989**
综合零售	13	441	434	8091	8206	502430	501890
食品、饮料及烟草制品专门零售	1	23	23	55	58	688	688
纺织、服装及日用品专门零售							
文化、体育用品及器材专门零售	2	12	12	211	202	2177	2115
医药及医疗器材专门零售	3	85	86	503	525	8087	7296
汽车、摩托车、燃料及零配件专门零售							
家用电器及电子产品专门零售							
五金、家具及室内装饰材料专门零售							
货摊、无店铺及其他零售业							
直营门店合计		**411**	**396**	**6937**	**7043**	**471831**	**470598**
批发业		**130**	**116**	**299**	**308**	**6169**	**6089**
农、林、牧产品批发							
食品、饮料及烟草制品批发		41	30	128	122	1880	1800
纺织、服装及家庭用品批发							
文化、体育用品及器材批发							
医药及医疗器材批发							
矿产品、建材及化工产品批发		89	86	171	186	4289	4289
机械设备、五金产品及电子产品批发							
贸易经纪与代理							
其他批发业							

1-4 续表 5

集体企业

项目	连锁总店数（个）	门店数（个）		年末从业人员（人）		年末零售营业面积（平方米）	
	2016年	2016年	2015年	2016年	2015年	2016年	2015年
零售业		**281**	**280**	**6638**	**6735**	**465662**	**464509**
综合零售		181	179	5929	6010	456210	455910
食品、饮料及烟草制品专门零售		23	23	55	58	688	688
纺织、服装及日用品专门零售							
文化、体育用品及器材专门零售		12	12	211	202	2177	2115
医药及医疗器材专门零售		65	66	443	465	6587	5796
汽车、摩托车、燃料及零配件专门零售							
家用电器及电子产品专门零售							
五金、家具及室内装饰材料专门零售							
货摊、无店铺及其他零售业							
加盟门店合计		**380**	**397**	**2378**	**2462**	**49040**	**49080**
批发业		**100**	**122**	**156**	**206**	**1320**	**1600**
农、林、牧产品批发							
食品、饮料及烟草制品批发		100	122	156	206	1320	1600
纺织、服装及家庭用品批发							
文化、体育用品及器材批发							
医药及医疗器材批发							
矿产品、建材及化工产品批发							
机械设备、五金产品及电子产品批发							
贸易经纪与代理							
其他批发业							
零售业		**280**	**275**	**2222**	**2256**	**47720**	**47480**
综合零售		260	255	2162	2196	46220	45980
食品、饮料及烟草制品专门零售							
纺织、服装及日用品专门零售							
文化、体育用品及器材专门零售							
医药及医疗器材专门零售		20	20	60	60	1500	1500
汽车、摩托车、燃料及零配件专门零售							
家用电器及电子产品专门零售							
五金、家具及室内装饰材料专门零售							
货摊、无店铺及其他零售业							

1-4 续表 6

股份合作企业

项　　目	连锁总店数（个）	门店数（个）		年末从业人员（人）		年末零售营业面积（平方米）	
	2016年	2016年	2015年	2016年	2015年	2016年	2015年
总　计	**7**	**390**	**388**	**4713**	**4714**	**557918**	**498897**
批发业	**2**	**11**	**12**	**267**	**366**	**10199**	**10370**
农、林、牧产品批发							
食品、饮料及烟草制品批发	2	11	12	267	366	10199	10370
纺织、服装及家庭用品批发							
文化、体育用品及器材批发							
医药及医疗器材批发							
矿产品、建材及化工产品批发							
机械设备、五金产品及电子产品批发							
贸易经纪与代理							
其他批发业							
零售业	**5**	**379**	**376**	**4446**	**4348**	**547719**	**488527**
综合零售	3	139	129	1948	1736	523595	464403
食品、饮料及烟草制品专门零售							
纺织、服装及日用品专门零售							
文化、体育用品及器材专门零售							
医药及医疗器材专门零售							
汽车、摩托车、燃料及零配件专门零售	1	211	218	2346	2462	17000	17000
家用电器及电子产品专门零售							
五金、家具及室内装饰材料专门零售							
货摊、无店铺及其他零售业	1	29	29	152	150	7124	7124
直营门店合计		**372**	**372**	**4541**	**4562**	**551203**	**494795**
批发业		**11**	**12**	**267**	**366**	**10199**	**10370**
农、林、牧产品批发							
食品、饮料及烟草制品批发		11	12	267	366	10199	10370
纺织、服装及家庭用品批发							
文化、体育用品及器材批发							
医药及医疗器材批发							
矿产品、建材及化工产品批发							
机械设备、五金产品及电子产品批发							
贸易经纪与代理							
其他批发业							

1-4 续表 7

股份合作企业

项　　目	连锁总店数（个）	门店数（个）		年末从业人员（人）		年末零售营业面积（平方米）	
	2016年	2016年	2015年	2016年	2015年	2016年	2015年
零售业		**361**	**360**	**4274**	**4196**	**541004**	**484425**
综合零售		121	113	1776	1584	516880	460301
食品、饮料及烟草制品专门零售							
纺织、服装及日用品专门零售							
文化、体育用品及器材专门零售							
医药及医疗器材专门零售							
汽车、摩托车、燃料及零配件专门零售		211	218	2346	2462	17000	17000
家用电器及电子产品专门零售							
五金、家具及室内装饰材料专门零售							
货摊、无店铺及其他零售业		29	29	152	150	7124	7124
加盟门店合计		**18**	**16**	**172**	**152**	**6715**	**4102**
批发业							
农、林、牧产品批发							
食品、饮料及烟草制品批发							
纺织、服装及家庭用品批发							
文化、体育用品及器材批发							
医药及医疗器材批发							
矿产品、建材及化工产品批发							
机械设备、五金产品及电子产品批发							
贸易经纪与代理							
其他批发业							
零售业		**18**	**16**	**172**	**152**	**6715**	**4102**
综合零售		18	16	172	152	6715	4102
食品、饮料及烟草制品专门零售							
纺织、服装及日用品专门零售							
文化、体育用品及器材专门零售							
医药及医疗器材专门零售							
汽车、摩托车、燃料及零配件专门零售							
家用电器及电子产品专门零售							
五金、家具及室内装饰材料专门零售							
货摊、无店铺及其他零售业							

1-4 续表 8

联营企业

项目	连锁总店数（个）	门店数（个）		年末从业人员（人）		年末零售营业面积（平方米）	
	2016年	2016年	2015年	2016年	2015年	2016年	2015年
总　计	**4**	**242**	**205**	**1178**	**1207**	**30357**	**30513**
批发业							
农、林、牧产品批发							
食品、饮料及烟草制品批发							
纺织、服装及家庭用品批发							
文化、体育用品及器材批发							
医药及医疗器材批发							
矿产品、建材及化工产品批发							
机械设备、五金产品及电子产品批发							
贸易经纪与代理							
其他批发业							
零售业	**4**	**242**	**205**	**1178**	**1207**	**30357**	**30513**
综合零售	1	18	18	203	200	5000	5000
食品、饮料及烟草制品专门零售							
纺织、服装及日用品专门零售							
文化、体育用品及器材专门零售							
医药及医疗器材专门零售	3	224	187	975	1007	25357	25513
汽车、摩托车、燃料及零配件专门零售							
家用电器及电子产品专门零售							
五金、家具及室内装饰材料专门零售							
货摊、无店铺及其他零售业							
直营门店合计		**191**	**177**	**1063**	**1064**	**26389**	**26545**
批发业							
农、林、牧产品批发							
食品、饮料及烟草制品批发							
纺织、服装及家庭用品批发							
文化、体育用品及器材批发							
医药及医疗器材批发							
矿产品、建材及化工产品批发							
机械设备、五金产品及电子产品批发							
贸易经纪与代理							
其他批发业							

1-4 续表 9

联营企业

项目	连锁总店数（个）	门店数（个）		年末从业人员（人）		年末零售营业面积（平方米）	
	2016年	2016年	2015年	2016年	2015年	2016年	2015年
零售业		**191**	**177**	**1063**	**1064**	**26389**	**26545**
综合零售		18	18	203	200	5000	5000
食品、饮料及烟草制品专门零售							
纺织、服装及日用品专门零售							
文化、体育用品及器材专门零售							
医药及医疗器材专门零售		173	159	860	864	21389	21545
汽车、摩托车、燃料及零配件专门零售							
家用电器及电子产品专门零售							
五金、家具及室内装饰材料专门零售							
货摊、无店铺及其他零售业							
加盟门店合计		**51**	**28**	**115**	**143**	**3968**	**3968**
批发业							
农、林、牧产品批发							
食品、饮料及烟草制品批发							
纺织、服装及家庭用品批发							
文化、体育用品及器材批发							
医药及医疗器材批发							
矿产品、建材及化工产品批发							
机械设备、五金产品及电子产品批发							
贸易经纪与代理							
其他批发业							
零售业		**51**	**28**	**115**	**143**	**3968**	**3968**
综合零售							
食品、饮料及烟草制品专门零售							
纺织、服装及日用品专门零售							
文化、体育用品及器材专门零售							
医药及医疗器材专门零售		51	28	115	143	3968	3968
汽车、摩托车、燃料及零配件专门零售							
家用电器及电子产品专门零售							
五金、家具及室内装饰材料专门零售							
货摊、无店铺及其他零售业							

1-4 续表 10

有限责任公司

项目	连锁总店数（个）	门店数（个）		年末从业人员（人）		年末零售营业面积（平方米）	
	2016年	2016年	2015年	2016年	2015年	2016年	2015年
总计	**1062**	**76814**	**73457**	**644346**	**657176**	**36288994**	**35825596**
批发业	**87**	**7911**	**8005**	**42260**	**42221**	**3886118**	**3850663**
农、林、牧产品批发	1	408	408	1168	1170	132250	132250
食品、饮料及烟草制品批发	11	751	770	6590	6497	38071	44068
纺织、服装及家庭用品批发	5	233	215	2897	2904	46327	24052
文化、体育用品及器材批发	4	309	399	7418	6408	358264	356161
医药及医疗器材批发	16	944	935	3668	3714	98888	92668
矿产品、建材及化工产品批发	40	5076	5083	19321	20119	3169150	3158336
机械设备、五金产品及电子产品批发	6	58	67	584	781	15903	16023
贸易经纪与代理							
其他批发业	4	132	128	614	628	27265	27105
零售业	**975**	**68903**	**65452**	**602086**	**614955**	**32402876**	**31974933**
综合零售	302	24231	24319	332175	351479	19783667	19864055
食品、饮料及烟草制品专门零售	70	7313	6734	31245	30367	459977	426563
纺织、服装及日用品专门零售	62	6679	6064	21535	20185	517863	455085
文化、体育用品及器材专门零售	32	1029	1259	15350	15359	559977	556725
医药及医疗器材专门零售	358	25885	23471	134503	122238	3567943	2976195
汽车、摩托车、燃料及零配件专门零售	29	1138	1142	10433	10391	1787799	1782887
家用电器及电子产品专门零售	111	2403	2228	52193	59378	5497500	5718942
五金、家具及室内装饰材料专门零售	6	166	150	4124	5048	218481	185542
货摊、无店铺及其他零售业	5	59	85	528	510	9669	8939
直营门店合计		**49159**	**46263**	**582712**	**596170**	**34400829**	**33896475**
批发业		**3921**	**4110**	**34326**	**34449**	**3488213**	**3471713**
农、林、牧产品批发		45	45	326	326	63850	63850
食品、饮料及烟草制品批发		693	716	6428	6347	30531	35648
纺织、服装及家庭用品批发		233	204	2897	2844	46327	24051
文化、体育用品及器材批发		307	397	7407	6397	357654	355551
医药及医疗器材批发		474	390	2675	2573	74129	64633
矿产品、建材及化工产品批发		2059	2255	13595	14796	2881414	2894112
机械设备、五金产品及电子产品批发		38	35	544	698	15323	15043
贸易经纪与代理							
其他批发业		72	68	454	468	18985	18825

1-4 续表 11

有限责任公司

项　　目	连锁总店数（个）	门店数（个）		年末从业人员（人）		年末零售营业面积（平方米）	
	2016年	2016年	2015年	2016年	2015年	2016年	2015年
零售业		**45238**	**42153**	**548386**	**561721**	**30912616**	**30424762**
综合零售		13620	13643	305062	323754	18883843	18942295
食品、饮料及烟草制品专门零售		4605	4451	23488	24235	313722	304994
纺织、服装及日用品专门零售		2476	2226	17550	16023	450876	365929
文化、体育用品及器材专门零售		1027	1031	15346	15299	559687	554965
医药及医疗器材专门零售		19751	17258	119774	107466	3193769	2599533
汽车、摩托车、燃料及零配件专门零售		1138	1142	10433	10391	1787799	1782887
家用电器及电子产品专门零售		2397	2203	52082	59048	5495070	5680728
五金、家具及室内装饰材料专门零售		166	150	4124	5048	218481	185542
货摊、无店铺及其他零售业		58	49	527	457	9369	7889
加盟门店合计		**27655**	**27194**	**61634**	**61006**	**1888165**	**1929121**
批发业		**3990**	**3895**	**7934**	**7772**	**397905**	**378950**
农、林、牧产品批发		363	363	842	844	68400	68400
食品、饮料及烟草制品批发		58	54	162	150	7540	8420
纺织、服装及家庭用品批发			11		60		1
文化、体育用品及器材批发		2	2	11	11	610	610
医药及医疗器材批发		470	545	993	1141	24759	28035
矿产品、建材及化工产品批发		3017	2828	5726	5323	287736	264224
机械设备、五金产品及电子产品批发		20	32	40	83	580	980
贸易经纪与代理							
其他批发业		60	60	160	160	8280	8280
零售业		**23665**	**23299**	**53700**	**53234**	**1490260**	**1550171**
综合零售		10611	10676	27113	27725	899824	921760
食品、饮料及烟草制品专门零售		2708	2283	7757	6132	146255	121569
纺织、服装及日用品专门零售		4203	3838	3985	4162	66987	89156
文化、体育用品及器材专门零售		2	228	4	60	290	1760
医药及医疗器材专门零售		6134	6213	14729	14772	374174	376662
汽车、摩托车、燃料及零配件专门零售							
家用电器及电子产品专门零售		6	25	111	330	2430	38214
五金、家具及室内装饰材料专门零售							
货摊、无店铺及其他零售业		1	36	1	53	300	1050

1-4 续表 12

股份有限公司

项　目	连锁总店数（个）	门店数（个）		年末从业人员（人）		年末零售营业面积（平方米）	
	2016年	2016年	2015年	2016年	2015年	2016年	2015年
总　计	**273**	**60584**	**58471**	**762456**	**818545**	**79601853**	**76460748**
批发业	**91**	**24039**	**23963**	**163825**	**173636**	**35100841**	**34884440**
农、林、牧产品批发	1	2970	2874	8549	8319	165210	159960
食品、饮料及烟草制品批发	1	4	4	53	48	196	196
纺织、服装及家庭用品批发	1	581	579	11850	11942	1550788	1457892
文化、体育用品及器材批发	2	128	116	6076	5893	373359	367896
医药及医疗器材批发	2	456	394	3030	2633	83346	69146
矿产品、建材及化工产品批发	83	19414	19510	129634	140076	31923586	31824994
机械设备、五金产品及电子产品批发							
贸易经纪与代理							
其他批发业	1	486	486	4633	4725	1004356	1004356
零售业	**182**	**36545**	**34508**	**598631**	**644909**	**44501012**	**41576308**
综合零售	64	12818	11725	368948	389768	27247264	24074263
食品、饮料及烟草制品专门零售	6	10451	9351	23231	20257	264089	216028
纺织、服装及日用品专门零售	4	54	55	612	631	25528	25616
文化、体育用品及器材专门零售	5	344	354	9065	9156	146012	147987
医药及医疗器材专门零售	19	2158	2141	14532	12731	247186	236216
汽车、摩托车、燃料及零配件专门零售	74	7245	7169	52224	54252	9762630	10253297
家用电器及电子产品专门零售	10	3475	3713	130019	158114	6808303	6622901
五金、家具及室内装饰材料专门零售							
货摊、无店铺及其他零售业							
直营门店合计		**39707**	**38872**	**697608**	**756138**	**78050051**	**74921293**
批发业		**18600**	**18587**	**149313**	**158808**	**34804355**	**34589075**
农、林、牧产品批发		62	63	1118	1136	5270	5355
食品、饮料及烟草制品批发		4	4	53	48	196	196
纺织、服装及家庭用品批发		50	48	9332	9292	1456272	1363376
文化、体育用品及器材批发		128	116	6076	5893	373359	367896
医药及医疗器材批发		456	394	3030	2633	83346	69146
矿产品、建材及化工产品批发		17414	17476	125071	135081	31881556	31778750
机械设备、五金产品及电子产品批发							
贸易经纪与代理							
其他批发业		486	486	4633	4725	1004356	1004356

1-4 续表 13

股份有限公司

项　目	连锁总店数（个）	门店数（个）		年末从业人员（人）		年末零售营业面积（平方米）	
	2016年	2016年	2015年	2016年	2015年	2016年	2015年
零售业		**21107**	**20285**	**548295**	**597330**	**43245696**	**40332218**
综合零售		8198	7332	343351	362635	26342181	23139406
食品、饮料及烟草制品专门零售		445	446	1825	1858	28449	18891
纺织、服装及日用品专门零售		54	55	612	631	25528	25616
文化、体育用品及器材专门零售		315	326	8472	8571	146011	147986
医药及医疗器材专门零售		1506	1431	12622	12154	196551	184641
汽车、摩托车、燃料及零配件专门零售		7135	7065	51581	53594	9698988	10193297
家用电器及电子产品专门零售		3454	3630	129832	157887	6807988	6622381
五金、家具及室内装饰材料专门零售							
货摊、无店铺及其他零售业							
加盟门店合计		**20877**	**19599**	**64848**	**62407**	**1551802**	**1539455**
批发业		**5439**	**5376**	**14512**	**14828**	**296486**	**295365**
农、林、牧产品批发		2908	2811	7431	7183	159940	154605
食品、饮料及烟草制品批发							
纺织、服装及家庭用品批发		531	531	2518	2650	94516	94516
文化、体育用品及器材批发							
医药及医疗器材批发							
矿产品、建材及化工产品批发		2000	2034	4563	4995	42030	46244
机械设备、五金产品及电子产品批发							
贸易经纪与代理							
其他批发业							
零售业		**15438**	**14223**	**50336**	**47579**	**1255316**	**1244090**
综合零售		4620	4393	25597	27133	905083	934857
食品、饮料及烟草制品专门零售		10006	8905	21406	18399	235640	197137
纺织、服装及日用品专门零售							
文化、体育用品及器材专门零售		29	28	593	585	1	1
医药及医疗器材专门零售		652	710	1910	577	50635	51575
汽车、摩托车、燃料及零配件专门零售		110	104	643	658	63642	60000
家用电器及电子产品专门零售		21	83	187	227	315	520
五金、家具及室内装饰材料专门零售							
货摊、无店铺及其他零售业							

1-4 续表 14

私营企业

项目	连锁总店数（个）	门店数（个）		年末从业人员（人）		年末零售营业面积（平方米）	
	2016年	2016年	2015年	2016年	2015年	2016年	2015年
总　计	**889**	**56905**	**52989**	**384995**	**381769**	**14613349**	**13837648**
批发业	**52**	**7567**	**7394**	**20957**	**20547**	**719638**	**595528**
农、林、牧产品批发	3	1004	901	988	909	69635	64230
食品、饮料及烟草制品批发	12	4641	4432	12453	12227	459749	410111
纺织、服装及家庭用品批发	7	131	134	2136	2439	6634	8991
文化、体育用品及器材批发	1	2	2	34	31	620	620
医药及医疗器材批发	12	813	786	2404	1964	57089	50725
矿产品、建材及化工产品批发	10	615	775	1267	1591	96940	31380
机械设备、五金产品及电子产品批发	4	197	200	1057	773	26817	27317
贸易经纪与代理							
其他批发业	3	164	164	618	613	2154	2154
零售业	**837**	**49338**	**45595**	**364038**	**361222**	**13893711**	**13242120**
综合零售	277	19689	18446	191844	191092	8073410	7775572
食品、饮料及烟草制品专门零售	65	4472	4055	21873	22086	305365	289463
纺织、服装及日用品专门零售	52	3473	3595	14611	14574	362574	374454
文化、体育用品及器材专门零售	24	219	230	3320	3256	150115	173733
医药及医疗器材专门零售	308	19307	17203	102392	96757	2500102	2280235
汽车、摩托车、燃料及零配件专门零售	21	145	143	1536	1553	157373	157511
家用电器及电子产品专门零售	81	1419	1332	24801	28675	2256961	2105458
五金、家具及室内装饰材料专门零售	5	40	37	904	886	46228	45319
货摊、无店铺及其他零售业	4	574	554	2757	2343	41583	40375
直营门店合计		**30718**	**28543**	**307005**	**309353**	**12357150**	**11729225**
批发业		**1159**	**1260**	**7665**	**7465**	**227585**	**166207**
农、林、牧产品批发		27	26	31	29	19504	17540
食品、饮料及烟草制品批发		228	237	2072	2149	73603	77490
纺织、服装及家庭用品批发		106	96	2050	2260	6394	8121
文化、体育用品及器材批发		2	2	34	31	620	620
医药及医疗器材批发		368	335	1725	1293	33154	26436
矿产品、建材及化工产品批发		204	339	501	748	75675	17115
机械设备、五金产品及电子产品批发		178	179	1050	758	18381	18631
贸易经纪与代理							
其他批发业		46	46	202	197	254	254

1-4 续表 15

私营企业

项 目	连锁总店数（个）	门店数（个）		年末从业人员（人）		年末零售营业面积（平方米）	
	2016年	2016年	2015年	2016年	2015年	2016年	2015年
零售业		**29559**	**27283**	**299340**	**301888**	**12129565**	**11563018**
综合零售		6571	6342	146402	149758	7078721	6810822
食品、饮料及烟草制品专门零售		3865	3530	20353	20738	270848	261789
纺织、服装及日用品专门零售		2414	2301	11488	10910	288621	292282
文化、体育用品及器材专门零售		212	201	3284	3197	148515	170783
医药及医疗器材专门零售		14972	13410	90288	85973	1877095	1714554
汽车、摩托车、燃料及零配件专门零售		145	143	1536	1553	157373	157511
家用电器及电子产品专门零售		1253	1244	24574	28433	2252881	2101248
五金、家具及室内装饰材料专门零售		40	37	904	886	46228	45319
货摊、无店铺及其他零售业		87	75	511	440	9283	8710
加盟门店合计		**26187**	**24446**	**77990**	**72416**	**2256199**	**2108423**
批发业		**6408**	**6134**	**13292**	**13082**	**492053**	**429321**
农、林、牧产品批发		977	875	957	880	50131	46690
食品、饮料及烟草制品批发		4413	4195	10381	10078	386146	332621
纺织、服装及家庭用品批发		25	38	86	179	240	870
文化、体育用品及器材批发							
医药及医疗器材批发		445	451	679	671	23935	24289
矿产品、建材及化工产品批发		411	436	766	843	21265	14265
机械设备、五金产品及电子产品批发		19	21	7	15	8436	8686
贸易经纪与代理							
其他批发业		118	118	416	416	1900	1900
零售业		**19779**	**18312**	**64698**	**59334**	**1764146**	**1679102**
综合零售		13118	12104	45442	41334	994689	964750
食品、饮料及烟草制品专门零售		607	525	1520	1348	34517	27674
纺织、服装及日用品专门零售		1059	1294	3123	3664	73953	82172
文化、体育用品及器材专门零售		7	29	36	59	1600	2950
医药及医疗器材专门零售		4335	3793	12104	10784	623007	565681
汽车、摩托车、燃料及零配件专门零售							
家用电器及电子产品专门零售		166	88	227	242	4080	4210
五金、家具及室内装饰材料专门零售							
货摊、无店铺及其他零售业		487	479	2246	1903	32300	31665

1-4 续表 16

其他企业

项目	连锁总店数（个）	门店数（个）		年末从业人员（人）		年末零售营业面积（平方米）	
	2016年	2016年	2015年	2016年	2015年	2016年	2015年
总　计	**25**	**2527**	**2352**	**15560**	**15926**	**509069**	**492988**
批发业	**2**	**397**	**467**	**840**	**1010**	**24980**	**27040**
农、林、牧产品批发							
食品、饮料及烟草制品批发							
纺织、服装及家庭用品批发							
文化、体育用品及器材批发							
医药及医疗器材批发	2	397	467	840	1010	24980	27040
矿产品、建材及化工产品批发							
机械设备、五金产品及电子产品批发							
贸易经纪与代理							
其他批发业							
零售业	**23**	**2130**	**1885**	**14720**	**14916**	**484089**	**465948**
综合零售	8	836	732	8803	8937	321016	319931
食品、饮料及烟草制品专门零售	2	266	266	962	962	11470	11470
纺织、服装及日用品专门零售	1	4	4	20	20	3800	3800
文化、体育用品及器材专门零售	2	26	27	338	488	9858	6262
医药及医疗器材专门零售	9	979	837	4223	3988	85689	73981
汽车、摩托车、燃料及零配件专门零售							
家用电器及电子产品专门零售	1	19	19	374	521	52256	50504
五金、家具及室内装饰材料专门零售							
货摊、无店铺及其他零售业							
直营门店合计		**1089**	**919**	**11001**	**11037**	**418259**	**404245**
批发业		**14**	**14**	**136**	**136**	**5075**	**5075**
农、林、牧产品批发							
食品、饮料及烟草制品批发							
纺织、服装及家庭用品批发							
文化、体育用品及器材批发							
医药及医疗器材批发		14	14	136	136	5075	5075
矿产品、建材及化工产品批发							
机械设备、五金产品及电子产品批发							
贸易经纪与代理							
其他批发业							

1-4 续表 17

其他企业

项目	连锁总店数（个）	门店数（个）		年末从业人员（人）		年末零售营业面积（平方米）	
	2016年	2016年	2015年	2016年	2015年	2016年	2015年
零售业		**1075**	**905**	**10865**	**10901**	**413184**	**399170**
综合零售		474	381	7522	7593	300961	299981
食品、饮料及烟草制品专门零售		206	206	722	722	7720	7720
纺织、服装及日用品专门零售		4	4	20	20	3800	3800
文化、体育用品及器材专门零售		26	27	338	488	9858	6262
医药及医疗器材专门零售		346	268	1889	1557	38589	30903
汽车、摩托车、燃料及零配件专门零售							
家用电器及电子产品专门零售		19	19	374	521	52256	50504
五金、家具及室内装饰材料专门零售							
货摊、无店铺及其他零售业							
加盟门店合计		**1438**	**1433**	**4559**	**4889**	**90810**	**88743**
批发业		**383**	**453**	**704**	**874**	**19905**	**21965**
农、林、牧产品批发							
食品、饮料及烟草制品批发							
纺织、服装及家庭用品批发							
文化、体育用品及器材批发							
医药及医疗器材批发		383	453	704	874	19905	21965
矿产品、建材及化工产品批发							
机械设备、五金产品及电子产品批发							
贸易经纪与代理							
其他批发业							
零售业		**1055**	**980**	**3855**	**4015**	**70905**	**66778**
综合零售		362	351	1281	1344	20055	19950
食品、饮料及烟草制品专门零售		60	60	240	240	3750	3750
纺织、服装及日用品专门零售							
文化、体育用品及器材专门零售							
医药及医疗器材专门零售		633	569	2334	2431	47100	43078
汽车、摩托车、燃料及零配件专门零售							
家用电器及电子产品专门零售							
五金、家具及室内装饰材料专门零售							
货摊、无店铺及其他零售业							

1-4 续表 18

港澳台商投资企业

项目	连锁总店数（个）	门店数（个）		年末从业人员（人）		年末零售营业面积（平方米）	
	2016年	2016年	2015年	2016年	2015年	2016年	2015年
总　计	**123**	**9477**	**9024**	**245025**	**242125**	**20731140**	**15169770**
批发业	**10**	**874**	**927**	**4088**	**4804**	**176072**	**178739**
农、林、牧产品批发							
食品、饮料及烟草制品批发	2	16	17	78	76	1460	1379
纺织、服装及家庭用品批发	3	613	663	1200	1492	161301	163409
文化、体育用品及器材批发	1	8	8	48	63	522	522
医药及医疗器材批发							
矿产品、建材及化工产品批发	1	14	14	245	270	7500	7500
机械设备、五金产品及电子产品批发							
贸易经纪与代理							
其他批发业	3	223	225	2517	2903	5289	5929
零售业	**113**	**8603**	**8097**	**240937**	**237321**	**20555068**	**14991031**
综合零售	59	5777	5233	216480	215691	19886707	14229497
食品、饮料及烟草制品专门零售	12	465	482	4200	3985	38387	39231
纺织、服装及日用品专门零售	34	1335	1480	13778	11977	462803	558999
文化、体育用品及器材专门零售	1	14	59	61	556	968	3530
医药及医疗器材专门零售	6	1007	838	6281	4987	142639	136210
汽车、摩托车、燃料及零配件专门零售							
家用电器及电子产品专门零售							
五金、家具及室内装饰材料专门零售	1	5	5	137	125	23564	23564
货摊、无店铺及其他零售业							
直营门店合计		**7435**	**6992**	**178439**	**174461**	**17381567**	**12097208**
批发业		**407**	**417**	**3940**	**4596**	**65802**	**64976**
农、林、牧产品批发							
食品、饮料及烟草制品批发		16	17	78	76	1460	1379
纺织、服装及家庭用品批发		146	153	1052	1284	51031	49646
文化、体育用品及器材批发		8	8	48	63	522	522
医药及医疗器材批发							
矿产品、建材及化工产品批发		14	14	245	270	7500	7500
机械设备、五金产品及电子产品批发							
贸易经纪与代理							
其他批发业		223	225	2517	2903	5289	5929

1–4 续表 19

港澳台商投资企业

项目	连锁总店数（个）	门店数（个）		年末从业人员（人）		年末零售营业面积（平方米）	
	2016年	2016年	2015年	2016年	2015年	2016年	2015年
零售业		**7028**	**6575**	**174499**	**169865**	**17315765**	**12032232**
综合零售		4622	4237	151014	149560	16672242	11310617
食品、饮料及烟草制品专门零售		387	396	3981	3704	36742	36991
纺织、服装及日用品专门零售		1137	1184	13472	11490	448210	529920
文化、体育用品及器材专门零售		14	59	61	556	968	3530
医药及医疗器材专门零售		863	694	5834	4430	134039	127610
汽车、摩托车、燃料及零配件专门零售							
家用电器及电子产品专门零售							
五金、家具及室内装饰材料专门零售		5	5	137	125	23564	23564
货摊、无店铺及其他零售业							
加盟门店合计		**2042**	**2032**	**66586**	**67664**	**3349573**	**3072562**
批发业		**467**	**510**	**148**	**208**	**110270**	**113763**
农、林、牧产品批发							
食品、饮料及烟草制品批发							
纺织、服装及家庭用品批发		467	510	148	208	110270	113763
文化、体育用品及器材批发							
医药及医疗器材批发							
矿产品、建材及化工产品批发							
机械设备、五金产品及电子产品批发							
贸易经纪与代理							
其他批发业							
零售业		**1575**	**1522**	**66438**	**67456**	**3239303**	**2958799**
综合零售		1155	996	65466	66131	3214465	2918880
食品、饮料及烟草制品专门零售		78	86	219	281	1645	2240
纺织、服装及日用品专门零售		198	296	306	487	14593	29079
文化、体育用品及器材专门零售							
医药及医疗器材专门零售		144	144	447	557	8600	8600
汽车、摩托车、燃料及零配件专门零售							
家用电器及电子产品专门零售							
五金、家具及室内装饰材料专门零售							
货摊、无店铺及其他零售业							

1-4 续表 20

外商投资企业

项　　目	连锁总店数（个）	门店数（个）		年末从业人员（人）		年末零售营业面积（平方米）	
	2016年	2016年	2015年	2016年	2015年	2016年	2015年
总　计	**149**	**9942**	**10138**	**267233**	**284048**	**16543235**	**16997599**
批发业	**4**	**527**	**552**	**3210**	**3339**	**295862**	**301970**
农、林、牧产品批发							
食品、饮料及烟草制品批发	2	385	412	1704	1828	55663	62756
纺织、服装及家庭用品批发							
文化、体育用品及器材批发							
医药及医疗器材批发							
矿产品、建材及化工产品批发	2	142	140	1506	1511	240199	239214
机械设备、五金产品及电子产品批发							
贸易经纪与代理							
其他批发业							
零售业	**145**	**9415**	**9586**	**264023**	**280709**	**16247373**	**16695629**
综合零售	82	4122	4187	200666	219316	10956449	11338463
食品、饮料及烟草制品专门零售	1	61	79	402	316	4565	5072
纺织、服装及日用品专门零售	21	2859	2990	27011	26381	1111374	1186361
文化、体育用品及器材专门零售	3	46	45	1967	1950	172330	172330
医药及医疗器材专门零售	2	157	143	1386	1308	41320	39030
汽车、摩托车、燃料及零配件专门零售	26	2076	2051	22214	21430	3467778	3457641
家用电器及电子产品专门零售	5	85	82	9144	8791	379260	382435
五金、家具及室内装饰材料专门零售	5	9	9	1233	1217	114297	114297
货摊、无店铺及其他零售业							
直营门店合计		**7483**	**7590**	**240155**	**252850**	**15414361**	**15926676**
批发业		**511**	**534**	**3181**	**3291**	**295281**	**301298**
农、林、牧产品批发							
食品、饮料及烟草制品批发		369	394	1675	1780	55082	62084
纺织、服装及家庭用品批发							
文化、体育用品及器材批发							
医药及医疗器材批发							
矿产品、建材及化工产品批发		142	140	1506	1511	240199	239214
机械设备、五金产品及电子产品批发							
贸易经纪与代理							
其他批发业							

1-4 续表 21

外商投资企业

项目	连锁总店数（个）	门店数（个）		年末从业人员（人）		年末零售营业面积（平方米）	
	2016年	2016年	2015年	2016年	2015年	2016年	2015年
零售业		**6972**	**7056**	**236974**	**249559**	**15119080**	**15625378**
综合零售		3269	3299	182883	197722	10000253	10440632
食品、饮料及烟草制品专门零售		51	70	352	280	3981	4550
纺织、服装及日用品专门零售		1279	1357	17795	16861	939861	1014463
文化、体育用品及器材专门零售		46	45	1967	1950	172330	172330
医药及医疗器材专门零售		157	143	1386	1308	41320	39030
汽车、摩托车、燃料及零配件专门零售		2076	2051	22214	21430	3467778	3457641
家用电器及电子产品专门零售		85	82	9144	8791	379260	382435
五金、家具及室内装饰材料专门零售		9	9	1233	1217	114297	114297
货摊、无店铺及其他零售业							
加盟门店合计		**2459**	**2548**	**27078**	**31198**	**1128874**	**1070923**
批发业		**16**	**18**	**29**	**48**	**581**	**672**
农、林、牧产品批发							
食品、饮料及烟草制品批发		16	18	29	48	581	672
纺织、服装及家庭用品批发							
文化、体育用品及器材批发							
医药及医疗器材批发							
矿产品、建材及化工产品批发							
机械设备、五金产品及电子产品批发							
贸易经纪与代理							
其他批发业							
零售业		**2443**	**2530**	**27049**	**31150**	**1128293**	**1070251**
综合零售		853	888	17783	21594	956196	897831
食品、饮料及烟草制品专门零售		10	9	50	36	584	522
纺织、服装及日用品专门零售		1580	1633	9216	9520	171513	171898
文化、体育用品及器材专门零售							
医药及医疗器材专门零售							
汽车、摩托车、燃料及零配件专门零售							
家用电器及电子产品专门零售							
五金、家具及室内装饰材料专门零售							
货摊、无店铺及其他零售业							

1-5 按行业与登记注册类型分

内资企业

项 目	商品购进总额		统一配送商品购进额	
	2016年	2015年	2016年	2015年
总 计	**254609370**	**255560174**	**204817007**	**206084765**
批发业	**93137026**	**94336749**	**83565237**	**84318491**
农、林、牧产品批发	1694841	1674202	1650155	1636241
食品、饮料及烟草制品批发	6709302	7347115	5787737	6310470
纺织、服装及家庭用品批发	1606342	1733640	940278	874221
文化、体育用品及器材批发	3661980	3426813	3661980	3426813
医药及医疗器材批发	632787	611879	410295	389326
矿产品、建材及化工产品批发	76425293	76825657	68790450	69029914
机械设备、五金产品及电子产品批发	572030	476242	496166	416679
贸易经纪与代理				
其他批发业	1834451	2241201	1828178	2234827
零售业	**161472345**	**161223425**	**121251769**	**121766275**
综合零售	72304594	72139620	47927555	48013279
食品、饮料及烟草制品专门零售	3318619	2968390	2800547	2690100
纺织、服装及日用品专门零售	1474691	1374574	995342	972345
文化、体育用品及器材专门零售	4938717	4855725	4729079	4627917
医药及医疗器材专门零售	9112492	7895131	8418603	7335965
汽车、摩托车、燃料及零配件专门零售	37110460	40250086	32453353	35158593
家用电器及电子产品专门零售	32929819	31383800	23675069	22664575
五金、家具及室内装饰材料专门零售	192434	285343	186103	261976
货摊、无店铺及其他零售业	90520	70756	66119	41523
直营门店合计	**244834453**	**245620249**	**196508678**	**197628799**
批发业	**90186414**	**91128306**	**80780413**	**81404692**
农、林、牧产品批发	1374377	1378643	1372371	1376902
食品、饮料及烟草制品批发	6587253	7234912	5673233	6205239
纺织、服装及家庭用品批发	1514832	1573444	877238	767974
文化、体育用品及器材批发	3660612	3425611	3660612	3425611
医药及医疗器材批发	567803	527870	378129	355228
矿产品、建材及化工产品批发	74123817	74339080	66540778	66687314
机械设备、五金产品及电子产品批发	540980	424686	465116	365122
贸易经纪与代理				
其他批发业	1816740	2224061	1812937	2221303

连锁零售企业经营情况

单位：万元

自有配送中心配送商品购进额		非自有配送中心配送商品购进额		商品销售总额		零售额	
2016年	2015年	2016年	2015年	2016年	2015年	2016年	2015年
120475735	**121706735**	**36356761**	**36035166**	**295146257**	**294993629**	**211599848**	**206753003**
48695116	**49580396**	**17303966**	**17012607**	**106604599**	**107389781**	**62790063**	**59731739**
1644541	1630792	1365	1334	1795096	1775723	1681071	36030
3370933	3711521	117535	113355	9053490	9477884	1219514	1314067
899108	817416	6418	8504	2713967	2770434	1353421	1398755
3548198	3318789			3688419	3445158	1408194	1305786
339306	324390	13074	13780	739630	696598	315178	267363
36925264	37448206	17162902	16869023	86243611	86500913	54789667	52951176
334463	285071	2671	6611	637813	527606	339587	311001
1633304	2044211			1732573	2195464	1683431	2147562
71780619	**72126338**	**19052796**	**19022560**	**188541658**	**187603849**	**148809784**	**147021264**
30357113	30944414	7127392	7254265	85119415	85108450	73891628	74127077
1880955	1818811	155291	221908	4232185	3732595	3577760	3144139
461908	425708	195154	204983	2199606	2056351	1933741	1858701
4311547	4185107	178760	118852	5028105	4886289	2407974	2328763
4578042	3938007	1522634	1412214	11081174	9649109	9818834	8605951
14557514	15800604	7675340	7641073	45139154	48043704	35912825	35944004
15397932	14727058	2187111	2162531	35208643	33638618	20781174	20601826
180791	252517	1800	980	433674	409897	424296	370663
54818	34112	9315	5756	99703	78836	61553	40140
115020831	**116482457**	**34857469**	**34488479**	**284449235**	**284248055**	**203533655**	**199245672**
46559942	**47565067**	**17268553**	**16902431**	**103675513**	**104203524**	**61974148**	**59151927**
1372371	1376902			1466713	1466174	1416492	8398
3283367	3627758	91261	92091	8969046	9407710	1157455	1256262
836578	713660	6418	8504	2605576	2633262	1245886	1294553
3546830	3317587			3687236	3444067	1407011	1305589
313364	296017	12950	12852	661448	593252	274264	232001
35243259	35906903	17155253	16782373	83968345	84011052	54453625	52605382
330869	282029	2671	6611	605992	472893	335986	302180
1633304	2044211			1711159	2175114	1683431	2147562

1-5 续表 1

内资企业

项　目	商品购进总额		统一配送商品购进额	
	2016年	2015年	2016年	2015年
零售业	**154648040**	**154491943**	**115728265**	**116224107**
综合零售	67750832	67570126	44301053	44377485
食品、饮料及烟草制品专门零售	2337078	2197545	2046805	2015737
纺织、服装及日用品专门零售	1263519	1165245	878212	855707
文化、体育用品及器材专门零售	4933264	4850579	4727381	4625810
医药及医疗器材专门零售	8430166	7221246	7784044	6725463
汽车、摩托车、燃料及零配件专门零售	36833444	39969840	32176337	34878347
家用电器及电子产品专门零售	32836489	31172270	23581916	22453046
五金、家具及室内装饰材料专门零售	192434	285343	186103	261976
货摊、无店铺及其他零售业	70814	59750	46413	30537
加盟门店合计	**9774917**	**9939925**	**8308329**	**8455967**
批发业	**2950612**	**3208443**	**2784824**	**2913799**
农、林、牧产品批发	320464	295559	277784	259339
食品、饮料及烟草制品批发	122049	112202	114504	105232
纺织、服装及家庭用品批发	91510	160196	63040	106247
文化、体育用品及器材批发	1368	1202	1368	1202
医药及医疗器材批发	64984	84009	32166	34098
矿产品、建材及化工产品批发	2301476	2486577	2249672	2342601
机械设备、五金产品及电子产品批发	31050	51557	31050	51557
贸易经纪与代理				
其他批发业	17711	17140	15241	13524
零售业	**6824305**	**6731482**	**5523505**	**5542168**
综合零售	4553762	4569494	3626502	3635794
食品、饮料及烟草制品专门零售	981541	770846	753742	674363
纺织、服装及日用品专门零售	211172	209329	117130	116638
文化、体育用品及器材专门零售	5452	5146	1698	2108
医药及医疗器材专门零售	682327	673886	634559	610503
汽车、摩托车、燃料及零配件专门零售	277016	280246	277016	280246
家用电器及电子产品专门零售	93330	211530	93153	211530
五金、家具及室内装饰材料专门零售				
货摊、无店铺及其他零售业	19706	11006	19706	10986

单位：万元

自有配送中心配送商品购进额		非自有配送中心配送商品购进额		商品销售总额		零售额	
2016年	2015年	2016年	2015年	2016年	2015年	2016年	2015年
68460888	**68917390**	**17588917**	**17586048**	**180773722**	**180044532**	**141559507**	**140093744**
28227571	28809114	5935195	6078476	80182655	80145677	69095320	69333330
1135747	1159589	153408	213966	3091097	2848904	2557347	2369446
374271	341095	173994	181777	1778760	1693717	1599040	1536932
4309849	4182999	178760	118852	5021750	4881260	2404368	2325477
4320270	3715557	1273994	1182996	10236576	8831012	9066088	7904228
14557514	15800604	7675340	7641073	44831443	47736075	35635809	35663758
15319630	14632710	2187111	2162174	35110696	33429502	20728319	20560118
180791	252517	1800	980	433674	409897	424296	370663
35245	23206	9315	5756	87071	68489	48920	29793
5454904	**5224278**	**1499292**	**1546687**	**10697022**	**10745574**	**8066193**	**7507331**
2135174	**2015330**	**35413**	**110176**	**2929086**	**3186257**	**815915**	**579812**
272170	253890	1365	1334	328384	309549	264579	27632
87566	83763	26275	21264	84444	70174	62059	57805
62530	103756			108392	137172	107536	104202
1368	1202			1183	1091	1183	197
25942	28373	124	928	78183	103347	40914	35362
1682004	1541302	7649	86650	2275266	2489861	336043	345794
3594	3043			31821	54714	3601	8821
				21414	20350		
3319730	**3208948**	**1463879**	**1436511**	**7767935**	**7559317**	**7250278**	**6927520**
2129541	2135300	1192198	1175789	4936759	4962773	4796308	4793747
745208	659222	1883	7942	1141088	883691	1020413	774693
87637	84614	21160	23206	420846	362634	334701	321769
1698	2108			6355	5029	3607	3286
257771	222450	248639	229218	844597	818097	752746	701723
				307711	307628	277016	280246
78302	94348		357	97947	209117	52855	41708
19573	10906			12633	10348	12633	10348

1-5 续表 2

国有企业

项 目	商品购进总额		统一配送商品购进额	
	2016年	2015年	2016年	2015年
总 计	**33223482**	**35535470**	**30295573**	**32158885**
批发业	**17123728**	**18042022**	**15343877**	**15978582**
农、林、牧产品批发	35580	29170	34604	28289
食品、饮料及烟草制品批发	4583196	5331467	3852279	4489912
纺织、服装及家庭用品批发				
文化、体育用品及器材批发	434772	333250	434772	333250
医药及医疗器材批发	28189	30853	27040	29573
矿产品、建材及化工产品批发	12041991	12317283	10995182	11097559
机械设备、五金产品及电子产品批发				
贸易经纪与代理				
其他批发业				
零售业	**16099755**	**17493447**	**14951696**	**16180302**
综合零售	782958	558932	661464	513086
食品、饮料及烟草制品专门零售	60309	39987	54866	34714
纺织、服装及日用品专门零售	160177	169277	160177	169277
文化、体育用品及器材专门零售	386291	399937	352467	365080
医药及医疗器材专门零售	323093	293884	321910	273214
汽车、摩托车、燃料及零配件专门零售	14386928	16031432	13400813	14824933
家用电器及电子产品专门零售				
五金、家具及室内装饰材料专门零售				
货摊、无店铺及其他零售业				
直营门店合计	**32288247**	**34454948**	**29369747**	**31183756**
批发业	**16327499**	**17113046**	**14550402**	**15147018**
农、林、牧产品批发	35580	29170	34604	28289
食品、饮料及烟草制品批发	4583196	5331467	3852279	4489912
纺织、服装及家庭用品批发				
文化、体育用品及器材批发	434772	333250	434772	333250
医药及医疗器材批发	26310	28793	26310	28793
矿产品、建材及化工产品批发	11247641	11390366	10202437	10266775
机械设备、五金产品及电子产品批发				
贸易经纪与代理				
其他批发业				

单位：万元

自有配送中心配送商品购进额		非自有配送中心配送商品购进额		商品销售总额		零售额	
2016年	2015年	2016年	2015年	2016年	2015年	2016年	2015年
13117770	**14577675**	**5804951**	**5307050**	**39027514**	**40955335**	**22971139**	**22328456**
6512976	**7364435**	**1806872**	**1451589**	**20983375**	**21259270**	**9116423**	**8262369**
34604	28289			36272	46123	542	89
2904711	3256186	1487	3378	6847271	7399022	683193	808684
434772	333250			422680	404753	48446	59526
5654	4610		780	33097	37792	4472	4724
3133235	3742101	1805385	1447430	13644055	13371581	8379769	7389346
6604795	**7213241**	**3998079**	**3855461**	**18044139**	**19696066**	**13854717**	**14066087**
428088	267993	157237	139986	942445	966097	871608	890096
17784	15900	22438	14985	74124	59055	74011	58664
7647	7493	152529	161784	220335	226440	220335	226440
214295	202907	4449	3719	386753	389120	371967	356527
177306	109250	47309	44770	421052	351095	394605	329281
5759675	6609699	3614117	3490218	15999431	17704259	11922191	12205079
12828359	**14485451**	**5742255**	**5159022**	**38015235**	**39805651**	**22707891**	**22088952**
6266670	**7307184**	**1806872**	**1372060**	**20200908**	**20347813**	**9079061**	**8260029**
34604	28289			36272	46123	542	89
2904711	3256186	1487	3378	6847271	7399022	683193	808684
434772	333250			422680	404753	48446	59526
4924	4610			31030	35452	2405	2384
2887659	3684849	1805385	1368681	12863654	12462464	8344474	7389346

1-5 续表 3

国有企业

项　　目	商品购进总额		统一配送商品购进额	
	2016年	2015年	2016年	2015年
零售业	**15960748**	**17341902**	**14819345**	**16036738**
综合零售	721255	486573	606416	444287
食品、饮料及烟草制品专门零售	60309	39987	54866	34714
纺织、服装及日用品专门零售	160177	169277	160177	169277
文化、体育用品及器材专门零售	386193	399840	352368	364982
医药及医疗器材专门零售	245888	214794	244705	198546
汽车、摩托车、燃料及零配件专门零售	14386928	16031432	13400813	14824933
家用电器及电子产品专门零售				
五金、家具及室内装饰材料专门零售				
货摊、无店铺及其他零售业				
加盟门店合计	**935235**	**1080522**	**925826**	**975129**
批发业	**796229**	**928977**	**793475**	**831564**
农、林、牧产品批发				
食品、饮料及烟草制品批发				
纺织、服装及家庭用品批发				
文化、体育用品及器材批发				
医药及医疗器材批发	1879	2060	730	780
矿产品、建材及化工产品批发	794350	926917	792745	830784
机械设备、五金产品及电子产品批发				
贸易经纪与代理				
其他批发业				
零售业	**139006**	**151546**	**132351**	**143565**
综合零售	61703	72358	55048	68799
食品、饮料及烟草制品专门零售				
纺织、服装及日用品专门零售				
文化、体育用品及器材专门零售	98	97	98	97
医药及医疗器材专门零售	77205	79090	77205	74668
汽车、摩托车、燃料及零配件专门零售				
家用电器及电子产品专门零售				
五金、家具及室内装饰材料专门零售				
货摊、无店铺及其他零售业				

单位：万元

自有配送中心配送商品购进额		非自有配送中心配送商品购进额		商品销售总额		零售额	
2016年	2015年	2016年	2015年	2016年	2015年	2016年	2015年
6561690	**7178268**	**3935383**	**3786962**	**17814328**	**19457838**	**13628830**	**13828923**
405348	240414	124929	98766	793733	799444	722897	723443
17784	15900	22438	14985	74124	59055	74011	58664
7647	7493	152529	161784	220335	226440	220335	226440
214197	202810	4449	3719	386678	389046	371892	356453
157039	101953	16922	17491	340027	279595	317504	258844
5759675	6609699	3614117	3490218	15999431	17704259	11922191	12205079
289411	**92224**	**62696**	**148029**	**1012279**	**1149684**	**263249**	**239504**
246306	**57251**		**79529**	**782467**	**911457**	**37362**	**2340**
730			780	2067	2340	2067	2340
245576	57251		78749	780400	909117	35295	
43105	**34973**	**62696**	**68500**	**229812**	**238227**	**225887**	**237164**
22739	27579	32309	41220	148712	166654	148712	166654
98	97			75	73	75	73
20267	7297	30387	27279	81025	71500	77100	70437

1–5 续表 4

集体企业

项　　目	商品购进总额		统一配送商品购进额	
	2016年	2015年	2016年	2015年
总　计	**834551**	**803176**	**145363**	**152304**
批发业	**49787**	**40293**	**49787**	**40293**
农、林、牧产品批发				
食品、饮料及烟草制品批发	2076	2564	2076	2564
纺织、服装及家庭用品批发				
文化、体育用品及器材批发				
医药及医疗器材批发				
矿产品、建材及化工产品批发	47712	37729	47712	37729
机械设备、五金产品及电子产品批发				
贸易经纪与代理				
其他批发业				
零售业	**784764**	**762883**	**95575**	**112011**
综合零售	735585	698431	49495	51293
食品、饮料及烟草制品专门零售	21673	19625	21673	19625
纺织、服装及日用品专门零售				
文化、体育用品及器材专门零售	9933	25662	9933	25662
医药及医疗器材专门零售	17573	19166	14474	15431
汽车、摩托车、燃料及零配件专门零售				
家用电器及电子产品专门零售				
五金、家具及室内装饰材料专门零售				
货摊、无店铺及其他零售业				
直营门店合计	**734212**	**702572**	**132805**	**139404**
批发业	**49381**	**39687**	**49381**	**39687**
农、林、牧产品批发				
食品、饮料及烟草制品批发	1670	1958	1670	1958
纺织、服装及家庭用品批发				
文化、体育用品及器材批发				
医药及医疗器材批发				
矿产品、建材及化工产品批发	47712	37729	47712	37729
机械设备、五金产品及电子产品批发				
贸易经纪与代理				
其他批发业				

单位：万元

自有配送中心配送商品购进额		非自有配送中心配送商品购进额		商品销售总额		零售额	
2016年	2015年	2016年	2015年	2016年	2015年	2016年	2015年
106925	**111929**	**12453**	**12127**	**983494**	**913233**	**547779**	**496371**
49381	**40293**			**52521**	**43303**	**13336**	**11700**
1670	2564			4696	5429	2743	3499
47712	37729			47825	37874	10593	8201
57544	**71636**	**12453**	**12127**	**930973**	**869930**	**534443**	**484671**
45590	42670			862217	807399	468789	424838
				21570	20180	21570	20180
9933	25662			24029	20847	24029	20847
2021	3305	12453	12127	23157	21503	20056	18806
94773	**99029**	**12453**	**12127**	**918501**	**846658**	**516760**	**461913**
49381	**39687**			**51791**	**42212**	**12605**	**10609**
1670	1958			3966	4338	2012	2408
47712	37729			47825	37874	10593	8201

1—5　续表 5

集体企业

项　　目	商品购进总额		统一配送商品购进额	
	2016年	2015年	2016年	2015年
零售业	**684831**	**662885**	**83423**	**99717**
综合零售	636251	600167	37343	38999
食品、饮料及烟草制品专门零售	21673	19625	21673	19625
纺织、服装及日用品专门零售				
文化、体育用品及器材专门零售	9933	25662	9933	25662
医药及医疗器材专门零售	16974	17431	14474	15431
汽车、摩托车、燃料及零配件专门零售				
家用电器及电子产品专门零售				
五金、家具及室内装饰材料专门零售				
货摊、无店铺及其他零售业				
加盟门店合计	**100339**	**100604**	**12558**	**12900**
批发业	**406**	**606**	**406**	**606**
农、林、牧产品批发				
食品、饮料及烟草制品批发	406	606	406	606
纺织、服装及家庭用品批发				
文化、体育用品及器材批发				
医药及医疗器材批发				
矿产品、建材及化工产品批发				
机械设备、五金产品及电子产品批发				
贸易经纪与代理				
其他批发业				
零售业	**99933**	**99998**	**12152**	**12294**
综合零售	99334	98263	12152	12294
食品、饮料及烟草制品专门零售				
纺织、服装及日用品专门零售				
文化、体育用品及器材专门零售				
医药及医疗器材专门零售	599	1734		
汽车、摩托车、燃料及零配件专门零售				
家用电器及电子产品专门零售				
五金、家具及室内装饰材料专门零售				
货摊、无店铺及其他零售业				

单位：万元

自有配送中心配送商品购进额		非自有配送中心配送商品购进额		商品销售总额		零售额	
2016年	2015年	2016年	2015年	2016年	2015年	2016年	2015年
45392	**59342**	**12453**	**12127**	**866710**	**804447**	**504155**	**451304**
33437	30376			798656	742613	438500	391471
				21570	20180	21570	20180
9933	25662			24029	20847	24029	20847
2021	3305	12453	12127	22456	20806	20056	18806
12152	**12900**			**64994**	**66574**	**31019**	**34458**
	606			**731**	**1091**	**731**	**1091**
	606			731	1091	731	1091
12152	**12294**			**64263**	**65483**	**30289**	**33367**
12152	12294			63562	64786	30289	33367
				701	697		

1−5 续表 6

股份合作企业

项　　目	商品购进总额		统一配送商品购进额	
	2016年	2015年	2016年	2015年
总　计	**1028078**	**951424**	**994673**	**912931**
批发业	**13018**	**12187**	**3050**	**2907**
农、林、牧产品批发				
食品、饮料及烟草制品批发	13018	12187	3050	2907
纺织、服装及家庭用品批发				
文化、体育用品及器材批发				
医药及医疗器材批发				
矿产品、建材及化工产品批发				
机械设备、五金产品及电子产品批发				
贸易经纪与代理				
其他批发业				
零售业	**1015061**	**939237**	**991623**	**910024**
综合零售	72900	64377	72900	64377
食品、饮料及烟草制品专门零售				
纺织、服装及日用品专门零售				
文化、体育用品及器材专门零售				
医药及医疗器材专门零售				
汽车、摩托车、燃料及零配件专门零售	918723	845647	918723	845647
家用电器及电子产品专门零售				
五金、家具及室内装饰材料专门零售				
货摊、无店铺及其他零售业	23437	29213		
直营门店合计	**1026279**	**949914**	**992873**	**911421**
批发业	**13018**	**12187**	**3050**	**2907**
农、林、牧产品批发				
食品、饮料及烟草制品批发	13018	12187	3050	2907
纺织、服装及家庭用品批发				
文化、体育用品及器材批发				
医药及医疗器材批发				
矿产品、建材及化工产品批发				
机械设备、五金产品及电子产品批发				
贸易经纪与代理				
其他批发业				

单位：万元

自有配送中心配送商品购进额		非自有配送中心配送商品购进额		商品销售总额		零售额	
2016年	2015年	2016年	2015年	2016年	2015年	2016年	2015年
980341	**898368**			**1135253**	**1066580**	**873097**	**842264**
				20994	**20678**	**6581**	**5937**
				20994	20678	6581	5937
980341	**898368**			**1114259**	**1045901**	**866516**	**836327**
61618	52721			95508	87713	95508	87713
918723	845647			985314	925178	771008	748614
				33437	33011		
978541	**896857**			**1133151**	**1064800**	**870995**	**840485**
				20994	**20678**	**6581**	**5937**
				20994	20678	6581	5937

1-5 续表 7

股份合作企业

项　　目	商品购进总额		统一配送商品购进额	
	2016年	2015年	2016年	2015年
零售业	**1013261**	**937727**	**989824**	**908514**
综合零售	71101	62866	71101	62866
食品、饮料及烟草制品专门零售				
纺织、服装及日用品专门零售				
文化、体育用品及器材专门零售				
医药及医疗器材专门零售				
汽车、摩托车、燃料及零配件专门零售	918723	845647	918723	845647
家用电器及电子产品专门零售				
五金、家具及室内装饰材料专门零售				
货摊、无店铺及其他零售业	23437	29213		
加盟门店合计	**1800**	**1511**	**1800**	**1511**
批发业				
农、林、牧产品批发				
食品、饮料及烟草制品批发				
纺织、服装及家庭用品批发				
文化、体育用品及器材批发				
医药及医疗器材批发				
矿产品、建材及化工产品批发				
机械设备、五金产品及电子产品批发				
贸易经纪与代理				
其他批发业				
零售业	**1800**	**1511**	**1800**	**1511**
综合零售	1800	1511	1800	1511
食品、饮料及烟草制品专门零售				
纺织、服装及日用品专门零售				
文化、体育用品及器材专门零售				
医药及医疗器材专门零售				
汽车、摩托车、燃料及零配件专门零售				
家用电器及电子产品专门零售				
五金、家具及室内装饰材料专门零售				
货摊、无店铺及其他零售业				

单位：万元

自有配送中心配送商品购进额		非自有配送中心配送商品购进额		商品销售总额		零售额	
2016年	2015年	2016年	2015年	2016年	2015年	2016年	2015年
978541	**896857**			**1112157**	**1044122**	**864414**	**834548**
59818	51210			93406	85934	93406	85934
918723	845647			985314	925178	771008	748614
				33437	33011		
1800	**1511**			**2102**	**1780**	**2102**	**1780**
1800	**1511**			**2102**	**1780**	**2102**	**1780**
1800	1511			2102	1780	2102	1780

1-5 续表 8

联营企业

项目	商品购进总额		统一配送商品购进额	
	2016年	2015年	2016年	2015年
总　计	**77196**	**66798**	**77196**	**66798**
批发业				
农、林、牧产品批发				
食品、饮料及烟草制品批发				
纺织、服装及家庭用品批发				
文化、体育用品及器材批发				
医药及医疗器材批发				
矿产品、建材及化工产品批发				
机械设备、五金产品及电子产品批发				
贸易经纪与代理				
其他批发业				
零售业	**77196**	**66798**	**77196**	**66798**
综合零售	13922	15089	13922	15089
食品、饮料及烟草制品专门零售				
纺织、服装及日用品专门零售				
文化、体育用品及器材专门零售				
医药及医疗器材专门零售	63274	51710	63274	51710
汽车、摩托车、燃料及零配件专门零售				
家用电器及电子产品专门零售				
五金、家具及室内装饰材料专门零售				
货摊、无店铺及其他零售业				
直营门店合计	**72645**	**59031**	**72645**	**59031**
批发业				
农、林、牧产品批发				
食品、饮料及烟草制品批发				
纺织、服装及家庭用品批发				
文化、体育用品及器材批发				
医药及医疗器材批发				
矿产品、建材及化工产品批发				
机械设备、五金产品及电子产品批发				
贸易经纪与代理				
其他批发业				

单位：万元

自有配送中心配送商品购进额		非自有配送中心配送商品购进额		商品销售总额		零售额	
2016年	2015年	2016年	2015年	2016年	2015年	2016年	2015年
13922	**15089**			**95039**	**89415**	**90616**	**80392**
13922	**15089**			**95039**	**89415**	**90616**	**80392**
13922	15089			15795	22872	11372	13849
				79244	66543	79244	66543
13922	**15089**			**90488**	**79376**	**86065**	**70353**

1-5 续表 9

联营企业

项　　目	商品购进总额		统一配送商品购进额	
	2016年	2015年	2016年	2015年
零售业	**72645**	**59031**	**72645**	**59031**
综合零售	13922	15089	13922	15089
食品、饮料及烟草制品专门零售				
纺织、服装及日用品专门零售				
文化、体育用品及器材专门零售				
医药及医疗器材专门零售	58723	43943	58723	43943
汽车、摩托车、燃料及零配件专门零售				
家用电器及电子产品专门零售				
五金、家具及室内装饰材料专门零售				
货摊、无店铺及其他零售业				
加盟门店合计	**4551**	**7767**	**4551**	**7767**
批发业				
农、林、牧产品批发				
食品、饮料及烟草制品批发				
纺织、服装及家庭用品批发				
文化、体育用品及器材批发				
医药及医疗器材批发				
矿产品、建材及化工产品批发				
机械设备、五金产品及电子产品批发				
贸易经纪与代理				
其他批发业				
零售业	**4551**	**7767**	**4551**	**7767**
综合零售				
食品、饮料及烟草制品专门零售				
纺织、服装及日用品专门零售				
文化、体育用品及器材专门零售				
医药及医疗器材专门零售	4551	7767	4551	7767
汽车、摩托车、燃料及零配件专门零售				
家用电器及电子产品专门零售				
五金、家具及室内装饰材料专门零售				
货摊、无店铺及其他零售业				

单位：万元

自有配送中心配送商品购进额		非自有配送中心配送商品购进额		商品销售总额		零售额	
2016年	2015年	2016年	2015年	2016年	2015年	2016年	2015年
13922	**15089**			**90488**	**79376**	**86065**	**70353**
13922	15089			15795	22872	11372	13849
				74693	56505	74693	56505
				4551	**10038**	**4551**	**10038**
				4551	**10038**	**4551**	**10038**
				4551	10038	4551	10038

1-5 续表 10

有限责任公司

项　目	商品购进总额		统一配送商品购进额	
	2016年	2015年	2016年	2015年
总　计	**62681187**	**61484289**	**50639210**	**49427388**
批发业	**10767407**	**10371044**	**9704076**	**9335572**
农、林、牧产品批发	27299	26674	25934	25340
食品、饮料及烟草制品批发	1803266	1716625	1678586	1607036
纺织、服装及家庭用品批发	195286	184383	195286	184383
文化、体育用品及器材批发	1901304	1805581	1901304	1805581
医药及医疗器材批发	381474	366935	215850	194566
矿产品、建材及化工产品批发	5964936	5806615	5272041	5117759
机械设备、五金产品及电子产品批发	304185	275014	229078	215451
贸易经纪与代理				
其他批发业	189658	189216	185998	185456
零售业	**51913780**	**51113245**	**40935134**	**40091816**
综合零售	23778203	23769807	17734386	17656271
食品、饮料及烟草制品专门零售	1297474	1312194	1062455	1107585
纺织、服装及日用品专门零售	772475	656835	460640	423828
文化、体育用品及器材专门零售	3750303	3632954	3621819	3482414
医药及医疗器材专门零售	4855653	4071862	4412098	3703375
汽车、摩托车、燃料及零配件专门零售	4302695	4532575	3828864	3958284
家用电器及电子产品专门零售	12981916	12888784	9647105	9535191
五金、家具及室内装饰材料专门零售	141332	227031	135001	203665
货摊、无店铺及其他零售业	33730	21204	32765	21204
直营门店合计	**60799377**	**59433562**	**49222606**	**47901340**
批发业	**10514869**	**10081251**	**9516025**	**9122796**
农、林、牧产品批发	12282	12003	12282	12003
食品、饮料及烟草制品批发	1800853	1713943	1676173	1604354
纺织、服装及家庭用品批发	195286	183669	195286	183669
文化、体育用品及器材批发	1899936	1804379	1899936	1804379
医药及医疗器材批发	351749	320105	196578	171959
矿产品、建材及化工产品批发	5790846	5634693	5148149	4993681
机械设备、五金产品及电子产品批发	276729	226859	201622	167296
贸易经纪与代理				
其他批发业	187188	185600	185998	185456

单位：万元

自有配送中心配送商品购进额		非自有配送中心配送商品购进额		商品销售总额		零售额	
2016年	2015年	2016年	2015年	2016年	2015年	2016年	2015年
29098813	**28277259**	**6232043**	**6510148**	**72568255**	**70987206**	**55976210**	**54686836**
4885762	**4644345**	**142882**	**145518**	**12933963**	**12515030**	**5525006**	**5289431**
24295	23866	1365	1334	33248	32929	21968	21737
285129	282771	87838	86302	1828038	1718406	388689	365040
189715	179021	5571	5362	255609	248970	75563	75427
1858087	1769797			2010733	1812958	770204	684653
210561	191396	84	117	411986	404881	118373	110979
2146925	2066587	46664	46989	7878584	7827633	3850041	3761451
162022	120021	1361	5415	326344	279963	138565	109805
9029	10886			189422	189290	161603	160341
24213050	**23632914**	**6089161**	**6364630**	**59634291**	**58472176**	**50451204**	**49397405**
9674225	9715221	2357795	2579243	28177839	27872021	23924037	23950641
635959	655362	60085	122129	1756652	1707330	1434864	1381202
268684	240963	23623	20020	1144585	1020246	963439	888471
3372494	3258229	173823	115017	3827534	3686522	1306103	1244852
2013743	1688845	1034514	991708	5733326	5083893	5192980	4605796
1030905	1156238	1800528	1778009	4633889	4878859	4098667	3951659
7051064	6699568	638577	758229	13946129	13859119	13126611	13035277
133426	197558			379096	342891	372514	322326
32550	20929	215	275	35241	21295	31989	17182
28112204	**27249474**	**5946757**	**6196656**	**70120262**	**68478208**	**53925434**	**52581650**
4747960	**4509220**	**133784**	**136167**	**12693140**	**12190645**	**5481472**	**5214018**
12282	12003			15643	15516	4363	4324
282974	280293	87838	86302	1825339	1714920	385991	361554
189715	178307	5571	5362	255609	248256	75563	74713
1856719	1768595			2009550	1811867	769022	684456
191767	168906			383195	349424	108594	101274
2043453	1970208	39015	39088	7719103	7636470	3837772	3722811
162022	120021	1361	5415	298124	228997	138565	104545
9029	10886			186577	185195	161603	160341

1-5 续表 11

有限责任公司

项　　目	商品购进总额		统一配送商品购进额	
	2016年	2015年	2016年	2015年
零售业	**50284508**	**49352311**	**39706581**	**38778544**
综合零售	22840026	22714633	17043598	16877763
食品、饮料及烟草制品专门零售	1026105	1072100	844334	916618
纺织、服装及日用品专门零售	645947	533226	408162	378131
文化、体育用品及器材专门零售	3750280	3632525	3621795	3481985
医药及医疗器材专门零售	4600504	3776711	4182981	3452182
汽车、摩托车、燃料及零配件专门零售	4302695	4532575	3828864	3958284
家用电器及电子产品专门零售	12943926	12842479	9609116	9488886
五金、家具及室内装饰材料专门零售	141332	227031	135001	203665
货摊、无店铺及其他零售业	33694	21031	32730	21031
加盟门店合计	**1881810**	**2050727**	**1416604**	**1526048**
批发业	**252538**	**289793**	**188051**	**212775**
农、林、牧产品批发	15017	14671	13652	13337
食品、饮料及烟草制品批发	2413	2682	2413	2682
纺织、服装及家庭用品批发		714		714
文化、体育用品及器材批发	1368	1202	1368	1202
医药及医疗器材批发	29724	46830	19271	22607
矿产品、建材及化工产品批发	174091	171922	123891	124078
机械设备、五金产品及电子产品批发	27456	48155	27456	48155
贸易经纪与代理				
其他批发业	2470	3616		
零售业	**1629272**	**1760934**	**1228553**	**1313272**
综合零售	938178	1055174	690788	778508
食品、饮料及烟草制品专门零售	271369	240093	218122	190967
纺织、服装及日用品专门零售	126528	123608	52478	45697
文化、体育用品及器材专门零售	24	429	24	429
医药及医疗器材专门零售	255149	295151	229118	251193
汽车、摩托车、燃料及零配件专门零售				
家用电器及电子产品专门零售	37989	46305	37989	46305
五金、家具及室内装饰材料专门零售				
货摊、无店铺及其他零售业	35	174	35	174

单位：万元

自有配送中心配送商品购进额		非自有配送中心配送商品购进额		商品销售总额		零售额	
2016年	2015年	2016年	2015年	2016年	2015年	2016年	2015年
23364244	**22740254**	**5812972**	**6060489**	**57427121**	**56287563**	**48443962**	**47367632**
9222410	9178312	2165478	2373915	26995898	26668538	22742784	22748554
418100	471516	60085	115553	1380552	1390117	1147638	1149468
218495	197632	21383	17708	887646	818737	769197	701876
3372470	3257800	173823	115017	3827494	3686157	1306067	1244521
1922848	1604423	952883	902140	5380076	4666421	4883863	4238657
1030905	1156238	1800528	1778009	4633889	4878859	4098667	3951659
7013074	6656021	638577	757872	13907302	13814728	13091318	12993569
133426	197558			379096	342891	372514	322326
32515	20756	215	275	35167	21116	31914	17002
986609	**1027785**	**285286**	**313492**	**2447993**	**2508998**	**2050776**	**2105186**
137802	**135125**	**9098**	**9352**	**240823**	**324385**	**43533**	**75414**
12013	11863	1365	1334	17605	17413	17605	17413
2156	2478			2698	3486	2698	3486
	714				714		714
1368	1202			1183	1091	1183	197
18794	22490	84	117	28791	55458	9779	9705
103472	96378	7649	7901	159481	191163	12268	38640
				28220	50966		5259
				2845	4095		
848807	**892660**	**276188**	**304141**	**2207170**	**2184613**	**2007242**	**2029772**
451815	536909	192317	205327	1181940	1203484	1181253	1202087
217859	183847		6576	376100	317213	287226	231734
50189	43331	2240	2312	256939	201509	194242	186595
24	429			40	365	36	331
90895	84423	81631	89569	353250	417473	309117	367139
37989	43548		357	38827	44391	35294	41708
35	174			74	180	74	180

1-5 续表 12

股份有限公司

项　目	商品购进总额		统一配送商品购进额	
	2016年	2015年	2016年	2015年
总　计	**132753964**	**134399585**	**101698271**	**103714951**
批发业	**64207030**	**64959258**	**57712363**	**58289817**
农、林、牧产品批发	1573811	1566841	1573811	1566841
食品、饮料及烟草制品批发	14379	12919	14379	12919
纺织、服装及家庭用品批发	1369913	1482848	705959	634229
文化、体育用品及器材批发	1322961	1284364	1322961	1284364
医药及医疗器材批发	92708	80093	92708	80093
矿产品、建材及化工产品批发	58208982	58498868	52378270	52678046
机械设备、五金产品及电子产品批发				
贸易经纪与代理				
其他批发业	1624276	2033325	1624276	2033325
零售业	**68546934**	**69440327**	**43985907**	**45425134**
综合零售	36510731	37349318	20679988	21421368
食品、饮料及烟草制品专门零售	751737	518382	504420	462929
纺织、服装及日用品专门零售	25173	20795	25173	20795
文化、体育用品及器材专门零售	623651	602356	620303	602356
医药及医疗器材专门零售	634610	559898	633604	558978
汽车、摩托车、燃料及零配件专门零售	17290616	18643195	14128164	15366599
家用电器及电子产品专门零售	12710416	11746383	7394256	6992109
五金、家具及室内装饰材料专门零售				
货摊、无店铺及其他零售业				
直营门店合计	**128095029**	**129716208**	**97656330**	**99540681**
批发业	**62567811**	**63226893**	**56100414**	**56608701**
农、林、牧产品批发	1320675	1331815	1320675	1331815
食品、饮料及烟草制品批发	14379	12919	14379	12919
纺织、服装及家庭用品批发	1280113	1329196	643429	531827
文化、体育用品及器材批发	1322961	1284364	1322961	1284364
医药及医疗器材批发	92708	80093	92708	80093
矿产品、建材及化工产品批发	56912700	57155181	51081987	51334359
机械设备、五金产品及电子产品批发				
贸易经纪与代理				
其他批发业	1624276	2033325	1624276	2033325

单位：万元

自有配送中心配送商品购进额		非自有配送中心配送商品购进额		商品销售总额		零售额	
2016年	2015年	2016年	2015年	2016年	2015年	2016年	2015年
65293478	**66042493**	**21180730**	**21515817**	**155207489**	**156193012**	**108351614**	**106566819**
36771051	**37047828**	**15310853**	**15374604**	**71439806**	**72426601**	**47678589**	**45729619**
1573811	1566841			1641011	1625346	1641011	
14379	12919			13966	12783	2310	2159
705959	634229			2390565	2399083	1268845	1312551
1252396	1212124			1250940	1223295	588701	560930
74240	64202			143252	112669	143252	112669
31525989	31524188	15310853	15374604	64481952	65069912	42516351	41757798
1624276	2033325			1518120	1983512	1518120	1983512
28522427	**28994666**	**5869877**	**6141213**	**83767682**	**83766411**	**60673025**	**60837200**
14358903	15198946	3322678	3413602	43619043	44433013	37997974	38760873
503839	462276	581	653	813511	552365	811879	550626
4469	5182			36013	34942	35937	34789
612801	594855			605033	560149	557514	527143
407310	350304	50003	41189	793877	723040	562416	488494
6768591	7110895	2228064	2336950	23279420	24318660	18914305	18859411
5866515	5272207	268551	348820	14620785	13144242	1793000	1615863
62287634	**63051185**	**20583963**	**20906486**	**150700594**	**151622069**	**104926383**	**103492048**
35159181	**35366778**	**15310853**	**15374604**	**69801195**	**70755412**	**47048079**	**45322789**
1320675	1331815			1405611	1397798	1405611	
14379	12919			13966	12783	2310	2159
643429	531827			2283579	2299083	1161859	1212551
1252396	1212124			1250940	1223295	588701	560930
74240	64202			143252	112669	143252	112669
30229786	30180567	15310853	15374604	63185727	63726272	42228227	41450969
1624276	2033325			1518120	1983512	1518120	1983512

1—5 续表 13

股份有限公司

项目	商品购进总额		统一配送商品购进额	
	2016年	2015年	2016年	2015年
零售业	**65527218**	**66489315**	**41555916**	**42931980**
综合零售	34451951	35289564	19041570	19775121
食品、饮料及烟草制品专门零售	117632	47757	39552	36585
纺织、服装及日用品专门零售	25173	20795	25173	20795
文化、体育用品及器材专门零售	622075	600775	618727	600775
医药及医疗器材专门零售	601222	535517	600342	534667
汽车、摩托车、燃料及零配件专门零售	17013600	18362949	13851148	15086353
家用电器及电子产品专门零售	12695565	11631958	7379405	6877684
五金、家具及室内装饰材料专门零售				
货摊、无店铺及其他零售业				
加盟门店合计	**4658934**	**4683377**	**4041941**	**4174269**
批发业	**1639219**	**1732365**	**1611949**	**1681115**
农、林、牧产品批发	253136	235026	253136	235026
食品、饮料及烟草制品批发				
纺织、服装及家庭用品批发	89800	153653	62530	102403
文化、体育用品及器材批发				
医药及医疗器材批发				
矿产品、建材及化工产品批发	1296283	1343687	1296283	1343687
机械设备、五金产品及电子产品批发				
贸易经纪与代理				
其他批发业				
零售业	**3019715**	**2951012**	**2429992**	**2493154**
综合零售	2058780	2059754	1638418	1646247
食品、饮料及烟草制品专门零售	634104	470625	464868	426344
纺织、服装及日用品专门零售				
文化、体育用品及器材专门零售	1576	1581	1576	1581
医药及医疗器材专门零售	33388	24381	33263	24311
汽车、摩托车、燃料及零配件专门零售	277016	280246	277016	280246
家用电器及电子产品专门零售	14851	114425	14851	114425
五金、家具及室内装饰材料专门零售				
货摊、无店铺及其他零售业				

单位：万元

自有配送中心配送商品购进额		非自有配送中心配送商品购进额		商品销售总额		零售额	
2016年	2015年	2016年	2015年	2016年	2015年	2016年	2015年
27128452	**27684407**	**5273110**	**5531882**	**80899399**	**80866657**	**57878304**	**58169259**
13432607	14317685	2757641	2826903	41788779	42474542	36210576	36873453
39393	36260	159	325	135127	54295	133496	54295
4469	5182			36013	34942	35937	34789
611225	593274			603458	558568	555938	525562
405653	348904	18696	18885	760644	701392	529183	486131
6768591	7110895	2228064	2336950	22971709	24011032	18637289	18579165
5866515	5272207	268551	348820	14603669	13031888	1775884	1615863
3005844	**2991309**	**596767**	**609331**	**4506894**	**4570943**	**3425231**	**3074771**
1611869	**1681050**			**1638612**	**1671189**	**630510**	**406830**
253136	235026			235401	227548	235401	
62530	102403			106986	100000	106986	100000
1296203	1343621			1296225	1343640	288124	306830
1393975	**1310259**	**596767**	**609331**	**2868283**	**2899754**	**2794722**	**2667941**
926296	881262	565038	586699	1830264	1958471	1787398	1887419
464446	426015	422	328	678383	498071	678383	496332
1576	1581			1576	1581	1576	1581
1657	1401	31307	22304	33234	21648	33234	2363
				307711	307628	277016	280246
				17116	112355	17116	

1-5 续表 14

私营企业

项　　目	商品购进总额		统一配送商品购进额	
	2016年	2015年	2016年	2015年
总　计	**23474691**	**21811209**	**20456625**	**19157752**
批发业	**969779**	**906036**	**745813**	**665438**
农、林、牧产品批发	58151	51517	15805	15771
食品、饮料及烟草制品批发	293368	271353	237367	195133
纺织、服装及家庭用品批发	41143	66409	39033	55609
文化、体育用品及器材批发	2943	3619	2943	3619
医药及医疗器材批发	124139	128089	68427	79211
矿产品、建材及化工产品批发	161672	165162	97246	98822
机械设备、五金产品及电子产品批发	267845	201228	267088	201228
贸易经纪与代理				
其他批发业	20518	18660	17904	16046
零售业	**22504912**	**20905172**	**19710811**	**18492315**
综合零售	10048300	9410223	8359996	8029323
食品、饮料及烟草制品专门零售	1170528	1061378	1150963	1048871
纺织、服装及日用品专门零售	515665	526417	348151	357195
文化、体育用品及器材专门零售	147206	148829	103225	106418
医药及医疗器材专门零售	3120900	2826034	2884649	2663701
汽车、摩托车、燃料及零配件专门零售	211497	197237	176788	163130
家用电器及电子产品专门零售	7206362	6656405	6602583	6045047
五金、家具及室内装饰材料专门零售	51102	58311	51102	58311
货摊、无店铺及其他零售业	33353	20339	33353	20319
直营门店合计	**21333160**	**19837004**	**18598373**	**17438564**
批发业	**710438**	**652028**	**557742**	**480367**
农、林、牧产品批发	5840	5655	4810	4795
食品、饮料及烟草制品批发	174138	162439	125682	93189
纺织、服装及家庭用品批发	39433	60579	38523	52479
文化、体育用品及器材批发	2943	3619	2943	3619
医药及医疗器材批发	93638	95664	59135	71167
矿产品、建材及化工产品批发	124919	121111	60493	54770
机械设备、五金产品及电子产品批发	264251	197827	263494	197827
贸易经纪与代理				
其他批发业	5277	5136	2663	2522

单位：万元

自有配送中心配送商品购进额		非自有配送中心配送商品购进额		商品销售总额		零售额	
2016年	2015年	2016年	2015年	2016年	2015年	2016年	2015年
11734296	**11660151**	**2836488**	**2466153**	**25586730**	**24237550**	**22269619**	**21200647**
469677	**477686**	**43358**	**40896**	**1163363**	**1114890**	**439554**	**422673**
11830	11796			84565	71324	17550	14204
165043	157082	28210	23674	338524	321567	135998	128748
3434	4166	848	3142	67794	122381	9014	10777
2943	3619			4066	4152	842	677
42583	58372	12990	12883	140720	131247	38505	28983
71403	77602			191195	193913	32914	34380
172441	165050	1310	1196	311469	247644	201022	201196
				25031	22663	3709	3709
11264619	**11182464**	**2793130**	**2425257**	**24423367**	**23122660**	**21830065**	**20777974**
5695421	5579634	1056792	944398	11070515	10630617	10186286	9710351
718228	670048	71163	82990	1549106	1376335	1231437	1116190
181108	172070	19002	23179	797306	773584	712663	707861
94896	95052	488	116	167888	178833	133055	128577
1945361	1764110	322171	276735	3916809	3316103	3463750	3010128
79620	78125	32631	35896	241099	216749	206654	179240
2480353	2755283	1279983	1055482	6595041	6538903	5814875	5854332
47365	54959	1800	980	54577	67006	51782	48337
22268	13183	9099	5481	31025	24530	29564	22959
10582913	**10572150**	**2320925**	**2016275**	**22983423**	**21849035**	**20033095**	**19208067**
333351	**338984**	**17043**	**19601**	**902719**	**842214**	**341584**	**333996**
4810	4795			9187	6737	5976	3985
79633	76402	1936	2410	257508	255969	77367	75519
3434	3526	848	3142	66388	85923	8464	7290
2943	3619			4066	4152	842	677
39035	55084	12950	12852	99205	91157	15247	11125
34650	33550			152036	147973	32559	34056
168847	162008	1310	1196	307868	243896	197421	197635
				6462	6408	3709	3709

1-5 续表 15

私营企业

项　　目	商品购进总额		统一配送商品购进额	
	2016年	2015年	2016年	2015年
零售业	**20622722**	**19184977**	**18040631**	**16958197**
综合零售	8664279	8136602	7141647	6909701
食品、饮料及烟草制品专门零售	1096176	1002965	1080211	993534
纺织、服装及日用品专门零售	431021	440696	283499	286254
文化、体育用品及器材专门零售	143451	145791	103225	106418
医药及医疗器材专门零售	2845642	2588263	2628205	2437096
汽车、摩托车、燃料及零配件专门零售	211497	197237	176788	163130
家用电器及电子产品专门零售	7165872	6605604	6562271	5994247
五金、家具及室内装饰材料专门零售	51102	58311	51102	58311
货摊、无店铺及其他零售业	13683	9507	13683	9507
加盟门店合计	**2141532**	**1974204**	**1858251**	**1719189**
批发业	**259342**	**254009**	**188071**	**185071**
农、林、牧产品批发	52312	45862	10996	10976
食品、饮料及烟草制品批发	119230	108914	111685	101944
纺织、服装及家庭用品批发	1710	5830	510	3130
文化、体育用品及器材批发				
医药及医疗器材批发	30502	32425	9292	8044
矿产品、建材及化工产品批发	36753	44052	36753	44052
机械设备、五金产品及电子产品批发	3594	3402	3594	3402
贸易经纪与代理				
其他批发业	15241	13524	15241	13524
零售业	**1882190**	**1720196**	**1670180**	**1534118**
综合零售	1384021	1273621	1218349	1119622
食品、饮料及烟草制品专门零售	74352	58412	70752	55337
纺织、服装及日用品专门零售	84644	85720	64652	70941
文化、体育用品及器材专门零售	3755	3038		
医药及医疗器材专门零售	275258	237771	256444	226605
汽车、摩托车、燃料及零配件专门零售				
家用电器及电子产品专门零售	40490	50800	40312	50800
五金、家具及室内装饰材料专门零售				
货摊、无店铺及其他零售业	19670	10833	19670	10813

单位：万元

自有配送中心配送商品购进额		非自有配送中心配送商品购进额		商品销售总额		零售额	
2016年	2015年	2016年	2015年	2016年	2015年	2016年	2015年
10249562	**10233166**	**2303882**	**1996674**	**22080704**	**21006821**	**19691511**	**18874072**
4985404	4909949	659482	602392	9371029	9071691	8550424	8216582
655325	622402	69702	81952	1464660	1310088	1176633	1071723
143660	130788	82	2285	633399	612458	572205	572687
94896	95052	488	116	163225	175823	131135	127276
1800521	1634958	250614	212089	3581211	3052113	3171244	2791105
79620	78125	32631	35896	241099	216749	206654	179240
2440041	2704483	1279983	1055482	6553037	6486532	5814429	5854332
47365	54959	1800	980	54577	67006	51782	48337
2731	2450	9099	5481	18467	14362	17006	12791
1151383	**1088001**	**515563**	**449878**	**2603307**	**2388514**	**2236523**	**1992580**
136326	**138703**	**26315**	**21295**	**260644**	**272676**	**97970**	**88678**
7021	7001			75378	64587	11574	10219
85411	80680	26275	21264	81015	65598	58630	53228
	640			1406	36458	550	3488
3548	3288	40	31	41515	40090	23258	17857
36753	44052			39159	45940	356	324
3594	3043			3601	3748	3601	3561
				18569	16255		
1015057	**949298**	**489248**	**428583**	**2342663**	**2115839**	**2138554**	**1903902**
710016	669685	397310	342005	1699487	1558926	1635862	1493769
62903	47646	1461	1038	84445	66248	54804	44467
37448	41282	18920	20894	163907	161126	140458	135174
				4664	3010	1920	1301
144840	129153	71558	64646	335598	263990	292506	219023
40312	50800			42004	52371	445	
19537	10733			12559	10168	12559	10168

1–5 续表 16

其他企业

项　　目	商品购进总额		统一配送商品购进额	
	2016年	2015年	2016年	2015年
总　计	**536221**	**508224**	**510098**	**493757**
批发业	**6278**	**5909**	**6271**	**5883**
农、林、牧产品批发				
食品、饮料及烟草制品批发				
纺织、服装及家庭用品批发				
文化、体育用品及器材批发				
医药及医疗器材批发	6278	5909	6271	5883
矿产品、建材及化工产品批发				
机械设备、五金产品及电子产品批发				
贸易经纪与代理				
其他批发业				
零售业	**529944**	**502315**	**503827**	**487874**
综合零售	361995	273445	355404	262474
食品、饮料及烟草制品专门零售	16899	16826	6169	16377
纺织、服装及日用品专门零售	1201	1251	1201	1251
文化、体育用品及器材专门零售	21333	45988	21333	45988
医药及医疗器材专门零售	97390	72578	88595	69557
汽车、摩托车、燃料及零配件专门零售				
家用电器及电子产品专门零售	31125	92228	31125	92228
五金、家具及室内装饰材料专门零售				
货摊、无店铺及其他零售业				
直营门店合计	**485504**	**467011**	**463299**	**454602**
批发业	**3398**	**3215**	**3398**	**3215**
农、林、牧产品批发				
食品、饮料及烟草制品批发				
纺织、服装及家庭用品批发				
文化、体育用品及器材批发				
医药及医疗器材批发	3398	3215	3398	3215
矿产品、建材及化工产品批发				
机械设备、五金产品及电子产品批发				
贸易经纪与代理				
其他批发业				

单位：万元

自有配送中心配送商品购进额		非自有配送中心配送商品购进额		商品销售总额		零售额	
2016年	2015年	2016年	2015年	2016年	2015年	2016年	2015年
130190	**123771**	**290098**	**223872**	**542483**	**551300**	**519774**	**551218**
6269	**5810**			**10576**	**10009**	**10576**	**10009**
6269	5810			10576	10009	10576	10009
123921	**117961**	**290098**	**223872**	**531907**	**541291**	**509198**	**541209**
79347	72141	232890	177037	336054	288717	336054	288717
5145	15226	1024	1151	17224	17330	4000	17276
				1367	1140	1367	1140
7128	8402			16867	50818	15307	50818
32301	22193	56184	45684	113708	86932	105782	86903
				46688	96354	46688	96354
122484	**113222**	**251117**	**197915**	**487581**	**502257**	**467032**	**502203**
3398	**3215**			**4766**	**4549**	**4766**	**4549**
3398	3215			4766	4549	4766	4549

1-5 续表 17

其他企业

项　　目	商品购进总额		统一配送商品购进额	
	2016年	2015年	2016年	2015年
零售业	**482106**	**463796**	**459901**	**451387**
综合零售	352049	264631	345457	253660
食品、饮料及烟草制品专门零售	15184	15111	6169	14662
纺织、服装及日用品专门零售	1201	1251	1201	1251
文化、体育用品及器材专门零售	21333	45988	21333	45988
医药及医疗器材专门零售	61215	44587	54616	43599
汽车、摩托车、燃料及零配件专门零售				
家用电器及电子产品专门零售	31125	92228	31125	92228
五金、家具及室内装饰材料专门零售				
货摊、无店铺及其他零售业				
加盟门店合计	**50717**	**41213**	**46798**	**39154**
批发业	**2879**	**2693**	**2872**	**2668**
农、林、牧产品批发				
食品、饮料及烟草制品批发				
纺织、服装及家庭用品批发				
文化、体育用品及器材批发				
医药及医疗器材批发	2879	2693	2872	2668
矿产品、建材及化工产品批发				
机械设备、五金产品及电子产品批发				
贸易经纪与代理				
其他批发业				
零售业	**47838**	**38519**	**43926**	**36487**
综合零售	9947	8814	9947	8814
食品、饮料及烟草制品专门零售	1715	1715		1715
纺织、服装及日用品专门零售				
文化、体育用品及器材专门零售				
医药及医疗器材专门零售	36176	27991	33979	25958
汽车、摩托车、燃料及零配件专门零售				
家用电器及电子产品专门零售				
五金、家具及室内装饰材料专门零售				
货摊、无店铺及其他零售业				

单位：万元

自有配送中心配送商品购进额		非自有配送中心配送商品购进额		商品销售总额		零售额	
2016年	2015年	2016年	2015年	2016年	2015年	2016年	2015年
119086	**110007**	**251117**	**197915**	**482815**	**497708**	**462266**	**497653**
74624	66079	227666	176500	325361	280044	325361	280044
5145	13511	1024	1151	15064	15170	4000	15116
				1367	1140	1367	1140
7128	8402			16867	50818	15307	50818
32189	22015	22427	20264	77469	54182	69544	54181
				46688	96354	46688	96354
7706	**10548**	**38981**	**25957**	**54902**	**49043**	**52742**	**49015**
2870	**2594**			**5810**	**5460**	**5810**	**5460**
2870	2594			5810	5460	5810	5460
4835	**7954**	**38981**	**25957**	**49092**	**43583**	**46932**	**43555**
4723	6061	5224	537	10694	8673	10694	8673
	1715			2160	2160		2160
112	178	33757	25420	36238	32750	36238	32723

1–5 续表 18

港澳台商投资企业

项　　目	商品购进总额		统一配送商品购进额	
	2016年	2015年	2016年	2015年
总　计	**24128440**	**23087781**	**18273870**	**16685875**
批发业	**344256**	**340003**	**325804**	**312879**
农、林、牧产品批发				
食品、饮料及烟草制品批发	5492	3492	5492	3492
纺织、服装及家庭用品批发	117479	89528	116858	89528
文化、体育用品及器材批发	1193	876	1193	876
医药及医疗器材批发				
矿产品、建材及化工产品批发	7859	18625	7859	18625
机械设备、五金产品及电子产品批发				
贸易经纪与代理				
其他批发业	212232	227482	194402	200358
零售业	**23784185**	**22747778**	**17948067**	**16372996**
综合零售	22720115	21552548	17340830	15804469
食品、饮料及烟草制品专门零售	151899	108556	101189	56976
纺织、服装及日用品专门零售	717494	896222	338564	351760
文化、体育用品及器材专门零售	11910	18818		
医药及医疗器材专门零售	160981	151540	145697	139697
汽车、摩托车、燃料及零配件专门零售				
家用电器及电子产品专门零售				
五金、家具及室内装饰材料专门零售	21787	20094	21787	20094
货摊、无店铺及其他零售业				
直营门店合计	**19342306**	**18266490**	**13645954**	**12017849**
批发业	**290844**	**285040**	**272392**	**257915**
农、林、牧产品批发				
食品、饮料及烟草制品批发	5492	3492	5492	3492
纺织、服装及家庭用品批发	64068	34564	63446	34564
文化、体育用品及器材批发	1193	876	1193	876
医药及医疗器材批发				
矿产品、建材及化工产品批发	7859	18625	7859	18625
机械设备、五金产品及电子产品批发				
贸易经纪与代理				
其他批发业	212232	227482	194402	200358

单位：万元

自有配送中心配送商品购进额		非自有配送中心配送商品购进额		商品销售总额		零售额	
2016年	2015年	2016年	2015年	2016年	2015年	2016年	2015年
8074274	**8807509**	**4341753**	**2202422**	**26648679**	**26327365**	**23803874**	**23294578**
67092	**43588**			**545239**	**613735**	**155225**	**154310**
5492	3492			6522	6587	2828	3768
61442	39899			237065	230256	97901	93795
				1448	1053	1448	1053
				18389	24484		
159	197			281816	351355	53048	55694
8007181	**8763921**	**4341753**	**2202422**	**26103440**	**25713630**	**23648650**	**23140267**
7686143	8497262	4239859	2078075	24235826	23831305	21853037	21347634
91091	50156	2512	1974	239551	191288	197067	148914
172458	162184	11175	36994	1324431	1409404	1300896	1373457
				25384	50818	25384	50818
57489	54319	88208	85379	249629	207920	243648	196549
				28619	22896	28619	22896
7928618	**8675633**	**4335739**	**2195447**	**21920522**	**21351189**	**19222858**	**18464421**
67092	**37379**			**432124**	**499058**	**149443**	**148102**
5492	3492			6522	6587	2828	3768
61442	33690			123950	115580	92119	87586
				1448	1053	1448	1053
				18389	24484		
159	197			281816	351355	53048	55694

1-5 续表 19

港澳台商投资企业

项　目	商品购进总额		统一配送商品购进额	
	2016年	2015年	2016年	2015年
零售业	**19051462**	**17981450**	**13373562**	**11759934**
综合零售	18005907	16807033	12781798	11208718
食品、饮料及烟草制品专门零售	148857	105055	101189	56976
纺织、服装及日用品专门零售	703049	879775	324120	335313
文化、体育用品及器材专门零售	11910	18818		
医药及医疗器材专门零售	159952	150676	144669	138833
汽车、摩托车、燃料及零配件专门零售				
家用电器及电子产品专门零售				
五金、家具及室内装饰材料专门零售	21787	20094	21787	20094
货摊、无店铺及其他零售业				
加盟门店合计	**4786134**	**4821291**	**4627916**	**4668026**
批发业	**53412**	**54964**	**53412**	**54964**
农、林、牧产品批发				
食品、饮料及烟草制品批发				
纺织、服装及家庭用品批发	53412	54964	53412	54964
文化、体育用品及器材批发				
医药及医疗器材批发				
矿产品、建材及化工产品批发				
机械设备、五金产品及电子产品批发				
贸易经纪与代理				
其他批发业				
零售业	**4732722**	**4766328**	**4574505**	**4613062**
综合零售	4714208	4745515	4559032	4595751
食品、饮料及烟草制品专门零售	3042	3501		
纺织、服装及日用品专门零售	14444	16447	14444	16447
文化、体育用品及器材专门零售				
医药及医疗器材专门零售	1029	864	1029	864
汽车、摩托车、燃料及零配件专门零售				
家用电器及电子产品专门零售				
五金、家具及室内装饰材料专门零售				
货摊、无店铺及其他零售业				

单位：万元

自有配送中心配送商品购进额		非自有配送中心配送商品购进额		商品销售总额		零售额	
2016年	2015年	2016年	2015年	2016年	2015年	2016年	2015年
7861525	**8638254**	**4335739**	**2195447**	**21488398**	**20852132**	**19073415**	**18316319**
7554213	8387107	4233845	2072414	19653647	19014497	17308367	16566471
91091	50156	2512	1974	232986	184701	192800	144119
159761	147537	11175	35680	1299346	1372318	1275810	1336484
				25384	50818	25384	50818
56461	53454	88208	85379	248417	206902	242436	195531
				28619	22896	28619	22896
145656	**131875**	**6014**	**6975**	**4728157**	**4976176**	**4581016**	**4830157**
	6209			**113115**	**114677**	**5782**	**6209**
	6209			113115	114677	5782	6209
145656	**125667**	**6014**	**6975**	**4615042**	**4861499**	**4575234**	**4823948**
131930	110155	6014	5661	4582180	4816808	4544670	4781162
				6565	6587	4267	4795
12697	14647		1314	25086	37086	25086	36973
1029	864			1211	1018	1211	1018

1—5 续表 20

外商投资企业

项 目	商品购进总额		统一配送商品购进额	
	2016年	2015年	2016年	2015年
总 计	**31630705**	**30393110**	**18646494**	**16712239**
批发业	**357185**	**382751**	**357185**	**382751**
农、林、牧产品批发				
食品、饮料及烟草制品批发	22839	26401	22839	26401
纺织、服装及家庭用品批发				
文化、体育用品及器材批发				
医药及医疗器材批发				
矿产品、建材及化工产品批发	334347	356350	334347	356350
机械设备、五金产品及电子产品批发				
贸易经纪与代理				
其他批发业				
零售业	**31273520**	**30010359**	**18289309**	**16329487**
综合零售	21039080	19487521	12280151	10272322
食品、饮料及烟草制品专门零售	16189	19557	16189	19557
纺织、服装及日用品专门零售	891787	1107203	721245	953565
文化、体育用品及器材专门零售	323326	306989	323326	306989
医药及医疗器材专门零售	71203	115100	71203	115100
汽车、摩托车、燃料及零配件专门零售	4870789	5314931	3525440	3775408
家用电器及电子产品专门零售	3877021	3474457	1177893	711321
五金、家具及室内装饰材料专门零售	184125	184600	173863	175224
货摊、无店铺及其他零售业				
直营门店合计	**30616363**	**29360276**	**17689377**	**15735632**
批发业	**356424**	**381906**	**356424**	**381906**
农、林、牧产品批发				
食品、饮料及烟草制品批发	22077	25555	22077	25555
纺织、服装及家庭用品批发				
文化、体育用品及器材批发				
医药及医疗器材批发				
矿产品、建材及化工产品批发	334347	356350	334347	356350
机械设备、五金产品及电子产品批发				
贸易经纪与代理				
其他批发业				

单位：万元

自有配送中心配送商品购进额		非自有配送中心配送商品购进额		商品销售总额		零售额	
2016年	2015年	2016年	2015年	2016年	2015年	2016年	2015年
11341566	**9305801**	**2724945**	**2230883**	**37434000**	**37023463**	**33157862**	**32742453**
357185	**382751**			**445010**	**516667**	**267325**	**319128**
22839	26401			114308	116046	114308	116046
334347	356350			330702	400621	153017	203082
10984381	**8923050**	**2724945**	**2230883**	**36988990**	**36506796**	**32890537**	**32423324**
9599330	7402233	722373	675473	22381875	21469736	19651957	19189386
				15079	23135	15079	23135
230896	346790	153777	20833	1680988	1880119	1575619	1744018
112099	151037	211227	155952	508723	383502	508723	383502
71203	23519			94844	88764	94679	88158
886272	900800	1164480	1203622	7540692	8061767	6303369	6418936
66544	69773	459584	160767	4471854	4339043	4446734	4315518
18037	28898	13504	14237	294935	260729	294379	260672
10436360	**8393098**	**2684525**	**2176833**	**36367433**	**35865339**	**32091295**	**31634731**
356424	**381906**			**443962**	**515347**	**266277**	**317808**
22077	25555			113260	114726	113260	114726
334347	356350			330702	400621	153017	203082

1-5 续表 21

外商投资企业

项 目	商品购进总额		统一配送商品购进额	
	2016年	2015年	2016年	2015年
零售业	**30259939**	**28978370**	**17332953**	**15353727**
综合零售	20095298	18598527	11393306	9439230
食品、饮料及烟草制品专门零售	13491	16891	13491	16891
纺织、服装及日用品专门零售	824686	966875	654432	813563
文化、体育用品及器材专门零售	323326	306989	323326	306989
医药及医疗器材专门零售	71203	115100	71203	115100
汽车、摩托车、燃料及零配件专门零售	4870789	5314931	3525440	3775408
家用电器及电子产品专门零售	3877021	3474457	1177893	711321
五金、家具及室内装饰材料专门零售	184125	184600	173863	175224
货摊、无店铺及其他零售业				
加盟门店合计	**1014342**	**1032835**	**957117**	**976607**
批发业	**762**	**846**	**762**	**846**
农、林、牧产品批发				
食品、饮料及烟草制品批发	762	846	762	846
纺织、服装及家庭用品批发				
文化、体育用品及器材批发				
医药及医疗器材批发				
矿产品、建材及化工产品批发				
机械设备、五金产品及电子产品批发				
贸易经纪与代理				
其他批发业				
零售业	**1013581**	**1031989**	**956356**	**975761**
综合零售	943782	888994	886845	833092
食品、饮料及烟草制品专门零售	2698	2667	2698	2667
纺织、服装及日用品专门零售	67101	140329	66813	140002
文化、体育用品及器材专门零售				
医药及医疗器材专门零售				
汽车、摩托车、燃料及零配件专门零售				
家用电器及电子产品专门零售				
五金、家具及室内装饰材料专门零售				
货摊、无店铺及其他零售业				

单位：万元

自有配送中心配送商品购进额		非自有配送中心配送商品购进额		商品销售总额		零售额	
2016年	2015年	2016年	2015年	2016年	2015年	2016年	2015年
10079936	**8011192**	**2684525**	**2176833**	**35923471**	**35349992**	**31825018**	**31316923**
8759319	6627499	681953	621423	21419983	20502768	18690065	18272663
				12566	20555	12566	20555
166463	209665	153777	20833	1579874	1692864	1474505	1556919
112099	151037	211227	155952	508723	383502	508723	383502
71203	23519			94844	88764	94679	88158
886272	900800	1164480	1203622	7540692	8061767	6303369	6418936
66544	69773	459584	160767	4471854	4339043	4446734	4315518
18037	28898	13504	14237	294935	260729	294379	260672
905206	**912704**	**40420**	**54051**	**1066567**	**1158124**	**1066567**	**1107722**
762	**846**			**1048**	**1320**	**1048**	**1320**
762	846			1048	1320	1048	1320
904444	**911858**	**40420**	**54051**	**1065519**	**1156803**	**1065519**	**1106402**
840011	774734	40420	54051	961892	966968	961892	916723
				2513	2580	2513	2580
64433	137124			101114	187255	101114	187099

1-6 按行业与业态分连锁零售企业基本情况

便利店

项 目	连锁总店数（个）	门店数（个）		年末从业人员（人）		年末零售营业面积（平方米）	
	2016年	2016年	2015年	2016年	2015年	2016年	2015年
总 计	**100**	**18588**	**17503**	**84208**	**82634**	**1622461**	**1528101**
批发业							
农、林、牧产品批发							
食品、饮料及烟草制品批发							
纺织、服装及家庭用品批发							
文化、体育用品及器材批发							
医药及医疗器材批发							
矿产品、建材及化工产品批发							
机械设备、五金产品及电子产品批发							
贸易经纪与代理							
其他批发业							
零售业	**100**	**18588**	**17503**	**84208**	**82634**	**1622461**	**1528101**
综合零售	99	18573	17489	84048	82468	1620991	1526701
食品、饮料及烟草制品专门零售	1	15	14	160	166	1470	1400
纺织、服装及日用品专门零售							
文化、体育用品及器材专门零售							
医药及医疗器材专门零售							
汽车、摩托车、燃料及零配件专门零售							
家用电器及电子产品专门零售							
五金、家具及室内装饰材料专门零售							
货摊、无店铺及其他零售业							
直营门店合计		**9858**	**9630**	**55420**	**56691**	**1045497**	**1027531**
批发业							
农、林、牧产品批发							
食品、饮料及烟草制品批发							
纺织、服装及家庭用品批发							
文化、体育用品及器材批发							
医药及医疗器材批发							
矿产品、建材及化工产品批发							
机械设备、五金产品及电子产品批发							
贸易经纪与代理							
其他批发业							

1-6 续表 1

便利店

项　　目	连锁总店数（个）	门店数（个）		年末从业人员（人）		年末零售营业面积（平方米）	
	2016年	2016年	2015年	2016年	2015年	2016年	2015年
零售业		**9858**	**9630**	**55420**	**56691**	**1045497**	**1027531**
综合零售		9843	9616	55260	56525	1044027	1026131
食品、饮料及烟草制品专门零售		15	14	160	166	1470	1400
纺织、服装及日用品专门零售							
文化、体育用品及器材专门零售							
医药及医疗器材专门零售							
汽车、摩托车、燃料及零配件专门零售							
家用电器及电子产品专门零售							
五金、家具及室内装饰材料专门零售							
货摊、无店铺及其他零售业							
加盟门店合计		**8730**	**7873**	**28788**	**25943**	**576964**	**500570**
批发业							
农、林、牧产品批发							
食品、饮料及烟草制品批发							
纺织、服装及家庭用品批发							
文化、体育用品及器材批发							
医药及医疗器材批发							
矿产品、建材及化工产品批发							
机械设备、五金产品及电子产品批发							
贸易经纪与代理							
其他批发业							
零售业		**8730**	**7873**	**28788**	**25943**	**576964**	**500570**
综合零售		8730	7873	28788	25943	576964	500570
食品、饮料及烟草制品专门零售							
纺织、服装及日用品专门零售							
文化、体育用品及器材专门零售							
医药及医疗器材专门零售							
汽车、摩托车、燃料及零配件专门零售							
家用电器及电子产品专门零售							
五金、家具及室内装饰材料专门零售							
货摊、无店铺及其他零售业							

1-6 续表 2

折扣店

项　目	连锁总店数（个）	门店数（个）		年末从业人员（人）		年末零售营业面积（平方米）	
	2016年	2016年	2015年	2016年	2015年	2016年	2015年
总　计	**3**	**540**	**410**	**2047**	**2139**	**183101**	**188862**
批发业							
农、林、牧产品批发							
食品、饮料及烟草制品批发							
纺织、服装及家庭用品批发							
文化、体育用品及器材批发							
医药及医疗器材批发							
矿产品、建材及化工产品批发							
机械设备、五金产品及电子产品批发							
贸易经纪与代理							
其他批发业							
零售业	**3**	**540**	**410**	**2047**	**2139**	**183101**	**188862**
综合零售	2	532	402	1448	1480	125250	99070
食品、饮料及烟草制品专门零售							
纺织、服装及日用品专门零售	1	8	8	599	659	57851	89792
文化、体育用品及器材专门零售							
医药及医疗器材专门零售							
汽车、摩托车、燃料及零配件专门零售							
家用电器及电子产品专门零售							
五金、家具及室内装饰材料专门零售							
货摊、无店铺及其他零售业							
直营门店合计		**359**	**236**	**1990**	**2049**	**143101**	**149292**
批发业							
农、林、牧产品批发							
食品、饮料及烟草制品批发							
纺织、服装及家庭用品批发							
文化、体育用品及器材批发							
医药及医疗器材批发							
矿产品、建材及化工产品批发							
机械设备、五金产品及电子产品批发							
贸易经纪与代理							
其他批发业							

1-6 续表 3

折扣店

项目	连锁总店数（个）	门店数（个）		年末从业人员（人）		年末零售营业面积（平方米）	
	2016年	2016年	2015年	2016年	2015年	2016年	2015年
零售业		**359**	**236**	**1990**	**2049**	**143101**	**149292**
综合零售		351	228	1391	1390	85250	59500
食品、饮料及烟草制品专门零售							
纺织、服装及日用品专门零售		8	8	599	659	57851	89792
文化、体育用品及器材专门零售							
医药及医疗器材专门零售							
汽车、摩托车、燃料及零配件专门零售							
家用电器及电子产品专门零售							
五金、家具及室内装饰材料专门零售							
货摊、无店铺及其他零售业							
加盟门店合计		**181**	**174**	**57**	**90**	**40000**	**39570**
批发业							
农、林、牧产品批发							
食品、饮料及烟草制品批发							
纺织、服装及家庭用品批发							
文化、体育用品及器材批发							
医药及医疗器材批发							
矿产品、建材及化工产品批发							
机械设备、五金产品及电子产品批发							
贸易经纪与代理							
其他批发业							
零售业		**181**	**174**	**57**	**90**	**40000**	**39570**
综合零售		181	174	57	90	40000	39570
食品、饮料及烟草制品专门零售							
纺织、服装及日用品专门零售							
文化、体育用品及器材专门零售							
医药及医疗器材专门零售							
汽车、摩托车、燃料及零配件专门零售							
家用电器及电子产品专门零售							
五金、家具及室内装饰材料专门零售							
货摊、无店铺及其他零售业							

1-6 续表 4

超市

项　目	连锁总店数（个）	门店数（个）		年末从业人员（人）		年末零售营业面积（平方米）	
	2016年	2016年	2015年	2016年	2015年	2016年	2015年
总 计	**399**	**33372**	**32802**	**419808**	**436424**	**19180385**	**19317343**
批发业	**1**	**6**	**9**	**17**	**33**	**1590**	**1590**
农、林、牧产品批发							
食品、饮料及烟草制品批发	1	6	9	17	33	1590	1590
纺织、服装及家庭用品批发							
文化、体育用品及器材批发							
医药及医疗器材批发							
矿产品、建材及化工产品批发							
机械设备、五金产品及电子产品批发							
贸易经纪与代理							
其他批发业							
零售业	**398**	**33366**	**32793**	**419791**	**436391**	**19178795**	**19315753**
综合零售	397	33363	32790	419589	436191	19170795	19307753
食品、饮料及烟草制品专门零售							
纺织、服装及日用品专门零售							
文化、体育用品及器材专门零售	1	3	3	202	200	8000	8000
医药及医疗器材专门零售							
汽车、摩托车、燃料及零配件专门零售							
家用电器及电子产品专门零售							
五金、家具及室内装饰材料专门零售							
货摊、无店铺及其他零售业							
直营门店合计		**17631**	**16974**	**365394**	**381308**	**17364011**	**17425131**
批发业		**6**	**9**	**17**	**33**	**1590**	**1590**
农、林、牧产品批发							
食品、饮料及烟草制品批发		6	9	17	33	1590	1590
纺织、服装及家庭用品批发							
文化、体育用品及器材批发							
医药及医疗器材批发							
矿产品、建材及化工产品批发							
机械设备、五金产品及电子产品批发							
贸易经纪与代理							
其他批发业							

1-6 续表 5

超市

项目	连锁总店数（个）	门店数（个）		年末从业人员（人）		年末零售营业面积（平方米）	
	2016年	2016年	2015年	2016年	2015年	2016年	2015年
零售业		**17625**	**16965**	**365377**	**381275**	**17362421**	**17423541**
综合零售		17622	16962	365175	381075	17354421	17415541
食品、饮料及烟草制品专门零售							
纺织、服装及日用品专门零售							
文化、体育用品及器材专门零售		3	3	202	200	8000	8000
医药及医疗器材专门零售							
汽车、摩托车、燃料及零配件专门零售							
家用电器及电子产品专门零售							
五金、家具及室内装饰材料专门零售							
货摊、无店铺及其他零售业							
加盟门店合计		**15741**	**15828**	**54414**	**55116**	**1816374**	**1892212**
批发业							
农、林、牧产品批发							
食品、饮料及烟草制品批发							
纺织、服装及家庭用品批发							
文化、体育用品及器材批发							
医药及医疗器材批发							
矿产品、建材及化工产品批发							
机械设备、五金产品及电子产品批发							
贸易经纪与代理							
其他批发业							
零售业		**15741**	**15828**	**54414**	**55116**	**1816374**	**1892212**
综合零售		15741	15828	54414	55116	1816374	1892212
食品、饮料及烟草制品专门零售							
纺织、服装及日用品专门零售							
文化、体育用品及器材专门零售							
医药及医疗器材专门零售							
汽车、摩托车、燃料及零配件专门零售							
家用电器及电子产品专门零售							
五金、家具及室内装饰材料专门零售							
货摊、无店铺及其他零售业							

1-6 续表 6

大型超市

项　目	连锁总店数（个）	门店数（个）		年末从业人员（人）		年末零售营业面积（平方米）	
	2016年	2016年	2015年	2016年	2015年	2016年	2015年
总 计	**166**	**8452**	**8482**	**535472**	**572111**	**37621657**	**34275026**
批发业							
农、林、牧产品批发							
食品、饮料及烟草制品批发							
纺织、服装及家庭用品批发							
文化、体育用品及器材批发							
医药及医疗器材批发							
矿产品、建材及化工产品批发							
机械设备、五金产品及电子产品批发							
贸易经纪与代理							
其他批发业							
零售业	**166**	**8452**	**8482**	**535472**	**572111**	**37621657**	**34275026**
综合零售	166	8452	8482	535472	572111	37621657	34275026
食品、饮料及烟草制品专门零售							
纺织、服装及日用品专门零售							
文化、体育用品及器材专门零售							
医药及医疗器材专门零售							
汽车、摩托车、燃料及零配件专门零售							
家用电器及电子产品专门零售							
五金、家具及室内装饰材料专门零售							
货摊、无店铺及其他零售业							
直营门店合计		**5150**	**5123**	**450746**	**481752**	**33504336**	**30481052**
批发业							
农、林、牧产品批发							
食品、饮料及烟草制品批发							
纺织、服装及家庭用品批发							
文化、体育用品及器材批发							
医药及医疗器材批发							
矿产品、建材及化工产品批发							
机械设备、五金产品及电子产品批发							
贸易经纪与代理							
其他批发业							

1-6 续表 7

大型超市

项目	连锁总店数（个）	门店数（个）		年末从业人员（人）		年末零售营业面积（平方米）	
	2016年	2016年	2015年	2016年	2015年	2016年	2015年
零售业		**5150**	**5123**	**450746**	**481752**	**33504336**	**30481052**
综合零售		5150	5123	450746	481752	33504336	30481052
食品、饮料及烟草制品专门零售							
纺织、服装及日用品专门零售							
文化、体育用品及器材专门零售							
医药及医疗器材专门零售							
汽车、摩托车、燃料及零配件专门零售							
家用电器及电子产品专门零售							
五金、家具及室内装饰材料专门零售							
货摊、无店铺及其他零售业							
加盟门店合计		**3302**	**3359**	**84726**	**90359**	**4117321**	**3793974**
批发业							
农、林、牧产品批发							
食品、饮料及烟草制品批发							
纺织、服装及家庭用品批发							
文化、体育用品及器材批发							
医药及医疗器材批发							
矿产品、建材及化工产品批发							
机械设备、五金产品及电子产品批发							
贸易经纪与代理							
其他批发业							
零售业		**3302**	**3359**	**84726**	**90359**	**4117321**	**3793974**
综合零售		3302	3359	84726	90359	4117321	3793974
食品、饮料及烟草制品专门零售							
纺织、服装及日用品专门零售							
文化、体育用品及器材专门零售							
医药及医疗器材专门零售							
汽车、摩托车、燃料及零配件专门零售							
家用电器及电子产品专门零售							
五金、家具及室内装饰材料专门零售							
货摊、无店铺及其他零售业							

1-6 续表 8

仓储会员店

项 目	连锁总店数（个）	门店数（个）		年末从业人员（人）		年末零售营业面积（平方米）	
	2016年	2016年	2015年	2016年	2015年	2016年	2015年
总 计	**5**	**97**	**126**	**12481**	**14419**	**681810**	**684040**
批发业							
农、林、牧产品批发							
食品、饮料及烟草制品批发							
纺织、服装及家庭用品批发							
文化、体育用品及器材批发							
医药及医疗器材批发							
矿产品、建材及化工产品批发							
机械设备、五金产品及电子产品批发							
贸易经纪与代理							
其他批发业							
零售业	**5**	**97**	**126**	**12481**	**14419**	**681810**	**684040**
综合零售	4	96	91	12431	14367	680810	683290
食品、饮料及烟草制品专门零售							
纺织、服装及日用品专门零售							
文化、体育用品及器材专门零售							
医药及医疗器材专门零售							
汽车、摩托车、燃料及零配件专门零售							
家用电器及电子产品专门零售							
五金、家具及室内装饰材料专门零售							
货摊、无店铺及其他零售业	1	1	35	50	52	1000	750
直营门店合计		**97**	**91**	**12481**	**14367**	**681810**	**683290**
批发业							
农、林、牧产品批发							
食品、饮料及烟草制品批发							
纺织、服装及家庭用品批发							
文化、体育用品及器材批发							
医药及医疗器材批发							
矿产品、建材及化工产品批发							
机械设备、五金产品及电子产品批发							
贸易经纪与代理							
其他批发业							

1-6 续表 9

仓储会员店

项 目	连锁总店数(个)	门店数(个)		年末从业人员(人)		年末零售营业面积(平方米)	
	2016年	2016年	2015年	2016年	2015年	2016年	2015年
零售业		**97**	**91**	**12481**	**14367**	**681810**	**683290**
综合零售		96	91	12431	14367	680810	683290
食品、饮料及烟草制品专门零售							
纺织、服装及日用品专门零售							
文化、体育用品及器材专门零售							
医药及医疗器材专门零售							
汽车、摩托车、燃料及零配件专门零售							
家用电器及电子产品专门零售							
五金、家具及室内装饰材料专门零售							
货摊、无店铺及其他零售业		1		50		1000	
加盟门店合计			**35**		**52**		**750**
批发业							
农、林、牧产品批发							
食品、饮料及烟草制品批发							
纺织、服装及家庭用品批发							
文化、体育用品及器材批发							
医药及医疗器材批发							
矿产品、建材及化工产品批发							
机械设备、五金产品及电子产品批发							
贸易经纪与代理							
其他批发业							
零售业			**35**		**52**		**750**
综合零售							
食品、饮料及烟草制品专门零售							
纺织、服装及日用品专门零售							
文化、体育用品及器材专门零售							
医药及医疗器材专门零售							
汽车、摩托车、燃料及零配件专门零售							
家用电器及电子产品专门零售							
五金、家具及室内装饰材料专门零售							
货摊、无店铺及其他零售业			35		52		750

1-6 续表 10

百货店

项　目	连锁总店数（个）	门店数（个）		年末从业人员（人）		年末零售营业面积（平方米）	
	2016年	2016年	2015年	2016年	2015年	2016年	2015年
总　计	**107**	**4987**	**4847**	**263279**	**270585**	**27378799**	**22047475**
批发业	**1**	**5**	**5**	**51**	**63**	**3224**	**3224**
农、林、牧产品批发							
食品、饮料及烟草制品批发							
纺织、服装及家庭用品批发							
文化、体育用品及器材批发							
医药及医疗器材批发							
矿产品、建材及化工产品批发	1	5	5	51	63	3224	3224
机械设备、五金产品及电子产品批发							
贸易经纪与代理							
其他批发业							
零售业	**106**	**4982**	**4842**	**263228**	**270522**	**27375575**	**22044251**
综合零售	105	4970	4823	262332	269336	27116699	21742809
食品、饮料及烟草制品专门零售							
纺织、服装及日用品专门零售	1	12	19	896	1186	258876	301442
文化、体育用品及器材专门零售							
医药及医疗器材专门零售							
汽车、摩托车、燃料及零配件专门零售							
家用电器及电子产品专门零售							
五金、家具及室内装饰材料专门零售							
货摊、无店铺及其他零售业							
直营门店合计		**3278**	**3119**	**254485**	**260930**	**26956676**	**21625061**
批发业		**5**	**5**	**51**	**63**	**3224**	**3224**
农、林、牧产品批发							
食品、饮料及烟草制品批发							
纺织、服装及家庭用品批发							
文化、体育用品及器材批发							
医药及医疗器材批发							
矿产品、建材及化工产品批发		5	5	51	63	3224	3224
机械设备、五金产品及电子产品批发							
贸易经纪与代理							
其他批发业							

1–6 续表 11

百货店

项目	连锁总店数（个）	门店数（个）		年末从业人员（人）		年末零售营业面积（平方米）	
	2016年	2016年	2015年	2016年	2015年	2016年	2015年
零售业		**3273**	**3114**	**254434**	**260867**	**26953452**	**21621837**
综合零售		3261	3095	253538	259681	26694576	21320395
食品、饮料及烟草制品专门零售							
纺织、服装及日用品专门零售		12	19	896	1186	258876	301442
文化、体育用品及器材专门零售							
医药及医疗器材专门零售							
汽车、摩托车、燃料及零配件专门零售							
家用电器及电子产品专门零售							
五金、家具及室内装饰材料专门零售							
货摊、无店铺及其他零售业							
加盟门店合计		**1709**	**1728**	**8794**	**9655**	**422123**	**422414**
批发业							
农、林、牧产品批发							
食品、饮料及烟草制品批发							
纺织、服装及家庭用品批发							
文化、体育用品及器材批发							
医药及医疗器材批发							
矿产品、建材及化工产品批发							
机械设备、五金产品及电子产品批发							
贸易经纪与代理							
其他批发业							
零售业		**1709**	**1728**	**8794**	**9655**	**422123**	**422414**
综合零售		1709	1728	8794	9655	422123	422414
食品、饮料及烟草制品专门零售							
纺织、服装及日用品专门零售							
文化、体育用品及器材专门零售							
医药及医疗器材专门零售							
汽车、摩托车、燃料及零配件专门零售							
家用电器及电子产品专门零售							
五金、家具及室内装饰材料专门零售							
货摊、无店铺及其他零售业							

1-6 续表 12

专业店(含加油站)

项　　目	连锁总店数(个)	门店数(个)		年末从业人员(人)		年末零售营业面积(平方米)	
	2016年	2016年	2015年	2016年	2015年	2016年	2015年
总　计	**1511**	**118601**	**113758**	**900059**	**930977**	**85477601**	**84798800**
批发业	**242**	**38002**	**38227**	**233361**	**243828**	**41973949**	**41726856**
农、林、牧产品批发	5	4036	3836	9690	9384	234911	224126
食品、饮料及烟草制品批发	25	764	779	13766	14620	61853	26628
纺织、服装及家庭用品批发	2	27	28	125	132	2758	4425
文化、体育用品及器材批发	8	453	531	16648	15420	797145	789579
医药及医疗器材批发	24	2053	2014	8268	7552	215794	193406
矿产品、建材及化工产品批发	165	29697	30064	177734	189605	39592277	39418741
机械设备、五金产品及电子产品批发	7	217	219	1352	1231	39690	40090
贸易经纪与代理							
其他批发业	6	755	756	5778	5884	1029521	1029861
零售业	**1269**	**80599**	**75531**	**666698**	**687149**	**43503652**	**43071944**
综合零售	31	1371	1386	12201	12798	1002649	1000970
食品、饮料及烟草制品专门零售	65	6350	5876	21133	21838	369268	359591
纺织、服装及日用品专门零售	64	1707	1695	12329	11979	378717	386558
文化、体育用品及器材专门零售	68	1566	1800	29683	29654	1046262	1068980
医药及医疗器材专门零售	666	48756	44064	260216	238413	6591451	5752848
汽车、摩托车、燃料及零配件专门零售	185	13665	13540	125570	127888	19863695	20337150
家用电器及电子产品专门零售	183	7067	7068	204888	243979	14215412	14131807
五金、家具及室内装饰材料专门零售	2	12	7	138	125	22400	20800
货摊、无店铺及其他零售业	5	105	95	540	475	13798	13240
直营门店合计		**93622**	**89383**	**840060**	**873872**	**83547215**	**82914320**
批发业		**27830**	**28208**	**212216**	**222632**	**41359902**	**41138704**
农、林、牧产品批发		191	190	1332	1351	27700	25691
食品、饮料及烟草制品批发		764	779	13766	14620	61853	26628
纺织、服装及家庭用品批发		27	22	125	120	2758	3945
文化、体育用品及器材批发		451	529	16637	15409	796535	788969
医药及医疗器材批发		1149	987	6551	5631	171210	143048
矿产品、建材及化工产品批发		24473	24925	167258	178977	39249251	39099338
机械设备、五金产品及电子产品批发		198	198	1345	1216	31254	31404
贸易经纪与代理							
其他批发业		577	578	5202	5308	1019341	1019681

1-6 续表 13

专业店(含加油站)

项　目	连锁总店数(个)	门店数(个)		年末从业人员(人)		年末零售营业面积(平方米)	
	2016年	2016年	2015年	2016年	2015年	2016年	2015年
零售业		**65792**	**61175**	**627844**	**651240**	**42187313**	**41775616**
综合零售		980	988	10916	11390	960533	956522
食品、饮料及烟草制品专门零售		4438	4293	17348	19243	284655	296936
纺织、服装及日用品专门零售		1385	1358	11484	11046	362172	355766
文化、体育用品及器材专门零售		1534	1543	29084	29006	1045921	1067169
医药及医疗器材专门零售		36922	32597	229022	209499	5490520	4700794
汽车、摩托车、燃料及零配件专门零售		13555	13436	124927	127230	19800053	20277150
家用电器及电子产品专门零售		6879	6876	204409	243242	14209311	14089289
五金、家具及室内装饰材料专门零售		12	7	138	125	22400	20800
货摊、无店铺及其他零售业		87	77	516	459	11748	11190
加盟门店合计		**24979**	**24375**	**59999**	**57105**	**1930386**	**1884480**
批发业		**10172**	**10019**	**21145**	**21196**	**614047**	**588152**
农、林、牧产品批发		3845	3646	8358	8033	207211	198435
食品、饮料及烟草制品批发							
纺织、服装及家庭用品批发			6		12		480
文化、体育用品及器材批发		2	2	11	11	610	610
医药及医疗器材批发		904	1027	1717	1921	44584	50358
矿产品、建材及化工产品批发		5224	5139	10476	10628	343026	319403
机械设备、五金产品及电子产品批发		19	21	7	15	8436	8686
贸易经纪与代理							
其他批发业		178	178	576	576	10180	10180
零售业		**14807**	**14356**	**38854**	**35909**	**1316339**	**1296328**
综合零售		391	398	1285	1408	42116	44448
食品、饮料及烟草制品专门零售		1912	1583	3785	2595	84613	62655
纺织、服装及日用品专门零售		322	337	845	933	16545	30792
文化、体育用品及器材专门零售		32	257	599	648	341	1811
医药及医疗器材专门零售		11834	11467	31194	28914	1100931	1052054
汽车、摩托车、燃料及零配件专门零售		110	104	643	658	63642	60000
家用电器及电子产品专门零售		188	192	479	737	6101	42518
五金、家具及室内装饰材料专门零售							
货摊、无店铺及其他零售业		18	18	24	16	2050	2050

1-6 续表 14

加油站

项　　目	连锁总店数（个）	门店数（个）		年末从业人员（人）		年末零售营业面积（平方米）	
	2016年	2016年	2015年	2016年	2015年	2016年	2015年
总　计	**305**	**35970**	**35875**	**278277**	**291168**	**56802699**	**57157913**
批发业	**139**	**22927**	**22949**	**165401**	**176533**	**39114692**	**38995329**
农、林、牧产品批发							
食品、饮料及烟草制品批发							
纺织、服装及家庭用品批发							
文化、体育用品及器材批发							
医药及医疗器材批发							
矿产品、建材及化工产品批发	139	22927	22949	165401	176533	39114692	38995329
机械设备、五金产品及电子产品批发							
贸易经纪与代理							
其他批发业							
零售业	**166**	**13043**	**12926**	**112876**	**114635**	**17688007**	**18162584**
综合零售							
食品、饮料及烟草制品专门零售							
纺织、服装及日用品专门零售							
文化、体育用品及器材专门零售							
医药及医疗器材专门零售							
汽车、摩托车、燃料及零配件专门零售	166	13043	12926	112876	114635	17688007	18162584
家用电器及电子产品专门零售							
五金、家具及室内装饰材料专门零售							
货摊、无店铺及其他零售业							
直营门店合计		**35777**	**35674**	**276640**	**289348**	**56713147**	**57067689**
批发业		**22844**	**22852**	**164407**	**175371**	**39088782**	**38965105**
农、林、牧产品批发							
食品、饮料及烟草制品批发							
纺织、服装及家庭用品批发							
文化、体育用品及器材批发							
医药及医疗器材批发							
矿产品、建材及化工产品批发		22844	22852	164407	175371	39088782	38965105
机械设备、五金产品及电子产品批发							
贸易经纪与代理							
其他批发业							

1-6 续表 15

加油站

项目	连锁总店数（个）	门店数（个）		年末从业人员（人）		年末零售营业面积（平方米）	
	2016年	2016年	2015年	2016年	2015年	2016年	2015年
零售业		**12933**	**12822**	**112233**	**113977**	**17624365**	**18102584**
综合零售							
食品、饮料及烟草制品专门零售							
纺织、服装及日用品专门零售							
文化、体育用品及器材专门零售							
医药及医疗器材专门零售							
汽车、摩托车、燃料及零配件专门零售		12933	12822	112233	113977	17624365	18102584
家用电器及电子产品专门零售							
五金、家具及室内装饰材料专门零售							
货摊、无店铺及其他零售业							
加盟门店合计		**193**	**201**	**1637**	**1820**	**89552**	**90224**
批发业		**83**	**97**	**994**	**1162**	**25910**	**30224**
农、林、牧产品批发							
食品、饮料及烟草制品批发							
纺织、服装及家庭用品批发							
文化、体育用品及器材批发							
医药及医疗器材批发							
矿产品、建材及化工产品批发		83	97	994	1162	25910	30224
机械设备、五金产品及电子产品批发							
贸易经纪与代理							
其他批发业							
零售业		**110**	**104**	**643**	**658**	**63642**	**60000**
综合零售							
食品、饮料及烟草制品专门零售							
纺织、服装及日用品专门零售							
文化、体育用品及器材专门零售							
医药及医疗器材专门零售							
汽车、摩托车、燃料及零配件专门零售		110	104	643	658	63642	60000
家用电器及电子产品专门零售							
五金、家具及室内装饰材料专门零售							
货摊、无店铺及其他零售业							

1-6 续表 16

专卖店

项目	连锁总店数（个）	门店数（个）		年末从业人员（人）		年末零售营业面积（平方米）	
	2016年	2016年	2015年	2016年	2015年	2016年	2015年
总 计	**352**	**32413**	**30677**	**175938**	**168230**	**4592806**	**5045899**
批发业	**34**	**2779**	**2921**	**16051**	**17032**	**545462**	**509519**
农、林、牧产品批发	1	40	40	30	30	2860	2860
食品、饮料及烟草制品批发	16	1423	1531	8818	9246	350829	314550
纺织、服装及家庭用品批发	8	819	879	3453	3952	168689	170521
文化、体育用品及器材批发							
医药及医疗器材批发	3	81	53	613	599	14820	12684
矿产品、建材及化工产品批发	2	189	189	592	282	1030	1030
机械设备、五金产品及电子产品批发	1	8	8	102	98	1870	1870
贸易经纪与代理							
其他批发业	3	219	221	2443	2825	5364	6004
零售业	**318**	**29634**	**27756**	**159887**	**151198**	**4047344**	**4536380**
综合零售	8	588	472	3412	3079	152906	133117
食品、饮料及烟草制品专门零售	94	16628	15021	59898	54945	685823	602331
纺织、服装及日用品专门零售	107	9265	9442	61596	58120	1798445	2518183
文化、体育用品及器材专门零售	20	321	342	4512	5065	132137	133070
医药及医疗器材专门零售	46	2049	1759	10855	10129	169901	145809
汽车、摩托车、燃料及零配件专门零售	12	236	228	3893	3557	151480	148772
家用电器及电子产品专门零售	24	324	296	11354	11203	740868	707433
五金、家具及室内装饰材料专门零售	4	162	143	3845	4604	204381	136742
货摊、无店铺及其他零售业	3	61	53	522	496	11403	10923
直营门店合计		**15151**	**14303**	**128935**	**123658**	**3612377**	**4130319**
批发业		**1208**	**1218**	**11825**	**12721**	**227181**	**230558**
农、林、牧产品批发							
食品、饮料及烟草制品批发		573	610	5448	5682	146948	153633
纺织、服装及家庭用品批发		327	326	3219	3517	58179	56367
文化、体育用品及器材批发							
医药及医疗器材批发		81	53	613	599	14820	12684
矿产品、建材及化工产品批发							
机械设备、五金产品及电子产品批发		8	8	102	98	1870	1870
贸易经纪与代理							
其他批发业		219	221	2443	2825	5364	6004

1-6 续表 17

专卖店

项　目	连锁总店数（个）	门店数（个）		年末从业人员（人）		年末零售营业面积（平方米）	
	2016年	2016年	2015年	2016年	2015年	2016年	2015年
零售业		**13943**	**13085**	**117110**	**110937**	**3385196**	**3899761**
综合零售		585	466	3406	3071	152847	133012
食品、饮料及烟草制品专门零售		5071	4736	32491	31104	348045	312094
纺织、服装及日用品专门零售		5549	5331	46811	42200	1496944	2185670
文化、体育用品及器材专门零售		321	342	4512	5065	132137	133070
医药及医疗器材专门零售		1639	1494	10322	9699	147815	132471
汽车、摩托车、燃料及零配件专门零售		236	228	3893	3557	151480	148772
家用电器及电子产品专门零售		319	292	11308	11141	740144	707007
五金、家具及室内装饰材料专门零售		162	143	3845	4604	204381	136742
货摊、无店铺及其他零售业		61	53	522	496	11403	10923
加盟门店合计		**17262**	**16374**	**47003**	**44572**	**980429**	**915580**
批发业		**1571**	**1703**	**4226**	**4311**	**318281**	**278961**
农、林、牧产品批发		40	40	30	30	2860	2860
食品、饮料及烟草制品批发		850	921	3370	3564	203881	160917
纺织、服装及家庭用品批发		492	553	234	435	110510	114154
文化、体育用品及器材批发							
医药及医疗器材批发							
矿产品、建材及化工产品批发		189	189	592	282	1030	1030
机械设备、五金产品及电子产品批发							
贸易经纪与代理							
其他批发业							
零售业		**15691**	**14671**	**42777**	**40261**	**662148**	**636619**
综合零售		3	6	6	8	59	105
食品、饮料及烟草制品专门零售		11557	10285	27407	23841	337778	290237
纺织、服装及日用品专门零售		3716	4111	14785	15920	301501	332513
文化、体育用品及器材专门零售							
医药及医疗器材专门零售		410	265	533	430	22086	13338
汽车、摩托车、燃料及零配件专门零售							
家用电器及电子产品专门零售		5	4	46	62	724	426
五金、家具及室内装饰材料专门零售							
货摊、无店铺及其他零售业							

1-6 续表 18

家居建材商店

项 目	连锁总店数（个）	门店数（个）		年末从业人员（人）		年末零售营业面积（平方米）	
	2016年	2016年	2015年	2016年	2015年	2016年	2015年
总 计	**13**	**57**	**62**	**2688**	**2847**	**211629**	**319280**
批发业							
农、林、牧产品批发							
食品、饮料及烟草制品批发							
纺织、服装及家庭用品批发							
文化、体育用品及器材批发							
医药及医疗器材批发							
矿产品、建材及化工产品批发							
机械设备、五金产品及电子产品批发							
贸易经纪与代理							
其他批发业							
零售业	**13**	**57**	**62**	**2688**	**2847**	**211629**	**319280**
综合零售	2	11	11	273	300	35840	108100
食品、饮料及烟草制品专门零售							
纺织、服装及日用品专门零售							
文化、体育用品及器材专门零售							
医药及医疗器材专门零售							
汽车、摩托车、燃料及零配件专门零售							
家用电器及电子产品专门零售							
五金、家具及室内装饰材料专门零售	11	46	51	2415	2547	175789	211180
货摊、无店铺及其他零售业							
直营门店合计		**57**	**62**	**2688**	**2847**	**211629**	**319280**
批发业							
农、林、牧产品批发							
食品、饮料及烟草制品批发							
纺织、服装及家庭用品批发							
文化、体育用品及器材批发							
医药及医疗器材批发							
矿产品、建材及化工产品批发							
机械设备、五金产品及电子产品批发							
贸易经纪与代理							
其他批发业							

1-6 续表 19

家居建材商店

项　目	连锁总店数（个）	门店数（个）		年末从业人员（人）		年末零售营业面积（平方米）	
	2016年	2016年	2015年	2016年	2015年	2016年	2015年
零售业		**57**	**62**	**2688**	**2847**	**211629**	**319280**
综合零售		11	11	273	300	35840	108100
食品、饮料及烟草制品专门零售							
纺织、服装及日用品专门零售							
文化、体育用品及器材专门零售							
医药及医疗器材专门零售							
汽车、摩托车、燃料及零配件专门零售							
家用电器及电子产品专门零售							
五金、家具及室内装饰材料专门零售		46	51	2415	2547	175789	211180
货摊、无店铺及其他零售业							
加盟门店合计							
批发业							
农、林、牧产品批发							
食品、饮料及烟草制品批发							
纺织、服装及家庭用品批发							
文化、体育用品及器材批发							
医药及医疗器材批发							
矿产品、建材及化工产品批发							
机械设备、五金产品及电子产品批发							
贸易经纪与代理							
其他批发业							
零售业							
综合零售							
食品、饮料及烟草制品专门零售							
纺织、服装及日用品专门零售							
文化、体育用品及器材专门零售							
医药及医疗器材专门零售							
汽车、摩托车、燃料及零配件专门零售							
家用电器及电子产品专门零售							
五金、家具及室内装饰材料专门零售							
货摊、无店铺及其他零售业							

1-6 续表 20

厂家直销中心

项　　目	连锁总店数（个）	门店数（个）		年末从业人员（人）		年末零售营业面积（平方米）	
	2016年	2016年	2015年	2016年	2015年	2016年	2015年
总　计	**8**	**612**	**722**	**3749**	**3731**	**156454**	**157789**
批发业	**5**	**433**	**438**	**2862**	**3042**	**134846**	**134846**
农、林、牧产品批发	1	408	408	1168	1170	132250	132250
食品、饮料及烟草制品批发	1	4	4	53	48	196	196
纺织、服装及家庭用品批发	1	2	2	1464	1620	2400	2400
文化、体育用品及器材批发							
医药及医疗器材批发							
矿产品、建材及化工产品批发	2	19	24	177	204		
机械设备、五金产品及电子产品批发							
贸易经纪与代理							
其他批发业							
零售业	**3**	**179**	**284**	**887**	**689**	**21608**	**22943**
综合零售							
食品、饮料及烟草制品专门零售	1	2	2	90	90	1800	1800
纺织、服装及日用品专门零售	2	177	282	797	599	19808	21143
文化、体育用品及器材专门零售							
医药及医疗器材专门零售							
汽车、摩托车、燃料及零配件专门零售							
家用电器及电子产品专门零售							
五金、家具及室内装饰材料专门零售							
货摊、无店铺及其他零售业							
直营门店合计		**249**	**359**	**2907**	**2887**	**88054**	**89389**
批发业		**70**	**75**	**2020**	**2198**	**66446**	**66446**
农、林、牧产品批发		45	45	326	326	63850	63850
食品、饮料及烟草制品批发		4	4	53	48	196	196
纺织、服装及家庭用品批发		2	2	1464	1620	2400	2400
文化、体育用品及器材批发							
医药及医疗器材批发							
矿产品、建材及化工产品批发		19	24	177	204		
机械设备、五金产品及电子产品批发							
贸易经纪与代理							
其他批发业							

1-6 续表 21

厂家直销中心

项目	连锁总店数（个）	门店数（个）		年末从业人员（人）		年末零售营业面积（平方米）	
	2016年	2016年	2015年	2016年	2015年	2016年	2015年
零售业		**179**	**284**	**887**	**689**	**21608**	**22943**
综合零售							
食品、饮料及烟草制品专门零售		2	2	90	90	1800	1800
纺织、服装及日用品专门零售		177	282	797	599	19808	21143
文化、体育用品及器材专门零售							
医药及医疗器材专门零售							
汽车、摩托车、燃料及零配件专门零售							
家用电器及电子产品专门零售							
五金、家具及室内装饰材料专门零售							
货摊、无店铺及其他零售业							
加盟门店合计		**363**	**363**	**842**	**844**	**68400**	**68400**
批发业		**363**	**363**	**842**	**844**	**68400**	**68400**
农、林、牧产品批发		363	363	842	844	68400	68400
食品、饮料及烟草制品批发							
纺织、服装及家庭用品批发							
文化、体育用品及器材批发							
医药及医疗器材批发							
矿产品、建材及化工产品批发							
机械设备、五金产品及电子产品批发							
贸易经纪与代理							
其他批发业							
零售业							
综合零售							
食品、饮料及烟草制品专门零售							
纺织、服装及日用品专门零售							
文化、体育用品及器材专门零售							
医药及医疗器材专门零售							
汽车、摩托车、燃料及零配件专门零售							
家用电器及电子产品专门零售							
五金、家具及室内装饰材料专门零售							
货摊、无店铺及其他零售业							

1-6 续表 22

其他

项　目	连锁总店数（个）	门店数（个）		年末从业人员（人）		年末零售营业面积（平方米）	
	2016年	2016年	2015年	2016年	2015年	2016年	2015年
总　计	**62**	**14725**	**13294**	**50191**	**47283**	**2494218**	**2333844**
批发业	**34**	**7854**	**7612**	**27334**	**27364**	**2084858**	**1992531**
农、林、牧产品批发							
食品、饮料及烟草制品批发	12	3949	3687	10450	10207	322994	303536
纺织、服装及家庭用品批发	5	710	682	13041	13073	1591203	1476998
文化、体育用品及器材批发	1	2	2	34	31	620	620
医药及医疗器材批发	7	530	574	1264	1446	37827	37653
矿产品、建材及化工产品批发	5	2602	2601	2197	2222	126875	168665
机械设备、五金产品及电子产品批发	2	30	40	187	225	1160	1380
贸易经纪与代理							
其他批发业	2	31	26	161	160	4179	3679
零售业	**28**	**6871**	**5682**	**22857**	**19919**	**409360**	**341313**
综合零售	6	2213	1526	12619	10125	197927	137106
食品、饮料及烟草制品专门零售	4	185	180	1528	1589	34645	28645
纺织、服装及日用品专门零售	1	3440	2970	3685	3655	19000	19000
文化、体育用品及器材专门零售	3	67	104	790	897	47854	48388
医药及医疗器材专门零售	12	461	407	1621	1376	39759	35649
汽车、摩托车、燃料及零配件专门零售							
家用电器及电子产品专门零售	1	10	10	289	297	38000	41000
五金、家具及室内装饰材料专门零售							
货摊、无店铺及其他零售业	1	495	485	2325	1980	32175	31525
直营门店合计		**2114**	**1828**	**25988**	**25060**	**1955017**	**1770427**
批发业		**640**	**622**	**15552**	**15634**	**1665501**	**1539688**
农、林、牧产品批发							
食品、饮料及烟草制品批发		212	219	3092	3289	131288	121140
纺织、服装及家庭用品批发		179	151	10523	10423	1496687	1382482
文化、体育用品及器材批发		2	2	34	31	620	620
医药及医疗器材批发		90	100	474	473	10822	10602
矿产品、建材及化工产品批发		116	116	1121	1116	21325	20765
机械设备、五金产品及电子产品批发		10	8	147	142	580	400
贸易经纪与代理							
其他批发业		31	26	161	160	4179	3679

1-6 续表 23

其他

项目	连锁总店数（个）	门店数（个）		年末从业人员（人）		年末零售营业面积（平方米）	
	2016年	2016年	2015年	2016年	2015年	2016年	2015年
零售业		**1474**	**1206**	**10436**	**9426**	**289516**	**230739**
综合零售		499	359	4153	3257	139545	88664
食品、饮料及烟草制品专门零售		185	180	1528	1589	34645	28645
纺织、服装及日用品专门零售		438	357	2685	2675	10000	10000
文化、体育用品及器材专门零售		60	75	754	838	46254	45438
医药及医疗器材专门零售		257	202	925	678	19447	15382
汽车、摩托车、燃料及零配件专门零售							
家用电器及电子产品专门零售		10	10	289	297	38000	41000
五金、家具及室内装饰材料专门零售							
货摊、无店铺及其他零售业		25	23	102	92	1625	1610
加盟门店合计		**12611**	**11466**	**24203**	**22223**	**539201**	**563417**
批发业		**7214**	**6990**	**11782**	**11730**	**419357**	**452843**
农、林、牧产品批发							
食品、饮料及烟草制品批发		3737	3468	7358	6918	191706	182396
纺织、服装及家庭用品批发		531	531	2518	2650	94516	94516
文化、体育用品及器材批发							
医药及医疗器材批发		440	474	790	973	27005	27051
矿产品、建材及化工产品批发		2486	2485	1076	1106	105550	147900
机械设备、五金产品及电子产品批发		20	32	40	83	580	980
贸易经纪与代理							
其他批发业							
零售业		**5397**	**4476**	**12421**	**10493**	**119844**	**110574**
综合零售		1714	1167	8466	6868	58382	48442
食品、饮料及烟草制品专门零售							
纺织、服装及日用品专门零售		3002	2613	1000	980	9000	9000
文化、体育用品及器材专门零售		7	29	36	59	1600	2950
医药及医疗器材专门零售		204	205	696	698	20312	20267
汽车、摩托车、燃料及零配件专门零售							
家用电器及电子产品专门零售							
五金、家具及室内装饰材料专门零售							
货摊、无店铺及其他零售业		470	462	2223	1888	30550	29915

1-7 按行业与业态分

便利店

项 目	商品购进总额		统一配送商品购进额	
	2016年	2015年	2016年	2015年
总 计	**3270227**	**3155827**	**2649420**	**2482433**
批发业				
农、林、牧产品批发				
食品、饮料及烟草制品批发				
纺织、服装及家庭用品批发				
文化、体育用品及器材批发				
医药及医疗器材批发				
矿产品、建材及化工产品批发				
机械设备、五金产品及电子产品批发				
贸易经纪与代理				
其他批发业				
零售业	**3270227**	**3155827**	**2649420**	**2482433**
综合零售	3266536	3152129	2645729	2478734
食品、饮料及烟草制品专门零售	3691	3698	3691	3698
纺织、服装及日用品专门零售				
文化、体育用品及器材专门零售				
医药及医疗器材专门零售				
汽车、摩托车、燃料及零配件专门零售				
家用电器及电子产品专门零售				
五金、家具及室内装饰材料专门零售				
货摊、无店铺及其他零售业				
直营门店合计	**2241489**	**2245555**	**1764499**	**1728320**
批发业				
农、林、牧产品批发				
食品、饮料及烟草制品批发				
纺织、服装及家庭用品批发				
文化、体育用品及器材批发				
医药及医疗器材批发				
矿产品、建材及化工产品批发				
机械设备、五金产品及电子产品批发				
贸易经纪与代理				
其他批发业				

连锁零售企业经营情况

单位：万元

自有配送中心配送商品购进额		非自有配送中心配送商品购进额		商品销售总额		零售额	
2016年	2015年	2016年	2015年	2016年	2015年	2016年	2015年
1209219	**1086468**	**656716**	**619850**	**4224482**	**3922596**	**3901902**	**3530129**
1209219	**1086468**	**656716**	**619850**	**4224482**	**3922596**	**3901902**	**3530129**
1205528	1082770	656716	619850	4220327	3918344	3897767	3526148
3691	3698			4154	4252	4135	3981
809229	**799710**	**436077**	**382462**	**2976990**	**2808130**	**2729854**	**2548913**

1-7 续表 1

便利店

项　　目	商品购进总额		统一配送商品购进额	
	2016年	2015年	2016年	2015年
零售业	**2241489**	**2245555**	**1764499**	**1728320**
综合零售	2237798	2241857	1760808	1724621
食品、饮料及烟草制品专门零售	3691	3698	3691	3698
纺织、服装及日用品专门零售				
文化、体育用品及器材专门零售				
医药及医疗器材专门零售				
汽车、摩托车、燃料及零配件专门零售				
家用电器及电子产品专门零售				
五金、家具及室内装饰材料专门零售				
货摊、无店铺及其他零售业				
加盟门店合计	**1028738**	**910272**	**884921**	**754113**
批发业				
农、林、牧产品批发				
食品、饮料及烟草制品批发				
纺织、服装及家庭用品批发				
文化、体育用品及器材批发				
医药及医疗器材批发				
矿产品、建材及化工产品批发				
机械设备、五金产品及电子产品批发				
贸易经纪与代理				
其他批发业				
零售业	**1028738**	**910272**	**884921**	**754113**
综合零售	1028738	910272	884921	754113
食品、饮料及烟草制品专门零售				
纺织、服装及日用品专门零售				
文化、体育用品及器材专门零售				
医药及医疗器材专门零售				
汽车、摩托车、燃料及零配件专门零售				
家用电器及电子产品专门零售				
五金、家具及室内装饰材料专门零售				
货摊、无店铺及其他零售业				

单位：万元

自有配送中心配送商品购进额		非自有配送中心配送商品购进额		商品销售总额		零售额	
2016年	2015年	2016年	2015年	2016年	2015年	2016年	2015年
809229	**799710**	**436077**	**382462**	**2976990**	**2808130**	**2729854**	**2548913**
805538	796012	436077	382462	2972836	2803878	2725719	2544932
3691	3698			4154	4252	4135	3981
399991	**286758**	**220639**	**237388**	**1247492**	**1114466**	**1172049**	**981216**
399991	**286758**	**220639**	**237388**	**1247492**	**1114466**	**1172049**	**981216**
399991	286758	220639	237388	1247492	1114466	1172049	981216

1-7 续表 2

折扣店

项 目	商品购进总额		统一配送商品购进额	
	2016年	2015年	2016年	2015年
总 计	**260991**	**262161**	**136302**	**131691**
批发业				
农、林、牧产品批发				
食品、饮料及烟草制品批发				
纺织、服装及家庭用品批发				
文化、体育用品及器材批发				
医药及医疗器材批发				
矿产品、建材及化工产品批发				
机械设备、五金产品及电子产品批发				
贸易经纪与代理				
其他批发业				
零售业	**260991**	**262161**	**136302**	**131691**
综合零售	144057	132991	136302	131691
食品、饮料及烟草制品专门零售				
纺织、服装及日用品专门零售	116935	129170		
文化、体育用品及器材专门零售				
医药及医疗器材专门零售				
汽车、摩托车、燃料及零配件专门零售				
家用电器及电子产品专门零售				
五金、家具及室内装饰材料专门零售				
货摊、无店铺及其他零售业				
直营门店合计	**199622**	**243951**	**74932**	**113481**
批发业				
农、林、牧产品批发				
食品、饮料及烟草制品批发				
纺织、服装及家庭用品批发				
文化、体育用品及器材批发				
医药及医疗器材批发				
矿产品、建材及化工产品批发				
机械设备、五金产品及电子产品批发				
贸易经纪与代理				
其他批发业				

单位：万元

自有配送中心配送商品购进额		非自有配送中心配送商品购进额		商品销售总额		零售额	
2016年	2015年	2016年	2015年	2016年	2015年	2016年	2015年
136302	**131691**			**298119**	**314500**	**298119**	**282733**
136302	**131691**			**298119**	**314500**	**298119**	**282733**
136302	131691			161316	167016	161316	135249
				136803	147485	136803	147485
74932	**113481**			**270207**	**282829**	**270207**	**251062**

1-7 续表 3

折扣店

项 目	商品购进总额		统一配送商品购进额	
	2016年	2015年	2016年	2015年
零售业	**199622**	**243951**	**74932**	**113481**
综合零售	82687	114781	74932	113481
食品、饮料及烟草制品专门零售				
纺织、服装及日用品专门零售	116935	129170		
文化、体育用品及器材专门零售				
医药及医疗器材专门零售				
汽车、摩托车、燃料及零配件专门零售				
家用电器及电子产品专门零售				
五金、家具及室内装饰材料专门零售				
货摊、无店铺及其他零售业				
加盟门店合计	**61370**	**18210**	**61370**	**18210**
批发业				
农、林、牧产品批发				
食品、饮料及烟草制品批发				
纺织、服装及家庭用品批发				
文化、体育用品及器材批发				
医药及医疗器材批发				
矿产品、建材及化工产品批发				
机械设备、五金产品及电子产品批发				
贸易经纪与代理				
其他批发业				
零售业	**61370**	**18210**	**61370**	**18210**
综合零售	61370	18210	61370	18210
食品、饮料及烟草制品专门零售				
纺织、服装及日用品专门零售				
文化、体育用品及器材专门零售				
医药及医疗器材专门零售				
汽车、摩托车、燃料及零配件专门零售				
家用电器及电子产品专门零售				
五金、家具及室内装饰材料专门零售				
货摊、无店铺及其他零售业				

单位：万元

自有配送中心配送商品购进额		非自有配送中心配送商品购进额		商品销售总额		零售额	
2016年	2015年	2016年	2015年	2016年	2015年	2016年	2015年
74932	**113481**			**270207**	**282829**	**270207**	**251062**
74932	113481			133404	135344	133404	103577
				136803	147485	136803	147485
14065035	**13917609**			**27912**	**31672**	**27912**	**31672**
6057	**5745**						
6057	5745						
14058978	**13911865**			**27912**	**31672**	**27912**	**31672**
14058978	13911865			27912	31672	27912	31672

1-7 续表 4

超市

项　目	商品购进总额		统一配送商品购进额	
	2016年	2015年	2016年	2015年
总　计	**27845154**	**28037748**	**23381057**	**23128855**
批发业	**6057**	**5745**	**6057**	**5745**
农、林、牧产品批发				
食品、饮料及烟草制品批发	6057	5745	6057	5745
纺织、服装及家庭用品批发				
文化、体育用品及器材批发				
医药及医疗器材批发				
矿产品、建材及化工产品批发				
机械设备、五金产品及电子产品批发				
贸易经纪与代理				
其他批发业				
零售业	**27839096**	**28032003**	**23375000**	**23123110**
综合零售	27805310	28000663	23341214	23091770
食品、饮料及烟草制品专门零售				
纺织、服装及日用品专门零售				
文化、体育用品及器材专门零售	33786	31340	33786	31340
医药及医疗器材专门零售				
汽车、摩托车、燃料及零配件专门零售				
家用电器及电子产品专门零售				
五金、家具及室内装饰材料专门零售				
货摊、无店铺及其他零售业				
直营门店合计	**25121181**	**25293905**	**21332351**	**20997916**
批发业	**6057**	**5745**	**6057**	**5745**
农、林、牧产品批发				
食品、饮料及烟草制品批发	6057	5745	6057	5745
纺织、服装及家庭用品批发				
文化、体育用品及器材批发				
医药及医疗器材批发				
矿产品、建材及化工产品批发				
机械设备、五金产品及电子产品批发				
贸易经纪与代理				
其他批发业				

单位：万元

自有配送中心配送商品购进额		非自有配送中心配送商品购进额		商品销售总额		零售额	
2016年	2015年	2016年	2015年	2016年	2015年	2016年	2015年
15408460	**15313666**	**3242939**	**2999420**	**30671519**	**30432660**	**27431359**	**27068742**
6057	**5745**			**6229**	**6141**	**1869**	**1844**
6057	5745			6229	6141	1869	1844
15402403	**15307921**	**3242939**	**2999420**	**30665290**	**30426519**	**27429490**	**27066898**
15402403	15307921	3209153	2968080	30616465	30381658	27380665	27022036
		33786	31340	48825	44861	48825	44861
14065035	**13917609**	**2612618**	**2339895**	**27803822**	**27538817**	**24603008**	**24232768**
6057	**5745**			**6229**	**6141**	**1869**	**1844**
6057	5745			6229	6141	1869	1844

1−7 续表 5

超市

项 目	商品购进总额		统一配送商品购进额	
	2016年	2015年	2016年	2015年
零售业	**25115124**	**25288160**	**21326293**	**20992171**
综合零售	25081338	25256820	21292507	20960831
食品、饮料及烟草制品专门零售				
纺织、服装及日用品专门零售				
文化、体育用品及器材专门零售	33786	31340	33786	31340
医药及医疗器材专门零售				
汽车、摩托车、燃料及零配件专门零售				
家用电器及电子产品专门零售				
五金、家具及室内装饰材料专门零售				
货摊、无店铺及其他零售业				
加盟门店合计	**2723973**	**2743843**	**2048707**	**2130940**
批发业				
农、林、牧产品批发				
食品、饮料及烟草制品批发				
纺织、服装及家庭用品批发				
文化、体育用品及器材批发				
医药及医疗器材批发				
矿产品、建材及化工产品批发				
机械设备、五金产品及电子产品批发				
贸易经纪与代理				
其他批发业				
零售业	**2723973**	**2743843**	**2048707**	**2130940**
综合零售	2723973	2743843	2048707	2130940
食品、饮料及烟草制品专门零售				
纺织、服装及日用品专门零售				
文化、体育用品及器材专门零售				
医药及医疗器材专门零售				
汽车、摩托车、燃料及零配件专门零售				
家用电器及电子产品专门零售				
五金、家具及室内装饰材料专门零售				
货摊、无店铺及其他零售业				

单位：万元

自有配送中心配送商品购进额		非自有配送中心配送商品购进额		商品销售总额		零售额	
2016年	2015年	2016年	2015年	2016年	2015年	2016年	2015年
14058978	**13911865**	**2612618**	**2339895**	**27797594**	**27532676**	**24601140**	**24230923**
14058978	13911865	2578832	2308555	27748768	27487815	24552314	24186062
		33786	31340	48825	44861	48825	44861
1343425	**1396057**	**630320**	**659525**	**2867697**	**2893843**	**2828351**	**2835975**
1343425	**1396057**	**630320**	**659525**	**2867697**	**2893843**	**2828351**	**2835975**
1343425	1396057	630320	659525	2867697	2893843	2828351	2835975

1-7 续表 6

大型超市

项　目	商品购进总额		统一配送商品购进额	
	2016年	2015年	2016年	2015年
总　计	**46936504**	**43844563**	**34670738**	**31909389**
批发业				
农、林、牧产品批发				
食品、饮料及烟草制品批发				
纺织、服装及家庭用品批发				
文化、体育用品及器材批发				
医药及医疗器材批发				
矿产品、建材及化工产品批发				
机械设备、五金产品及电子产品批发				
贸易经纪与代理				
其他批发业				
零售业	**46936504**	**43844563**	**34670738**	**31909389**
综合零售	46936504	43844563	34670738	31909389
食品、饮料及烟草制品专门零售				
纺织、服装及日用品专门零售				
文化、体育用品及器材专门零售				
医药及医疗器材专门零售				
汽车、摩托车、燃料及零配件专门零售				
家用电器及电子产品专门零售				
五金、家具及室内装饰材料专门零售				
货摊、无店铺及其他零售业				
直营门店合计	**41623796**	**38396444**	**29455417**	**26552967**
批发业				
农、林、牧产品批发				
食品、饮料及烟草制品批发				
纺织、服装及家庭用品批发				
文化、体育用品及器材批发				
医药及医疗器材批发				
矿产品、建材及化工产品批发				
机械设备、五金产品及电子产品批发				
贸易经纪与代理				
其他批发业				

单位：万元

自有配送中心配送商品购进额		非自有配送中心配送商品购进额		商品销售总额		零售额	
2016年	2015年	2016年	2015年	2016年	2015年	2016年	2015年
20124800	**19700132**	**6049459**	**4165411**	**51080218**	**49912478**	**45228808**	**44537449**
20124800	**19700132**	**6049459**	**4165411**	**51080218**	**49912478**	**45228808**	**44537449**
20124800	19700132	6049459	4165411	51080218	49912478	45228808	44537449
19223165	**18759403**	**5982045**	**4072365**	**45933306**	**44377946**	**40081896**	**39003916**

1-7 续表 7

大型超市

项　目	商品购进总额		统一配送商品购进额	
	2016年	2015年	2016年	2015年
零售业	**41623796**	**38396444**	**29455417**	**26552967**
综合零售	41623796	38396444	29455417	26552967
食品、饮料及烟草制品专门零售				
纺织、服装及日用品专门零售				
文化、体育用品及器材专门零售				
医药及医疗器材专门零售				
汽车、摩托车、燃料及零配件专门零售				
家用电器及电子产品专门零售				
五金、家具及室内装饰材料专门零售				
货摊、无店铺及其他零售业				
加盟门店合计	**5312708**	**5448120**	**5215321**	**5356422**
批发业				
农、林、牧产品批发				
食品、饮料及烟草制品批发				
纺织、服装及家庭用品批发				
文化、体育用品及器材批发				
医药及医疗器材批发				
矿产品、建材及化工产品批发				
机械设备、五金产品及电子产品批发				
贸易经纪与代理				
其他批发业				
零售业	**5312708**	**5448120**	**5215321**	**5356422**
综合零售	5312708	5448120	5215321	5356422
食品、饮料及烟草制品专门零售				
纺织、服装及日用品专门零售				
文化、体育用品及器材专门零售				
医药及医疗器材专门零售				
汽车、摩托车、燃料及零配件专门零售				
家用电器及电子产品专门零售				
五金、家具及室内装饰材料专门零售				
货摊、无店铺及其他零售业				

单位：万元

自有配送中心配送商品购进额		非自有配送中心配送商品购进额		商品销售总额		零售额	
2016年	2015年	2016年	2015年	2016年	2015年	2016年	2015年
19223165	**18759403**	**5982045**	**4072365**	**45933306**	**44377946**	**40081896**	**39003916**
19223165	18759403	5982045	4072365	45933306	44377946	40081896	39003916
901635	**940728**	**67414**	**93045**	**5146912**	**5534533**	**5146912**	**5533533**
901635	**940728**	**67414**	**93045**	**5146912**	**5534533**	**5146912**	**5533533**
901635	940728	67414	93045	5146912	5534533	5146912	5533533

1-7 续表 8

仓储会员店

项　　目	商品购进总额		统一配送商品购进额	
	2016年	2015年	2016年	2015年
总　计	**2739554**	**2582554**	**321549**	**339520**
批发业				
农、林、牧产品批发				
食品、饮料及烟草制品批发				
纺织、服装及家庭用品批发				
文化、体育用品及器材批发				
医药及医疗器材批发				
矿产品、建材及化工产品批发				
机械设备、五金产品及电子产品批发				
贸易经纪与代理				
其他批发业				
零售业	**2739554**	**2582554**	**321549**	**339520**
综合零售	2738590	2582450	321549	339415
食品、饮料及烟草制品专门零售				
纺织、服装及日用品专门零售				
文化、体育用品及器材专门零售				
医药及医疗器材专门零售				
汽车、摩托车、燃料及零配件专门零售				
家用电器及电子产品专门零售				
五金、家具及室内装饰材料专门零售				
货摊、无店铺及其他零售业	964	105		105
直营门店合计	**2739554**	**2582450**	**321549**	**339415**
批发业				
农、林、牧产品批发				
食品、饮料及烟草制品批发				
纺织、服装及家庭用品批发				
文化、体育用品及器材批发				
医药及医疗器材批发				
矿产品、建材及化工产品批发				
机械设备、五金产品及电子产品批发				
贸易经纪与代理				
其他批发业				

单位：万元

自有配送中心配送商品购进额		非自有配送中心配送商品购进额		商品销售总额		零售额	
2016年	2015年	2016年	2015年	2016年	2015年	2016年	2015年
5142	**2824**	**5859**	**3315**	**2593414**	**2486573**	**2593414**	**2486573**
5142	**2824**	**5859**	**3315**	**2593414**	**2486573**	**2593414**	**2486573**
5142	2719	5859	3315	2592277	2486472	2592277	2486472
	105			1137	100	1137	100
5142	**2719**	**5859**	**3315**	**2593414**	**2486472**	**2593414**	**2486472**

1-7 续表 9

仓储会员店

项　　目	商品购进总额		统一配送商品购进额	
	2016年	2015年	2016年	2015年
零售业	**2739554**	**2582450**	**321549**	**339415**
综合零售	2738590	2582450	321549	339415
食品、饮料及烟草制品专门零售				
纺织、服装及日用品专门零售				
文化、体育用品及器材专门零售				
医药及医疗器材专门零售				
汽车、摩托车、燃料及零配件专门零售				
家用电器及电子产品专门零售				
五金、家具及室内装饰材料专门零售				
货摊、无店铺及其他零售业	964			
加盟门店合计		**105**		**105**
批发业				
农、林、牧产品批发				
食品、饮料及烟草制品批发				
纺织、服装及家庭用品批发				
文化、体育用品及器材批发				
医药及医疗器材批发				
矿产品、建材及化工产品批发				
机械设备、五金产品及电子产品批发				
贸易经纪与代理				
其他批发业				
零售业		**105**		**105**
综合零售				
食品、饮料及烟草制品专门零售				
纺织、服装及日用品专门零售				
文化、体育用品及器材专门零售				
医药及医疗器材专门零售				
汽车、摩托车、燃料及零配件专门零售				
家用电器及电子产品专门零售				
五金、家具及室内装饰材料专门零售				
货摊、无店铺及其他零售业		105		105

单位：万元

自有配送中心配送商品购进额		非自有配送中心配送商品购进额		商品销售总额		零售额	
2016年	2015年	2016年	2015年	2016年	2015年	2016年	2015年
5142	**2719**	**5859**	**3315**	**2593414**	**2486472**	**2593414**	**2486472**
5142	2719	5859	3315	2592277	2486472	2592277	2486472
				1137		1137	
	105				**100**		**100**
	105				**100**		**100**
	105				100		100

1—7 续表 10

百货店

项 目	商品购进总额		统一配送商品购进额	
	2016年	2015年	2016年	2015年
总 计	**32240220**	**32597726**	**14261754**	**14292464**
批发业	**109946**	**85339**	**109946**	**85339**
农、林、牧产品批发				
食品、饮料及烟草制品批发				
纺织、服装及家庭用品批发				
文化、体育用品及器材批发				
医药及医疗器材批发				
矿产品、建材及化工产品批发	109946	85339	109946	85339
机械设备、五金产品及电子产品批发				
贸易经纪与代理				
其他批发业				
零售业	**32130275**	**32512387**	**14151808**	**14207125**
综合零售	32126556	32508033	14151808	14207125
食品、饮料及烟草制品专门零售				
纺织、服装及日用品专门零售	3718	4354		
文化、体育用品及器材专门零售				
医药及医疗器材专门零售				
汽车、摩托车、燃料及零配件专门零售				
家用电器及电子产品专门零售				
五金、家具及室内装饰材料专门零售				
货摊、无店铺及其他零售业				
直营门店合计	**31471370**	**31823712**	**13715806**	**13733335**
批发业	**109946**	**85339**	**109946**	**85339**
农、林、牧产品批发				
食品、饮料及烟草制品批发				
纺织、服装及家庭用品批发				
文化、体育用品及器材批发				
医药及医疗器材批发				
矿产品、建材及化工产品批发	109946	85339	109946	85339
机械设备、五金产品及电子产品批发				
贸易经纪与代理				
其他批发业				

单位：万元

自有配送中心配送商品购进额		非自有配送中心配送商品购进额		商品销售总额		零售额	
2016年	2015年	2016年	2015年	2016年	2015年	2016年	2015年
9271487	**9376115**	**1688462**	**1834221**	**38964970**	**39477644**	**33050726**	**33801888**
				110486	**86662**	**1107**	**1427**
				110486	86662	1107	1427
9271487	**9376115**	**1688462**	**1834221**	**38854484**	**39390982**	**33049619**	**33800461**
9271487	9376115	1688462	1834221	38673717	39154184	32868851	33563664
				180767	236798	180767	236798
8877410	**8998884**	**1682448**	**1828560**	**38176505**	**38661344**	**32325102**	**33048386**
				110486	**86662**	**1107**	**1427**
				110486	86662	1107	1427

1—7 续表 11

百货店

项目	商品购进总额		统一配送商品购进额	
	2016年	2015年	2016年	2015年
零售业	**31361425**	**31738373**	**13605860**	**13647996**
综合零售	31357706	31734018	13605860	13647996
食品、饮料及烟草制品专门零售				
纺织、服装及日用品专门零售	3718	4354		
文化、体育用品及器材专门零售				
医药及医疗器材专门零售				
汽车、摩托车、燃料及零配件专门零售				
家用电器及电子产品专门零售				
五金、家具及室内装饰材料专门零售				
货摊、无店铺及其他零售业				
加盟门店合计	**768850**	**774014**	**545948**	**559129**
批发业				
农、林、牧产品批发				
食品、饮料及烟草制品批发				
纺织、服装及家庭用品批发				
文化、体育用品及器材批发				
医药及医疗器材批发				
矿产品、建材及化工产品批发				
机械设备、五金产品及电子产品批发				
贸易经纪与代理				
其他批发业				
零售业	**768850**	**774014**	**545948**	**559129**
综合零售	768850	774014	545948	559129
食品、饮料及烟草制品专门零售				
纺织、服装及日用品专门零售				
文化、体育用品及器材专门零售				
医药及医疗器材专门零售				
汽车、摩托车、燃料及零配件专门零售				
家用电器及电子产品专门零售				
五金、家具及室内装饰材料专门零售				
货摊、无店铺及其他零售业				

单位：万元

自有配送中心配送商品购进额		非自有配送中心配送商品购进额		商品销售总额		零售额	
2016年	2015年	2016年	2015年	2016年	2015年	2016年	2015年
8877410	**8998884**	**1682448**	**1828560**	**38066019**	**38574682**	**32323995**	**33046959**
8877410	8998884	1682448	1828560	37885252	38337884	32143228	32810161
				180767	236798	180767	236798
394077	**377231**	**6014**	**5661**	**788465**	**816300**	**725624**	**753502**
394077	**377231**	**6014**	**5661**	**788465**	**816300**	**725624**	**753502**
394077	377231	6014	5661	788465	816300	725624	753502

1-7 续表 12

专业店(含加油站)

项目	商品购进总额		统一配送商品购进额	
	2016年	2015年	2016年	2015年
总计	**177439253**	**178442630**	**153004488**	**153750964**
批发业	**88496164**	**89317929**	**80212906**	**80890158**
农、林、牧产品批发	1663567	1643553	1620246	1606926
食品、饮料及烟草制品批发	5090126	5611308	4731250	5159542
纺织、服装及家庭用品批发	3434	4166	3434	4166
文化、体育用品及器材批发	3660230	3424070	3660230	3424070
医药及医疗器材批发	541484	523273	367095	344916
矿产品、建材及化工产品批发	75264668	75544153	67636761	67846456
机械设备、五金产品及电子产品批发	457042	343855	381934	284292
贸易经纪与代理				
其他批发业	1815615	2223551	1811955	2219791
零售业	**88943088**	**89124702**	**72791582**	**72860806**
综合零售	2177492	2222959	1642352	1434052
食品、饮料及烟草制品专门零售	936492	849148	731111	678027
纺织、服装及日用品专门零售	571867	543270	469201	450942
文化、体育用品及器材专门零售	2774554	2667712	2639362	2530292
医药及医疗器材专门零售	8999141	7847144	8362643	7337895
汽车、摩托车、燃料及零配件专门零售	41250115	44841625	35776840	38747344
家用电器及电子产品专门零售	32214173	30136434	23150821	21665862
五金、家具及室内装饰材料专门零售	2681	1876	2681	1876
货摊、无店铺及其他零售业	16572	14536	16572	14516
直营门店合计	**174388441**	**175243069**	**150184493**	**150800773**
批发业	**86634094**	**87390266**	**78442818**	**79069030**
农、林、牧产品批发	1362094	1366640	1360089	1364899
食品、饮料及烟草制品批发	5090126	5611308	4731250	5159542
纺织、服装及家庭用品批发	3434	3526	3434	3526
文化、体育用品及器材批发	3658862	3422868	3658862	3422868
医药及医疗器材批发	511159	472535	336933	312804
矿产品、建材及化工产品批发	73757067	73966525	66177196	66318235
机械设备、五金产品及电子产品批发	453448	340454	378340	280891
贸易经纪与代理				
其他批发业	1797904	2206411	1796714	2206267

单位：万元

自有配送中心配送商品购进额		非自有配送中心配送商品购进额		商品销售总额		零售额	
2016年	2015年	2016年	2015年	2016年	2015年	2016年	2015年
85668890	**86427958**	**30357422**	**29361574**	**205737123**	**206499540**	**138416677**	**134024605**
46825814	**47875841**	**16710575**	**16296467**	**100299259**	**100842690**	**61138473**	**58036328**
1620246	1606926			1758673	1739618	1655928	11119
2534434	2741993	1683	3583	6869047	7218414	1001994	1103869
3434	4166			9704	13058	5381	6476
3545255	3315171			3685801	3442059	1408799	1306162
335379	320997			626893	584317	279232	233315
36876201	37607800	16707531	16287468	85111958	85278238	54820547	52978304
277562	234578	1361	5415	523540	389557	287724	254038
1633304	2044211			1713645	2177429	1678867	2143046
38843076	**38552118**	**13646846**	**13065107**	**105437862**	**105656851**	**77278204**	**75988278**
1451587	1202890	139081	135896	3197476	3409762	2090285	2431257
239705	221750	56261	54287	1220118	1113467	910604	809622
225137	226943	46096	34757	797739	818719	672186	683343
2195554	2161441	356080	243348	3071726	2784444	2497091	2238775
4553253	3872048	1593030	1477205	10993028	9542776	9756683	8527729
15396404	16660326	8831197	8836854	51707153	55286210	41279159	41575632
14776164	14199617	2613987	2276024	34422539	32678549	20048031	19703743
		1800	980	3602	2277	3602	2277
5271	7104	9315	5756	24483	20648	20563	15901
83580386	**84335467**	**30063162**	**29093060**	**202402203**	**202999196**	**136616144**	**132570781**
45091754	**46095060**	**16708737**	**16294665**	**98470815**	**98863390**	**60561823**	**57683745**
1360089	1364899			1451069	1450658	1412129	4075
2534434	2741993	1683	3583	6869047	7218414	1001994	1103869
3434	3526			9704	12092	5381	5650
3543887	3313969			3684618	3440969	1407616	1305965
311316	293681			592643	522434	251913	209920
35431323	36101246	16705693	16285666	83651566	83675937	54519800	52660744
273967	231536	1361	5415	519938	385809	284123	250477
1633304	2044211			1692230	2157079	1678867	2143046

1-7 续表 13

专业店(含加油站)

项　　目	商品购进总额		统一配送商品购进额	
	2016年	2015年	2016年	2015年
零售业	**87754348**	**87852803**	**71741676**	**71731743**
综合零售	2153565	2205238	1618424	1416331
食品、饮料及烟草制品专门零售	837186	772968	689991	656597
纺织、服装及日用品专门零售	507329	490729	439819	425373
文化、体育用品及器材专门零售	2772857	2665605	2637665	2528184
医药及医疗器材专门零售	8339494	7187163	7748487	6739009
汽车、摩托车、燃料及零配件专门零售	40973100	44561379	35499824	38467098
家用电器及电子产品专门零售	32151733	29953481	23088382	21482909
五金、家具及室内装饰材料专门零售	2681	1876	2681	1876
货摊、无店铺及其他零售业	16404	14367	16404	14367
加盟门店合计	**3050812**	**3199562**	**2819995**	**2950191**
批发业	**1862072**	**1927663**	**1770088**	**1821128**
农、林、牧产品批发	301473	276913	260157	242027
食品、饮料及烟草制品批发				
纺织、服装及家庭用品批发		640		640
文化、体育用品及器材批发	1368	1202	1368	1202
医药及医疗器材批发	30324	50738	30162	32113
矿产品、建材及化工产品批发	1507602	1577628	1459566	1528221
机械设备、五金产品及电子产品批发	3594	3402	3594	3402
贸易经纪与代理				
其他批发业	17711	17140	15241	13524
零售业	**1188740**	**1271900**	**1049906**	**1129063**
综合零售	23927	17721	23927	17721
食品、饮料及烟草制品专门零售	99306	76180	41120	21431
纺织、服装及日用品专门零售	64538	52541	29382	25569
文化、体育用品及器材专门零售	1698	2108	1698	2108
医药及医疗器材专门零售	659647	659981	614156	598886
汽车、摩托车、燃料及零配件专门零售	277016	280246	277016	280246
家用电器及电子产品专门零售	62439	182953	62439	182953
五金、家具及室内装饰材料专门零售				
货摊、无店铺及其他零售业	168	169	168	149

单位：万元

自有配送中心配送商品购进额		非自有配送中心配送商品购进额		商品销售总额		零售额	
2016年	2015年	2016年	2015年	2016年	2015年	2016年	2015年
38488631	**38240407**	**13354424**	**12798396**	**103931388**	**104135807**	**76054322**	**74887037**
1450684	1201743	116057	121538	3152423	3371154	2045563	2392650
201784	203859	55839	53959	1060097	995976	841755	779402
216781	224492	25641	12214	703930	745920	601824	631905
2193857	2159333	356080	243348	3070035	2782424	2495404	2236789
4295311	3649772	1344509	1248081	10162034	8740834	9017540	7842133
15396404	16660326	8831197	8836854	51399442	54978582	41002144	41295386
14728576	14133846	2613987	2275667	34356814	32498191	20027398	19690794
		1800	980	3602	2277	3602	2277
5236	7035	9315	5756	23013	20449	19092	15702
2088505	**2092492**	**294260**	**268513**	**3334920**	**3500344**	**1800533**	**1453824**
1734060	**1780781**	**1838**	**1802**	**1828446**	**1979300**	**576651**	**352583**
260157	242027			307604	288961	243799	7044
	640				966		827
1368	1202			1183	1091	1183	197
24063	27315			34251	61883	27319	23395
1444878	1506554	1838	1802	1460393	1602302	300748	317559
3594	3043			3601	3748	3601	3561
				21414	20350		
354445	**311711**	**292422**	**266711**	**1506474**	**1521044**	**1223883**	**1101241**
904	1147	23024	14359	45053	38608	44721	38608
37922	17891	422	328	160021	117491	68849	30220
8356	2450	20455	22543	93809	72799	70362	51438
1698	2108			1691	2020	1687	1985
257942	222276	248521	229124	830994	801942	739143	685596
				307711	307628	277016	280246
47588	65771		357	65725	180358	20633	12949
35	69			1471	199	1471	199

1-7 续表 14

加油站

项　　目	商品购进总额		统一配送商品购进额	
	2016年	2015年	2016年	2015年
总　计	**109642299**	**113399245**	**96646250**	**99710979**
批发业	**73373062**	**73550055**	**65841431**	**65946905**
农、林、牧产品批发				
食品、饮料及烟草制品批发				
纺织、服装及家庭用品批发				
文化、体育用品及器材批发				
医药及医疗器材批发				
矿产品、建材及化工产品批发	73373062	73550055	65841431	65946905
机械设备、五金产品及电子产品批发				
贸易经纪与代理				
其他批发业				
零售业	**36269236**	**39849191**	**30804819**	**33764074**
综合零售				
食品、饮料及烟草制品专门零售				
纺织、服装及日用品专门零售				
文化、体育用品及器材专门零售				
医药及医疗器材专门零售				
汽车、摩托车、燃料及零配件专门零售	36269236	39849191	30804819	33764074
家用电器及电子产品专门零售				
五金、家具及室内装饰材料专门零售				
货摊、无店铺及其他零售业				
直营门店合计	**108787261**	**112503571**	**95791212**	**98815304**
批发业	**72795041**	**72934626**	**65263410**	**65331476**
农、林、牧产品批发				
食品、饮料及烟草制品批发				
纺织、服装及家庭用品批发				
文化、体育用品及器材批发				
医药及医疗器材批发				
矿产品、建材及化工产品批发	72795041	72934626	65263410	65331476
机械设备、五金产品及电子产品批发				
贸易经纪与代理				
其他批发业				

单位：万元

自有配送中心配送商品购进额		非自有配送中心配送商品购进额		商品销售总额		零售额	
2016年	2015年	2016年	2015年	2016年	2015年	2016年	2015年
50185569	**51745571**	**22373976**	**22356035**	**129569822**	**133386058**	**92727390**	**91691755**
35129734	**35758577**	**16702534**	**16282897**	**83268069**	**83235354**	**54790111**	**52949131**
35129734	35758577	16702534	16282897	83268069	83235354	54790111	52949131
15055835	**15986995**	**5671441**	**6073138**	**46301752**	**50150705**	**37937279**	**38742625**
15055835	15986995	5671441	6073138	46301752	50150705	37937279	38742625
49607548	**51130143**	**22373976**	**22356035**	**128684089**	**132463001**	**92160454**	**91102891**
34551712	**35143148**	**16702534**	**16282897**	**82690048**	**82619925**	**54500191**	**52640513**
34551712	35143148	16702534	16282897	82690048	82619925	54500191	52640513

1-7 续表 15

加油站

项　　目	商品购进总额		统一配送商品购进额	
	2016年	2015年	2016年	2015年
零售业	**35992221**	**39568945**	**30527803**	**33483828**
综合零售				
食品、饮料及烟草制品专门零售				
纺织、服装及日用品专门零售				
文化、体育用品及器材专门零售				
医药及医疗器材专门零售				
汽车、摩托车、燃料及零配件专门零售	35992221	39568945	30527803	33483828
家用电器及电子产品专门零售				
五金、家具及室内装饰材料专门零售				
货摊、无店铺及其他零售业				
加盟门店合计	**855038**	**895675**	**855038**	**895675**
批发业	**578022**	**615429**	**578022**	**615429**
农、林、牧产品批发				
食品、饮料及烟草制品批发				
纺织、服装及家庭用品批发				
文化、体育用品及器材批发				
医药及医疗器材批发				
矿产品、建材及化工产品批发	578022	615429	578022	615429
机械设备、五金产品及电子产品批发				
贸易经纪与代理				
其他批发业				
零售业	**277016**	**280246**	**277016**	**280246**
综合零售				
食品、饮料及烟草制品专门零售				
纺织、服装及日用品专门零售				
文化、体育用品及器材专门零售				
医药及医疗器材专门零售				
汽车、摩托车、燃料及零配件专门零售	277016	280246	277016	280246
家用电器及电子产品专门零售				
五金、家具及室内装饰材料专门零售				
货摊、无店铺及其他零售业				

单位：万元

自有配送中心配送商品购进额		非自有配送中心配送商品购进额		商品销售总额		零售额	
2016年	2015年	2016年	2015年	2016年	2015年	2016年	2015年
15055835	**15986995**	**5671441**	**6073138**	**45994041**	**49843077**	**37660264**	**38462379**
15055835	15986995	5671441	6073138	45994041	49843077	37660264	38462379
578022	**615429**			**885733**	**923057**	**566936**	**588864**
578022	**615429**			**578022**	**615429**	**289920**	**308618**
578022	615429			578022	615429	289920	308618
				307711	**307628**	**277016**	**280246**
				307711	307628	277016	280246

1-7 续表 16

专卖店

项目	商品购进总额		统一配送商品购进额	
	2016年	2015年	2016年	2015年
总计	**15361185**	**15556940**	**10170320**	**10357604**
批发业	**2087226**	**2187599**	**1580038**	**1670652**
农、林、牧产品批发	3975	3975	3975	3975
食品、饮料及烟草制品批发	1098030	1190184	601310	690806
纺织、服装及家庭用品批发	220673	199112	217941	188312
文化、体育用品及器材批发				
医药及医疗器材批发	9576	7934	5211	3778
矿产品、建材及化工产品批发	550806	577637	550806	577637
机械设备、五金产品及电子产品批发	7309	5982	6552	5982
贸易经纪与代理				
其他批发业	196857	202776	194243	200162
零售业	**13273959**	**13369341**	**8590282**	**8686953**
综合零售	296688	213078	296688	213078
食品、饮料及烟草制品专门零售	2469285	2175719	2109362	2019572
纺织、服装及日用品专门零售	2316050	2620606	1567229	1805249
文化、体育用品及器材专门零售	2421651	2434571	2354688	2355003
医药及医疗器材专门零售	313751	288999	251822	235419
汽车、摩托车、燃料及零配件专门零售	731133	723393	201954	186658
家用电器及电子产品专门零售	4536649	4666954	1646123	1655165
五金、家具及室内装饰材料专门零售	136322	201042	133426	201042
货摊、无店铺及其他零售业	52429	44980	28991	15767
直营门店合计	**13605112**	**13891868**	**8606544**	**8764113**
批发业	**1456435**	**1533485**	**950446**	**1019237**
农、林、牧产品批发				
食品、饮料及烟草制品批发	1077142	1178550	580421	679172
纺织、服装及家庭用品批发	165551	138243	164020	130143
文化、体育用品及器材批发				
医药及医疗器材批发	9576	7934	5211	3778
矿产品、建材及化工产品批发				
机械设备、五金产品及电子产品批发	7309	5982	6552	5982
贸易经纪与代理				
其他批发业	196857	202776	194243	200162

单位：万元

自有配送中心配送商品购进额		非自有配送中心配送商品购进额		商品销售总额		零售额	
2016年	2015年	2016年	2015年	2016年	2015年	2016年	2015年
6246566	**6185344**	**568526**	**565417**	**19921802**	**19302548**	**14605466**	**13943390**
665973	**729366**	**96371**	**94976**	**2822621**	**2992616**	**408952**	**408697**
				3175	3175	3175	3175
501735	592503	89490	88417	1575656	1639439	193686	193582
154959	129180	5571	5362	390597	408446	139010	136623
400	725			14565	14305	14565	14305
3637	2172			569901	596447		
5242	4786	1310	1196	7309	6555	2152	2070
				261418	324249	56364	58942
5580593	**5455979**	**472155**	**470441**	**17099181**	**16309932**	**14196514**	**13534693**
45336	39671			574427	351702	555767	335214
1728649	1643519	101541	169595	3188703	2758954	2801327	2432240
621404	686261	314010	228053	3929084	3980681	3659866	3747149
2203523	2156432	121	116	2397708	2436120	354957	428648
139588	133347	15154	17563	401504	377710	369780	338091
47382	41079	8622	7840	972692	819261	937034	787308
632294	542345	32708	47274	5202489	5245558	5124407	5160047
133426	197558			370669	292821	365700	292821
28991	15767			61906	47124	27676	13175
5327542	**5260414**	**566243**	**555732**	**17831021**	**17298702**	**13287275**	**12720584**
641704	**708842**	**96371**	**94976**	**2134441**	**2241506**	**398862**	**395332**
481103	581074	89490	88417	1575073	1638833	193103	192976
154959	122257	5571	5362	276076	257563	132678	127039
400	725			14565	14305	14565	14305
5242	4786	1310	1196	7309	6555	2152	2070
				261418	324249	56364	58942

1-7 续表 17

专卖店

项　　目	商品购进总额		统一配送商品购进额	
	2016年	2015年	2016年	2015年
零售业	**12148677**	**12358383**	**7656098**	**7744876**
综合零售	296607	213020	296607	213020
食品、饮料及烟草制品专门零售	1581311	1474886	1394041	1363974
纺织、服装及日用品专门零售	2128859	2349697	1398224	1557731
文化、体育用品及器材专门零售	2421651	2434571	2354688	2355003
医药及医疗器材专门零售	294607	278418	232758	225094
汽车、摩托车、燃料及零配件专门零售	731133	723393	201954	186658
家用电器及电子产品专门零售	4505759	4638378	1615410	1626588
五金、家具及室内装饰材料专门零售	136322	201042	133426	201042
货摊、无店铺及其他零售业	52429	44980	28991	15767
加盟门店合计	**1756073**	**1665072**	**1563776**	**1593491**
批发业	**630792**	**654114**	**629592**	**651414**
农、林、牧产品批发	3975	3975	3975	3975
食品、饮料及烟草制品批发	20889	11634	20889	11634
纺织、服装及家庭用品批发	55122	60868	53922	58168
文化、体育用品及器材批发				
医药及医疗器材批发				
矿产品、建材及化工产品批发	550806	577637	550806	577637
机械设备、五金产品及电子产品批发				
贸易经纪与代理				
其他批发业				
零售业	**1125282**	**1010957**	**934184**	**942077**
综合零售	82	58	82	58
食品、饮料及烟草制品专门零售	887974	700833	715320	655599
纺织、服装及日用品专门零售	187191	270908	169005	247518
文化、体育用品及器材专门零售				
医药及医疗器材专门零售	19144	10581	19064	10325
汽车、摩托车、燃料及零配件专门零售				
家用电器及电子产品专门零售	30891	28577	30713	28577
五金、家具及室内装饰材料专门零售				
货摊、无店铺及其他零售业				

单位：万元

自有配送中心配送商品购进额		非自有配送中心配送商品购进额		商品销售总额		零售额	
2016年	2015年	2016年	2015年	2016年	2015年	2016年	2015年
4685838	**4551572**	**469872**	**460756**	**15696580**	**15057196**	**12888413**	**12325252**
45254	39613			574361	351608	555701	335120
1021363	1002188	100081	161982	2198557	1983587	1842982	1680393
464994	452326	313305	226076	3558689	3545096	3352171	3331339
2203523	2156432	121	116	2397708	2436120	354957	428648
139324	132841	15035	17469	391730	364779	360007	325160
47382	41079	8622	7840	972692	819261	937034	787308
601580	513769	32708	47274	5170267	5216800	5092185	5131289
133426	197558			370669	292821	365700	292821
28991	15767			61906	47124	27676	13175
919024	**924931**	**2284**	**9685**	**2090781**	**2003846**	**1318191**	**1222806**
24269	**20524**			**688180**	**751111**	**10090**	**13365**
				3175	3175	3175	3175
20631	11429			583	606	583	606
	6923			114521	150883	6332	9584
3637	2172			569901	596447		
894755	**904407**	**2284**	**9685**	**1402601**	**1252735**	**1308101**	**1209442**
82	58			66	94	66	94
707287	641332	1461	7613	990146	775367	958345	751847
156411	233935	705	1977	370394	435585	307695	415811
263	506	119	94	9773	12931	9773	12931
30713	28577			32222	28758	32222	28758

1-7 续表 18

家居建材商店

项　　目	商品购进总额		统一配送商品购进额	
	2016年	2015年	2016年	2015年
总　计	**313523**	**337240**	**291276**	**304498**
批发业				
农、林、牧产品批发				
食品、饮料及烟草制品批发				
纺织、服装及家庭用品批发				
文化、体育用品及器材批发				
医药及医疗器材批发				
矿产品、建材及化工产品批发				
机械设备、五金产品及电子产品批发				
贸易经纪与代理				
其他批发业				
零售业	**313523**	**337240**	**291276**	**304498**
综合零售	54181	50121	45630	50121
食品、饮料及烟草制品专门零售				
纺织、服装及日用品专门零售				
文化、体育用品及器材专门零售				
医药及医疗器材专门零售				
汽车、摩托车、燃料及零配件专门零售				
家用电器及电子产品专门零售				
五金、家具及室内装饰材料专门零售	259343	287119	245646	254377
货摊、无店铺及其他零售业				
直营门店合计	**313523**	**337240**	**291276**	**304498**
批发业				
农、林、牧产品批发				
食品、饮料及烟草制品批发				
纺织、服装及家庭用品批发				
文化、体育用品及器材批发				
医药及医疗器材批发				
矿产品、建材及化工产品批发				
机械设备、五金产品及电子产品批发				
贸易经纪与代理				
其他批发业				

单位：万元

自有配送中心配送商品购进额		非自有配送中心配送商品购进额		商品销售总额		零售额	
2016年	2015年	2016年	2015年	2016年	2015年	2016年	2015年
65402	**83857**	**59134**	**64357**	**440656**	**461701**	**435690**	**421144**
65402	**83857**	**59134**	**64357**	**440656**	**461701**	**435690**	**421144**
		45630	50121	57698	63278	57698	62011
65402	83857	13504	14237	382957	398423	377992	359133
65402	**83857**	**59134**	**64357**	**440656**	**461701**	**435690**	**421144**

1-7 续表 19

家居建材商店

项　目	商品购进总额		统一配送商品购进额	
	2016年	2015年	2016年	2015年
零售业	**313523**	**337240**	**291276**	**304498**
综合零售	54181	50121	45630	50121
食品、饮料及烟草制品专门零售				
纺织、服装及日用品专门零售				
文化、体育用品及器材专门零售				
医药及医疗器材专门零售				
汽车、摩托车、燃料及零配件专门零售				
家用电器及电子产品专门零售				
五金、家具及室内装饰材料专门零售	259343	287119	245646	254377
货摊、无店铺及其他零售业				
加盟门店合计				
批发业				
农、林、牧产品批发				
食品、饮料及烟草制品批发				
纺织、服装及家庭用品批发				
文化、体育用品及器材批发				
医药及医疗器材批发				
矿产品、建材及化工产品批发				
机械设备、五金产品及电子产品批发				
贸易经纪与代理				
其他批发业				
零售业				
综合零售				
食品、饮料及烟草制品专门零售				
纺织、服装及日用品专门零售				
文化、体育用品及器材专门零售				
医药及医疗器材专门零售				
汽车、摩托车、燃料及零配件专门零售				
家用电器及电子产品专门零售				
五金、家具及室内装饰材料专门零售				
货摊、无店铺及其他零售业				

单位：万元

自有配送中心配送商品购进额		非自有配送中心配送商品购进额		商品销售总额		零售额	
2016年	2015年	2016年	2015年	2016年	2015年	2016年	2015年
65402	**83857**	**59134**	**64357**	**440656**	**461701**	**435690**	**421144**
		45630	50121	57698	63278	57698	62011
65402	83857	13504	14237	382957	398423	377992	359133

1-7 续表 20

厂家直销中心

项　　目	商品购进总额		统一配送商品购进额	
	2016年	2015年	2016年	2015年
总　计	**546501**	**605467**	**541226**	**600839**
批发业	**523870**	**580695**	**522505**	**579361**
农、林、牧产品批发	27299	26674	25934	25340
食品、饮料及烟草制品批发	14379	12919	14379	12919
纺织、服装及家庭用品批发	28510	37602	28510	37602
文化、体育用品及器材批发				
医药及医疗器材批发				
矿产品、建材及化工产品批发	453681	503501	453681	503501
机械设备、五金产品及电子产品批发				
贸易经纪与代理				
其他批发业				
零售业	**22631**	**24772**	**18721**	**21479**
综合零售				
食品、饮料及烟草制品专门零售	3378	2603		
纺织、服装及日用品专门零售	19253	22169	18721	21479
文化、体育用品及器材专门零售				
医药及医疗器材专门零售				
汽车、摩托车、燃料及零配件专门零售				
家用电器及电子产品专门零售				
五金、家具及室内装饰材料专门零售				
货摊、无店铺及其他零售业				
直营门店合计	**531484**	**590796**	**527574**	**587503**
批发业	**508853**	**566024**	**508853**	**566024**
农、林、牧产品批发	12282	12003	12282	12003
食品、饮料及烟草制品批发	14379	12919	14379	12919
纺织、服装及家庭用品批发	28510	37602	28510	37602
文化、体育用品及器材批发				
医药及医疗器材批发				
矿产品、建材及化工产品批发	453681	503501	453681	503501
机械设备、五金产品及电子产品批发				
贸易经纪与代理				
其他批发业				

单位：万元

自有配送中心配送商品购进额		非自有配送中心配送商品购进额		商品销售总额		零售额	
2016年	2015年	2016年	2015年	2016年	2015年	2016年	2015年
61517	**65057**	**450925**	**498041**	**598471**	**668942**	**76438**	**78658**
42796	**43579**	**450925**	**498041**	**546310**	**613389**	**24278**	**23895**
24295	23866	1365	1334	33248	32929	21968	21737
14379	12919			13966	12783	2310	2159
				43993	52713		
4121	6794	449560	496707	455103	514963		
18721	**21479**			**52161**	**55553**	**52161**	**54762**
				4222	3273	4222	3273
18721	21479			47938	52280	47938	51490
49504	**53194**	**449560**	**496707**	**580866**	**651529**	**58833**	**61245**
30783	**31716**	**449560**	**496707**	**528705**	**595976**	**6673**	**6482**
12282	12003			15643	15516	4363	4324
14379	12919			13966	12783	2310	2159
				43993	52713		
4121	6794	449560	496707	455103	514963		

1−7 续表 21

厂家直销中心

项　　目	商品购进总额		统一配送商品购进额	
	2016年	2015年	2016年	2015年
零售业	**22631**	**24772**	**18721**	**21479**
综合零售				
食品、饮料及烟草制品专门零售	3378	2603		
纺织、服装及日用品专门零售	19253	22169	18721	21479
文化、体育用品及器材专门零售				
医药及医疗器材专门零售				
汽车、摩托车、燃料及零配件专门零售				
家用电器及电子产品专门零售				
五金、家具及室内装饰材料专门零售				
货摊、无店铺及其他零售业				
加盟门店合计	**15017**	**14671**	**13652**	**13337**
批发业	**15017**	**14671**	**13652**	**13337**
农、林、牧产品批发	15017	14671	13652	13337
食品、饮料及烟草制品批发				
纺织、服装及家庭用品批发				
文化、体育用品及器材批发				
医药及医疗器材批发				
矿产品、建材及化工产品批发				
机械设备、五金产品及电子产品批发				
贸易经纪与代理				
其他批发业				
零售业				
综合零售				
食品、饮料及烟草制品专门零售				
纺织、服装及日用品专门零售				
文化、体育用品及器材专门零售				
医药及医疗器材专门零售				
汽车、摩托车、燃料及零配件专门零售				
家用电器及电子产品专门零售				
五金、家具及室内装饰材料专门零售				
货摊、无店铺及其他零售业				

单位：万元

自有配送中心配送商品购进额		非自有配送中心配送商品购进额		商品销售总额		零售额	
2016年	2015年	2016年	2015年	2016年	2015年	2016年	2015年
18721	**21479**			**52161**	**55553**	**52161**	**54762**
				4222	3273	4222	3273
18721	21479			47938	52280	47938	51490
12013	**11863**	**1365**	**1334**	**17605**	**17413**	**17605**	**17413**
12013	**11863**	**1365**	**1334**	**17605**	**17413**	**17605**	**17413**
12013	11863	1365	1334	17605	17413	17605	17413

1-7 续表 22

其他

项　　目	商品购进总额		统一配送商品购进额	
	2016年	2015年	2016年	2015年
总　计	**3415403**	**3618209**	**2309242**	**2184623**
批发业	**2615203**	**2882197**	**1816775**	**1782867**
农、林、牧产品批发				
食品、饮料及烟草制品批发	529040	556853	463071	471353
纺织、服装及家庭用品批发	1471205	1582289	807251	733670
文化、体育用品及器材批发	2943	3619	2943	3619
医药及医疗器材批发	81727	80672	37988	40632
矿产品、建材及化工产品批发	388398	490003	381461	391956
机械设备、五金产品及电子产品批发	107679	126405	107679	126405
贸易经纪与代理				
其他批发业	34212	42357	16381	15232
零售业	**800200**	**736013**	**492467**	**401756**
综合零售	517875	472703	296526	234695
食品、饮料及烟草制品专门零售	73861	65335	73761	65335
纺织、服装及日用品专门零售	56147	58431		
文化、体育用品及器材专门零售	43961	47909	24569	18272
医药及医疗器材专门零售	31784	25629	21038	17449
汽车、摩托车、燃料及零配件专门零售				
家用电器及电子产品专门零售	56017	54869	56017	54869
五金、家具及室内装饰材料专门零售				
货摊、无店铺及其他零售业	20555	11137	20555	11137
直营门店合计	**2557550**	**2598026**	**1569567**	**1459961**
批发业	**2118297**	**2214392**	**1391108**	**1299137**
农、林、牧产品批发				
食品、饮料及烟草制品批发	427118	455438	368694	376909
纺织、服装及家庭用品批发	1381405	1428637	744721	631268
文化、体育用品及器材批发	2943	3619	2943	3619
医药及医疗器材批发	47067	47402	35985	38646
矿产品、建材及化工产品批发	145329	158690	142161	155214
机械设备、五金产品及电子产品批发	80223	78250	80223	78250
贸易经纪与代理				
其他批发业	34212	42357	16381	15232

单位：万元

自有配送中心配送商品购进额		非自有配送中心配送商品购进额		商品销售总额		零售额	
2016年	2015年	2016年	2015年	2016年	2015年	2016年	2015年
1693789	**1446933**	**344018**	**356868**	**4698163**	**4865275**	**2522985**	**2614722**
1578754	**1352205**	**46095**	**123124**	**3809942**	**3978685**	**1637934**	**1732987**
342658	388254	26362	21354	709421	723740	136790	132427
802156	723969	848	3142	2506738	2526473	1306931	1349451
2943	3619			4066	4152	842	677
3528	2668	13074	13780	98172	97977	21380	19744
375650	187791	5811	84848	345254	449708	121030	174527
51660	45708			106965	131494	49712	54893
159	197			39326	45141	1248	1268
115035	**94727**	**297924**	**233744**	**888221**	**886590**	**885051**	**881736**
		295266	230920	563196	564597	563187	564597
				69618	67073	69618	67073
				112694	109911	112694	109911
24569	18272			43952	55184	41208	50799
13893	10450	2658	2824	31115	25308	30697	24839
56017	54869			55470	53554	55470	53554
20555	11137			12177	10964	12177	10964
1308062	**1226450**	**20587**	**24306**	**3728199**	**3897918**	**1846384**	**1999553**
1213159	**1142989**	**13885**	**16084**	**3300923**	**3424254**	**1419534**	**1529007**
274962	315075	87	90	624511	652851	74266	73908
739626	621567	848	3142	2399753	2426473	1199946	1249451
2943	3619			4066	4152	842	677
1649	1611	12950	12852	54240	56513	7785	7777
142161	155214			100282	158595	85735	146293
51660	45708			78745	80529	49712	49633
159	197			39326	45141	1248	1268

1-7 续表 23

其他

项　目	商品购进总额		统一配送商品购进额	
	2016年	2015年	2016年	2015年
零售业	**439253**	**383635**	**178458**	**160824**
综合零售	225771	180939	4422	6651
食品、饮料及烟草制品专门零售	73861	65335	73761	65335
纺织、服装及日用品专门零售	15160	15776		
文化、体育用品及器材专门零售	40206	44871	24569	18272
医药及医疗器材专门零售	27219	21441	18671	15293
汽车、摩托车、燃料及零配件专门零售				
家用电器及电子产品专门零售	56017	54869	56017	54869
五金、家具及室内装饰材料专门零售				
货摊、无店铺及其他零售业	1018	404	1018	404
加盟门店合计	**857853**	**1020183**	**739675**	**724662**
批发业	**496906**	**667805**	**425666**	**483730**
农、林、牧产品批发				
食品、饮料及烟草制品批发	101922	101414	94377	94444
纺织、服装及家庭用品批发	89800	153653	62530	102403
文化、体育用品及器材批发				
医药及医疗器材批发	34660	33271	2003	1986
矿产品、建材及化工产品批发	243069	331313	239300	236742
机械设备、五金产品及电子产品批发	27456	48155	27456	48155
贸易经纪与代理				
其他批发业				
零售业	**360948**	**352378**	**314009**	**240933**
综合零售	292104	291764	292104	228044
食品、饮料及烟草制品专门零售				
纺织、服装及日用品专门零售	40987	42654		
文化、体育用品及器材专门零售	3755	3038		
医药及医疗器材专门零售	4564	4188	2368	2156
汽车、摩托车、燃料及零配件专门零售				
家用电器及电子产品专门零售				
五金、家具及室内装饰材料专门零售				
货摊、无店铺及其他零售业	19537	10733	19537	10733

单位：万元

自有配送中心配送商品购进额		非自有配送中心配送商品购进额		商品销售总额		零售额	
2016年	2015年	2016年	2015年	2016年	2015年	2016年	2015年
94903	**83461**	**6702**	**8222**	**427276**	**473664**	**426849**	**470546**
		4044	5398	205960	247563	205952	247563
				69618	67073	69618	67073
				29851	31319	29851	31319
24569	18272			39288	52174	39288	49498
13299	9917	2658	2824	26074	21066	25656	20624
56017	54869			55470	53554	55470	53554
1018	404			1015	916	1015	916
385727	**220483**	**323431**	**332562**	**969964**	**967357**	**676601**	**615169**
365595	**209217**	**32210**	**107040**	**509019**	**554431**	**218400**	**203980**
67696	73180	26275	21264	84909	70889	62524	58519
62530	102403			106986	100000	106986	100000
1879	1057	124	928	43932	41464	13595	11967
233489	32577	5811	84848	244972	291113	35295	28234
				28220	50966		5259
20132	**11266**	**291222**	**225522**	**460945**	**412926**	**458201**	**411189**
		291222	225522	357235	317034	357235	317034
				82843	78592	82843	78592
				4664	3010	1920	1301
595	533			5041	4243	5041	4215
19537	10733			11162	10048	11162	10048

1-8 按登记注册类型与业态分连锁零售企业基本情况

便利店

项目	连锁总店数（个）	门店数（个）		年末从业人员（人）		年末零售营业面积（平方米）	
	2016年	2016年	2015年	2016年	2015年	2016年	2015年
总计	**100**	**18588**	**17503**	**84208**	**82634**	**1622461**	**1528101**
内资企业	86	15623	14811	68127	67676	1335061	1258978
国有企业	4	1753	1840	7246	7696	99217	97461
集体企业							
股份合作企业							
联营企业							
有限责任公司	45	6094	6391	26032	28821	462943	483042
股份有限公司	4	2852	2417	12761	12664	316811	284108
私营企业	33	4924	4163	22088	18495	456090	394367
其他企业							
港、澳、台商投资企业	7	2465	2234	12360	11270	228173	210663
外商投资企业	7	500	458	3721	3688	59227	58460
直营门店合计		**9858**	**9630**	**55420**	**56691**	**1045497**	**1027531**
内资企业		7925	7800	44490	46225	856259	841106
国有企业		1045	1052	5805	5937	71293	66004
集体企业							
股份合作企业							
联营企业							
有限责任公司		4153	4421	21394	23921	347683	360333
股份有限公司		1131	975	7909	7763	196134	187015
私营企业		1596	1352	9382	8604	241149	227754
其他企业							
港、澳、台商投资企业		1509	1424	7586	7141	136392	133058
外商投资企业		424	406	3344	3325	52846	53367
加盟门店合计		**8730**	**7873**	**28788**	**25943**	**576964**	**500570**
内资企业		7698	7011	23637	21451	478802	417872
国有企业		708	788	1441	1759	27924	31457
集体企业							
股份合作企业							
联营企业							
有限责任公司		1941	1970	4638	4900	115260	122709
股份有限公司		1721	1442	4852	4901	120677	97093
私营企业		3328	2811	12706	9891	214941	166613
其他企业							
港、澳、台商投资企业		956	810	4774	4129	91781	77605
外商投资企业		76	52	377	363	6381	5093

1–8　续表 1

折扣店

项　目	连锁总店数（个）	门店数（个）		年末从业人员（人）		年末零售营业面积（平方米）	
	2016年	2016年	2015年	2016年	2015年	2016年	2015年
总　计	**3**	**540**	**410**	**2047**	**2139**	**183101**	**188862**
内资企业	2	138	29	1399	1109	87851	94292
国有企业							
集体企业							
股份合作企业							
联营企业							
有限责任公司							
股份有限公司							
私营企业	2	138	29	1399	1109	87851	94292
其他企业							
港、澳、台商投资企业							
外商投资企业	1	402	381	648	1030	95250	94570
直营门店合计		**359**	**236**	**1990**	**2049**	**143101**	**149292**
内资企业		138	29	1399	1109	87851	94292
国有企业							
集体企业							
股份合作企业							
联营企业							
有限责任公司							
股份有限公司							
私营企业		138	29	1399	1109	87851	94292
其他企业							
港、澳、台商投资企业							
外商投资企业		221	207	591	940	55250	55000
加盟门店合计		**181**	**174**	**57**	**90**	**40000**	**39570**
内资企业							
国有企业							
集体企业							
股份合作企业							
联营企业							
有限责任公司							
股份有限公司							
私营企业							
其他企业							
港、澳、台商投资企业							
外商投资企业		181	174	57	90	40000	39570

1−8 续表 2

超市

项　　目	连锁总店数（个）	门店数（个）		年末从业人员（人）		年末零售营业面积（平方米）	
	2016年	2016年	2015年	2016年	2015年	2016年	2015年
总　计	**399**	**33372**	**32802**	**419808**	**436424**	**19180385**	**19317343**
内资企业	385	32323	31800	397499	417613	18094988	18243016
国有企业	5	219	279	6598	7310	177778	188116
集体企业	5	39	39	1646	1697	21450	21150
股份合作企业	3	139	129	1948	1736	523595	464403
联营企业	1	18	18	203	200	5000	5000
有限责任公司	155	13550	13499	172814	174867	8473706	8499070
股份有限公司	20	7513	6926	116525	130326	4900368	5047058
私营企业	191	10316	10384	91184	94487	3727596	3747355
其他企业	5	529	526	6581	6990	265495	270864
港、澳、台商投资企业	10	797	772	13674	14530	575282	570608
外商投资企业	4	252	230	8635	4281	510115	503719
直营门店合计		**17631**	**16974**	**365394**	**381308**	**17364011**	**17425131**
内资企业		16593	15985	343285	362547	16285814	16363634
国有企业		219	279	6598	7310	177778	188116
集体企业		17	17	239	247	10450	10150
股份合作企业		121	113	1776	1584	516880	460301
联营企业		18	18	203	200	5000	5000
有限责任公司		6830	6763	156061	157896	7915123	7928436
股份有限公司		5157	4482	97565	110725	4189293	4294881
私营企业		4001	4086	75443	78821	3220760	3220851
其他企业		230	227	5400	5764	250530	255899
港、澳、台商投资企业		786	759	13474	14480	568082	557778
外商投资企业		252	230	8635	4281	510115	503719
加盟门店合计		**15741**	**15828**	**54414**	**55116**	**1816374**	**1892212**
内资企业		15730	15815	54214	55066	1809174	1879382
国有企业							
集体企业		22	22	1407	1450	11000	11000
股份合作企业		18	16	172	152	6715	4102
联营企业							
有限责任公司		6720	6736	16753	16971	558583	570634
股份有限公司		2356	2444	18960	19601	711075	752177
私营企业		6315	6298	15741	15666	506836	526504
其他企业		299	299	1181	1226	14965	14965
港、澳、台商投资企业		11	13	200	50	7200	12830
外商投资企业							

1-8 续表 3

大型超市

项目	连锁总店数（个）	门店数（个）		年末从业人员（人）		年末零售营业面积（平方米）	
	2016年	2016年	2015年	2016年	2015年	2016年	2015年
总　计	**166**	**8452**	**8482**	**535472**	**572111**	**37621657**	**34275026**
内资企业	84	4717	4682	218781	235500	16944173	14342879
国有企业	1	9	8	265	268	38900	37900
集体企业							
股份合作企业							
联营企业							
有限责任公司	44	2647	2622	95060	106860	6927365	6995195
股份有限公司	12	635	628	77877	82079	7163282	4695466
私营企业	27	1426	1424	45579	46293	2814626	2614318
其他企业							
港、澳、台商投资企业	23	1090	964	150495	150143	11879705	10815981
外商投资企业	59	2645	2836	166196	186468	8797779	9116166
直营门店合计		**5150**	**5123**	**450746**	**481752**	**33504336**	**30481052**
内资企业		2170	2135	208954	225547	16638367	14037073
国有企业		9	8	265	268	38900	37900
集体企业							
股份合作企业							
联营企业							
有限责任公司		1117	1092	90744	102557	6745362	6813192
股份有限公司		632	625	77847	82049	7162282	4694466
私营企业		412	410	40098	40673	2691823	2491515
其他企业							
港、澳、台商投资企业		931	814	92945	90878	8978005	8180981
外商投资企业		2049	2174	148847	165327	7887964	8262998
加盟门店合计		**3302**	**3359**	**84726**	**90359**	**4117321**	**3793974**
内资企业		2547	2547	9827	9953	305806	305806
国有企业							
集体企业							
股份合作企业							
联营企业							
有限责任公司		1530	1530	4316	4303	182003	182003
股份有限公司		3	3	30	30	1000	1000
私营企业		1014	1014	5481	5620	122803	122803
其他企业							
港、澳、台商投资企业		159	150	57550	59265	2901700	2635000
外商投资企业		596	662	17349	21141	909815	853168

1-8 续表 4

仓储会员店

项目	连锁总店数（个）	门店数（个）		年末从业人员（人）		年末零售营业面积（平方米）	
	2016年	2016年	2015年	2016年	2015年	2016年	2015年
总　计	**5**	**97**	**126**	**12481**	**14419**	**681810**	**684040**
内资企业	3	4	38	311	253	10000	12750
国有企业							
集体企业							
股份合作企业							
联营企业							
有限责任公司	2	4	38	311	253	10000	12750
股份有限公司	1						
私营企业							
其他企业							
港、澳、台商投资企业							
外商投资企业	2	93	88	12170	14166	671810	671290
直营门店合计		**97**	**91**	**12481**	**14367**	**681810**	**683290**
内资企业		4	3	311	201	10000	12000
国有企业							
集体企业							
股份合作企业							
联营企业							
有限责任公司		4	3	311	201	10000	12000
股份有限公司							
私营企业							
其他企业							
港、澳、台商投资企业							
外商投资企业		93	88	12170	14166	671810	671290
加盟门店合计			**35**		**52**		**750**
内资企业			35		52		750
国有企业							
集体企业							
股份合作企业							
联营企业							
有限责任公司			35		52		750
股份有限公司							
私营企业							
其他企业							
港、澳、台商投资企业							
外商投资企业							

1-8 续表 5

百货店

项目	连锁总店数（个）	门店数（个）		年末从业人员（人）		年末零售营业面积（平方米）	
	2016年	2016年	2015年	2016年	2015年	2016年	2015年
总　计	**107**	**4987**	**4847**	**263279**	**270585**	**27378799**	**22047475**
内资企业	83	3572	3594	215434	221899	19254637	18409373
国有企业	1	83	83	98	98	3561	3561
集体企业	7	378	371	6417	6481	480620	480380
股份合作企业							
联营企业							
有限责任公司	39	612	616	28160	31106	3248582	3216090
股份有限公司	23	1677	1625	159821	162607	14635070	13825041
私营企业	12	820	895	20756	21398	870183	866904
其他企业	1	2	4	182	209	16621	17397
港、澳、台商投资企业	17	1381	1209	39486	39274	7200697	2628595
外商投资企业	7	34	44	8359	9412	923465	1009507
直营门店合计		**3278**	**3119**	**254485**	**260930**	**26956676**	**21625061**
内资企业		1892	1889	209582	214931	19046298	18180404
国有企业		17	17	19	19	1393	1393
集体企业		140	138	5662	5735	445400	445400
股份合作企业							
联营企业							
有限责任公司		458	462	27575	30523	3229162	3196670
股份有限公司		1137	1122	158066	160022	14562739	13740640
私营企业		138	146	18078	18423	790983	778904
其他企业		2	4	182	209	16621	17397
港、澳、台商投资企业		1352	1186	36544	36587	6986913	2435150
外商投资企业		34	44	8359	9412	923465	1009507
加盟门店合计		**1709**	**1728**	**8794**	**9655**	**422123**	**422414**
内资企业		1680	1705	5852	6968	208339	228969
国有企业		66	66	79	79	2168	2168
集体企业		238	233	755	746	35220	34980
股份合作企业							
联营企业							
有限责任公司		154	154	585	583	19420	19420
股份有限公司		540	503	1755	2585	72331	84401
私营企业		682	749	2678	2975	79200	88000
其他企业							
港、澳、台商投资企业		29	23	2942	2687	213784	193445
外商投资企业							

1-8 续表 6

专业店(含加油站)

项　　目	连锁总店数(个)	门店数(个)		年末从业人员(人)		年末零售营业面积(平方米)	
	2016年	2016年	2015年	2016年	2015年	2016年	2015年
总　　计	**1511**	**118601**	**113758**	**900059**	**930977**	**85477601**	**84798800**
内资企业	1456	114509	109903	861754	894687	81229528	80546067
国有企业	143	10096	10039	91970	92318	9570342	9514967
集体企业	8	193	191	665	694	11069	11007
股份合作企业	1	211	218	2346	2462	17000	17000
联营企业	3	224	187	975	1007	25357	25513
有限责任公司	610	40846	38260	258196	253046	15338290	14939817
股份有限公司	201	36776	36844	359755	397994	50767806	50933116
私营企业	478	24824	22863	142701	142231	5388275	4999971
其他企业	12	1339	1301	5146	4935	111389	104676
港、澳、台商投资企业	16	1510	1293	9808	7833	199443	185529
外商投资企业	39	2582	2562	28497	28457	4048630	4067204
直营门店合计		**93622**	**89383**	**840060**	**873872**	**83547215**	**82914320**
内资企业		89775	85772	802525	838415	79311124	78673461
国有企业		9310	9228	90938	91247	9517572	9459322
集体企业		173	171	605	634	9569	9507
股份合作企业		211	218	2346	2462	17000	17000
联营企业		173	159	860	864	21389	21545
有限责任公司		29857	27390	233956	229716	14590604	14174776
股份有限公司		31050	31069	344412	383741	50451063	50619905
私营企业		18595	17221	127241	127981	4655513	4331638
其他企业		406	316	2167	1770	48414	39768
港、澳、台商投资企业		1288	1069	9142	7084	189198	175169
外商投资企业		2559	2542	28393	28373	4046893	4065690
加盟门店合计		**24979**	**24375**	**59999**	**57105**	**1930386**	**1884480**
内资企业		24734	24131	59229	56272	1918404	1872606
国有企业		786	811	1032	1071	52770	55645
集体企业		20	20	60	60	1500	1500
股份合作企业							
联营企业		51	28	115	143	3968	3968
有限责任公司		10989	10870	24240	23330	747686	765041
股份有限公司		5726	5775	15343	14253	316743	313211
私营企业		6229	5642	15460	14250	732762	668333
其他企业		933	985	2979	3165	62975	64908
港、澳、台商投资企业		222	224	666	749	10245	10360
外商投资企业		23	20	104	84	1737	1514

1-8 续表 7

加油站

项目	连锁总店数（个）	门店数（个）		年末从业人员（人）		年末零售营业面积（平方米）	
	2016年	2016年	2015年	2016年	2015年	2016年	2015年
总　计	**305**	**35970**	**35875**	**278277**	**291168**	**56802699**	**57157913**
内资企业	279	33978	33899	258224	271457	53226022	53585758
国有企业	77	6656	6553	56405	56529	7602441	7588737
集体企业							
股份合作企业	1	211	218	2346	2462	17000	17000
联营企业							
有限责任公司	40	2792	2800	22371	23177	4600214	4579869
股份有限公司	152	24257	24267	176273	188502	40903378	41296417
私营企业	9	62	61	829	787	102989	103735
其他企业							
港、澳、台商投资企业	1	14	14	245	270	7500	7500
外商投资企业	25	1978	1962	19808	19441	3569177	3564655
直营门店合计		**35777**	**35674**	**276640**	**289348**	**56713147**	**57067689**
内资企业		33785	33698	256587	269637	53136470	53495534
国有企业		6656	6553	56405	56529	7602441	7588737
集体企业							
股份合作企业		211	218	2346	2462	17000	17000
联营企业							
有限责任公司		2791	2799	22361	23167	4600134	4579789
股份有限公司		24065	24067	174646	186692	40813906	41206273
私营企业		62	61	829	787	102989	103735
其他企业							
港、澳、台商投资企业		14	14	245	270	7500	7500
外商投资企业		1978	1962	19808	19441	3569177	3564655
加盟门店合计		**193**	**201**	**1637**	**1820**	**89552**	**90224**
内资企业		193	201	1637	1820	89552	90224
国有企业							
集体企业							
股份合作企业							
联营企业							
有限责任公司		1	1	10	10	80	80
股份有限公司		192	200	1627	1810	89472	90144
私营企业							
其他企业							
港、澳、台商投资企业							
外商投资企业							

1-8 续表 8

专卖店

项　目	连锁总店数（个）	门店数（个）		年末从业人员（人）		年末零售营业面积（平方米）	
	2016年	2016年	2015年	2016年	2015年	2016年	2015年
总　计	**352**	**32413**	**30677**	**175938**	**168230**	**4592806**	**5045899**
内资企业	285	27015	24963	122371	116701	2770838	3102687
国有企业	14	565	565	7440	7060	185417	868856
集体企业	1	40	40	303	305	4532	3741
股份合作企业	2	32	32	221	218	7284	7284
联营企业							
有限责任公司	138	7433	6990	51250	49971	1418450	1255594
股份有限公司	9	10534	9431	23654	20700	267532	217871
私营企业	115	7793	7423	36008	34811	775179	652410
其他企业	6	618	482	3495	3636	112444	96931
港、澳、台商投资企业	46	2041	2255	18194	18281	604284	713525
外商投资企业	21	3357	3459	35373	33248	1217684	1229687
直营门店合计		**15151**	**14303**	**128935**	**123658**	**3612377**	**4130319**
内资企业		11989	11026	84988	82388	2085963	2501632
国有企业		380	380	6868	6798	184417	867856
集体企业		40	40	303	305	4532	3741
股份合作企业		32	32	221	218	7284	7284
联营企业							
有限责任公司		5255	4893	43955	43062	1290594	1125908
股份有限公司		534	530	2264	2313	32072	20814
私营企业		5297	4779	28125	26398	464370	384848
其他企业		451	372	3252	3294	102694	91181
港、澳、台商投资企业		1376	1443	17740	17497	479421	570203
外商投资企业		1786	1834	26207	23773	1046993	1058484
加盟门店合计		**17262**	**16374**	**47003**	**44572**	**980429**	**915580**
内资企业		15026	13937	37383	34313	684875	601055
国有企业		185	185	572	262	1000	1000
集体企业							
股份合作企业							
联营企业							
有限责任公司		2178	2097	7295	6909	127856	129686
股份有限公司		10000	8901	21390	18387	235460	197057
私营企业		2496	2644	7883	8413	310809	267562
其他企业		167	110	243	342	9750	5750
港、澳、台商投资企业		665	812	454	784	124863	143322
外商投资企业		1571	1625	9166	9475	170691	171203

1-8 续表 9

家居建材商店

项目	连锁总店数(个)	门店数(个)		年末从业人员(人)		年末零售营业面积(平方米)	
	2016年	2016年	2015年	2016年	2015年	2016年	2015年
总计	**13**	**57**	**62**	**2688**	**2847**	**211629**	**319280**
内资企业	6	41	46	1261	1432	49093	104831
国有企业							
集体企业							
股份合作企业							
联营企业							
有限责任公司	3	13	16	495	671	25265	80312
股份有限公司							
私营企业	3	28	30	766	761	23828	24519
其他企业							
港、澳、台商投资企业	1	5	5	137	125	23564	23564
外商投资企业	6	11	11	1290	1290	138972	190885
直营门店合计		**57**	**62**	**2688**	**2847**	**211629**	**319280**
内资企业		41	46	1261	1432	49093	104831
国有企业							
集体企业							
股份合作企业							
联营企业							
有限责任公司		13	16	495	671	25265	80312
股份有限公司							
私营企业		28	30	766	761	23828	24519
其他企业							
港、澳、台商投资企业		5	5	137	125	23564	23564
外商投资企业		11	11	1290	1290	138972	190885
加盟门店合计							
内资企业							
国有企业							
集体企业							
股份合作企业							
联营企业							
有限责任公司							
股份有限公司							
私营企业							
其他企业							
港、澳、台商投资企业							
外商投资企业							

1-8 续表 10

厂家直销中心

项目	连锁总店数（个）	门店数（个）		年末从业人员（人）		年末零售营业面积（平方米）	
	2016年	2016年	2015年	2016年	2015年	2016年	2015年
总计	**8**	**612**	**722**	**3749**	**3731**	**156454**	**157789**
内资企业	7	436	442	2984	3175	136691	136713
国有企业							
集体企业							
股份合作企业							
联营企业							
有限责任公司	2	415	415	1185	1189	132250	132250
股份有限公司	2	16	21	213	233	196	196
私营企业	3	5	6	1586	1753	4245	4267
其他企业							
港、澳、台商投资企业	1	176	280	765	556	19763	21076
外商投资企业							
直营门店合计		**249**	**359**	**2907**	**2887**	**88054**	**89389**
内资企业		73	79	2142	2331	68291	68313
国有企业							
集体企业							
股份合作企业							
联营企业							
有限责任公司		52	52	343	345	63850	63850
股份有限公司		16	21	213	233	196	196
私营企业		5	6	1586	1753	4245	4267
其他企业							
港、澳、台商投资企业		176	280	765	556	19763	21076
外商投资企业							
加盟门店合计		**363**	**363**	**842**	**844**	**68400**	**68400**
内资企业		363	363	842	844	68400	68400
国有企业							
集体企业							
股份合作企业							
联营企业							
有限责任公司		363	363	842	844	68400	68400
股份有限公司							
私营企业							
其他企业							
港、澳、台商投资企业							
外商投资企业							

1-8 续表 11

其他

项 目	连锁总店数（个）	门店数（个）		年末从业人员（人）		年末零售营业面积（平方米）	
	2016年	2016年	2015年	2016年	2015年	2016年	2015年
总 计	**62**	**14725**	**13294**	**50191**	**47283**	**2494218**	**2333844**
内资企业	57	14647	13213	47741	45162	2413686	2277504
国有企业	4	2047	2052	1482	1615	128920	152161
集体企业	1	141	152	284	328	3200	3400
股份合作企业	1	8	9	198	298	10039	10210
联营企业							
有限责任公司	24	5200	4610	10843	10392	252143	211476
股份有限公司	1	581	579	11850	11942	1550788	1457892
私营企业	25	6631	5772	22928	20431	465476	439245
其他企业	1	39	39	156	156	3120	3120
港、澳、台商投资企业	2	12	12	106	113	229	229
外商投资企业	3	66	69	2344	2008	80303	56111
直营门店合计		**2114**	**1828**	**25988**	**25060**	**1955017**	**1770427**
内资企业		2048	1762	23563	22984	1874735	1714462
国有企业		21	20	1140	1164	46730	27441
集体企业		41	30	128	122	1880	1800
股份合作企业		8	9	198	298	10039	10210
联营企业							
有限责任公司		1420	1171	7878	7278	183186	140998
股份有限公司		50	48	9332	9292	1456272	1363376
私营企业		508	484	4887	4830	176628	170637
其他企业							
港、澳、台商投资企业		12	12	106	113	229	229
外商投资企业		54	54	2319	1963	80053	55736
加盟门店合计		**12611**	**11466**	**24203**	**22223**	**539201**	**563417**
内资企业		12599	11451	24178	22178	538951	563042
国有企业		2026	2032	342	451	82190	124720
集体企业		100	122	156	206	1320	1600
股份合作企业							
联营企业							
有限责任公司		3780	3439	2965	3114	68957	70478
股份有限公司		531	531	2518	2650	94516	94516
私营企业		6123	5288	18041	15601	288848	268608
其他企业		39	39	156	156	3120	3120
港、澳、台商投资企业							
外商投资企业		12	15	25	45	250	375

1-9 按登记注册类型与业态分

便利店

项　　目	商品购进总额		统一配送商品购进额	
	2016年	2015年	2016年	2015年
总　　计	**3270227**	**3155827**	**2649420**	**2482433**
内资企业	2579909	2500727	1998792	1857045
国有企业	335174	268839	297538	246501
集体企业				
股份合作企业				
联营企业				
有限责任公司	1033651	1145767	709441	772675
股份有限公司	493230	442588	366262	275474
私营企业	717854	643533	625551	562395
其他企业				
港、澳、台商投资企业	466786	428749	427097	399037
外商投资企业	223531	226351	223531	226351
直营门店合计	**2241489**	**2245555**	**1764499**	**1728320**
内资企业	1795195	1819367	1357895	1331844
国有企业	274671	197659	243691	178880
集体企业				
股份合作企业				
联营企业				
有限责任公司	785101	925339	481280	584734
股份有限公司	355329	374398	272460	259190
私营企业	380094	321971	360464	309041
其他企业				
港、澳、台商投资企业	269596	258196	229906	228484
外商投资企业	176698	167992	176698	167992
加盟门店合计	**1028738**	**910272**	**884921**	**754113**
内资企业	784714	681360	640897	525201
国有企业	60503	71180	53848	67621
集体企业				
股份合作企业				
联营企业				
有限责任公司	248550	220428	228161	187941
股份有限公司	137902	68190	93802	16284
私营企业	337760	321562	265087	253355
其他企业				
港、澳、台商投资企业	197191	170553	197191	170553
外商投资企业	46833	58359	46833	58359

连锁零售企业经营情况

单位：万元

自有配送中心配送商品购进额		非自有配送中心配送商品购进额		商品销售总额		零售额	
2016年	2015年	2016年	2015年	2016年	2015年	2016年	2015年
1209219	**1086468**	**656716**	**619850**	**4224482**	**3922596**	**3901902**	**3530129**
1052836	936221	565542	513675	3100017	2963465	2822068	2662569
109616	86288	156874	132987	454649	468405	386187	394497
269943	281670	227713	221940	1286360	1274101	1231107	1209157
349271	258289			537543	500830	454620	397372
324007	309974	180955	158747	821465	720129	750154	661544
156383	150247	1221	1073	790846	689909	746216	649706
		89953	105103	333619	269222	333619	217855
809229	**799710**	**436077**	**382462**	**2976990**	**2808130**	**2729854**	**2548913**
675221	662730	385324	330337	2243279	2151884	2032831	1930725
88077	59887	124565	91767	306933	302709	238471	228800
205846	238306	102896	104597	1010195	1051861	955495	987127
255469	242005			466570	401440	394620	334372
125829	122531	157863	133973	459582	395875	444246	380426
134008	136981	1221	1073	486260	448453	449573	412517
		49533	51052	247450	207794	247450	205671
399991	**286758**	**220639**	**237388**	**1247492**	**1114466**	**1172049**	**981216**
377615	273492	180219	183338	856738	811582	789237	731844
21539	26401	32309	41220	147716	165697	147716	165697
64097	43364	124818	117343	276165	222241	275613	222030
93802	16284			70974	99390	60000	63000
198178	187442	23092	24774	361883	324254	305908	281118
22375	13267			304586	241456	296643	237188
		40420	54051	86168	61429	86168	12184

1-9 续表 1

折扣店

项目	商品购进总额		统一配送商品购进额	
	2016年	2015年	2016年	2015年
总计	**260991**	**262161**	**136302**	**131691**
内资企业	124690	130470		
国有企业				
集体企业				
股份合作企业				
联营企业				
有限责任公司				
股份有限公司				
私营企业	124690	130470		
其他企业				
港、澳、台商投资企业				
外商投资企业	136302	131691	136302	131691
直营门店合计	**199622**	**243951**	**74932**	**113481**
内资企业	124690	130470		
国有企业				
集体企业				
股份合作企业				
联营企业				
有限责任公司				
股份有限公司				
私营企业	124690	130470		
其他企业				
港、澳、台商投资企业				
外商投资企业	74932	113481	74932	113481
加盟门店合计	**61370**	**18210**	**61370**	**18210**
内资企业				
国有企业				
集体企业				
股份合作企业				
联营企业				
有限责任公司				
股份有限公司				
私营企业				
其他企业				
港、澳、台商投资企业				
外商投资企业	61370	18210	61370	18210

单位：万元

自有配送中心配送商品购进额		非自有配送中心配送商品购进额		商品销售总额		零售额	
2016年	2015年	2016年	2015年	2016年	2015年	2016年	2015年
136302	**131691**			**298119**	**314500**	**298119**	**282733**
				152292	149029	152292	149029
				152292	149029	152292	149029
136302	131691			145828	165472	145828	133705
74932	**113481**			**270207**	**282829**	**270207**	**251062**
				152292	149029	152292	149029
				152292	149029	152292	149029
74932	113481			117916	133800	117916	102033
61370	**18210**			**27912**	**31672**	**27912**	**31672**
61370	18210			27912	31672	27912	31672

1-9 续表 2

超市

项 目	商品购进总额		统一配送商品购进额	
	2016年	2015年	2016年	2015年
总 计	**27845154**	**28037748**	**23381057**	**23128855**
内资企业	26359448	26444979	22030952	22145903
国有企业	263995	261395	212095	255878
集体企业	29099	31524	2448	3534
股份合作企业	72900	64377	72900	64377
联营企业	13922	15089	13922	15089
有限责任公司	11928473	11950569	10108750	9932797
股份有限公司	9157851	9588050	7778546	8148845
私营企业	4591450	4312074	3547125	3514455
其他企业	301758	221901	295166	210929
港、澳、台商投资企业	875107	989063	739507	690895
外商投资企业	610599	603707	610599	292057
直营门店合计	**25121181**	**25293905**	**21332351**	**20997916**
内资企业	23640134	23705478	19986903	20019306
国有企业	263995	261395	212095	255878
集体企业	9644	10677	2448	3534
股份合作企业	71101	62866	71101	62866
联营企业	13922	15089	13922	15089
有限责任公司	11437012	11458647	9803839	9585538
股份有限公司	7387319	7777391	6384276	6699786
私营企业	4161743	3904111	3210417	3192284
其他企业	295398	215303	288806	204331
港、澳、台商投资企业	870449	984720	734849	686552
外商投资企业	610599	603707	610599	292057
加盟门店合计	**2723973**	**2743843**	**2048707**	**2130940**
内资企业	2719315	2739501	2044049	2126597
国有企业				
集体企业	19455	20848		
股份合作企业	1800	1511	1800	1511
联营企业				
有限责任公司	491461	491922	304911	347259
股份有限公司	1770532	1810659	1394270	1449058
私营企业	429707	407963	336708	322171
其他企业	6360	6598	6360	6598
港、澳、台商投资企业	4658	4343	4658	4343
外商投资企业				

单位：万元

自有配送中心配送商品购进额		非自有配送中心配送商品购进额		商品销售总额		零售额	
2016年	2015年	2016年	2015年	2016年	2015年	2016年	2015年
15408460	**15313666**	**3242939**	**2999420**	**30671519**	**30432660**	**27431359**	**27068742**
14447054	14760689	2904858	2748005	28933977	28678202	25771293	25395773
167005	177996			292934	274453	290539	272090
2043	2329			28753	31873	26662	27680
61618	52721			95508	87713	95508	87713
13922	15089			15795	22872	11372	13849
6163944	6061819	512542	467498	13384210	13078016	11095354	10709197
5723607	6126075	1676879	1627445	10025149	10333994	9425655	9715185
2292219	2301848	486133	476026	4827408	4622703	4561981	4343483
22696	22812	229303	177037	264222	226577	264222	226577
400578	464085	301312	204365	1128088	1134419	1050613	1052930
560829	88893	36770	47050	609454	620039	609454	620039
14065035	**13917609**	**2612618**	**2339895**	**27803822**	**27538817**	**24603008**	**24232768**
13108286	13368975	2274537	2088480	26071291	25788724	22947953	22564164
167005	177996			292934	274453	290539	272090
2043	2329			9506	10591	7415	6397
59818	51210			93406	85934	93406	85934
13922	15089			15795	22872	11372	13849
5900948	5754201	477154	434372	12694238	12398044	10405518	10030410
4895603	5265764	1111841	1040746	8417005	8659209	7849404	8075062
2050974	2085635	457876	436862	4289950	4116960	4031841	3859761
17973	16751	227666	176500	258459	220662	258459	220662
395920	459742	301312	204365	1123077	1130054	1045601	1048564
560829	88893	36770	47050	609454	620039	609454	620039
1343425	**1396057**	**630320**	**659525**	**2867697**	**2893843**	**2828351**	**2835975**
1338768	1391714	630320	659525	2862685	2889478	2823339	2831609
				19247	21282	19247	21282
1800	1511			2102	1780	2102	1780
262996	307618	35388	33125	689972	679972	689837	678786
828004	860311	565038	586699	1608144	1674786	1576252	1640123
241245	216214	28257	39164	537458	505743	530140	483722
4723	6061	1637	537	5763	5915	5763	5915
4658	4343			5011	4366	5011	4366

1—9 续表 3

大型超市

项　　目	商品购进总额		统一配送商品购进额	
	2016年	2015年	2016年	2015年
总　　计	**46936504**	**43844563**	**34670738**	**31909389**
内资企业	14332081	14118070	10382429	10689371
国有企业	34352	27174	2394	9184
集体企业				
股份合作企业				
联营企业				
有限责任公司	7284539	6903867	4912445	4996691
股份有限公司	4760694	5154087	3645020	4030789
私营企业	2252495	2032943	1822570	1652708
其他企业				
港、澳、台商投资企业	16231781	14955785	13471657	12274593
外商投资企业	16372643	14770708	10816652	8945426
直营门店合计	**41623796**	**38396444**	**29455417**	**26552967**
内资企业	14101223	13805024	10192022	10412121
国有企业	34352	27174	2394	9184
集体企业				
股份合作企业				
联营企业				
有限责任公司	7110395	6645373	4778752	4773993
股份有限公司	4756204	5149649	3640530	4026351
私营企业	2200272	1982828	1770346	1602593
其他企业				
港、澳、台商投资企业	11985509	10633136	9225385	7951944
外商投资企业	15537064	13958283	10038011	8188903
加盟门店合计	**5312708**	**5448120**	**5215321**	**5356422**
内资企业	230858	313046	190407	277250
国有企业				
集体企业				
股份合作企业				
联营企业				
有限责任公司	174144	258494	133693	222698
股份有限公司	4490	4438	4490	4438
私营企业	52224	50115	52224	50115
其他企业				
港、澳、台商投资企业	4246272	4322649	4246272	4322649
外商投资企业	835579	812425	778642	756523

单位：万元

自有配送中心配送商品购进额		非自有配送中心配送商品购进额		商品销售总额		零售额	
2016年	2015年	2016年	2015年	2016年	2015年	2016年	2015年
20124800	**19700132**	**6049459**	**4165411**	**51080218**	**49912478**	**45228808**	**44537449**
6365872	6795094	1753722	1984435	17793695	17685255	16680995	16577066
2030	2185	364	6999	38819	30571	38819	30571
2197741	2458609	985732	1189220	8526564	8370976	7593580	7439311
2915228	3282631	704307	727687	6703977	6932235	6549853	6770579
1250873	1051670	63319	60529	2524335	2351474	2498744	2336605
4856729	5723388	3678936	1654390	16322348	15929183	14296975	13845316
8902199	7181649	616801	526586	16964176	16298040	14250838	14115067
19223165	**18759403**	**5982045**	**4072365**	**45933306**	**44377946**	**40081896**	**39003916**
6242879	6610889	1686308	1891389	17520313	17347239	16407613	16239049
2030	2185	364	6999	38819	30571	38819	30571
2079456	2279093	970325	1146038	8355132	8130577	7422148	7198912
2910737	3278193	704307	727687	6703651	6931976	6549527	6770321
1250656	1051419	11313	10666	2422711	2254115	2397120	2239246
4856729	5723388	3678936	1654390	12296629	11606535	10271256	9522668
8123558	6425126	616801	526586	16116364	15424172	13403027	13242199
901635	**940728**	**67414**	**93045**	**5146912**	**5534533**	**5146912**	**5533533**
122993	184205	67414	93045	273381	338017	273381	338017
118285	179516	15408	43182	171432	240399	171432	240399
4490	4438			326	258	326	258
218	251	52006	49864	101624	97360	101624	97360
				4025719	4322649	4025719	4322649
778642	756523			847812	873868	847812	872868

1—9 续表 4

仓储会员店

项目	商品购进总额		统一配送商品购进额	
	2016年	2015年	2016年	2015年
总　计	**2739554**	**2582554**	**321549**	**339520**
内资企业	11966	6139	11001	6139
国有企业				
集体企业				
股份合作企业				
联营企业				
有限责任公司	11966	6139	11001	6139
股份有限公司				
私营企业				
其他企业				
港、澳、台商投资企业				
外商投资企业	2727589	2576416	310548	333381
直营门店合计	**2739554**	**2582450**	**321549**	**339415**
内资企业	11966	6034	11001	6034
国有企业				
集体企业				
股份合作企业				
联营企业				
有限责任公司	11966	6034	11001	6034
股份有限公司				
私营企业				
其他企业				
港、澳、台商投资企业				
外商投资企业	2727589	2576416	310548	333381
加盟门店合计		**105**		**105**
内资企业		105		105
国有企业				
集体企业				
股份合作企业				
联营企业				
有限责任公司		105		105
股份有限公司				
私营企业				
其他企业				
港、澳、台商投资企业				
外商投资企业				

单位：万元

自有配送中心配送商品购进额		非自有配送中心配送商品购进额		商品销售总额		零售额	
2016年	2015年	2016年	2015年	2016年	2015年	2016年	2015年
5142	**2824**	**5859**	**3315**	**2593414**	**2486573**	**2593414**	**2486573**
5142	2824	5859	3315	11862	5516	11862	5516
5142	2824	5859	3315	11862	5516	11862	5516
				2581553	2481056	2581553	2481056
5142	**2719**	**5859**	**3315**	**2593414**	**2486472**	**2593414**	**2486472**
5142	2719	5859	3315	11862	5416	11862	5416
5142	2719	5859	3315	11862	5416	11862	5416
				2581553	2481056	2581553	2481056
	105				**100**		**100**
	105				100		100
	105				100		100

1－9 续表 5

百货店

项　　目	商品购进总额		统一配送商品购进额	
	2016年	2015年	2016年	2015年
总　　计	**32240220**	**32597726**	**14261754**	**14292464**
内资企业	26309640	26393722	11516435	11633935
国有企业	1944	1905	1944	1905
集体企业	706083	666417	46646	47270
股份合作企业				
联营企业				
有限责任公司	2785537	2799876	1809919	1714480
股份有限公司	20806603	20858809	7744149	7901822
私营企业	1989365	2045834	1893669	1947578
其他企业	20109	20880	20109	20880
港、澳、台商投资企业	5142523	5172079	2699870	2434414
外商投资企业	788057	1031925	45449	224115
直营门店合计	**31471370**	**31823712**	**13715806**	**13733335**
内资企业	25806877	25867679	11081399	11173013
国有企业	743	727	743	727
集体企业	626205	589002	34493	34976
股份合作企业				
联营企业				
有限责任公司	2780004	2794383	1804386	1708987
股份有限公司	20660746	20682571	7598293	7725584
私营企业	1719070	1780115	1623375	1681858
其他企业	20109	20880	20109	20880
港、澳、台商投资企业	4876436	4924108	2588959	2336207
外商投资企业	788057	1031925	45449	224115
加盟门店合计	**768850**	**774014**	**545948**	**559129**
内资企业	502763	526043	435037	460922
国有企业	1200	1178	1200	1178
集体企业	79879	77416	12152	12294
股份合作企业				
联营企业				
有限责任公司	5533	5493	5533	5493
股份有限公司	145857	176237	145857	176237
私营企业	270294	265719	270294	265719
其他企业				
港、澳、台商投资企业	266087	247971	110911	98207
外商投资企业				

单位：万元

自有配送中心配送商品购进额		非自有配送中心配送商品购进额		商品销售总额		零售额	
2016年	2015年	2016年	2015年	2016年	2015年	2016年	2015年
9271487	**9376115**	**1688462**	**1834221**	**38964970**	**39477644**	**33050726**	**33801888**
6999033	7216573	1420136	1603305	31518286	31795763	25838652	26397617
1944	1905			1685	1620	1685	1620
43145	39852			832431	774451	441093	396083
982083	856405	448158	528604	3539493	3550469	3084286	3173794
4225398	4468379	941493	1058470	24811304	25023429	20497600	20942182
1726354	1829151	30485	16230	2313198	2424986	1793813	1863130
20109	20880			20175	20809	20175	20809
2272454	2159542	255691	212716	5985005	6064020	5750394	5786410
		12635	18200	1461680	1617861	1461680	1617861
8877410	**8998884**	**1682448**	**1828560**	**38176505**	**38661344**	**32325102**	**33048386**
6709853	6931888	1420136	1603305	30976685	31227802	25330324	25861075
743	727			689	663	689	663
30992	27558			788116	730948	430051	383999
976551	850912	448158	528604	3531891	3542917	3076684	3166242
4225398	4468379	941493	1058470	24660484	24839629	20346780	20758382
1456060	1563432	30485	16230	1975330	2092837	1455945	1530981
20109	20880			20175	20809	20175	20809
2167556	2066996	249677	207055	5738141	5815681	5533098	5569450
		12635	18200	1461680	1617861	1461680	1617861
394077	**377231**	**6014**	**5661**	**788465**	**816300**	**725624**	**753502**
289180	284685			541601	567962	508327	536542
1200	1178			996	957	996	957
12152	12294			44315	43504	11042	12084
5533	5493			7602	7552	7602	7552
				150820	183800	150820	183800
270294	265719			337868	332149	337868	332149
104897	92546	6014	5661	246864	248338	217296	216960

1-9 续表 6

专业店(含加油站)

项　目	商品购进总额		统一配送商品购进额	
	2016年	2015年	2016年	2015年
总　计	**177439253**	**178442630**	**153004488**	**153750964**
内资企业	171531482	172354383	148000178	148766688
国有企业	30386433	32480545	27978629	29651027
集体企业	84841	90543	81742	86808
股份合作企业	918723	845647	918723	845647
联营企业	63274	51710	63274	51710
有限责任公司	33597676	32446562	27944468	26706187
股份有限公司	94935978	95833426	80476917	81740388
私营企业	11431486	10520860	10430714	9601293
其他企业	113072	85091	105712	83628
港、澳、台商投资企业	272845	253586	263021	243139
外商投资企业	5634926	5834661	4741288	4741137
直营门店合计	**174388441**	**175243069**	**150184493**	**150800773**
内资企业	168487727	169161896	145183911	145820028
国有企业	30271780	32348201	27865581	29529750
集体企业	84242	88808	81742	86808
股份合作企业	918723	845647	918723	845647
联营企业	58723	43943	58723	43943
有限责任公司	33054675	31865355	27546948	26293055
股份有限公司	93058510	93832721	78599495	79739683
私营企业	10968339	10082638	10047315	9227996
其他企业	72738	54584	65384	53147
港、澳、台商投资企业	268774	249504	261993	242275
外商投资企业	5631939	5831668	4738590	4738470
加盟门店合计	**3050812**	**3199562**	**2819995**	**2950191**
内资企业	3043755	3192487	2816268	2946660
国有企业	114653	132344	113048	121278
集体企业	599	1734		
股份合作企业				
联营企业	4551	7767	4551	7767
有限责任公司	543002	581207	397520	413133
股份有限公司	1877468	2000705	1877422	2000705
私营企业	463147	438222	383399	373297
其他企业	40335	30507	40328	30481
港、澳、台商投资企业	4070	4082	1029	864
外商投资企业	2986	2993	2698	2667

单位：万元

自有配送中心配送商品购进额		非自有配送中心配送商品购进额		商品销售总额		零售额	
2016年	2015年	2016年	2015年	2016年	2015年	2016年	2015年
85668890	**86427958**	**30357422**	**29361574**	**205737123**	**206499540**	**138416677**	**134024605**
84124215	84879609	28449421	27784585	196907842	197173289	131051337	126601560
11955838	13488857	5495185	4925751	35498923	37250901	21830813	21259297
60068	67184			99946	85524	59613	53153
918723	845647			985314	925178	771008	748614
				79244	66543	79244	66543
15403261	14619511	3824760	3811174	38842410	37735212	28767064	27862389
50854036	50796044	17408491	17605509	109444828	109915604	69332815	66867767
4888574	5029112	1660192	1395315	11823754	11092334	10086427	9641857
43715	33253	60794	46835	133424	101995	124353	101940
121591	102880	91828	87988	425748	377089	400817	347314
1423084	1445469	1816173	1489000	8403532	8949162	6964524	7075731
83580386	**84335467**	**30063162**	**29093060**	**202402203**	**202999196**	**136616144**	**132570781**
82036739	82787980	28155161	27516072	193583523	193682545	129259105	125155544
11899727	13434951	5464798	4898472	35413323	37119327	21753638	21188787
60068	67184			99245	84826	59613	53153
918723	845647			985314	925178	771008	748614
				74693	56505	74693	56505
15157934	14401216	3723170	3706214	38113351	36936473	28300466	27389063
49300588	49213315	17376763	17582876	107552588	107899932	68479371	66275476
4658967	4795186	1566981	1307094	11256261	10596744	9740639	9380442
40732	30481	23451	21415	88747	63560	79677	63506
120563	102016	91828	87988	417971	370414	395338	342430
1423084	1445469	1816173	1489000	8400709	8946238	6961701	7072807
2088505	**2092492**	**294260**	**268513**	**3334920**	**3500344**	**1800533**	**1453824**
2087476	2091628	294260	268513	3324320	3490744	1792232	1446016
56111	53906	30387	27279	85600	131574	77175	70510
				701	697		
				4551	10038	4551	10038
245328	218295	101590	104960	729059	798739	466599	473327
1553448	1582729	31729	22633	1892240	2015671	853443	592291
229607	233926	93211	88221	567493	495590	345788	261415
2982	2772	37343	25420	44676	38435	44676	38435
1029	864			7777	6675	5479	4883
				2823	2924	2823	2924

1-9 续表 7

加油站

项　　目	商品购进总额		统一配送商品购进额	
	2016年	2015年	2016年	2015年
总　　计	**109642299**	**113399245**	**96646250**	**99710979**
内资企业	105023767	108312197	92910541	95707085
国有企业	21083168	22719386	19082164	20411819
集体企业				
股份合作企业	918723	845647	918723	845647
联营企业				
有限责任公司	9483005	9537030	8452803	8426275
股份有限公司	73377949	75041078	64384784	65943659
私营企业	160923	169056	72067	79685
其他企业				
港、澳、台商投资企业	7859	18625	7859	18625
外商投资企业	4610673	5068423	3727849	3985269
直营门店合计	**108787261**	**112503571**	**95791212**	**98815304**
内资企业	104168729	107416522	92055504	94811410
国有企业	21083168	22719386	19082164	20411819
集体企业				
股份合作企业	918723	845647	918723	845647
联营企业				
有限责任公司	9481186	9535222	8450984	8424468
股份有限公司	72524730	74147211	63531565	65049792
私营企业	160923	169056	72067	79685
其他企业				
港、澳、台商投资企业	7859	18625	7859	18625
外商投资企业	4610673	5068423	3727849	3985269
加盟门店合计	**855038**	**895675**	**855038**	**895675**
内资企业	855038	895675	855038	895675
国有企业				
集体企业				
股份合作企业				
联营企业				
有限责任公司	1819	1808	1819	1808
股份有限公司	853219	893867	853219	893867
私营企业				
其他企业				
港、澳、台商投资企业				
外商投资企业				

单位：万元

自有配送中心配送商品购进额		非自有配送中心配送商品购进额		商品销售总额		零售额	
2016年	2015年	2016年	2015年	2016年	2015年	2016年	2015年
50185569	**51745571**	**22373976**	**22356035**	**129569822**	**133386058**	**92727390**	**91691755**
49096881	50634904	21209502	21152420	122457880	125593855	87040874	85764348
8238041	9865834	2259752	2096010	24283275	25678939	17770588	17489670
918723	845647			985314	925178	771008	748614
2841987	2859720	1836385	1814328	11711534	11867935	7646719	7432060
37069580	37031884	17089357	17214847	85273778	86915532	60738514	59980636
28550	31818	24009	27235	203980	206272	114045	113369
				18389	24484		
1088688	1110667	1164474	1203615	7093552	7767719	5686517	5927407
49607548	**51130143**	**22373976**	**22356035**	**128684089**	**132463001**	**92160454**	**91102891**
48518859	50019475	21209502	21152420	121572148	124670798	86473938	85175484
8238041	9865834	2259752	2096010	24283275	25678939	17770588	17489670
918723	845647			985314	925178	771008	748614
2840168	2857913	1836385	1814328	11709715	11866127	7644900	7430253
36493377	36418263	17089357	17214847	84389864	85994283	60173396	59393579
28550	31818	24009	27235	203980	206272	114045	113369
				18389	24484		
1088688	1110667	1164474	1203615	7093552	7767719	5686517	5927407
578022	**615429**			**885733**	**923057**	**566936**	**588864**
578022	615429			885733	923057	566936	588864
1819	1808			1819	1808	1819	1808
576203	613621			883914	921249	565117	587057

1-9 续表 8

专卖店

项目	商品购进总额		统一配送商品购进额	
	2016年	2015年	2016年	2015年
总　　计	**15361185**	**15556940**	**10170320**	**10357604**
内资企业	9511418	9496844	8087066	8273524
国有企业	1688212	1849388	1290749	1438935
集体企业	12453	12127	12453	12127
股份合作企业	26487	32120	3050	2907
联营企业				
有限责任公司	5366646	5497997	4741583	4887384
股份有限公司	765754	530152	517478	473779
私营企业	1552782	1396742	1432645	1280074
其他企业	99085	178319	89110	178319
港、澳、台商投资企业	1077185	1216775	628336	599176
外商投资企业	4772582	4843322	1454918	1484903
直营门店合计	**13605112**	**13891868**	**8606544**	**8764113**
内资企业	7890125	8043564	6658070	6891542
国有企业	1141044	1273922	743580	863469
集体企业	12453	12127	12453	12127
股份合作企业	26487	32120	3050	2907
联营企业				
有限责任公司	5069942	5217264	4460640	4627058
股份有限公司	132868	60656	53908	48635
私营企业	1410072	1271231	1295441	1161103
其他企业	97260	176244	89000	176244
港、澳、台商投资企业	1009329	1145081	560480	527766
外商投资企业	4705658	4703224	1387994	1344806
加盟门店合计	**1756073**	**1665072**	**1563776**	**1593491**
内资企业	1621293	1453280	1428996	1381983
国有企业	547169	575466	547169	575466
集体企业				
股份合作企业				
联营企业				
有限责任公司	296704	280733	280943	260326
股份有限公司	632886	469496	463570	425144
私营企业	142709	125510	137204	118971
其他企业	1825	2075	110	2075
港、澳、台商投资企业	67856	71694	67856	71411
外商投资企业	66924	140098	66924	140098

单位：万元

自有配送中心配送商品购进额		非自有配送中心配送商品购进额		商品销售总额		零售额	
2016年	2015年	2016年	2015年	2016年	2015年	2016年	2015年
6246566	**6185344**	**568526**	**565417**	**19921802**	**19302548**	**14605466**	**13943390**
5834853	5721382	416651	502694	11562315	11146190	6779592	6413851
448663	544816	152529	161784	2104014	2213285	384821	366995
		12453	12127	17668	15956	17668	15956
				37423	36797	1878	1726
3811866	3745025	170345	235204	6276716	6127018	3701702	3672623
505600	463928			829437	567130	819916	559025
1025054	920789	81324	93579	2174586	1986018	1744775	1597539
43670	46825			122470	199987	108832	199987
243943	182839	12766	41890	1892196	2024069	1481818	1537397
167770	281123	139109	20833	6467291	6132290	6344056	5992142
5327542	**5260414**	**566243**	**555732**	**17831021**	**17298702**	**13287275**	**12720584**
4993070	4954528	414368	494324	9710788	9482287	5593321	5422251
448663	544816	152529	161784	1538660	1619733	384821	366995
		12453	12127	17668	15956	17668	15956
				37423	36797	1878	1726
3549695	3500734	169522	227872	5876589	5783134	3368819	3346548
42030	38783			152032	70091	142511	63726
909012	825084	79864	92541	1968216	1759350	1568903	1430073
43670	45110			120200	197227	108722	197227
231246	161983	12766	40576	1753995	1871377	1450951	1493286
103226	143903	139109	20833	6366238	5945038	6243003	5805047
919024	**924931**	**2284**	**9685**	**2090781**	**2003846**	**1318191**	**1222806**
841783	766855	2284	8370	1851528	1663903	1186270	991600
				565354	593552		
262172	244291	823	7332	400127	343884	332884	326075
463570	425144			677405	497038	677405	495299
116041	95705	1461	1038	206371	226669	175871	167467
	1715			2270	2760	110	2760
12697	20856		1314	138201	152692	30868	44111
64544	137220			101053	187251	101053	187095

1-9 续表 9

家居建材商店

项　目	商品购进总额		统一配送商品购进额	
	2016年	2015年	2016年	2015年
总　计	**313523**	**337240**	**291276**	**304498**
内资企业	99060	122671	95627	99304
国有企业				
集体企业				
股份合作企业				
联营企业				
有限责任公司	50639	66235	47205	42868
股份有限公司				
私营企业	48422	56436	48422	56436
其他企业				
港、澳、台商投资企业	21787	20094	21787	20094
外商投资企业	192676	194475	173863	185099
直营门店合计	**313523**	**337240**	**291276**	**304498**
内资企业	99060	122671	95627	99304
国有企业				
集体企业				
股份合作企业				
联营企业				
有限责任公司	50639	66235	47205	42868
股份有限公司				
私营企业	48422	56436	48422	56436
其他企业				
港、澳、台商投资企业	21787	20094	21787	20094
外商投资企业	192676	194475	173863	185099
加盟门店合计				
内资企业				
国有企业				
集体企业				
股份合作企业				
联营企业				
有限责任公司				
股份有限公司				
私营企业				
其他企业				
港、澳、台商投资企业				
外商投资企业				

单位：万元

自有配送中心配送商品购进额		非自有配送中心配送商品购进额		商品销售总额		零售额	
2016年	2015年	2016年	2015年	2016年	2015年	2016年	2015年
65402	**83857**	**59134**	**64357**	**440656**	**461701**	**435690**	**421144**
47365	54959	45630	40246	108516	165223	104107	125989
		45630	40246	57541	100494	55927	79929
47365	54959			50976	64729	48180	46060
				28619	22896	28619	22896
18037	28898	13504	24112	303520	273583	302964	272260
65402	**83857**	**59134**	**64357**	**440656**	**461701**	**435690**	**421144**
47365	54959	45630	40246	108516	165223	104107	125989
		45630	40246	57541	100494	55927	79929
47365	54959			50976	64729	48180	46060
				28619	22896	28619	22896
18037	28898	13504	24112	303520	273583	302964	272260

1-9 续表 10

厂家直销中心

项 目	商品购进总额		统一配送商品购进额	
	2016年	2015年	2016年	2015年
总 计	**546501**	**605467**	**541226**	**600839**
内资企业	527780	583988	522505	579361
国有企业				
集体企业				
股份合作企业				
联营企业				
有限责任公司	31420	33468	30055	32134
股份有限公司	463939	509626	463939	509626
私营企业	32420	40895	28510	37602
其他企业				
港、澳、台商投资企业	18721	21479	18721	21479
外商投资企业				
直营门店合计	**531484**	**590796**	**527574**	**587503**
内资企业	512763	569317	508853	566024
国有企业				
集体企业				
股份合作企业				
联营企业				
有限责任公司	16404	18797	16404	18797
股份有限公司	463939	509626	463939	509626
私营企业	32420	40895	28510	37602
其他企业				
港、澳、台商投资企业	18721	21479	18721	21479
外商投资企业				
加盟门店合计	**15017**	**14671**	**13652**	**13337**
内资企业	15017	14671	13652	13337
国有企业				
集体企业				
股份合作企业				
联营企业				
有限责任公司	15017	14671	13652	13337
股份有限公司				
私营企业				
其他企业				
港、澳、台商投资企业				
外商投资企业				

单位：万元

自有配送中心配送商品购进额		非自有配送中心配送商品购进额		商品销售总额		零售额	
2016年	2015年	2016年	2015年	2016年	2015年	2016年	2015年
61517	**65057**	**450925**	**498041**	**598471**	**668942**	**76438**	**78658**
42796	43579	450925	498041	551138	617632	29106	27348
28416	30660	1365	1334	37631	39967	21968	21737
14379	12919	449560	496707	464686	520709	2310	2159
				48821	56956	4828	3453
18721	21479			47332	51310	47332	51310
49504	**53194**	**449560**	**496707**	**580866**	**651529**	**58833**	**61245**
30783	31716	449560	496707	533533	600219	11501	9935
16404	18797			20026	22554	4363	4324
14379	12919	449560	496707	464686	520709	2310	2159
				48821	56956	4828	3453
18721	21479			47332	51310	47332	51310
12013	**11863**	**1365**	**1334**	**17605**	**17413**	**17605**	**17413**
12013	11863	1365	1334	17605	17413	17605	17413
12013	11863	1365	1334	17605	17413	17605	17413

1-9 续表 11

其他

项　目	商品购进总额		统一配送商品购进额	
	2016年	2015年	2016年	2015年
总　计	**3415403**	**3618209**	**2309242**	**2184623**
内资企业	3221896	3408181	2172022	2033496
国有企业	513373	646224	512224	555456
集体企业	2076	2564	2076	2564
股份合作企业	9968	9280		
联营企业				
有限责任公司	590641	633810	324343	336034
股份有限公司	1369913	1482848	705959	634229
私营企业	733729	631423	627420	505213
其他企业	2197	2033		
港、澳、台商投资企业	21706	30173	3875	3049
外商投资企业	171801	179855	133345	148079
直营门店合计	**2557550**	**2598026**	**1569567**	**1459961**
内资企业	2364693	2388748	1432997	1309583
国有企业	301663	345870	301663	345870
集体企业	1670	1958	1670	1958
股份合作企业	9968	9280		
联营企业				
有限责任公司	483241	436134	272151	260277
股份有限公司	1280113	1329196	643429	531827
私营企业	288038	266311	214084	169652
其他企业				
港、澳、台商投资企业	21706	30173	3875	3049
外商投资企业	171151	179105	132695	147329
加盟门店合计	**857853**	**1020183**	**739675**	**724662**
内资企业	857203	1019433	739025	723912
国有企业	211710	300354	210561	209586
集体企业	406	606	406	606
股份合作企业				
联营企业				
有限责任公司	107400	197676	52192	75757
股份有限公司	89800	153653	62530	102403
私营企业	445690	365112	413336	335561
其他企业	2197	2033		
港、澳、台商投资企业				
外商投资企业	650	750	650	750

单位：万元

自有配送中心配送商品购进额		非自有配送中心配送商品购进额		商品销售总额		零售额	
2016年	2015年	2016年	2015年	2016年	2015年	2016年	2015年
1693789	**1446933**	**344018**	**356868**	**4698163**	**4865275**	**2522985**	**2614722**
1556569	1295805	344018	356868	4506317	4614066	2358546	2396684
432675	275628		79529	636491	716101	38276	3388
1670	2564			4696	5429	2743	3499
				17009	16892	4704	4211
236415	220737	9939	11614	605469	705438	413360	513184
705959	634229			2390565	2399083	1268845	1312551
179850	162647	334079	265725	849895	769191	628426	557947
				2193	1933	2193	1905
3875	3049			28497	34471	1090	1300
133345	148079			163349	216738	163349	216738
1308062	**1226450**	**20587**	**24306**	**3728199**	**3897918**	**1846384**	**1999553**
1171492	1076073	20587	24306	3537153	3647689	1682745	1782495
222114	264889			423878	458196	914	1048
1670	1958			3966	4338	2012	2408
				17009	16892	4704	4211
220230	203496	4044	5398	449437	506739	324154	373680
643429	531827			2283579	2299083	1161859	1212551
84050	73903	16543	18908	359284	362442	189102	188598
3875	3049			28497	34471	1090	1300
132695	147329			162549	215758	162549	215758
385727	**220483**	**323431**	**332562**	**969964**	**967357**	**676601**	**615169**
385077	219733	323431	332562	969164	966377	675801	614189
210561	10739		79529	212613	257905	37362	2340
	606			731	1091	731	1091
16186	17241	5895	6216	156032	198699	89206	139504
62530	102403			106986	100000	106986	100000
95800	88744	317536	246817	490611	406749	439324	369349
				2193	1933	2193	1905
650	750			800	980	800	980

1-10 连锁零售企业门店分布情况

门店所在地	合计(个)		直营门店(个)		加盟门店(个)	
	2016年	2015年	2016年	2015年	2016年	2015年
总　计	**232444**	**222683**	**147566**	**141108**	**84878**	**81575**
北　京	8456	8200	6202	6103	2254	2097
天　津	2814	2928	1869	2014	945	914
河　北	5660	5439	4810	4596	850	843
山　西	4421	4021	2389	2264	2032	1757
内蒙古	993	1021	501	578	492	443
辽　宁	7825	7315	5197	4688	2628	2627
吉　林	1891	1568	1706	1382	185	186
黑龙江	2360	2263	1634	1569	726	694
上　海	14291	14342	8590	8792	5701	5550
江　苏	18437	18723	11612	11892	6825	6831
浙　江	26297	25911	11186	11284	15111	14627
安　徽	11158	11006	4871	4791	6287	6215
福　建	6454	5920	4642	4382	1812	1538
江　西	7195	6574	3744	3578	3451	2996
山　东	13449	12722	10529	9956	2920	2766
河　南	7035	6493	4935	4443	2100	2050
湖　北	8656	7942	6868	6396	1788	1546
湖　南	10716	9462	6441	5724	4275	3738
广　东	21237	20555	17031	16803	4206	3752
广　西	5294	5086	3761	3615	1533	1471
海　南	1087	1017	847	808	240	209
重　庆	13839	13960	4780	4555	9059	9405
四　川	14767	13053	9072	7369	5695	5684
贵　州	1809	1580	1239	998	570	582
云　南	5807	5510	5012	4731	795	779
西　藏	16	17	3	3	13	14
陕　西	3530	3461	2662	2639	868	822
甘　肃	1192	934	996	841	196	93
青　海	246	216	137	157	109	59
宁　夏	1003	867	775	646	228	221
新　疆	4320	4545	3494	3481	826	1064
港澳台及国外	189	32	31	30	158	2

1-11 连锁零售企业配送中心分布情况

所在地	配送中心数(个)		自有配送中心数(个)	
	2016年	2015年	2016年	2015年
全　国	**2769**	**2847**	**2397**	**2468**
北　京	133	134	94	97
天　津	21	23	18	19
河　北	76	76	69	69
山　西	85	86	80	81
内蒙古	19	19	18	18
辽　宁	64	112	52	104
吉　林	29	28	26	25
黑龙江	30	30	26	26
上　海	62	69	42	46
江　苏	309	310	252	259
浙　江	283	298	247	259
安　徽	117	127	109	99
福　建	105	102	92	89
江　西	80	75	69	62
山　东	172	194	164	184
河　南	101	104	95	97
湖　北	118	113	101	100
湖　南	115	109	102	98
广　东	286	293	264	261
广　西	53	54	51	52
海　南	8	8	7	7
重　庆	104	101	93	93
四　川	115	103	83	85
贵　州	27	25	23	21
云　南	33	33	29	29
西　藏				
陕　西	51	52	43	44
甘　肃	16	14	12	10
青　海	4	4	3	3
宁　夏	25	24	19	18
新　疆	127	126	113	112
港澳台及国外	1	1	1	1

1-12　连锁零售企业门店在36城市分布情况

门店所在地	合计(个)		直营门店(个)		加盟门店(个)	
	2016年	2015年	2016年	2015年	2016年	2015年
合　计	**114026**	**110746**	**75749**	**72191**	**38277**	**38555**
北　京	8456	8200	6202	6103	2254	2097
天　津	2814	2928	1869	2014	945	914
石家庄	5660	5439	4810	4596	850	843
太　原	2638	2483	1012	970	1626	1513
呼和浩特	394	414	207	272	187	142
沈　阳	1606	1509	1241	1155	365	354
大　连	2770	2641	1448	1308	1322	1333
长　春	1354	1178	1278	1097	76	81
哈尔滨	1650	1592	1098	1062	552	530
上　海	14291	14342	8590	8792	5701	5550
南　京	3405	3170	2467	2402	938	768
杭　州	4591	4389	2796	2742	1795	1647
宁　波	2251	2289	1682	1674	569	615
合　肥	1803	3643	1224	1241	579	2402
福　州	1081	1009	932	871	149	138
厦　门	1664	1555	932	895	732	660
南　昌	1764	1575	1052	882	712	693
济　南	882	858	735	688	147	170
青　岛	3383	3114	2350	2190	1033	924
郑　州	1771	1786	1126	1032	645	754
武　汉	4480	3890	3775	3339	705	551
长　沙	3576	3122	2113	1853	1463	1269
广　州	6056	5990	4756	4787	1300	1203
深　圳	5594	5412	3826	3903	1768	1509
南　宁	1200	1166	667	655	533	511
海　口	420	414	301	298	119	116
重　庆	13839	13960	4780	4555	9059	9405
成　都	7274	5607	6679	5198	595	409
贵　阳	841	796	577	526	264	270
昆　明	2605	2543	2276	2214	329	329
拉　萨	11	11	3	3	8	8
西　安	1455	1509	992	1061	463	448
兰　州	625	521	537	492	88	29
西　宁	216	200	125	146	91	54
银　川	356	324	329	314	27	10
乌鲁木齐	1250	1167	962	861	288	306

1-13 连锁零售企业配送中心在36城市分布情况

所在地	配送中心数(个)		自有配送中心数(个)	
	2016年	2015年	2016年	2015年
合　计	**1193**	**1257**	**1004**	**1037**
北　京	133	134	94	97
天　津	21	23	18	19
石家庄	76	76	69	69
太　原	51	53	50	51
呼和浩特	3	3	3	3
沈　阳	9	9	9	9
大　连	17	35	9	28
长　春	13	12	11	10
哈尔滨	15	14	12	11
上　海	62	69	42	46
南　京	34	36	25	26
杭　州	50	51	44	44
宁　波	27	27	23	23
合　肥	23	47	19	20
福　州	13	12	12	12
厦　门	27	28	24	25
南　昌	31	33	25	25
济　南	8	8	8	8
青　岛	47	52	42	47
郑　州	19	17	17	15
武　汉	66	62	52	51
长　沙	56	54	51	49
广　州	104	112	100	99
深　圳	38	44	32	37
南　宁	14	14	14	14
海　口	2	2	2	2
重　庆	104	101	93	93
成　都	42	43	34	36
贵　阳	10	9	8	7
昆　明	15	14	14	13
拉　萨				
西　安	18	19	15	16
兰　州	9	8	6	5
西　宁	3	3	2	2
银　川	7	7	6	6
乌鲁木齐	26	26	19	19

第二部分

零售企业地区篇

2-1 各地区连锁零售企业基本情况

地区	连锁总店数（个）	门店数（个）		年末从业人员（人）		年末零售营业面积（平方米）	
	2016年	2016年	2015年	2016年	2015年	2016年	2015年
全国	**2726**	**232444**	**222683**	**2449920**	**2531380**	**179600921**	**170696459**
北京	156	7732	7548	173478	177418	9533809	9546396
天津	37	2084	2237	29098	31242	1900580	1984623
河北	85	4935	4757	51947	52192	6120325	6107844
山西	60	4001	3641	38348	41773	2965720	2563835
内蒙古	18	613	623	5581	6931	253062	273807
辽宁	92	6584	6066	60115	61809	4004098	4620161
吉林	26	1572	1244	13065	11319	557315	449408
黑龙江	36	1978	1895	20055	21350	974796	932876
上海	107	18211	18649	242496	263444	10795669	10950587
江苏	172	18172	18369	318010	362733	23978762	19383041
浙江	223	26359	25650	133131	139470	11513147	11319401
安徽	68	9664	9519	90304	91876	5453092	5590536
福建	148	6619	6099	93141	90344	9931220	8925682
江西	84	4576	4409	52100	51890	3361785	3208018
山东	149	12130	11430	177135	176779	18367636	17475829
河南	127	5590	5248	66461	66011	6258664	6009892
湖北	131	8665	8042	130171	137971	7116169	7323790
湖南	129	17446	15599	105250	96067	8378701	5479983
广东	302	27716	26503	257344	259048	24678000	25947245
广西	67	4426	4246	38715	39144	4290094	4275381
海南	6	791	766	5306	5816	390779	414497
重庆	98	12714	12825	93796	98020	4336533	4263773
四川	128	14209	12248	101810	93985	3975033	3596015
贵州	29	1366	1110	10801	9551	341636	326151
云南	40	5388	5110	44922	45484	2050205	1966324
西藏	1	3	3	820	790	29955	21700
陕西	61	2531	2517	34564	36162	2583636	2539401
甘肃	16	938	782	8035	7731	701537	677648
青海	10	194	184	6069	6106	209298	220730
宁夏	25	939	834	11290	10449	1049159	941815
新疆	95	4298	4530	36562	38475	3500506	3360070

2-2 各地区连锁零售企业直营门店基本情况

地 区	门店数（个）		年末从业人员（人）		年末零售营业面积（平方米）	
	2016年	2015年	2016年	2015年	2016年	2015年
全 国	**147566**	**141108**	**2141094**	**2225421**	**169109723**	**160615092**
北 京	5884	5775	161650	166028	9263671	9284929
天 津	1563	1731	27731	29915	1846055	1931298
河 北	4560	4364	51301	51462	6085555	6071794
山 西	2308	2182	29971	35746	2858517	2482051
内蒙古	412	491	5031	6571	237777	266529
辽 宁	4654	4128	52239	53822	3806765	4412504
吉 林	1572	1244	13065	11319	557315	449408
黑龙江	1517	1451	18584	20054	943376	910146
上 海	11079	11366	153524	171442	6644330	7031878
江 苏	12668	12746	289636	330373	22991603	18432638
浙 江	10788	10788	101115	108703	10447614	10291181
安 徽	4187	4135	77527	79317	5021830	5115163
福 建	4729	4384	86529	83988	9646064	8701711
江 西	3324	3198	47675	47572	3122489	2995554
山 东	10202	9644	170409	169262	18144797	17257867
河 南	4677	4200	64353	63733	6157177	5899022
湖 北	7140	6718	125529	133236	6978827	7182498
湖 南	6153	5546	81982	76640	8011478	5149443
广 东	19075	18860	228415	230818	23830759	25129289
广 西	3494	3338	34693	34975	4179010	4125649
海 南	791	766	5306	5816	390779	414497
重 庆	4471	4194	79974	84416	3973213	3890789
四 川	8574	6893	87330	81137	3704757	3351556
贵 州	1122	881	10296	8873	330149	308580
云 南	4875	4597	43747	44608	2032567	1948686
西 藏	3	3	820	790	29955	21700
陕 西	2352	2357	33692	35326	2567822	2519607
甘 肃	920	764	8009	7701	700637	676848
青 海	122	142	5902	5994	202298	212730
宁 夏	810	681	10933	10079	1032859	924135
新 疆	3540	3541	34126	35705	3369678	3225412

2-3 各地区连锁零售企业加盟门店基本情况

地区	门店数（个）		年末从业人员（人）		年末零售营业面积（平方米）	
	2016年	2015年	2016年	2015年	2016年	2015年
全国	**84878**	**81575**	**308826**	**305959**	**10491198**	**10081367**
北京	1848	1773	11828	11390	270138	261467
天津	521	506	1367	1327	54525	53325
河北	375	393	646	730	34770	36050
山西	1693	1459	8377	6027	107203	81784
内蒙古	201	132	550	360	15285	7278
辽宁	1930	1938	7876	7987	197333	207657
吉林						
黑龙江	461	444	1471	1296	31420	22730
上海	7132	7283	88972	92002	4151339	3918709
江苏	5504	5623	28374	32360	987159	950403
浙江	15571	14862	32016	30767	1065533	1028220
安徽	5477	5384	12777	12559	431262	475373
福建	1890	1715	6612	6356	285156	223971
江西	1252	1211	4425	4318	239296	212464
山东	1928	1786	6726	7517	222839	217962
河南	913	1048	2108	2278	101487	110870
湖北	1525	1324	4642	4735	137342	141292
湖南	11293	10053	23268	19427	367223	330540
广东	8641	7643	28929	28230	847241	817956
广西	932	908	4022	4169	111084	149732
海南						
重庆	8243	8631	13822	13604	363320	372984
四川	5635	5355	14480	12848	270276	244459
贵州	244	229	505	678	11487	17571
云南	513	513	1175	876	17638	17638
西藏						
陕西	179	160	872	836	15814	19794
甘肃	18	18	26	30	900	800
青海	72	42	167	112	7000	8000
宁夏	129	153	357	370	16300	17680
新疆	758	989	2436	2770	130828	134658

2-4 各地区连锁零售

地 区	商品购进总额		统一配送商品购进额		自有配送中心配送商品购进额	
	2016年	2015年	2016年	2015年	2016年	2015年
全 国	**310368520**	**309041068**	**241737376**	**239482881**	**139891575**	**139820045**
北 京	24121897	24569117	16829206	16729920	9481899	9295462
天 津	4198033	5155544	2416603	3208667	1799591	2343000
河 北	8684569	9070643	5416481	5772989	3174667	3244820
山 西	3131311	3294942	2065663	1987784	1289589	1093477
内蒙古	280875	259976	164270	154629	112125	102026
辽 宁	6989959	7906045	4983438	5606165	736110	1064101
吉 林	1409379	1262036	1383556	1243401	1203284	1063135
黑龙江	2040557	2270900	1839638	1876351	489396	550297
上 海	27931539	28053568	22232359	21982137	8850043	9015471
江 苏	42328931	40431447	36244239	34805256	33030528	31600322
浙 江	18317913	18535577	16967178	17165851	15088437	15275514
安 徽	15287637	15678880	10921096	11480640	5125523	5534736
福 建	10625630	9866533	7314559	6177315	2988480	3799551
江 西	6990689	7239955	5966254	6214548	3400283	3328932
山 东	17914850	17740398	12293664	11354369	6973864	5907116
河 南	8088795	7403178	4671637	4214874	2671635	2288458
湖 北	16650696	16222488	11687765	11607334	9266855	9299862
湖 南	8092196	8814267	6807947	7471455	4351397	5001456
广 东	44328419	42255279	37335089	34918690	13939276	12659963
广 西	7163502	6972249	7089133	6919873	2564870	2363997
海 南	1219941	1359939	1199080	1335114	5707	6424
重 庆	7050386	6967930	4844151	5565467	3234952	3639428
四 川	7165057	6445798	5102407	4605931	2512487	2391349
贵 州	680562	635590	665715	603847	370758	211449
云 南	2820264	2978233	2422188	2533655	740594	886498
西 藏	30552	30522	30552	30522		
陕 西	7354286	7975798	5500513	6095019	2868318	3909294
甘 肃	1474082	1421888	1238826	1163641	113577	101226
青 海	190215	180401	71628	80184	5099	6313
宁 夏	1823187	1735304	871371	1033134	486072	571622
新 疆	5982611	6306643	5161170	5544119	3016159	3264746

企业经营情况

单位：万元

非自有配送中心配送商品购进额		商品销售总额		零售额	
2016年	2015年	2016年	2015年	2016年	2015年
43423459	**40468472**	**359228942**	**358344458**	**268561585**	**262790035**
2997679	3197953	28965113	29522046	24507299	23790712
93588	347690	4998621	6133255	4004510	4494932
194690	201346	9397528	10067281	7000271	7211834
	2423	4427747	4823208	3523795	3607736
2173	1610	359440	309076	260826	222552
1386018	1480444	6947735	7779036	5732931	5978947
9650	14840	1593638	1478851	1378539	1301349
155412	209019	2274480	2382537	1736205	1864100
2681340	2689945	31144443	31745846	24065615	24562561
2443802	2517794	46956064	44733778	20943822	19835050
950018	870751	20312075	20044739	14944693	14643938
414552	460719	15617571	15471346	12448412	10275638
2812696	735516	12368735	12339371	11222528	11112257
496297	631308	11495459	11651446	7669400	8041539
1248707	926589	20402259	20210080	15687256	15791761
263102	341488	8768087	8157115	7869077	7258022
746449	714001	18637993	18492135	16153162	15825770
936538	886708	11429283	11341171	9808305	10046727
20839944	19795771	50763474	49854637	43446813	42593990
55912	46292	7900143	7614137	4703278	4419142
		1309071	1511919	1199282	854009
1128931	1261088	9561915	9594019	7441719	7503650
335070	290205	8212765	7226759	7909472	6948040
13914	6852	715803	631304	700277	618359
310978	217046	5074189	5028850	3705271	3572523
		35760	35667	35760	35667
750037	331030	9180532	9467945	3588354	3728131
		1618744	1834369	1411033	1633911
		290858	271895	287689	269150
10953	10820	1349814	1310078	913546	870137
2145011	2279227	7119603	7280562	4262445	3877901

2-5 各地区连锁零售企业

地 区	商品购进总额		统一配送商品购进额		自有配送中心配送商品购进额	
	2016年	2015年	2016年	2015年	2016年	2015年
全 国	**294793128**	**293247016**	**227844012**	**225382285**	**133385807**	**133551188**
北 京	23687296	24161225	16532611	16456364	9249625	9078253
天 津	4049283	5046164	2416603	3208667	1799591	2343000
河 北	8642502	9045889	5374414	5748236	3135485	3223300
山 西	2903206	3091477	1909299	1838242	1133374	943978
内蒙古	264741	250222	148136	144876	111011	101133
辽 宁	6866803	7778947	4860282	5479067	735674	1063613
吉 林	1409379	1262036	1383556	1243401	1203284	1063135
黑龙江	1995146	2223806	1838760	1875478	488560	549462
上 海	21460646	21377246	15833912	15380757	7523082	7584483
江 苏	40613823	38677228	34540672	33060695	31340445	29858770
浙 江	17471257	17615424	16193480	16329096	14541451	14680201
安 徽	14062783	14378436	9987710	10554425	4441418	5069544
福 建	10520265	9777991	7212807	6091991	2931785	3756371
江 西	6678188	6940877	5789407	6038495	3223947	3159936
山 东	17588594	17345485	12063509	11077975	6814253	5712645
河 南	7783209	7104646	4366365	3916767	2662918	2280228
湖 北	16558157	16132717	11656569	11575921	9242569	9275539
湖 南	7510002	8305111	6283080	7017580	3903134	4609514
广 东	43279163	41130659	36447096	34028850	13486140	12295614
广 西	7134360	6929450	7060837	6885075	2538557	2332019
海 南	1219941	1359939	1199080	1335114	5707	6424
重 庆	6740032	6675422	4634590	5363755	3086489	3526951
四 川	6714684	6163490	4848326	4391273	2301303	2216215
贵 州	674737	612055	659891	599991	370758	211449
云 南	2265692	2395135	1867955	1950935	735481	881241
西 藏	30552	30522	30552	30522		
陕 西	7324311	7961584	5470538	6080805	2846364	3896708
甘 肃	1473689	1421351	1238433	1163104	113349	100845
青 海	188060	177923	69472	77707	2943	3835
宁 夏	1808292	1720865	870766	1024717	485467	563205
新 疆	5874335	6153694	5055304	5412404	2931643	3163577

直营门店经营情况

单位：万元

非自有配送中心配送商品购进额		商品销售总额		零售额	
2016年	2015年	2016年	2015年	2016年	2015年
41877735	**38860761**	**342737192**	**341464582**	**254847810**	**249344824**
2935093	3143263	28382921	28960293	23931333	23234298
93588	347690	4823621	6004573	3829510	4366249
194690	201346	9355875	10041857	6958619	7186410
	2423	4198598	4618563	3294646	3403091
1869	1433	339310	297199	240696	210674
1334013	1430580	6772310	7596769	5557506	5796680
9650	14840	1593638	1478851	1378539	1301349
155412	209019	2213055	2312833	1675230	1800134
2110358	2086131	24335435	24564952	17594805	17737723
2441013	2517160	44982619	42690750	19767285	18611069
751894	662935	19566911	19108059	14329069	13887850
251210	221830	14837503	14635193	11877256	9957262
2770268	696276	12238509	12231032	11143142	11039384
496297	624732	11210269	11364190	7413777	7788096
1244794	922948	20082167	19902224	15425407	15532877
262804	341140	8423378	7828279	7559274	6957508
743769	711343	18502447	18353979	16106199	15775215
867276	824791	10817237	10811102	9282856	9617818
20540378	19560894	49432986	48469392	42293354	41551894
55912	46292	7865337	7568217	4687261	4388721
		1309071	1511919	1199282	854009
1103855	1214946	9140507	9204997	7158550	7257763
308925	265590	7661320	6871711	7389215	6632217
10328	6852	708476	607419	693407	594475
309688	215756	4501752	4427989	3698522	3565584
		35760	35667	35760	35667
750037	331030	9142546	9450980	3550876	3711866
		1618261	1833742	1410550	1633284
		287180	267880	285325	265930
10953	10820	1343500	1297092	911292	868287
2123661	2248701	7014693	7116879	4169267	3781440

2-6 各地区连锁零售企业

地区	商品购进总额		统一配送商品购进额		自有配送中心配送商品购进额	
	2016年	2015年	2016年	2015年	2016年	2015年
全国	**15575394**	**15794054**	**13893364**	**14100600**	**6505769**	**6268856**
北京	434601	407892	296595	273556	232274	217210
天津	148750	109380				
河北	42067	24754	42067	24754	39182	21519
山西	228105	203465	156365	149542	156215	149499
内蒙古	16134	9754	16134	9754	1114	893
辽宁	123156	127098	123156	127098	436	488
吉林						
黑龙江	45412	47094	878	873	836	835
上海	6470893	6676322	6398447	6601379	1326962	1430988
江苏	1715108	1754220	1703568	1744560	1690084	1741552
浙江	846656	920153	773698	836755	546986	595313
安徽	1224854	1300444	933385	926216	684105	465192
福建	105365	88542	101752	85324	56696	43180
江西	312501	299078	176847	176053	176336	168997
山东	326256	394913	230154	276394	159610	194471
河南	305586	298533	305272	298107	8717	8230
湖北	92539	89772	31197	31413	24287	24323
湖南	582194	509156	524867	453875	448263	391941
广东	1049256	1124620	887993	889840	453136	364349
广西	29143	42799	28296	34798	26312	31977
海南						
重庆	310354	292508	209561	201713	148463	112477
四川	450373	282307	254081	214658	211184	175135
贵州	5824	23535	5824	3856		
云南	554572	583099	554233	582720	5113	5256
西藏						
陕西	29975	14214	29975	14214	21954	12585
甘肃	393	538	393	538	227	382
青海	2156	2478	2156	2478	2156	2478
宁夏	14895	14438	605	8417	605	8417
新疆	108276	152948	105865	131715	84516	101169

加盟门店经营情况

单位：万元

非自有配送中心配送商品购进额		商品销售总额		零售额	
2016年	2015年	2016年	2015年	2016年	2015年
1545724	**1607715**	**16491747**	**16879874**	**13713778**	**13445211**
62586	54690	582192	561753	575966	556414
		175000	128682	175000	128682
		41653	25424	41653	25424
		229149	204645	229149	204645
304	176	20130	11877	20130	11877
52006	49864	175425	182267	175425	182267
		61425	69704	60974	63966
570982	603814	6809007	7180893	6470811	6824838
2788	634	1973444	2043028	1176537	1223980
198124	207816	745163	936680	615624	756088
163343	238889	780068	836153	571157	318377
42428	39240	130226	108339	79386	72872
	6576	285191	287256	255623	253443
3912	3642	320092	307856	261849	258883
299	348	344710	328836	309803	300514
2680	2659	135546	138155	46963	50555
69262	61917	612046	530069	525449	428910
299565	234877	1330488	1385245	1153460	1042096
		34805	45920	16017	30420
25076	46142	421408	389022	283169	245887
26144	24615	551445	355048	520258	315823
3586		7327	23885	6870	23885
1290	1290	572438	600860	6749	6939
		37986	16965	37477	16266
		483	628	483	628
		3677	4015	2364	3220
		6313	12986	2255	1851
21349	30526	104910	163683	93177	96461

2-7 按登记注册类型分各地区连锁零售企业基本情况

内资企业

地区	连锁总店数（个）	门店数（个）		年末从业人员（人）		年末零售营业面积（平方米）	
	2016年	2016年	2015年	2016年	2015年	2016年	2015年
全　国	**2454**	**213025**	**203521**	**1937662**	**2005207**	**142326546**	**138529090**
北　京	123	6679	6538	138879	141577	7588871	7456111
天　津	29	1774	1859	19433	20623	1470788	1513432
河　北	80	4526	4340	46310	46038	5087447	5044678
山　西	58	3992	3631	37955	41355	2940362	2538427
内蒙古	18	613	623	5581	6931	253062	273807
辽　宁	83	6504	5981	50690	51863	3437589	3965590
吉　林	24	1552	1223	12923	11168	554660	446453
黑龙江	34	1926	1850	18039	19014	885977	838882
上　海	70	13858	14496	125468	142096	5104191	5536661
江　苏	151	15648	15662	223833	258142	14060813	13846754
浙　江	213	26091	25390	119787	126976	10856522	10718087
安　徽	65	9645	9498	86771	88450	5293131	5420897
福　建	133	5106	4680	40758	41937	2689421	2532730
江　西	79	4473	4323	44811	44756	2913949	2780348
山　东	143	11658	10977	170393	168850	17946797	16906397
河　南	123	5239	4934	58297	57587	5228674	4960833
湖　北	121	8110	7505	114921	122494	6741187	6980895
湖　南	122	16694	15009	97526	89376	8093958	5211790
广　东	239	22511	21158	164973	165712	19045984	20233705
广　西	65	4100	3947	36664	37471	4242018	4230165
海　南	6	791	766	5306	5816	390779	414497
重　庆	93	12529	12656	90321	94409	4245122	4176993
四　川	117	13765	11792	85056	78062	3215548	2860772
贵　州	28	1238	1003	9715	8554	313091	299896
云　南	34	5243	4959	38511	38694	1824274	1741611
西　藏	1	3	3	820	790	29955	21700
陕　西	57	2392	2392	32720	34532	2440618	2405458
甘　肃	16	938	782	8035	7731	701537	677648
青　海	10	194	184	6069	6106	209298	220730
宁　夏	25	939	834	11290	10449	1049159	941815
新　疆	94	4294	4526	35807	37648	3471764	3331328

2-7 续表 1

国有企业

地　区	连锁总店数（个）	门店数（个）		年末从业人员（人）		年末零售营业面积（平方米）	
	2016年	2016年	2015年	2016年	2015年	2016年	2015年
全　国	**172**	**14772**	**14866**	**115099**	**116365**	**10204135**	**10863022**
北　京	3	55	54	716	744	12189	13728
天　津	3	544	559	7139	7137	843346	871346
河　北	3	367	366	2107	2271	977633	1005915
山　西	6	270	274	3866	4007	255337	226568
内蒙古							
辽　宁	5	629	517	6522	5412	632602	606159
吉　林							
黑龙江							
上　海	6	2278	2339	10749	11180	191569	200139
江　苏	2	123	131	680	624	24550	22650
浙　江	2	31	31	176	160	2316	2401
安　徽	4	3582	3554	7597	7437	750411	782727
福　建	6	230	198	2016	2064	246173	168437
江　西	17	598	590	8841	9078	757305	751801
山　东	5	218	241	5224	5274	91943	94501
河　南	8	157	156	1519	1529	57667	56657
湖　北	11	688	660	10617	10380	483319	481769
湖　南	8	488	491	4471	4633	901257	914651
广　东	13	790	796	13827	13908	970252	1680454
广　西							
海　南							
重　庆	7	270	295	2308	2549	142563	156655
四　川	1	80	80	651	657	20378	20678
贵　州							
云　南	2	283	282	1736	1631	114000	110000
西　藏							
陕　西	19	760	764	12292	13109	941879	908273
甘　肃	5	268	254	2109	2315	469648	462718
青　海							
宁　夏	3	22	23	488	466	12100	11071
新　疆	33	2041	2211	9448	9800	1305698	1313724

2-7 续表 2

集体企业

地 区	连锁总店数（个）	门店数（个）		年末从业人员（人）		年末零售营业面积（平方米）	
	2016年	2016年	2015年	2016年	2015年	2016年	2015年
全 国	**22**	**791**	**793**	**9315**	**9505**	**520871**	**519678**
北 京	1	14	14	461	486	54905	54905
天 津							
河 北	1	2	2	65	65	3500	3500
山 西							
内蒙古							
辽 宁							
吉 林							
黑龙江	1	24	24	28	28	360	360
上 海	2	54	55	403	425	6087	5296
江 苏	3	274	269	1053	1026	35628	35388
浙 江							
安 徽							
福 建	1	5	5	63	65	1136	1074
江 西							
山 东	2	53	53	707	707	192000	192000
河 南	1						
湖 北	1	58	56	4285	4350	200000	200000
湖 南	1	11	11	82	87	5500	5200
广 东	3	171	182	1888	1967	15741	15941
广 西							
海 南							
重 庆	3	113	110	209	208	5609	5609
四 川							
贵 州							
云 南	1	4	4	30	35	205	205
西 藏							
陕 西							
甘 肃							
青 海							
宁 夏							
新 疆	1	8	8	41	56	200	200

2-7 续表 3

股份合作企业

地区	连锁总店数（个）	门店数（个）		年末从业人员（人）		年末零售营业面积（平方米）	
	2016年	2016年	2015年	2016年	2015年	2016年	2015年
全国	**7**	**390**	**388**	**4713**	**4714**	**557918**	**498897**
北京							
天津	1	3	3	69	68	160	160
河北							
山西							
内蒙古							
辽宁							
吉林	1	211	218	2346	2462	17000	17000
黑龙江							
上海							
江苏							
浙江	1	13	14	103	107	2985	3033
安徽							
福建							
江西							
山东	2	110	100	1771	1655	520449	461380
河南							
湖北							
湖南							
广东	1	29	29	152	150	7124	7124
广西							
海南							
重庆							
四川							
贵州							
云南							
西藏							
陕西							
甘肃							
青海							
宁夏	1	24	24	272	272	10200	10200
新疆							

2–7 续表 4

联营企业

地　区	连锁总店数（个）	门店数（个）		年末从业人员（人）		年末零售营业面积（平方米）	
	2016年	2016年	2015年	2016年	2015年	2016年	2015年
全　国	**4**	**242**	**205**	**1178**	**1207**	**30357**	**30513**
北　京	1	5	5	26	30	928	928
天　津							
河　北							
山　西							
内 蒙 古							
辽　宁							
吉　林							
黑 龙 江							
上　海	1	28	28	198	210	2866	3022
江　苏	1	18	18	203	200	5000	5000
浙　江							
安　徽							
福　建							
江　西							
山　东							
河　南							
湖　北							
湖　南							
广　东	1	191	154	751	767	21563	21563
广　西							
海　南							
重　庆							
四　川							
贵　州							
云　南							
西　藏							
陕　西							
甘　肃							
青　海							
宁　夏							
新　疆							

2-7 续表 5

有限责任公司

地区	连锁总店数（个）	门店数（个）		年末从业人员（人）		年末零售营业面积（平方米）	
	2016年	2016年	2015年	2016年	2015年	2016年	2015年
全　国	**1062**	**76814**	**73457**	**644346**	**657176**	**36288994**	**35825596**
北　京	66	3225	3072	71496	70768	3332881	3222140
天　津	17	1020	1077	8985	10183	589845	602676
河　北	34	1841	1724	15768	15414	1414870	1395210
山　西	19	860	680	7858	7835	732858	402955
内蒙古	13	520	530	5210	6559	246112	266857
辽　宁	29	2360	1957	19496	20169	695904	1267658
吉　林	12	571	316	5133	3737	408403	306364
黑龙江	17	527	501	3679	4058	462954	416515
上　海	35	5839	6330	51841	63709	1734073	2091993
江　苏	63	5056	4982	29924	31807	977583	973715
浙　江	92	12322	12386	52286	52001	3054321	2985248
安　徽	23	695	706	17310	19259	1043402	1078810
福　建	59	1461	1246	14518	14445	890807	806623
江　西	28	1453	1239	16063	14906	664640	591448
山　东	57	3496	3178	53424	52109	4424683	4066000
河　南	57	1924	1720	31436	31188	1820452	1755383
湖　北	70	4482	4042	34215	30550	1638486	1590187
湖　南	38	3078	2784	20814	19625	1204025	1195680
广　东	117	8574	7930	56554	58479	3460796	3559588
广　西	32	2494	2405	17780	18712	2140817	2193454
海　南	4	326	313	2270	2166	293395	326892
重　庆	33	5638	5943	41016	43038	1310834	1220122
四　川	54	5060	4526	22044	20953	1093694	1026147
贵　州	16	612	452	6722	5740	253175	244573
云　南	18	1465	1408	11750	11256	1241629	1154495
西　藏							
陕　西	22	785	766	9054	9579	336684	349454
甘　肃	1	34	31	196	170	2800	2600
青　海	9	188	179	5060	5196	154298	170605
宁　夏	7	423	400	6767	6659	375802	323170
新　疆	20	485	634	5677	6906	288771	239034

2–7 续表 6

股份有限公司

地区	连锁总店数(个)	门店数(个)		年末从业人员(人)		年末零售营业面积(平方米)	
	2016年	2016年	2015年	2016年	2015年	2016年	2015年
全国	**273**	**60584**	**58471**	**762456**	**818545**	**79601853**	**76460748**
北京	13	1765	1733	52712	55745	3811246	3729317
天津	1	59	62	469	482	6182	5458
河北	20	1675	1632	18560	18340	2149465	2104792
山西	6	632	649	9433	14220	1422632	1458171
内蒙古	1	47	47	76	80	2420	2420
辽宁	10	999	999	9786	10221	1546797	1545713
吉林	1	370	308	2139	1841	74000	60000
黑龙江	5	994	952	7504	6934	156263	153287
上海	8	2895	3142	48250	52284	2312350	2382445
江苏	7	6800	6770	154474	183665	11483220	11272897
浙江	13	5317	5147	34407	42673	6588246	6534010
安徽	10	4536	4427	53683	53734	3084026	3171059
福建	11	674	670	4205	4349	584222	651404
江西	19	2155	2233	12545	13334	1065642	1052220
山东	19	5024	4990	92332	93080	11971846	11428836
河南	21	1484	1425	13242	12971	2939780	2759329
湖北	7	1460	1483	49369	59741	3951521	4223248
湖南	21	9824	8983	47551	42537	5026504	2225634
广东	28	6103	6325	54093	55234	13192784	13693322
广西	16	715	697	13752	13718	1960763	1901741
海南	1	301	301	2100	2510	65000	60000
重庆	4	845	847	26337	28380	2045415	2051762
四川	9	4862	3618	35889	32067	1042064	927189
贵州							
云南							
西藏							
陕西	7	448	439	6532	7195	1035848	1025254
甘肃	1	55	54	527	538	120954	119153
青海	1	6	5	1009	910	55000	50125
宁夏	3	110	108	1231	1188	532578	531053
新疆	10	429	425	10249	10574	1375085	1340909

2-7 续表 7

私营企业

地 区	连锁总店数（个）	门店数（个）		年末从业人员（人）		年末零售营业面积（平方米）	
	2016年	2016年	2015年	2016年	2015年	2016年	2015年
全 国	**889**	**56905**	**52989**	**384995**	**381769**	**14613349**	**13837648**
北 京	39	1615	1660	13468	13804	376722	435093
天 津	7	148	158	2771	2753	31255	33792
河 北	22	641	616	9810	9948	541979	535261
山 西	27	2230	2028	16798	15293	529535	450733
内蒙古	3	31	31	174	172	2500	2500
辽 宁	39	2516	2508	14886	16061	562286	546060
吉 林	9	382	360	3220	3036	53217	60689
黑龙江	11	381	373	6828	7994	266400	268720
上 海	17	2223	2069	11390	11738	808016	804317
江 苏	73	3311	3425	37246	40559	1530832	1534257
浙 江	105	8408	7812	32815	32035	1208654	1193395
安 徽	27	608	587	7341	7180	404772	377781
福 建	55	2717	2542	19582	20493	914827	854688
江 西	15	267	261	7362	7438	426362	384879
山 东	55	2599	2315	16683	15609	719803	643098
河 南	35	1670	1629	12080	11879	406975	385664
湖 北	30	1377	1216	16127	16987	463321	480891
湖 南	52	3238	2681	20643	18557	772437	700246
广 东	76	6653	5742	37708	35207	1377724	1255713
广 西	17	891	845	5132	5041	140438	134970
海 南							
重 庆	45	5378	5105	19945	19556	728931	728965
四 川	50	3292	3150	24547	22510	1018482	847531
贵 州	10	443	409	1928	1972	40276	38888
云 南	12	3483	3254	24737	25364	439223	427546
西 藏	1	3	3	820	790	29955	21700
陕 西	9	399	423	4842	4649	126207	122477
甘 肃	8	339	293	3263	3088	74325	66492
青 海							
宁 夏	11	360	279	2532	1864	118479	66321
新 疆	29	1302	1215	10317	10192	499416	434981

2-7 续表 8

其他企业

地　区	连锁总店数（个）	门店数（个）		年末从业人员（人）		年末零售营业面积（平方米）	
	2016年	2016年	2015年	2016年	2015年	2016年	2015年
全　国	**25**	**2527**	**2352**	**15560**	**15926**	**509069**	**492988**
北　京							
天　津							
河　北							
山　西							
内蒙古	1	15	15	121	120	2030	2030
辽　宁							
吉　林	1	18	21	85	92	2040	2400
黑龙江							
上　海	1	541	533	2637	2550	49230	49449
江　苏	2	66	67	253	261	4000	2847
浙　江							
安　徽	1	224	224	840	840	10520	10520
福　建	1	19	19	374	521	52256	50504
江　西							
山　东	3	158	100	252	416	26073	20582
河　南	1	4	4	20	20	3800	3800
湖　北	2	45	48	308	486	4540	4800
湖　南	2	55	59	3965	3937	184235	170379
广　东							
广　西							
海　南	1	164	152	936	1140	32384	27605
重　庆	1	285	356	506	678	11770	13880
四　川	3	471	418	1925	1875	40930	39227
贵　州	2	183	142	1065	842	19640	16435
云　南	1	8	11	258	408	29217	49365
西　藏							
陕　西							
甘　肃	1	242	150	1940	1620	33810	26685
青　海							
宁　夏							
新　疆	1	29	33	75	120	2594	2480

2-7 续表 9

港、澳、台商投资企业

地区	连锁总店数(个)	门店数(个)		年末从业人员(人)		年末零售营业面积(平方米)	
	2016年	2016年	2015年	2016年	2015年	2016年	2015年
全　国	**123**	**9477**	**9024**	**245025**	**242125**	**20731140**	**15169770**
北　京	9	324	317	6879	7145	409432	445169
天　津	5	235	303	7090	7718	287821	329220
河　北							
山　西	2	9	10	393	418	25358	25408
内蒙古							
辽　宁	3	28	35	2187	2416	335136	425340
吉　林	2	20	21	142	151	2655	2955
黑龙江	1	45	37	367	350	13426	11277
上　海	15	1829	1616	73946	75196	3398444	3119937
江　苏	10	345	345	32258	30494	5917618	1311049
浙　江	6	240	233	8273	6970	353270	302419
安　徽	2	5	5	798	873	41890	41890
福　建	4	668	590	42947	39939	6096345	5296578
江　西	2	90	73	5534	5346	325271	305105
山　东	3	400	381	3868	4071	129787	128884
河　南	3	251	216	7618	7873	803791	823845
湖　北	5	368	334	7049	7727	63597	59296
湖　南	5	745	583	5553	4284	143509	126959
广　东	34	3117	3181	34569	35993	2209420	2251571
广　西	2	326	299	2051	1673	48076	45216
海　南							
重　庆	4	177	161	1563	1475	32411	27780
四　川	1	51	93	201	344	4950	9300
贵　州							
云　南	3	120	126	1021	1164	58294	60614
西　藏							
陕　西	2	84	65	718	505	30639	19958
甘　肃							
青　海							
宁　夏							
新　疆							

2-7 续表 10

外商投资企业

地 区	连锁总店数（个）	门店数（个）		年末从业人员（人）		年末零售营业面积（平方米）	
	2016年	2016年	2015年	2016年	2015年	2016年	2015年
全 国	**149**	**9942**	**10138**	**267233**	**284048**	**16543235**	**16997599**
北 京	24	729	693	27720	28696	1535506	1645116
天 津	3	75	75	2575	2901	141971	141971
河 北	5	409	417	5637	6154	1032878	1063166
山 西							
内 蒙 古							
辽 宁	6	52	50	7238	7530	231373	229231
吉 林							
黑 龙 江	1	7	8	1649	1986	75393	82717
上 海	22	2524	2537	43082	46152	2293034	2293989
江 苏	11	2179	2362	61919	74097	4000331	4225238
浙 江	4	28	27	5071	5524	303355	298895
安 徽	1	14	16	2735	2553	118071	127749
福 建	11	845	829	9436	8468	1145454	1096374
江 西	3	13	13	1755	1788	122565	122565
山 东	3	72	72	2874	3858	291052	440548
河 南	1	100	98	546	551	226199	225214
湖 北	5	187	203	8201	7750	311385	283599
湖 南	2	7	7	2171	2407	141234	141234
广 东	29	2088	2164	57802	57343	3422596	3461969
广 西							
海 南							
重 庆	1	8	8	1912	2136	59000	59000
四 川	10	393	363	16553	15579	754535	725943
贵 州	1	128	107	1086	997	28545	26255
云 南	3	25	25	5390	5626	167637	164099
西 藏							
陕 西	2	55	60	1126	1125	112379	113985
甘 肃							
青 海							
宁 夏							
新 疆	1	4	4	755	827	28742	28742

2-8 按登记注册类型分各地区连锁零售企业直营门店基本情况

内资企业

地区	门店数(个)		年末从业人员(人)		年末零售营业面积(平方米)	
	2016年	2015年	2016年	2015年	2016年	2015年
全国	**132648**	**126526**	**1722500**	**1798110**	**136313795**	**132591208**
北京	4848	4779	127123	130238	7320257	7196004
天津	1253	1353	18066	19296	1416263	1460107
河北	4151	3947	45664	45308	5052677	5008628
山西	2299	2172	29578	35328	2833159	2456643
内蒙古	412	491	5031	6571	237777	266529
辽宁	4574	4043	42814	43876	3240256	3757933
吉林	1552	1223	12923	11168	554660	446453
黑龙江	1465	1406	16568	17718	854557	816152
上海	8726	9126	102462	117550	4079487	4465924
江苏	10779	10766	207574	240946	13567819	13353114
浙江	10606	10617	88042	96325	9803725	9707705
安徽	4168	4114	73994	75891	4861869	4945524
福建	3294	3045	34365	35773	2405910	2310519
江西	3235	3125	43144	43097	2874757	2748422
山东	9757	9202	163800	161370	17726118	16689315
河南	4326	3886	56189	55309	5127187	4849963
湖北	6603	6198	110371	117871	6605980	6842025
湖南	5440	5002	74328	70025	7729377	4884424
广东	15252	14944	147453	149691	18819524	20029897
广西	3312	3183	33089	33859	4139534	4089033
海南	791	766	5306	5816	390779	414497
重庆	4286	4026	76499	80808	3881802	3804059
四川	8191	6533	70688	65444	2950592	2624293
贵州	994	774	9210	7876	301604	282325
云南	4730	4446	37336	37818	1806636	1723973
西藏	3	3	820	790	29955	21700
陕西	2213	2232	31848	33696	2424804	2385664
甘肃	920	764	8009	7701	700637	676848
青海	122	142	5902	5994	202298	212730
宁夏	810	681	10933	10079	1032859	924135
新疆	3536	3537	33371	34878	3340936	3196670

2-8 续表 1

国有企业

地区	门店数（个）		年末从业人员（人）		年末零售营业面积（平方米）	
	2016年	2015年	2016年	2015年	2016年	2015年
全国	**11001**	**10984**	**111633**	**112743**	**10038083**	**10648032**
北京	55	54	716	744	12189	13728
天津	544	559	7139	7137	843346	871346
河北	367	366	2107	2271	977633	1005915
山西	270	274	3866	4007	255337	226568
内蒙古						
辽宁	629	517	6522	5412	632602	606159
吉林						
黑龙江						
上海	1196	1196	8718	8821	135495	140282
江苏	123	131	680	624	24550	22650
浙江	27	27	172	156	2101	2186
安徽	1602	1574	7386	7194	671211	661127
福建	230	198	2016	2064	246173	168437
江西	598	590	8841	9078	757305	751801
山东	218	241	5224	5274	91943	94501
河南	144	143	1477	1503	56967	55957
湖北	688	660	10617	10380	483319	481769
湖南	488	491	4471	4633	901257	914651
广东	743	743	13694	13697	967212	1677284
广西						
海南						
重庆	182	207	2220	2461	137283	151375
四川	80	80	651	657	20378	20678
贵州						
云南	98	97	1164	1369	113000	109000
西藏						
陕西	760	764	12292	13109	941879	908273
甘肃	268	254	2109	2315	469648	462718
青海						
宁夏	22	23	488	466	12100	11071
新疆	1669	1795	9063	9371	1285155	1290556

2-8 续表 2

集体企业

地 区	门店数（个）		年末从业人员（人）		年末零售营业面积（平方米）	
	2016年	2015年	2016年	2015年	2016年	2015年
全 国	**411**	**396**	**6937**	**7043**	**471831**	**470598**
北 京	14	14	461	486	54905	54905
天 津						
河 北	2	2	65	65	3500	3500
山 西						
内蒙古						
辽 宁						
吉 林						
黑龙江	24	24	28	28	360	360
上 海	54	55	403	425	6087	5296
江 苏	38	38	302	284	10408	10408
浙 江						
安 徽						
福 建	5	5	63	65	1136	1074
江 西						
山 东	31	31	643	643	180500	180500
河 南						
湖 北	58	56	4285	4350	200000	200000
湖 南	11	11	82	87	5500	5200
广 东	49	38	325	311	3421	3341
广 西						
海 南						
重 庆	113	110	209	208	5609	5609
四 川						
贵 州						
云 南	4	4	30	35	205	205
西 藏						
陕 西						
甘 肃						
青 海						
宁 夏						
新 疆	8	8	41	56	200	200

2-8 续表 3

股份合作企业

地区	门店数（个）		年末从业人员（人）		年末零售营业面积（平方米）	
	2016年	2015年	2016年	2015年	2016年	2015年
全国	**372**	**372**	**4541**	**4562**	**551203**	**494795**
北京						
天津	3	3	69	68	160	160
河北						
山西						
内蒙古						
辽宁						
吉林	211	218	2346	2462	17000	17000
黑龙江						
上海						
江苏						
浙江	13	14	103	107	2985	3033
安徽						
福建						
江西						
山东	92	84	1599	1503	513734	457278
河南						
湖北						
湖南						
广东	29	29	152	150	7124	7124
广西						
海南						
重庆						
四川						
贵州						
云南						
西藏						
陕西						
甘肃						
青海						
宁夏	24	24	272	272	10200	10200
新疆						

2-8 续表 4

联营企业

地区	门店数（个）		年末从业人员（人）		年末零售营业面积（平方米）	
	2016年	2015年	2016年	2015年	2016年	2015年
全国	**191**	**177**	**1063**	**1064**	**26389**	**26545**
北京	5	5	26	30	928	928
天津						
河北						
山西						
内蒙古						
辽宁						
吉林						
黑龙江						
上海	28	28	198	210	2866	3022
江苏	18	18	203	200	5000	5000
浙江						
安徽						
福建						
江西						
山东						
河南						
湖北						
湖南						
广东	140	126	636	624	17595	17595
广西						
海南						
重庆						
四川						
贵州						
云南						
西藏						
陕西						
甘肃						
青海						
宁夏						
新疆						

2–8 续表 5

有限责任公司

地　区	门店数（个）		年末从业人员（人）		年末零售营业面积（平方米）	
	2016年	2015年	2016年	2015年	2016年	2015年
全　国	**49159**	**46263**	**582712**	**596170**	**34400829**	**33896475**
北　京	2292	2231	66119	65613	3208368	3104109
天　津	499	571	7618	8856	535320	549351
河　北	1466	1331	15122	14684	1380100	1359160
山　西	811	637	7716	7718	728343	398675
内蒙古	362	441	4736	6275	232967	261719
辽　宁	2134	1732	18549	19228	673884	1238514
吉　林	571	316	5133	3737	408403	306364
黑龙江	508	482	3622	4002	461434	414995
上　海	4492	4875	47077	58628	1627783	1976011
江　苏	4005	4015	24335	26371	720295	721069
浙　江	3586	3695	34964	34598	2385742	2324985
安　徽	695	706	17310	19259	1043402	1078810
福　建	1324	1211	14028	14393	880595	805873
江　西	1259	1117	15584	14435	645080	579488
山　东	3021	2706	51613	50352	4371676	4013287
河　南	1825	1588	31169	30878	1814072	1742643
湖　北	3348	3003	31618	27994	1530723	1485442
湖　南	1959	1786	19508	18357	1163240	1161118
广　东	5223	4913	54879	56508	3431623	3525639
广　西	2008	1930	15364	16245	2091288	2102570
海　南	326	313	2270	2166	293395	326892
重　庆	1601	1576	33654	36176	1174195	1074027
四　川	2339	1823	17002	16290	979953	911553
贵　州	494	338	6441	5304	249296	234505
云　南	1416	1359	11707	11202	1236841	1149707
西　藏						
陕　西	656	658	8290	8851	330230	343100
甘　肃	18	15	180	150	2100	2000
青　海	116	137	4893	5084	147298	162605
宁　夏	363	340	6607	6499	367522	314890
新　疆	442	418	5604	6317	285661	227374

2-8 续表 6

股份有限公司

地区	门店数（个）		年末从业人员（人）		年末零售营业面积（平方米）	
	2016年	2015年	2016年	2015年	2016年	2015年
全国	**39707**	**38872**	**697608**	**756138**	**78050051**	**74921293**
北京	1234	1236	47846	51110	3726500	3648097
天津	59	62	469	482	6182	5458
河北	1675	1632	18560	18340	2149465	2104792
山西	629	646	9403	14190	1421632	1457171
内蒙古	8	8	25	29	750	750
辽宁	999	999	9786	10221	1546797	1545713
吉林	370	308	2139	1841	74000	60000
黑龙江	564	540	6102	5733	126843	132587
上海	1433	1514	37578	40414	1849024	1864952
江苏	4902	4848	150929	179845	11468220	11257897
浙江	3733	3737	30411	38439	6482167	6442895
安徽	1109	1096	41485	41764	2739086	2824454
福建	673	669	4198	4342	583977	651159
江西	1142	1186	11497	12277	1048797	1034810
山东	3955	3959	88171	87977	11835999	11287919
河南	1374	1321	12599	12313	2876138	2699329
湖北	1360	1408	48830	59387	3938471	4213605
湖南	1572	1547	30603	28448	4848227	2058113
广东	6082	6242	53906	55007	13192469	13692802
广西	608	592	12996	12988	1921330	1863958
海南	301	301	2100	2510	65000	60000
重庆	832	836	26291	28338	2044435	2050882
四川	4045	3154	32136	29738	985077	897456
贵州						
云南						
西藏						
陕西	448	439	6532	7195	1035848	1025254
甘肃	55	54	527	538	120954	119153
青海	6	5	1009	910	55000	50125
宁夏	110	108	1231	1188	532578	531053
新疆	429	425	10249	10574	1375085	1340909

2-8 续表 7

私营企业

地区	门店数（个）		年末从业人员（人）		年末零售营业面积（平方米）	
	2016年	2015年	2016年	2015年	2016年	2015年
全国	**30718**	**28543**	**307005**	**309353**	**12357150**	**11729225**
北京	1248	1239	11955	12255	317367	374237
天津	148	158	2771	2753	31255	33792
河北	641	616	9810	9948	541979	535261
山西	589	615	8593	9413	427847	374229
内蒙古	31	31	174	172	2500	2500
辽宁	812	795	7957	9015	386973	367547
吉林	382	360	3220	3036	53217	60689
黑龙江	369	360	6816	7955	265920	268210
上海	1462	1395	8007	8644	446232	464140
江苏	1632	1657	30887	33388	1335896	1333793
浙江	3247	3144	22392	23025	930730	934606
安徽	598	574	7213	7074	401400	374363
福建	1043	943	13686	14388	641773	633472
江西	236	232	7222	7307	423575	382323
山东	2389	2131	16301	15307	712193	637248
河南	979	830	10924	10595	376210	348234
湖北	1143	1062	14869	15430	452047	459529
湖南	1355	1108	15699	14563	626918	574963
广东	2986	2853	23861	23394	1200080	1106112
广西	696	661	4729	4626	126916	122505
海南						
重庆	1556	1295	14111	13611	519870	521756
四川	1651	1452	20342	18295	947294	778369
贵州	380	346	1804	1848	37758	36370
云南	3204	2975	24177	24804	427373	415696
西藏	3	3	820	790	29955	21700
陕西	349	371	4734	4541	116847	109037
甘肃	337	291	3253	3078	74125	66292
青海						
宁夏	291	186	2335	1654	110459	56921
新疆	961	860	8343	8444	392441	335331

2-8 续表 8

其他企业

地　区	门店数（个）		年末从业人员（人）		年末零售营业面积（平方米）	
	2016年	2015年	2016年	2015年	2016年	2015年
全　国	**1089**	**919**	**11001**	**11037**	**418259**	**404245**
北　京						
天　津						
河　北						
山　西						
内蒙古	11	11	96	95	1560	1560
辽　宁						
吉　林	18	21	85	92	2040	2400
黑龙江						
上　海	61	63	481	408	12000	12221
江　苏	61	59	238	234	3450	2297
浙　江						
安　徽	164	164	600	600	6770	6770
福　建	19	19	374	521	52256	50504
江　西						
山　东	51	50	249	314	20073	18582
河　南	4	4	20	20	3800	3800
湖　北	6	9	152	330	1420	1680
湖　南	55	59	3965	3937	184235	170379
广　东						
广　西						
海　南	164	152	936	1140	32384	27605
重　庆	2	2	14	14	410	410
四　川	76	24	557	464	17890	16237
贵　州	120	90	965	724	14550	11450
云　南	8	11	258	408	29217	49365
西　藏						
陕　西						
甘　肃	242	150	1940	1620	33810	26685
青　海						
宁　夏						
新　疆	27	31	71	116	2394	2300

2-8 续表 9

港、澳、台商投资企业

地区	门店数（个）		年末从业人员（人）		年末零售营业面积（平方米）	
	2016年	2015年	2016年	2015年	2016年	2015年
全国	**7435**	**6992**	**178439**	**174461**	**17381567**	**12097208**
北京	324	317	6879	7145	409432	445169
天津	235	303	7090	7718	287821	329220
河北						
山西	9	10	393	418	25358	25408
内蒙古						
辽宁	28	35	2187	2416	335136	425340
吉林	20	21	142	151	2655	2955
黑龙江	45	37	367	350	13426	11277
上海	817	725	12177	12260	412529	412403
江苏	288	263	32143	30330	5912577	1304286
浙江	154	144	8002	6854	340534	284581
安徽	5	5	798	873	41890	41890
福建	590	510	42728	39747	6094700	5294818
江西	76	60	2776	2687	125167	124567
山东	400	381	3868	4071	129787	128884
河南	251	216	7618	7873	803791	823845
湖北	368	334	7049	7727	63597	59296
湖南	706	537	5483	4208	140867	123785
广东	2539	2571	33734	35260	2079080	2110966
广西	182	155	1604	1116	39476	36616
海南						
重庆	177	160	1563	1472	32411	27730
四川	17	17	99	116	2400	3600
贵州						
云南	120	126	1021	1164	58294	60614
西藏						
陕西	84	65	718	505	30639	19958
甘肃						
青海						
宁夏						
新疆						

2–8 续表 10

外商投资企业

地区	门店数（个）		年末从业人员（人）		年末零售营业面积（平方米）	
	2016年	2015年	2016年	2015年	2016年	2015年
全国	**7483**	**7590**	**240155**	**252850**	**15414361**	**15926676**
北京	712	679	27648	28645	1533982	1643756
天津	75	75	2575	2901	141971	141971
河北	409	417	5637	6154	1032878	1063166
山西						
内蒙古						
辽宁	52	50	7238	7530	231373	229231
吉林						
黑龙江	7	8	1649	1986	75393	82717
上海	1536	1515	38885	41632	2152314	2153551
江苏	1601	1717	49919	59097	3511207	3775238
浙江	28	27	5071	5524	303355	298895
安徽	14	16	2735	2553	118071	127749
福建	845	829	9436	8468	1145454	1096374
江西	13	13	1755	1788	122565	122565
山东	45	61	2741	3821	288892	439668
河南	100	98	546	551	226199	225214
湖北	169	186	8109	7638	309250	281177
湖南	7	7	2171	2407	141234	141234
广东	1284	1345	47228	45867	2932155	2988426
广西						
海南						
重庆	8	8	1912	2136	59000	59000
四川	366	343	16543	15577	751765	723663
贵州	128	107	1086	997	28545	26255
云南	25	25	5390	5626	167637	164099
西藏						
陕西	55	60	1126	1125	112379	113985
甘肃						
青海						
宁夏						
新疆	4	4	755	827	28742	28742

2-9 按登记注册类型分各地区连锁零售企业加盟门店基本情况

内资企业

地区	门店数（个）		年末从业人员（人）		年末零售营业面积（平方米）	
	2016年	2015年	2016年	2015年	2016年	2015年
全国	**80377**	**76995**	**215162**	**207097**	**6012751**	**5937882**
北京	1831	1759	11756	11339	268614	260107
天津	521	506	1367	1327	54525	53325
河北	375	393	646	730	34770	36050
山西	1693	1459	8377	6027	107203	81784
内蒙古	201	132	550	360	15285	7278
辽宁	1930	1938	7876	7987	197333	207657
吉林						
黑龙江	461	444	1471	1296	31420	22730
上海	5132	5370	23006	24546	1024704	1070737
江苏	4869	4896	16259	17196	492994	493640
浙江	15485	14773	31745	30651	1052797	1010382
安徽	5477	5384	12777	12559	431262	475373
福建	1812	1635	6393	6164	283511	222211
江西	1238	1198	1667	1659	39192	31926
山东	1901	1775	6593	7480	220679	217082
河南	913	1048	2108	2278	101487	110870
湖北	1507	1307	4550	4623	135207	138870
湖南	11254	10007	23198	19351	364581	327366
广东	7259	6214	17520	16021	226460	203808
广西	788	764	3575	3612	102484	141132
海南						
重庆	8243	8630	13822	13601	363320	372934
四川	5574	5259	14368	12618	264956	236479
贵州	244	229	505	678	11487	17571
云南	513	513	1175	876	17638	17638
西藏						
陕西	179	160	872	836	15814	19794
甘肃	18	18	26	30	900	800
青海	72	42	167	112	7000	8000
宁夏	129	153	357	370	16300	17680
新疆	758	989	2436	2770	130828	134658

2-9 续表 1

国有企业

地 区	门店数(个)		年末从业人员(人)		年末零售营业面积(平方米)	
	2016年	2015年	2016年	2015年	2016年	2015年
全 国	**3771**	**3882**	**3466**	**3622**	**166052**	**214990**
北 京						
天 津						
河 北						
山 西						
内蒙古						
辽 宁						
吉 林						
黑龙江						
上 海	1082	1143	2031	2359	56074	59857
江 苏						
浙 江	4	4	4	4	215	215
安 徽	1980	1980	211	243	79200	121600
福 建						
江 西						
山 东						
河 南	13	13	42	26	700	700
湖 北						
湖 南						
广 东	47	53	133	211	3040	3170
广 西						
海 南						
重 庆	88	88	88	88	5280	5280
四 川						
贵 州						
云 南	185	185	572	262	1000	1000
西 藏						
陕 西						
甘 肃						
青 海						
宁 夏						
新 疆	372	416	385	429	20543	23168

2-9 续表 2

集体企业

地区	门店数（个）		年末从业人员（人）		年末零售营业面积（平方米）	
	2016年	2015年	2016年	2015年	2016年	2015年
全国	**380**	**397**	**2378**	**2462**	**49040**	**49080**
北京						
天津						
河北						
山西						
内蒙古						
辽宁						
吉林						
黑龙江						
上海						
江苏	236	231	751	742	25220	24980
浙江						
安徽						
福建						
江西						
山东	22	22	64	64	11500	11500
河南						
湖北						
湖南						
广东	122	144	1563	1656	12320	12600
广西						
海南						
重庆						
四川						
贵州						
云南						
西藏						
陕西						
甘肃						
青海						
宁夏						
新疆						

2-9 续表 3

联营企业

地区	门店数（个）		年末从业人员（人）		年末零售营业面积（平方米）	
	2016年	2015年	2016年	2015年	2016年	2015年
全国	**51**	**28**	**115**	**143**	**3968**	**3968**
北京						
天津						
河北						
山西						
内蒙古						
辽宁						
吉林						
黑龙江						
上海						
江苏						
浙江						
安徽						
福建						
江西						
山东						
河南						
湖北						
湖南						
广东	51	28	115	143	3968	3968
广西						
海南						
重庆						
四川						
贵州						
云南						
西藏						
陕西						
甘肃						
青海						
宁夏						
新疆						

2-9 续表 4

有限责任公司

地　区	门店数（个）		年末从业人员（人）		年末零售营业面积（平方米）	
	2016年	2015年	2016年	2015年	2016年	2015年
全　国	**27655**	**27194**	**61634**	**61006**	**1888165**	**1929121**
北　京	933	841	5377	5155	124513	118031
天　津	521	506	1367	1327	54525	53325
河　北	375	393	646	730	34770	36050
山　西	49	43	142	117	4515	4280
内蒙古	158	89	474	284	13145	5138
辽　宁	226	225	947	941	22020	29144
吉　林						
黑龙江	19	19	57	56	1520	1520
上　海	1347	1455	4764	5081	106290	115982
江　苏	1051	967	5589	5436	257288	252646
浙　江	8736	8691	17322	17403	668579	660263
安　徽						
福　建	137	35	490	52	10212	750
江　西	194	122	479	471	19560	11960
山　东	475	472	1811	1757	53007	52713
河　南	99	132	267	310	6380	12740
湖　北	1134	1039	2597	2556	107763	104745
湖　南	1119	998	1306	1268	40785	34562
广　东	3351	3017	1675	1971	29173	33949
广　西	486	475	2416	2467	49529	90884
海　南						
重　庆	4037	4367	7362	6862	136639	146095
四　川	2721	2703	5042	4663	113741	114594
贵　州	118	114	281	436	3879	10068
云　南	49	49	43	54	4788	4788
西　藏						
陕　西	129	108	764	728	6454	6354
甘　肃	16	16	16	20	700	600
青　海	72	42	167	112	7000	8000
宁　夏	60	60	160	160	8280	8280
新　疆	43	216	73	589	3110	11660

2-9 续表 5

股份有限公司

地　区	门店数（个）		年末从业人员（人）		年末零售营业面积（平方米）	
	2016年	2015年	2016年	2015年	2016年	2015年
全　国	**20877**	**19599**	**64848**	**62407**	**1551802**	**1539455**
北　京	531	497	4866	4635	84746	81220
天　津						
河　北						
山　西	3	3	30	30	1000	1000
内蒙古	39	39	51	51	1670	1670
辽　宁						
吉　林						
黑龙江	430	412	1402	1201	29420	20700
上　海	1462	1628	10672	11870	463326	517493
江　苏	1898	1922	3545	3820	15000	15000
浙　江	1584	1410	3996	4234	106079	91115
安　徽	3427	3331	12198	11970	344940	346605
福　建	1	1	7	7	245	245
江　西	1013	1047	1048	1057	16845	17410
山　东	1069	1031	4161	5103	135847	140917
河　南	110	104	643	658	63642	60000
湖　北	100	75	539	354	13050	9643
湖　南	8252	7436	16948	14089	178277	167521
广　东	21	83	187	227	315	520
广　西	107	105	756	730	39433	37783
海　南						
重　庆	13	11	46	42	980	880
四　川	817	464	3753	2329	56987	29733
贵　州						
云　南						
西　藏						
陕　西						
甘　肃						
青　海						
宁　夏						
新　疆						

2–9 续表 6

私营企业

地　区	门店数（个）		年末从业人员（人）		年末零售营业面积（平方米）	
	2016年	2015年	2016年	2015年	2016年	2015年
全　国	**26187**	**24446**	**77990**	**72416**	**2256199**	**2108423**
北　京	367	421	1513	1549	59355	60856
天　津						
河　北						
山　西	1641	1413	8205	5880	101688	76504
内蒙古						
辽　宁	1704	1713	6929	7046	175313	178513
吉　林						
黑龙江	12	13	12	39	480	510
上　海	761	674	3383	3094	361784	340177
江　苏	1679	1768	6359	7171	194936	200464
浙　江	5161	4668	10423	9010	277924	258789
安　徽	10	13	128	106	3372	3418
福　建	1674	1599	5896	6105	273054	221216
江　西	31	29	140	131	2787	2556
山　东	210	184	382	302	7610	5850
河　南	691	799	1156	1284	30765	37430
湖　北	234	154	1258	1557	11274	21362
湖　南	1883	1573	4944	3994	145519	125283
广　东	3667	2889	13847	11813	177644	149601
广　西	195	184	403	415	13522	12465
海　南						
重　庆	3822	3810	5834	5945	209061	207209
四　川	1641	1698	4205	4215	71188	69162
贵　州	63	63	124	124	2518	2518
云　南	279	279	560	560	11850	11850
西　藏						
陕　西	50	52	108	108	9360	13440
甘　肃	2	2	10	10	200	200
青　海						
宁　夏	69	93	197	210	8020	9400
新　疆	341	355	1974	1748	106975	99650

2-9 续表 7

其他企业

地区	门店数（个）		年末从业人员（人）		年末零售营业面积（平方米）	
	2016年	2015年	2016年	2015年	2016年	2015年
全国	**1438**	**1433**	**4559**	**4889**	**90810**	**88743**
北京						
天津						
河北						
山西						
内蒙古	4	4	25	25	470	470
辽宁						
吉林						
黑龙江						
上海	480	470	2156	2142	37230	37228
江苏	5	8	15	27	550	550
浙江						
安徽	60	60	240	240	3750	3750
福建						
江西						
山东	107	50	3	102	6000	2000
河南						
湖北	39	39	156	156	3120	3120
湖南						
广东						
广西						
海南						
重庆	283	354	492	664	11360	13470
四川	395	394	1368	1411	23040	22990
贵州	63	52	100	118	5090	4985
云南						
西藏						
陕西						
甘肃						
青海						
宁夏						
新疆	2	2	4	4	200	180

2-9 续表 8

港、澳、台商投资企业

地 区	门店数（个）		年末从业人员（人）		年末零售营业面积（平方米）	
	2016年	2015年	2016年	2015年	2016年	2015年
全 国	**2042**	**2032**	**66586**	**67664**	**3349573**	**3072562**
北 京						
天 津						
河 北						
山 西						
内蒙古						
辽 宁						
吉 林						
黑龙江						
上 海	1012	891	61769	62936	2985915	2707534
江 苏	57	82	115	164	5041	6763
浙 江	86	89	271	116	12736	17838
安 徽						
福 建	78	80	219	192	1645	1760
江 西	14	13	2758	2659	200104	180538
山 东						
河 南						
湖 北						
湖 南	39	46	70	76	2642	3174
广 东	578	610	835	733	130340	140605
广 西	144	144	447	557	8600	8600
海 南						
重 庆		1		3		50
四 川	34	76	102	228	2550	5700
贵 州						
云 南						
西 藏						
陕 西						
甘 肃						
青 海						
宁 夏						
新 疆						

2-9 续表 9

外商投资企业

地区	门店数（个）		年末从业人员（人）		年末零售营业面积（平方米）	
	2016年	2015年	2016年	2015年	2016年	2015年
全 国	**2459**	**2548**	**27078**	**31198**	**1128874**	**1070923**
北 京	17	14	72	51	1524	1360
天 津						
河 北						
山 西						
内蒙古						
辽 宁						
吉 林						
黑龙江						
上 海	988	1022	4197	4520	140720	140438
江 苏	578	645	12000	15000	489124	450000
浙 江						
安 徽						
福 建						
江 西						
山 东	27	11	133	37	2160	880
河 南						
湖 北	18	17	92	112	2135	2422
湖 南						
广 东	804	819	10574	11476	490441	473543
广 西						
海 南						
重 庆						
四 川	27	20	10	2	2770	2280
贵 州						
云 南						
西 藏						
陕 西						
甘 肃						
青 海						
宁 夏						
新 疆						

2-10 按登记注册类型分各地区

内资企业

地区	商品购进总额		统一配送商品购进额		自有配送中心配送商品购进额	
	2016年	2015年	2016年	2015年	2016年	2015年
全国	**254609370**	**255560174**	**204817007**	**206084765**	**120475735**	**121706735**
北京	18510025	18892087	15320971	15400071	9251742	8990746
天津	3254794	4066308	2414757	3206714	1797745	2341047
河北	7544428	7721076	4401731	4548055	2956323	3009290
山西	3082383	3237500	2060706	1983058	1289589	1093477
内蒙古	280875	259976	164270	154629	112125	102026
辽宁	6430220	7296308	4648442	5236242	736110	1064101
吉林	1406442	1259387	1380619	1240752	1203284	1063135
黑龙江	1918039	2122355	1717120	1863988	475173	537935
上海	16789991	16842699	14799567	14576745	8610378	8672957
江苏	33383414	31681027	27750277	26629013	26694246	25607897
浙江	17323040	17449681	16061356	16123228	14349803	14580519
安徽	15005635	15338434	10769975	11326934	5125523	5534736
福建	3916367	4407059	2570094	2606064	971883	902023
江西	6267736	6562266	5558433	5838677	3048763	3000028
山东	17433155	17192714	12147171	11321623	6973864	5907116
河南	7053034	6348635	4349666	3879759	2463673	2078476
湖北	14948215	14837303	10253651	10428017	8235001	8570895
湖南	7667860	8377583	6680841	7353655	4311634	4964963
广东	32162030	31288212	28584790	27831258	6233958	6640762
广西	7112460	6932045	7038091	6879668	2513828	2323792
海南	1219941	1359939	1199080	1335114	5707	6424
重庆	6847849	6764725	4802386	5523035	3222676	3626645
四川	5530133	4954107	4642170	4217448	2490578	2354097
贵州	619412	544009	604565	512266	309608	211449
云南	2209703	2329768	2137277	2246768	649168	718069
西藏	30552	30522	30552	30522		
陕西	7226732	7878139	5420643	6028310	2826065	3865029
甘肃	1474082	1421888	1238826	1163641	113577	101226
青海	190215	180401	71628	80184	5099	6313
宁夏	1823187	1735304	871371	1033134	486072	571622
新疆	5947425	6248719	5125983	5486196	3012541	3259940

连锁零售企业经营情况

单位：万元

非自有配送中心配送商品购进额		商品销售总额		零售额	
2016年	2015年	2016年	2015年	2016年	2015年
36356761	**36035166**	**295146257**	**294993629**	**211599848**	**206753003**
2269409	2730009	21968414	22432431	17659262	16930741
93588	347690	3777244	4736120	2999853	3334155
194690	201346	8261737	8636850	6124164	6293948
	2423	4373933	4763866	3469981	3548395
2173	1610	359440	309076	260826	222552
1157614	1234891	6386141	7184035	5171338	5383945
8623	13410	1590044	1474707	1374945	1297205
155412	209019	2144398	2220887	1606123	1702449
2309351	2369998	18452729	19099749	11686018	12332304
615775	572605	37173162	35106606	14194636	13310951
950018	870751	18962632	18818703	13599578	13420971
297633	342671	15333741	15136504	12164582	9940796
231696	236256	4635416	5005906	4289078	4647957
496297	631308	10671788	10864678	6910423	7317028
1114329	906172	19809116	19565067	15351448	15427833
149093	216355	7185890	6577257	6464565	5875703
599902	642084	16717138	16699661	14434446	14305400
849195	805401	10907358	10846720	9287082	9552778
20295785	19381959	37282300	36800405	31562909	30628172
55912	46292	7831514	7554758	4634650	4359762
		1309071	1511919	1199282	854009
1128931	1261088	9384306	9398514	7264111	7308258
322875	281805	6226955	5482666	5946805	5224750
13914	6852	635338	558427	619813	545483
170116	155217	4357079	4252837	3011042	2817798
		35760	35667	35760	35667
750037	331030	9042030	9280188	3449851	3540374
		1618744	1834369	1411033	1633911
		290858	271895	287689	269150
10953	10820	1349814	1310078	913546	870137
2113443	2226110	7072169	7223084	4215010	3820424

2–10 续表 1

国有企业

地 区	商品购进总额		统一配送商品购进额		自有配送中心配送商品购进额	
	2016年	2015年	2016年	2015年	2016年	2015年
全 国	**33223482**	**35535470**	**30295573**	**32158885**	**13117770**	**14577675**
北 京	20593	18466	12681	12272	12681	12272
天 津	2293196	3026117	2207382	3025682	1738135	2265074
河 北	582961	674382	523047	612472	104805	96502
山 西	1092014	1221765	872186	909355	345782	269390
内蒙古						
辽 宁	1203779	1730286	1058947	1577889	58553	44025
吉 林						
黑龙江						
上 海	573294	554892	543571	538747	150118	125180
江 苏	29251	20158	29251	4775	29251	4775
浙 江	6769	7020	6769	7020	1209	1478
安 徽	3905914	3725887	3865991	3630882	209831	10739
福 建	385854	565750	77202	79835	6362	10937
江 西	3380156	3774767	3287192	3674910	1675903	1758149
山 东	544620	516736	544620	444747	262055	252446
河 南	119203	142652	82957	119977	17411	17514
湖 北	2804021	2914012	2797142	2907469	2342529	2477294
湖 南	1681158	1781946	1604794	1680323	1494911	1574653
广 东	4192693	3827538	4112991	3738394	746630	764082
广 西						
海 南						
重 庆	608946	446454	439337	323642	380490	271838
四 川	239470	327100				
贵 州						
云 南	1201176	1263321	1201176	1263321		
西 藏						
陕 西	4685826	5230958	3665269	4174708	2092725	3105391
甘 肃	1046565	1026064	849520	807474		
青 海						
宁 夏	72149	69785	70965	68919	12802	12122
新 疆	2553877	2669415	2442583	2556073	1435589	1503814

单位：万元

非自有配送中心配送商品购进额		商品销售总额		零售额	
2016年	2015年	2016年	2015年	2016年	2015年
5804951	**5307050**	**39027514**	**40955335**	**22971139**	**22328456**
		38019	35526	37130	34346
85081	319152	2530731	3397238	1826924	2027277
		509642	536396	335858	346519
		1357163	1713644	701416	893188
		1366228	1435052	939027	714985
193155	167264	745176	752236	668900	652372
		29817	22815	28331	21425
		7166	6165	7166	6165
	78749	4130887	3879726	3955636	2925353
		622543	806209	564650	732560
377109	395856	5113892	5368303	2274166	2394262
		547639	533473	349205	429097
364	6999	144264	144465	126353	117283
178464	164512	3140375	3299831	2082671	2082736
		1957168	2006919	1729994	1746660
3344974	2950129	4201381	4106891	2590680	2397093
2058	1792	677878	499549	328743	354325
		322159	298547	257572	237565
		1262563	1294593	599547	585396
616750	170465	6281217	6435594	1573197	1579832
		1121176	1334155	934377	1157025
		92894	86953	15046	12965
1006994	1052133	2827534	2961057	1044548	880029

2–10 续表 2

集体企业

地　　区	商品购进总额		统一配送商品购进额		自有配送中心配送商品购进额	
	2016年	2015年	2016年	2015年	2016年	2015年
全　　国	**834551**	**803176**	**145363**	**152304**	**106925**	**111929**
北　　京	52628	56464	9345	9145	6948	3233
天　　津						
河　　北	405	1205	405	1205		
山　　西						
内 蒙 古						
辽　　宁						
吉　　林						
黑 龙 江	402	489	402	489	402	489
上　　海	14474	15431	14474	15431	2021	3305
江　　苏	59913	58573	59913	58573	38240	38949
浙　　江						
安　　徽						
福　　建	1115	1306	1115	1306	1115	1306
江　　西						
山　　东	289799	279407				
河　　南						
湖　　北	320060	288263				
湖　　南	6771	6579				
广　　东	30774	48331	10894	26920	10488	26920
广　　西						
海　　南						
重　　庆	53360	41911	43965	34018	43965	34018
四　　川						
贵　　州						
云　　南	1104	1506	1104	1506		
西　　藏						
陕　　西						
甘　　肃						
青　　海						
宁　　夏						
新　　疆	3747	3711	3747	3711	3747	3711

单位：万元

非自有配送中心配送商品购进额		商品销售总额		零售额	
2016年	2015年	2016年	2015年	2016年	2015年
12453	**12127**	**983494**	**913233**	**547779**	**496371**
		52858	56788	50070	53556
		480	1410	480	1410
		1034	1075	1034	1075
12453	12127	20056	18806	20056	18806
		58778	58628	58248	53913
		1795	1967	1795	1967
		389105	373281		
		346737	300496	346737	300496
		6759	6562	4668	4413
		46608	46166	44654	44237
		54247	42625	18859	14926
		1178	1574	1178	1574
		3860	3856		

2–10 续表 3

股份合作企业

地区	商品购进总额		统一配送商品购进额		自有配送中心配送商品购进额	
	2016年	2015年	2016年	2015年	2016年	2015年
全国	**1028078**	**951424**	**994673**	**912931**	**980341**	**898368**
北京						
天津	3050	2907	3050	2907		
河北						
山西						
内蒙古						
辽宁						
吉林	918723	845647	918723	845647	918723	845647
黑龙江						
上海						
江苏						
浙江	2929	2907	2929	2907	1476	1631
安徽						
福建						
江西						
山东	70110	60369	60142	51089	60142	51089
河南						
湖北						
湖南						
广东	23437	29213				
广西						
海南						
重庆						
四川						
贵州						
云南						
西藏						
陕西						
甘肃						
青海						
宁夏	9829	10381	9829	10381		
新疆						

单位：万元

非自有配送中心配送商品购进额		商品销售总额		零售额	
2016年	2015年	2016年	2015年	2016年	2015年
		1135253	**1066580**	**873097**	**842264**
		3986	3786	1878	1726
		985314	925178	771008	748614
		2600	2962	2600	2962
		96151	87634	83846	74953
		33437	33011		
		13765	14009	13765	14009

2-10 续表 4

联营企业

地区	商品购进总额		统一配送商品购进额		自有配送中心配送商品购进额	
	2016年	2015年	2016年	2015年	2016年	2015年
全国	**77196**	**66798**	**77196**	**66798**	**13922**	**15089**
北京	812	725	812	725		
天津						
河北						
山西						
内蒙古						
辽宁						
吉林						
黑龙江						
上海	8435	8771	8435	8771		
江苏	13922	15089	13922	15089	13922	15089
浙江						
安徽						
福建						
江西						
山东						
河南						
湖北						
湖南						
广东	54026	42214	54026	42214		
广西						
海南						
重庆						
四川						
贵州						
云南						
西藏						
陕西						
甘肃						
青海						
宁夏						
新疆						

单位：万元

非自有配送中心配送商品购进额		商品销售总额		零售额	
2016年	2015年	2016年	2015年	2016年	2015年
		95039	**89415**	**90616**	**80392**
		932	836	932	836
		11748	11151	11748	11151
		15795	22872	11372	13849
		66565	54556	66565	54556

2–10 续表 5

有限责任公司

地 区	商品购进总额		统一配送商品购进额		自有配送中心配送商品购进额	
	2016年	2015年	2016年	2015年	2016年	2015年
全 国	**62681187**	**61484289**	**50639210**	**49427388**	**29098813**	**28277259**
北 京	8243538	7766988	7066673	6415128	3715268	3009289
天 津	826272	898949	93160	76670	28232	33759
河 北	1315537	1444772	1154099	1280556	963511	1108356
山 西	479892	367067	436012	312877	332449	210705
内蒙古	273768	253223	157163	147877	107823	98712
辽 宁	1604050	1451863	995526	755961	341013	360381
吉 林	307015	245138	288867	232372	160986	108376
黑龙江	353332	353279	305880	284933	188454	163391
上 海	5437743	5644455	3821923	3815351	2644921	2608793
江 苏	2157297	2128286	1919936	1887328	1229960	1231598
浙 江	5007790	4789688	4746413	4549963	3784692	3802759
安 徽	1554466	1859619	1159793	1485087	413372	722417
福 建	1399610	1363100	1072582	999708	562431	468345
江 西	1584231	1405301	1544295	1371357	1059777	926895
山 东	5522769	5312212	4226147	3980685	2665007	2485957
河 南	2210957	2097565	1825368	1535623	1147745	928783
湖 北	3486153	3336155	2768402	2689373	1586315	1573280
湖 南	1353824	1317863	1292134	1264634	867804	910410
广 东	7026460	7232073	5674909	5928990	2867968	2913682
广 西	5299093	5009224	5283564	4985538	2191504	1972020
海 南	309361	297112	288500	272288	5707	6424
重 庆	2526994	2628618	1385588	2096080	872144	1354697
四 川	1345661	1263330	1211595	1131836	318697	242755
贵 州	526920	473220	513942	442256	251439	167706
云 南	508279	477131	445614	411869	174503	167181
西 藏						
陕 西	729854	753494	375760	407567	142896	158544
甘 肃	2366	2256	2366	2256		
青 海	152215	146114	71628	80184	5099	6313
宁 夏	600189	586248	255381	244776	218388	205210
新 疆	535553	579946	255993	338266	250708	330525

单位：万元

非自有配送中心配送商品购进额		商品销售总额		零售额	
2016年	2015年	2016年	2015年	2016年	2015年
6232043	**6510148**	**72568255**	**70987206**	**55976210**	**54686836**
325490	484518	9281886	8746539	7486911	6876677
8507	8594	1107013	1180603	1049279	1150658
12497	7442	1782373	1924579	1476070	1483755
	2423	623430	509346	586008	465853
		353205	301239	254591	214715
40332	77479	1460651	1504947	1263652	1321893
8623	13410	367373	349034	366580	348096
		389629	404116	341459	358447
684712	718722	6780426	7006593	3318362	3620949
359170	336739	2551253	2565070	2099109	2081335
565939	407348	5427448	5068937	3890715	3729396
102107	73887	1571507	1379951	1450489	1320323
105390	124587	1595045	1516586	1504946	1449998
41311	51468	1733900	1558271	1428119	1305854
113474	61757	6277327	6053849	4631808	4487783
147546	208187	2264725	2140585	2216717	2086223
406079	475713	3653831	3581595	2917325	2827624
221061	223778	2202853	2102089	1310534	1611768
2316497	2464510	7574975	7928453	6938359	7111062
55912	46292	5644547	5363459	3176678	2930728
		310227	344760	200438	184216
238555	261089	2938711	3066318	2464327	2546209
187429	163073	1508754	1424014	1439655	1353563
5988	3250	524960	465555	511799	454816
168826	153927	2285569	2212745	1730971	1572891
111315	134217	815086	830322	595143	619635
		2310	2246	2310	2246
		224709	211431	221541	208686
		551432	545972	547347	538287
5285	7741	763098	698001	554969	423153

2-10 续表 6

股份有限公司

地　区	商品购进总额		统一配送商品购进额		自有配送中心配送商品购进额	
	2016年	2015年	2016年	2015年	2016年	2015年
全　国	**132753964**	**134399585**	**101698271**	**103714951**	**65293478**	**66042493**
北　京	9296093	10185365	7722242	8479030	5181597	5620271
天　津	8752	7302	8752	7302		
河　北	5224278	5180233	2407260	2316509	1704225	1604074
山　西	782296	960731	272521	297846	272521	297846
内蒙古	2474	1345	2474	1345	2474	1345
辽　宁	2872068	3226718	1885076	2058893	302164	360223
吉　林	74240	64202	74240	64202	74240	64202
黑龙江	1155977	1174604	1029009	1046630	70892	65797
上　海	8804334	9020379	8612877	8766421	5795741	5919386
江　苏	27647117	25930583	22330957	21176309	22330957	21176309
浙　江	10838815	11205054	9937122	10233773	9578406	9795743
安　徽	9099909	9364690	5543531	6038570	4387470	4718098
福　建	1181716	1506924	589837	700472	162740	183465
江　西	942918	1025216	436572	499051	130000	121310
山　东	9973797	10129458	6356345	6023220	3325494	2567897
河　南	4099412	3668008	1871547	1838255	968988	955953
湖　北	7520898	7564053	3906850	4112116	3903850	4109341
湖　南	3434081	4278404	2890454	3663938	1529839	2118771
广　东	18187238	17805579	16146808	15858205	1588028	1918446
广　西	1651309	1763000	1592469	1734309	235949	275658
海　南	867413	1051746	867413	1051746		
重　庆	2325570	2499807	1797524	2073166	944075	1103914
四　川	1915327	1613085	1620790	1511507	1227535	1291379
贵　州						
云　南						
西　藏						
陕　西	1629443	1779647	1239629	1353615	503504	549727
甘　肃	216963	187810	216963	187810		
青　海	38000	34287				
宁　夏	743809	859457	469615	633860	200253	289911
新　疆	2219717	2311901	1869397	1986852	872540	933428

单位：万元

非自有配送中心配送商品购进额		商品销售总额		零售额	
2016年	2015年	2016年	2015年	2016年	2015年
21180730	**21515817**	**155207489**	**156193012**	**108351614**	**106566819**
1788726	2122590	11550064	12554776	9135589	9038261
		11058	10580	11058	10580
97907	112881	5515147	5695152	3868277	3995181
		1582329	1774013	1440634	1483388
		1425	1292	1425	1292
1039475	1085048	2821869	3368442	2278512	2528604
		118382	90098	118382	90098
		1330162	1301827	919699	901040
1336274	1401498	9554559	9700374	6344509	6434659
		30585735	28518444	8821170	8044313
268551	348820	11872002	12165272	8308740	8342173
184396	180780	9188040	9471071	6345931	5317764
		1415875	1644192	1330609	1513849
66528	174979	3405299	3557094	2814956	3250661
877598	727687	11366485	11534440	9445137	9673773
		4066655	3663563	3427018	3051938
		8545544	8592262	8143184	8192751
350561	348888	5385454	5555326	5054221	5164167
13320408	12989971	22348913	21966725	19519435	18890281
		1972070	1992149	1289837	1276260
		971503	1158066	971503	660700
853450	969253	4233217	4497115	3199289	3330174
		2076841	1816492	2040543	1797463
		1735352	1884484	1071136	1211120
		236936	256794	225081	241008
		66148	60464	66148	60464
		557100	536151	271215	237574
996857	1053424	2693325	2826354	1888376	1827284

2–10 续表 7

私营企业

地　区	商品购进总额		统一配送商品购进额		自有配送中心配送商品购进额	
	2016年	2015年	2016年	2015年	2016年	2015年
全　国	**23474691**	**21811209**	**20456625**	**19157752**	**11734296**	**11660151**
北　京	896361	864080	509218	483771	335249	345681
天　津	123524	131033	102414	94153	31378	42214
河　北	421249	420484	316920	337314	183782	200357
山　西	728181	687936	479988	462979	338838	315536
内蒙古	1446	2567	1446	2567		
辽　宁	750323	887441	708893	843499	34380	299472
吉　林	106333	104260	98659	98391	49205	44769
黑龙江	408328	593984	381828	531936	215425	308258
上　海	1895527	1553087	1742104	1386339	17576	16294
江　苏	3466001	3519014	3387141	3478063	3043783	3133454
浙　江	1466736	1445012	1368123	1329565	984021	978909
安　徽	435371	378264	200659	162420	114850	73508
福　建	916947	877751	798234	732514	239234	237969
江　西	360432	356982	290375	293359	183084	193675
山　东	1010960	870983	939698	799321	641056	528847
河　南	622261	439160	568592	384654	329530	176227
湖　北	800681	695203	767053	681473	402308	410980
湖　南	961126	809555	662559	561524	411953	352728
广　东	2647400	2303265	2585162	2236536	1020844	1017634
广　西	162059	159821	162059	159821	86375	76113
海　南						
重　庆	1331882	1147038	1134883	995256	980915	861380
四　川	1993738	1723408	1779564	1546921	918298	794109
贵　州	60628	50043	58760	49265	29892	25214
云　南	492552	576839	489383	570072	474665	550887
西　藏	30552	30522	30552	30522		
陕　西	181609	114041	139985	92421	86940	51366
甘　肃	171647	177310	133436	137653	77035	72778
青　海						
宁　夏	397211	209433	65581	75199	54629	64380
新　疆	633626	682697	553359	600245	449053	487413

单位：万元

非自有配送中心配送商品购进额		商品销售总额		零售额	
2016年	2015年	2016年	2015年	2016年	2015年
2836488	**2466153**	**25586730**	**24237550**	**22269619**	**21200647**
155193	122901	1044656	1037966	948630	927065
	19944	124456	143913	110714	143913
84286	81023	454095	479313	443479	467085
		811011	766864	741924	705966
814	737	1654	3750	1654	3750
77808	72364	737393	875595	690148	818464
		116475	108167	116475	108167
155412	209019	423573	513868	343932	441888
26573	24704	1280003	1558526	1261683	1542306
255581	234714	3923045	3910598	3168811	3087991
115529	114584	1653416	1575368	1390356	1340275
11131	9254	431228	393677	412527	365278
126305	111669	953471	940597	840390	853229
11349	9005	418697	381010	393182	366251
123257	116728	1111166	958363	820208	738198
1184	1169	708879	627505	693109	619119
15359	1859	1018719	881128	934157	857473
53801	57901	1150091	994142	982632	844088
1313905	977349	3010421	2664603	2403216	2130943
		214897	199150	168135	152775
34868	28954	1478463	1291380	1251103	1061096
131274	117402	2277935	1911285	2175693	1803830
4340	3602	71315	67166	68951	64961
1290	1290	796505	726363	668082	640374
		35760	35667	35760	35667
21972	26349	210374	129788	210374	129788
		211595	202601	202538	195059
10953	10820	134623	126992	66174	67303
104306	112812	782819	732205	725584	688348

2–10 续表 8

其他企业

地 区	商品购进总额		统一配送商品购进额		自有配送中心配送商品购进额	
	2016年	2015年	2016年	2015年	2016年	2015年
全 国	**536221**	**508224**	**510098**	**493757**	**130190**	**123771**
北 京						
天 津						
河 北						
山 西						
内蒙古	3187	2841	3187	2841	1828	1969
辽 宁						
吉 林	131	141	131	141	131	141
黑龙江						
上 海	56184	45684	56184	45684		
江 苏	9913	9324	9158	8875	8134	7724
浙 江						
安 徽	9975	9975		9975		9975
福 建	31125	92228	31125	92228		
江 西						
山 东	21099	23549	20219	22560	20109	20880
河 南	1201	1251	1201	1251		
湖 北	16402	39618	14205	37586		
湖 南	230900	183236	230900	183236	7128	8402
广 东						
广 西						
海 南	43167	11081	43167	11081		
重 庆	1097	898	1090	872	1088	799
四 川	35939	27184	30221	27184	26048	25854
贵 州	31864	20745	31864	20745	28277	18530
云 南	6592	10972				
西 藏						
陕 西						
甘 肃	36542	28448	36542	28448	36542	28448
青 海						
宁 夏						
新 疆	904	1050	904	1050	904	1050

单位：万元

非自有配送中心配送商品购进额		商品销售总额		零售额	
2016年	2015年	2016年	2015年	2016年	2015年
290098	**223872**	**542483**	**551300**	**519774**	**551218**
1359	872	3156	2795	3156	2795
		2500	2230	2500	2230
56184	45684	60760	52062	60760	52062
1024	1151	8739	8179	7594	8125
		12079	12079		12079
		46688	96354	46688	96354
		21244	24028	21244	24028
		1367	1140	1367	1140
		11932	44349	10372	44321
223772	174834	205033	181682	205033	181682
		27341	9093	27341	9093
		1791	1528	1791	1528
4172	1330	41267	32329	33341	32329
3586		39063	25707	39063	25707
		11264	17563	11264	17563
		46727	38574	46727	38574
		1534	1611	1534	1611

2-10 续表 9

港、澳、台商投资企业

地区	商品购进总额		统一配送商品购进额		自有配送中心配送商品购进额	
	2016年	2015年	2016年	2015年	2016年	2015年
全国	**24128440**	**23087781**	**18273870**	**16685875**	**8074274**	**8807509**
北京	505259	587045	139082	152639	13104	22771
天津	450077	510293	1846	1953	1846	1953
河北						
山西	48928	57442	4957	4727		
内蒙古						
辽宁	124716	151803	64755	80484		
吉林	2937	2649	2937	2649		
黑龙江	14224	12362	14224	12362	14224	12362
上海	5457143	5646523	5071874	5058039	10711	8448
江苏	3803279	3958830	3623681	3618812	2604257	2613386
浙江	403844	390699	334714	367138	200338	225424
安徽	151121	153707	151121	153707		
福建	6021488	4626395	4597598	3396788	2016598	2897528
江西	636904	596046	392070	361674	351520	328904
山东	214346	257726	134378	20418		
河南	833228	844561	119439	125133	5430	
湖北	1236582	979083	1236582	979083	1003038	728967
湖南	170062	154132	127106	117800	39763	36493
广东	3761847	3850795	2063254	2054810	1738922	1862335
广西	51042	40205	51042	40205	51042	40205
海南						
重庆	41765	42432	41765	42432	12276	12783
四川	3872	8355	3872	8355	3872	8355
贵州						
云南	154808	192630	56605	62600	3982	5971
西藏						
陕西	40970	24068	40970	24068	3352	1624
甘肃						
青海						
宁夏						
新疆						

单位：万元

非自有配送中心配送商品购进额		商品销售总额		零售额	
2016年	2015年	2016年	2015年	2016年	2015年
4341753	**2202422**	**26648679**	**26327365**	**23803874**	**23294578**
117785	121184	660677	740766	637236	711143
		601004	659572	384284	423214
		53814	59341	53814	59341
32699	26977	155438	180015	155438	180015
1027	1429	3593	4144	3593	4144
		22604	19692	22604	19692
141449	126753	5927138	6131904	5927129	6131904
893305	983326	4459722	4638861	2558100	2609043
		490051	413951	485723	410882
116919	118049	150751	150480	150751	150480
2581000	499260	4953335	4242822	4947494	4238033
		651437	613986	586742	551729
134378	20418	235477	267342	233823	265588
114009	125133	1337077	1325239	1337077	1325239
		1410025	1322829	1207886	1052245
87343	81307	267724	213268	267023	212766
121839	98588	4850719	4909393	4449944	4536760
		68629	59379	68629	59379
		74461	74833	74461	74720
		6994	13908	6994	13908
		219706	244429	196825	223141
		48306	41211	48306	41211

2–10 续表 10

外商投资企业

地区	商品购进总额		统一配送商品购进额		自有配送中心配送商品购进额	
	2016年	2015年	2016年	2015年	2016年	2015年
全国	**31630705**	**30393110**	**18646494**	**16712239**	**11341566**	**9305801**
北京	5106614	5089984	1369153	1177210	217053	281946
天津	493162	578943				
河北	1140141	1349567	1014750	1224935	218343	235530
山西						
内蒙古						
辽宁	435023	457934	270240	289439		
吉林						
黑龙江	108294	136183	108294			
上海	5684405	5564345	2360917	2347353	228955	334066
江苏	5142238	4791591	4870281	4557431	3732026	3379039
浙江	591030	695198	571109	675486	538295	469571
安徽	130881	186739				
福建	687775	833080	146867	174463		
江西	86048	81643	15752	14197		
山东	267349	289958	12114	12328		
河南	202532	209982	202532	209982	202532	209982
湖北	465899	406102	197532	200234	28816	
湖南	254274	282552				
广东	8404543	7116272	6687045	5032622	5966396	4156866
广西						
海南						
重庆	160773	160773				
四川	1631052	1483336	456366	380128	18037	28898
贵州	61150	91581	61150	91581	61150	
云南	455753	455835	228306	224287	87444	162458
西藏						
陕西	86584	73590	38900	42641	38900	42641
甘肃						
青海						
宁夏						
新疆	35186	57923	35186	57923	3619	4806

单位：万元

非自有配送中心配送商品购进额		商品销售总额		零售额	
2016年	2015年	2016年	2015年	2016年	2015年
2724945	**2230883**	**37434000**	**37023463**	**33157862**	**32742453**
610486	346761	6336022	6348849	6210801	6148829
		620373	737563	620373	737563
		1135791	1430431	876107	917885
195705	218576	406155	414987	406155	414987
		107478	141959	107478	141959
230540	193195	6764576	6514192	6452468	6098353
934722	961864	5323180	4988311	4191086	3915056
		859392	812086	859392	812086
		133079	184362	133079	184362
		2779984	3090644	1985955	2226267
		172234	172782	172234	172782
		357666	377671	101985	98340
		245120	254619	67435	57080
146547	71918	510830	469645	510830	468125
		254201	281183	254201	281183
422319	315224	8630454	8144839	7433960	7429058
		103148	120672	103148	120672
12195	8400	1978816	1730185	1955674	1709382
		80464	72876	80464	72876
140862	61829	497405	531584	497405	531584
		90197	146547	90197	146547
31568	53117	47434	57478	47434	57478

2-11 按登记注册类型分各地区

内资企业

地区	商品购进总额		统一配送商品购进额		自有配送中心配送商品购进额	
	2016年	2015年	2016年	2015年	2016年	2015年
全国	**244834453**	**245620249**	**196508678**	**197628799**	**115020831**	**116482457**
北京	18076964	18485605	15025628	15127599	9019468	8773536
天津	3106044	3956928	2414757	3206714	1797745	2341047
河北	7502361	7696322	4359664	4523301	2917142	2987770
山西	2854279	3034035	1904342	1833516	1133374	943978
内蒙古	264741	250222	148136	144876	111011	101133
辽宁	6307064	7169210	4525287	5109144	735674	1063613
吉林	1406442	1259387	1380619	1240752	1203284	1063135
黑龙江	1872628	2075261	1716242	1863116	474337	537100
上海	14859773	14808269	12941796	12616974	7364967	7349565
江苏	32130088	30433664	26508492	25391310	25460162	24373203
浙江	16483503	16537156	15294778	15294101	13809937	13992834
安徽	13780781	14037990	9836589	10400718	4441418	5069544
福建	3814044	4321735	2468342	2520740	915187	858843
江西	6185478	6475491	5485617	5754272	2976458	2922680
山东	17112136	16801027	11922254	11048454	6814253	5712645
河南	6747448	6050103	4044393	3581652	2454956	2070246
湖北	14858976	14751003	10225755	10400076	8210715	8546573
湖南	7087539	7871494	6157847	6902848	3865245	4576090
广东	31650397	30625507	28148519	27318321	6178557	6598415
广西	7084346	6890110	7010824	6845734	2488544	2292679
海南	1219941	1359939	1199080	1335114	5707	6424
重庆	6537494	6472298	4592826	5321404	3074213	3514250
四川	5086772	4679993	4395100	4010984	2280918	2183796
贵州	613588	520474	598741	508410	309608	211449
云南	1655131	1746669	1583044	1664048	644055	712812
西藏	30552	30522	30552	30522		
陕西	7196757	7863926	5390668	6014096	2804111	3852444
甘肃	1473689	1421351	1238433	1163104	113349	100845
青海	188060	177923	69472	77707	2943	3835
宁夏	1808292	1720865	870766	1024717	485467	563205
新疆	5839148	6095771	5020118	5354480	2928025	3158771

连锁零售企业直营门店经营情况

单位：万元

非自有配送中心配送商品购进额		商品销售总额		零售额	
2016年	2015年	2016年	2015年	2016年	2015年
34857469	**34488479**	**284449235**	**284248055**	**203533655**	**199245672**
2206899	2675319	21388343	21872893	17085417	16376541
93588	347690	3602244	4607438	2824853	3205473
194690	201346	8220084	8611426	6082512	6268525
	2423	4144784	4559222	3240833	3343750
1869	1433	339310	297199	240696	210674
1105609	1185028	6210716	7001768	4995913	5201678
8623	13410	1590044	1474707	1374945	1297205
155412	209019	2082973	2151182	1545149	1638483
1773225	1818189	16075444	16672161	9646930	10211527
612987	571970	35680500	33637586	13498881	12659979
751894	662935	18225880	17891078	12992365	12673938
134291	103782	14553673	14300351	11593426	9622419
189268	197016	4511755	4903224	4213960	4578950
496297	624732	10589424	10779119	6828059	7233903
1110416	902530	19495842	19259268	15096417	15171006
148794	216007	6841180	6248421	6154762	5575189
597222	639425	16585257	16565369	14391148	14258551
779933	743484	10298054	10321141	8764375	9128358
20002234	19152743	36590269	35980095	30932631	30038275
55912	46292	7797920	7509856	4619844	4330360
		1309071	1511919	1199282	854009
1103855	1214946	8962898	9009606	6980941	7062371
302218	260550	5684911	5139504	5435948	4920812
10328	6852	628012	534543	612942	521598
168826	153927	3784641	3651977	3004293	2810859
		35760	35667	35760	35667
750037	331030	9004044	9263223	3412374	3524108
		1618261	1833742	1410550	1633284
		287180	267880	285325	265930
10953	10820	1343500	1297092	911292	868287
2092093	2195584	6967259	7059401	4121833	3723963

2–11 续表 1

国有企业

地区	商品购进总额		统一配送商品购进额		自有配送中心配送商品购进额	
	2016年	2015年	2016年	2015年	2016年	2015年
全国	**32288247**	**34454948**	**29369747**	**31183756**	**12828359**	**14485451**
北京	20593	18466	12681	12272	12681	12272
天津	2293196	3026117	2207382	3025682	1738135	2265074
河北	582961	674382	523047	612472	104805	96502
山西	1092014	1221765	872186	909355	345782	269390
内蒙古						
辽宁	1203779	1730286	1058947	1577889	58553	44025
吉林						
黑龙江						
上海	456064	416505	432996	403919	128579	98779
江苏	29251	20158	29251	4775	29251	4775
浙江	6559	6855	6559	6855	1209	1478
安徽	3696083	3427593	3656160	3422076		
福建	385854	565750	77202	79835	6362	10937
江西	3380156	3774767	3287192	3674910	1675903	1758149
山东	544620	516736	544620	444747	262055	252446
河南	118444	141988	82198	119313	16652	16850
湖北	2804021	2914012	2797142	2907469	2342529	2477294
湖南	1681158	1781946	1604794	1680323	1494911	1574653
广东	4190716	3825381	4112162	3737517	745802	763984
广西						
海南						
重庆	589438	435400	419829	317010	360982	265205
四川	239470	327100				
贵州						
云南	654007	687855	654007	687855		
西藏						
陕西	4685826	5230958	3665269	4174708	2092725	3105391
甘肃	1046565	1026064	849520	807474		
青海						
宁夏	72149	69785	70965	68919	12802	12122
新疆	2515327	2615080	2405638	2508382	1398644	1456124

单位：万元

非自有配送中心配送商品购进额		商品销售总额		零售额	
2016年	2015年	2016年	2015年	2016年	2015年
5742255	**5159022**	**38015235**	**39805651**	**22707891**	**22088952**
		38019	35526	37130	34346
85081	319152	2530731	3397238	1826924	2027277
		509642	536396	335858	346519
		1357163	1713644	701416	893188
		1366228	1435052	939027	714985
130460	98764	540375	532479	464099	432614
		29817	22815	28331	21425
		6726	5773	6726	5773
		3920341	3624161	3920341	2925353
		622543	806209	564650	732560
377109	395856	5113892	5368303	2274166	2394262
		547639	533473	349205	429097
364	6999	143391	143581	126158	117091
178464	164512	3140375	3299831	2082671	2082736
		1957168	2006919	1729994	1746660
3344974	2949349	4199239	4104477	2588538	2394680
2058	1792	655251	483386	309363	338533
		322159	298547	257572	237565
		697209	701041	599547	585396
616750	170465	6281217	6435594	1573197	1579832
		1121176	1334155	934377	1157025
		92894	86953	15046	12965
1006994	1052133	2822038	2900100	1043552	879071

2–11 续表 2

集体企业

地区	商品购进总额		统一配送商品购进额		自有配送中心配送商品购进额	
	2016年	2015年	2016年	2015年	2016年	2015年
全国	**734212**	**702572**	**132805**	**139404**	**94773**	**99029**
北京	52628	56464	9345	9145	6948	3233
天津						
河北	405	1205	405	1205		
山西						
内蒙古						
辽宁						
吉林						
黑龙江	402	489	402	489	402	489
上海	14474	15431	14474	15431	2021	3305
江苏	47761	46279	47761	46279	26087	26655
浙江						
安徽						
福建	1115	1306	1115	1306	1115	1306
江西						
山东	221474	212552				
河南						
湖北	320060	288263				
湖南	6771	6579				
广东	10913	26877	10488	26314	10488	26314
广西						
海南						
重庆	53360	41911	43965	34018	43965	34018
四川						
贵州						
云南	1104	1506	1104	1506		
西藏						
陕西						
甘肃						
青海						
宁夏						
新疆	3747	3711	3747	3711	3747	3711

单位：万元

非自有配送中心配送商品购进额		商品销售总额		零售额	
2016年	2015年	2016年	2015年	2016年	2015年
12453	**12127**	**918501**	**846658**	**516760**	**461913**
		52858	56788	50070	53556
		480	1410	480	1410
		1034	1075	1034	1075
12453	12127	20056	18806	20056	18806
		47736	46544	47206	41828
		1795	1967	1795	1967
		355131	341164		
		346737	300496	346737	300496
		6759	6562	4668	4413
		26631	23793	24677	21864
		54247	42625	18859	14926
		1178	1574	1178	1574
		3860	3856		

2-11 续表 3

股份合作企业

地区	商品购进总额		统一配送商品购进额		自有配送中心配送商品购进额	
	2016年	2015年	2016年	2015年	2016年	2015年
全国	**1026279**	**949914**	**992873**	**911421**	**978541**	**896857**
北京						
天津	3050	2907	3050	2907		
河北						
山西						
内蒙古						
辽宁						
吉林	918723	845647	918723	845647	918723	845647
黑龙江						
上海						
江苏						
浙江	2929	2907	2929	2907	1476	1631
安徽						
福建						
江西						
山东	68311	58859	58343	49579	58343	49579
河南						
湖北						
湖南						
广东	23437	29213				
广西						
海南						
重庆						
四川						
贵州						
云南						
西藏						
陕西						
甘肃						
青海						
宁夏	9829	10381	9829	10381		
新疆						

单位：万元

非自有配送中心配送商品购进额		商品销售总额		零售额	
2016年	2015年	2016年	2015年	2016年	2015年
		1133151	**1064800**	**870995**	**840485**
		3986	3786	1878	1726
		985314	925178	771008	748614
		2600	2962	2600	2962
		94050	85854	81745	73174
		33437	33011		
		13765	14009	13765	14009

2-11 续表 4

联营企业

地 区	商品购进总额		统一配送商品购进额		自有配送中心配送商品购进额	
	2016年	2015年	2016年	2015年	2016年	2015年
全 国	**72645**	**59031**	**72645**	**59031**	**13922**	**15089**
北 京	812	725	812	725		
天 津						
河 北						
山 西						
内 蒙 古						
辽 宁						
吉 林						
黑 龙 江						
上 海	8435	8771	8435	8771		
江 苏	13922	15089	13922	15089	13922	15089
浙 江						
安 徽						
福 建						
江 西						
山 东						
河 南						
湖 北						
湖 南						
广 东	49475	34447	49475	34447		
广 西						
海 南						
重 庆						
四 川						
贵 州						
云 南						
西 藏						
陕 西						
甘 肃						
青 海						
宁 夏						
新 疆						

单位：万元

非自有配送中心配送商品购进额		商品销售总额		零售额	
2016年	2015年	2016年	2015年	2016年	2015年
		90488	**79376**	**86065**	**70353**
		932	836	932	836
		11748	11151	11748	11151
		15795	22872	11372	13849
		62014	44518	62014	44518

2–11 续表 5

有限责任公司

地区	商品购进总额		统一配送商品购进额		自有配送中心配送商品购进额	
	2016年	2015年	2016年	2015年	2016年	2015年
全国	**60799377**	**59433562**	**49222606**	**47901340**	**28112204**	**27249474**
北京	7976344	7526407	6801647	6178147	3513098	2827294
天津	677522	789569	93160	76670	28232	33759
河北	1273470	1420019	1112032	1255802	924330	1086837
山西	479671	366912	435791	312722	332378	210593
内蒙古	259052	244538	142447	139192	107823	98712
辽宁	1577778	1429583	969254	733682	340782	360159
吉林	307015	245138	288867	232372	160986	108376
黑龙江	353144	353105	305838	284896	188454	163391
上海	5299961	5509923	3749881	3751879	2599891	2566723
江苏	2004915	1998574	1768571	1758861	1080454	1103773
浙江	4411462	4064660	4199807	3870978	3433610	3337347
安徽	1554466	1859619	1159793	1485087	413372	722417
福建	1398350	1362995	1071893	999603	561743	468241
江西	1570027	1388650	1539533	1357076	1055015	919189
山东	5470319	5254345	4174203	3923230	2613147	2428619
河南	2203138	2090318	1817677	1528415	1143590	924952
湖北	3409871	3265169	2747009	2671038	1568171	1558036
湖南	1309996	1277812	1260875	1242101	859408	908540
广东	6941612	7022303	5635601	5843549	2866134	2912116
广西	5276964	4973990	5262235	4958305	2170175	1944787
海南	309361	297112	288500	272288	5707	6424
重庆	2422259	2502166	1330650	2013959	835044	1322279
四川	1282297	1216783	1168034	1103778	278423	217313
贵州	525186	452450	512208	441164	251439	167706
云南	506726	475348	444400	410465	173951	166485
西藏						
陕西	714324	745630	360230	399703	135387	152309
甘肃	2200	2100	2200	2100		
青海	150060	143636	69472	77707	2943	3835
宁夏	597719	582632	255381	244776	218388	205210
新疆	534171	572076	255417	331796	250132	324055

单位：万元

非自有配送中心配送商品购进额		商品销售总额		零售额	
2016年	2015年	2016年	2015年	2016年	2015年
5946757	**6196656**	**70120262**	**68478208**	**53925434**	**52581650**
262980	429828	8942273	8424704	7153437	6558355
8507	8594	932013	1051921	874279	1021976
12497	7442	1740720	1899155	1434417	1458331
	2423	622236	508306	584814	464813
		334004	290464	235390	203940
40332	77479	1442195	1481521	1245195	1298467
8623	13410	367373	349034	366580	348096
		389433	403941	341408	358407
668008	707045	6544310	6834998	3132340	3449354
358900	336105	2244404	2301086	1792854	1817484
397330	225767	4859972	4330018	3431988	3113343
102107	73887	1571507	1379951	1450489	1320323
105390	124587	1579534	1516486	1489435	1449898
41311	44893	1719504	1542739	1413724	1292758
113390	61640	6212886	5990631	4567414	4424699
147546	208187	2252875	2130566	2208400	2076452
403560	473308	3537119	3466180	2886059	2797890
199520	203115	2156023	2060216	1276306	1584809
2314208	2461626	7445346	7718801	6837293	6964985
55912	46292	5617510	5325547	3164524	2904667
		310227	344760	200438	184216
228199	228823	2724299	2842415	2322278	2396347
187025	163073	1439250	1365622	1377893	1312895
5988	3250	523118	444949	510413	434210
168826	153927	2284021	2210971	1729757	1571487
111315	134217	794826	819387	575392	609399
		2054	2000	2054	2000
		221032	207416	219177	205466
		548587	541877	547347	538287
5285	7741	761611	692546	554341	418297

2-11 续表 6

股份有限公司

地区	商品购进总额		统一配送商品购进额		自有配送中心配送商品购进额	
	2016年	2015年	2016年	2015年	2016年	2015年
全国	**128095029**	**129716208**	**97656330**	**99540681**	**62287634**	**63051185**
北京	9180246	10077756	7693208	8449109	5152776	5590627
天津	8752	7302	8752	7302		
河北	5224278	5180233	2407260	2316509	1704225	1604074
山西	777806	956294	268030	293408	268030	293408
内蒙古	1732	858	1732	858	1732	858
辽宁	2872068	3226718	1885076	2058893	302164	360223
吉林	74240	64202	74240	64202	74240	64202
黑龙江	1111041	1132720	1028173	1045795	70056	64962
上海	7223894	7340361	7032436	7086403	4616996	4665927
江苏	26927117	25200583	21610957	20446309	21610957	20446309
浙江	10744314	11177228	9842621	10216802	9483985	9778838
安徽	8089711	8368913	4822360	5326154	3914626	4267672
福建	1181637	1506845	589758	700393	162661	183386
江西	876531	956731	370185	430566	63614	52825
山东	9823125	9901418	6232943	5846431	3262964	2465494
河南	3822396	3387762	1594531	1558009	968988	955953
湖北	7516764	7560945	3903218	4109631	3900418	4107131
湖南	3032710	3926614	2489083	3312149	1159775	1789286
广东	18172387	17691154	16131957	15743780	1588028	1918446
广西	1650150	1760896	1591356	1732205	235949	275658
海南	867413	1051746	867413	1051746		
重庆	2324272	2498607	1796226	2071967	943199	1103043
四川	1744515	1567223	1619214	1509926	1225959	1289798
贵州						
云南						
西藏						
陕西	1629443	1779647	1239629	1353615	503504	549727
甘肃	216963	187810	216963	187810		
青海	38000	34287				
宁夏	743809	859457	469615	633860	200253	289911
新疆	2219717	2311901	1869397	1986852	872540	933428

单位：万元

非自有配送中心配送商品购进额		商品销售总额		零售额	
2016年	2015年	2016年	2015年	2016年	2015年
20583963	**20906486**	**150700594**	**151622069**	**104926383**	**103492048**
1788726	2122590	11376591	12393571	8962117	8878795
		11058	10580	11058	10580
97907	112881	5515147	5695152	3868277	3995181
		1582003	1773754	1440308	1483129
		1153	765	1153	765
1039475	1085048	2821869	3368442	2278512	2528604
		118382	90098	118382	90098
		1269239	1237901	858776	837113
934579	974939	7723059	7753757	4801111	4794852
		29865735	27788444	8821170	8044313
268551	348820	11860120	12127976	8307832	8341267
21053	20640	8624505	8896239	5813896	5005143
		1415628	1643945	1330362	1513602
66528	174979	3338912	3488609	2748569	3182176
877598	727687	11208661	11370464	9287313	9509798
		3758943	3355934	3150002	2771692
		8541103	8588747	8139136	8189235
319254	326584	4984083	5206556	4652850	4834681
13320408	12989971	22331797	21854371	19502319	18890281
		1970921	1989979	1288687	1274090
		971503	1158066	971503	660700
853028	968924	4232089	4495973	3198161	3329032
		1889231	1768499	1852933	1749471
		1735352	1884484	1071136	1211120
		236936	256794	225081	241008
		66148	60464	66148	60464
		557100	536151	271215	237574
996857	1053424	2693325	2826354	1888376	1827284

2-11 续表 7

私营企业

地　区	商品购进总额		统一配送商品购进额		自有配送中心配送商品购进额	
	2016年	2015年	2016年	2015年	2016年	2015年
全　国	**21333160**	**19837004**	**18598373**	**17438564**	**10582913**	**10572150**
北　京	846341	805787	507935	478201	333966	340111
天　津	123524	131033	102414	94153	31378	42214
河　北	421249	420484	316920	337314	183782	200357
山　西	504787	489064	328335	318030	187184	170587
内蒙古	1446	2567	1446	2567		
辽　宁	653439	782623	612009	738681	34176	299206
吉　林	106333	104260	98659	98391	49205	44769
黑龙江	408040	588948	381828	531936	215425	308258
上　海	1834520	1497014	1681147	1330305	17481	14832
江　苏	3097295	3143806	3028958	3111270	2691443	2769027
浙　江	1318239	1285506	1242862	1196558	889659	873540
安　徽	432262	373605	198276	159141	113420	71196
福　建	815963	792610	697249	647374	183306	194972
江　西	358764	355343	288707	291721	181927	192517
山　东	963299	833929	892037	762267	597636	495627
河　南	602269	428784	548786	374665	325727	172491
湖　北	794055	685029	764181	674352	399598	404112
湖　南	826004	695306	572196	485039	344023	295209
广　东	2261857	1996133	2208836	1932716	968106	977555
广　西	157233	155224	157233	155224	82420	72234
海　南						
重　庆	1148067	994137	1002057	884373	890925	789627
四　川	1792117	1549593	1585196	1377985	756721	658360
贵　州	60125	49494	58256	48716	29892	25214
云　南	486702	570989	483533	564222	470105	546327
西　藏	30552	30522	30552	30522		
陕　西	167164	107691	125540	86071	72496	45016
甘　肃	171419	176929	133208	137271	76807	72396
青　海						
宁　夏	384786	198610	64976	66782	54024	55962
新　疆	565309	591983	485042	522719	402085	440433

单位：万元

非自有配送中心配送商品购进额		商品销售总额		零售额	
2016年	2015年	2016年	2015年	2016年	2015年
2320925	**2016275**	**22983423**	**21849035**	**20033095**	**19208067**
155193	122901	977670	961468	881732	850654
	19944	124456	143913	110714	143913
84286	81023	454095	479313	443479	467085
		583382	563518	514295	502619
814	737	1654	3750	1654	3750
25802	22500	580425	716754	533179	659623
		116475	108167	116475	108167
155412	209019	423268	508266	343932	441888
5299	5050	1208894	1498931	1190574	1482710
253063	234714	3468407	3447813	2790486	2713121
86013	88349	1496462	1424349	1243219	1210593
11131	9254	427401	390082	408700	361682
83878	72429	845568	838263	781030	784569
11349	9005	417115	379467	391600	364708
119429	113203	1056343	914254	789607	710810
885	822	684603	617200	668834	608814
15197	1605	1010184	867700	928367	845779
37388	38951	988988	859205	895523	776112
1022644	751796	2491804	2201124	1917790	1721948
		209489	194330	166633	151602
20570	15407	1296835	1145055	1132104	983381
112354	96508	2002308	1683931	1923512	1597977
4340	3602	70761	66644	68397	64439
		790970	720828	662547	634839
		35760	35667	35760	35667
21972	26349	192649	123758	192649	123758
		211367	202219	202311	194677
10953	10820	131154	118101	63919	65452
82957	82286	684937	634964	634076	597729

2-11 续表 8

其他企业

地区	商品购进总额		统一配送商品购进额		自有配送中心配送商品购进额	
	2016年	2015年	2016年	2015年	2016年	2015年
全国	**485504**	**467011**	**463299**	**454602**	**122484**	**113222**
北京						
天津						
河北						
山西						
内蒙古	2511	2259	2511	2259	1456	1563
辽宁						
吉林	131	141	131	141	131	141
黑龙江						
上海	22427	20264	22427	20264		
江苏	9828	9176	9073	8727	8049	7576
浙江						
安徽	8260	8260		8260		8260
福建	31125	92228	31125	92228		
江西						
山东	20989	23189	20109	22200	20109	20880
河南	1201	1251	1201	1251		
湖北	14205	37586	14205	37586		
湖南	230900	183236	230900	183236	7128	8402
广东						
广西						
海南	43167	11081	43167	11081		
重庆	99	78	99	78	99	78
四川	28374	19294	22655	19294	19816	18325
贵州	28277	18530	28277	18530	28277	18530
云南	6592	10972				
西藏						
陕西						
甘肃	36542	28448	36542	28448	36542	28448
青海						
宁夏						
新疆	877	1020	877	1020	877	1020

单位：万元

	非自有配送中心配送商品购进额		商品销售总额		零售额	
	2016年	2015年	2016年	2015年	2016年	2015年
	251117	**197915**	**487581**	**502257**	**467032**	**502203**
	1055	696	2499	2219	2499	2219
			2500	2230	2500	2230
	22427	20264	27003	22040	27003	22040
	1024	1151	8606	8014	7461	7959
			9919	9919		9919
			46688	96354	46688	96354
			21134	23428	21134	23428
			1367	1140	1367	1140
			9739	42416	8179	42416
	223772	174834	205033	181682	205033	181682
			27341	9093	27341	9093
			177	152	177	152
	2839	970	31964	22904	24038	22904
			34132	22949	34132	22949
			11264	17563	11264	17563
			46727	38574	46727	38574
			1488	1581	1488	1581

2–11 续表 9

港、澳、台商投资企业

地区	商品购进总额		统一配送商品购进额		自有配送中心配送商品购进额	
	2016年	2015年	2016年	2015年	2016年	2015年
全国	**19342306**	**18266490**	**13645954**	**12017849**	**7928618**	**8675633**
北京	505259	587045	139082	152639	13104	22771
天津	450077	510293	1846	1953	1846	1953
河北						
山西	48928	57442	4957	4727		
内蒙古						
辽宁	124716	151803	64755	80484		
吉林	2937	2649	2937	2649		
黑龙江	14224	12362	14224	12362	14224	12362
上海	1034652	1163676	649384	575475	10711	7134
江苏	3797497	3952621	3617899	3612603	2604257	2607177
浙江	396724	383071	327594	359510	193219	217796
安徽	151121	153707	151121	153707		
福建	6018446	4623176	4597598	3396788	2016598	2897528
江西	406661	383743	288039	270026	247489	237256
山东	214346	257726	134378	20418		
河南	833228	844561	119439	125133	5430	
湖北	1236582	979083	1236582	979083	1003038	728967
湖南	168189	151065	125233	114732	37890	33425
广东	3648815	3750555	1979186	1983680	1708842	1846106
广西	50013	39340	50013	39340	50013	39340
海南						
重庆	41765	42351	41765	42351	12276	12701
四川	2348	3521	2348	3521	2348	3521
贵州						
云南	154808	192630	56605	62600	3982	5971
西藏						
陕西	40970	24068	40970	24068	3352	1624
甘肃						
青海						
宁夏						
新疆						

单位：万元

非自有配送中心配送商品购进额		商品销售总额		零售额	
2016年	2015年	2016年	2015年	2016年	2015年
4335739	**2195447**	**21920522**	**21351189**	**19222858**	**18464421**
117785	121184	660677	740766	637236	711143
		601004	659572	384284	423214
		53814	59341	53814	59341
32699	26977	155438	180015	155438	180015
1027	1429	3593	4144	3593	4144
		22604	19692	22604	19692
141449	125438	1637350	1587542	1637341	1587542
893305	983326	4453940	4632652	2552318	2602834
		481639	404896	477312	401827
116919	118049	150751	150480	150751	150480
2581000	499260	4946770	4237165	4943227	4234167
		448610	412289	413484	381411
134378	20418	235477	267342	233823	265588
114009	125133	1337077	1325239	1337077	1325239
		1410025	1322829	1207886	1052245
87343	81307	264982	208778	264281	208276
115825	92927	4642403	4712983	4356903	4453086
		67417	58361	67417	58361
		74461	74720	74461	74720
		4479	6744	4479	6744
		219706	244429	196825	223141
		48306	41211	48306	41211

2-11 续表 10

外商投资企业

地区	商品购进总额		统一配送商品购进额		自有配送中心配送商品购进额	
	2016年	2015年	2016年	2015年	2016年	2015年
全国	**30616363**	**29360276**	**17689377**	**15735632**	**10436360**	**8393098**
北京	5105073	5088575	1367901	1176127	217053	281946
天津	493162	578943				
河北	1140141	1349567	1014750	1224935	218343	235530
山西						
内蒙古						
辽宁	435023	457934	270240	289439		
吉林						
黑龙江	108294	136183	108294			
上海	5566220	5405300	2242733	2188309	147404	227784
江苏	4686238	4290942	4414281	4056783	3276026	2878390
浙江	591030	695198	571109	675486	538295	469571
安徽	130881	186739				
福建	687775	833080	146867	174463		
江西	86048	81643	15752	14197		
山东	262112	286732	6877	9103		
河南	202532	209982	202532	209982	202532	209982
湖北	462599	402630	194231	196762	28816	
湖南	254274	282552				
广东	7979951	6754597	6319390	4726848	5598741	3851093
广西						
海南						
重庆	160773	160773				
四川	1625564	1479976	450878	376768	18037	28898
贵州	61150	91581	61150	91581	61150	
云南	455753	455835	228306	224287	87444	162458
西藏						
陕西	86584	73590	38900	42641	38900	42641
甘肃						
青海						
宁夏						
新疆	35186	57923	35186	57923	3619	4806

单位：万元

非自有配送中心配送商品购进额		商品销售总额		零售额	
2016年	2015年	2016年	2015年	2016年	2015年
2684525	**2176833**	**36367433**	**35865339**	**32091295**	**31634731**
610409	346761	6333901	6346634	6208680	6146614
		620373	737563	620373	737563
		1135791	1430431	876107	917885
195705	218576	406155	414987	406155	414987
		107478	141959	107478	141959
195684	142504	6622642	6305250	6310534	5938655
934722	961864	4848180	4420511	3716086	3348256
		859392	812086	859392	812086
		133079	184362	133079	184362
		2779984	3090644	1985955	2226267
		172234	172782	172234	172782
		350847	375615	95166	96284
		245120	254619	67435	57080
146547	71918	507164	465781	507164	464419
		254201	281183	254201	281183
422319	315224	8200314	7776314	7003820	7060532
		103148	120672	103148	120672
6707	5040	1971929	1725464	1948787	1704661
		80464	72876	80464	72876
140862	61829	497405	531584	497405	531584
		90197	146547	90197	146547
31568	53117	47434	57478	47434	57478

2-12 按登记注册类型分各地区

内资企业

地区	商品购进总额		统一配送商品购进额		自有配送中心配送商品购进额	
	2016年	2015年	2016年	2015年	2016年	2015年
全国	**9774917**	**9939925**	**8308329**	**8455967**	**5454904**	**5224278**
北京	433060	406482	295342	272473	232274	217210
天津	148750	109380				
河北	42067	24754	42067	24754	39182	21519
山西	228105	203465	156365	149542	156215	149499
内蒙古	16134	9754	16134	9754	1114	893
辽宁	123156	127098	123156	127098	436	488
吉林						
黑龙江	45412	47094	878	873	836	835
上海	1930218	2034430	1857772	1959771	1245411	1323392
江苏	1253326	1247362	1241786	1237703	1234084	1234694
浙江	839537	912525	766578	829127	539866	587685
安徽	1224854	1300444	933385	926216	684105	465192
福建	102323	85324	101752	85324	56696	43180
江西	82259	86775	72816	84405	72305	77348
山东	321019	391688	224918	273169	159610	194471
河南	305586	298533	305272	298107	8717	8230
湖北	89239	86300	27896	27942	24287	24323
湖南	580321	506089	522993	450808	446389	388874
广东	511633	662705	436270	512937	55401	42347
广西	28114	41935	27268	33934	25284	31113
海南						
重庆	310354	292427	209561	201631	148463	112395
四川	443362	274114	247069	206464	209660	170302
贵州	5824	23535	5824	3856		
云南	554572	583099	554233	582720	5113	5256
西藏						
陕西	29975	14214	29975	14214	21954	12585
甘肃	393	538	393	538	227	382
青海	2156	2478	2156	2478	2156	2478
宁夏	14895	14438	605	8417	605	8417
新疆	108276	152948	105865	131715	84516	101169

连锁零售企业加盟门店经营情况

单位：万元

非自有配送中心配送商品购进额		商品销售总额		零售额	
2016年	2015年	2016年	2015年	2016年	2015年
1499292	**1546687**	**10697022**	**10745574**	**8066193**	**7507331**
62510	54690	580071	559538	573844	554199
		175000	128682	175000	128682
		41653	25424	41653	25424
		229149	204645	229149	204645
304	176	20130	11877	20130	11877
52006	49864	175425	182267	175425	182267
		61425	69704	60974	63966
536126	551809	2377284	2427588	2039088	2120777
2788	634	1492662	1469020	695755	650972
198124	207816	736752	927625	607213	747032
163343	238889	780068	836153	571157	318377
42428	39240	123661	102682	75118	69007
	6576	82364	85560	82364	83124
3912	3642	313274	305799	255031	256827
299	348	344710	328836	309803	300514
2680	2659	131880	134292	43298	46849
69262	61917	609304	525579	522707	424420
293551	229216	692031	820310	630278	589897
		33594	44902	14806	29402
25076	46142	421408	388909	283169	245887
20657	21255	542044	343162	510856	303938
3586		7327	23885	6870	23885
1290	1290	572438	600860	6749	6939
		37986	16965	37477	16266
		483	628	483	628
		3677	4015	2364	3220
		6313	12986	2255	1851
21349	30526	104910	163683	93177	96461

2–12 续表 1

国有企业

地区	商品购进总额		统一配送商品购进额		自有配送中心配送商品购进额	
	2016年	2015年	2016年	2015年	2016年	2015年
全国	**935235**	**1080522**	**925826**	**975129**	**289411**	**92224**
北京						
天津						
河北						
山西						
内蒙古						
辽宁						
吉林						
黑龙江						
上海	117230	138387	110575	134828	21539	26401
江苏						
浙江	210	165	210	165		
安徽	209831	298294	209831	208806	209831	10739
福建						
江西						
山东						
河南	759	664	759	664	759	664
湖北						
湖南						
广东	1977	2157	828	877	828	97
广西						
海南						
重庆	19508	11054	19508	6633	19508	6633
四川						
贵州						
云南	547169	575466	547169	575466		
西藏						
陕西						
甘肃						
青海						
宁夏						
新疆	38550	54335	36945	47690	36945	47690

单位：万元

非自有配送中心配送商品购进额		商品销售总额		零售额	
2016年	2015年	2016年	2015年	2016年	2015年
62696	**148029**	**1012279**	**1149684**	**263249**	**239504**
62696	68500	204801	219758	204801	219758
		440	391	440	391
	78749	210546	255565	35295	
		873	884	195	192
	780	2142	2413	2142	2413
		22627	16163	19380	15792
		565354	593552		
		5496	60957	996	957

2–12 续表 2

集体企业

地区	商品购进总额		统一配送商品购进额		自有配送中心配送商品购进额	
	2016年	2015年	2016年	2015年	2016年	2015年
全国	**100339**	**100604**	**12558**	**12900**	**12152**	**12900**
北京						
天津						
河北						
山西						
内蒙古						
辽宁						
吉林						
黑龙江						
上海						
江苏	12152	12294	12152	12294	12152	12294
浙江						
安徽						
福建						
江西						
山东	68326	66856				
河南						
湖北						
湖南						
广东	19861	21454	406	606		606
广西						
海南						
重庆						
四川						
贵州						
云南						
西藏						
陕西						
甘肃						
青海						
宁夏						
新疆						

单位：万元

非自有配送中心配送商品购进额		商品销售总额		零售额	
2016年	2015年	2016年	2015年	2016年	2015年
		64994	**66574**	**31019**	**34458**
		11042	12084	11042	12084
		33974	32117		
		19977	22373	19977	22373

2-12 续表 3

联营企业

地区	商品购进总额		统一配送商品购进额		自有配送中心配送商品购进额	
	2016年	2015年	2016年	2015年	2016年	2015年
全国	**4551**	**7767**	**4551**	**7767**		
北京						
天津						
河北						
山西						
内蒙古						
辽宁						
吉林						
黑龙江						
上海						
江苏						
浙江						
安徽						
福建						
江西						
山东						
河南						
湖北						
湖南						
广东	4551	7767	4551	7767		
广西						
海南						
重庆						
四川						
贵州						
云南						
西藏						
陕西						
甘肃						
青海						
宁夏						
新疆						

单位：万元

非自有配送中心配送商品购进额		商品销售总额		零售额	
2016年	2015年	2016年	2015年	2016年	2015年
		4551	**10038**	**4551**	**10038**
		4551	10038	4551	10038

2–12 续表 4

有限责任公司

地区	商品购进总额		统一配送商品购进额		自有配送中心配送商品购进额	
	2016年	2015年	2016年	2015年	2016年	2015年
全国	**1881810**	**2050727**	**1416604**	**1526048**	**986609**	**1027785**
北京	267194	240581	265026	236982	202170	181995
天津	148750	109380				
河北	42067	24754	42067	24754	39182	21519
山西	221	155	221	155	71	112
内蒙古	14716	8685	14716	8685		
辽宁	26272	22280	26272	22280	231	222
吉林						
黑龙江	188	174	42	38		
上海	137783	134532	72042	63472	45031	42070
江苏	152382	129713	151365	128467	149506	127825
浙江	596328	725027	546606	678985	351082	465411
安徽						
福建	1260	105	689	105	689	105
江西	14204	16651	4761	14281	4761	7706
山东	52450	57867	51944	57455	51860	57338
河南	7819	7247	7691	7208	4154	3831
湖北	76282	70985	21393	18335	18144	15245
湖南	43828	40051	31259	22533	8396	1870
广东	84848	209770	39308	85441	1835	1566
广西	22129	35235	21328	27233	21328	27233
海南						
重庆	104735	126452	54938	82121	37100	32418
四川	63364	46547	43561	28058	40275	25442
贵州	1735	20770	1735	1091		
云南	1553	1783	1214	1404	553	696
西藏						
陕西	15530	7864	15530	7864	7509	6235
甘肃	166	156	166	156		
青海	2156	2478	2156	2478	2156	2478
宁夏	2470	3616				
新疆	1382	7870	576	6470	576	6470

单位：万元

非自有配送中心配送商品购进额		商品销售总额		零售额	
2016年	2015年	2016年	2015年	2016年	2015年
285286	**313492**	**2447993**	**2508998**	**2050776**	**2105186**
62510	54690	339612	321835	333474	318322
		175000	128682	175000	128682
		41653	25424	41653	25424
		1194	1040	1194	1040
		19201	10775	19201	10775
		18457	23426	18457	23426
		197	176	51	40
16704	11677	236117	171595	186022	171595
271	634	306849	263984	306255	263851
168608	181581	567476	738919	458727	616053
		15511	100	15511	100
	6576	14396	15532	14396	13096
84	117	64441	63218	64394	63084
		11850	10019	8317	9771
2519	2405	116712	115416	31266	29734
21541	20663	46830	41873	34228	26959
2290	2883	129629	209652	101066	146077
		27037	37913	12154	26060
10356	32266	214411	223903	142049	149862
404		69504	58392	61762	40668
		1842	20606	1386	20606
		1548	1774	1214	1404
		20260	10935	19752	10235
		256	246	256	246
		3677	4015	2364	3220
		2845	4095		
		1487	5455	628	4855

2–12 续表 5

股份有限公司

地　区	商品购进总额		统一配送商品购进额		自有配送中心配送商品购进额	
	2016年	2015年	2016年	2015年	2016年	2015年
全　国	**4658934**	**4683377**	**4041941**	**4174269**	**3005844**	**2991309**
北　京	115846	107609	29034	29921	28821	29644
天　津						
河　北						
山　西	4490	4438	4490	4438	4490	4438
内蒙古	742	487	742	487	742	487
辽　宁						
吉　林						
黑龙江	44936	41885	836	835	836	835
上　海	1580441	1680018	1580441	1680018	1178746	1253459
江　苏	720000	730000	720000	730000	720000	730000
浙　江	94502	27827	94502	16971	94422	16905
安　徽	1010199	995777	721172	712417	472844	450426
福　建	79	79	79	79	79	79
江　西	66387	68485	66387	68485	66387	68485
山　东	150672	228040	123402	176790	62530	102403
河　南	277016	280246	277016	280246		
湖　北	4134	3108	3632	2486	3432	2211
湖　南	401371	351790	401371	351790	370064	329485
广　东	14851	114425	14851	114425		
广　西	1159	2104	1113	2104		
海　南						
重　庆	1298	1199	1298	1199	876	871
四　川	170812	45862	1576	1581	1576	1581
贵　州						
云　南						
西　藏						
陕　西						
甘　肃						
青　海						
宁　夏						
新　疆						

单位：万元

非自有配送中心配送商品购进额		商品销售总额		零售额	
2016年	2015年	2016年	2015年	2016年	2015年
596767	**609331**	**4506894**	**4570943**	**3425231**	**3074771**
		173473	161205	173473	159466
		326	258	326	258
		272	527	272	527
		60923	63927	60923	63927
401695	426559	1831500	1946617	1543398	1639807
		720000	730000		
		11882	37296	908	906
163343	160140	563535	574832	532035	312621
		247	247	247	247
		66387	68485	66387	68485
		157824	163976	157824	163976
		307711	307628	277016	280246
		4441	3516	4049	3516
31307	22304	401371	348770	401371	329485
		17116	112355	17116	
		1149	2170	1149	2170
422	328	1128	1143	1128	1143
		187610	47992	187610	47992

2-12 续表 6

私营企业

地 区	商品购进总额		统一配送商品购进额		自有配送中心配送商品购进额	
	2016年	2015年	2016年	2015年	2016年	2015年
全 国	**2141532**	**1974204**	**1858251**	**1719189**	**1151383**	**1088001**
北 京	50020	58292	1283	5570	1283	5570
天 津						
河 北						
山 西	223393	198872	151654	144949	151654	144949
内蒙古						
辽 宁	96884	104818	96884	104818	205	266
吉 林						
黑龙江	288	5035				
上 海	61007	56073	60957	56033	95	1462
江 苏	368706	375208	358183	366794	352340	364427
浙 江	148497	159506	125261	133007	94362	105369
安 徽	3109	4658	2383	3278	1430	2312
福 建	100984	85141	100984	85141	55928	42997
江 西	1668	1639	1668	1639	1157	1157
山 东	47662	37054	47662	37054	43420	33221
河 南	19992	10375	19806	9989	3804	3735
湖 北	6626	10174	2871	7122	2710	6868
湖 南	135122	114248	90363	76485	67929	57519
广 东	385544	307132	376327	303820	52739	40078
广 西	4826	4597	4826	4597	3955	3880
海 南						
重 庆	183815	152901	132825	110884	89990	71753
四 川	201621	173815	194368	168936	161577	135749
贵 州	504	549	504	549		
云 南	5850	5850	5850	5850	4560	4560
西 藏						
陕 西	14445	6350	14445	6350	14445	6350
甘 肃	227	382	227	382	227	382
青 海						
宁 夏	12425	10822	605	8417	605	8417
新 疆	68317	90714	68317	77526	46968	46980

单位：万元

非自有配送中心配送商品购进额		商品销售总额		零售额	
2016年	2015年	2016年	2015年	2016年	2015年
515563	**449878**	**2603307**	**2388514**	**2236523**	**1992580**
		66986	76498	66898	76411
		227629	203346	227629	203346
52006	49864	156969	158841	156969	158841
		305	5602		
21274	19654	71110	59595	71110	59595
2518		454638	462785	378325	374870
29516	26235	156954	151019	147137	129682
		3827	3596	3827	3596
42428	39240	107903	102334	59361	68660
		1582	1543	1582	1543
3828	3525	54823	44109	30601	27388
299	348	24275	10304	24275	10304
161	254	8534	13428	5790	11694
16414	18950	161103	134936	87108	67976
291262	225553	518616	463479	485426	408995
		5408	4820	1502	1173
14298	13547	181628	146325	118999	77715
18920	20894	275627	227354	252181	205853
		554	521	554	521
1290	1290	5535	5535	5535	5535
		17726	6030	17726	6030
		227	382	227	382
		3468	8891	2255	1851
21349	30526	97882	97241	91508	90619

2-12 续表 7

其他企业

地区	商品购进总额		统一配送商品购进额		自有配送中心配送商品购进额	
	2016年	2015年	2016年	2015年	2016年	2015年
全国	**50717**	**41213**	**46798**	**39154**	**7706**	**10548**
北京						
天津						
河北						
山西						
内蒙古	676	582	676	582	372	406
辽宁						
吉林						
黑龙江						
上海	33757	25420	33757	25420		
江苏	85	148	85	148	85	148
浙江						
安徽	1715	1715		1715		1715
福建						
江西						
山东	110	360	110	360		
河南						
湖北	2197	2033				
湖南						
广东						
广西						
海南						
重庆	998	820	991	794	989	721
四川	7565	7890	7565	7890	6232	7529
贵州	3586	2216	3586	2216		
云南						
西藏						
陕西						
甘肃						
青海						
宁夏						
新疆	27	30	27	30	27	30

单位：万元

非自有配送中心配送商品购进额		商品销售总额		零售额	
2016年	2015年	2016年	2015年	2016年	2015年
38981	**25957**	**54902**	**49043**	**52742**	**49015**
304	176	656	575	656	575
33757	25420	33757	30023	33757	30023
		133	166	133	166
		2160	2160		2160
		110	600	110	600
		2193	1933	2193	1905
		1614	1375	1614	1375
1333	361	9303	9425	9303	9425
3586		4931	2757	4931	2757
		46	30	46	30

2-12 续表 8

港、澳、台商投资企业

地　区	商品购进总额		统一配送商品购进额		自有配送中心配送商品购进额	
	2016年	2015年	2016年	2015年	2016年	2015年
全　国	**4786134**	**4821291**	**4627916**	**4668026**	**145656**	**131875**
北　京						
天　津						
河　北						
山　西						
内蒙古						
辽　宁						
吉　林						
黑龙江						
上　海	4422491	4482847	4422491	4482564		1314
江　苏	5782	6209	5782	6209		6209
浙　江	7120	7628	7120	7628	7120	7628
安　徽						
福　建	3042	3218				
江　西	230242	212303	104031	91649	104031	91649
山　东						
河　南						
湖　北						
湖　南	1874	3068	1874	3068	1874	3068
广　东	113032	100240	84068	71130	30080	16229
广　西	1029	864	1029	864	1029	864
海　南						
重　庆		82		82		82
四　川	1524	4833	1524	4833	1524	4833
贵　州						
云　南						
西　藏						
陕　西						
甘　肃						
青　海						
宁　夏						
新　疆						

单位：万元

非自有配送中心配送商品购进额		商品销售总额		零售额	
2016年	2015年	2016年	2015年	2016年	2015年
6014	**6975**	**4728157**	**4976176**	**4581016**	**4830157**
	1314	4289788	4544363	4289788	4544363
		5782	6209	5782	6209
		8411	9055	8411	9055
		6565	5657	4267	3865
		202827	201697	173259	170318
		2742	4490	2742	4490
6014	5661	208316	196409	93040	83674
		1211	1018	1211	1018
			113		
		2515	7164	2515	7164

2–12 续表 9

外商投资企业

地　区	商品购进总额		统一配送商品购进额		自有配送中心配送商品购进额	
	2016年	2015年	2016年	2015年	2016年	2015年
全　国	**1014342**	**1032835**	**957117**	**976607**	**905206**	**912704**
北　京	1541	1410	1253	1083		
天　津						
河　北						
山　西						
内蒙古						
辽　宁						
吉　林						
黑龙江						
上　海	118185	159045	118185	159045	81551	106282
江　苏	456000	500649	456000	500649	456000	500649
浙　江						
安　徽						
福　建						
江　西						
山　东	5237	3225	5237	3225		
河　南						
湖　北	3300	3472	3300	3472		
湖　南						
广　东	424592	361675	367655	305773	367655	305773
广　西						
海　南						
重　庆						
四　川	5488	3360	5488	3360		
贵　州						
云　南						
西　藏						
陕　西						
甘　肃						
青　海						
宁　夏						
新　疆						

单位：万元

非自有配送中心配送商品购进额		商品销售总额		零售额	
2016年	2015年	2016年	2015年	2016年	2015年
40420	**54051**	**1066567**	**1158124**	**1066567**	**1107722**
76		2122	2215	2122	2215
34856	50691	141934	208943	141934	159698
		475000	567800	475000	566800
		6818	2056	6818	2056
		3666	3863	3666	3707
		430141	368525	430141	368525
5488	3360	6887	4721	6887	4721

2-13 按行业分各地区连锁零售企业基本情况

批发业

地区	连锁总店数（个）	门店数（个）		年末从业人员（人）		年末零售营业面积（平方米）	
	2016年	2016年	2015年	2016年	2015年	2016年	2015年
全国	**317**	**49079**	**49212**	**279676**	**291362**	**44743929**	**44368566**
北京	6	376	373	2824	3034	179674	188809
天津	2	10	10	150	146	8793	8533
河北	13	1138	1130	7966	8123	1855325	1875041
山西	3	32	32	1469	1477	38979	2980
内蒙古							
辽宁	9	583	586	5592	5762	275190	275126
吉林	1	370	308	2139	1841	74000	60000
黑龙江	2	38	50	489	503	1482	1919
上海	6	1203	1267	11224	11637	340742	357582
江苏	15	5962	6200	39527	40002	5148867	5123109
浙江	22	9214	8973	36207	41045	6511711	6513025
安徽	6	7161	7034	20816	20820	2244844	2280980
福建	8	1052	1128	4210	4481	236195	195351
江西	19	1010	1023	10983	11495	832604	836381
山东	12	3856	3880	22766	22830	5233032	5115262
河南	15	982	999	5327	5470	2090910	2062589
湖北	13	900	920	10007	10397	405168	411640
湖南	7	1009	902	1861	1373	80895	75211
广东	34	5226	5202	38178	40696	10572085	10550875
广西	29	1687	1691	11475	12410	3342056	3318765
海南							
重庆	18	2455	2572	11290	11982	385778	384190
四川	7	422	397	2023	1635	61545	55932
贵州							
云南	7	521	509	3552	3299	785626	727572
西藏							
陕西	23	1036	1036	14887	15856	1462776	1431197
甘肃	2	153	134	565	579	285589	278589
青海	1	67	74	380	395	13700	18700
宁夏	7	358	354	2092	2051	607628	551083
新疆	30	2258	2428	11677	12023	1668735	1668125

2-13 续表 1

农、林、牧产品批发

地区	连锁总店数（个）	门店数（个）		年末从业人员（人）		年末零售营业面积（平方米）	
	2016年	2016年	2015年	2016年	2015年	2016年	2015年
全国	**7**	**4484**	**4284**	**10888**	**10584**	**370021**	**359236**
北京							
天津							
河北							
山西							
内蒙古							
辽宁	1	40	40	30	30	2860	2860
吉林							
黑龙江							
上海							
江苏							
浙江							
安徽	1	2970	2874	8549	8319	165210	159960
福建							
江西							
山东							
河南							
湖北	1	408	408	1168	1170	132250	132250
湖南	2	964	861	958	879	66775	61370
广东	1	4	3	25	17	426	296
广西							
海南							
重庆							
四川							
贵州							
云南							
西藏							
陕西							
甘肃							
青海							
宁夏							
新疆	1	98	98	158	169	2500	2500

2-13 续表 2

食品、饮料及烟草制品批发

地　区	连锁总店数（个）	门店数（个）		年末从业人员（人）		年末零售营业面积（平方米）	
	2016年	2016年	2015年	2016年	2015年	2016年	2015年
全　国	**55**	**6146**	**6010**	**33104**	**34154**	**737462**	**646500**
北　京	2	41	41	218	263	2671	2571
天　津	1	3	3	69	68	160	160
河　北							
山　西	3	32	32	1469	1477	38979	2980
内蒙古							
辽　宁							
吉　林							
黑龙江							
上　海	3	411	441	2068	2207	63757	71313
江　苏	2	496	496	1550	1575	5800	5800
浙　江	4	3300	2987	6689	6077	149521	136868
安　徽							
福　建	4	875	953	3983	4224	227350	186840
江　西	8	77	77	4978	5260	3362	3362
山　东	3	110	111	3441	3366	48882	48922
河　南	1	38	43	158	131	1975	2150
湖　北	2	15	15	818	824	743	743
湖　南							
广　东	6	197	217	886	955	6222	6793
广　西							
海　南							
重　庆	2	339	363	1147	1288	50344	54027
四　川							
贵　州							
云　南							
西　藏							
陕　西	7	58	71	4294	5076	122545	103840
甘　肃							
青　海	1	67	74	380	395	13700	18700
宁　夏	2	78	76	466	468	1050	1030
新　疆	4	9	10	490	500	401	401

2-13　续表 3

纺织、服装及家庭用品批发

地　区	连锁总店数（个）	门店数（个）		年末从业人员（人）		年末零售营业面积（平方米）	
	2016年	2016年	2015年	2016年	2015年	2016年	2015年
全　国	**16**	**1558**	**1591**	**18083**	**18777**	**1765050**	**1654344**
北　京							
天　津							
河　北							
山　西							
内蒙古							
辽　宁	1	2	2	1464	1620	2400	2400
吉　林							
黑龙江							
上　海	1	78	83	1540	1562	4880	4880
江　苏	1	62	106	152	270	5831	9659
浙　江							
安　徽							
福　建							
江　西	1	29	22	318	313	1000	750
山　东	1	581	579	11850	11942	1550788	1457892
河　南							
湖　北	1	6	18	36	99	718	2
湖　南	1	3	3	20	20	200	200
广　东	8	773	753	2598	2839	196675	174336
广　西							
海　南							
重　庆							
四　川	1	24	25	105	112	2558	4225
贵　州							
云　南							
西　藏							
陕　西							
甘　肃							
青　海							
宁　夏							
新　疆							

2-13 续表 4

文化、体育用品及器材批发

地区	连锁总店数（个）	门店数（个）		年末从业人员（人）		年末零售营业面积（平方米）	
	2016年	2016年	2015年	2016年	2015年	2016年	2015年
全国	**9**	**455**	**533**	**16682**	**15451**	**797765**	**790199**
北京	1	4	4	66	65	3065	3065
天津							
河北							
山西							
内蒙古							
辽宁							
吉林							
黑龙江							
上海							
江苏	1	81	81	5688	5512	369346	363580
浙江	2	344	422	7038	6434	344902	343102
安徽							
福建							
江西							
山东							
河南							
湖北	1	8	8	3106	3056	65000	65000
湖南	1	2	2	627	215	7700	7700
广东	3	16	16	157	169	7752	7752
广西							
海南							
重庆							
四川							
贵州							
云南							
西藏							
陕西							
甘肃							
青海							
宁夏							
新疆							

2-13 续表 5

医药及医疗器材批发

地区	连锁总店数（个）	门店数（个）		年末从业人员（人）		年末零售营业面积（平方米）	
	2016年	2016年	2015年	2016年	2015年	2016年	2015年
全　国	**34**	**2664**	**2641**	**10145**	**9597**	**268441**	**243743**
北　京							
天　津							
河　北							
山　西							
内蒙古							
辽　宁	1	155	158	388	352	8300	8500
吉　林	1	370	308	2139	1841	74000	60000
黑龙江	1	2	14	96	128	400	837
上　海							
江　苏	1	125	125	585	585	17500	17500
浙　江	3	304	289	1426	1284	17668	16656
安　徽							
福　建	1	17	14	104	96	7465	6971
江　西							
山　东	3	189	179	931	880	23929	21809
河　南							
湖　北	1	4	6	33	54	684	1001
湖　南	2	15	16	186	194	2220	2441
广　东	6	395	369	1043	1100	30935	28428
广　西							
海　南							
重　庆	4	666	768	1447	1729	34686	36655
四　川	5	318	292	1267	866	38609	31029
贵　州							
云　南	3	96	96	365	355	10955	10955
西　藏							
陕　西							
甘　肃							
青　海							
宁　夏							
新　疆	2	8	7	135	133	1090	961

2–13 续表 6

矿产品、建材及化工产品批发

地区	连锁总店数（个）	门店数（个）		年末从业人员（人）		年末零售营业面积（平方米）	
	2016年	2016年	2015年	2016年	2015年	2016年	2015年
全　国	**175**	**32512**	**32883**	**180751**	**192376**	**39723406**	**39591660**
北　京	2	315	314	2292	2327	169438	178673
天　津							
河　北	13	1138	1130	7966	8123	1855325	1875041
山　西							
内蒙古							
辽　宁	4	336	338	3398	3458	261150	261066
吉　林							
黑龙江	1	36	36	393	375	1082	1082
上　海	2	714	743	7616	7868	272105	281389
江　苏	9	5190	5384	31450	31962	4748520	4724700
浙　江	12	5258	5263	21014	27208	5998770	6015049
安　徽	4	3705	3674	7634	7776	1075278	1116664
福　建	2	159	159	116	126	1270	1270
江　西	10	904	924	5687	5922	828242	832269
山　东	5	2976	3011	6544	6642	3609433	3586639
河　南	13	940	952	5108	5275	2087435	2058939
湖　北	6	303	303	2780	2811	202453	209225
湖　南							
广　东	6	3601	3590	32241	34645	10295871	10298276
广　西	28	1677	1682	11360	12254	3337189	3313898
海　南							
重　庆	10	1330	1321	8263	8532	298594	291354
四　川	1	80	80	651	657	20378	20678
贵　州							
云　南	3	364	356	2827	2519	772881	714286
西　藏							
陕　西	15	975	963	10571	10758	1340081	1327257
甘　肃	2	153	134	565	579	285589	278589
青　海							
宁　夏	4	215	213	1381	1338	597578	541053
新　疆	23	2143	2313	10894	11221	1664744	1664263

2-13 续表 7

机械设备、五金产品及电子产品批发

地区	连锁总店数(个)	门店数(个)		年末从业人员(人)		年末零售营业面积(平方米)	
	2016年	2016年	2015年	2016年	2015年	2016年	2015年
全　国	**10**	**255**	**267**	**1641**	**1554**	**42720**	**43340**
北　京	1	16	14	248	379	4500	4500
天　津	1	7	7	81	78	8633	8373
河　北							
山　西							
内蒙古							
辽　宁	1	6	4	127	122	480	300
吉　林							
黑龙江							
上　海							
江　苏	1	8	8	102	98	1870	1870
浙　江	1	8	12	40	42	850	1350
安　徽							
福　建	1	1	2	7	35	110	270
江　西							
山　东							
河　南	1	4	4	61	64	1500	1500
湖　北							
湖　南							
广　东	2	195	207	860	580	19910	20310
广　西	1	10	9	115	156	4867	4867
海　南							
重　庆							
四　川							
贵　州							
云　南							
西　藏							
陕　西							
甘　肃							
青　海							
宁　夏							
新　疆							

2-13 续表 8

其他批发业

地　区	连锁总店数（个）	门店数（个）		年末从业人员（人）		年末零售营业面积（平方米）	
	2016年	2016年	2015年	2016年	2015年	2016年	2015年
全　国	**11**	**1005**	**1003**	**8382**	**8869**	**1039064**	**1039544**
北　京							
天　津							
河　北							
山　西							
内蒙古							
辽　宁	1	44	44	185	180		
吉　林							
黑龙江							
上　海							
江　苏							
浙　江							
安　徽	1	486	486	4633	4725	1004356	1004356
福　建							
江　西							
山　东							
河　南							
湖　北	1	156	162	2066	2383	3320	3419
湖　南	1	25	20	70	65	4000	3500
广　东	2	45	47	368	391	14294	14684
广　西							
海　南							
重　庆	2	120	120	433	433	2154	2154
四　川							
贵　州							
云　南	1	61	57	360	425	1790	2331
西　藏							
陕　西	1	3	2	22	22	150	100
甘　肃							
青　海							
宁　夏	1	65	65	245	245	9000	9000
新　疆							

2-13 续表 9

零售业

地区	连锁总店数（个）	门店数（个）		年末从业人员（人）		年末零售营业面积（平方米）	
	2016年	2016年	2015年	2016年	2015年	2016年	2015年
全　国	**2409**	**183365**	**173471**	**2170244**	**2240018**	**134856992**	**126327893**
北　京	150	7356	7175	170654	174384	9354135	9357587
天　津	35	2074	2227	28948	31096	1891787	1976090
河　北	72	3797	3627	43981	44069	4265000	4232803
山　西	57	3969	3609	36879	40296	2926741	2560855
内蒙古	18	613	623	5581	6931	253062	273807
辽　宁	83	6001	5480	54523	56047	3728908	4345035
吉　林	25	1202	936	10926	9478	483315	389408
黑龙江	34	1940	1845	19566	20847	973314	930957
上　海	101	17008	17382	231272	251807	10454927	10593005
江　苏	157	12210	12169	278483	322731	18829895	14259932
浙　江	201	17145	16677	96924	98425	5001436	4806376
安　徽	62	2503	2485	69488	71056	3208248	3309556
福　建	140	5567	4971	88931	85863	9695025	8730331
江　西	65	3566	3386	41117	40395	2529181	2371637
山　东	137	8274	7550	154369	153949	13134604	12360567
河　南	112	4608	4249	61134	60541	4167754	3947303
湖　北	118	7765	7122	120164	127574	6711001	6912150
湖　南	122	16437	14697	103389	94694	8297806	5404772
广　东	268	22490	21301	219166	218352	14105915	15396370
广　西	38	2739	2555	27240	26734	948038	956616
海　南	6	791	766	5306	5816	390779	414497
重　庆	80	10259	10253	82506	86038	3950755	3879583
四　川	121	13787	11851	99787	92350	3913488	3540083
贵　州	29	1366	1110	10801	9551	341636	326151
云　南	33	4867	4601	41370	42185	1264579	1238752
西　藏	1	3	3	820	790	29955	21700
陕　西	38	1495	1481	19677	20306	1120860	1108204
甘　肃	14	785	648	7470	7152	415948	399059
青　海	9	127	110	5689	5711	195598	202030
宁　夏	18	581	480	9198	8398	441531	390732
新　疆	65	2040	2102	24885	26452	1831771	1691945

2-13 续表 10

综合零售

地区	连锁总店数（个）	门店数（个）		年末从业人员（人）		年末零售营业面积（平方米）	
	2016年	2016年	2015年	2016年	2015年	2016年	2015年
全　国	**820**	**70169**	**67472**	**1343825**	**1402255**	**87725524**	**79013942**
北　京	55	2929	2742	117558	120888	7271499	7094721
天　津	13	937	1119	12949	14846	572404	647130
河　北	26	703	738	22185	23012	1599546	1562212
山　西	20	2017	1839	22991	25654	1298641	1292054
内蒙古	8	462	474	4155	5413	166691	175313
辽　宁	28	2142	2144	24099	26433	855826	1335948
吉　林	4	112	114	2226	2321	53600	56800
黑龙江	8	499	401	8782	9915	641560	623359
上　海	44	10015	10331	182294	201335	8248192	8310467
江　苏	58	5384	5663	134271	146284	10907399	6579516
浙　江	70	10072	9896	65491	69989	4190294	4049182
安　徽	34	1623	1670	61185	63073	2824021	2936891
福　建	38	1633	1329	60267	58240	6975766	6129171
江　西	17	170	169	18504	19100	1294280	1196987
山　东	52	3660	3495	129107	130083	11066038	10396818
河　南	45	1421	1528	40810	42027	2626217	2637408
湖　北	29	2514	2467	83132	92457	5219988	5461427
湖　南	37	1641	1568	47450	45861	4767868	1964960
广　东	88	6621	5685	120211	118524	7874314	7765703
广　西	9	437	440	14159	14547	591997	593333
海　南	2	190	169	1622	1628	55723	48194
重　庆	30	3947	4026	56566	60904	3003420	2929153
四　川	43	8540	7165	66010	61508	2760753	2445263
贵　州	9	286	275	4235	3945	150914	150512
云　南	10	628	613	9547	9834	357480	374303
西　藏	1	3	3	820	790	29955	21700
陕　西	17	627	603	9164	9992	770384	779525
甘　肃	2	252	160	2458	2132	59260	51275
青　海	4	63	75	4338	4356	160660	158914
宁　夏	7	273	176	6795	6040	339348	290533
新　疆	12	368	395	10444	11124	991486	955170

2–13 续表 11

食品、饮料及烟草制品专门零售

地 区	连锁总店数（个）	门店数（个）		年末从业人员（人）		年末零售营业面积（平方米）	
	2016年	2016年	2015年	2016年	2015年	2016年	2015年
全 国	**165**	**23180**	**21093**	**82809**	**78628**	**1093006**	**993767**
北 京	19	1833	1837	15516	15594	178792	175452
天 津	5	144	138	2896	2699	29263	28317
河 北	2	66	66	280	287	11960	11720
山 西	3	39	39	289	343	4035	4035
内蒙古							
辽 宁	4	86	81	861	795	13128	7028
吉 林	2	57	51	571	515	5900	5500
黑龙江							
上 海	4	1223	1185	4744	5410	48195	73198
江 苏	22	1478	1537	3345	5049	44632	47461
浙 江	14	1375	1429	3064	3169	62245	62881
安 徽	2	248	248	936	941	27720	27720
福 建	15	830	706	4520	3838	54901	49372
江 西	5	1266	1262	4292	4210	77234	77441
山 东	4	415	395	2300	2422	47810	41300
河 南	6	470	442	1620	1550	43942	37210
湖 北	14	2260	2043	6713	6514	113983	104720
湖 南	11	8580	7555	18234	16021	168981	137671
广 东	15	630	632	3895	3561	30843	30839
广 西							
海 南							
重 庆	9	928	730	3298	2637	22926	19509
四 川	5	1183	649	4977	2676	95319	41266
贵 州							
云 南	1	20	20	97	104	856	856
西 藏							
陕 西	1	8	7	217	139	4846	4776
甘 肃							
青 海							
宁 夏	1	35	35	120	130	5050	5050
新 疆	1	6	6	24	24	445	445

2–13 续表 12

纺织、服装及日用品专门零售

地区	连锁总店数（个）	门店数（个）		年末从业人员（人）		年末零售营业面积（平方米）	
	2016年	2016年	2015年	2016年	2015年	2016年	2015年
全国	**176**	**14609**	**14416**	**79902**	**76198**	**2532697**	**3336118**
北京	25	583	590	10037	9868	551273	617708
天津	3	43	42	483	495	12457	12575
河北	2	50	50	436	512	4725	5025
山西	2	10	11	122	124	660	710
内蒙古							
辽宁	6	61	79	391	668	201586	306250
吉林	2	20	21	142	151	2655	2955
黑龙江	1	45	37	367	350	13426	11277
上海	16	2982	3100	19291	19244	718352	720458
江苏	3	360	394	2089	2217	44766	46501
浙江	15	779	727	5299	3063	109765	91138
安徽	1	2	2	11	12	400	400
福建	5	87	78	717	747	16970	16976
江西	4	119	89	858	517	16207	11970
山东	4	25	28	197	215	4914	5114
河南	5	33	32	327	392	10899	10726
湖北	15	498	415	5822	5594	180544	156322
湖南	12	987	871	3450	2663	111018	79843
广东	31	7207	7063	23864	23588	360047	1073695
广西							
海南							
重庆	8	194	179	2155	1979	58926	59469
四川	8	351	446	1735	1811	48667	50754
贵州							
云南	2	22	15	386	368	17914	13332
西藏							
陕西	4	141	136	1335	1194	34002	31286
甘肃							
青海	1	7	8	381	419	12324	11434
宁夏							
新疆	1	3	3	7	7	200	200

2-13 续表 13

文化、体育用品及器材专门零售

地区	连锁总店数（个）	门店数（个）		年末从业人员（人）		年末零售营业面积（平方米）	
	2016年	2016年	2015年	2016年	2015年	2016年	2015年
全国	**92**	**1957**	**2249**	**35187**	**35816**	**1234253**	**1258438**
北京	5	104	103	1686	1611	123208	123101
天津							
河北	1	7	4	52	54	1390	1390
山西							
内蒙古							
辽宁	1	27	27	491	474	27521	27521
吉林							
黑龙江	2	22	22	1118	1260	14086	16022
上海	6	205	217	3689	3766	148993	154162
江苏	5	34	38	317	416	12270	37926
浙江	1	9	7	215	212	1080	920
安徽	1	14	13	635	620	17147	17147
福建	3	12	12	241	253	6296	6234
江西	3	513	537	4997	4664	145312	133503
山东	4	31	30	526	666	42769	42369
河南	5	26	26	814	831	17001	16881
湖北	9	62	82	1391	1612	18695	21816
湖南	4	39	29	301	263	19638	14932
广东	15	163	203	2912	3394	138260	136837
广西	1	4	4	290	312	15000	15000
海南							
重庆	2	110	286	2544	2483	129000	136649
四川	6	357	388	8394	8552	139233	138250
贵州							
云南	2	65	67	1678	1655	90678	92910
西藏							
陕西	1	20	20	1068	948	19978	19978
甘肃							
青海							
宁夏	1	8	9	217	216	11000	9971
新疆	14	125	125	1611	1554	95698	94919

2-13 续表 14

医药及医疗器材专门零售

地区	连锁总店数（个）	门店数（个）		年末从业人员（人）		年末零售营业面积（平方米）	
	2016年	2016年	2015年	2016年	2015年	2016年	2015年
全国	**724**	**51266**	**46230**	**272692**	**249918**	**6801111**	**5934306**
北京	30	918	941	6567	6679	164117	165022
天津	6	236	224	1798	1842	51632	54447
河北	25	1480	1268	9006	7879	140828	122222
山西	17	985	802	7359	7210	447737	119567
内蒙古	7	133	131	821	813	13212	12935
辽宁	31	2855	2324	17124	14668	433159	477337
吉林	10	752	479	4164	2860	303437	182449
黑龙江	17	1142	1154	5788	5777	140597	140891
上海	19	2212	2147	11865	11596	506455	488819
江苏	52	2698	2433	13383	12212	322051	289912
浙江	88	4290	4005	17755	16789	477221	443871
安徽	19	529	476	4187	4095	113530	107030
福建	29	980	855	5349	4906	160555	144532
江西	14	923	773	5475	4918	121211	103703
山东	53	3412	2893	16308	14293	372333	307472
河南	30	1896	1530	10603	8738	289746	234195
湖北	33	1541	1238	9129	6975	180533	164509
湖南	20	3321	2803	19642	14829	370744	349395
广东	51	3434	3081	21420	20880	404546	370445
广西	24	2237	2039	11313	10063	231133	210467
海南	2	197	197	646	689	34410	34410
重庆	25	4918	4883	14733	14374	363815	329314
四川	46	2983	2864	10158	9763	269950	276789
贵州	18	1051	805	5667	4724	94915	78912
云南	8	3891	3645	26428	26711	484704	450138
西藏							
陕西	8	486	502	5176	4992	68803	62739
甘肃	7	338	289	2851	2721	46675	40502
青海	3	47	17	844	775	4710	4710
宁夏	8	167	162	1101	1039	23418	22463
新疆	24	1214	1270	6032	6108	164934	145109

2–13 续表 15

汽车、摩托车、燃料及零配件专门零售

地区	连锁总店数（个）	门店数（个）		年末从业人员（人）		年末零售营业面积（平方米）	
	2016年	2016年	2015年	2016年	2015年	2016年	2015年
全国	**197**	**13901**	**13768**	**129463**	**131445**	**20015175**	**20485922**
北京	4	554	556	5127	5122	190713	201640
天津	3	607	620	8499	8744	947565	975565
河北	10	1391	1402	9827	10115	2329153	2344210
山西	8	785	791	4940	5490	962885	996313
内蒙古							
辽宁	8	733	731	8866	9483	1825467	1824467
吉林	1	211	218	2346	2462	17000	17000
黑龙江	1	149	150	2289	2230	14700	14700
上海	1	100	98	1428	1344	19200	18816
江苏	2	191	194	2120	2279	556000	556000
浙江	2	6	6	81	79	1410	1410
安徽							
福建	30	1735	1700	13136	12441	1928343	1903923
江西	16	527	513	5252	5180	796405	769548
山东	14	643	644	4339	4433	1325305	1323567
河南	6	608	536	3302	2997	817572	724632
湖北	9	640	641	7736	7726	328817	330817
湖南	28	1750	1750	12218	12475	2633876	2625773
广东	34	2050	2016	24757	25136	4007562	4528994
广西							
海南	2	404	400	3038	3499	300646	331893
重庆	3	27	27	81	83	2815	2565
四川	2	194	182	2916	2485	115300	108650
贵州							
云南	1	98	97	1164	1369	113000	109000
西藏							
陕西	5	204	198	2157	2322	206721	203450
甘肃	4	170	174	2071	2274	305013	303282
青海							
宁夏							
新疆	3	124	124	1773	1677	269707	269707

2–13 续表 16

家用电器及电子产品专门零售

地　区	连锁总店数（个）	门店数（个）		年末从业人员（人）		年末零售营业面积（平方米）	
	2016年	2016年	2015年	2016年	2015年	2016年	2015年
全　国	**208**	**7401**	**7374**	**216531**	**255479**	**14994280**	**14880240**
北　京	9	428	400	13151	13651	813599	919252
天　津	4	101	77	2180	2312	274958	254027
河　北	6	100	99	2195	2210	177398	186024
山　西	7	133	127	1178	1475	212783	148176
内蒙古	3	18	18	605	705	73159	85559
辽　宁	5	97	94	2691	3526	372221	366484
吉　林	5	45	48	1434	1134	100473	124454
黑龙江	5	83	81	1222	1315	148945	124708
上　海	6	231	269	6967	7992	697400	724725
江　苏	13	2041	1886	122827	154139	6930277	6690116
浙　江	9	550	547	4681	4816	131619	131138
安　徽	5	87	76	2534	2315	225430	220368
福　建	19	289	256	4651	5386	551194	479373
江　西	6	48	43	1739	1806	78532	78485
山　东	6	88	65	1592	1837	275435	243927
河　南	15	154	155	3658	4006	362377	286251
湖　北	8	243	228	6101	6576	665626	669554
湖　南	9	109	116	1968	2472	205681	213798
广　东	28	1789	2045	18817	20401	1224925	1425647
广　西	3	42	53	1338	1673	108908	136816
海　南							
重　庆	3	135	122	3129	3578	369853	402924
四　川	9	175	153	5459	5397	454866	449711
贵　州	2	29	30	899	882	95807	96727
云　南	9	143	144	2070	2144	199947	198213
西　藏							
陕　西	2	9	15	560	719	16126	6450
甘　肃	1	25	25	90	25	5000	4000
青　海	1	10	10	126	161	17904	26972
宁　夏	1	98	98	965	973	62715	62715
新　疆	9	101	94	1704	1853	141122	123646

2-13 续表 17

五金、家具及室内装饰材料专门零售

地区	连锁总店数（个）	门店数（个）		年末从业人员（人）		年末零售营业面积（平方米）	
	2016年	2016年	2015年	2016年	2015年	2016年	2015年
全国	**17**	**220**	**201**	**6398**	**7276**	**402570**	**368722**
北京	3	7	6	1012	971	60934	60691
天津	1	6	7	143	158	3508	4029
河北							
山西							
内蒙古							
辽宁							
吉林							
黑龙江							
上海	4	13	16	667	809	64111	98811
江苏	1	1	1	61	61	8850	8850
浙江	1	46	42	310	275	25752	23786
安徽							
福建							
江西							
山东							
河南							
湖北	1	7	8	140	120	2815	2985
湖南	1	10	5	126	110	20000	18400
广东	2	27	27	511	509	19021	19021
广西							
海南							
重庆							
四川	2	4	4	138	158	29400	29400
贵州							
云南							
西藏							
陕西							
甘肃							
青海							
宁夏							
新疆	1	99	85	3290	4105	168179	102749

2-13 续表 18

货摊、无店铺及其他零售业

地区	连锁总店数（个）	门店数（个）		年末从业人员（人）		年末零售营业面积（平方米）	
	2016年	2016年	2015年	2016年	2015年	2016年	2015年
全国	**10**	**662**	**668**	**3437**	**3003**	**58376**	**56438**
北京							
天津							
河北							
山西							
内蒙古							
辽宁							
吉林	1	5	5	43	35	250	250
黑龙江							
上海	1	27	19	327	311	4029	3549
江苏	1	23	23	70	74	3650	3650
浙江	1	18	18	28	33	2050	2050
安徽							
福建	1	1	35	50	52	1000	750
江西							
山东							
河南							
湖北							
湖南							
广东	4	569	549	2779	2359	46397	45189
广西	1	19	19	140	139	1000	1000
海南							
重庆							
四川							
贵州							
云南							
西藏							
陕西							
甘肃							
青海							
宁夏							
新疆							

2-14 按行业分各地区连锁零售企业直营门店基本情况

批发业

地区	门店数（个）		年末从业人员（人）		年末零售营业面积（平方米）	
	2016年	2015年	2016年	2015年	2016年	2015年
全国	**29759**	**30137**	**241681**	**253281**	**43323844**	**42980210**
北京	203	204	2356	2578	168654	177909
天津	10	10	150	146	8793	8533
河北	1138	1130	7966	8123	1855325	1875041
山西	32	32	1469	1477	38979	2980
内蒙古						
辽宁	388	388	5174	5380	264030	263766
吉林	370	308	2139	1841	74000	60000
黑龙江	38	38	489	467	1482	1466
上海	1117	1168	10236	10482	314581	327141
江苏	3826	4024	35427	35588	5119326	5101346
浙江	3432	3692	25406	31249	6096125	6132943
安徽	2273	2243	13174	13394	2005704	2004775
福建	224	224	898	962	33185	35151
江西	1010	1023	10983	11495	832604	836381
山东	3261	3284	20114	20049	5135087	5017301
河南	982	999	5327	5470	2090910	2062589
湖北	537	546	9165	9493	336768	343239
湖南	71	66	929	517	33504	31261
广东	4425	4337	37599	39825	10442490	10418524
广西	1630	1634	11385	12250	3338791	3315500
海南						
重庆	833	829	7730	8053	300307	294421
四川	219	145	1716	1284	48800	39457
贵州						
云南	334	322	2978	3035	784626	726572
西藏						
陕西	1036	1036	14887	15856	1462776	1431197
甘肃	153	134	565	579	285589	278589
青海	27	34	272	287	6700	10700
宁夏	258	229	1819	1771	594348	536303
新疆	1932	2058	11328	11630	1650360	1647125

2–14 续表 1

农、林、牧产品批发

地区	门店数（个）		年末从业人员（人）		年末零售营业面积（平方米）	
	2016年	2015年	2016年	2015年	2016年	2015年
全国	**236**	**235**	**1658**	**1677**	**91550**	**89541**
北京						
天津						
河北						
山西						
内蒙古						
辽宁						
吉林						
黑龙江						
上海						
江苏						
浙江						
安徽	62	63	1118	1136	5270	5355
福建						
江西						
山东						
河南						
湖北	45	45	326	326	63850	63850
湖南	27	26	31	29	19504	17540
广东	4	3	25	17	426	296
广西						
海南						
重庆						
四川						
贵州						
云南						
西藏						
陕西						
甘肃						
青海						
宁夏						
新疆	98	98	158	169	2500	2500

2-14 续表 2

食品、饮料及烟草制品批发

地区	门店数（个）		年末从业人员（人）		年末零售营业面积（平方米）	
	2016年	2015年	2016年	2015年	2016年	2015年
全　国	**1559**	**1621**	**22376**	**23672**	**341875**	**303187**
北　京	23	27	164	221	2131	2151
天　津	3	3	69	68	160	160
河　北						
山　西	32	32	1469	1477	38979	2980
内蒙古						
辽　宁						
吉　林						
黑龙江						
上　海	407	438	2064	2204	63426	71016
江　苏	496	496	1550	1575	5800	5800
浙　江	30	30	388	399	2444	2694
安　徽						
福　建	47	49	671	705	24340	26640
江　西	77	77	4978	5260	3362	3362
山　东	110	111	3441	3366	48882	48922
河　南	38	43	158	131	1975	2150
湖　北	15	15	818	824	743	743
湖　南						
广　东	85	80	705	704	4652	4818
广　西						
海　南						
重　庆	24	29	379	407	14285	15780
四　川						
贵　州						
云　南						
西　藏						
陕　西	58	71	4294	5076	122545	103840
甘　肃						
青　海	27	34	272	287	6700	10700
宁　夏	78	76	466	468	1050	1030
新　疆	9	10	490	500	401	401

2-14 续表 3

纺织、服装及家庭用品批发

地　区	门店数（个）		年末从业人员（人）		年末零售营业面积（平方米）	
	2016年	2015年	2016年	2015年	2016年	2015年
全　国	**535**	**501**	**15331**	**15680**	**1560024**	**1445194**
北　京						
天　津						
河　北						
山　西						
内蒙古						
辽　宁	2	2	1464	1620	2400	2400
吉　林						
黑龙江						
上　海	78	83	1540	1562	4880	4880
江　苏	5	24	37	106	790	2896
浙　江						
安　徽						
福　建						
江　西	29	22	318	313	1000	750
山　东	50	48	9332	9292	1456272	1363376
河　南						
湖　北	6	7	36	39	718	1
湖　南	3	3	20	20	200	200
广　东	338	293	2479	2628	91206	66946
广　西						
海　南						
重　庆						
四　川	24	19	105	100	2558	3745
贵　州						
云　南						
西　藏						
陕　西						
甘　肃						
青　海						
宁　夏						
新　疆						

2-14 续表 4

文化、体育用品及器材批发

地区	门店数（个）		年末从业人员（人）		年末零售营业面积（平方米）	
	2016年	2015年	2016年	2015年	2016年	2015年
全国	**453**	**531**	**16671**	**15440**	**797155**	**789589**
北京	4	4	66	65	3065	3065
天津						
河北						
山西						
内蒙古						
辽宁						
吉林						
黑龙江						
上海						
江苏	81	81	5688	5512	369346	363580
浙江	344	422	7038	6434	344902	343102
安徽						
福建						
江西						
山东						
河南						
湖北	8	8	3106	3056	65000	65000
湖南	2	2	627	215	7700	7700
广东	14	14	146	158	7142	7142
广西						
海南						
重庆						
四川						
贵州						
云南						
西藏						
陕西						
甘肃						
青海						
宁夏						
新疆						

2-14 续表 5

医药及医疗器材批发

地区	门店数（个）		年末从业人员（人）		年末零售营业面积（平方米）	
	2016年	2015年	2016年	2015年	2016年	2015年
全国	**1320**	**1140**	**7638**	**6703**	**196852**	**166334**
北京						
天津						
河北						
山西						
内蒙古						
辽宁						
吉林	370	308	2139	1841	74000	60000
黑龙江	2	2	96	92	400	384
上海						
江苏	125	125	585	585	17500	17500
浙江	221	212	1197	1066	14185	13412
安徽						
福建	17	14	104	96	7465	6971
江西						
山东	125	114	797	749	20500	18364
河南						
湖北	4	6	33	54	684	1001
湖南	14	15	181	188	2100	2321
广东	182	154	822	792	18005	15468
广西						
海南						
重庆	41	41	224	225	4104	3963
四川	115	46	960	527	25864	15034
贵州						
云南	96	96	365	355	10955	10955
西藏						
陕西						
甘肃						
青海						
宁夏						
新疆	8	7	135	133	1090	961

2-14 续表 6

矿产品、建材及化工产品批发

地区	门店数（个）		年末从业人员（人）		年末零售营业面积（平方米）	
	2016年	2015年	2016年	2015年	2016年	2015年
全国	**24613**	**25070**	**168607**	**180360**	**39273800**	**39123327**
北京	160	159	1878	1913	158958	168193
天津						
河北	1138	1130	7966	8123	1855325	1875041
山西						
内蒙古						
辽宁	336	338	3398	3458	261150	261066
吉林						
黑龙江	36	36	393	375	1082	1082
上海	632	647	6632	6716	246275	251245
江苏	3111	3290	27465	27712	4724020	4709700
浙江	2829	3018	16743	23316	5733744	5772635
安徽	1725	1694	7423	7533	996078	995064
福建	159	159	116	126	1270	1270
江西	904	924	5687	5922	828242	832269
山东	2976	3011	6544	6642	3609433	3586639
河南	940	952	5108	5275	2087435	2058939
湖北	303	303	2780	2811	202453	209225
湖南						
广东	3601	3590	32241	34645	10295871	10298276
广西	1620	1625	11270	12094	3333924	3310633
海南						
重庆	766	757	7110	7404	281664	274424
四川	80	80	651	657	20378	20678
贵州						
云南	177	169	2253	2255	771881	713286
西藏						
陕西	975	963	10571	10758	1340081	1327257
甘肃	153	134	565	579	285589	278589
青海						
宁夏	175	148	1268	1218	592578	534553
新疆	1817	1943	10545	10828	1646369	1643263

2-14 续表 7

机械设备、五金产品及电子产品批发

地　区	门店数（个）		年末从业人员（人）		年末零售营业面积（平方米）	
	2016年	2015年	2016年	2015年	2016年	2015年
全　国	**216**	**214**	**1594**	**1456**	**33704**	**33674**
北　京	16	14	248	379	4500	4500
天　津	7	7	81	78	8633	8373
河　北						
山　西						
内蒙古						
辽　宁	6	4	127	122	480	300
吉　林						
黑龙江						
上　海						
江　苏	8	8	102	98	1870	1870
浙　江	8	10	40	34	850	1100
安　徽						
福　建	1	2	7	35	110	270
江　西						
山　东						
河　南	4	4	61	64	1500	1500
湖　北						
湖　南						
广　东	156	156	813	490	10894	10894
广　西	10	9	115	156	4867	4867
海　南						
重　庆						
四　川						
贵　州						
云　南						
西　藏						
陕　西						
甘　肃						
青　海						
宁　夏						
新　疆						

2-14 续表 8

其他批发业

地区	门店数（个）		年末从业人员（人）		年末零售营业面积（平方米）	
	2016年	2015年	2016年	2015年	2016年	2015年
全国	**827**	**825**	**7806**	**8293**	**1028884**	**1029364**
北京						
天津						
河北						
山西						
内蒙古						
辽宁	44	44	185	180		
吉林						
黑龙江						
上海						
江苏						
浙江						
安徽	486	486	4633	4725	1004356	1004356
福建						
江西						
山东						
河南						
湖北	156	162	2066	2383	3320	3419
湖南	25	20	70	65	4000	3500
广东	45	47	368	391	14294	14684
广西						
海南						
重庆	2	2	17	17	254	254
四川						
贵州						
云南	61	57	360	425	1790	2331
西藏						
陕西	3	2	22	22	150	100
甘肃						
青海						
宁夏	5	5	85	85	720	720
新疆						

2–14 续表 9

零售业

地区	门店数（个）		年末从业人员（人）		年末零售营业面积（平方米）	
	2016年	2015年	2016年	2015年	2016年	2015年
全国	**117807**	**110971**	**1899413**	**1972140**	**125785879**	**117634882**
北京	5681	5571	159294	163450	9095017	9107020
天津	1553	1721	27581	29769	1837262	1922765
河北	3422	3234	43335	43339	4230230	4196753
山西	2276	2150	28502	34269	2819538	2479071
内蒙古	412	491	5031	6571	237777	266529
辽宁	4266	3740	47065	48442	3542735	4148738
吉林	1202	936	10926	9478	483315	389408
黑龙江	1479	1413	18095	19587	941894	908680
上海	9962	10198	143288	160960	6329749	6704737
江苏	8842	8722	254209	294785	17872277	13331292
浙江	7356	7096	75709	77454	4351489	4158238
安徽	1914	1892	64353	65923	3016126	3110388
福建	4505	4160	85631	83026	9612879	8666560
江西	2314	2175	36692	36077	2289885	2159173
山东	6941	6360	150295	149213	13009710	12240566
河南	3695	3201	59026	58263	4066267	3836433
湖北	6603	6172	116364	123743	6642059	6839259
湖南	6082	5480	81053	76123	7977974	5118182
广东	14650	14523	190816	190993	13388269	14710765
广西	1864	1704	23308	22725	840219	810149
海南	791	766	5306	5816	390779	414497
重庆	3638	3365	72244	76363	3672906	3596368
四川	8355	6748	85614	79853	3655957	3312099
贵州	1122	881	10296	8873	330149	308580
云南	4541	4275	40769	41573	1247941	1222114
西藏	3	3	820	790	29955	21700
陕西	1316	1321	18805	19470	1105046	1088410
甘肃	767	630	7444	7122	415048	398259
青海	95	108	5630	5707	195598	202030
宁夏	552	452	9114	8308	438511	387832
新疆	1608	1483	22798	24075	1719318	1578287

2–14 续表 10

综合零售

地区	门店数（个）		年末从业人员（人）		年末零售营业面积（平方米）	
	2016年	2015年	2016年	2015年	2016年	2015年
全国	**38398**	**36939**	**1157289**	**1212808**	**80652185**	**72272207**
北京	2328	2196	112394	115989	7146983	6970019
天津	423	620	11589	13526	518809	594735
河北	368	382	21695	22430	1572776	1533562
山西	327	383	14621	19634	1191653	1210550
内蒙古	300	381	3656	5104	153076	169705
辽宁	649	645	17656	19837	693373	1170495
吉林	112	114	2226	2321	53600	56800
黑龙江	189	200	7632	8965	612880	603399
上海	6036	6237	106592	122918	4671657	4958663
江苏	2943	3093	112509	121212	10031692	5733543
浙江	2504	2525	48885	53403	3666493	3527968
安徽	1094	1137	56290	58180	2635649	2741473
福建	945	832	58189	56357	6932619	6097764
江西	156	156	15746	16441	1094176	1016449
山东	2639	2531	125479	125769	10957694	10287367
河南	988	929	40336	41269	2610749	2610108
湖北	2319	2418	81855	91094	5209124	5445009
湖南	951	864	45973	44420	4716270	1914133
广东	4262	3975	102971	102481	7344697	7267631
广西	315	312	13161	13490	541396	534416
海南	190	169	1622	1628	55723	48194
重庆	994	1005	52763	57009	2865704	2790280
四川	5542	4177	58151	53488	2638457	2323689
贵州	223	223	4135	3827	145824	145527
云南	302	287	8946	9222	340842	357665
西藏	3	3	820	790	29955	21700
陕西	579	578	8964	9867	768480	777621
甘肃	252	160	2458	2132	59260	51275
青海	63	75	4338	4356	160660	158914
宁夏	270	176	6782	6040	339048	290533
新疆	132	156	8855	9609	892866	863020

2-14 续表 11

食品、饮料及烟草制品专门零售

地区	门店数（个）		年末从业人员（人）		年末零售营业面积（平方米）	
	2016年	2015年	2016年	2015年	2016年	2015年
全国	**9711**	**9225**	**51617**	**52192**	**670615**	**640875**
北京	968	992	10778	11108	94795	94753
天津	144	138	2896	2699	29263	28317
河北	26	29	124	139	3960	4320
山西	39	39	289	343	4035	4035
内蒙古						
辽宁	86	81	861	795	13128	7028
吉林	57	51	571	515	5900	5500
黑龙江						
上海	1222	1179	4740	5321	48135	72718
江苏	1468	1527	3255	4959	43132	45961
浙江	502	558	2124	2404	36410	37381
安徽	188	188	696	701	23970	23970
福建	537	507	3604	3236	38998	39569
江西	222	164	3104	2862	57602	55675
山东	365	345	2200	2322	45810	39300
河南	332	315	1222	1168	37925	31530
湖北	1613	1494	5315	5200	83016	76204
湖南	548	430	2132	1771	23034	12765
广东	630	632	3895	3561	30843	30839
广西						
海南						
重庆	452	310	2165	1884	15767	12949
四川	268	203	1253	882	26295	9534
贵州						
云南	20	20	97	104	856	856
西藏						
陕西	8	7	217	139	4846	4776
甘肃						
青海						
宁夏	10	10	55	55	2450	2450
新疆	6	6	24	24	445	445

2-14 续表 12

纺织、服装及日用品专门零售

地区	门店数（个）		年末从业人员（人）		年末零售营业面积（平方米）	
	2016年	2015年	2016年	2015年	2016年	2015年
全　国	**7569**	**7355**	**63272**	**58365**	**2205651**	**2963813**
北　京	566	575	9941	9778	549420	616016
天　津	43	42	483	495	12457	12575
河　北	50	50	436	512	4725	5025
山　西	10	11	122	124	660	710
内蒙古						
辽　宁	60	78	388	665	201486	306150
吉　林	20	21	142	151	2655	2955
黑龙江	45	37	367	350	13426	11277
上　海	1449	1481	13155	12950	588637	586291
江　苏	141	66	953	574	18100	14700
浙　江	646	552	5104	2824	97869	74267
安　徽	2	2	11	12	400	400
福　建	87	78	717	747	16970	16976
江　西	119	89	858	517	16207	11970
山　东	25	28	197	215	4914	5114
河　南	28	27	292	352	10299	10126
湖　北	454	371	5636	5374	178093	153522
湖　南	511	444	2992	2158	85493	54671
广　东	2848	2968	16196	15710	245317	945223
广　西						
海　南						
重　庆	154	142	1805	1573	51496	38069
四　川	171	164	1573	1501	46107	45044
贵　州						
云　南	22	15	386	368	17914	13332
西　藏						
陕　西	108	103	1130	989	30482	27766
甘　肃						
青　海	7	8	381	419	12324	11434
宁　夏						
新　疆	3	3	7	7	200	200

2-14 续表 13

文化、体育用品及器材专门零售

地　区	门店数（个）		年末从业人员（人）		年末零售营业面积（平方米）	
	2016年	2015年	2016年	2015年	2016年	2015年
全　国	**1918**	**1963**	**34552**	**35109**	**1232312**	**1253677**
北　京	104	103	1686	1611	123208	123101
天　津						
河　北	7	4	52	54	1390	1390
山　西						
内蒙古						
辽　宁	27	27	491	474	27521	27521
吉　林						
黑龙江	22	22	1118	1260	14086	16022
上　海	205	217	3689	3766	148993	154162
江　苏	34	38	317	416	12270	37926
浙　江	9	7	215	212	1080	920
安　徽	14	13	635	620	17147	17147
福　建	12	12	241	253	6296	6234
江　西	513	537	4997	4664	145312	133503
山　东	31	30	526	666	42769	42369
河　南	26	26	814	831	17001	16881
湖　北	55	53	1355	1553	17095	18866
湖　南	39	29	301	263	19638	14932
广　东	162	202	2910	3391	138210	136787
广　西	4	4	290	312	15000	15000
海　南						
重　庆	108	58	2540	2423	128710	134889
四　川	328	360	7801	7967	139232	138249
贵　州						
云　南	65	67	1678	1655	90678	92910
西　藏						
陕　西	20	20	1068	948	19978	19978
甘　肃						
青　海						
宁　夏	8	9	217	216	11000	9971
新　疆	125	125	1611	1554	95698	94919

2-14 续表 14

医药及医疗器材专门零售

地 区	门店数（个）		年末从业人员（人）		年末零售营业面积（平方米）	
	2016年	2015年	2016年	2015年	2016年	2015年
全 国	**38818**	**34293**	**240269**	**219876**	**5657782**	**4848647**
北 京	726	743	5205	5220	115365	121548
天 津	229	217	1791	1835	50702	53517
河 北	1480	1268	9006	7879	140828	122222
山 西	982	799	7352	7203	447522	119287
内蒙古	94	92	770	762	11542	11265
辽 宁	2614	2084	16112	13662	409539	446593
吉 林	752	479	4164	2860	303437	182449
黑龙江	991	923	5467	5467	137857	138574
上 海	679	682	5723	5549	87587	87002
江 苏	2166	1983	12322	11314	272457	245056
浙 江	3096	2863	14347	13506	391051	362994
安 徽	529	476	4187	4095	113530	107030
福 建	899	775	5043	4606	137459	122721
江 西	730	674	5019	4653	102586	94478
山 东	3150	2717	15962	13971	357783	298922
河 南	1670	1319	10090	8302	274986	217085
湖 北	1272	959	8226	6100	157473	142302
湖 南	2164	1842	15343	12454	273982	263710
广 东	2805	2664	20393	19673	362391	342927
广 西	1484	1323	8379	7195	173915	157032
海 南	197	197	646	689	34410	34410
重 庆	1768	1701	9761	9813	238561	214692
四 川	1673	1505	8323	7975	206300	207822
贵 州	870	628	5262	4164	88518	66326
云 南	3891	3645	26428	26711	484704	450138
西 藏						
陕 西	388	400	4709	4486	58413	48369
甘 肃	320	271	2825	2691	45775	39702
青 海	15	15	785	771	4710	4710
宁 夏	166	159	1095	1024	23298	22163
新 疆	1018	890	5534	5246	151101	123601

2-14 续表 15

汽车、摩托车、燃料及零配件专门零售

地区	门店数（个）		年末从业人员（人）		年末零售营业面积（平方米）	
	2016年	2015年	2016年	2015年	2016年	2015年
全国	**13791**	**13664**	**128820**	**130787**	**19951533**	**20425922**
北京	554	556	5127	5122	190713	201640
天津	607	620	8499	8744	947565	975565
河北	1391	1402	9827	10115	2329153	2344210
山西	785	791	4940	5490	962885	996313
内蒙古						
辽宁	733	731	8866	9483	1825467	1824467
吉林	211	218	2346	2462	17000	17000
黑龙江	149	150	2289	2230	14700	14700
上海	100	98	1428	1344	19200	18816
江苏	191	194	2120	2279	556000	556000
浙江	6	6	81	79	1410	1410
安徽						
福建	1735	1700	13136	12441	1928343	1903923
江西	527	513	5252	5180	796405	769548
山东	643	644	4339	4433	1325305	1323567
河南	498	432	2659	2339	753930	664632
湖北	640	641	7736	7726	328817	330817
湖南	1750	1750	12218	12475	2633876	2625773
广东	2050	2016	24757	25136	4007562	4528994
广西						
海南	404	400	3038	3499	300646	331893
重庆	27	27	81	83	2815	2565
四川	194	182	2916	2485	115300	108650
贵州						
云南	98	97	1164	1369	113000	109000
西藏						
陕西	204	198	2157	2322	206721	203450
甘肃	170	174	2071	2274	305013	303282
青海						
宁夏						
新疆	124	124	1773	1677	269707	269707

2-14 续表 16

家用电器及电子产品专门零售

地 区	门店数（个）		年末从业人员（人）		年末零售营业面积（平方米）	
	2016年	2015年	2016年	2015年	2016年	2015年
全 国	**7208**	**7178**	**216006**	**254680**	**14987455**	**14837296**
北 京	428	400	13151	13651	813599	919252
天 津	101	77	2180	2312	274958	254027
河 北	100	99	2195	2210	177398	186024
山 西	133	127	1178	1475	212783	148176
内蒙古	18	18	605	705	73159	85559
辽 宁	97	94	2691	3526	372221	366484
吉 林	45	48	1434	1134	100473	124454
黑龙江	83	81	1222	1315	148945	124708
上 海	231	269	6967	7992	697400	724725
江 苏	1876	1798	122603	153897	6926426	6685906
浙 江	546	542	4638	4733	131124	129212
安 徽	87	76	2534	2315	225430	220368
福 建	289	256	4651	5386	551194	479373
江 西	47	42	1716	1760	77597	77550
山 东	88	65	1592	1837	275435	243927
河 南	153	153	3613	4002	361377	286071
湖 北	243	228	6101	6576	665626	669554
湖 南	109	116	1968	2472	205681	213798
广 东	1767	1952	18627	20061	1224381	1424069
广 西	42	46	1338	1589	108908	102701
海 南						
重 庆	135	122	3129	3578	369853	402924
四 川	175	153	5459	5397	454866	449711
贵 州	29	30	899	882	95807	96727
云 南	143	144	2070	2144	199947	198213
西 藏						
陕 西	9	15	560	719	16126	6450
甘 肃	25	25	90	25	5000	4000
青 海	10	10	126	161	17904	26972
宁 夏	98	98	965	973	62715	62715
新 疆	101	94	1704	1853	141122	123646

2-14 续表 17

五金、家具及室内装饰材料专门零售

地 区	门店数(个)		年末从业人员(人)		年末零售营业面积(平方米)	
	2016年	2015年	2016年	2015年	2016年	2015年
全 国	**220**	**201**	**6398**	**7276**	**402570**	**368722**
北 京	7	6	1012	971	60934	60691
天 津	6	7	143	158	3508	4029
河 北						
山 西						
内 蒙 古						
辽 宁						
吉 林						
黑 龙 江						
上 海	13	16	667	809	64111	98811
江 苏	1	1	61	61	8850	8850
浙 江	46	42	310	275	25752	23786
安 徽						
福 建						
江 西						
山 东						
河 南						
湖 北	7	8	140	120	2815	2985
湖 南	10	5	126	110	20000	18400
广 东	27	27	511	509	19021	19021
广 西						
海 南						
重 庆						
四 川	4	4	138	158	29400	29400
贵 州						
云 南						
西 藏						
陕 西						
甘 肃						
青 海						
宁 夏						
新 疆	99	85	3290	4105	168179	102749

2-14 续表 18

货摊、无店铺及其他零售业

地区	门店数（个）		年末从业人员（人）		年末零售营业面积（平方米）	
	2016年	2015年	2016年	2015年	2016年	2015年
全国	**174**	**153**	**1190**	**1047**	**25776**	**23723**
北京						
天津						
河北						
山西						
内蒙古						
辽宁						
吉林	5	5	43	35	250	250
黑龙江						
上海	27	19	327	311	4029	3549
江苏	22	22	69	73	3350	3350
浙江	1	1	5	18	300	300
安徽						
福建	1		50		1000	
江西						
山东						
河南						
湖北						
湖南						
广东	99	87	556	471	15847	15274
广西	19	19	140	139	1000	1000
海南						
重庆						
四川						
贵州						
云南						
西藏						
陕西						
甘肃						
青海						
宁夏						
新疆						

2-15 按行业分各地区连锁零售企业加盟门店基本情况

批发业

地 区	门店数（个）		年末从业人员（人）		年末零售营业面积（平方米）	
	2016年	2015年	2016年	2015年	2016年	2015年
全 国	**19320**	**19075**	**37995**	**38081**	**1420085**	**1388356**
北 京	173	169	468	456	11020	10900
天 津						
河 北						
山 西						
内蒙古						
辽 宁	195	198	418	382	11160	11360
吉 林						
黑龙江		12		36		453
上 海	86	99	988	1155	26161	30441
江 苏	2136	2176	4100	4414	29541	21763
浙 江	5782	5281	10801	9796	415586	380082
安 徽	4888	4791	7642	7426	239140	276205
福 建	828	904	3312	3519	203010	160200
江 西						
山 东	595	596	2652	2781	97945	97961
河 南						
湖 北	363	374	842	904	68400	68401
湖 南	938	836	932	856	47391	43950
广 东	801	865	579	871	129595	132351
广 西	57	57	90	160	3265	3265
海 南						
重 庆	1622	1743	3560	3929	85471	89769
四 川	203	252	307	351	12745	16475
贵 州						
云 南	187	187	574	264	1000	1000
西 藏						
陕 西						
甘 肃						
青 海	40	40	108	108	7000	8000
宁 夏	100	125	273	280	13280	14780
新 疆	326	370	349	393	18375	21000

2-15 续表 1

农、林、牧产品批发

地区	门店数（个）		年末从业人员（人）		年末零售营业面积（平方米）	
	2016年	2015年	2016年	2015年	2016年	2015年
全国	**4248**	**4049**	**9230**	**8907**	**278471**	**269695**
北京						
天津						
河北						
山西						
内蒙古						
辽宁	40	40	30	30	2860	2860
吉林						
黑龙江						
上海						
江苏						
浙江						
安徽	2908	2811	7431	7183	159940	154605
福建						
江西						
山东						
河南						
湖北	363	363	842	844	68400	68400
湖南	937	835	927	850	47271	43830
广东						
广西						
海南						
重庆						
四川						
贵州						
云南						
西藏						
陕西						
甘肃						
青海						
宁夏						
新疆						

2–15 续表 2

食品、饮料及烟草制品批发

地 区	门店数（个）		年末从业人员（人）		年末零售营业面积（平方米）	
	2016年	2015年	2016年	2015年	2016年	2015年
全 国	**4587**	**4389**	**10728**	**10482**	**395587**	**343313**
北 京	18	14	54	42	540	420
天 津						
河 北						
山 西						
内蒙古						
辽 宁						
吉 林						
黑龙江						
上 海	4	3	4	3	331	297
江 苏						
浙 江	3270	2957	6301	5678	147077	134174
安 徽						
福 建	828	904	3312	3519	203010	160200
江 西						
山 东						
河 南						
湖 北						
湖 南						
广 东	112	137	181	251	1570	1975
广 西						
海 南						
重 庆	315	334	768	881	36059	38247
四 川						
贵 州						
云 南						
西 藏						
陕 西						
甘 肃						
青 海	40	40	108	108	7000	8000
宁 夏						
新 疆						

2-15 续表 3

纺织、服装及家庭用品批发

地区	门店数（个）		年末从业人员（人）		年末零售营业面积（平方米）	
	2016年	2015年	2016年	2015年	2016年	2015年
全国	**1023**	**1090**	**2752**	**3097**	**205026**	**209150**
北京						
天津						
河北						
山西						
内蒙古						
辽宁						
吉林						
黑龙江						
上海						
江苏	57	82	115	164	5041	6763
浙江						
安徽						
福建						
江西						
山东	531	531	2518	2650	94516	94516
河南						
湖北		11		60		1
湖南						
广东	435	460	119	211	105469	107390
广西						
海南						
重庆						
四川		6		12		480
贵州						
云南						
西藏						
陕西						
甘肃						
青海						
宁夏						
新疆						

2–15 续表 4

文化、体育用品及器材批发

地区	门店数（个）		年末从业人员（人）		年末零售营业面积（平方米）	
	2016年	2015年	2016年	2015年	2016年	2015年
全国	**2**	**2**	**11**	**11**	**610**	**610**
北京						
天津						
河北						
山西						
内蒙古						
辽宁						
吉林						
黑龙江						
上海						
江苏						
浙江						
安徽						
福建						
江西						
山东						
河南						
湖北						
湖南						
广东	2	2	11	11	610	610
广西						
海南						
重庆						
四川						
贵州						
云南						
西藏						
陕西						
甘肃						
青海						
宁夏						
新疆						

2–15 续表 5

医药及医疗器材批发

地区	门店数（个）		年末从业人员（人）		年末零售营业面积（平方米）	
	2016年	2015年	2016年	2015年	2016年	2015年
全国	**1344**	**1501**	**2507**	**2894**	**71589**	**77409**
北京						
天津						
河北						
山西						
内蒙古						
辽宁	155	158	388	352	8300	8500
吉林						
黑龙江		12		36		453
上海						
江苏						
浙江	83	77	229	218	3483	3244
安徽						
福建						
江西						
山东	64	65	134	131	3429	3445
河南						
湖北						
湖南	1	1	5	6	120	120
广东	213	215	221	308	12930	12960
广西						
海南						
重庆	625	727	1223	1504	30582	32692
四川	203	246	307	339	12745	15995
贵州						
云南						
西藏						
陕西						
甘肃						
青海						
宁夏						
新疆						

2-15 续表 6

矿产品、建材及化工产品批发

地区	门店数（个）		年末从业人员（人）		年末零售营业面积（平方米）	
	2016年	2015年	2016年	2015年	2016年	2015年
全　国	**7899**	**7813**	**12144**	**12016**	**449606**	**468333**
北　京	155	155	414	414	10480	10480
天　津						
河　北						
山　西						
内蒙古						
辽　宁						
吉　林						
黑龙江						
上　海	82	96	984	1152	25830	30144
江　苏	2079	2094	3985	4250	24500	15000
浙　江	2429	2245	4271	3892	265026	242414
安　徽	1980	1980	211	243	79200	121600
福　建						
江　西						
山　东						
河　南						
湖　北						
湖　南						
广　东						
广　西	57	57	90	160	3265	3265
海　南						
重　庆	564	564	1153	1128	16930	16930
四　川						
贵　州						
云　南	187	187	574	264	1000	1000
西　藏						
陕　西						
甘　肃						
青　海						
宁　夏	40	65	113	120	5000	6500
新　疆	326	370	349	393	18375	21000

2-15 续表 7

机械设备、五金产品及电子产品批发

地 区	门店数（个）		年末从业人员（人）		年末零售营业面积（平方米）	
	2016年	2015年	2016年	2015年	2016年	2015年
全 国	**39**	**53**	**47**	**98**	**9016**	**9666**
北 京						
天 津						
河 北						
山 西						
内蒙古						
辽 宁						
吉 林						
黑龙江						
上 海						
江 苏						
浙 江		2		8		250
安 徽						
福 建						
江 西						
山 东						
河 南						
湖 北						
湖 南						
广 东	39	51	47	90	9016	9416
广 西						
海 南						
重 庆						
四 川						
贵 州						
云 南						
西 藏						
陕 西						
甘 肃						
青 海						
宁 夏						
新 疆						

2-15 续表 8

其他批发业

地　区	门店数（个）		年末从业人员（人）		年末零售营业面积（平方米）	
	2016年	2015年	2016年	2015年	2016年	2015年
全　国	**178**	**178**	**576**	**576**	**10180**	**10180**
北　京						
天　津						
河　北						
山　西						
内蒙古						
辽　宁						
吉　林						
黑龙江						
上　海						
江　苏						
浙　江						
安　徽						
福　建						
江　西						
山　东						
河　南						
湖　北						
湖　南						
广　东						
广　西						
海　南						
重　庆	118	118	416	416	1900	1900
四　川						
贵　州						
云　南						
西　藏						
陕　西						
甘　肃						
青　海						
宁　夏	60	60	160	160	8280	8280
新　疆						

2–15 续表 9

零售业

地　区	门店数（个）		年末从业人员（人）		年末零售营业面积（平方米）	
	2016年	2015年	2016年	2015年	2016年	2015年
全　国	**65558**	**62500**	**270831**	**267878**	**9071113**	**8693011**
北　京	1675	1604	11360	10934	259118	250567
天　津	521	506	1367	1327	54525	53325
河　北	375	393	646	730	34770	36050
山　西	1693	1459	8377	6027	107203	81784
内蒙古	201	132	550	360	15285	7278
辽　宁	1735	1740	7458	7605	186173	196297
吉　林						
黑龙江	461	432	1471	1260	31420	22277
上　海	7046	7184	87984	90847	4125178	3888268
江　苏	3368	3447	24274	27946	957618	928640
浙　江	9789	9581	21215	20971	649947	648138
安　徽	589	593	5135	5133	192122	199168
福　建	1062	811	3300	2837	82146	63771
江　西	1252	1211	4425	4318	239296	212464
山　东	1333	1190	4074	4736	124894	120001
河　南	913	1048	2108	2278	101487	110870
湖　北	1162	950	3800	3831	68942	72891
湖　南	10355	9217	22336	18571	319832	286590
广　东	7840	6778	28350	27359	717646	685605
广　西	875	851	3932	4009	107819	146467
海　南						
重　庆	6621	6888	10262	9675	277849	283215
四　川	5432	5103	14173	12497	257531	227984
贵　州	244	229	505	678	11487	17571
云　南	326	326	601	612	16638	16638
西　藏						
陕　西	179	160	872	836	15814	19794
甘　肃	18	18	26	30	900	800
青　海	32	2	59	4		
宁　夏	29	28	84	90	3020	2900
新　疆	432	619	2087	2377	112453	113658

2-15 续表 10

综合零售

地　区	门店数（个）		年末从业人员（人）		年末零售营业面积（平方米）	
	2016年	2015年	2016年	2015年	2016年	2015年
全　国	**31771**	**30533**	**186536**	**189447**	**7073339**	**6741735**
北　京	601	546	5164	4899	124516	124702
天　津	514	499	1360	1320	53595	52395
河　北	335	356	490	582	26770	28650
山　西	1690	1456	8370	6020	106988	81504
内 蒙 古	162	93	499	309	13615	5608
辽　宁	1493	1499	6443	6596	162453	165453
吉　林						
黑 龙 江	310	201	1150	950	28680	19960
上　海	3979	4094	75702	78417	3576535	3351804
江　苏	2441	2570	21762	25072	875707	845973
浙　江	7568	7371	16606	16586	523801	521214
安　徽	529	533	4895	4893	188372	195418
福　建	688	497	2078	1883	43147	31407
江　西	14	13	2758	2659	200104	180538
山　东	1021	964	3628	4314	108344	109451
河　南	433	599	474	758	15468	27300
湖　北	195	49	1277	1363	10864	16418
湖　南	690	704	1477	1441	51598	50827
广　东	2359	1710	17240	16043	529617	498072
广　西	122	128	998	1057	50601	58917
海　南						
重　庆	2953	3021	3803	3895	137716	138873
四　川	2998	2988	7859	8020	122296	121574
贵　州	63	52	100	118	5090	4985
云　南	326	326	601	612	16638	16638
西　藏						
陕　西	48	25	200	125	1904	1904
甘　肃						
青　海						
宁　夏	3		13		300	
新　疆	236	239	1589	1515	98620	92150

2-15 续表 11

食品、饮料及烟草制品专门零售

地区	门店数（个）		年末从业人员（人）		年末零售营业面积（平方米）	
	2016年	2015年	2016年	2015年	2016年	2015年
全国	**13469**	**11868**	**31192**	**26436**	**422391**	**352892**
北京	865	845	4738	4486	83997	80699
天津						
河北	40	37	156	148	8000	7400
山西						
内蒙古						
辽宁						
吉林						
黑龙江						
上海	1	6	4	89	60	480
江苏	10	10	90	90	1500	1500
浙江	873	871	940	765	25835	25500
安徽	60	60	240	240	3750	3750
福建	293	199	916	602	15903	9803
江西	1044	1098	1188	1348	19632	21766
山东	50	50	100	100	2000	2000
河南	138	127	398	382	6017	5680
湖北	647	549	1398	1314	30967	28516
湖南	8032	7125	16102	14250	145947	124906
广东						
广西						
海南						
重庆	476	420	1133	753	7159	6560
四川	915	446	3724	1794	69024	31732
贵州						
云南						
西藏						
陕西						
甘肃						
青海						
宁夏	25	25	65	75	2600	2600
新疆						

2-15 续表 12

纺织、服装及日用品专门零售

地区	门店数（个）		年末从业人员（人）		年末零售营业面积（平方米）	
	2016年	2015年	2016年	2015年	2016年	2015年
全国	**7040**	**7061**	**16630**	**17833**	**327046**	**372305**
北京	17	15	96	90	1853	1692
天津						
河北						
山西						
内蒙古						
辽宁	1	1	3	3	100	100
吉林						
黑龙江						
上海	1533	1619	6136	6294	129715	134167
江苏	219	328	1136	1643	26666	31801
浙江	133	175	195	239	11896	16871
安徽						
福建						
江西						
山东						
河南	5	5	35	40	600	600
湖北	44	44	186	220	2451	2800
湖南	476	427	458	505	25525	25172
广东	4359	4095	7668	7878	114730	128472
广西						
海南						
重庆	40	37	350	406	7430	21400
四川	180	282	162	310	2560	5710
贵州						
云南						
西藏						
陕西	33	33	205	205	3520	3520
甘肃						
青海						
宁夏						
新疆						

2-15 续表 13

文化、体育用品及器材专门零售

地区	门店数（个）		年末从业人员（人）		年末零售营业面积（平方米）	
	2016年	2015年	2016年	2015年	2016年	2015年
全国	**39**	**286**	**635**	**707**	**1941**	**4761**
北京						
天津						
河北						
山西						
内蒙古						
辽宁						
吉林						
黑龙江						
上海						
江苏						
浙江						
安徽						
福建						
江西						
山东						
河南						
湖北	7	29	36	59	1600	2950
湖南						
广东	1	1	2	3	50	50
广西						
海南						
重庆	2	228	4	60	290	1760
四川	29	28	593	585	1	1
贵州						
云南						
西藏						
陕西						
甘肃						
青海						
宁夏						
新疆						

2-15 续表 14

医药及医疗器材专门零售

地　区	门店数（个）		年末从业人员（人）		年末零售营业面积（平方米）	
	2016年	2015年	2016年	2015年	2016年	2015年
全　国	**12448**	**11937**	**32423**	**30042**	**1143329**	**1085659**
北　京	192	198	1362	1459	48752	43474
天　津	7	7	7	7	930	930
河　北						
山　西	3	3	7	7	215	280
内蒙古	39	39	51	51	1670	1670
辽　宁	241	240	1012	1006	23620	30744
吉　林						
黑龙江	151	231	321	310	2740	2317
上　海	1533	1465	6142	6047	418868	401817
江　苏	532	450	1061	898	49594	44856
浙　江	1194	1142	3408	3283	86170	80877
安　徽						
福　建	81	80	306	300	23096	21811
江　西	193	99	456	265	18625	9225
山　东	262	176	346	322	14550	8550
河　南	226	211	513	436	14760	17110
湖　北	269	279	903	875	23060	22207
湖　南	1157	961	4299	2375	96762	85685
广　东	629	417	1027	1207	42155	27518
广　西	753	716	2934	2868	57218	53435
海　南						
重　庆	3150	3182	4972	4561	125254	114622
四　川	1310	1359	1835	1788	63650	68967
贵　州	181	177	405	560	6397	12586
云　南						
西　藏						
陕　西	98	102	467	506	10390	14370
甘　肃	18	18	26	30	900	800
青　海	32	2	59	4		
宁　夏	1	3	6	15	120	300
新　疆	196	380	498	862	13833	21508

2-15 续表 15

汽车、摩托车、燃料及零配件专门零售

地区	门店数（个）		年末从业人员（人）		年末零售营业面积（平方米）	
	2016年	2015年	2016年	2015年	2016年	2015年
全　国	**110**	**104**	**643**	**658**	**63642**	**60000**
北　京						
天　津						
河　北						
山　西						
内蒙古						
辽　宁						
吉　林						
黑龙江						
上　海						
江　苏						
浙　江						
安　徽						
福　建						
江　西						
山　东						
河　南	110	104	643	658	63642	60000
湖　北						
湖　南						
广　东						
广　西						
海　南						
重　庆						
四　川						
贵　州						
云　南						
西　藏						
陕　西						
甘　肃						
青　海						
宁　夏						
新　疆						

2–15 续表 16

家用电器及电子产品专门零售

地 区	门店数（个）		年末从业人员（人）		年末零售营业面积（平方米）	
	2016年	2015年	2016年	2015年	2016年	2015年
全 国	**193**	**196**	**525**	**799**	**6825**	**42944**
北 京						
天 津						
河 北						
山 西						
内 蒙 古						
辽 宁						
吉 林						
黑 龙 江						
上 海						
江 苏	165	88	224	242	3851	4210
浙 江	4	5	43	83	495	1926
安 徽						
福 建						
江 西	1	1	23	46	935	935
山 东						
河 南	1	2	45	4	1000	180
湖 北						
湖 南						
广 东	22	93	190	340	544	1578
广 西		7		84		34115
海 南						
重 庆						
四 川						
贵 州						
云 南						
西 藏						
陕 西						
甘 肃						
青 海						
宁 夏						
新 疆						

2-15 续表 17

货摊、无店铺及其他零售业

地区	门店数（个）		年末从业人员（人）		年末零售营业面积（平方米）	
	2016年	2015年	2016年	2015年	2016年	2015年
全国	**488**	**515**	**2247**	**1956**	**32600**	**32715**
北京						
天津						
河北						
山西						
内蒙古						
辽宁						
吉林						
黑龙江						
上海						
江苏	1	1	1	1	300	300
浙江	17	17	23	15	1750	1750
安徽						
福建		35		52		750
江西						
山东						
河南						
湖北						
湖南						
广东	470	462	2223	1888	30550	29915
广西						
海南						
重庆						
四川						
贵州						
云南						
西藏						
陕西						
甘肃						
青海						
宁夏						
新疆						

2-16 按行业分各地区

批发业

地区	商品购进总额		统一配送商品购进额		自有配送中心配送商品购进额	
	2016年	2015年	2016年	2015年	2016年	2015年
全国	**93838467**	**95059504**	**84248226**	**85014121**	**49119394**	**50006735**
北京	1558520	1787334	1511222	1755485	128912	86591
天津	30859	30621	3050	2907		
河北	1792702	1953482	1467697	1547293	330867	315696
山西	383912	542498	198422	269898	198422	269898
内蒙古						
辽宁	884225	1045821	608683	684145	353824	405931
吉林	74240	64202	74240	64202	74240	64202
黑龙江	98671	108582	95291	99827		
上海	4957197	5034537	4712309	4746527	3904510	3928790
江苏	17417938	16821138	17411902	16816523	17392699	16804841
浙江	11958212	12176607	11102799	11305337	10775974	11065466
安徽	7478567	7721328	7478567	7631840	3576753	3769794
福建	101288	99185	73600	42141	36757	31779
江西	2950190	3367901	2857226	3268043	1515611	1618370
山东	3969913	3992146	2817383	2659923	1310140	1221455
河南	2329988	2341475	1223203	1231689	599861	630167
湖北	1634293	1554586	1507432	1412545	878159	762000
湖南	488620	444756	421163	388457	404940	373422
广东	15855228	15457437	14078171	13735000	493149	458388
广西	6318066	6251721	6318066	6251721	2028034	1923614
海南						
重庆	1794871	1561573	968753	889600	437126	320475
四川	298127	386714	42073	41809	37262	38757
贵州						
云南	620120	663878	609444	650656	34203	51068
西藏						
陕西	5687649	6352881	4698938	5314460	2605258	3666004
甘肃	412135	372753	215090	154163		
青海	3564	4130	3564	4130	3564	4130
宁夏	839690	959979	561836	730622	232659	327760
新疆	3899683	3962240	3188104	3315180	1766472	1868139

连锁零售企业经营情况

单位：万元

非自有配送中心配送商品购进额		商品销售总额		零售额	
2016年	2015年	2016年	2015年	2016年	2015年
17303966	**17012607**	**107594848**	**108520182**	**63212613**	**60205178**
917777	1219567	1634644	1852788	727012	658760
		43848	34449	13836	9392
97907	112881	2264424	2443248	1353145	1580174
		605801	749461	1898	2185
		838599	1089724	608158	701417
		118382	90098	118382	90098
		96205	106688	29209	28853
87838	86302	5558812	5570043	2343237	2355211
4469	3966	18357157	17624674	8873329	8098952
26034	22239	12866362	13110034	8169055	8160919
	78749	7723932	7901789	7502233	5276341
1361	5415	82071	84804	35926	38972
356401	381650	5725105	6181617	2880337	3223068
84	117	5001338	4886634	2657891	2667447
		2418086	2438046	1762640	1723483
37418	37857	1929211	1919749	729399	685511
		566934	511255	29897	29326
13275049	12938729	17911018	17930510	15389396	15136354
		6766438	6659787	3593886	3487996
459596	505515	1897122	1660597	586494	573086
		387775	368101	289959	262773
		2067209	2084945	943627	844142
616750	170465	7363436	7630579	2369529	2576762
		429198	483842	357391	408870
		4086	5368	4086	5368
1652	2115	685506	665169	275603	239981
1421632	1447040	4252150	4436185	1567060	1339739

2-16 续表 1

农、林、牧产品批发

地区	商品购进总额		统一配送商品购进额		自有配送中心配送商品购进额	
	2016年	2015年	2016年	2015年	2016年	2015年
全国	**1694841**	**1674202**	**1650155**	**1636241**	**1644541**	**1630792**
北京						
天津						
河北						
山西						
内蒙古						
辽宁	3975	3975	3975	3975		
吉林						
黑龙江						
上海						
江苏						
浙江						
安徽	1573811	1566841	1573811	1566841	1573811	1566841
福建						
江西						
山东						
河南						
湖北	27299	26674	25934	25340	24295	23866
湖南	54176	47542	11830	11796	11830	11796
广东	976	882				
广西						
海南						
重庆						
四川						
贵州						
云南						
西藏						
陕西						
甘肃						
青海						
宁夏						
新疆	34604	28289	34604	28289	34604	28289

单位：万元

非自有配送中心配送商品购进额		商品销售总额		零售额	
2016年	2015年	2016年	2015年	2016年	2015年
1365	**1334**	**1795096**	**1775723**	**1681071**	**36030**
		3175	3175	3175	3175
		1641011	1625346	1641011	
1365	1334	33248	32929	21968	21737
		81390	68149	14375	11029
		1004	869	542	89
		35268	45253		

2–16 续表 2

食品、饮料及烟草制品批发

地区	商品购进总额		统一配送商品购进额		自有配送中心配送商品购进额	
	2016年	2015年	2016年	2015年	2016年	2015年
全国	**6737633**	**7377008**	**5816068**	**6340364**	**3399264**	**3741414**
北京	8092	7507	8092	7507	6057	5745
天津	3050	2907	3050	2907		
河北						
山西	383912	542498	198422	269898	198422	269898
内蒙古						
辽宁						
吉林						
黑龙江						
上海	209137	200353	109147	110993	21309	24691
江苏	260757	264051	260757	264051	257127	259837
浙江	118566	107269	93876	87040	75492	72702
安徽						
福建	90459	84257	66804	30565	31322	25618
江西	2132906	2500262	2039942	2400405	1154340	1226878
山东	1168174	1099297	1144516	1076337		
河南	2813	4152	2813	4152	2813	4152
湖北	158469	158578	158469	158578	2225	2324
湖南						
广东	24310	26132	24310	26132	15882	17099
广西						
海南						
重庆	200253	156019	69590	64021	61613	57004
四川						
贵州						
云南						
西藏						
陕西	1622045	1838126	1337320	1511258	1333517	1507857
甘肃						
青海	3564	4130	3564	4130	3564	4130
宁夏	79502	77951	79502	77951	19688	19038
新疆	271626	303520	215894	244441	215894	244441

单位：万元

非自有配送中心配送商品购进额		商品销售总额		零售额	
2016年	2015年	2016年	2015年	2016年	2015年
117535	**113355**	**9174319**	**9600517**	**1336649**	**1433881**
		10212	11159	4151	3798
		3986	3786	1878	1726
		605801	749461	1898	2185
87838	86302	340727	331413	142582	151672
		238264	244455	46945	50389
18385	14338	174830	153578	65072	62355
		69046	72411	29667	33300
		3305097	3561379	639516	774554
		1176936	1079283	227284	191524
		3206	4092	1449	1902
196	205	159924	159210	76751	73723
		32423	35157	7553	8970
7977	7016	202075	169215	76561	64646
1487	3378	2388045	2548431	4981	3638
		4086	5368	4086	5368
1652	2115	111603	106664	4388	2407
		348059	365456	1889	1725

2–16 续表 3

纺织、服装及家庭用品批发

地区	商品购进总额		统一配送商品购进额		自有配送中心配送商品购进额	
	2016年	2015年	2016年	2015年	2016年	2015年
全国	**1723821**	**1823168**	**1057136**	**963749**	**960549**	**857315**
北京						
天津						
河北						
山西						
内蒙古						
辽宁	28510	37602	28510	37602		
吉林						
黑龙江						
上海	91870	86959	91870	86959	91870	86959
江苏	7623	14898	7001	14898		14898
浙江						
安徽						
福建						
江西	5571	5362	5571	5362		
山东	1369913	1482848	705959	634229	705959	634229
河南						
湖北	1648	2322	1648	2322	1648	2322
湖南	1489	1500	1489	1500	1489	1500
广东	215253	189012	213143	178212	157639	114741
广西						
海南						
重庆						
四川	1945	2666	1945	2666	1945	2666
贵州						
云南						
西藏						
陕西						
甘肃						
青海						
宁夏						
新疆						

单位：万元

非自有配送中心配送商品购进额		商品销售总额		零售额	
2016年	2015年	2016年	2015年	2016年	2015年
6418	**8504**	**2951032**	**3000690**	**1451323**	**1492550**
		43993	52713		
		134589	120203	24059	24873
		7623	14898	7001	13786
5571	5362	12173	11733	12173	11733
		2390565	2399083	1268845	1312551
		1648	2322	1648	2322
		6526	9033	2203	3032
848	3142	350737	386680	132217	120810
		3177	4025	3177	3445

2–16 续表 4

文化、体育用品及器材批发

地区	商品购进总额		统一配送商品购进额		自有配送中心配送商品购进额	
	2016年	2015年	2016年	2015年	2016年	2015年
全国	**3663173**	**3427689**	**3663173**	**3427689**	**3548198**	**3318789**
北京	43217	35784	43217	35784		
天津						
河北						
山西						
内蒙古						
辽宁						
吉林						
黑龙江						
上海						
江苏	1252396	1212124	1252396	1212124	1252396	1212124
浙江	1521397	1466870	1521397	1466870	1450832	1394630
安徽						
福建						
江西						
山东						
河南						
湖北	434772	333250	434772	333250	434772	333250
湖南	391621	360125	391621	360125	391621	360125
广东	19769	19536	19769	19536	18576	18661
广西						
海南						
重庆						
四川						
贵州						
云南						
西藏						
陕西						
甘肃						
青海						
宁夏						
新疆						

单位：万元

非自有配送中心配送商品购进额		商品销售总额		零售额	
2016年	2015年	2016年	2015年	2016年	2015年
		3689867	**3446211**	**1409641**	**1306839**
		44376	44632	12199	6114
		1203630	1129440	558276	522178
		1558439	1447374	760317	698975
		422680	404753	48446	59526
		439576	400095	12463	13855
		21165	19918	17941	6191

2–16 续表 5

医药及医疗器材批发

地　区	商品购进总额		统一配送商品购进额		自有配送中心配送商品购进额	
	2016年	2015年	2016年	2015年	2016年	2015年
全　国	**632787**	**611879**	**410295**	**389326**	**339306**	**324390**
北　京						
天　津						
河　北						
山　西						
内蒙古						
辽　宁	5704	4724	5704	4724		
吉　林	74240	64202	74240	64202	74240	64202
黑龙江	3381	8755				
上　海						
江　苏	125439	114317	125439	114317	125439	114317
浙　江	26923	23380	26923	23380	8456	7488
安　徽						
福　建	4185	3555	2496	3555	2496	3555
江　西						
山　东	130391	116328	1732	1728	1649	1611
河　南						
湖　北	400	725	400	725	400	725
湖　南	25111	20553				
广　东	49313	61332	43799	42135	1879	1057
广　西						
海　南						
重　庆	61962	53550	24497	17568	24495	17495
四　川	56713	56949	40129	39144	35317	36091
贵　州						
云　南	38292	56730	34203	51068	34203	51068
西　藏						
陕　西						
甘　肃						
青　海						
宁　夏						
新　疆	30734	26781	30734	26781	30734	26781

单位：万元

非自有配送中心配送商品购进额		商品销售总额		零售额	
2016年	2015年	2016年	2015年	2016年	2015年
13074	**13780**	**739630**	**696598**	**315178**	**267363**
		9924	6639	9924	6639
		118382	90098	118382	90098
		3407	9339	1218	
		128381	120400	58143	54180
		35287	31732	30841	27924
		5223	3997	3448	2719
84	117	135631	125177	17459	17308
		581	768	581	768
		24221	19650		604
12990	13663	58258	76623	11878	13291
		78053	66933	22941	20356
		62439	65530	29209	21763
		46046	50274	8877	9593
		33797	29440	2277	2120

2–16 续表 6

矿产品、建材及化工产品批发

地区	商品购进总额		统一配送商品购进额		自有配送中心配送商品购进额	
	2016年	2015年	2016年	2015年	2016年	2015年
全国	**76767499**	**77200632**	**69132656**	**69404889**	**37259610**	**37804556**
北京	1349551	1637881	1349551	1637881	12493	6533
天津						
河北	1792702	1953482	1467697	1547293	330867	315696
山西						
内蒙古						
辽宁	791713	951291	516170	589615	302164	360223
吉林						
黑龙江	95291	99827	95291	99827		
上海	4656190	4747225	4511292	4548575	3791331	3817139
江苏	15764415	15209767	15759757	15205151	15752495	15198880
浙江	10229276	10577180	9398552	9726139	9241194	9590646
安徽	4280480	4121162	4280480	4031674	378667	169628
福建	5283	5958	2939	2606	2939	2606
江西	811714	862277	811714	862277	361271	391492
山东	1301434	1293673	965175	947629	602532	585615
河南	2317499	2328006	1210714	1218219	597048	626015
湖北	845536	856997	720040	716290	414819	399513
湖南						
广东	15143652	14732728	13393026	13068293	131815	146369
广西	6286780	6218648	6286780	6218648	2028034	1923614
海南						
重庆	1514801	1335867	859425	794488	351018	245976
四川	239470	327100				
贵州						
云南	553755	583026	547169	575466		
西藏						
陕西	4056575	4503869	3352589	3792317	1262712	2147262
甘肃	412135	372753	215090	154163		
青海						
宁夏	756528	878268	482333	652671	212971	308722
新疆	3562720	3603650	2906873	3015670	1485240	1568629

单位：万元

非自有配送中心配送商品购进额		商品销售总额		零售额	
2016年	2015年	2016年	2015年	2016年	2015年
17162902	**16869023**	**86592702**	**86926017**	**54942685**	**53154258**
917777	1219567	1412767	1690840	642185	608507
97907	112881	2264424	2443248	1353145	1580174
		729042	978589	545348	645695
		92799	97349	27991	28853
		5083496	5118426	2176597	2178667
3159	2769	16771950	16108927	8200813	7456349
7649	7901	11031027	11475404	7310456	7371020
	78749	4564801	4292931	4343102	3292829
		6397	6970	1409	1526
350830	376288	2407836	2608505	2228648	2436782
		1298205	1283092	1144304	1146065
		2404056	2423734	1754175	1716101
35856	36319	1089419	1036605	542045	490373
13261211	12921924	17037113	16957767	14889915	14640461
		6697267	6598207	3565595	3467076
451618	498499	1594716	1404486	483284	484376
		322159	298547	257572	237565
		1985164	1997291	920054	816377
615263	167086	4966021	5070935	2364548	2573124
		429198	483842	357391	408870
		569819	554290	271215	237574
1421632	1447040	3835025	3996036	1562894	1335895

2-16 续表 7

机械设备、五金产品及电子产品批发

地区	商品购进总额		统一配送商品购进额		自有配送中心配送商品购进额	
	2016年	2015年	2016年	2015年	2016年	2015年
全国	**572030**	**476242**	**496166**	**416679**	**334463**	**285071**
北京	157660	106162	110362	74314	110362	74314
天津	27809	27714				
河北						
山西						
内蒙古						
辽宁	51660	45708	51660	45708	51660	45708
吉林						
黑龙江						
上海						
江苏	7309	5982	6552	5982	5242	4786
浙江	62050	1908	62050	1908		
安徽						
福建	1361	5415	1361	5415		
江西						
山东						
河南	9676	9318	9676	9318		
湖北						
湖南						
广东	223219	240962	223219	240962	167200	160265
广西	31286	33073	31286	33073		
海南						
重庆						
四川						
贵州						
云南						
西藏						
陕西						
甘肃						
青海						
宁夏						
新疆						

单位：万元

非自有配送中心配送商品购进额		商品销售总额		零售额	
2016年	2015年	2016年	2015年	2016年	2015年
2671	**6611**	**637813**	**527606**	**339587**	**311001**
		167289	106158	68477	40340
		39862	30663	11959	7666
		49712	45908	49712	45908
1310	1196	7309	6555	2152	2070
		66780	1947	2370	644
1361	5415	1405	1427	1403	1427
		10824	10221	7015	5479
		225463	263149	168210	186547
		69171	61580	28290	20920

2–16 续表 8

其他批发业

地区	商品购进总额		统一配送商品购进额		自有配送中心配送商品购进额	
	2016年	2015年	2016年	2015年	2016年	2015年
全国	**2046683**	**2468683**	**2022579**	**2435185**	**1633463**	**2044407**
北京						
天津						
河北						
山西						
内蒙古						
辽宁	2663	2522	2663	2522		
吉林						
黑龙江						
上海						
江苏						
浙江						
安徽	1624276	2033325	1624276	2033325	1624276	2033325
福建						
江西						
山东						
河南						
湖北	166170	176040	166170	176040		
湖南	16222	15036	16222	15036		
广东	178736	186855	160906	159731	159	197
广西						
海南						
重庆	17855	16138	15241	13524		
四川						
贵州						
云南	28073	24122	28073	24122		
西藏						
陕西	9029	10886	9029	10886	9029	10886
甘肃						
青海						
宁夏	3660	3760				
新疆						

单位：万元

非自有配送中心配送商品购进额		商品销售总额		零售额	
2016年	2015年	2016年	2015年	2016年	2015年
		2014389	**2546819**	**1736479**	**2203256**
		2753	2699		
		1518120	1983512	1518120	1983512
		221710	283161	37960	37061
		15220	14327	856	807
		184854	190348	161140	159995
		22278	19963	3709	3709
		35999	37380	14695	18172
		9370	11213		
		4085	4215		

2-16 续表 9

零售业

地区	商品购进总额		统一配送商品购进额		自有配送中心配送商品购进额	
	2016年	2015年	2016年	2015年	2016年	2015年
全国	**216530049**	**213981562**	**157489145**	**154468758**	**90772180**	**89813309**
北京	22563377	22781783	15317984	14974435	9352987	9208871
天津	4167174	5124923	2413553	3205760	1799591	2343000
河北	6891867	7117161	3948784	4225697	2843800	2929124
山西	2747399	2752444	1867241	1717887	1091166	823579
内蒙古	280875	259976	164270	154629	112125	102026
辽宁	6105734	6860224	4374755	4922020	382286	658170
吉林	1335139	1197834	1309316	1179199	1129044	998933
黑龙江	1941886	2162319	1744347	1776524	489396	550297
上海	22974342	23019030	17520050	17235609	4945534	5086682
江苏	24910993	23610309	18832337	17988733	15637830	14795481
浙江	6359701	6358970	5864379	5860514	4312463	4210048
安徽	7809070	7957553	3442529	3848801	1548770	1764942
福建	10524342	9767349	7240959	6135174	2951724	3767772
江西	4040498	3872054	3109028	2946505	1884672	1710563
山东	13944937	13748251	9476281	8694445	5663724	4685661
河南	5758807	5061703	3448434	2983185	2071774	1658291
湖北	15016403	14667902	10180333	10194790	8388696	8537862
湖南	7603576	8369511	6386784	7082997	3946457	4628034
广东	28473191	26797842	23256917	21183690	13446127	12201576
广西	845436	720528	771067	668152	536835	440383
海南	1219941	1359939	1199080	1335114	5707	6424
重庆	5255515	5406357	3875398	4675867	2797827	3318953
四川	6866930	6059083	5060333	4564121	2475225	2352593
贵州	680562	635590	665715	603847	370758	211449
云南	2200144	2314355	1812744	1882999	706391	835429
西藏	30552	30522	30552	30522		
陕西	1666637	1622917	801575	780559	263060	243289
甘肃	1061947	1049135	1023736	1009478	113577	101226
青海	186652	176271	68064	76054	1535	2183
宁夏	983497	775324	309535	302513	253413	243862
新疆	2082928	2344403	1973065	2228939	1249687	1396607

单位：万元

非自有配送中心配送商品购进额		商品销售总额		零售额	
2016年	2015年	2016年	2015年	2016年	2015年
26119493	**23455865**	**251634088**	**249824275**	**205348971**	**202584856**
2079903	1978387	27330469	27669258	23780287	23131952
93588	347690	4954773	6098806	3990674	4485540
96783	88465	7133104	7624033	5647127	5631660
	2423	3821946	4073747	3521897	3605552
2173	1610	359440	309076	260826	222552
1386018	1480444	6109136	6689313	5124773	5277530
9650	14840	1475256	1388752	1260157	1211250
155412	209019	2178274	2275849	1706996	1835247
2593502	2603643	25585630	26175803	21722379	22207349
2439333	2513828	28598906	27109104	12070493	11736098
923984	848512	7445713	6934706	6775638	6483019
414552	381970	7893639	7569557	4946179	4999298
2811335	730101	12286664	12254567	11186602	11073285
139896	249658	5770354	5469829	4789063	4818471
1248623	926472	15400921	15323445	13029365	13124314
263102	341488	6350002	5719069	6106438	5534539
709032	676144	16708782	16572386	15423763	15140260
936538	886708	10862349	10829916	9778409	10017401
7564895	6857041	32852456	31924126	28057418	27457636
55912	46292	1133705	954351	1109393	931146
		1309071	1511919	1199282	854009
669335	755573	7664793	7933422	6855225	6930564
335070	290205	7824990	6858657	7619514	6685267
13914	6852	715803	631304	700277	618359
310978	217046	3006981	2943905	2761644	2728381
		35760	35667	35760	35667
133287	160565	1817096	1837367	1218824	1151369
		1189546	1350527	1053642	1225041
		286772	266527	283603	263783
9301	8704	664307	644909	637943	630157
723378	832186	2867453	2844377	2695385	2538162

2–16 续表 10

综合零售

地　区	商品购进总额		统一配送商品购进额		自有配送中心配送商品购进额	
	2016年	2015年	2016年	2015年	2016年	2015年
全　国	**116063789**	**113179689**	**77548536**	**74090070**	**47642586**	**46843908**
北　京	11445862	11437861	8198556	7761920	4192968	3735681
天　津	894188	990656	61548	31004		1269
河　北	3376921	3301449	466614	448219	332262	329036
山　西	977495	790181	545153	371702	475982	297316
内蒙古	184062	163852	97453	88266	55020	47961
辽　宁	1035865	1127509	607858	638738	24179	34227
吉　林	150355	149264	150355	149264		
黑龙江	547842	701106	371167	364127	244523	340588
上　海	15559854	15854706	10926655	11042612	2499198	2601498
江　苏	10953172	10877217	10278373	10069683	8659844	8443062
浙　江	4574620	4579713	4212684	4172510	3234161	3155685
安　徽	6979330	7210038	2989213	3440898	1379648	1610486
福　建	6790210	5391756	5239555	4034201	2114847	2990692
江　西	1332695	1301419	790723	777035	524739	509701
山　东	10467249	10454770	6430622	5921568	3758520	3520362
河　南	2788954	2417273	1595408	1093954	1048476	629249
湖　北	10175226	9699873	5864564	5706848	5549673	5427670
湖　南	3039497	3575768	2011516	2479216	1264585	1880131
广　东	13692530	12662256	9757923	8229635	8510458	6905523
广　西	302995	286083	228671	234171	65866	67912
海　南	64027	35905	43167	11081		
重　庆	3366680	3431448	2095285	2778324	1592394	2214457
四　川	3907536	3501362	2946119	2617308	1594756	1561896
贵　州	295448	225119	290123	221801	239651	173475
云　南	679927	733135	357870	370285	91017	176085
西　藏	30552	30522	30552	30522		
陕　西	793746	776281	191679	205076	57861	73633
甘　肃	85262	72695	47051	33037	47051	33037
青　海	127938	105460	30452	26290	1535	2183
宁　夏	724724	526570	56122	58651		
新　疆	719030	768443	635504	682126	83374	81096

单位：万元

非自有配送中心配送商品购进额		商品销售总额		零售额	
2016年	2015年	2016年	2015年	2016年	2015年
12089624	**10007813**	**131737116**	**130409491**	**115396621**	**114664097**
475124	586411	14202712	14555092	12210874	12305621
		1024508	1118832	836077	910580
81937	79711	3539647	3488819	3013113	3036732
		1648557	1624796	1637999	1614420
1359	872	256640	189515	166366	110684
346544	348181	1088882	1166797	973596	996995
		159072	147939	159072	147939
12052	11739	554471	616988	478876	548177
2269548	2339365	17565446	17847108	15791828	15884362
1212201	1303938	12466775	12449944	8992640	8914828
493444	367091	5337375	5100105	4936194	4758015
311485	308089	6908007	6743795	4106048	4254499
2675578	596620	5813371	5090878	5761098	5050167
66528	88632	1659161	1585657	1527389	1481286
973371	847140	11627993	11652594	10017395	10015994
118155	190262	3386797	3156135	3373328	3137874
106266	11629	11324265	11007918	10860483	10559863
430529	392389	3931286	4029273	3457106	3923603
988325	988204	14915625	14728080	13461558	13751455
		437145	419273	436064	418438
		55272	30930	55272	30930
438207	502704	5471450	5730315	5081936	5214307
293776	261356	4451567	4068731	4410292	4028109
5268	778	274050	232431	271686	230226
151736	78018	973759	1010737	940343	981439
		35760	35667	35760	35667
76761	94970	842382	849373	651769	606680
		94961	83235	94961	83235
		209475	192372	207792	190632
9301	8704	431789	381378	408737	375258
552130	601010	1048917	1074784	1040967	1066083

2–16 续表 11

食品、饮料及烟草制品专门零售

地区	商品购进总额		统一配送商品购进额		自有配送中心配送商品购进额	
	2016年	2015年	2016年	2015年	2016年	2015年
全国	**3486707**	**3096503**	**2917925**	**2766633**	**1972046**	**1868967**
北京	474993	449681	466113	440091	367950	358831
天津	104810	92624	55638	43758		
河北	2202	5923	2202	3711	1577	3711
山西	15198	26103	15098	26103	14136	24518
内蒙古						
辽宁	79954	78422	79954	78422	7351	10020
吉林	32994	22842	32994	22842	29082	21020
黑龙江						
上海	137300	136188	129819	121861		
江苏	337300	332923	310772	306394	50408	59530
浙江	131687	156086	119099	149829	114519	146092
安徽	15929	16152	5955	16152	5955	16152
福建	153687	200807	141888	191293	90350	111229
江西	160872	169469	160872	169469	141050	138468
山东	440791	350329	440791	350329	397847	312145
河南	82236	63232	79471	61056	8966	5642
湖北	360790	355260	196708	214533	135213	154792
湖南	418509	396507	414503	394226	412759	393248
广东	163208	103196	159482	99826	112102	64536
广西						
海南						
重庆	69057	60744	55499	58141	38563	37842
四川	293180	67118	44219	11192	44219	11192
贵州						
云南	4736	6120	4736	6120		
西藏						
陕西	2115	1285	2115	1285		
甘肃						
青海						
宁夏	4177	4026				
新疆	984	1467				

单位：万元

非自有配送中心配送商品购进额		商品销售总额		零售额	
2016年	2015年	2016年	2015年	2016年	2015年
157802	**223882**	**4486815**	**3947018**	**3789906**	**3316188**
67294	60813	731378	676980	688357	634866
	19944	131272	129422	101798	97524
		2410	5201	2410	4994
		26188	37262	26188	37262
	47214	94535	92457	94535	92457
		40121	38167	40121	38167
		227873	201022	227217	192707
29950	33471	380142	383027	337481	328540
4579	3737	150377	185319	125707	156517
		19758	19705	5966	17713
7339	8462	225558	236334	205239	218316
19309	30519	171146	170725	171146	170725
		510352	404617	294305	259348
299	348	70515	56869	70515	56869
		536401	534007	298131	305756
1704	979	483386	407657	480355	405386
26746	17743	238589	187592	227594	174628
581	653	105501	95832	53338	40077
		326566	69966	324757	69477
		5662	7222	5662	7222
		3970	2502	3970	2502
		3644	3217	3644	3217
		1471	1919	1471	1919

2-16 续表 12

纺织、服装及日用品专门零售

地区	商品购进总额		统一配送商品购进额		自有配送中心配送商品购进额	
	2016年	2015年	2016年	2015年	2016年	2015年
全　国	**3083971**	**3377999**	**2055151**	**2277670**	**865262**	**934682**
北　京	524503	517143	179340	192261	121314	130888
天　津	9734	12265	9734	12265	2317	2480
河　北	45066	49900	45066	49900	5200	4401
山　西	5778	5456	5778	5456	821	729
内蒙古						
辽　宁	38824	75416	36925	73839	3865	4217
吉　林	2937	2649	2937	2649		
黑龙江	14224	12362	14224	12362	14224	12362
上　海	884792	1294961	565001	758608	149554	257238
江　苏	14120	15732	13581	14664	13581	14664
浙　江	195325	139585	146331	137248	132051	106485
安　徽	315	334	315	334		
福　建	43460	30376	43460	30376	33272	24705
江　西	47147	42847	45117	40838		
山　东	12598	24190	10206	21803	1095	1116
河　南	11913	17276	11913	17246	5430	
湖　北	228311	158308	148970	134744	29192	35312
湖　南	151981	133286	104945	96636	72770	68775
广　东	617542	632513	527655	529884	159108	151414
广　西						
海　南						
重　庆	89946	72752	38647	31625	38647	31625
四　川	78584	69606	52674	59459	30768	33111
贵　州						
云　南	10717	11751	280	314		
西　藏						
陕　西	52004	55101	52004	55101	52004	55101
甘　肃						
青　海	4101	4130				
宁　夏						
新　疆	49	59	49	59	49	59

单位：万元

非自有配送中心配送商品购进额		商品销售总额		零售额	
2016年	2015年	2016年	2015年	2016年	2015年
360106	**262810**	**5205025**	**5345874**	**4810255**	**4976175**
9792	10589	919418	1007623	817991	889574
		23811	19641	23591	19404
		48396	54006	4855	4615
		5953	5613	5953	5613
		45067	82677	45067	82677
1027	1429	3593	4144	3593	4144
		22604	19692	22604	19692
17269	17115	1787236	1928673	1735628	1927567
		39555	41452	39555	38087
		216390	189147	213251	181747
		372	359	223	359
		44892	40392	39011	33782
		34117	46844	34117	46844
8982	20418	15143	26711	15076	26645
	11101	18209	24198	18209	24198
6821	8390	314314	236240	288339	234721
7516	6418	230826	178162	208503	158077
289777	164251	1069452	1048766	975578	933037
		144380	122010	136594	118030
18922	23099	115653	121738	76982	79574
		18996	18621	18996	18621
		70937	117243	70829	117243
		15637	11854	15637	11854
		74	73	74	73

2-16 续表 13

文化、体育用品及器材专门零售

地区	商品购进总额		统一配送商品购进额		自有配送中心配送商品购进额	
	2016年	2015年	2016年	2015年	2016年	2015年
全国	**5273952**	**5181533**	**5052405**	**4934907**	**4423646**	**4336144**
北京	162915	199900	162915	199900	142671	178731
天津						
河北	3222	3175	3222	3175	3222	3175
山西						
内蒙古						
辽宁	14559	22931	14559	22931	14559	22931
吉林						
黑龙江	37487	47842	37487	47842	9820	10734
上海	2521769	2447967	2473603	2391442	2168418	2113791
江苏	12746	13131	12445	13131	12038	12526
浙江	11661	10279	11661	10279		
安徽	102107	73182	102107	73182		
福建	25857	31026	25857	31026	25857	31026
江西	694010	600460	694010	600460	691832	598252
山东	97842	97670	22067	21131	21947	20915
河南	18556	19348	13348	13734	7368	8320
湖北	93174	113754	67390	82740	43928	33358
湖南	23036	21234	19366	21234	11497	13733
广东	159395	184085	125248	137816	61327	77282
广西	17169	16545	17169	16545	17169	16545
海南						
重庆	376026	399587	373014	397108	373014	397108
四川	539971	551319	537148	546763	532203	538805
贵州						
云南	90406	75659	90406	75659	41840	33823
西藏						
陕西	60436	54143	60436	54143	60436	54143
甘肃						
青海						
宁夏	12802	12122	12802	12122	12802	12122
新疆	198804	186174	176145	162545	171697	158826

单位：万元

非自有配送中心配送商品购进额		商品销售总额		零售额	
2016年	2015年	2016年	2015年	2016年	2015年
389987	**274804**	**5562211**	**5320609**	**2942081**	**2763084**
		258464	213147	243613	195581
		3232	3771	3232	3771
		13317	14230	9328	9955
		110262	104143	110262	104143
177441	124612	2567600	2477825	531919	502171
		15243	16776	15235	13183
		13376	13742	13376	13742
102107	73182	100391	82649	100391	82649
		29129	34735	25063	29268
		683183	597277	415029	360668
121	116	100793	95573	56761	60886
		26876	25061	26596	24750
		93187	124687	88883	99883
368		24559	24552	24559	24552
56936	31340	206281	225381	181288	206970
		14294	14544	14294	14544
		425532	423602	254798	230792
		525655	506047	487792	471390
48566	41836	86226	75603	75051	66920
		56452	53615	56452	53615
		12822	12023	12822	12023
4449	3719	195339	181627	195339	181627

2–16 续表 14

医药及医疗器材专门零售

地区	商品购进总额		统一配送商品购进额		自有配送中心配送商品购进额	
	2016年	2015年	2016年	2015年	2016年	2015年
全国	**9344676**	**8161772**	**8635503**	**7590763**	**4706733**	**4015844**
北京	427946	370367	414840	334075	138171	125665
天津	42000	58964	21437	20730	1324	1856
河北	220413	177991	212543	174073	162182	125437
山西	232872	149523	202441	130701	174612	103660
内蒙古	30448	28310	13145	11007	11699	8440
辽宁	831341	614962	811690	602214	200969	190501
吉林	44235	37822	36560	31954	22115	18833
黑龙江	207339	200655	189215	181951	56510	48991
上海	350224	362979	334657	343518	103963	104244
江苏	537147	480234	476820	448062	315699	280201
浙江	757851	708882	692395	631732	463791	441877
安徽	230807	188607	229347	187035	78583	46734
福建	255958	199776	234000	181229	137602	113122
江西	177500	115531	165320	109489	8844	9155
山东	461891	342174	434312	313542	274864	185106
河南	370165	335166	358701	325581	87362	66425
湖北	243223	198005	194241	155410	104872	88382
湖南	471380	415072	461234	404394	245528	209969
广东	1147886	1037143	977420	989201	656251	614096
广西	253911	209139	253865	208673	182439	147164
海南	6238	6889	6238	6889	5707	6424
重庆	571177	510243	534535	482371	210014	142960
四川	307883	218377	243711	168603	128759	84299
贵州	187148	221246	177625	192821	131107	37974
云南	489615	540236	489318	539814	376262	440292
西藏						
陕西	101410	63999	101410	63999	78807	44184
甘肃	77293	79895	77293	79895	66526	68189
青海	25249	26121	8249	9204		
宁夏	49810	54812	48626	53946	48626	53946
新疆	234318	208650	234318	208650	233548	207722

单位：万元

非自有配送中心配送商品购进额		商品销售总额		零售额	
2016年	2015年	2016年	2015年	2016年	2015年
1610841	**1497593**	**11425646**	**9945794**	**10157160**	**8890658**
260827	195486	516815	460160	451785	399597
8507	8594	64187	61470	64187	61379
14846	8754	278775	236263	278075	234530
		266617	202833	247708	190576
814	737	23068	22879	14729	15322
		753887	732527	693086	725839
		95119	74998	95119	74998
12391	13257	289569	258126	206547	189129
129244	122551	465420	402390	465345	402322
89737	84550	620929	549221	508366	465509
157411	128865	924562	807772	859197	752466
960	700	235919	234262	193226	181772
61703	42986	290099	249983	290099	249878
27780	24592	177408	154446	177408	154446
38674	31563	529931	427618	493883	394680
144649	139778	424468	345465	404492	335923
5422	5799	292086	216199	235846	202383
185813	169379	663088	542725	653898	514251
28720	98690	1423142	1221692	1110431	954263
55912	46292	318451	262337	303568	250484
		9183	9372	9183	9362
230547	252216	730278	712650	547406	489131
22372	5750	342423	284943	301142	259363
8646	6074	242476	204671	229314	193931
110676	97192	865076	764543	779361	722017
14420	12987	131112	74222	118291	62861
		105946	96746	96889	89204
		28784	28501	27298	27496
		52542	76741	49229	68110
770	803	264289	230040	252053	219435

2-16 续表 15

汽车、摩托车、燃料及零配件专门零售

地区	商品购进总额		统一配送商品购进额		自有配送中心配送商品购进额	
	2016年	2015年	2016年	2015年	2016年	2015年
全国	**41981249**	**45565017**	**35978793**	**38934001**	**15443786**	**16701405**
北京	3394122	4050293	3364289	4008220	2501590	3002495
天津	2707241	3517806	2207382	3025682	1738135	2265074
河北	3021966	3289421	3021966	3289421	2225559	2300016
山西	1169114	1473605	825434	962463	241486	266957
内蒙古						
辽宁	3177231	3916111	2320950	2957564		
吉林	918723	845647	918723	845647	918723	845647
黑龙江	775581	789952	775581	789952		
上海	249790	269584	249790	269584		
江苏	872940	876943	872940	876943	3930	3132
浙江	25856	26119	19508	20631		
安徽						
福建	2348158	3039528	950264	1109455	157254	181876
江西	1301130	1345352	925841	952238	196001	162767
山东	1952968	2030042	1626684	1616997	716034	219670
河南	1810704	1441847	910691	910215	574471	539920
湖北	2515833	2792601	2497067	2772539	2250696	2536109
湖南	3168261	3449383	3090370	3345753	1664517	1730486
广东	8220733	7798287	7782840	7303055	1794408	2171948
广西						
海南	1149676	1317144	1149676	1317144		
重庆	7916	6746	3704	3461	3704	3461
四川	509293	475463	46768	19095	46768	19095
贵州						
云南	654007	687855	654007	687855		
西藏						
陕西	600868	603271	337873	332118		
甘肃	851393	841121	851393	841121		
青海						
宁夏						
新疆	577746	680898	575052	676848	410510	452752

单位：万元

非自有配送中心配送商品购进额		商品销售总额		零售额	
2016年	2015年	2016年	2015年	2016年	2015年
8839819	**8844694**	**52679845**	**56105471**	**42216194**	**42362939**
798480	954073	3795591	4299182	2586473	2453705
85081	319152	3072432	4046320	2368675	2676412
		3033131	3533138	2117928	2045709
		1487281	1875132	1291034	1509459
1039475	1085048	3329831	3718772	2542966	2491762
		985314	925178	771008	748614
		864551	855733	588334	587621
		340131	335324	340131	335324
869011	873811	882770	906354	702552	636699
		28519	24081	22283	17214
		4869489	5634829	3934609	4565087
26279	105915	2694919	2615593	2114432	2319694
227475	27235	2048737	2194254	1587617	1849710
		1749284	1361050	1575242	1242090
246371	236430	2670228	2970409	2319861	2422063
300559	307699	5183790	5238229	4612292	4586868
5082547	4711235	10647954	10257571	8595892	8146076
		1244616	1471617	1134827	813716
		8863	7422	8863	7422
		751591	564015	743674	564015
		697209	701041	599547	585396
		653458	669050	258729	237107
		928914	1107107	802067	989163
164542	224097	711242	794071	597156	532014

2-16 续表 16

家用电器及电子产品专门零售

地　区	商品购进总额		统一配送商品购进额		自有配送中心配送商品购进额	
	2016年	2015年	2016年	2015年	2016年	2015年
全　国	**36806839**	**34858257**	**24852962**	**23375896**	**15464475**	**14796831**
北　京	6015139	5646406	2424297	1937211	1873724	1663741
天　津	377823	410395	26437	30107	26437	30107
河　北	222077	289303	197170	257198	113798	163348
山　西	346941	307576	273336	221461	184130	130399
内蒙古	66365	67813	53672	55356	45406	45625
辽　宁	927961	1024873	502819	548312	131363	396274
吉　林	181304	133755	163156	120988	154534	107578
黑龙江	359413	410401	356673	380289	164319	137622
上　海	3170129	2552476	2743477	2231181		
江　苏	12166505	10994835	6850344	6240561	6578772	5977308
浙　江	649072	727372	649072	727372	356298	350651
安　徽	480582	469240	115593	131199	84585	91570
福　建	906048	873975	605935	557490	392541	315018
江　西	327145	296977	327145	296977	322207	292221
山　东	511598	449076	511598	449076	493418	426347
河　南	676279	767561	478904	561398	339701	408736
湖　北	1398789	1348625	1210337	1126500	275124	262239
湖　南	329113	377281	283050	340558	274800	331693
广　东	4399706	4318028	3880493	3861153	2115930	2192895
广　西	269649	206716	269649	206716	269649	206716
海　南						
重　庆	774715	924837	774715	924837	541491	491500
四　川	1211563	1146044	1170777	1111909	79715	75298
贵　州	197967	189225	197967	189225		
云　南	270737	259600	216128	202953	197272	185230
西　藏						
陕　西	56058	68836	56058	68836	13952	16228
甘　肃	48000	55425	48000	55425		
青　海	29364	40560	29364	40560		
宁　夏	191984	177794	191984	177794	191984	177794
新　疆	244814	323253	244814	323253	243327	320694

单位：万元

非自有配送中心配送商品购进额		商品销售总额		零售额	
2016年	2015年	2016年	2015年	2016年	2015年
2646695	**2323298**	**39680497**	**37977661**	**25227907**	**24917344**
468386	171016	6681141	6258050	6556245	6053983
		605329	679838	563110	676958
		227514	302836	227514	301309
	2423	387350	328111	313014	248223
		79732	96682	79732	96546
		783618	881854	766194	877845
8623	13410	186911	193499	186911	193499
130968	184023	336817	421168	300373	386485
		2509631	2853660	2509631	2853660
224930	203822	14174064	12741780	1458251	1321934
268551	348820	751546	594689	582061	583465
		629191	488788	540325	462306
66715	82033	1012989	967316	930345	926687
		350420	299288	349541	284808
		567972	522078	564329	517051
		673853	750292	638055	712837
344151	413896	1476335	1480148	1330254	1312813
8250	8865	342716	407908	338996	403255
1082529	839824	4271545	4179185	3466411	3267026
		361029	255239	354141	246294
		778788	841592	772292	830804
		1288515	1218044	1251855	1188165
		199277	194202	199277	194202
		360053	366137	342683	346766
42106	52608	58785	71362	58785	71362
		59725	63439	59725	63439
		32875	33800	32875	33800
		163511	171550	163511	171550
1487	2559	329268	315126	291473	290272

2-16 续表 17

五金、家具及室内装饰材料专门零售

地区	商品购进总额		统一配送商品购进额		自有配送中心配送商品购进额	
	2016年	2015年	2016年	2015年	2016年	2015年
全国	**398346**	**490037**	**381753**	**457294**	**198828**	**281415**
北京	117897	110132	107634	100757	14600	12841
天津	31378	42214	31378	42214	31378	42214
河北						
山西						
内蒙古						
辽宁						
吉林						
黑龙江						
上海	76083	90258	72649	66891		
江苏	13504	14237	13504	14237		
浙江	11643	9259	11643	9259	11643	9259
安徽						
福建						
江西						
山东						
河南						
湖北	1057	1476	1057	1476		
湖南	1800	980	1800	980		
广东	18884	16229	15987	16229	15987	12745
广西						
海南						
重庆						
四川	18918	29793	18918	29793	18037	28898
贵州						
云南						
西藏						
陕西						
甘肃						
青海						
宁夏						
新疆	107183	175459	107183	175459	107183	175459

单位：万元

非自有配送中心配送商品购进额		商品销售总额		零售额	
2016年	2015年	2016年	2015年	2016年	2015年
15304	**15217**	**757228**	**693521**	**747294**	**654231**
		224950	199026	224950	199026
		33235	43283	33235	43283
		98949	120515	97336	99951
13504	14237	14164	13901	13608	13845
		20647	16886	20647	16886
		1967	2777	1967	2777
1800	980	2700	1410	2700	1410
		20742	23811	12978	5141
		23020	25173	23020	25173
		316852	246739	316852	246739

2–16 续表 18

货摊、无店铺及其他零售业

地区	商品购进总额		统一配送商品购进额		自有配送中心配送商品购进额	
	2016年	2015年	2016年	2015年	2016年	2015年
全国	**90520**	**70756**	**66119**	**41523**	**54818**	**34112**
北京						
天津						
河北						
山西						
内蒙古						
辽宁						
吉林	4591	5856	4591	5856	4591	5856
黑龙江						
上海	24401	9911	24401	9911	24401	9911
江苏	3559	5058	3559	5058	3559	5058
浙江	1986	1676	1986	1656		
安徽						
福建	964	105		105		105
江西						
山东						
河南						
湖北						
湖南						
广东	53307	46105	29870	16892	20555	11137
广西	1713	2047	1713	2047	1713	2047
海南						
重庆						
四川						
贵州						
云南						
西藏						
陕西						
甘肃						
青海						
宁夏						
新疆						

单位：万元

非自有配送中心配送商品购进额		商品销售总额		零售额	
2016年	2015年	2016年	2015年	2016年	2015年
9315	**5756**	**99703**	**78836**	**61553**	**40140**
		5125	4828	4332	3890
		23344	9286	23344	9286
		5265	6649	2805	3473
		2921	2966	2921	2966
		1137	100	1137	100
9315	5756	59125	52050	25688	19039
		2787	2957	1326	1386

2-17 按行业分各地区连锁零售

批发业

地 区	商品购进总额		统一配送商品购进额		自有配送中心配送商品购进额	
	2016年	2015年	2016年	2015年	2016年	2015年
全 国	**90833681**	**91795251**	**81409229**	**82044513**	**46983458**	**47984351**
北 京	1552223	1783892	1504925	1752043	122872	83354
天 津	30859	30621	3050	2907		
河 北	1792702	1953482	1467697	1547293	330867	315696
山 西	383912	542498	198422	269898	198422	269898
内蒙古						
辽 宁	874546	1037122	599003	675446	353824	405931
吉 林	74240	64202	74240	64202	74240	64202
黑龙江	98671	103856	95291	99827		
上 海	4380882	4420820	4135994	4132810	3328195	3315073
江 苏	16669746	16060478	16663711	16055863	16650398	16044181
浙 江	11757752	11970645	10930942	11127195	10642805	10929696
安 徽	7015600	7188007	7015600	7188007	3113786	3524029
福 建	80768	87851	53080	30807	16237	20446
江 西	2950190	3367901	2857226	3268043	1515611	1618370
山 东	3880029	3838377	2754769	2557404	1247610	1119052
河 南	2329988	2341475	1223203	1231689	599861	630167
湖 北	1619277	1539201	1493780	1398494	866147	749423
湖 南	440128	402756	414142	381456	397920	366421
广 东	15768953	15332827	13994245	13628130	485657	451730
广 西	6312518	6246241	6312518	6246241	2022486	1918133
海 南						
重 庆	1668364	1447439	901757	830712	393350	282201
四 川	280283	364516	24229	19611	19417	16559
贵 州						
云 南	72612	88033	62275	75190	34203	51068
西 藏						
陕 西	5687649	6352881	4698938	5314460	2605258	3666004
甘 肃	412135	372753	215090	154163		
青 海	1408	1652	1408	1652	1408	1652
宁 夏	836720	948043	561336	722302	232159	319440
新 疆	3861527	3907683	3152359	3268668	1730727	1821627

企业直营门店经营情况

单位：万元

非自有配送中心配送商品购进额		商品销售总额		零售额	
2016年	2015年	2016年	2015年	2016年	2015年
17268553	**16902431**	**104551598**	**105217928**	**62389867**	**59617837**
917777	1219567	1628170	1849010	726677	658494
		43848	34449	13836	9392
97907	112881	2264424	2443248	1353145	1580174
		605801	749461	1898	2185
		825500	1079910	595059	691603
		118382	90098	118382	90098
		96205	101648	29209	28853
87838	86302	4982361	4956081	2054887	2048060
4469	3966	17606177	16860849	8867547	8092743
87	90	12691152	12906983	8106687	8076947
		7277986	7418675	7231538	5276341
1361	5415	82071	84804	35926	38972
356401	381650	5725105	6181617	2880337	3223068
		4894215	4786502	2550769	2567314
		2418086	2438046	1762640	1723483
36053	36524	1911606	1901622	711794	667384
		494561	449772	21498	22282
13275009	12937918	17763860	17708616	15380139	15120157
		6760358	6654008	3591711	3485864
451618	498499	1763303	1542648	560285	549773
		373600	342673	280972	253008
		1501520	1491023	943627	844142
616750	170465	7363436	7630579	2369529	2576762
		429198	483842	357391	408870
		1722	2148	1722	2148
1652	2115	682161	654034	275603	239981
1421632	1447040	4246791	4375585	1567060	1339739

2–17 续表 1

农、林、牧产品批发

地区	商品购进总额		统一配送商品购进额		自有配送中心配送商品购进额	
	2016年	2015年	2016年	2015年	2016年	2015年
全国	**1374377**	**1378643**	**1372371**	**1376902**	**1372371**	**1376902**
北京						
天津						
河北						
山西						
内蒙古						
辽宁						
吉林						
黑龙江						
上海						
江苏						
浙江						
安徽	1320675	1331815	1320675	1331815	1320675	1331815
福建						
江西						
山东						
河南						
湖北	12282	12003	12282	12003	12282	12003
湖南	5840	5655	4810	4795	4810	4795
广东	976	882				
广西						
海南						
重庆						
四川						
贵州						
云南						
西藏						
陕西						
甘肃						
青海						
宁夏						
新疆	34604	28289	34604	28289	34604	28289

单位：万元

非自有配送中心配送商品购进额		商品销售总额		零售额	
2016年	2015年	2016年	2015年	2016年	2015年
		1466713	**1466174**	**1416492**	**8398**
		1405611	1397798	1405611	
		15643	15516	4363	4324
		9187	6737	5976	3985
		1004	869	542	89
		35268	45253		

2–17 续表 2

食品、饮料及烟草制品批发

地区	商品购进总额		统一配送商品购进额		自有配送中心配送商品购进额	
	2016年	2015年	2016年	2015年	2016年	2015年
全国	**6614823**	**7263960**	**5700802**	**6234286**	**3310936**	**3656805**
北京	7834	7302	7834	7302	6057	5745
天津	3050	2907	3050	2907		
河北						
山西	383912	542498	198422	269898	198422	269898
内蒙古						
辽宁						
吉林						
黑龙江						
上海	209025	200257	109035	110897	21197	24595
江苏	260757	264051	260757	264051	257127	259837
浙江	62464	49617	37774	29388	37687	29298
安徽						
福建	69939	72924	46284	19232	10802	14285
江西	2132906	2500262	2039942	2400405	1154340	1226878
山东	1168174	1099297	1144516	1076337		
河南	2813	4152	2813	4152	2813	4152
湖北	158469	158578	158469	158578	2225	2324
湖南						
广东	23254	24776	23254	24776	15232	15743
广西						
海南						
重庆	157645	116090	34527	31063	34527	31063
四川						
贵州						
云南						
西藏						
陕西	1622045	1838126	1337320	1511258	1333517	1507857
甘肃						
青海	1408	1652	1408	1652	1408	1652
宁夏	79502	77951	79502	77951	19688	19038
新疆	271626	303520	215894	244441	215894	244441

单位：万元

非自有配送中心配送商品购进额		商品销售总额		零售额	
2016年	2015年	2016年	2015年	2016年	2015年
91261	**92091**	**9088827**	**9529022**	**1273542**	**1374756**
		9877	10893	3816	3533
		3986	3786	1878	1726
		605801	749461	1898	2185
87838	86302	340479	331073	142334	151332
		238264	244455	46945	50389
87	90	119434	109335	16206	18112
		69046	72411	29666	33300
		3305097	3561379	639516	774554
		1176936	1079283	227284	191524
		3206	4092	1449	1902
196	205	159924	159210	76751	73723
		30893	33086	6022	6900
		176456	147860	66797	55661
1487	3378	2388045	2548431	4981	3638
		1722	2148	1722	2148
1652	2115	111603	106664	4388	2407
		348059	365456	1889	1725

2–17 续表 3

纺织、服装及家庭用品批发

地　区	商品购进总额		统一配送商品购进额		自有配送中心配送商品购进额	
	2016年	2015年	2016年	2015年	2016年	2015年
全　国	**1578900**	**1608008**	**940684**	**802539**	**898019**	**747350**
北　京						
天　津						
河　北						
山　西						
内蒙古						
辽　宁	28510	37602	28510	37602		
吉　林						
黑龙江						
上　海	91870	86959	91870	86959	91870	86959
江　苏	1841	8689	1219	8689		8689
浙　江						
安　徽						
福　建						
江　西	5571	5362	5571	5362		
山　东	1280113	1329196	643429	531827	643429	531827
河　南						
湖　北	1648	1608	1648	1608	1648	1608
湖　南	1489	1500	1489	1500	1489	1500
广　东	165914	135066	165004	126966	157639	114741
广　西						
海　南						
重　庆						
四　川	1945	2026	1945	2026	1945	2026
贵　州						
云　南						
西　藏						
陕　西						
甘　肃						
青　海						
宁　夏						
新　疆						

单位：万元

非自有配送中心配送商品购进额		商品销售总额		零售额	
2016年	2015年	2016年	2015年	2016年	2015年
6418	**8504**	**2729525**	**2748842**	**1338005**	**1382139**
		43993	52713		
		134589	120203	24059	24873
		1841	8689	1219	7577
5571	5362	12173	11733	12173	11733
		2283579	2299083	1161859	1212551
		1648	1608	1648	1608
		6526	9033	2203	3032
848	3142	241998	242720	131667	118149
		3177	3059	3177	2618

2–17 续表 4

文化、体育用品及器材批发

地区	商品购进总额		统一配送商品购进额		自有配送中心配送商品购进额	
	2016年	2015年	2016年	2015年	2016年	2015年
全国	**3661805**	**3426487**	**3661805**	**3426487**	**3546830**	**3317587**
北京	43217	35784	43217	35784		
天津						
河北						
山西						
内蒙古						
辽宁						
吉林						
黑龙江						
上海						
江苏	1252396	1212124	1252396	1212124	1252396	1212124
浙江	1521397	1466870	1521397	1466870	1450832	1394630
安徽						
福建						
江西						
山东						
河南						
湖北	434772	333250	434772	333250	434772	333250
湖南	391621	360125	391621	360125	391621	360125
广东	18401	18334	18401	18334	17208	17459
广西						
海南						
重庆						
四川						
贵州						
云南						
西藏						
陕西						
甘肃						
青海						
宁夏						
新疆						

单位：万元

非自有配送中心配送商品购进额		商品销售总额		零售额	
2016年	2015年	2016年	2015年	2016年	2015年
		3688684	**3445120**	**1408459**	**1306643**
		44376	44632	12199	6114
		1203630	1129440	558276	522178
		1558439	1447374	760317	698975
		422680	404753	48446	59526
		439576	400095	12463	13855
		19982	18827	16758	5994

2-17 续表 5

医药及医疗器材批发

地 区	商品购进总额		统一配送商品购进额		自有配送中心配送商品购进额	
	2016年	2015年	2016年	2015年	2016年	2015年
全 国	**567803**	**527870**	**378129**	**355228**	**313364**	**296017**
北 京						
天 津						
河 北						
山 西						
内蒙古						
辽 宁						
吉 林	74240	64202	74240	64202	74240	64202
黑龙江	3381	4029				
上 海						
江 苏	125439	114317	125439	114317	125439	114317
浙 江	23536	20176	23536	20176	5068	4285
安 徽						
福 建	4185	3555	2496	3555	2496	3555
江 西						
山 东	130308	116211	1649	1611	1649	1611
河 南						
湖 北	400	725	400	725	400	725
湖 南	24956	20439				
广 东	45851	44422	41486	40266		
广 西						
海 南						
重 庆	27615	20893	21665	14941	21665	14941
四 川	38868	35391	22284	17585	17473	14533
贵 州						
云 南	38292	56730	34203	51068	34203	51068
西 藏						
陕 西						
甘 肃						
青 海						
宁 夏						
新 疆	30734	26781	30734	26781	30734	26781

单位：万元

非自有配送中心配送商品购进额		商品销售总额		零售额	
2016年	2015年	2016年	2015年	2016年	2015年
12950	**12852**	**661448**	**593252**	**274264**	**232001**
		118382	90098	118382	90098
		3407	4298	1218	
		128381	120400	58143	54180
		31026	27923	27810	25227
		5223	3997	3448	2719
		135494	125044	17322	17175
		581	768	581	768
		24052	19579		604
12950	12852	54374	56197	9486	10663
		32421	24166	6496	6029
		48263	41068	20223	12825
		46046	50274	8877	9593
		33797	29440	2277	2120

2-17 续表 6

矿产品、建材及化工产品批发

地 区	商品购进总额		统一配送商品购进额		自有配送中心配送商品购进额	
	2016年	2015年	2016年	2015年	2016年	2015年
全 国	**74466023**	**74714055**	**66882984**	**67062289**	**35577606**	**36263254**
北 京	1343512	1634644	1343512	1634644	6453	3296
天 津						
河 北	1792702	1953482	1467697	1547293	330867	315696
山 西						
内蒙古						
辽 宁	791713	951291	516170	589615	302164	360223
吉 林						
黑龙江	95291	99827	95291	99827		
上 海	4079987	4133604	3935089	3934954	3215128	3203518
江 苏	15022005	14455315	15017348	14450700	15010194	14444428
浙 江	10088306	10432432	9286186	9609212	9149218	9501484
安 徽	4070649	3822868	4070649	3822868	168836	158889
福 建	5283	5958	2939	2606	2939	2606
江 西	811714	862277	811714	862277	361271	391492
山 东	1301434	1293673	965175	947629	602532	585615
河 南	2317499	2328006	1210714	1218219	597048	626015
湖 北	845536	856997	720040	716290	414819	399513
湖 南						
广 东	15143652	14732728	13393026	13068293	131815	146369
广 西	6281232	6213168	6281232	6213168	2022486	1918133
海 南						
重 庆	1480490	1307842	845565	784708	337158	236197
四 川	239470	327100				
贵 州						
云 南	6247	7181				
西 藏						
陕 西	4056575	4503869	3352589	3792317	1262712	2147262
甘 肃	412135	372753	215090	154163		
青 海						
宁 夏	756028	869948	481833	644351	212471	300402
新 疆	3524564	3549093	2871128	2969157	1449495	1522117

单位：万元

非自有配送中心配送商品购进额		商品销售总额		零售额	
2016年	2015年	2016年	2015年	2016年	2015年
17155253	**16782373**	**84317436**	**84436157**	**54606642**	**52808464**
917777	1219567	1406628	1687327	642185	608507
97907	112881	2264424	2443248	1353145	1580174
		729042	978589	545348	645695
		92799	97349	27991	28853
		4507293	4504805	1888495	1871856
3159	2769	16026752	15351311	8200813	7456349
		10915474	11320771	7299984	7334168
		4354255	4037365	4307807	3292829
		6397	6970	1409	1526
350830	376288	2407836	2608505	2228648	2436782
		1298205	1283092	1144304	1146065
		2404056	2423734	1754175	1716101
35856	36319	1089419	1036605	542045	490373
13261211	12921924	17037113	16957767	14889915	14640461
		6691187	6592428	3563421	3464945
451618	498499	1550717	1366913	483284	484376
		322159	298547	257572	237565
		1419475	1403369	920054	816377
615263	167086	4966021	5070935	2364548	2573124
		429198	483842	357391	408870
		569319	547250	271215	237574
1421632	1447040	3829666	3935436	1562894	1335895

2-17 续表 7

机械设备、五金产品及电子产品批发

地区	商品购进总额		统一配送商品购进额		自有配送中心配送商品购进额	
	2016年	2015年	2016年	2015年	2016年	2015年
全国	**540980**	**424686**	**465116**	**365122**	**330869**	**282029**
北京	157660	106162	110362	74314	110362	74314
天津	27809	27714				
河北						
山西						
内蒙古						
辽宁	51660	45708	51660	45708	51660	45708
吉林						
黑龙江						
上海						
江苏	7309	5982	6552	5982	5242	4786
浙江	62050	1549	62050	1549		
安徽						
福建	1361	5415	1361	5415		
江西						
山东						
河南	9676	9318	9676	9318		
湖北						
湖南						
广东	192169	189764	192169	189764	163605	157222
广西	31286	33073	31286	33073		
海南						
重庆						
四川						
贵州						
云南						
西藏						
陕西						
甘肃						
青海						
宁夏						
新疆						

单位：万元

非自有配送中心配送商品购进额		商品销售总额		零售额	
2016年	2015年	2016年	2015年	2016年	2015年
2671	**6611**	**605992**	**472893**	**335986**	**302180**
		167289	106158	68477	40340
		39862	30663	11959	7666
		49712	45908	49712	45908
1310	1196	7309	6555	2152	2070
		66780	1580	2370	465
1361	5415	1405	1427	1403	1427
		10824	10221	7015	5479
		193642	208801	164609	177906
		69171	61580	28290	20920

2-17 续表 8

其他批发业

地区	商品购进总额		统一配送商品购进额		自有配送中心配送商品购进额	
	2016年	2015年	2016年	2015年	2016年	2015年
全国	**2028973**	**2451543**	**2007338**	**2421661**	**1633463**	**2044407**
北京						
天津						
河北						
山西						
内蒙古						
辽宁	2663	2522	2663	2522		
吉林						
黑龙江						
上海						
江苏						
浙江						
安徽	1624276	2033325	1624276	2033325	1624276	2033325
福建						
江西						
山东						
河南						
湖北	166170	176040	166170	176040		
湖南	16222	15036	16222	15036		
广东	178736	186855	160906	159731	159	197
广西						
海南						
重庆	2614	2614				
四川						
贵州						
云南	28073	24122	28073	24122		
西藏						
陕西	9029	10886	9029	10886	9029	10886
甘肃						
青海						
宁夏	1190	144				
新疆						

单位：万元

非自有配送中心配送商品购进额		商品销售总额		零售额	
2016年	2015年	2016年	2015年	2016年	2015年
		1992975	**2526469**	**1736479**	**2203256**
		2753	2699		
		1518120	1983512	1518120	1983512
		221710	283161	37960	37061
		15220	14327	856	807
		184854	190348	161140	159995
		3709	3709	3709	3709
		35999	37380	14695	18172
		9370	11213		
		1240	120		

2-17 续表 9

零售业

地区	商品购进总额		统一配送商品购进额		自有配送中心配送商品购进额	
	2016年	2015年	2016年	2015年	2016年	2015年
全 国	**203959441**	**201451763**	**146434780**	**143337767**	**86402350**	**85566836**
北 京	22135073	22377333	15027686	14704321	9126753	8994899
天 津	4018424	5015543	2413553	3205760	1799591	2343000
河 北	6849800	7092408	3906717	4200943	2804618	2907604
山 西	2519294	2548979	1710876	1568345	934952	674080
内蒙古	264741	250222	148136	144876	111011	101133
辽 宁	5992258	6741825	4261279	4803621	381850	657682
吉 林	1335139	1197834	1309316	1179199	1129044	998933
黑龙江	1896474	2119950	1743469	1775651	488560	549462
上 海	17079764	16956426	11697918	11247947	4194887	4269411
江 苏	23944076	22616750	17876961	17004833	14690047	13814589
浙 江	5713505	5644780	5262538	5201901	3898646	3750505
安 徽	7047183	7190429	2972111	3366417	1327632	1545515
福 建	10439497	9690140	7159727	6061183	2915548	3735925
江 西	3727997	3572977	2932182	2770452	1708336	1541566
山 东	13708566	13507108	9308740	8520571	5566644	4593592
河 南	5453220	4763170	3143162	2685078	2063057	1650061
湖 北	14938880	14593515	10162788	10177427	8376422	8526117
湖 南	7069874	7902355	5868938	6636123	3505215	4243094
广 东	27510210	25797833	22452851	20400719	13000483	11843884
广 西	821842	683210	748319	638834	516071	413886
海 南	1219941	1359939	1199080	1335114	5707	6424
重 庆	5071668	5227983	3732833	4533042	2693139	3244750
四 川	6434401	5798974	4824097	4371662	2281886	2199656
贵 州	674737	612055	659891	599991	370758	211449
云 南	2193080	2307102	1805680	1875745	701279	830173
西 藏	30552	30522	30552	30522		
陕 西	1636663	1608703	771601	766345	241106	230704
甘 肃	1061554	1048598	1023343	1008940	113349	100845
青 海	186652	176271	68064	76054	1535	2183
宁 夏	971572	772822	309430	302416	253308	243765
新 疆	2012807	2246011	1902945	2143736	1200916	1341950

单位：万元

非自有配送中心配送商品购进额		商品销售总额		零售额	
2016年	2015年	2016年	2015年	2016年	2015年
24609180	**21958328**	**238185591**	**236246655**	**192457940**	**189726986**
2017316	1923697	26754751	27111283	23204656	22575804
93588	347690	4779773	5970124	3815673	4356858
96783	88465	7091451	7598609	5605474	5606236
	2423	3592797	3869102	3292748	3400907
1869	1433	339310	297199	240696	210674
1334013	1430580	5946810	6516859	4962447	5105077
9650	14840	1475256	1388752	1260157	1211250
155412	209019	2116850	2211185	1646022	1771280
2022520	1999829	19353074	19608871	15539917	15689662
2436545	2513194	27376443	25829901	10899738	10518326
751806	662845	6875759	6201076	6222382	5810903
251210	221830	7559517	7216518	4645718	4680921
2768907	690861	12156438	12146229	11107216	11000413
139896	243082	5485164	5182572	4533440	4565028
1244794	922948	15187952	15115723	12874638	12965563
262804	341140	6005292	5390233	5796635	5234025
707716	674819	16590841	16452357	15394405	15107831
867276	824791	10322675	10361330	9261358	9595536
7265370	6622976	31669126	30760776	26913215	26431737
55912	46292	1104979	914210	1095550	902857
		1309071	1511919	1199282	854009
652236	716447	7377204	7662350	6598265	6707989
308925	265590	7287720	6529037	7108242	6379208
10328	6852	708476	607419	693407	594475
309688	215756	3000232	2936966	2754895	2721442
		35760	35667	35760	35667
133287	160565	1779110	1820402	1181347	1135104
		1189062	1349900	1053158	1224414
		285458	265733	283603	263783
9301	8704	661339	643058	635688	628306
702029	801661	2767902	2741294	2602208	2441701

2-17 续表 10

综合零售

地区	商品购进总额		统一配送商品购进额		自有配送中心配送商品购进额	
	2016年	2015年	2016年	2015年	2016年	2015年
全国	**105852037**	**102975686**	**68476157**	**65025433**	**44541103**	**43823719**
北京	11302436	11293965	8192848	7752034	4190392	3728047
天津	745438	881276	61548	31004		1269
河北	3335537	3277260	425230	424030	293764	308081
山西	749462	586828	388860	222272	319839	147929
内蒙古	168670	154585	82061	78999	54648	47556
辽宁	948676	1031406	520670	542635	23975	33961
吉林	150355	149264	150355	149264		
黑龙江	503742	660056	371167	364127	244523	340588
上海	9857958	10057303	5286688	5305274	1812843	1916131
江苏	10058810	9966084	9390752	9163524	7773973	7538573
浙江	4059824	3995924	3739933	3640066	2915086	2797312
安徽	6219158	6444629	2518794	2960230	1158510	1392774
福建	6758629	5364253	5207974	4006698	2098000	2977037
江西	1102453	1089116	686693	685386	420708	418053
山东	10277865	10251548	6309470	5783880	3707305	3463811
河南	2785348	2413193	1591989	1090260	1048476	629249
湖北	10169338	9691202	5859099	5698744	5544585	5419661
湖南	3001530	3541599	1975218	2446703	1257856	1873452
广东	12917253	11964379	9093137	7706010	8148998	6620377
广西	299358	273197	225835	229286	64045	64799
海南	64027	35905	43167	11081		
重庆	3305404	3380022	2036289	2727514	1557076	2187509
四川	3704086	3329724	2759623	2460693	1431782	1423825
贵州	291861	222904	286537	219585	239651	173475
云南	672863	725881	350806	363031	85905	170828
西藏	30552	30522	30552	30522		
陕西	785806	774753	183739	203548	57861	73633
甘肃	85262	72695	47051	33037	47051	33037
青海	127938	105460	30452	26290	1535	2183
宁夏	715372	526570	56122	58651		
新疆	657026	684184	573500	611055	42719	40571

单位：万元

非自有配送中心配送商品购进额		商品销售总额		零售额	
2016年	2015年	2016年	2015年	2016年	2015年
10850992	**8772313**	**121256285**	**119662942**	**105093752**	**104172464**
473381	585519	14007016	14358554	12015177	12109084
		849508	990150	661077	781898
81937	79711	3498696	3464059	2972162	3011972
		1419498	1420232	1408941	1409855
1055	696	236783	178165	146508	99334
294538	298318	945039	1017797	829754	847995
		159072	147939	159072	147939
12052	11739	494471	553988	418876	485177
1783985	1809219	11624658	11594789	9851040	9681287
1212201	1303938	11332172	11269695	7858037	7735580
340787	193690	4898890	4503077	4509109	4214012
148143	147949	6576046	6392916	3805587	3938282
2660845	582772	5763779	5052105	5759865	5044731
66528	88632	1456335	1383960	1354130	1310967
969542	843616	11470572	11489844	9893294	9884798
118155	190262	3383185	3151337	3369716	3133077
106266	11534	11317296	10995743	10854353	10547713
406959	366555	3895178	3992098	3428945	3896228
691089	757021	14051530	13990444	12605405	13018086
		429436	403882	428356	403046
		55272	30930	55272	30930
427605	491845	5410932	5677307	5021417	5161299
286955	257635	4184114	3845349	4142839	3804727
1682	778	269119	229673	266756	227468
150446	76728	967010	1003799	933594	974500
		35760	35667	35760	35667
76761	94970	832400	847632	641787	604939
		94961	83235	94961	83235
		209475	192372	207792	190632
9301	8704	431076	381378	408737	375258
530781	570484	957010	984826	955434	982747

2—17 续表 11

食品、饮料及烟草制品专门零售

地区	商品购进总额		统一配送商品购进额		自有配送中心配送商品购进额	
	2016年	2015年	2016年	2015年	2016年	2015年
全国	**2499426**	**2319490**	**2161484**	**2089603**	**1226837**	**1209745**
北京	263514	252035	254633	242445	156471	161185
天津	104810	92624	55638	43758		
河北	1519	5359	1519	3147	893	3147
山西	15198	26103	15098	26103	14136	24518
内蒙古						
辽宁	79954	78422	79954	78422	7351	10020
吉林	32994	22842	32994	22842	29082	21020
黑龙江						
上海	137115	135905	129634	121861		
江苏	332197	328002	305669	301473	45305	54609
浙江	113329	138315	100741	132058	96161	128321
安徽	14214	14437	5955	14437	5955	14437
福建	146757	194685	138570	188389	89661	111229
江西	92817	92770	92817	92770	73506	68826
山东	397520	317226	397520	317226	354576	279042
河南	79683	61154	77046	59018	8966	5642
湖北	307110	303435	193932	211321	135213	154792
湖南	39366	63796	36492	62186	35930	61897
广东	163208	103196	159482	99826	112102	64536
广西						
海南						
重庆	64857	56328	51299	53725	35888	35332
四川	103723	22364	25643	11192	25643	11192
贵州						
云南	4736	6120	4736	6120		
西藏						
陕西	2115	1285	2115	1285		
甘肃						
青海						
宁夏	1708	1621				
新疆	984	1467				

单位：万元

非自有配送中心配送商品购进额		商品销售总额		零售额	
2016年	2015年	2016年	2015年	2016年	2015年
155920	**215941**	**3336649**	**3054161**	**2762712**	**2534120**
67294	60813	444747	414889	401814	374602
	19944	131272	129422	101798	97524
		1708	4537	1708	4330
		26188	37262	26188	37262
	47214	94535	92457	94535	92457
		40121	38167	40121	38167
		227331	200093	226675	191778
29950	33471	374916	378038	332254	323551
4579	3737	127687	163919	105080	137103
		17598	17545	5966	15553
7339	8462	200168	227076	182331	211188
19309	23944	103178	94720	103178	94720
		459996	364505	268171	235957
		68844	55472	68844	55472
		448834	448424	295565	303176
542	288	103836	75002	102879	74363
26746	17743	238589	187592	227594	174628
159	325	98114	88877	49024	36123
		116381	23066	116381	23066
		5662	7222	5662	7222
		3970	2502	3970	2502
		1503	1458	1503	1458
		1471	1919	1471	1919

2-17 续表 12

纺织、服装及日用品专门零售

地区	商品购进总额		统一配送商品购进额		自有配送中心配送商品购进额	
	2016年	2015年	2016年	2015年	2016年	2015年
全国	**2791255**	**3011895**	**1856764**	**2004583**	**700496**	**698297**
北京	523766	516391	178892	191836	121314	130888
天津	9734	12265	9734	12265	2317	2480
河北	45066	49900	45066	49900	5200	4401
山西	5778	5456	5778	5456	821	729
内蒙古						
辽宁	38782	75377	36883	73800	3823	4178
吉林	2937	2649	2937	2649		
黑龙江	14224	12362	14224	12362	14224	12362
上海	819662	1163092	499870	626738	87605	128755
江苏	6578	6871	6039	5803	6039	5803
浙江	177162	115072	128168	112735	113888	81972
安徽	315	334	315	334		
福建	43460	30376	43460	30376	33272	24705
江西	47147	42847	45117	40838		
山东	12598	24190	10206	21803	1095	1116
河南	11391	16754	11391	16724	5430	
湖北	225088	154800	148368	133938	29192	35312
湖南	126236	106719	91769	87587	60299	60388
广东	506587	521014	457687	461039	98383	92577
广西						
海南						
重庆	52081	42856	38647	31544	38647	31544
四川	58141	43879	32230	33732	29245	28278
贵州						
云南	10717	11751	280	314		
西藏						
陕西	49654	52751	49654	52751	49654	52751
甘肃						
青海	4101	4130				
宁夏						
新疆	49	59	49	59	49	59

单位：万元

非自有配送中心配送商品购进额		商品销售总额		零售额	
2016年	2015年	2016年	2015年	2016年	2015年
338946	**238290**	**4657980**	**4758898**	**4349355**	**4430335**
9392	10217	915970	1003901	814543	885853
		23811	19641	23591	19404
		48396	54006	4855	4615
		5953	5613	5953	5613
		45008	82621	45008	82621
1027	1429	3593	4144	3593	4144
		22604	19692	22604	19692
17269	15801	1640639	1742730	1639125	1741625
		20832	18601	20832	15236
		202783	161007	199644	157104
		372	359	223	359
		44892	40392	39011	33782
		34117	46844	34117	46844
8982	20418	15143	26711	15076	26645
	11101	17695	23683	17695	23683
6821	8390	308119	229536	282143	228173
6811	5755	204361	151594	194641	147511
288642	162973	825032	812472	731158	696744
		87576	78603	79792	74742
2	2205	89692	93213	74467	72410
		18996	18621	18996	18621
		66684	112990	66576	112990
		15637	11854	15637	11854
		74	73	74	73

2-17 续表 13

文化、体育用品及器材专门零售

地区	商品购进总额		统一配送商品购进额		自有配送中心配送商品购进额	
	2016年	2015年	2016年	2015年	2016年	2015年
全国	**5268500**	**5176386**	**5050707**	**4932799**	**4421948**	**4334036**
北京	162915	199900	162915	199900	142671	178731
天津						
河北	3222	3175	3222	3175	3222	3175
山西						
内蒙古						
辽宁	14559	22931	14559	22931	14559	22931
吉林						
黑龙江	37487	47842	37487	47842	9820	10734
上海	2521769	2447967	2473603	2391442	2168418	2113791
江苏	12746	13131	12445	13131	12038	12526
浙江	11661	10279	11661	10279		
安徽	102107	73182	102107	73182		
福建	25857	31026	25857	31026	25857	31026
江西	694010	600460	694010	600460	691832	598252
山东	97842	97670	22067	21131	21947	20915
河南	18556	19348	13348	13734	7368	8320
湖北	89420	110716	67390	82740	43928	33358
湖南	23036	21234	19366	21234	11497	13733
广东	159297	183987	125150	137718	61229	77185
广西	17169	16545	17169	16545	17169	16545
海南						
重庆	376003	399157	372990	396679	372990	396679
四川	538396	549738	535572	545181	530628	537224
贵州						
云南	90406	75659	90406	75659	41840	33823
西藏						
陕西	60436	54143	60436	54143	60436	54143
甘肃						
青海						
宁夏	12802	12122	12802	12122	12802	12122
新疆	198804	186174	176145	162545	171697	158826

单位：万元

非自有配送中心配送商品购进额		商品销售总额		零售额	
2016年	2015年	2016年	2015年	2016年	2015年
389987	**274804**	**5555857**	**5315580**	**2938474**	**2759797**
		258464	213147	243613	195581
		3232	3771	3232	3771
		13317	14230	9328	9955
		110262	104143	110262	104143
177441	124612	2567600	2477825	531919	502171
		15243	16776	15235	13183
		13376	13742	13376	13742
102107	73182	100391	82649	100391	82649
		29129	34735	25063	29268
		683183	597277	415029	360668
121	116	100793	95573	56761	60886
		26876	25061	26596	24750
		88524	121677	86963	98582
368		24559	24552	24559	24552
56936	31340	206206	225307	181213	206897
		14294	14544	14294	14544
		425492	423237	254762	230462
		524079	504466	486216	469809
48566	41836	86226	75603	75051	66920
		56452	53615	56452	53615
		12822	12023	12822	12023
4449	3719	195339	181627	195339	181627

2–17 续表 14

医药及医疗器材专门零售

地 区	商品购进总额		统一配送商品购进额		自有配送中心配送商品购进额	
	2016年	2015年	2016年	2015年	2016年	2015年
全 国	**8661321**	**7487022**	**7999916**	**6979396**	**4447934**	**3792530**
北 京	355284	308210	342178	271918	125992	116973
天 津	42000	58964	21437	20730	1324	1856
河 北	220413	177991	212543	174073	162182	125437
山 西	232801	149411	202370	130589	174540	103548
内蒙古	29706	27823	12402	10520	10957	7953
辽 宁	805095	592705	785444	579958	200780	190319
吉 林	44235	37822	36560	31954	22115	18833
黑龙江	206027	199337	188337	181079	55674	48156
上 海	222857	229930	217806	225063	101621	100822
江 苏	517586	462458	462058	434972	306781	268450
浙 江	693818	651841	630673	578903	436283	411567
安 徽	230807	188607	229347	187035	78583	46734
福 建	209624	156297	187667	137749	118962	95034
江 西	167592	112697	164855	109025	8378	8690
山 东	458174	337355	431194	310457	272269	182691
河 南	351256	324019	339791	314434	81625	58655
湖 北	232245	190661	185540	150169	97686	84645
湖 南	380532	341364	370873	331123	200317	171445
广 东	1105801	972122	942593	924310	652428	611218
广 西	233953	191976	233953	191510	163495	131049
海 南	6238	6889	6238	6889	5707	6424
重 庆	490693	418037	455190	395284	143344	98726
四 川	290281	201969	234566	160066	120069	75847
贵 州	184910	199926	175387	191181	131107	37974
云 南	489615	540236	489318	539814	376262	440292
西 藏						
陕 西	81726	53664	81726	53664	59203	33949
甘 肃	76899	79358	76899	79358	66299	67807
青 海	25249	26121	8249	9204		
宁 夏	49705	54715	48521	53849	48521	53849
新 疆	226202	194518	226202	194518	225432	193590

单位：万元

非自有配送中心配送商品购进额		商品销售总额		零售额	
2016年	2015年	2016年	2015年	2016年	2015年
1362202	**1268374**	**10579838**	**9126678**	**9403203**	**8187917**
200384	142060	426872	364535	361842	303971
8507	8594	64187	61470	64187	61378
14846	8754	278775	236263	278075	234530
		266527	202753	247618	190496
814	737	22796	22352	14457	14794
		735462	709129	674662	702441
		95119	74998	95119	74998
12391	13257	288145	256462	205573	188163
43826	50197	320791	274650	320717	274582
86949	83916	598651	530557	496238	454906
137889	116599	862563	750909	800433	698610
960	700	235919	234262	193226	181772
34008	17594	234855	189776	234855	189671
27780	24592	166530	151122	166530	151122
38674	31563	524738	422758	489391	390517
144649	139778	396800	331213	377503	322363
4107	4569	279539	203644	223299	192533
141988	134649	565536	470538	556346	461348
27566	97441	1377125	1155186	1095598	908587
55912	46292	297434	244982	297434	244982
		9183	9372	9183	9362
224472	224277	567440	545312	412115	367137
21968	5750	310328	255712	269790	231844
8646	6074	240080	183543	227374	172804
110676	97192	865076	764543	779361	722017
14420	12987	107362	63252	95049	52590
		105463	96118	96406	88576
		27470	27706	27298	27496
		52428	76649	49116	68017
770	803	256645	216915	244409	206310

2-17 续表 15

汽车、摩托车、燃料及零配件专门零售

地区	商品购进总额		统一配送商品购进额		自有配送中心配送商品购进额	
	2016年	2015年	2016年	2015年	2016年	2015年
全国	**41704233**	**45284771**	**35701777**	**38653755**	**15443786**	**16701405**
北京	3394122	4050293	3364289	4008220	2501590	3002495
天津	2707241	3517806	2207382	3025682	1738135	2265074
河北	3021966	3289421	3021966	3289421	2225559	2300016
山西	1169114	1473605	825434	962463	241486	266957
内蒙古						
辽宁	3177231	3916111	2320950	2957564		
吉林	918723	845647	918723	845647	918723	845647
黑龙江	775581	789952	775581	789952		
上海	249790	269584	249790	269584		
江苏	872940	876943	872940	876943	3930	3132
浙江	25856	26119	19508	20631		
安徽						
福建	2348158	3039528	950264	1109455	157254	181876
江西	1301130	1345352	925841	952238	196001	162767
山东	1952968	2030042	1626684	1616997	716034	219670
河南	1533688	1161601	633675	629969	574471	539920
湖北	2515833	2792601	2497067	2772539	2250696	2536109
湖南	3168261	3449383	3090370	3345753	1664517	1730486
广东	8220733	7798287	7782840	7303055	1794408	2171948
广西						
海南	1149676	1317144	1149676	1317144		
重庆	7916	6746	3704	3461	3704	3461
四川	509293	475463	46768	19095	46768	19095
贵州						
云南	654007	687855	654007	687855		
西藏						
陕西	600868	603271	337873	332118		
甘肃	851393	841121	851393	841121		
青海						
宁夏						
新疆	577746	680898	575052	676848	410510	452752

单位：万元

非自有配送中心配送商品购进额		商品销售总额		零售额	
2016年	2015年	2016年	2015年	2016年	2015年
8839819	**8844694**	**52372134**	**55797842**	**41939178**	**42082693**
798480	954073	3795591	4299182	2586473	2453705
85081	319152	3072432	4046320	2368675	2676412
		3033131	3533138	2117928	2045709
		1487281	1875132	1291034	1509459
1039475	1085048	3329831	3718772	2542966	2491762
		985314	925178	771008	748614
		864551	855733	588334	587621
		340131	335324	340131	335324
869011	873811	882770	906354	702552	636699
		28519	24081	22283	17214
		4869489	5634829	3934609	4565087
26279	105915	2694919	2615593	2114432	2319694
227475	27235	2048737	2194254	1587617	1849710
		1441573	1053422	1298226	961844
246371	236430	2670228	2970409	2319861	2422063
300559	307699	5183790	5238229	4612292	4586868
5082547	4711235	10647954	10257571	8595892	8146076
		1244616	1471617	1134827	813716
		8863	7422	8863	7422
		751591	564015	743674	564015
		697209	701041	599547	585396
		653458	669050	258729	237107
		928914	1107107	802067	989163
164542	224097	711242	794071	597156	532014

2–17 续表 16

家用电器及电子产品专门零售

地　区	商品购进总额		统一配送商品购进额		自有配送中心配送商品购进额	
	2016年	2015年	2016年	2015年	2016年	2015年
全　国	**36713509**	**34646728**	**24759809**	**23164366**	**15386174**	**14702484**
北　京	6015139	5646406	2424297	1937211	1873724	1663741
天　津	377823	410395	26437	30107	26437	30107
河　北	222077	289303	197170	257198	113798	163348
山　西	346941	307576	273336	221461	184130	130399
内蒙古	66365	67813	53672	55356	45406	45625
辽　宁	927961	1024873	502819	548312	131363	396274
吉　林	181304	133755	163156	120988	154534	107578
黑龙江	359413	410401	356673	380289	164319	137622
上　海	3170129	2552476	2743477	2231181		
江　苏	12126192	10944035	6810032	6189761	6538459	5926508
浙　江	618359	696395	618359	696395	325585	322075
安　徽	480582	469240	115593	131199	84585	91570
福　建	906048	873975	605935	557490	392541	315018
江　西	322849	289736	322849	289736	317911	284980
山　东	511598	449076	511598	449076	493418	426347
河　南	673299	767101	475924	560938	336721	408276
湖　北	1398789	1348625	1210337	1126500	275124	262239
湖　南	329113	377281	283050	340558	274800	331693
广　东	4384678	4203246	3865642	3746372	2115930	2192895
广　西	269649	199446	269649	199446	269649	199446
海　南						
重　庆	774715	924837	774715	924837	541491	491500
四　川	1211563	1146044	1170777	1111909	79715	75298
贵　州	197967	189225	197967	189225		
云　南	270737	259600	216128	202953	197272	185230
西　藏						
陕　西	56058	68836	56058	68836	13952	16228
甘　肃	48000	55425	48000	55425		
青　海	29364	40560	29364	40560		
宁　夏	191984	177794	191984	177794	191984	177794
新　疆	244814	323253	244814	323253	243327	320694

单位：万元

非自有配送中心配送商品购进额		商品销售总额		零售额	
2016年	2015年	2016年	2015年	2016年	2015年
2646695	**2322941**	**39582551**	**37768544**	**25175053**	**24875636**
468386	171016	6681141	6258050	6556245	6053983
		605329	679838	563110	676958
		227514	302836	227514	301309
	2423	387350	328111	313014	248223
		79732	96682	79732	96546
		783618	881854	766194	877845
8623	13410	186911	193499	186911	193499
130968	184023	336817	421168	300373	386485
		2509631	2853660	2509631	2853660
224930	203822	14132505	12689409	1458251	1321934
268551	348820	719769	564609	550284	553385
		629191	488788	540325	462306
66715	82033	1012989	967316	930345	926687
		346903	293057	346023	281013
		567972	522078	564329	517051
		670320	750044	638055	712837
344151	413896	1476335	1480148	1330254	1312813
8250	8865	342716	407908	338996	403255
1082529	839467	4253984	4066392	3448851	3266588
		361029	247844	354141	238900
		778788	841592	772292	830804
		1288515	1218044	1251855	1188165
		199277	194202	199277	194202
		360053	366137	342683	346766
42106	52608	58785	71362	58785	71362
		59725	63439	59725	63439
		32875	33800	32875	33800
		163511	171550	163511	171550
1487	2559	329268	315126	291473	290272

2-17 续表 17

五金、家具及室内装饰材料专门零售

地区	商品购进总额		统一配送商品购进额		自有配送中心配送商品购进额	
	2016年	2015年	2016年	2015年	2016年	2015年
全国	**398346**	**490037**	**381753**	**457294**	**198828**	**281415**
北京	117897	110132	107634	100757	14600	12841
天津	31378	42214	31378	42214	31378	42214
河北						
山西						
内蒙古						
辽宁						
吉林						
黑龙江						
上海	76083	90258	72649	66891		
江苏	13504	14237	13504	14237		
浙江	11643	9259	11643	9259	11643	9259
安徽						
福建						
江西						
山东						
河南						
湖北	1057	1476	1057	1476		
湖南	1800	980	1800	980		
广东	18884	16229	15987	16229	15987	12745
广西						
海南						
重庆						
四川	18918	29793	18918	29793	18037	28898
贵州						
云南						
西藏						
陕西						
甘肃						
青海						
宁夏						
新疆	107183	175459	107183	175459	107183	175459

单位：万元

非自有配送中心配送商品购进额		商品销售总额		零售额	
2016年	2015年	2016年	2015年	2016年	2015年
15304	**15217**	**757228**	**693521**	**747294**	**654231**
		224950	199026	224950	199026
		33235	43283	33235	43283
		98949	120515	97336	99951
13504	14237	14164	13901	13608	13845
		20647	16886	20647	16886
		1967	2777	1967	2777
1800	980	2700	1410	2700	1410
		20742	23811	12978	5141
		23020	25173	23020	25173
		316852	246739	316852	246739

2-17 续表 18

货摊、无店铺及其他零售业

地区	商品购进总额		统一配送商品购进额		自有配送中心配送商品购进额	
	2016年	2015年	2016年	2015年	2016年	2015年
全国	**70814**	**59750**	**46413**	**30537**	**35245**	**23206**
北京						
天津						
河北						
山西						
内蒙古						
辽宁						
吉林	4591	5856	4591	5856	4591	5856
黑龙江						
上海	24401	9911	24401	9911	24401	9911
江苏	3523	4989	3523	4989	3523	4989
浙江	1853	1576	1853	1576		
安徽						
福建	964					
江西						
山东						
河南						
湖北						
湖南						
广东	33770	35372	10333	6159	1018	404
广西	1713	2047	1713	2047	1713	2047
海南						
重庆						
四川						
贵州						
云南						
西藏						
陕西						
甘肃						
青海						
宁夏						
新疆						

单位：万元

非自有配送中心配送商品购进额		商品销售总额		零售额	
2016年	2015年	2016年	2015年	2016年	2015年
9315	**5756**	**87071**	**68489**	**48920**	**29793**
		5125	4828	4332	3890
		23344	9286	23344	9286
		5190	6570	2731	3394
		1525	2846	1525	2846
		1137		1137	
9315	5756	47963	42002	14526	8991
		2787	2957	1326	1386

2-18 按行业分各地区连锁零售

批发业

地 区	商品购进总额		统一配送商品购进额		自有配送中心配送商品购进额	
	2016年	2015年	2016年	2015年	2016年	2015年
全 国	**3004785**	**3264252**	**2838997**	**2969609**	**2135935**	**2022384**
北 京	6297	3442	6297	3442	6040	3237
天 津						
河 北						
山 西						
内蒙古						
辽 宁	9679	8699	9679	8699		
吉 林						
黑龙江		4725				
上 海	576315	613717	576315	613717	576315	613717
江 苏	748192	760660	748192	760660	742301	760660
浙 江	200460	205963	171857	178142	133169	135770
安 徽	462967	533320	462967	443832	462967	245765
福 建	20520	11334	20520	11334	20520	11334
江 西						
山 东	89884	153770	62614	102520	62530	102403
河 南						
湖 北	15017	15385	13652	14051	12013	12577
湖 南	48492	42000	7021	7001	7021	7001
广 东	86276	124611	83927	106870	7492	6658
广 西	5548	5480	5548	5480	5548	5480
海 南						
重 庆	126507	114134	66996	58888	43776	38274
四 川	17845	22198	17845	22198	17845	22198
贵 州						
云 南	547508	575845	547169	575466		
西 藏						
陕 西						
甘 肃						
青 海	2156	2478	2156	2478	2156	2478
宁 夏	2970	11936	500	8320	500	8320
新 疆	38156	54557	35745	46512	35745	46512

企业加盟门店经营情况

单位：万元

非自有配送中心配送商品购进额		商品销售总额		零售额	
2016年	2015年	2016年	2015年	2016年	2015年
35413	**110176**	**3043249**	**3302254**	**822745**	**587341**
		6474	3779	335	266
		13099	9814	13099	9814
			5041		
		576451	613962	288349	307151
		750981	763825	5782	6209
25947	22149	175210	203051	62368	83971
	78749	445947	483114	270695	
84	117	107123	100133	107123	100133
1365	1334	17605	18127	17605	18127
		72372	61483	8399	7044
40	811	147158	221895	9257	16197
		6080	5779	2174	2132
7977	7016	133819	117950	26209	23313
		14176	25428	8986	9765
		565689	593922		
		2364	3220	2364	3220
		3345	11135		
		5359	60600		

2-18 续表 1

农、林、牧产品批发

地区	商品购进总额		统一配送商品购进额		自有配送中心配送商品购进额	
	2016年	2015年	2016年	2015年	2016年	2015年
全国	**320464**	**295559**	**277784**	**259339**	**272170**	**253890**
北京						
天津						
河北						
山西						
内蒙古						
辽宁	3975	3975	3975	3975		
吉林						
黑龙江						
上海						
江苏						
浙江						
安徽	253136	235026	253136	235026	253136	235026
福建						
江西						
山东						
河南						
湖北	15017	14671	13652	13337	12013	11863
湖南	48337	41887	7021	7001	7021	7001
广东						
广西						
海南						
重庆						
四川						
贵州						
云南						
西藏						
陕西						
甘肃						
青海						
宁夏						
新疆						

单位：万元

非自有配送中心配送商品购进额		商品销售总额		零售额	
2016年	2015年	2016年	2015年	2016年	2015年
1365	**1334**	**328384**	**309549**	**264579**	**27632**
		3175	3175	3175	3175
		235401	227548	235401	
1365	1334	17605	17413	17605	17413
		72203	61412	8399	7044

2–18 续表 2

食品、饮料及烟草制品批发

地区	商品购进总额		统一配送商品购进额		自有配送中心配送商品购进额	
	2016年	2015年	2016年	2015年	2016年	2015年
全国	**122811**	**113048**	**115266**	**106078**	**88328**	**84609**
北京	258	204	258	204		
天津						
河北						
山西						
内蒙古						
辽宁						
吉林						
黑龙江						
上海	112	96	112	96	112	96
江苏						
浙江	56103	57652	56103	57652	37805	43404
安徽						
福建	20520	11334	20520	11334	20520	11334
江西						
山东						
河南						
湖北						
湖南						
广东	1056	1356	1056	1356	650	1356
广西						
海南						
重庆	42608	39928	35063	32958	27085	25942
四川						
贵州						
云南						
西藏						
陕西						
甘肃						
青海	2156	2478	2156	2478	2156	2478
宁夏						
新疆						

单位：万元

非自有配送中心配送商品购进额		商品销售总额		零售额	
2016年	2015年	2016年	2015年	2016年	2015年
26275	**21264**	**85492**	**71495**	**63107**	**59125**
		335	266	335	266
		248	340	248	340
18297	14248	55396	44243	48866	44243
		1531	2071	1531	2071
7977	7016	25619	21355	9765	8985
		2364	3220	2364	3220

2–18 续表 3

纺织、服装及家庭用品批发

地　区	商品购进总额		统一配送商品购进额		自有配送中心配送商品购进额	
	2016年	2015年	2016年	2015年	2016年	2015年
全　国	**144922**	**215160**	**116452**	**161210**	**62530**	**109965**
北　京						
天　津						
河　北						
山　西						
内蒙古						
辽　宁						
吉　林						
黑龙江						
上　海						
江　苏	5782	6209	5782	6209		6209
浙　江						
安　徽						
福　建						
江　西						
山　东	89800	153653	62530	102403	62530	102403
河　南						
湖　北		714		714		714
湖　南						
广　东	49340	53945	48140	51245		
广　西						
海　南						
重　庆						
四　川		640		640		640
贵　州						
云　南						
西　藏						
陕　西						
甘　肃						
青　海						
宁　夏						
新　疆						

单位：万元

非自有配送中心配送商品购进额		商品销售总额		零售额	
2016年	2015年	2016年	2015年	2016年	2015年
		221507	**251849**	**113318**	**110410**
		5782	6209	5782	6209
		106986	100000	106986	100000
			714		714
		108739	143960	550	2661
			966		827

2-18 续表 4

文化、体育用品及器材批发

地 区	商品购进总额		统一配送商品购进额		自有配送中心配送商品购进额	
	2016年	2015年	2016年	2015年	2016年	2015年
全 国	**1368**	**1202**	**1368**	**1202**	**1368**	**1202**
北 京						
天 津						
河 北						
山 西						
内蒙古						
辽 宁						
吉 林						
黑龙江						
上 海						
江 苏						
浙 江						
安 徽						
福 建						
江 西						
山 东						
河 南						
湖 北						
湖 南						
广 东	1368	1202	1368	1202	1368	1202
广 西						
海 南						
重 庆						
四 川						
贵 州						
云 南						
西 藏						
陕 西						
甘 肃						
青 海						
宁 夏						
新 疆						

单位：万元

非自有配送中心配送商品购进额		商品销售总额		零售额	
2016年	2015年	2016年	2015年	2016年	2015年
		1183	**1091**	**1183**	**197**
		1183	1091	1183	197

2–18 续表 5

医药及医疗器材批发

地　区	商品购进总额		统一配送商品购进额		自有配送中心配送商品购进额	
	2016年	2015年	2016年	2015年	2016年	2015年
全　国	**64984**	**84009**	**32166**	**34098**	**25942**	**28373**
北　京						
天　津						
河　北						
山　西						
内蒙古						
辽　宁	5704	4724	5704	4724		
吉　林						
黑龙江		4725				
上　海						
江　苏						
浙　江	3388	3204	3388	3204	3388	3204
安　徽						
福　建						
江　西						
山　东	84	117	84	117		
河　南						
湖　北						
湖　南	155	113				
广　东	3462	16910	2313	1869	1879	1057
广　西						
海　南						
重　庆	34347	32657	2832	2627	2830	2553
四　川	17845	21558	17845	21558	17845	21558
贵　州						
云　南						
西　藏						
陕　西						
甘　肃						
青　海						
宁　夏						
新　疆						

单位：万元

非自有配送中心配送商品购进额		商品销售总额		零售额	
2016年	2015年	2016年	2015年	2016年	2015年
124	**928**	**78183**	**103347**	**40914**	**35362**
		9924	6639	9924	6639
			5041		
		4261	3809	3031	2697
84	117	137	133	137	133
		169	71		
40	811	3885	20426	2392	2628
		45632	42767	16444	14327
		14176	24462	8986	8938

2–18 续表 6

矿产品、建材及化工产品批发

地区	商品购进总额		统一配送商品购进额		自有配送中心配送商品购进额	
	2016年	2015年	2016年	2015年	2016年	2015年
全国	**2301476**	**2486577**	**2249672**	**2342601**	**1682004**	**1541302**
北京	6040	3237	6040	3237	6040	3237
天津						
河北						
山西						
内蒙古						
辽宁						
吉林						
黑龙江						
上海	576203	613621	576203	613621	576203	613621
江苏	742410	754451	742410	754451	742301	754451
浙江	140970	144748	112367	116927	91976	89162
安徽	209831	298294	209831	208806	209831	10739
福建						
江西						
山东						
河南						
湖北						
湖南						
广东						
广西	5548	5480	5548	5480	5548	5480
海南						
重庆	34311	28024	13860	9779	13860	9779
四川						
贵州						
云南	547508	575845	547169	575466		
西藏						
陕西						
甘肃						
青海						
宁夏	500	8320	500	8320	500	8320
新疆	38156	54557	35745	46512	35745	46512

单位：万元

非自有配送中心配送商品购进额		商品销售总额		零售额	
2016年	2015年	2016年	2015年	2016年	2015年
7649	**86650**	**2275266**	**2489861**	**336043**	**345794**
		6139	3513		
		576203	613621	288102	306811
		745199	757616		
7649	7901	115553	154632	10472	36852
	78749	210546	255565	35295	
		6080	5779	2174	2132
		43999	37573		
		565689	593922		
		500	7040		
		5359	60600		

2-18 续表 7

机械设备、五金产品及电子产品批发

地区	商品购进总额		统一配送商品购进额		自有配送中心配送商品购进额	
	2016年	2015年	2016年	2015年	2016年	2015年
全国	**31050**	**51557**	**31050**	**51557**	**3594**	**3043**
北京						
天津						
河北						
山西						
内蒙古						
辽宁						
吉林						
黑龙江						
上海						
江苏						
浙江		359		359		
安徽						
福建						
江西						
山东						
河南						
湖北						
湖南						
广东	31050	51198	31050	51198	3594	3043
广西						
海南						
重庆						
四川						
贵州						
云南						
西藏						
陕西						
甘肃						
青海						
宁夏						
新疆						

单位：万元

非自有配送中心配送商品购进额		商品销售总额		零售额	
2016年	2015年	2016年	2015年	2016年	2015年
		31821	**54714**	**3601**	**8821**
			366		180
		31821	54347	3601	8641

2—18 续表 8

其他批发业

地区	商品购进总额		统一配送商品购进额		自有配送中心配送商品购进额	
	2016年	2015年	2016年	2015年	2016年	2015年
全国	**17711**	**17140**	**15241**	**13524**		
北京						
天津						
河北						
山西						
内蒙古						
辽宁						
吉林						
黑龙江						
上海						
江苏						
浙江						
安徽						
福建						
江西						
山东						
河南						
湖北						
湖南						
广东						
广西						
海南						
重庆	15241	13524	15241	13524		
四川						
贵州						
云南						
西藏						
陕西						
甘肃						
青海						
宁夏	2470	3616				
新疆						

单位：万元

非自有配送中心配送商品购进额		商品销售总额		零售额	
2016年	2015年	2016年	2015年	2016年	2015年
		21414	**20350**		
		18569	16255		
		2845	4095		

2–18 续表 9

零售业

地区	商品购进总额		统一配送商品购进额		自有配送中心配送商品购进额	
	2016年	2015年	2016年	2015年	2016年	2015年
全国	**12570608**	**12529799**	**11054365**	**11130991**	**4369830**	**4246473**
北京	428304	404450	290298	270114	226234	213972
天津	148750	109380				
河北	42067	24754	42067	24754	39182	21519
山西	228105	203465	156365	149542	156215	149499
内蒙古	16134	9754	16134	9754	1114	893
辽宁	113476	118399	113476	118399	436	488
吉林						
黑龙江	45412	42369	878	873	836	835
上海	5894578	6062605	5822132	5987662	750647	817271
江苏	966916	993560	955376	983900	947782	980892
浙江	646196	714190	601841	658613	413817	459543
安徽	761887	767124	470418	482384	221138	219427
福建	84845	77209	81232	73991	36176	31847
江西	312501	299078	176847	176053	176336	168997
山东	236372	241143	167540	173875	97080	92069
河南	305586	298533	305272	298107	8717	8230
湖北	77523	74387	17545	17363	12274	11746
湖南	533702	467156	517846	446874	441242	384940
广东	962981	1000009	804067	782971	445645	357692
广西	23594	37319	22748	29318	20764	26497
海南						
重庆	183848	178374	142565	142825	104687	74203
四川	432529	260109	236236	192460	193339	152937
贵州	5824	23535	5824	3856		
云南	7064	7254	7064	7254	5113	5256
西藏						
陕西	29975	14214	29975	14214	21954	12585
甘肃	393	538	393	538	227	382
青海						
宁夏	11925	2502	105	97	105	97
新疆	70120	98391	70120	85203	48771	54657

单位：万元

非自有配送中心配送商品购进额		商品销售总额		零售额	
2016年	2015年	2016年	2015年	2016年	2015年
1510313	**1497537**	**13448497**	**13577619**	**12891031**	**12857870**
62586	54690	575719	557975	575631	556149
		175000	128682	175000	128682
		41653	25424	41653	25424
		229149	204645	229149	204645
304	176	20130	11877	20130	11877
52006	49864	162326	172453	162326	172453
		61425	64664	60974	63966
570982	603814	6232556	6566932	6182461	6517687
2788	634	1222464	1279204	1170755	1217772
172178	185668	569954	733630	553256	672116
163343	160140	334122	353039	300461	318377
42428	39240	130226	108339	79386	72872
	6576	285191	287256	255623	253443
3828	3525	212970	207723	154726	158751
299	348	344710	328836	309803	300514
1315	1325	117941	120028	29358	32428
69262	61917	539674	468586	517050	421866
299525	234066	1183330	1163351	1144203	1025899
		28725	40141	13843	28289
17099	39126	287589	271072	256960	222575
26144	24615	537270	329620	511271	306058
3586		7327	23885	6870	23885
1290	1290	6749	6939	6749	6939
		37986	16965	37477	16266
		483	628	483	628
		1314	795		
		2968	1851	2255	1851
21349	30526	99551	103083	93177	96461

2–18 续表 10

综合零售

地区	商品购进总额		统一配送商品购进额		自有配送中心配送商品购进额	
	2016年	2015年	2016年	2015年	2016年	2015年
全国	**10211751**	**10204003**	**9072378**	**9064637**	**3101483**	**3020189**
北京	143426	143896	5708	9886	2576	7634
天津	148750	109380				
河北	41384	24189	41384	24189	38498	20955
山西	228033	203353	156294	149430	156144	149387
内蒙古	15392	9267	15392	9267	372	406
辽宁	87189	96103	87189	96103	205	266
吉林						
黑龙江	44100	41050				
上海	5701895	5797403	5639967	5737338	686355	685367
江苏	894362	911133	887621	906158	885871	904488
浙江	514796	583789	472751	532444	319075	358373
安徽	760172	765409	470418	480669	221138	217712
福建	31581	27503	31581	27503	16848	13654
江西	230242	212303	104031	91649	104031	91649
山东	189384	203222	121152	137687	51215	56551
河南	3605	4080	3419	3694		
湖北	5888	8671	5465	8105	5088	8009
湖南	37967	34169	36298	32513	6729	6679
广东	775277	697877	664786	523624	361460	285147
广西	3637	12886	2836	4885	1821	3113
海南						
重庆	61275	51426	58996	50810	35318	26948
四川	203450	171638	186495	156614	162974	138070
贵州	3586	2216	3586	2216		
云南	7064	7254	7064	7254	5113	5256
西藏						
陕西	7941	1528	7941	1528		
甘肃						
青海						
宁夏	9352					
新疆	62004	84259	62004	71071	40655	40525

单位：万元

非自有配送中心配送商品购进额		商品销售总额		零售额	
2016年	2015年	2016年	2015年	2016年	2015年
1238632	**1235500**	**10480831**	**10746549**	**10302869**	**10491633**
1743	892	195697	196537	195697	196537
		175000	128682	175000	128682
		40951	24760	40951	24760
		229059	204565	229059	204565
304	176	19858	11350	19858	11350
52006	49864	143842	149000	143842	149000
		60000	63000	60000	63000
485564	530146	5940788	6252320	5940788	6203075
		1134604	1180249	1134604	1179249
152657	173401	438485	597028	427085	544003
163343	160140	331962	350879	300461	316217
14733	13849	49592	38772	1233	5436
		202827	201697	173259	170318
3828	3525	157421	162750	124101	131196
		3612	4797	3612	4797
	96	6968	12175	6131	12150
23570	25834	36108	37175	28160	27375
297236	231182	864095	737636	856153	733369
		7709	15391	7709	15391
10602	10859	60519	53008	60519	53008
6821	3721	267453	223382	267453	223382
3586		4931	2757	4931	2757
1290	1290	6749	6939	6749	6939
		9983	1742	9983	1742
		714			
21349	30526	91907	89958	85534	83336

2-18 续表 11

食品、饮料及烟草制品专门零售

地区	商品购进总额		统一配送商品购进额		自有配送中心配送商品购进额	
	2016年	2015年	2016年	2015年	2016年	2015年
全国	**987281**	**777014**	**756440**	**677030**	**745208**	**659222**
北京	211479	197646	211479	197646	211479	197646
天津						
河北	683	564	683	564	683	564
山西						
内蒙古						
辽宁						
吉林						
黑龙江						
上海	185	283	185			
江苏	5103	4921	5103	4921	5103	4921
浙江	18358	17771	18358	17771	18358	17771
安徽	1715	1715		1715		1715
福建	6930	6122	3317	2904	689	
江西	68055	76699	68055	76699	67544	69642
山东	43271	33103	43271	33103	43271	33103
河南	2553	2078	2425	2038		
湖北	53679	51825	2776	3212		
湖南	379143	332711	378011	332041	376830	331350
广东						
广西						
海南						
重庆	4200	4416	4200	4416	2675	2510
四川	189457	44755	18576		18576	
贵州						
云南						
西藏						
陕西						
甘肃						
青海						
宁夏	2468	2405				
新疆						

单位：万元

非自有配送中心配送商品购进额		商品销售总额		零售额	
2016年	2015年	2016年	2015年	2016年	2015年
1883	**7942**	**1150167**	**892858**	**1027194**	**782068**
		286631	262090	286543	260264
		702	664	702	664
		542	929	542	929
		5227	4989	5227	4989
		22690	21400	20627	19414
		2160	2160		2160
		25390	9259	22909	7128
	6576	67968	76006	67968	76006
		50356	40112	26134	23391
299	348	1671	1396	1671	1396
		87567	85583	2565	2580
1162	690	379550	332656	377476	331022
422	328	7388	6955	4313	3954
		210185	46900	208376	46411
		2142	1758	2142	1758

2–18 续表 12

纺织、服装及日用品专门零售

地区	商品购进总额		统一配送商品购进额		自有配送中心配送商品购进额	
	2016年	2015年	2016年	2015年	2016年	2015年
全国	**292717**	**366104**	**198387**	**273087**	**164767**	**236385**
北京	737	752	448	425		
天津						
河北						
山西						
内蒙古						
辽宁	42	39	42	39	42	39
吉林						
黑龙江						
上海	65130	131870	65130	131870	61949	128483
江苏	7542	8861	7542	8861	7542	8861
浙江	18163	24512	18163	24512	18163	24512
安徽						
福建						
江西						
山东						
河南	522	522	522	522		
湖北	3223	3509	602	805		
湖南	25745	26567	13176	9049	12472	8387
广东	110955	111499	69967	68844	60725	58837
广西						
海南						
重庆	37865	29896		82		82
四川	20443	25727	20443	25727	1524	4833
贵州						
云南						
西藏						
陕西	2350	2350	2350	2350	2350	2350
甘肃						
青海						
宁夏						
新疆						

单位：万元

非自有配送中心配送商品购进额		商品销售总额		零售额	
2016年	2015年	2016年	2015年	2016年	2015年
21160	**24520**	**547046**	**586976**	**460900**	**545841**
400	371	3448	3722	3448	3722
		59	55	59	55
	1314	146598	185942	96503	185942
		18722	22852	18722	22852
		13607	28140	13607	24643
		514	514	514	514
		6195	6704	6195	6548
705	663	26465	26568	13862	10566
1135	1278	244420	236294	244420	236294
		56804	43407	56802	43288
18920	20894	25961	28525	2515	7164
		4253	4253	4253	4253

2-18 续表 13

文化、体育用品及器材专门零售

地区	商品购进总额		统一配送商品购进额		自有配送中心配送商品购进额	
	2016年	2015年	2016年	2015年	2016年	2015年
全国	**5452**	**5146**	**1698**	**2108**	**1698**	**2108**
北京						
天津						
河北						
山西						
内蒙古						
辽宁						
吉林						
黑龙江						
上海						
江苏						
浙江						
安徽						
福建						
江西						
山东						
河南						
湖北	3755	3038				
湖南						
广东	98	97	98	97	98	97
广西						
海南						
重庆	24	429	24	429	24	429
四川	1576	1581	1576	1581	1576	1581
贵州						
云南						
西藏						
陕西						
甘肃						
青海						
宁夏						
新疆						

单位：万元

非自有配送中心配送商品购进额		商品销售总额		零售额	
2016年	2015年	2016年	2015年	2016年	2015年
		6355	**5029**	**3607**	**3286**
		4664	3010	1920	1301
		75	73	75	73
		40	365	36	331
		1576	1581	1576	1581

2–18 续表 14

医药及医疗器材专门零售

地区	商品购进总额		统一配送商品购进额		自有配送中心配送商品购进额	
	2016年	2015年	2016年	2015年	2016年	2015年
全国	**683355**	**674750**	**635588**	**611367**	**258800**	**223314**
北京	72662	62157	72662	62157	12179	8692
天津						
河北						
山西	71	112	71	112	71	112
内蒙古	742	487	742	487	742	487
辽宁	26246	22257	26246	22257	189	183
吉林						
黑龙江	1312	1319	878	873	836	835
上海	127368	133049	116850	118455	2343	3421
江苏	19561	17775	14762	13091	8919	11752
浙江	64033	57041	61722	52828	27507	30310
安徽						
福建	46334	43480	46334	43480	18640	18088
江西	9908	2835	465	465	465	465
山东	3717	4819	3117	3085	2595	2416
河南	18910	11147	18910	11147	5737	7770
湖北	10978	7344	8701	5241	7186	3737
湖南	90848	73709	90360	73271	45212	38524
广东	42085	65022	34827	64891	3824	2878
广西	19958	17163	19912	17163	18943	16114
海南						
重庆	80484	92207	79345	87088	66670	44234
四川	17602	16408	9146	8537	8690	8452
贵州	2238	21320	2238	1641		
云南						
西藏						
陕西	19684	10335	19684	10335	19604	10235
甘肃	393	538	393	538	227	382
青海						
宁夏	105	97	105	97	105	97
新疆	8116	14132	8116	14132	8116	14132

单位：万元

非自有配送中心配送商品购进额		商品销售总额		零售额	
2016年	2015年	2016年	2015年	2016年	2015年
248639	**229218**	**845809**	**819115**	**753958**	**702741**
60443	53427	89943	95625	89943	95625
		90	80	90	80
		272	527	272	527
		18425	23398	18425	23398
		1425	1664	974	966
85418	72353	144629	127741	144629	127741
2788	634	22278	18664	12128	10603
19521	12267	61999	56862	58764	53857
27694	25392	55244	60207	55244	60207
		10879	3323	10879	3323
		5193	4861	4492	4163
		27668	14252	26990	13560
1315	1230	12547	12556	12547	9850
43826	34730	97552	72187	97552	52902
1154	1248	46017	66506	14832	45677
		21017	17355	6134	5503
6075	27938	162838	167337	135291	121994
404		32095	29231	31352	27520
		2396	21127	1940	21127
		23750	10970	23242	10271
		483	628	483	628
		1314	795		
		113	93	113	93
		7644	13125	7644	13125

2–18 续表 15

汽车、摩托车、燃料及零配件专门零售

地区	商品购进总额		统一配送商品购进额		自有配送中心配送商品购进额	
	2016年	2015年	2016年	2015年	2016年	2015年
全国	**277016**	**280246**	**277016**	**280246**		
北京						
天津						
河北						
山西						
内蒙古						
辽宁						
吉林						
黑龙江						
上海						
江苏						
浙江						
安徽						
福建						
江西						
山东						
河南	277016	280246	277016	280246		
湖北						
湖南						
广东						
广西						
海南						
重庆						
四川						
贵州						
云南						
西藏						
陕西						
甘肃						
青海						
宁夏						
新疆						

单位：万元

非自有配送中心配送商品购进额		商品销售总额		零售额	
2016年	2015年	2016年	2015年	2016年	2015年
		307711	**307628**	**277016**	**280246**
		307711	307628	277016	280246

2—18 续表 16

家用电器及电子产品专门零售

地区	商品购进总额		统一配送商品购进额		自有配送中心配送商品购进额	
	2016年	2015年	2016年	2015年	2016年	2015年
全国	**93330**	**211530**	**93153**	**211530**	**78302**	**94348**
北京						
天津						
河北						
山西						
内蒙古						
辽宁						
吉林						
黑龙江						
上海						
江苏	40312	50800	40312	50800	40312	50800
浙江	30713	30977	30713	30977	30713	28577
安徽						
福建						
江西	4296	7241	4296	7241	4296	7241
山东						
河南	2980	460	2980	460	2980	460
湖北						
湖南						
广东	15028	114782	14851	114782		
广西		7270		7270		7270
海南						
重庆						
四川						
贵州						
云南						
西藏						
陕西						
甘肃						
青海						
宁夏						
新疆						

单位：万元

非自有配送中心配送商品购进额		商品销售总额		零售额	
2016年	2015年	2016年	2015年	2016年	2015年
	357	**97947**	**209117**	**52855**	**41708**
		41559	52371		
		31776	30079	31776	30079
		3517	6230	3517	3795
		3533	248		
	357	17561	112793	17561	439
			7395		7395

2-18 续表 17

货摊、无店铺及其他零售业

地　区	商品购进总额		统一配送商品购进额		自有配送中心配送商品购进额	
	2016年	2015年	2016年	2015年	2016年	2015年
全　国	**19706**	**11006**	**19706**	**10986**	**19573**	**10906**
北　京						
天　津						
河　北						
山　西						
内蒙古						
辽　宁						
吉　林						
黑龙江						
上　海						
江　苏	35	69	35	69	35	69
浙　江	133	100	133	80		
安　徽						
福　建		105		105		105
江　西						
山　东						
河　南						
湖　北						
湖　南						
广　东	19537	10733	19537	10733	19537	10733
广　西						
海　南						
重　庆						
四　川						
贵　州						
云　南						
西　藏						
陕　西						
甘　肃						
青　海						
宁　夏						
新　疆						

单位：万元

非自有配送中心配送商品购进额		商品销售总额		零售额	
2016年	2015年	2016年	2015年	2016年	2015年
		12633	**10348**	**12633**	**10348**
		74	79	74	79
		1397	120	1397	120
			100		100
		11162	10048	11162	10048

2-19 按业态分各地区连锁零售企业基本情况

便利店

地区	连锁总店数（个）	门店数（个）		年末从业人员（人）		年末零售营业面积（平方米）	
	2016年	2016年	2015年	2016年	2015年	2016年	2015年
全国	**100**	**18588**	**17503**	**84208**	**82634**	**1622461**	**1528101**
北京	10	970	847	6607	6093	142155	151124
天津	2	150	206	1425	1494	38750	46082
河北	4	312	332	756	914	22316	25192
山西	2	1687	1507	8752	6528	104661	81384
内蒙古	1	310	367	930	1005	24156	25690
辽宁	3	261	264	1297	1307	20400	17600
吉林							
黑龙江	1	363	263	2978	2540	93961	92890
上海	10	5173	5246	24051	25434	338903	328678
江苏	9	170	209	1242	1462	53907	46546
浙江	10	2924	2814	9442	10736	190079	182280
安徽							
福建	6	828	615	2475	2383	52828	41617
江西							
山东	3	85	79	425	595	6947	6397
河南	2	125	104	837	766	33248	25100
湖北	1	24	21	103	94	1000	1000
湖南	4	200	160	455	445	10467	8277
广东	9	1965	1851	8635	8141	130047	126274
广西	1	115	123	763	1006	9600	10290
海南							
重庆	3	236	237	594	586	21340	20561
四川	7	1814	1396	9064	8021	231702	204664
贵州	3	127	119	695	663	19131	19214
云南	2	223	203	945	703	21399	16364
西藏							
陕西	6	359	371	1177	1144	25634	27136
甘肃							
青海							
宁夏							
新疆	1	167	169	560	574	29830	23741

2-19 续表 1

折扣店

地　区	连锁总店数（个）	门店数（个）		年末从业人员（人）		年末零售营业面积（平方米）	
	2016年	2016年	2015年	2016年	2015年	2016年	2015年
全　国	**3**	**540**	**410**	**2047**	**2139**	**183101**	**188862**
北　京	1	8	8	599	659	57851	89792
天　津							
河　北							
山　西							
内蒙古							
辽　宁							
吉　林							
黑龙江							
上　海	1	402	381	648	1030	95250	94570
江　苏							
浙　江							
安　徽							
福　建							
江　西							
山　东							
河　南							
湖　北							
湖　南							
广　东	1	130	21	800	450	30000	4500
广　西							
海　南							
重　庆							
四　川							
贵　州							
云　南							
西　藏							
陕　西							
甘　肃							
青　海							
宁　夏							
新　疆							

2-19 续表 2

超市

地区	连锁总店数(个)	门店数(个)		年末从业人员(人)		年末零售营业面积(平方米)	
	2016年	2016年	2015年	2016年	2015年	2016年	2015年
全国	**399**	**33372**	**32802**	**419808**	**436424**	**19180385**	**19317343**
北京	23	1543	1471	54395	52328	2563123	2359792
天津	6	739	862	4207	5266	168851	205634
河北	14	255	267	7309	7332	353340	345486
山西	11	163	153	4167	4287	219894	223930
内蒙古	6	145	101	2118	2165	112222	108623
辽宁	12	787	755	4172	4454	159812	181913
吉林	3	110	112	2179	2255	51600	54800
黑龙江	4	55	66	3730	4890	121846	147392
上海	10	3009	3311	56727	63977	2458382	2679897
江苏	28	1928	1969	22626	23869	769603	808031
浙江	45	5022	4951	32751	34860	2188617	2115450
安徽	23	1220	1264	18624	20143	811088	902484
福建	21	233	228	5613	6113	227240	222373
江西	6	69	69	4119	4241	191432	149946
山东	30	2470	2352	45122	44674	2811702	2656044
河南	24	862	1038	6645	7353	309128	425384
湖北	18	2106	2101	49214	59203	1832075	2059259
湖南	13	870	869	7939	7659	332740	308701
广东	34	774	767	21145	17381	1285756	1264862
广西	4	228	227	4240	4489	168765	171411
海南	2	190	169	1622	1628	55723	48194
重庆	18	3216	3311	16455	15382	473388	437083
四川	23	6594	5655	32427	30190	966951	846212
贵州	3	74	83	831	857	20331	22331
云南	3	376	381	2756	3000	121906	143764
西藏							
陕西	6	123	113	3288	3686	168585	186691
甘肃	1	10	10	518	512	25450	24590
青海	1	50	63	809	897	21906	25035
宁夏	3	113	39	1711	1076	46610	50412
新疆	4	38	45	2349	2257	142319	141619

2-19 续表 3

大型超市

地区	连锁总店数（个）	门店数（个）		年末从业人员（人）		年末零售营业面积（平方米）	
	2016年	2016年	2015年	2016年	2015年	2016年	2015年
全　国	**166**	**8452**	**8482**	**535472**	**572111**	**37621657**	**34275026**
北　京	14	322	334	39789	43796	2341724	2492841
天　津	4	33	34	7130	7899	361003	391414
河　北	4	54	54	5905	6714	527353	528591
山　西	3	101	109	7147	11497	642763	642208
内蒙古							
辽　宁	12	1086	1117	18525	20562	673724	1134545
吉　林							
黑龙江	1	7	8	1649	1986	75393	82717
上　海	11	315	311	84032	91945	4469178	4336278
江　苏	13	2083	2251	82296	93916	4390114	4551764
浙　江	10	1822	1826	17728	18559	1103134	1073013
安　徽	5	73	67	8644	9103	635859	573032
福　建	6	533	451	48651	46481	6503673	5707164
江　西	5	44	44	4603	4618	362032	362032
山　东	7	188	196	22648	24430	2632825	2530527
河　南	15	397	352	31895	32306	2210041	2113624
湖　北	3	77	74	12120	12058	922338	919290
湖　南	8	246	228	28933	26941	3233685	729048
广　东	18	542	557	51848	55086	3608942	3475893
广　西	3	79	75	8176	8109	380632	378632
海　南							
重　庆	3	121	111	18398	22135	624492	582822
四　川	7	107	87	17993	16775	1062426	887037
贵　州	1	17	16	2429	2126	104500	102120
云　南	2	18	18	5162	5410	152489	152489
西　藏	1	3	3	820	790	29955	21700
陕　西	1	3	3	590	650	95679	95679
甘　肃							
青　海	2	10	9	1580	1312	81000	76125
宁　夏	4	160	137	5084	4964	292738	240121
新　疆	3	11	10	1697	1943	103965	94320

2-19 续表 4

仓储会员店

地区	连锁总店数（个）	门店数（个）		年末从业人员（人）		年末零售营业面积（平方米）	
	2016年	2016年	2015年	2016年	2015年	2016年	2015年
全国	**5**	**97**	**126**	**12481**	**14419**	**681810**	**684040**
北京	1	7	7	1966	2235	134877	134877
天津							
河北							
山西							
内蒙古							
辽宁							
吉林							
黑龙江							
上海	1	86	81	10204	11931	536933	536413
江苏							
浙江							
安徽							
福建	1	1	35	50	52	1000	750
江西							
山东							
河南	1						
湖北	1	3	3	261	201	9000	12000
湖南							
广东							
广西							
海南							
重庆							
四川							
贵州							
云南							
西藏							
陕西							
甘肃							
青海							
宁夏							
新疆							

2-19 续表 5

百货店

地区	连锁总店数(个)	门店数(个)		年末从业人员(人)		年末零售营业面积(平方米)	
	2016年	2016年	2015年	2016年	2015年	2016年	2015年
全 国	**107**	**4987**	**4847**	**263279**	**270585**	**27378799**	**22047475**
北 京	8	89	96	14689	16586	2323278	2212690
天 津							
河 北	4	82	85	8215	8052	696537	662943
山 西	3	17	17	2305	2718	223323	229302
内蒙古	1	7	6	1107	2243	30313	41000
辽 宁							
吉 林	1	2	2	47	66	2000	2000
黑龙江	1	50	40	397	471	350000	300000
上 海	4	195	178	3180	3381	248279	245733
江 苏	7	1201	1232	28050	26964	5669100	1096587
浙 江	6	309	310	5621	5897	711688	681663
安 徽	4	308	300	33840	33726	1375798	1460009
福 建	3	29	29	1828	1901	115157	105681
江 西	6	57	56	9782	10241	740816	685009
山 东	12	917	868	60912	60384	5614564	5203850
河 南	2	17	18	1348	1530	71300	71300
湖 北	5	292	259	20883	20453	2409975	2440888
湖 南	5	35	33	6189	6601	867049	574862
广 东	15	849	794	25452	27292	2459796	2572869
广 西	1	15	15	980	943	33000	33000
海 南							
重 庆	5	344	337	21087	22769	1881010	1885497
四 川	6	25	27	6526	6522	499674	507350
贵 州	1	5	5	180	181	1862	1862
云 南	2	6	6	464	501	51686	51686
西 藏							
陕 西	2	13	13	2764	3134	250880	250880
甘 肃							
青 海	1	3	3	1949	2147	57754	57754
宁 夏							
新 疆	2	120	118	5484	5882	693960	673060

2-19 续表 6

专业店(含加油站)

地区	连锁总店数(个)	门店数(个)		年末从业人员(人)		年末零售营业面积(平方米)	
	2016年	2016年	2015年	2016年	2015年	2016年	2015年
全　国	**1511**	**118601**	**113758**	**900059**	**930977**	**85477601**	**84798800**
北　京	63	2894	2905	30107	32300	1397930	1539100
天　津	15	972	949	12679	13103	1284602	1294663
河　北	56	4101	3916	29271	28780	4506699	4533032
山　西	34	1903	1745	15228	16011	1756234	1369176
内蒙古	6	103	103	738	748	38460	38460
辽　宁	55	4168	3640	32959	31963	2904448	2937022
吉　林	17	1378	1053	10083	8297	494910	383903
黑龙江	29	1503	1518	11301	11463	333596	309877
上　海	35	4952	4920	33240	34968	1655123	1711217
江　苏	99	11722	11564	178679	211025	12975429	12703917
浙　江	128	11412	11239	53511	58104	6980392	6961122
安　徽	31	5817	5625	28008	27657	2522717	2504841
福　建	80	3518	3240	23869	22333	2381463	2323513
江　西	57	3147	2991	30774	30007	2021360	1966656
山　东	84	6996	6580	33024	31578	5646782	5532980
河　南	70	3597	3183	22980	21380	3535052	3280178
湖　北	62	4463	3975	34616	32865	1649728	1633011
湖　南	71	6506	5837	39732	35165	3667913	3635011
广　东	150	11538	11425	101108	104575	16257070	16922720
广　西	55	3702	3581	23331	23643	3692455	3677052
海　南	4	601	597	3684	4188	335056	366303
重　庆	48	7034	7169	29541	29709	1033887	1042810
四　川	71	4196	3966	26546	25097	942213	920072
贵　州	19	1119	865	6547	5603	195004	179869
云　南	25	4386	4129	33728	34257	1670980	1573338
西　藏							
陕　西	41	1988	1975	23739	24641	1916157	1875280
甘　肃	9	422	401	3230	3318	602843	592582
青　海	5	64	35	1351	1355	34938	43116
宁　夏	16	588	582	4029	3941	708761	650252
新　疆	76	3811	4050	22426	22903	2335399	2297727

2-19 续表 7

加油站

地区	连锁总店数（个）	门店数（个）		年末从业人员（人）		年末零售营业面积（平方米）	
	2016年	2016年	2015年	2016年	2015年	2016年	2015年
全　国	**305**	**35970**	**35875**	**278277**	**291168**	**56802699**	**57157913**
北　京	3	702	702	6614	6600	340251	356521
天　津	3	607	620	8499	8744	947565	975565
河　北	23	2529	2532	17793	18238	4184478	4219251
山　西	8	785	791	4940	5490	962885	996313
内蒙古							
辽　宁	11	1059	1059	10464	11039	1567599	1566515
吉　林	1	211	218	2346	2462	17000	17000
黑龙江	2	185	186	2682	2605	15782	15782
上　海	3	814	841	9044	9212	291305	300205
江　苏	3	3186	3206	28994	29224	5263120	5250300
浙　江	4	2548	2558	16210	22411	5700805	5715807
安　徽	3	1725	1694	7423	7533	996078	995064
福　建	26	1709	1674	13036	12343	1923853	1899433
江　西	23	1427	1430	10631	10767	1612527	1589697
山　东	19	3619	3655	10883	11075	4934738	4910206
河　南	19	1548	1488	8410	8272	2905007	2783571
湖　北	13	935	936	10295	10303	522770	531542
湖　南	25	1598	1602	11487	11742	2374086	2365923
广　东	31	5203	5162	46151	48488	12928198	13452917
广　西	27	1617	1622	11265	12079	3333764	3310473
海　南	2	404	400	3038	3499	300646	331893
重　庆	5	622	611	6699	6968	271255	264575
四　川	1	80	80	651	657	20378	20678
贵　州							
云　南	2	273	264	3403	3609	884881	822286
西　藏							
陕　西	19	1170	1152	12643	12984	1526802	1510707
甘　肃	6	323	308	2636	2853	590602	581871
青　海							
宁　夏	3	110	108	1231	1188	532578	531053
新　疆	20	981	976	10809	10783	1853746	1842765

2–19 续表 8

专卖店

地区	连锁总店数（个）	门店数（个）		年末从业人员（人）		年末零售营业面积（平方米）	
	2016年	2016年	2015年	2016年	2015年	2016年	2015年
全国	**352**	**32413**	**30677**	**175938**	**168230**	**4592806**	**5045899**
北京	33	1888	1869	24315	22421	509706	482668
天津	8	164	159	3024	2794	34946	33881
河北	2	111	103	386	400	13080	12600
山西	4	44	45	536	494	12970	13020
内蒙古	4	48	46	688	770	47911	60034
辽宁	8	274	284	1571	1781	242834	346381
吉林	5	82	77	756	701	8805	8705
黑龙江							
上海	30	4021	4143	29559	29710	927256	915885
江苏	14	1065	1141	4999	5363	87084	90758
浙江	20	1096	1052	6466	4328	151366	131205
安徽	4	266	283	977	1004	28430	28570
福建	27	1437	1465	8495	9227	553072	449493
江西	10	1259	1249	2822	2783	46145	44375
山东	7	731	618	1997	1960	38560	28620
河南	11	554	516	2417	2329	59595	51006
湖北	36	1220	1108	11305	11510	150108	115847
湖南	27	9564	8452	21932	19191	262847	220584
广东	51	4831	5054	25704	26110	586785	1318317
广西	3	287	225	1225	954	5642	4996
海南							
重庆	13	973	800	5538	4992	223462	213043
四川	11	1385	1034	8832	6939	240128	198921
贵州	1	9	9	37	44	388	365
云南	6	379	373	1867	1613	31745	28683
西藏							
陕西	4	34	31	2116	1995	80519	76738
甘肃	6	506	371	4287	3901	73244	60476
青海							
宁夏	1	73	71	245	243	1050	1030
新疆	6	112	99	3842	4673	175128	109698

2–19 续表 9

家居建材商店

地区	连锁总店数（个）	门店数（个）		年末从业人员（人）		年末零售营业面积（平方米）	
	2016年	2016年	2015年	2016年	2015年	2016年	2015年
全　国	**13**	**57**	**62**	**2688**	**2847**	**211629**	**319280**
北　京	3	11	11	1011	1000	63165	83512
天　津	1	6	7	143	158	3508	4029
河　北							
山　西							
内蒙古							
辽　宁							
吉　林							
黑龙江							
上　海	4	13	16	667	809	64111	98811
江　苏	2	3	3	118	134	33525	85438
浙　江							
安　徽							
福　建							
江　西							
山　东							
河　南							
湖　北	1	7	8	140	120	2815	2985
湖　南							
广　东	1	15	15	483	483	17505	17505
广　西							
海　南							
重　庆							
四　川	1	2	2	126	143	27000	27000
贵　州							
云　南							
西　藏							
陕　西							
甘　肃							
青　海							
宁　夏							
新　疆							

2-19 续表 10

厂家直销中心

地 区	连锁总店数（个）	门店数（个）		年末从业人员（人）		年末零售营业面积（平方米）	
	2016年	2016年	2015年	2016年	2015年	2016年	2015年
全 国	**8**	**612**	**722**	**3749**	**3731**	**156454**	**157789**
北 京							
天 津							
河 北							
山 西							
内 蒙 古							
辽 宁	1	2	2	1464	1620	2400	2400
吉 林							
黑 龙 江							
上 海							
江 苏							
浙 江	1	4	4	53	48	196	196
安 徽							
福 建							
江 西							
山 东							
河 南							
湖 北	1	408	408	1168	1170	132250	132250
湖 南							
广 东	2	177	282	797	599	19808	21143
广 西							
海 南							
重 庆	2	14	19	250	275	1800	1800
四 川							
贵 州							
云 南							
西 藏							
陕 西							
甘 肃							
青 海							
宁 夏							
新 疆	1	7	7	17	19		

2–19　续表 11

其他

地　区	连锁总店数（个）	门店数（个）		年末从业人员（人）		年末零售营业面积（平方米）	
	2016年	2016年	2015年	2016年	2015年	2016年	2015年
全　国	**62**	**14725**	**13294**	**50191**	**47283**	**2494218**	**2333844**
北　京							
天　津	1	20	20	490	528	8920	8920
河　北	1	20		105		1000	
山　西	3	86	65	213	238	5875	4815
内蒙古							
辽　宁	1	6	4	127	122	480	300
吉　林							
黑龙江							
上　海	1	45	62	188	259	2254	3105
江　苏							
浙　江	3	3770	3454	7559	6938	187675	174472
安　徽	1	1980	1980	211	243	79200	121600
福　建	4	40	36	2160	1854	96787	75091
江　西							
山　东	6	743	737	13007	13158	1616256	1517411
河　南	2	38	37	339	347	40300	43300
湖　北	3	65	85	361	297	6880	7260
湖　南	1	25	20	70	65	4000	3500
广　东	21	6895	5737	21372	18931	282291	223162
广　西							
海　南							
重　庆	6	776	841	1933	2172	77154	80157
四　川	2	86	81	296	298	4939	4759
贵　州	1	15	13	82	77	420	390
云　南							
西　藏							
陕　西	1	11	11	890	912	46182	26997
甘　肃							
青　海	1	67	74	380	395	13700	18700
宁　夏	1	5	5	221	225		
新　疆	2	32	32	187	224	19905	19905

2-20 按业态分各地区连锁零售企业直营门店基本情况

便利店

地区	门店数（个）		年末从业人员（人）		年末零售营业面积（平方米）	
	2016年	2015年	2016年	2015年	2016年	2015年
全国	**9858**	**9630**	**55420**	**56691**	**1045497**	**1027531**
北京	879	804	6314	6012	135709	147485
天津	150	206	1425	1494	38750	46082
河北	66	76	546	692	5316	7192
山西	46	94	547	648	2973	4880
内蒙古	152	278	456	721	11011	20552
辽宁	205	202	1217	1211	18000	12200
吉林						
黑龙江	53	62	1828	1590	65281	72930
上海	3159	3269	16944	18517	194351	193816
江苏	170	209	1242	1462	53907	46546
浙江	494	438	3094	3519	35320	28503
安徽						
福建	149	127	406	509	10681	11210
江西						
山东	55	66	286	553	4547	5347
河南	125	104	837	766	33248	25100
湖北	21	21	96	94	920	1000
湖南	134	85	389	370	6597	5427
广东	1352	1337	6943	6721	105451	105760
广西	115	123	763	1006	9600	10290
海南						
重庆	63	62	282	266	13343	12336
四川	1787	1376	9054	8019	228932	202384
贵州	127	119	695	663	19131	19214
云南	223	203	945	703	21399	16364
西藏						
陕西	311	346	977	1019	23730	25232
甘肃						
青海						
宁夏						
新疆	22	23	134	136	7300	7681

2-20 续表 1

折扣店

地区	门店数（个）		年末从业人员（人）		年末零售营业面积（平方米）	
	2016年	2015年	2016年	2015年	2016年	2015年
全国	**359**	**236**	**1990**	**2049**	**143101**	**149292**
北京	8	8	599	659	57851	89792
天津						
河北						
山西						
内蒙古						
辽宁						
吉林						
黑龙江						
上海	221	207	591	940	55250	55000
江苏						
浙江						
安徽						
福建						
江西						
山东						
河南						
湖北						
湖南						
广东	130	21	800	450	30000	4500
广西						
海南						
重庆						
四川						
贵州						
云南						
西藏						
陕西						
甘肃						
青海						
宁夏						
新疆						

2-20 续表 2

超市

地　区	门店数（个）		年末从业人员（人）		年末零售营业面积（平方米）	
	2016年	2015年	2016年	2015年	2016年	2015年
全　国	**17631**	**16974**	**365394**	**381308**	**17364011**	**17425131**
北　京	1033	969	49524	47526	2445053	2238915
天　津	225	363	2847	3946	115256	153239
河　北	166	167	7029	6972	343570	334836
山　西	117	113	4032	4177	215594	219930
内蒙古	141	97	2093	2140	111752	108153
辽　宁	362	330	3272	3554	122512	144613
吉　林	110	112	2179	2255	51600	54800
黑龙江	55	66	3730	4890	121846	147392
上　海	1629	1779	47039	53259	2020886	2192548
江　苏	983	1024	16293	17514	487440	525038
浙　江	1572	1641	26769	29760	1986837	1914502
安　徽	696	740	13847	15390	653775	745171
福　建	224	219	5604	6104	226240	221373
江　西	69	69	4119	4241	191432	149946
山　东	2019	1903	43280	42859	2757089	2604044
河　南	429	439	6171	6595	293660	398084
湖　北	1914	2052	47944	57840	1821291	2042841
湖　南	334	329	6918	6645	300242	275969
广　东	742	735	19708	15901	1273946	1253052
广　西	106	99	3242	3432	118164	112494
海　南	190	169	1622	1628	55723	48194
重　庆	462	491	12990	11833	346431	309197
四　川	3623	2687	24578	22172	847425	726918
贵　州	74	83	831	857	20331	22331
云　南	50	55	2155	2388	105268	127126
西　藏						
陕　西	123	113	3288	3686	168585	186691
甘　肃	10	10	518	512	25450	24590
青　海	50	63	809	897	21906	25035
宁　夏	110	39	1698	1076	46310	50412
新　疆	13	18	1265	1259	68397	67697

2-20 续表 3

大型超市

地区	门店数（个）		年末从业人员（人）		年末零售营业面积（平方米）	
	2016年	2015年	2016年	2015年	2016年	2015年
全国	**5150**	**5123**	**450746**	**481752**	**33504336**	**30481052**
北京	322	334	39789	43796	2341724	2492841
天津	33	34	7130	7899	361003	391414
河北	54	54	5905	6714	527353	528591
山西	98	106	7117	11467	641763	641208
内蒙古						
辽宁	74	105	13062	14962	550971	1011792
吉林						
黑龙江	7	8	1649	1986	75393	82717
上海	151	156	25977	32175	1536487	1670287
江苏	1505	1606	70296	78916	3900990	4101764
浙江	300	304	14071	14900	956972	926851
安徽	73	67	8644	9103	635859	573032
福建	533	451	48651	46481	6503673	5707164
江西	44	44	4603	4618	362032	362032
山东	188	196	22648	24430	2632825	2530527
河南	397	352	31895	32306	2210041	2113624
湖北	77	74	12120	12058	922338	919290
湖南	246	228	28933	26941	3233685	729048
广东	519	535	46327	48786	3183351	3067825
广西	79	75	8176	8109	380632	378632
海南						
重庆	121	111	18398	22135	624492	582822
四川	107	87	17993	16775	1062426	887037
贵州	17	16	2429	2126	104500	102120
云南	18	18	5162	5410	152489	152489
西藏	3	3	820	790	29955	21700
陕西	3	3	590	650	95679	95679
甘肃						
青海	10	9	1580	1312	81000	76125
宁夏	160	137	5084	4964	292738	240121
新疆	11	10	1697	1943	103965	94320

2-20 续表 4

仓储会员店

地 区	门店数（个）		年末从业人员（人）		年末零售营业面积（平方米）	
	2016年	2015年	2016年	2015年	2016年	2015年
全 国	**97**	**91**	**12481**	**14367**	**681810**	**683290**
北 京	7	7	1966	2235	134877	134877
天 津						
河 北						
山 西						
内 蒙 古						
辽 宁						
吉 林						
黑 龙 江						
上 海	86	81	10204	11931	536933	536413
江 苏						
浙 江						
安 徽						
福 建	1		50		1000	
江 西						
山 东						
河 南						
湖 北	3	3	261	201	9000	12000
湖 南						
广 东						
广 西						
海 南						
重 庆						
四 川						
贵 州						
云 南						
西 藏						
陕 西						
甘 肃						
青 海						
宁 夏						
新 疆						

2–20 续表 5

百货店

地 区	门店数（个）		年末从业人员（人）		年末零售营业面积（平方米）	
	2016年	2015年	2016年	2015年	2016年	2015年
全 国	**3278**	**3119**	**254485**	**260930**	**26956676**	**21625061**
北 京	89	96	14689	16586	2323278	2212690
天 津						
河 北	82	85	8215	8052	696537	662943
山 西	17	17	2305	2718	223323	229302
内蒙古	7	6	1107	2243	30313	41000
辽 宁						
吉 林	2	2	47	66	2000	2000
黑龙江	50	40	397	471	350000	300000
上 海	195	178	3180	3381	248279	245733
江 苏	283	252	24621	23247	5564680	983607
浙 江	143	147	5002	5287	690588	661336
安 徽	306	297	33728	33594	1344798	1422009
福 建	29	29	1828	1901	115157	105681
江 西	43	43	7024	7582	540712	504471
山 东	377	366	59265	57927	5563233	5147449
河 南	17	18	1348	1530	71300	71300
湖 北	292	259	20883	20453	2409975	2440888
湖 南	35	33	6189	6601	867049	574862
广 东	846	793	25302	27291	2447796	2560869
广 西	15	15	980	943	33000	33000
海 南						
重 庆	344	337	21087	22769	1881010	1885497
四 川	25	27	6526	6522	499674	507350
贵 州	5	5	180	181	1862	1862
云 南	6	6	464	501	51686	51686
西 藏						
陕 西	13	13	2764	3134	250880	250880
甘 肃						
青 海	3	3	1949	2147	57754	57754
宁 夏						
新 疆	54	52	5405	5803	691792	670892

2-20 续表 6

专业店(含加油站)

地 区	门店数(个)		年末从业人员(人)		年末零售营业面积(平方米)	
	2016年	2015年	2016年	2015年	2016年	2015年
全 国	**93622**	**89383**	**840060**	**873872**	**83547215**	**82914320**
北 京	2478	2489	28139	30227	1335696	1482279
天 津	965	942	12672	13096	1283672	1293733
河 北	4101	3916	29271	28780	4506699	4533032
山 西	1900	1742	15221	16004	1756019	1368896
内蒙古	64	64	687	697	36790	36790
辽 宁	3835	3305	31588	30634	2878278	2903528
吉 林	1378	1053	10083	8297	494910	383903
黑龙江	1352	1275	10980	11117	330856	307107
上 海	3097	3103	25319	26847	1188629	1255224
江 苏	8998	8916	173421	205498	12898647	12638040
浙 江	7322	7387	45778	51034	6637953	6644982
安 徽	2909	2814	20577	20474	2362777	2350236
福 建	3246	3080	22926	21841	2346898	2299942
江 西	2953	2891	30295	29696	2001800	1956496
山 东	6955	6542	32846	31446	5640042	5526480
河 南	3253	2855	21785	20264	3456350	3203088
湖 北	3593	3193	32501	30862	1599621	1586208
湖 南	4274	3951	34110	31582	3508430	3490131
广 东	10828	10852	99766	102896	16202328	16881007
广 西	2927	2835	20356	20584	3634049	3588057
海 南	601	597	3684	4188	335056	366303
重 庆	2846	2658	22039	22366	866197	868352
四 川	2442	2173	23411	22464	855741	834591
贵 州	875	636	6042	4925	183517	162298
云 南	4384	4127	33726	34255	1670980	1573338
西 藏						
陕 西	1857	1840	23067	23930	1902247	1857390
甘 肃	406	385	3214	3298	602143	591982
青 海	32	33	1292	1351	34938	43116
宁 夏	462	429	3685	3571	692761	632572
新 疆	3289	3300	21579	21648	2303191	2255219

2-20 续表 7

加油站

地区	门店数（个）		年末从业人员（人）		年末零售营业面积（平方米）	
	2016年	2015年	2016年	2015年	2016年	2015年
全国	**35777**	**35674**	**276640**	**289348**	**56713147**	**57067689**
北京	702	702	6614	6600	340251	356521
天津	607	620	8499	8744	947565	975565
河北	2529	2532	17793	18238	4184478	4219251
山西	785	791	4940	5490	962885	996313
内蒙古						
辽宁	1059	1059	10464	11039	1567599	1566515
吉林	211	218	2346	2462	17000	17000
黑龙江	185	186	2682	2605	15782	15782
上海	732	745	8060	8060	265475	270061
江苏	3186	3206	28994	29224	5263120	5250300
浙江	2548	2558	16210	22411	5700805	5715807
安徽	1725	1694	7423	7533	996078	995064
福建	1709	1674	13036	12343	1923853	1899433
江西	1427	1430	10631	10767	1612527	1589697
山东	3619	3655	10883	11075	4934738	4910206
河南	1438	1384	7767	7614	2841365	2723571
湖北	935	936	10295	10303	522770	531542
湖南	1598	1602	11487	11742	2374086	2365923
广东	5203	5162	46151	48488	12928198	13452917
广西	1616	1621	11255	12069	3333684	3310393
海南	404	400	3038	3499	300646	331893
重庆	622	611	6699	6968	271255	264575
四川	80	80	651	657	20378	20678
贵州						
云南	273	264	3403	3609	884881	822286
西藏						
陕西	1170	1152	12643	12984	1526802	1510707
甘肃	323	308	2636	2853	590602	581871
青海						
宁夏	110	108	1231	1188	532578	531053
新疆	981	976	10809	10783	1853746	1842765

2-20 续表 8

专卖店

地 区	门店数（个）		年末从业人员（人）		年末零售营业面积（平方米）	
	2016年	2015年	2016年	2015年	2016年	2015年
全 国	**15151**	**14303**	**128935**	**123658**	**3612377**	**4130319**
北 京	1057	1057	19619	17987	426318	402538
天 津	164	159	3024	2794	34946	33881
河 北	71	66	230	252	5080	5200
山 西	44	45	536	494	12970	13020
内蒙古	48	46	688	770	47911	60034
辽 宁	170	180	1509	1719	234124	337671
吉 林	82	77	756	701	8805	8705
黑龙江						
上 海	2483	2515	23415	23324	797150	780941
江 苏	726	736	3645	3602	52414	52205
浙 江	915	831	6118	3924	135940	111208
安 徽	203	217	731	756	24621	24715
福 建	507	442	4904	5298	345628	281250
江 西	215	151	1634	1435	26513	22609
山 东	460	430	1729	1670	28750	24570
河 南	418	395	1978	1925	52278	44526
湖 北	1169	1046	11089	11200	146857	112246
湖 南	1105	900	5373	4436	91475	70506
广 东	3066	3143	19002	19082	378473	1094916
广 西	252	191	1176	901	3565	3176
海 南						
重 庆	507	387	4397	4224	217093	207123
四 川	563	522	5570	4967	180592	163489
贵 州	9	9	37	44	388	365
云 南	194	188	1295	1351	30745	27683
西 藏						
陕 西	34	31	2116	1995	80519	76738
甘 肃	504	369	4277	3891	73044	60276
青 海						
宁 夏	73	71	245	243	1050	1030
新 疆	112	99	3842	4673	175128	109698

2-20 续表 9

家居建材商店

地区	门店数（个）		年末从业人员（人）		年末零售营业面积（平方米）	
	2016年	2015年	2016年	2015年	2016年	2015年
全国	**57**	**62**	**2688**	**2847**	**211629**	**319280**
北京	11	11	1011	1000	63165	83512
天津	6	7	143	158	3508	4029
河北						
山西						
内蒙古						
辽宁						
吉林						
黑龙江						
上海	13	16	667	809	64111	98811
江苏	3	3	118	134	33525	85438
浙江						
安徽						
福建						
江西						
山东						
河南						
湖北	7	8	140	120	2815	2985
湖南						
广东	15	15	483	483	17505	17505
广西						
海南						
重庆						
四川	2	2	126	143	27000	27000
贵州						
云南						
西藏						
陕西						
甘肃						
青海						
宁夏						
新疆						

2-20 续表 10

厂家直销中心

地 区	门店数(个)		年末从业人员(人)		年末零售营业面积(平方米)	
	2016年	2015年	2016年	2015年	2016年	2015年
全 国	**249**	**359**	**2907**	**2887**	**88054**	**89389**
北 京						
天 津						
河 北						
山 西						
内蒙古						
辽 宁	2	2	1464	1620	2400	2400
吉 林						
黑龙江						
上 海						
江 苏						
浙 江	4	4	53	48	196	196
安 徽						
福 建						
江 西						
山 东						
河 南						
湖 北	45	45	326	326	63850	63850
湖 南						
广 东	177	282	797	599	19808	21143
广 西						
海 南						
重 庆	14	19	250	275	1800	1800
四 川						
贵 州						
云 南						
西 藏						
陕 西						
甘 肃						
青 海						
宁 夏						
新 疆	7	7	17	19		

2-20 续表 11

其他

地 区	门店数（个）		年末从业人员（人）		年末零售营业面积（平方米）	
	2016年	2015年	2016年	2015年	2016年	2015年
全 国	**2114**	**1828**	**25988**	**25060**	**1955017**	**1770427**
北 京						
天 津	20	20	490	528	8920	8920
河 北	20		105		1000	
山 西	86	65	213	238	5875	4815
内蒙古						
辽 宁	6	4	127	122	480	300
吉 林						
黑龙江						
上 海	45	62	188	259	2254	3105
江 苏						
浙 江	38	36	230	231	3808	3603
安 徽						
福 建	40	36	2160	1854	96787	75091
江 西						
山 东	148	141	10355	10377	1518311	1419450
河 南	38	37	339	347	40300	43300
湖 北	19	17	169	82	2160	1190
湖 南	25	20	70	65	4000	3500
广 东	1400	1147	9287	8609	172101	122712
广 西						
海 南						
重 庆	114	129	531	548	22847	23662
四 川	25	19	72	75	2967	2787
贵 州	15	13	82	77	420	390
云 南						
西 藏						
陕 西	11	11	890	912	46182	26997
甘 肃						
青 海	27	34	272	287	6700	10700
宁 夏	5	5	221	225		
新 疆	32	32	187	224	19905	19905

2-21 按业态分各地区连锁零售企业加盟门店基本情况

便利店

地　区	门店数(个)		年末从业人员(人)		年末零售营业面积(平方米)	
	2016年	2015年	2016年	2015年	2016年	2015年
全　国	**8730**	**7873**	**28788**	**25943**	**576964**	**500570**
北　京	91	43	293	81	6446	3639
天　津						
河　北	246	256	210	222	17000	18000
山　西	1641	1413	8205	5880	101688	76504
内蒙古	158	89	474	284	13145	5138
辽　宁	56	62	80	96	2400	5400
吉　林						
黑龙江	310	201	1150	950	28680	19960
上　海	2014	1977	7107	6917	144552	134862
江　苏						
浙　江	2430	2376	6348	7217	154759	153777
安　徽						
福　建	679	488	2069	1874	42147	30407
江　西						
山　东	30	13	139	42	2400	1050
河　南						
湖　北	3		7		80	
湖　南	66	75	66	75	3870	2850
广　东	613	514	1692	1420	24596	20514
广　西						
海　南						
重　庆	173	175	312	320	7997	8225
四　川	27	20	10	2	2770	2280
贵　州						
云　南						
西　藏						
陕　西	48	25	200	125	1904	1904
甘　肃						
青　海						
宁　夏						
新　疆	145	146	426	438	22530	16060

2-21 续表 1

折扣店

地　区	门店数（个）		年末从业人员（人）		年末零售营业面积（平方米）	
	2016年	2015年	2016年	2015年	2016年	2015年
全　国	**181**	**174**	**57**	**90**	**40000**	**39570**
北　京						
天　津						
河　北						
山　西						
内蒙古						
辽　宁						
吉　林						
黑龙江						
上　海	181	174	57	90	40000	39570
江　苏						
浙　江						
安　徽						
福　建						
江　西						
山　东						
河　南						
湖　北						
湖　南						
广　东						
广　西						
海　南						
重　庆						
四　川						
贵　州						
云　南						
西　藏						
陕　西						
甘　肃						
青　海						
宁　夏						
新　疆						

2–21 续表 2

超市

地区	门店数（个）		年末从业人员（人）		年末零售营业面积（平方米）	
	2016年	2015年	2016年	2015年	2016年	2015年
全国	**15741**	**15828**	**54414**	**55116**	**1816374**	**1892212**
北京	510	502	4871	4802	118070	120877
天津	514	499	1360	1320	53595	52395
河北	89	100	280	360	9770	10650
山西	46	40	135	110	4300	4000
内蒙古	4	4	25	25	470	470
辽宁	425	425	900	900	37300	37300
吉林						
黑龙江						
上海	1380	1532	9688	10718	437496	487349
江苏	945	945	6333	6355	282163	282993
浙江	3450	3310	5982	5100	201780	200948
安徽	524	524	4777	4753	157313	157313
福建	9	9	9	9	1000	1000
江西						
山东	451	449	1842	1815	54613	52000
河南	433	599	474	758	15468	27300
湖北	192	49	1270	1363	10784	16418
湖南	536	540	1021	1014	32498	32732
广东	32	32	1437	1480	11810	11810
广西	122	128	998	1057	50601	58917
海南						
重庆	2754	2820	3465	3549	126957	127886
四川	2971	2968	7849	8018	119526	119294
贵州						
云南	326	326	601	612	16638	16638
西藏						
陕西						
甘肃						
青海						
宁夏	3		13		300	
新疆	25	27	1084	998	73922	73922

2-21 续表 3

大型超市

地区	门店数（个）		年末从业人员（人）		年末零售营业面积（平方米）	
	2016年	2015年	2016年	2015年	2016年	2015年
全国	**3302**	**3359**	**84726**	**90359**	**4117321**	**3793974**
北京						
天津						
河北						
山西	3	3	30	30	1000	1000
内蒙古						
辽宁	1012	1012	5463	5600	122753	122753
吉林						
黑龙江						
上海	164	155	58055	59770	2932691	2665991
江苏	578	645	12000	15000	489124	450000
浙江	1522	1522	3657	3659	146162	146162
安徽						
福建						
江西						
山东						
河南						
湖北						
湖南						
广东	23	22	5521	6300	425591	408068
广西						
海南						
重庆						
四川						
贵州						
云南						
西藏						
陕西						
甘肃						
青海						
宁夏						
新疆						

2–21 续表 4

仓储会员店

地　区	门店数（个）		年末从业人员（人）		年末零售营业面积（平方米）	
	2016年	2015年	2016年	2015年	2016年	2015年
全　国		**35**		**52**		**750**
北　京						
天　津						
河　北						
山　西						
内蒙古						
辽　宁						
吉　林						
黑龙江						
上　海						
江　苏						
浙　江						
安　徽						
福　建		35		52		750
江　西						
山　东						
河　南						
湖　北						
湖　南						
广　东						
广　西						
海　南						
重　庆						
四　川						
贵　州						
云　南						
西　藏						
陕　西						
甘　肃						
青　海						
宁　夏						
新　疆						

2-21 续表 5

百货店

地 区	门店数（个）		年末从业人员（人）		年末零售营业面积（平方米）	
	2016年	2015年	2016年	2015年	2016年	2015年
全 国	**1709**	**1728**	**8794**	**9655**	**422123**	**422414**
北 京						
天 津						
河 北						
山 西						
内蒙古						
辽 宁						
吉 林						
黑龙江						
上 海						
江 苏	918	980	3429	3717	104420	112980
浙 江	166	163	619	610	21100	20327
安 徽	2	3	112	132	31000	38000
福 建						
江 西	14	13	2758	2659	200104	180538
山 东	540	502	1647	2457	51331	56401
河 南						
湖 北						
湖 南						
广 东	3	1	150	1	12000	12000
广 西						
海 南						
重 庆						
四 川						
贵 州						
云 南						
西 藏						
陕 西						
甘 肃						
青 海						
宁 夏						
新 疆	66	66	79	79	2168	2168

2-21 续表 6

专业店(含加油站)

地区	门店数（个）		年末从业人员（人）		年末零售营业面积（平方米）	
	2016年	2015年	2016年	2015年	2016年	2015年
全国	**24979**	**24375**	**59999**	**57105**	**1930386**	**1884480**
北京	416	416	1968	2073	62234	56821
天津	7	7	7	7	930	930
河北						
山西	3	3	7	7	215	280
内蒙古	39	39	51	51	1670	1670
辽宁	333	335	1371	1329	26170	33494
吉林						
黑龙江	151	243	321	346	2740	2770
上海	1855	1817	7921	8121	466494	455993
江苏	2724	2648	5258	5527	76782	65877
浙江	4090	3852	7733	7070	342439	316140
安徽	2908	2811	7431	7183	159940	154605
福建	272	160	943	492	34565	23571
江西	194	100	479	311	19560	10160
山东	41	38	178	132	6740	6500
河南	344	328	1195	1116	78702	77090
湖北	870	782	2115	2003	50107	46803
湖南	2232	1886	5622	3583	159483	144880
广东	710	573	1342	1679	54742	41713
广西	775	746	2975	3059	58406	88995
海南						
重庆	4188	4511	7502	7343	167690	174458
四川	1754	1793	3135	2633	86472	85481
贵州	244	229	505	678	11487	17571
云南	2	2	2	2		
西藏						
陕西	131	135	672	711	13910	17890
甘肃	16	16	16	20	700	600
青海	32	2	59	4		
宁夏	126	153	344	370	16000	17680
新疆	522	750	847	1255	32208	42508

2-21 续表 7

加油站

地区	门店数（个）		年末从业人员（人）		年末零售营业面积（平方米）	
	2016年	2015年	2016年	2015年	2016年	2015年
全国	**193**	**201**	**1637**	**1820**	**89552**	**90224**
北京						
天津						
河北						
山西						
内蒙古						
辽宁						
吉林						
黑龙江						
上海	82	96	984	1152	25830	30144
江苏						
浙江						
安徽						
福建						
江西						
山东						
河南	110	104	643	658	63642	60000
湖北						
湖南						
广东						
广西	1	1	10	10	80	80
海南						
重庆						
四川						
贵州						
云南						
西藏						
陕西						
甘肃						
青海						
宁夏						
新疆						

2–21 续表 8

专卖店

地 区	门店数（个）		年末从业人员（人）		年末零售营业面积（平方米）	
	2016年	2015年	2016年	2015年	2016年	2015年
全 国	**17262**	**16374**	**47003**	**44572**	**980429**	**915580**
北 京	831	812	4696	4434	83388	80130
天 津						
河 北	40	37	156	148	8000	7400
山 西						
内 蒙 古						
辽 宁	104	104	62	62	8710	8710
吉 林						
黑 龙 江						
上 海	1538	1628	6144	6386	130106	134944
江 苏	339	405	1354	1761	34670	38553
浙 江	181	221	348	404	15426	19997
安 徽	63	66	246	248	3809	3855
福 建	930	1023	3591	3929	207444	168243
江 西	1044	1098	1188	1348	19632	21766
山 东	271	188	268	290	9810	4050
河 南	136	121	439	404	7317	6480
湖 北	51	62	216	310	3251	3601
湖 南	8459	7552	16559	14755	171372	150078
广 东	1765	1911	6702	7028	208312	223401
广 西	35	34	49	53	2077	1820
海 南						
重 庆	466	413	1141	768	6369	5920
四 川	822	512	3262	1972	59536	35432
贵 州						
云 南	185	185	572	262	1000	1000
西 藏						
陕 西						
甘 肃	2	2	10	10	200	200
青 海						
宁 夏						
新 疆						

2–21 续表 9

其他

地区	门店数（个）		年末从业人员（人）		年末零售营业面积（平方米）	
	2016年	2015年	2016年	2015年	2016年	2015年
全国	**12611**	**11466**	**24203**	**22223**	**539201**	**563417**
北京						
天津						
河北						
山西						
内蒙古						
辽宁						
吉林						
黑龙江						
上海						
江苏						
浙江	3732	3418	7329	6707	183867	170869
安徽	1980	1980	211	243	79200	121600
福建						
江西						
山东	595	596	2652	2781	97945	97961
河南						
湖北	46	68	192	215	4720	6070
湖南						
广东	5495	4590	12085	10322	110190	100450
广西						
海南						
重庆	662	712	1402	1624	54307	56495
四川	61	62	224	223	1972	1972
贵州						
云南						
西藏						
陕西						
甘肃						
青海	40	40	108	108	7000	8000
宁夏						
新疆						

2-22 按业态分各地区

便利店

地区	商品购进总额		统一配送商品购进额		自有配送中心配送商品购进额	
	2016年	2015年	2016年	2015年	2016年	2015年
全国	**3270227**	**3155827**	**2649420**	**2482433**	**1209219**	**1086468**
北京	306541	269551	256422	221043	67346	69340
天津	13296	14673				
河北	70017	39784	68608	38025	68608	38025
山西	234093	215258	161260	158219	161260	158219
内蒙古	29232	28650	29232	28650		
辽宁	32232	36465	32232	36465	205	266
吉林						
黑龙江	196046	191962	69078	63987	69078	63987
上海	1036225	1044469	733530	729283	115294	87099
江苏	94571	116372	91048	107926	54649	67438
浙江	317855	290623	315649	242169	161881	97252
安徽						
福建	73975	62148	73198	62131	28128	23454
江西						
山东	14692	14886	12188	12386		
河南	39821	23053	31599	15459	14127	14127
湖北	3020	3581	3020	3581		
湖南	20969	16671	19802	15548	13802	10248
广东	308829	341852	299590	335124	246161	270501
广西	35562	36570	35562	36570	35562	36570
海南						
重庆	19179	17984	10523	10042	3900	3760
四川	333776	293234	327883	288095	153949	135593
贵州	20364	18018	20364	18018		
云南	9693	15311	9693	15311		
西藏						
陕西	43445	35349	32146	28776	8539	4116
甘肃						
青海						
宁夏						
新疆	16795	29364	16795	15624	6733	6473

连锁零售企业经营情况

单位：万元

非自有配送中心配送商品购进额		商品销售总额		零售额	
2016年	2015年	2016年	2015年	2016年	2015年
656716	**619850**	**4224482**	**3922596**	**3901902**	**3530129**
71955	45932	416559	361210	411332	354129
		67824	76672	67722	76401
		69993	39768	61993	31884
		237898	220018	237898	220018
		36472	35500	36472	35500
		28660	30861	28660	30861
		235142	230282	165704	166103
193924	188385	1495380	1417165	1405940	1264157
36399	40488	110292	125297	97595	111800
140582	136404	326654	299687	311605	255424
21272	20383	96763	70813	48289	37477
		18667	14319	17819	14161
		34939	28206	34939	28206
		3561	4256		
	5300	19414	16609	5164	2690
6182	6664	469380	443145	420326	398520
		35973	35844	35973	35844
6622	6281	23495	22174	20611	19830
155966	135331	385637	339968	383125	337079
		20867	19957	20784	19296
9584	14899	19455	32374	19455	32374
4167	10632	50769	40654	49808	40560
10062	9152	20688	17818	20688	17818

2-22 续表 1

折扣店

地 区	商品购进总额		统一配送商品购进额		自有配送中心配送商品购进额	
	2016年	2015年	2016年	2015年	2016年	2015年
全 国	**260991**	**262161**	**136302**	**131691**	**136302**	**131691**
北 京	116935	129170				
天 津						
河 北						
山 西						
内蒙古						
辽 宁						
吉 林						
黑龙江						
上 海	136302	131691	136302	131691	136302	131691
江 苏						
浙 江						
安 徽						
福 建						
江 西						
山 东						
河 南						
湖 北						
湖 南						
广 东	7755	1300				
广 西						
海 南						
重 庆						
四 川						
贵 州						
云 南						
西 藏						
陕 西						
甘 肃						
青 海						
宁 夏						
新 疆						

单位：万元

非自有配送中心配送商品购进额		商品销售总额		零售额	
2016年	2015年	2016年	2015年	2016年	2015年
		298119	**314500**	**298119**	**282733**
		136803	147485	136803	147485
		145828	165472	145828	133705
		15488	1544	15488	1544

2-22 续表 2

超市

地区	商品购进总额		统一配送商品购进额		自有配送中心配送商品购进额	
	2016年	2015年	2016年	2015年	2016年	2015年
全国	**27845154**	**28037748**	**23381057**	**23128855**	**15408460**	**15313666**
北京	4728146	4603439	4383755	4123918	1553094	1302192
天津	296032	294538	16192	9450		1269
河北	381256	394161	268724	287208	134372	168024
山西	168873	146739	149464	127824	98102	72135
内蒙古	124447	107560	37838	31974	24637	20320
辽宁	193264	183339	124554	138929	18912	30082
吉林	150295	148361	150295	148361		
黑龙江	211001	319621	193393	299651	175043	276112
上海	4138055	4357786	3807594	3938843	2230179	2365013
江苏	1124345	1108988	938921	915821	549102	517096
浙江	2149804	2146599	1884741	1881211	1630035	1665412
安徽	1924759	2223825	1143621	1501035	643022	930607
福建	216856	230249	163919	176192	29053	28458
江西	122942	127840	122942	127840	20584	30164
山东	2690932	2660730	2421655	2224284	2156634	2109197
河南	258182	358605	170555	110442	69864	39626
湖北	3923579	3967025	3292213	3371441	3079771	3201702
湖南	424435	361169	329003	272525	43378	38572
广东	1290155	1337509	1248148	980053	1148013	729168
广西	109836	116354	35512	64443	30304	31342
海南	64027	35905	43167	11081		
重庆	662884	574185	631386	562819	569174	510551
四川	1569783	1524826	1350094	1330898	1030224	1050061
贵州	41809	40798	36485	37480	15136	14004
云南	141143	146042	134551	135070	43908	52023
西藏						
陕西	200975	174923	133921	147162	49322	69517
甘肃	48720	44247	10509	4589	10509	4589
青海	1535	2183	1535	2183	1535	2183
宁夏	337283	140588	9829	10381		
新疆	149801	159615	146542	155749	54556	54246

单位：万元

非自有配送中心配送商品购进额		商品销售总额		零售额	
2016年	2015年	2016年	2015年	2016年	2015年
3242939	**2999420**	**30671519**	**30432660**	**27431359**	**27068742**
307166	194821	5671252	5514779	4107517	3924251
		322673	319719	321634	318645
81937	79711	400245	419771	378142	396570
		197156	176011	186599	165634
1359	872	133837	117794	43562	38963
25802	35000	209292	196019	208961	196019
		158949	146704	158949	146704
12052	11739	194289	224543	188132	219912
1340555	1405666	4843209	5077342	4272362	4422679
306143	314671	1504629	1475410	1361557	1298809
67798	68145	2487554	2444660	2315074	2224767
194566	190040	1071935	1036018	1027900	987294
51215	55681	248093	246143	244656	239334
		126263	122292	125053	121045
248921	100340	3011817	3006138	2760146	2756889
3782	4230	349994	314567	349994	309559
8437	8315	4433817	4487894	4247691	4335135
255074	204189	404210	369126	366514	332130
49506	44565	1381682	1445313	1378440	1423611
		170769	160844	169689	160008
		55272	30930	55272	30930
28276	24530	715963	633323	707109	628732
118411	98154	1829122	1740939	1790359	1703205
1682	778	42276	44317	42276	44317
1290	1290	155479	151571	131037	129666
46982	55200	222862	222142	196539	222142
		48234	44662	48234	44662
		37578	35032	35896	33292
		64966	48847	41914	42726
91986	101483	178103	179814	170153	171113

2–22 续表 3

大型超市

地 区	商品购进总额		统一配送商品购进额		自有配送中心配送商品购进额	
	2016年	2015年	2016年	2015年	2016年	2015年
全 国	**46936504**	**43844563**	**34670738**	**31909389**	**20124800**	**19700132**
北 京	3083616	3144133	2072714	1985188	1458073	1330118
天 津	572014	667124	32510	7232		
河 北	287959	266603	75680	72705	75680	72705
山 西	265870	255199	65436	63645	65436	63645
内蒙古						
辽 宁	804804	901693	445507	457331	5062	3879
吉 林						
黑龙江	108294	136183	108294			
上 海	6895201	7054039	5641004	5725045		
江 苏	7774667	7372145	7511260	7137985	6333329	5974259
浙 江	1419101	1325998	1346819	1256198	826708	826502
安 徽	579702	650821	415714	429231		
福 建	6357387	4964457	4922981	3719989	2044207	2925476
江 西	328103	313586	195193	189988	149233	148274
山 东	2264300	2157994	1806334	1693037	846510	687490
河 南	2438336	1980825	1371658	950403	946424	561141
湖 北	983630	967502	134237	126944	55596	26001
湖 南	1603451	2144888	1432301	1998236	1105960	1735379
广 东	7362630	6059711	5595344	4239159	5463895	4096616
广 西	60697	62959	60697	62959		
海 南						
重 庆	1285111	1210397	63266	584473	63266	584473
四 川	1182231	1007059	818749	701901	410584	376242
贵 州	224515	159471	224515	159471	224515	159471
云 南	404828	407335	187566	185487	46704	123658
西 藏	30552	30522	30552	30522		
陕 西	47684	30950				
甘 肃						
青 海	66916	58394	28916	24107		
宁 夏	387442	385982	46293	48270		
新 疆	117465	128596	37198	59885	3619	4806

单位：万元

非自有配送中心配送商品购进额		商品销售总额		零售额	
2016年	2015年	2016年	2015年	2016年	2015年
6049459	**4165411**	**51080218**	**49912478**	**45228808**	**44537449**
37738	287213	3407466	3719139	3290493	3530314
		621260	708328	433970	501421
		288712	288140	288712	288140
		805993	774874	805993	774874
320742	313181	844916	933098	729962	763296
		107478	141959	107478	141959
492336	528608	7494550	7886324	6576846	6928337
855280	925097	8606111	8248371	5824462	5578980
285063	162542	1461064	1316598	1363751	1316529
116919	118049	604282	632473	604282	632473
2581000	499260	5272497	4579254	5272421	4579144
		383730	350717	358215	335958
704307	727687	2919303	2851915	2541358	2433915
114373	186032	2941874	2755047	2928405	2742802
78641		1806509	1815899	1763938	1772312
168001	173134	1999922	2073880	1999922	2073880
111316	118998	7426482	6925088	6303642	6291944
		108163	115508	108163	115508
		1408976	1447657	1355865	1387452
		1242878	1050269	1242878	1050269
		199906	160511	199906	160511
140862	61829	442359	481542	442359	481542
		35760	35667	35760	35667
		36715	45675	36715	45675
		101860	91903	101860	91903
9301	8704	366823	332531	366823	332531
33580	55079	144630	150112	144630	150112

2–22 续表 4

仓储会员店

地 区	商品购进总额		统一配送商品购进额		自有配送中心配送商品购进额	
	2016年	2015年	2016年	2015年	2016年	2015年
全 国	**2739554**	**2582554**	**321549**	**339520**	**5142**	**2824**
北 京	310548	333381	310548	333381		
天 津						
河 北						
山 西						
内 蒙 古						
辽 宁						
吉 林						
黑 龙 江						
上 海	2417041	2243034				
江 苏						
浙 江						
安 徽						
福 建	964	105		105		105
江 西						
山 东						
河 南						
湖 北	11001	6034	11001	6034	5142	2719
湖 南						
广 东						
广 西						
海 南						
重 庆						
四 川						
贵 州						
云 南						
西 藏						
陕 西						
甘 肃						
青 海						
宁 夏						
新 疆						

单位：万元

非自有配送中心配送商品购进额		商品销售总额		零售额	
2016年	2015年	2016年	2015年	2016年	2015年
5859	**3315**	**2593414**	**2486573**	**2593414**	**2486573**
		314905	342486	314905	342486
		2266648	2138570	2266648	2138570
		1137	100	1137	100
5859	3315	10725	5416	10725	5416

2-22 续表 5

百货店

地区	商品购进总额		统一配送商品购进额		自有配送中心配送商品购进额	
	2016年	2015年	2016年	2015年	2016年	2015年
全国	**32240220**	**32597726**	**14261754**	**14292464**	**9271487**	**9376115**
北京	1867593	2020666	21980	27345	6948	3233
天津						
河北	2637689	2600902	53603	50281	53603	50281
山西	157475	169669	17809	18697		
内蒙古	30383	27642	30383	27642	30383	27642
辽宁						
吉林	60	904	60	904		
黑龙江	32098	52851				
上海	356826	356489	241991	224258		
江苏	1951038	2269837	1737144	1898076	1722764	1884268
浙江	797807	901833	775421	878272	615537	566519
安徽	4471738	4333345	1426748	1508585	733495	677831
福建	85235	80773	79458	75889	13460	13304
江西	881650	859992	472589	459207	354922	331263
山东	5497326	5621159	2190445	1991861	755376	723675
河南	46446	49990	15427	12851	11892	9556
湖北	5217506	4730622	2394902	2173739	2379972	2172139
湖南	866337	931817	111351	76002	2931	2497
广东	4083895	4299104	2302452	2405934	1622587	1787670
广西	96900	70200	96900	70200		
海南						
重庆	1398245	1625107	1388850	1617215	956054	1115673
四川	821746	676243	449393	296414		
贵州	5173	4618	5173	4618		
云南	123857	164043	25655	34013		
西藏						
陕西	329689	264577				
甘肃						
青海	59486	44883				
宁夏						
新疆	424021	440462	424021	440462	11563	10564

单位：万元

非自有配送中心配送商品购进额		商品销售总额		零售额	
2016年	2015年	2016年	2015年	2016年	2015年
1688462	**1834221**	**38964970**	**39477644**	**33050726**	**33801888**
12635	18200	3186545	3443073	3183758	3439841
		2780698	2741140	2284267	2320138
		248997	258594	248997	258594
		86332	36221	86332	36221
		124	1235	124	1235
		16528	19129	16528	19129
140229	122823	385565	413074	385565	413074
14379	13807	2237159	2588011	1700443	1913651
		1172589	1125822	946870	962723
		5229087	5072294	2472921	2633617
22091	21296	99246	97033	98961	96576
66528	88632	1149168	1112647	1044121	1024283
20143	19114	5678207	5780222	4698072	4811030
		53466	51798	53466	50790
13330		5033567	4668278	4802043	4420825
2776	2423	951220	986734	945572	980396
561185	618264	4947621	5181320	4700780	4969161
		122239	107077	122239	107077
403309	471893	3321624	3623198	2996958	3174329
19399	27871	993930	937556	993930	937556
		6071	4888	3790	3344
		176999	192794	176999	192794
		331070	264074	331070	264074
		70036	65438	70036	65438
412459	429899	686886	705994	686886	705994

2-22 续表 6

专业店(含加油站)

地　区	商品购进总额		统一配送商品购进额		自有配送中心配送商品购进额	
	2016年	2015年	2016年	2015年	2016年	2015年
全　国	**177439253**	**178442630**	**153004488**	**153750964**	**85668890**	**86427958**
北　京	10023498	10381934	9021891	9317326	5981981	6179806
天　津	3155345	4015406	2255727	3077047	1766367	2297564
河　北	5302395	5763882	4946472	5319458	2839010	2910473
山　西	2239841	2424749	1641444	1581635	940460	768026
内蒙古	67510	66282	50206	48979	49385	48237
辽　宁	5764756	6549645	4186241	4738536	645712	961235
吉　林	1218502	1081426	1192679	1062790	1169612	1036259
黑龙江	1493118	1570283	1468873	1512712	245276	210198
上　海	8433310	8227167	7632220	7314054	3903047	3930080
江　苏	31271146	29441225	25888875	24650332	24341139	23112189
浙　江	13005930	13282003	12069894	12326899	11314342	11584240
安　徽	8084919	8155679	7718470	7816067	3532778	3898976
福　建	3082206	3642207	1435557	1499528	386090	387988
江　西	5467215	5730132	5002107	5246139	2789412	2729470
山　东	5595170	5407416	4703355	4428973	2098314	1434290
河　南	5110445	4817305	2887754	2953279	1552385	1597341
湖　北	5825590	5870489	5310843	5340395	3508346	3642335
湖　南	4519926	4757565	4362941	4589710	2693571	2751241
广　东	29439636	28421716	26379119	25556079	4823762	5243525
广　西	6840167	6671619	6840122	6671153	2480681	2283351
海　南	1155914	1324033	1155914	1324033	5707	6424
重　庆	2662448	2325690	1912810	1715508	1517658	1313889
四　川	2457463	2349114	2101380	1923839	867656	767727
贵　州	383831	407989	374308	379565	131107	37974
云　南	1509554	1588112	1485297	1558028	645797	704659
西　藏						
陕　西	6002419	6586966	4889095	5362916	2365107	3279496
甘　肃	1319388	1275763	1122344	1057173	5495	4208
青　海	58714	70811	37613	49764		
宁　夏	1018960	1130782	735747	896533	466385	552584
新　疆	4929940	5105244	4195192	4432514	2602313	2754171

单位：万元

非自有配送中心配送商品购进额		商品销售总额		零售额	
2016年	2015年	2016年	2015年	2016年	2015年
30357422	**29361574**	**205737123**	**206499540**	**138416677**	**134024605**
2448299	2540083	11180271	11505294	8519203	7691128
93588	327746	3783292	4819892	3009193	3423778
112753	121635	5853404	6571765	3982681	4168406
	2423	2861710	3302475	2005062	2140224
814	737	59686	56830	51346	49136
1039475	1085048	5645116	6352018	4593580	4778718
8623	13410	1385726	1283773	1171420	1107209
143360	197280	1721043	1766624	1258362	1316998
396737	328920	8596887	8826495	5492773	5720240
1192636	1174027	34323409	32114792	11799130	10770857
432379	483224	14140329	14148739	9406439	9274604
103067	73882	8481240	8454304	8301473	6003555
104631	91765	5721827	6372357	4684858	5243884
415016	520876	9627112	9849088	5932825	6344553
266149	58798	5825510	5700289	4084159	4173757
144649	139778	5187729	4828750	4310076	3954218
637243	697787	6408328	6561478	4632896	4653164
503675	495350	7301597	7254142	5782137	6057059
19523373	18593316	34021224	33257691	28644994	27541538
55912	46292	7433611	7174205	4237826	3980045
		1253799	1480989	1144010	823078
233186	254661	2997459	2646059	1955990	1790883
41273	28844	2669573	2422555	2439080	2213161
9574	3250	441724	396771	428562	386032
159242	139028	3605414	3462141	2866544	2660430
698888	265198	7426865	7668812	2971439	3154604
		1426736	1661323	1228081	1468407
		77297	74155	75811	73150
		806422	822036	500421	492473
1592881	1678217	5472791	5663701	2906307	2569321

2–22 续表 7

加油站

地区	商品购进总额		统一配送商品购进额		自有配送中心配送商品购进额	
	2016年	2015年	2016年	2015年	2016年	2015年
全国	**109642299**	**113399245**	**96646250**	**99710979**	**50185569**	**51745571**
北京	4637129	5587916	4637129	5587916	2501590	3002495
天津	2707241	3517806	2207382	3025682	1738135	2265074
河北	4814668	5242902	4489663	4836713	2556426	2615712
山西	1169114	1473605	825434	962463	241486	266957
内蒙古						
辽宁	3016899	3379116	1885076	2058893	302164	360223
吉林	918723	845647	918723	845647	918723	845647
黑龙江	870872	889779	870872	889779		
上海	4905980	5016810	4761082	4818159	3791331	3817139
江苏	15352136	14795934	15352136	14795934	14483125	13922122
浙江	9815668	10122814	9010372	9298660	8990863	9278029
安徽	4070649	3822868	4070649	3822868	168836	158889
福建	2343584	3035012	947597	1106823	154587	179244
江西	1987124	2077062	1627160	1698969	557272	554259
山东	3254402	3323715	2591859	2564626	1318566	805285
河南	4128203	3769853	2121404	2128435	1171520	1165935
湖北	3299150	3591589	3173653	3450881	2622062	2897674
湖南	3154619	3435428	3076729	3331798	1663735	1729652
广东	19325598	18960688	17139856	16804179	1507761	1524640
广西	6282465	6214417	6282465	6214417	2023718	1919382
海南	1149676	1317144	1149676	1317144		
重庆	976619	768272	341694	245138	282847	193334
四川	239470	327100				
贵州						
云南	654007	687855	654007	687855		
西藏						
陕西	4628485	5093719	3661503	4111014	1262712	2147262
甘肃	1263527	1213874	1066483	995284		
青海						
宁夏	743809	859457	469615	633860	200253	289911
新疆	3932482	4028866	3314032	3477844	1727858	1806706

单位：万元

非自有配送中心配送商品购进额		商品销售总额		零售额	
2016年	2015年	2016年	2015年	2016年	2015年
22373976	**22356035**	**129569822**	**133386058**	**92727390**	**91691755**
1716256	2173639	5094655	5889517	3130437	2975273
85081	319152	3072432	4046320	2368675	2676412
97907	112881	5297555	5976386	3471073	3625884
		1487281	1875132	1291034	1509459
1039475	1085048	3017701	3633078	2439909	2647692
		985314	925178	771008	748614
		957350	953082	616325	616474
		5423627	5453750	2516728	2513991
869011	873811	16365249	15720599	8903365	8093048
		10632774	10986191	7313665	7339552
		4354255	4037365	4307807	3292829
		4864611	5630046	3929731	4560304
377109	482203	4979824	5097156	4220150	4630534
227475	27235	3346943	3477346	2731920	2995775
		4153339	3784784	3329417	2958191
282227	272748	3692966	3946717	2815532	2872360
300559	307699	4843346	4902830	4337697	4303452
15175380	14861603	23698904	23393337	21104550	20640532
		6692379	6593638	3565127	3466650
		1244616	1471617	1134827	813716
2058	1792	1044464	815957	472691	476175
		322159	298547	257572	237565
		2110437	2097240	1519602	1401774
615263	167086	5586178	5726623	2589975	2796869
		1358113	1590949	1159458	1398033
		557100	536151	271215	237574
1586175	1671137	4386252	4526524	2157901	1863026

2–22 续表 8

专卖店

地　区	商品购进总额		统一配送商品购进额		自有配送中心配送商品购进额	
	2016年	2015年	2016年	2015年	2016年	2015年
全　国	**15361185**	**15556940**	**10170320**	**10357604**	**6246566**	**6185344**
北　京	3536094	3549305	623233	593556	414458	410774
天　津	101326	97776	52153	48911	1846	1953
河　北	3394	5311	3394	5311	3394	5311
山　西	53902	74809	19092	29245	14136	24518
内蒙古	29304	29841	16611	17384	7721	5827
辽　宁	114734	151594	114734	151594	14559	22931
吉　林	40522	31346	40522	31346	33672	26876
黑龙江						
上　海	4426860	4522037	3967068	3852071	2465223	2501587
江　苏	91110	98770	63488	71005	29546	45071
浙　江	528665	487448	479671	485111	472633	463308
安　徽	16687	16917	6712	16917	6397	16583
福　建	691014	771808	603964	638536	487543	420768
江　西	190778	208405	173425	191374	86133	89762
山　东	419645	339556	419645	339556	409423	316624
河　南	138548	117631	137627	116673	20927	11799
湖　北	648921	640977	514558	558384	213733	231099
湖　南	640856	587122	536327	504396	491757	463519
广　东	867638	835583	782806	715241	306151	210770
广　西	20341	14549	20341	14549	18323	12733
海　南						
重　庆	419641	583884	293930	492135	40313	35305
四　川	779279	564138	35579	34691	30746	31634
贵　州	2212	1873	2212	1873		
云　南	631188	657390	579426	605745	4185	6157
西　藏						
陕　西	507962	618144	223237	291276	223237	291276
甘　肃	105973	101879	105973	101879	97573	92429
青　海						
宁　夏	21340	21154	21340	21154	19688	19038
新　疆	333254	427693	333254	427693	333254	427693

单位：万元

非自有配送中心配送商品购进额		商品销售总额		零售额	
2016年	2015年	2016年	2015年	2016年	2015年
568526	**565417**	**19921802**	**19302548**	**14605466**	**13943390**
74257	71459	4405449	4263186	4297427	4135685
	19944	141839	137137	110257	103179
		4259	6697	4259	6697
		67160	83371	30412	40528
		43114	62731	43114	62731
	47214	126046	168419	122057	164145
1027	1429	48839	47139	48046	46201
117559	115544	5799473	5669554	3404365	3410513
25461	25592	151715	155141	138444	135521
		567515	562234	544421	530571
		20482	20691	6542	18699
32487	47130	775827	818920	748705	789161
14753	21801	209186	216700	209186	215700
9103	20534	491892	398399	275845	253130
299	11448	143397	124171	135508	117871
1574	3251	894747	905279	663154	608213
7012	6313	737700	626355	708140	599767
283322	171637	1466681	1451701	1168672	1103032
		29387	20659	29387	20659
		481560	566955	341528	443958
21	5	1066407	708365	1035301	680103
		2194	1860	2194	1860
		674483	708428	68877	75718
		791819	872721	2783	1076
		143775	128385	134718	120843
1652	2115	33754	32676	4388	2407
		603101	544675	327737	255422

2–22 续表 9

家居建材商店

地　区	商品购进总额		统一配送商品购进额		自有配送中心配送商品购进额	
	2016年	2015年	2016年	2015年	2016年	2015年
全　国	**313523**	**337240**	**291276**	**304498**	**65402**	**83857**
北　京	148927	137537	138664	128162		
天　津	31378	42214	31378	42214	31378	42214
河　北						
山　西						
内蒙古						
辽　宁						
吉　林						
黑龙江						
上　海	76083	90258	72649	66891		
江　苏	22055	24112	13504	24112		
浙　江						
安　徽						
福　建						
江　西						
山　东						
河　南						
湖　北	1057	1476	1057	1476		
湖　南						
广　东	15987	12745	15987	12745	15987	12745
广　西						
海　南						
重　庆						
四　川	18037	28898	18037	28898	18037	28898
贵　州						
云　南						
西　藏						
陕　西						
甘　肃						
青　海						
宁　夏						
新　疆						

单位：万元

非自有配送中心配送商品购进额		商品销售总额		零售额	
2016年	2015年	2016年	2015年	2016年	2015年
59134	**64357**	**440656**	**461701**	**435690**	**421144**
45630	40246	245863	225395	245863	225395
		33235	43283	33235	43283
		98949	120515	97336	99951
13504	24112	22749	26756	22193	25432
		1967	2777	1967	2777
		15773	18669	12978	
		22119	24307	22119	24307

2-22 续表 10

厂家直销中心

地区	商品购进总额		统一配送商品购进额		自有配送中心配送商品购进额	
	2016年	2015年	2016年	2015年	2016年	2015年
全国	**546501**	**605467**	**541226**	**600839**	**61517**	**65057**
北京						
天津						
河北						
山西						
内蒙古						
辽宁	28510	37602	28510	37602		
吉林						
黑龙江						
上海						
江苏						
浙江	14379	12919	14379	12919	14379	12919
安徽						
福建						
江西						
山东						
河南						
湖北	27299	26674	25934	25340	24295	23866
湖南						
广东	19253	22169	18721	21479	18721	21479
广西						
海南						
重庆	452938	499310	449560	496707		
四川						
贵州						
云南						
西藏						
陕西						
甘肃						
青海						
宁夏						
新疆	4121	6794	4121	6794	4121	6794

单位：万元

非自有配送中心配送商品购进额		商品销售总额		零售额	
2016年	2015年	2016年	2015年	2016年	2015年
450925	**498041**	**598471**	**668942**	**76438**	**78658**
		43993	52713		
		13966	12783	2310	2159
1365	1334	33248	32929	21968	21737
		47938	52280	47938	51490
449560	496707	454942	511198	4222	3273
		4383	7037		

2–22 续表 11

其他

地区	商品购进总额		统一配送商品购进额		自有配送中心配送商品购进额	
	2016年	2015年	2016年	2015年	2016年	2015年
全国	**3415403**	**3618209**	**2309242**	**2184623**	**1693789**	**1446933**
北京						
天津	28643	23814	28643	23814		
河北	1858					
山西	11257	8520	11157	8520	10195	6935
内蒙古						
辽宁	51660	45708	51660	45708	51660	45708
吉林						
黑龙江						
上海	15637	26599				
江苏						
浙江	84373	88156	80605	83073	52922	59362
安徽	209831	298294	209831	208806	209831	10739
福建	117992	114787	35482	4947		
江西						
山东	1432785	1538655	740042	664272	707608	635840
河南	57017	55769	57017	55769	56017	54869
湖北	9094	8108				
湖南	16222	15036	16222	15036		
广东	932642	923591	692923	652876	293999	287489
广西						
海南						
重庆	149939	131373	93826	86569	84588	75777
四川	2742	2287	1292	1196	1292	1196
贵州	2658	2824	2658	2824		
云南						
西藏						
陕西	222114	264889	222114	264889	222114	264889
甘肃						
青海	3564	4130	3564	4130	3564	4130
宁夏	58163	56797	58163	56797		
新疆	7212	8874	4044	5398		

单位：万元

非自有配送中心配送商品购进额		商品销售总额		零售额	
2016年	2015年	2016年	2015年	2016年	2015年
344018	**356868**	**4698163**	**4865275**	**2522985**	**2614722**
		28499	28225	28499	28225
		218		218	
		8834	7864	8834	7864
		49712	45908	49712	45908
		17955	31335	17955	31335
24196	20436	142403	134217	54222	77162
	78749	210546	255565	35295	
		153345	154752	123501	126580
84	117	2456864	2458798	1309856	1348880
		56690	54578	56690	54578
		11524	7928	8780	6192
		15220	14327	856	807
305059	242327	971204	1077886	753554	813150
7977	7016	157896	143455	59437	55193
		3099	2802	2681	2360
2658	2824	2766	2999	2766	2999
		320432	353867		
		4086	5368	4086	5368
		77848	73989		
4044	5398	9023	11412	6045	8122

2–23 按业态分各地区连锁零售

便利店

地区	商品购进总额		统一配送商品购进额		自有配送中心配送商品购进额	
	2016年	2015年	2016年	2015年	2016年	2015年
全国	**2241489**	**2245555**	**1764499**	**1728320**	**809229**	**799710**
北京	303035	267335	253502	219069	67346	69340
天津	13296	14673				
河北	31519	18829	30110	17070	30110	17070
山西	10699	16386	9607	13270	9607	13270
内蒙古	14516	19965	14516	19965		
辽宁	31049	27226	31049	27226		
吉林						
黑龙江	151946	150912	69078	63987	69078	63987
上海	699793	698591	423050	411795	93754	60698
江苏	94571	116372	91048	107926	54649	67438
浙江	73954	116248	71748	85649	41430	57409
安徽						
福建	42498	34749	41721	34732	11385	9903
江西						
山东	8949	11248	6951	9161		
河南	39821	23053	31599	15459	14127	14127
湖北	2643	3581	2643	3581		
湖南	8569	6371	7402	5248	7402	3748
广东	263339	304804	254681	298557	207342	241229
广西	35562	36570	35562	36570	35562	36570
海南						
重庆	18414	17149	10110	9823	3541	3603
四川	328289	289874	322395	284735	153949	135593
贵州	20364	18018	20364	18018		
云南	9693	15311	9693	15311		
西藏						
陕西	35505	33820	24206	27247	8539	4116
甘肃						
青海						
宁夏						
新疆	3466	4473	3466	3921	1409	1609

企业直营门店经营情况

单位：万元

非自有配送中心配送商品购进额		商品销售总额		零售额	
2016年	2015年	2016年	2015年	2016年	2015年
436077	**382462**	**2976990**	**2808130**	**2729854**	**2548913**
70211	45040	408207	354106	402980	347025
		67824	76672	67722	76401
		31495	18813	23495	10929
		10269	16671	10269	16671
		17271	24725	17271	24725
		27129	21060	27129	21060
		175142	167282	105704	103103
126760	96474	931981	912233	842542	808470
36399	40488	110292	125297	97595	111800
17132	19728	163258	121187	159243	113389
6538	6535	48404	33276	48289	33276
		11463	11862	10663	11838
		34939	28206	34939	28206
		3116	4256		
	1500	11799	6809	5164	2690
6182	6664	401650	397194	360537	356836
		35973	35844	35973	35844
6568	6220	22416	21089	19532	18745
150479	131971	378750	335246	376238	332358
		20867	19957	20784	19296
9584	14899	19455	32374	19455	32374
4167	10632	40787	38913	39825	38818
2057	2312	4506	5061	4506	5061

2-23 续表 1

折扣店

地区	商品购进总额		统一配送商品购进额		自有配送中心配送商品购进额	
	2016年	2015年	2016年	2015年	2016年	2015年
全国	**199622**	**243951**	**74932**	**113481**	**74932**	**113481**
北京	116935	129170				
天津						
河北						
山西						
内蒙古						
辽宁						
吉林						
黑龙江						
上海	74932	113481	74932	113481	74932	113481
江苏						
浙江						
安徽						
福建						
江西						
山东						
河南						
湖北						
湖南						
广东	7755	1300				
广西						
海南						
重庆						
四川						
贵州						
云南						
西藏						
陕西						
甘肃						
青海						
宁夏						
新疆						

单位：万元

非自有配送中心配送商品购进额		商品销售总额		零售额	
2016年	2015年	2016年	2015年	2016年	2015年
		270207	**282829**	**270207**	**251062**
		136803	147485	136803	147485
		117916	133800	117916	102033
		15488	1544	15488	1544

2–23 续表 2

超市

地区	商品购进总额		统一配送商品购进额		自有配送中心配送商品购进额	
	2016年	2015年	2016年	2015年	2016年	2015年
全国	**25121181**	**25293905**	**21332351**	**20997916**	**14065035**	**13917609**
北京	4588226	4461990	4380967	4116236	1550518	1294787
天津	147282	185158	16192	9450		1269
河北	378371	390927	265838	283974	134372	168024
山西	168723	146696	149314	127781	98102	72135
内蒙古	123770	106978	37162	31392	24265	19914
辽宁	159264	146339	90554	101929	18912	30082
吉林	150295	148361	150295	148361		
黑龙江	211001	319621	193393	299651	175043	276112
上海	3133817	3291389	2803357	2872446	1627636	1725175
江苏	968430	976517	789747	788325	401677	391270
浙江	2019219	1966525	1796201	1734626	1556313	1533040
安徽	1249653	1560325	758269	1122275	421966	712953
福建	216752	230145	163815	176088	28949	28354
江西	122942	127840	122942	127840	20584	30164
山东	2635889	2600655	2366612	2164209	2105419	2052647
河南	254577	354525	167135	106748	69864	39626
湖北	3918069	3958353	3287125	3363337	3074683	3193693
湖南	401602	339982	307837	252994	43049	38393
广东	1270621	1316590	1248148	980053	1148013	729168
广西	106199	103468	32676	59558	28483	28229
海南	64027	35905	43167	11081		
重庆	603256	526116	573685	514750	534215	483761
四川	1371821	1356548	1169086	1177643	867250	911991
贵州	41809	40798	36485	37480	15136	14004
云南	134079	138788	127487	127817	38796	46767
西藏						
陕西	200975	174923	133921	147162	49322	69517
甘肃	48720	44247	10509	4589	10509	4589
青海	1535	2183	1535	2183	1535	2183
宁夏	327931	140588	9829	10381		
新疆	102327	101426	99068	97560	20426	19763

单位：万元

非自有配送中心配送商品购进额		商品销售总额		零售额	
2016年	2015年	2016年	2015年	2016年	2015年
2612618	**2339895**	**27803822**	**27538817**	**24603008**	**24232768**
307166	194821	5483908	5325584	3920173	3735056
		147673	191037	146634	189963
81937	79711	397792	415966	375690	392765
		196052	175051	185495	164674
1055	696	133180	117218	42906	38388
25802	35000	168292	153954	167961	153954
		158949	146704	158949	146704
12052	11739	194289	224543	188132	219912
938860	979107	3587912	3744346	3017065	3089683
306143	314671	1193935	1207194	1050863	1030594
54000	54602	2355146	2242575	2183032	2039240
31224	29900	840021	805057	827487	790995
51215	55681	246860	244908	243423	238099
		126263	122292	125053	121045
245092	96815	2945711	2941241	2694040	2691991
3782	4230	346381	309770	346381	304761
8437	8219	4427294	4475718	4241560	4322985
234238	184837	380084	345799	342388	308803
49506	44565	1362348	1423950	1359106	1402249
		163060	145453	161980	144617
		55272	30930	55272	30930
17728	13732	657538	584048	648684	579458
117078	97793	1568556	1522278	1529793	1484544
1682	778	42276	44317	42276	44317
		148730	144632	124288	122727
46982	55200	222862	222142	196539	222142
		48234	44662	48234	44662
		37578	35032	35896	33292
		64252	48847	41914	42726
78642	77796	103373	103570	101797	101492

2-23 续表 3

大型超市

地区	商品购进总额		统一配送商品购进额		自有配送中心配送商品购进额	
	2016年	2015年	2016年	2015年	2016年	2015年
全国	**41623796**	**38396444**	**29455417**	**26552967**	**19223165**	**18759403**
北京	3083616	3144133	2072714	1985188	1458073	1330118
天津	572014	667124	32510	7232		
河北	287959	266603	75680	72705	75680	72705
山西	261380	250761	60946	59207	60946	59207
内蒙古						
辽宁	752798	851830	393502	407468	5062	3879
吉林						
黑龙江	108294	136183	108294			
上海	2612952	2699716	1394732	1402397		
江苏	7318667	6871496	7055260	6637336	5877329	5473610
浙江	1285190	1103049	1212908	1033249	708205	646735
安徽	579702	650821	415714	429231		
福建	6357387	4964457	4922981	3719989	2044207	2925476
江西	328103	313586	195193	189988	149233	148274
山东	2264300	2157994	1806334	1693037	846510	687490
河南	2438336	1980825	1371658	950403	946424	561141
湖北	983630	967502	134237	126944	55596	26001
湖南	1603451	2144888	1432301	1998236	1105960	1735379
广东	6978577	5743813	5272703	3983284	5141253	3840741
广西	60697	62959	60697	62959		
海南						
重庆	1285111	1210397	63266	584473	63266	584473
四川	1182231	1007059	818749	701901	410584	376242
贵州	224515	159471	224515	159471	224515	159471
云南	404828	407335	187566	185487	46704	123658
西藏	30552	30522	30552	30522		
陕西	47684	30950				
甘肃						
青海	66916	58394	28916	24107		
宁夏	387442	385982	46293	48270		
新疆	117465	128596	37198	59885	3619	4806

单位：万元

非自有配送中心配送商品购进额		商品销售总额		零售额	
2016年	2015年	2016年	2015年	2016年	2015年
5982045	**4072365**	**45933306**	**44377946**	**40081896**	**39003916**
37738	287213	3407466	3719139	3290493	3530314
		621260	708328	433970	501421
		288712	288140	288712	288140
		805667	774616	805667	774616
268736	263318	743605	835964	628651	666163
		107478	141959	107478	141959
492336	528608	3436125	3535169	2518421	2577182
855280	925097	8131111	7680571	5349462	5012180
269656	119360	1327056	1108817	1229743	1108749
116919	118049	604282	632473	604282	632473
2581000	499260	5272497	4579254	5272421	4579144
		383730	350717	358215	335958
704307	727687	2919303	2851915	2541358	2433915
114373	186032	2941874	2755047	2928405	2742802
78641		1806509	1815899	1763938	1772312
168001	173134	1999922	2073880	1999922	2073880
111316	118998	7048640	6614683	5925800	5981540
		108163	115508	108163	115508
		1408976	1447657	1355865	1387452
		1242878	1050269	1242878	1050269
		199906	160511	199906	160511
140862	61829	442359	481542	442359	481542
		35760	35667	35760	35667
		36715	45675	36715	45675
		101860	91903	101860	91903
9301	8704	366823	332531	366823	332531
33580	55079	144630	150112	144630	150112

2—23 续表 4

仓储会员店

地区	商品购进总额		统一配送商品购进额		自有配送中心配送商品购进额	
	2016年	2015年	2016年	2015年	2016年	2015年
全国	**2739554**	**2582450**	**321549**	**339415**	**5142**	**2719**
北京	310548	333381	310548	333381		
天津						
河北						
山西						
内蒙古						
辽宁						
吉林						
黑龙江						
上海	2417041	2243034				
江苏						
浙江						
安徽						
福建	964					
江西						
山东						
河南						
湖北	11001	6034	11001	6034	5142	2719
湖南						
广东						
广西						
海南						
重庆						
四川						
贵州						
云南						
西藏						
陕西						
甘肃						
青海						
宁夏						
新疆						

单位：万元

非自有配送中心配送商品购进额		商品销售总额		零售额	
2016年	2015年	2016年	2015年	2016年	2015年
5859	**3315**	**2593414**	**2486472**	**2593414**	**2486472**
		314905	342486	314905	342486
		2266648	2138570	2266648	2138570
		1137		1137	
5859	3315	10725	5416	10725	5416

2-23 续表 5

百货店

地区	商品购进总额		统一配送商品购进额		自有配送中心配送商品购进额	
	2016年	2015年	2016年	2015年	2016年	2015年
全国	**31471370**	**31823712**	**13715806**	**13733335**	**8877410**	**8998884**
北京	1867593	2020666	21980	27345	6948	3233
天津						
河北	2637689	2600902	53603	50281	53603	50281
山西	157475	169669	17809	18697		
内蒙古	30383	27642	30383	27642	30383	27642
辽宁						
吉林	60	904	60	904		
黑龙江	32098	52851				
上海	356826	356489	241991	224258		
江苏	1668591	1991824	1454697	1620063	1440318	1606255
浙江	791407	895442	769022	871881	609138	560128
安徽	4386754	4231494	1341763	1406735	733495	677831
福建	85235	80773	79458	75889	13460	13304
江西	651408	647690	368558	367558	250891	239615
山东	5368727	5481651	2129573	1917474	755376	723675
河南	46446	49990	15427	12851	11892	9556
湖北	5217506	4730622	2394902	2173739	2379972	2172139
湖南	866337	931817	111351	76002	2931	2497
广东	4048917	4264333	2296438	2400273	1622587	1787670
广西	96900	70200	96900	70200		
海南						
重庆	1398245	1625107	1388850	1617215	956054	1115673
四川	821746	676243	449393	296414		
贵州	5173	4618	5173	4618		
云南	123857	164043	25655	34013		
西藏						
陕西	329689	264577				
甘肃						
青海	59486	44883				
宁夏						
新疆	422821	439284	422821	439284	10363	9385

单位：万元

非自有配送中心配送商品购进额		商品销售总额		零售额	
2016年	2015年	2016年	2015年	2016年	2015年
1682448	**1828560**	**38176505**	**38661344**	**32325102**	**33048386**
12635	18200	3186545	3443073	3183758	3439841
		2780698	2741140	2284267	2320138
		248997	258594	248997	258594
		86332	36221	86332	36221
		124	1235	124	1235
		16528	19129	16528	19129
140229	122823	385565	413074	385565	413074
14379	13807	1888249	2243778	1351533	1569418
		1163916	1117160	938197	954061
		5129105	4952470	2372939	2513793
22091	21296	99246	97033	98961	96576
66528	88632	946341	910951	870863	853964
20143	19114	5594095	5684827	4647233	4747055
		53466	51798	53466	50790
13330		5033567	4668278	4802043	4420825
2776	2423	951220	986734	945572	980396
555171	612603	4904654	5135788	4657814	4923629
		122239	107077	122239	107077
403309	471893	3321624	3623198	2996958	3174329
19399	27871	993930	937556	993930	937556
		6071	4888	3790	3344
		176999	192794	176999	192794
		331070	264074	331070	264074
		70036	65438	70036	65438
412459	429899	685890	705036	685890	705036

2–23 续表 6

专业店(含加油站)

地区	商品购进总额		统一配送商品购进额		自有配送中心配送商品购进额	
	2016年	2015年	2016年	2015年	2016年	2015年
全国	**174388441**	**175243069**	**150184493**	**150800773**	**83580386**	**84335467**
北京	9941613	10313342	8940294	9249061	5961315	6165430
天津	3155345	4015406	2255727	3077047	1766367	2297564
河北	5302395	5763882	4946472	5319458	2839010	2910473
山西	2239770	2424637	1641373	1581523	940389	767914
内蒙古	66767	65796	49464	48492	48642	47751
辽宁	5745533	6528022	4167019	4716913	645481	961013
吉林	1218502	1081426	1192679	1062790	1169612	1036259
黑龙江	1491806	1564239	1467995	1511839	244440	209363
上海	7712131	7467901	6921560	6569384	3323597	3312120
江苏	30465276	28613549	25087805	23827156	23544422	22290249
浙江	12811999	13091338	11903108	12163204	11194710	11465948
安徽	7831783	7920653	7465334	7581041	3279642	3663950
福建	3032142	3595510	1388535	1456048	366762	369900
江西	5453011	5720056	4997345	5238433	2784650	2721764
山东	5592002	5403266	4700786	4426557	2095745	1431875
河南	4814147	4527985	2591584	2663997	1543668	1589111
湖北	5763210	5813423	5299365	5331942	3501160	3638599
湖南	4371935	4639174	4256909	4506757	2635421	2705716
广东	29376111	28222532	26322852	25370787	4814879	5236306
广西	6815314	6642263	6815314	6641797	2456190	2254487
海南	1155914	1324033	1155914	1324033	5707	6424
重庆	2507365	2170871	1814192	1610725	1447380	1265885
四川	2381747	2287984	2035766	1871054	821417	735921
贵州	378006	384454	368484	375709	131107	37974
云南	1509215	1587733	1485297	1558028	645797	704659
西藏						
陕西	5980385	6574281	4867061	5350231	2343153	3266911
甘肃	1319222	1275607	1122178	1057017	5495	4208
青海	58714	70811	37613	49764		
宁夏	1013417	1116344	735142	888116	465780	544167
新疆	4883668	5036555	4151331	4371870	2558452	2693526

单位：万元

非自有配送中心配送商品购进额		商品销售总额		零售额	
2016年	2015年	2016年	2015年	2016年	2015年
30063162	**29093060**	**202402203**	**202999196**	**136616144**	**132570781**
2387456	2486285	11076029	11397741	8421100	7587088
93588	327746	3783291	4819892	3009193	3423778
112753	121635	5853404	6571765	3982681	4168406
	2423	2861620	3302395	2004972	2140144
814	737	59414	56303	51074	48609
1039475	1085048	5618286	6328567	4566750	4755266
8623	13410	1385726	1283773	1171420	1107209
143360	197280	1719618	1759920	1257388	1316032
294615	244889	7840299	8053569	5024286	5254124
1189966	1173487	33511235	31281184	11783863	10755296
411019	469155	13970720	13948075	9323313	9198010
103067	73882	8245839	8226756	8066073	6003555
76937	66374	5645045	6306492	4610374	5179811
415016	520876	9612717	9839535	5918429	6337435
266149	58798	5820994	5696424	4080344	4170590
144649	139778	4852252	4509925	4009507	3663716
635928	696557	6310557	6465381	4620126	4642749
457116	457939	7121295	7116424	5666141	5993065
19521084	18590432	33950533	33054488	28605832	27489154
55912	46292	7407256	7144258	4230260	3965599
		1253799	1480989	1144010	823078
226689	226394	2726166	2388622	1760970	1622442
21950	7951	2574703	2345012	2375397	2174843
5988	3250	434397	372887	421691	362148
159242	139028	3605080	3461771	2866544	2660430
698888	265198	7398861	7653589	2943944	3140080
		1426480	1661077	1227825	1468161
		75983	73360	75811	73150
		800822	809050	498166	490622
1592881	1678217	5459788	5589976	2898663	2556196

2–23 续表 7

加油站

地区	商品购进总额		统一配送商品购进额		自有配送中心配送商品购进额	
	2016年	2015年	2016年	2015年	2016年	2015年
全国	**108787261**	**112503571**	**95791212**	**98815304**	**49607548**	**51130143**
北京	4637129	5587916	4637129	5587916	2501590	3002495
天津	2707241	3517806	2207382	3025682	1738135	2265074
河北	4814668	5242902	4489663	4836713	2556426	2615712
山西	1169114	1473605	825434	962463	241486	266957
内蒙古						
辽宁	3016899	3379116	1885076	2058893	302164	360223
吉林	918723	845647	918723	845647	918723	845647
黑龙江	870872	889779	870872	889779		
上海	4329777	4403188	4184879	4204538	3215128	3203518
江苏	15352136	14795934	15352136	14795934	14483125	13922122
浙江	9815668	10122814	9010372	9298660	8990863	9278029
安徽	4070649	3822868	4070649	3822868	168836	158889
福建	2343584	3035012	947597	1106823	154587	179244
江西	1987124	2077062	1627160	1698969	557272	554259
山东	3254402	3323715	2591859	2564626	1318566	805285
河南	3851188	3489607	1844389	1848189	1171520	1165935
湖北	3299150	3591589	3173653	3450881	2622062	2897674
湖南	3154619	3435428	3076729	3331798	1663735	1729652
广东	19325598	18960688	17139856	16804179	1507761	1524640
广西	6280646	6212609	6280646	6212609	2021900	1917575
海南	1149676	1317144	1149676	1317144		
重庆	976619	768272	341694	245138	282847	193334
四川	239470	327100				
贵州						
云南	654007	687855	654007	687855		
西藏						
陕西	4628485	5093719	3661503	4111014	1262712	2147262
甘肃	1263527	1213874	1066483	995284		
青海						
宁夏	743809	859457	469615	633860	200253	289911
新疆	3932482	4028866	3314032	3477844	1727858	1806706

单位：万元

非自有配送中心配送商品购进额		商品销售总额		零售额	
2016年	2015年	2016年	2015年	2016年	2015年
22373976	**22356035**	**128684089**	**132463001**	**92160454**	**91102891**
1716256	2173639	5094655	5889517	3130437	2975273
85081	319152	3072432	4046320	2368675	2676412
97907	112881	5297555	5976386	3471073	3625884
		1487281	1875132	1291034	1509459
1039475	1085048	3017701	3633078	2439909	2647692
		985314	925178	771008	748614
		957350	953082	616325	616474
		4847424	4840129	2228626	2207180
869011	873811	16365249	15720599	8903365	8093048
		10632774	10986191	7313665	7339552
		4354255	4037365	4307807	3292829
		4864611	5630046	3929731	4560304
377109	482203	4979824	5097156	4220150	4630534
227475	27235	3346943	3477346	2731920	2995775
		3845628	3477155	3052402	2677945
282227	272748	3692966	3946717	2815532	2872360
300559	307699	4843346	4902830	4337697	4303452
15175380	14861603	23698904	23393337	21104550	20640532
		6690560	6591830	3563309	3464843
		1244616	1471617	1134827	813716
2058	1792	1044464	815957	472691	476175
		322159	298547	257572	237565
		2110437	2097240	1519602	1401774
615263	167086	5586178	5726623	2589975	2796869
		1358113	1590949	1159458	1398033
		557100	536151	271215	237574
1586175	1671137	4386252	4526524	2157901	1863026

2-23 续表 8

专卖店

地区	商品购进总额		统一配送商品购进额		自有配送中心配送商品购进额	
	2016年	2015年	2016年	2015年	2016年	2015年
全国	**13605112**	**13891868**	**8606544**	**8764113**	**5327542**	**5260414**
北京	3326804	3353672	413943	397923	205425	215345
天津	101326	97776	52153	48911	1846	1953
河北	2711	4747	2711	4747	2711	4747
山西	53902	74809	19092	29245	14136	24518
内蒙古	29304	29841	16611	17384	7721	5827
辽宁	97989	142222	97989	142222	14559	22931
吉林	40522	31346	40522	31346	33672	26876
黑龙江						
上海	4361433	4389788	3901641	3720106	2403162	2373008
江苏	76233	83359	48612	55779	22050	29948
浙江	471627	426435	422632	424098	415594	402295
安徽	14890	15144	6631	15144	6315	14809
福建	667294	757571	580816	624299	467023	409434
江西	122724	131705	105370	114675	18589	20119
山东	375825	305784	375825	305784	366126	283521
河南	132866	112499	131945	111541	20927	11799
湖北	645618	636685	513956	556865	213733	230385
湖南	241886	227844	151057	163307	108373	123782
广东	749289	714071	665835	596429	245426	151933
广西	19688	13991	19688	13991	18323	12733
海南						
重庆	410131	575270	287416	486690	34901	31437
四川	608519	515023	34055	29857	29222	26800
贵州	2212	1873	2212	1873		
云南	84020	81924	32257	30279	4185	6157
西藏						
陕西	507962	618144	223237	291276	223237	291276
甘肃	105746	101498	105746	101498	97345	92048
青海						
宁夏	21340	21154	21340	21154	19688	19038
新疆	333254	427693	333254	427693	333254	427693

单位：万元

非自有配送中心配送商品购进额		商品销售总额		零售额	
2016年	2015年	2016年	2015年	2016年	2015年
566243	**555732**	**17831021**	**17298702**	**13287275**	**12720584**
74257	71459	4123195	4005284	4015260	3879610
	19944	141839	137137	110257	103179
		3557	6033	3557	6033
		67160	83371	30412	40528
		43114	62731	43114	62731
	47214	121294	158603	117305	154329
1027	1429	48839	47139	48046	46201
117559	114230	5652086	5482342	3307072	3223301
25342	25498	125048	125970	111777	106349
		512801	497165	489707	469000
		18256	18437	6476	16445
32487	47130	771976	815318	745037	785898
14753	15225	141218	140695	141218	139695
9103	20534	440860	357291	249035	228743
	11101	137777	118957	129888	112657
1574	3251	888402	897751	656809	600841
5146	4960	337697	267131	322814	258178
283322	171637	1198276	1152656	1008456	945287
		28646	20077	28646	20077
		467580	555013	335170	438032
21	5	877858	654790	846752	626528
		2194	1860	2194	1860
		109129	114877	68877	75718
		791819	872721	2783	1076
		143547	128004	134491	120462
1652	2115	33754	32676	4388	2407
		603101	544675	327737	255422

2—23 续表 9

家居建材商店

地 区	商品购进总额		统一配送商品购进额		自有配送中心配送商品购进额	
	2016年	2015年	2016年	2015年	2016年	2015年
全 国	**313523**	**337240**	**291276**	**304498**	**65402**	**83857**
北 京	148927	137537	138664	128162		
天 津	31378	42214	31378	42214	31378	42214
河 北						
山 西						
内蒙古						
辽 宁						
吉 林						
黑龙江						
上 海	76083	90258	72649	66891		
江 苏	22055	24112	13504	24112		
浙 江						
安 徽						
福 建						
江 西						
山 东						
河 南						
湖 北	1057	1476	1057	1476		
湖 南						
广 东	15987	12745	15987	12745	15987	12745
广 西						
海 南						
重 庆						
四 川	18037	28898	18037	28898	18037	28898
贵 州						
云 南						
西 藏						
陕 西						
甘 肃						
青 海						
宁 夏						
新 疆						

单位：万元

非自有配送中心配送商品购进额		商品销售总额		零售额	
2016年	2015年	2016年	2015年	2016年	2015年
59134	**64357**	**440656**	**461701**	**435690**	**421144**
45630	40246	245863	225395	245863	225395
		33235	43283	33235	43283
		98949	120515	97336	99951
13504	24112	22749	26756	22193	25432
		1967	2777	1967	2777
		15773	18669	12978	
		22119	24307	22119	24307

2-23 续表 10

厂家直销中心

地区	商品购进总额		统一配送商品购进额		自有配送中心配送商品购进额	
	2016年	2015年	2016年	2015年	2016年	2015年
全国	**531484**	**590796**	**527574**	**587503**	**49504**	**53194**
北京						
天津						
河北						
山西						
内蒙古						
辽宁	28510	37602	28510	37602		
吉林						
黑龙江						
上海						
江苏						
浙江	14379	12919	14379	12919	14379	12919
安徽						
福建						
江西						
山东						
河南						
湖北	12282	12003	12282	12003	12282	12003
湖南						
广东	19253	22169	18721	21479	18721	21479
广西						
海南						
重庆	452938	499310	449560	496707		
四川						
贵州						
云南						
西藏						
陕西						
甘肃						
青海						
宁夏						
新疆	4121	6794	4121	6794	4121	6794

单位：万元

非自有配送中心配送商品购进额		商品销售总额		零售额	
2016年	2015年	2016年	2015年	2016年	2015年
449560	**496707**	**580866**	**651529**	**58833**	**61245**
		43993	52713		
		13966	12783	2310	2159
		15643	15516	4363	4324
		47938	52280	47938	51490
449560	496707	454942	511198	4222	3273
		4383	7037		

2–23 续表 11

其他

地　区	商品购进总额		统一配送商品购进额		自有配送中心配送商品购进额	
	2016年	2015年	2016年	2015年	2016年	2015年
全　国	**2557550**	**2598026**	**1569567**	**1459961**	**1308062**	**1226450**
北　京						
天　津	28643	23814	28643	23814		
河　北	1858					
山　西	11257	8520	11157	8520	10195	6935
内蒙古						
辽　宁	51660	45708	51660	45708	51660	45708
吉　林						
黑龙江						
上　海	15637	26599				
江　苏						
浙　江	3483	3470	3483	3470	1681	1728
安　徽						
福　建	117992	114787	35482	4947		
江　西						
山　东	1342901	1384886	677428	561752	645078	533437
河　南	57017	55769	57017	55769	56017	54869
湖　北	3142	3038				
湖　南	16222	15036	16222	15036		
广　东	549315	528302	351733	365242	271932	274343
广　西						
海　南						
重　庆	64573	51201	47511	43372	47133	42120
四　川	2295	1862	845	771	845	771
贵　州	2658	2824	2658	2824		
云　南						
西　藏						
陕　西	222114	264889	222114	264889	222114	264889
甘　肃						
青　海	1408	1652	1408	1652	1408	1652
宁　夏	58163	56797	58163	56797		
新　疆	7212	8874	4044	5398		

单位：万元

非自有配送中心配送商品购进额		商品销售总额		零售额	
2016年	2015年	2016年	2015年	2016年	2015年
20587	**24306**	**3728199**	**3897918**	**1846384**	**1999553**
		28499	28225	28499	28225
		218		218	
		8834	7864	8834	7864
		49712	45908	49712	45908
		17955	31335	17955	31335
87	90	60048	60297	3523	3243
		153345	154752	123501	126580
		2349742	2358665	1202734	1248747
		56690	54578	56690	54578
		4667	2986	4667	2986
		15220	14327	856	807
13798	15994	487686	618139	299405	400167
		81268	74173	37150	34033
		2526	2254	2108	1812
2658	2824	2766	2999	2766	2999
		320432	353867		
		1722	2148	1722	2148
		77848	73989		
4044	5398	9023	11412	6045	8122

2-24 按业态分各地区连锁零售

便利店

地 区	商品购进总额		统一配送商品购进额		自有配送中心配送商品购进额	
	2016年	2015年	2016年	2015年	2016年	2015年
全 国	**1028738**	**910272**	**884921**	**754113**	**399991**	**286758**
北 京	3506	2217	2920	1975		
天 津						
河 北	38498	20955	38498	20955	38498	20955
山 西	223393	198872	151654	144949	151654	144949
内蒙古	14716	8685	14716	8685		
辽 宁	1183	9240	1183	9240	205	266
吉 林						
黑龙江	44100	41050				
上 海	336432	345879	310480	317488	21539	26401
江 苏						
浙 江	243901	174376	243901	156520	120450	39843
安 徽						
福 建	31477	27399	31477	27399	16744	13550
江 西						
山 东	5743	3638	5237	3225		
河 南						
湖 北	378		378			
湖 南	12400	10300	12400	10300	6400	6500
广 东	45490	37048	44909	36567	38819	29272
广 西						
海 南						
重 庆	765	835	413	219	359	158
四 川	5488	3360	5488	3360		
贵 州						
云 南						
西 藏						
陕 西	7941	1528	7941	1528		
甘 肃						
青 海						
宁 夏						
新 疆	13329	24892	13329	11703	5324	4864

企业加盟门店经营情况

单位：万元

非自有配送中心配送商品购进额		商品销售总额		零售额	
2016年	2015年	2016年	2015年	2016年	2015年
220639	**237388**	**1247492**	**1114466**	**1172049**	**981216**
1743	892	8352	7104	8352	7104
		38498	20955	38498	20955
		227629	203346	227629	203346
		19201	10775	19201	10775
		1532	9801	1532	9801
		60000	63000	60000	63000
67165	91911	563399	504932	563399	455688
123451	116676	163396	178500	152362	142034
14733	13849	48359	37537		4201
		7203	2457	7157	2323
		445			
	3800	7616	9800		
		67731	45952	59788	41684
54	62	1080	1085	1080	1085
5488	3360	6887	4721	6887	4721
		9983	1742	9983	1742
8005	6839	16182	12757	16182	12757

2–24 续表 1

折扣店

地区	商品购进总额		统一配送商品购进额		自有配送中心配送商品购进额	
	2016年	2015年	2016年	2015年	2016年	2015年
全国	**61370**	**18210**	**61370**	**18210**	**61370**	**18210**
北京						
天津						
河北						
山西						
内蒙古						
辽宁						
吉林						
黑龙江						
上海	61370	18210	61370	18210	61370	18210
江苏						
浙江						
安徽						
福建						
江西						
山东						
河南						
湖北						
湖南						
广东						
广西						
海南						
重庆						
四川						
贵州						
云南						
西藏						
陕西						
甘肃						
青海						
宁夏						
新疆						

单位：万元

非自有配送中心配送商品购进额		商品销售总额		零售额	
2016年	2015年	2016年	2015年	2016年	2015年
		27912	**31672**	**27912**	**31672**
		27912	31672	27912	31672

2–24 续表 2

超市

地区	商品购进总额		统一配送商品购进额		自有配送中心配送商品购进额	
	2016年	2015年	2016年	2015年	2016年	2015年
全国	**2723973**	**2743843**	**2048707**	**2130940**	**1343425**	**1396057**
北京	139920	141450	2789	7682	2576	7405
天津	148750	109380				
河北	2886	3234	2886	3234		
山西	150	43	150	43		
内蒙古	676	582	676	582	372	406
辽宁	34000	37000	34000	37000		
吉林						
黑龙江						
上海	1004238	1066397	1004238	1066397	602543	639838
江苏	155915	132471	149174	127497	147424	125827
浙江	130585	180074	88540	146584	73722	132372
安徽	675105	663500	385352	378760	221056	217654
福建	104	104	104	104	104	104
江西						
山东	55043	60075	55043	60075	51215	56551
河南	3605	4080	3419	3694		
湖北	5510	8671	5088	8105	5088	8009
湖南	22834	21188	21165	19532	329	179
广东	19534	20919				
广西	3637	12886	2836	4885	1821	3113
海南						
重庆	59628	48069	57701	48069	34960	26790
四川	197962	168278	181007	153254	162974	138070
贵州						
云南	7064	7254	7064	7254	5113	5256
西藏						
陕西						
甘肃						
青海						
宁夏	9352					
新疆	47475	58190	47475	58190	34130	34483

单位：万元

非自有配送中心配送商品购进额		商品销售总额		零售额	
2016年	2015年	2016年	2015年	2016年	2015年
630320	**659525**	**2867697**	**2893843**	**2828351**	**2835975**
		187344	189195	187344	189195
		175000	128682	175000	128682
		2453	3805	2453	3805
		1104	960	1104	960
304	176	656	575	656	575
		41000	42065	41000	42065
401695	426559	1255297	1332996	1255297	1332996
		310694	268215	310694	268215
13798	13543	132408	202085	132042	185526
163343	160140	231914	230961	200413	196299
		1233	1235	1233	1235
3828	3525	66106	64898	66106	64898
		3612	4797	3612	4797
	96	6523	12175	6131	12150
20836	19352	24126	23327	24126	23327
		19334	21363	19334	21363
		7709	15391	7709	15391
10548	10798	58425	49274	58425	49274
1333	361	260566	218661	260566	218661
1290	1290	6749	6939	6749	6939
		714			
13344	23687	74730	76244	68356	69622

2–24 续表 3

大型超市

地区	商品购进总额		统一配送商品购进额		自有配送中心配送商品购进额	
	2016年	2015年	2016年	2015年	2016年	2015年
全国	**5312708**	**5448120**	**5215321**	**5356422**	**901635**	**940728**
北京						
天津						
河北						
山西	4490	4438	4490	4438	4490	4438
内蒙古						
辽宁	52006	49864	52006	49864		
吉林						
黑龙江						
上海	4282249	4354323	4246272	4322649		
江苏	456000	500649	456000	500649	456000	500649
浙江	133911	222949	133911	222949	118503	179767
安徽						
福建						
江西						
山东						
河南						
湖北						
湖南						
广东	384053	315898	322642	255875	322642	255875
广西						
海南						
重庆						
四川						
贵州						
云南						
西藏						
陕西						
甘肃						
青海						
宁夏						
新疆						

单位：万元

非自有配送中心配送商品购进额		商品销售总额		零售额	
2016年	2015年	2016年	2015年	2016年	2015年
67414	**93045**	**5146912**	**5534533**	**5146912**	**5533533**
		326	258	326	258
52006	49864	101311	97134	101311	97134
		4058425	4351155	4058425	4351155
		475000	567800	475000	566800
15408	43182	134008	207780	134008	207780
		377843	310405	377843	310405

2–24 续表 4

百货店

地 区	商品购进总额		统一配送商品购进额		自有配送中心配送商品购进额	
	2016年	2015年	2016年	2015年	2016年	2015年
全 国	**768850**	**774014**	**545948**	**559129**	**394077**	**377231**
北 京						
天 津						
河 北						
山 西						
内蒙古						
辽 宁						
吉 林						
黑龙江						
上 海						
江 苏	282447	278013	282447	278013	282447	278013
浙 江	6400	6391	6400	6391	6400	6391
安 徽	84985	101850	84985	101850		
福 建						
江 西	230242	212303	104031	91649	104031	91649
山 东	128599	139508	60872	74387		
河 南						
湖 北						
湖 南						
广 东	34978	34771	6014	5661		
广 西						
海 南						
重 庆						
四 川						
贵 州						
云 南						
西 藏						
陕 西						
甘 肃						
青 海						
宁 夏						
新 疆	1200	1178	1200	1178	1200	1178

单位：万元

非自有配送中心配送商品购进额		商品销售总额		零售额	
2016年	2015年	2016年	2015年	2016年	2015年
6014	**5661**	**788465**	**816300**	**725624**	**753502**
		348910	344233	348910	344233
		8673	8662	8673	8662
		99982	119824	99982	119824
		202827	201697	173259	170318
		84111	95395	50838	63976
6014	5661	42966	45532	42966	45532
		996	957	996	957

2–24 续表 5

专业店(含加油站)

地区	商品购进总额		统一配送商品购进额		自有配送中心配送商品购进额	
	2016年	2015年	2016年	2015年	2016年	2015年
全国	**3050812**	**3199562**	**2819995**	**2950191**	**2088505**	**2092492**
北京	81885	68592	81597	68265	20666	14375
天津						
河北						
山西	71	112	71	112	71	112
内蒙古	742	487	742	487	742	487
辽宁	19223	21623	19223	21623	231	222
吉林						
黑龙江	1312	6044	878	873	836	835
上海	721179	759265	710661	744671	579450	617960
江苏	805870	827676	801071	823176	796717	821940
浙江	193931	190665	166786	163695	119632	118293
安徽	253136	235026	253136	235026	253136	235026
福建	50065	46698	47023	43480	19328	18088
江西	14204	10076	4761	7706	4761	7706
山东	3168	4150	2569	2416	2569	2416
河南	296299	289321	296171	289281	8717	8230
湖北	62381	57066	11478	8453	7186	3737
湖南	147990	118391	106032	82954	58150	45525
广东	63525	199184	56267	185292	8884	7219
广西	24853	29356	24807	29356	24492	28865
海南						
重庆	155084	154819	98618	104783	70278	48004
四川	75716	61130	65614	52785	46239	31806
贵州	5824	23535	5824	3856		
云南	339	379				
西藏						
陕西	22034	12685	22034	12685	21954	12585
甘肃	166	156	166	156		
青海						
宁夏	5543	14438	605	8417	605	8417
新疆	46272	68689	43861	60644	43861	60644

单位：万元

非自有配送中心配送商品购进额		商品销售总额		零售额	
2016年	2015年	2016年	2015年	2016年	2015年
294260	**268513**	**3334920**	**3500344**	**1800533**	**1453824**
60843	53798	104242	107552	98103	104039
		90	80	90	80
		272	527	272	527
		26830	23451	26830	23451
		1425	6704	974	966
102122	84030	756588	772926	468487	466116
2670	540	812174	833608	15266	15560
21359	14069	169609	200664	83126	76594
		235401	227548	235401	
27694	25392	76782	65865	74484	64073
		14396	9554	14396	7118
		4517	3865	3815	3167
		335477	318824	300571	290502
1315	1230	97771	96096	12770	10415
46559	37412	180302	137719	115997	63995
2290	2883	70691	203203	39163	52384
		26355	29947	7567	14448
6497	28267	271293	257438	195021	168441
19324	20894	94870	77543	63683	38318
3586		7327	23885	6870	23885
		334	370		
		28003	15223	27495	14524
		256	246	256	246
		1314	795		
		5600	12986	2255	1851
		13003	73725	7644	13125

2-24 续表 6

加油站

地区	商品购进总额		统一配送商品购进额		自有配送中心配送商品购进额	
	2016年	2015年	2016年	2015年	2016年	2015年
全国	**855038**	**895675**	**855038**	**895675**	**578022**	**615429**
北京						
天津						
河北						
山西						
内蒙古						
辽宁						
吉林						
黑龙江						
上海	576203	613621	576203	613621	576203	613621
江苏						
浙江						
安徽						
福建						
江西						
山东						
河南	277016	280246	277016	280246		
湖北						
湖南						
广东						
广西	1819	1808	1819	1808	1819	1808
海南						
重庆						
四川						
贵州						
云南						
西藏						
陕西						
甘肃						
青海						
宁夏						
新疆						

单位：万元

非自有配送中心配送商品购进额		商品销售总额		零售额	
2016年	2015年	2016年	2015年	2016年	2015年
		885733	**923057**	**566936**	**588864**
		576203	613621	288102	306811
		307711	307628	277016	280246
		1819	1808	1819	1808

2–24 续表 7

专卖店

地区	商品购进总额		统一配送商品购进额		自有配送中心配送商品购进额	
	2016年	2015年	2016年	2015年	2016年	2015年
全国	**1756073**	**1665072**	**1563776**	**1593491**	**919024**	**924931**
北京	209290	195633	209290	195633	209033	195429
天津						
河北	683	564	683	564	683	564
山西						
内蒙古						
辽宁	16744	9372	16744	9372		
吉林						
黑龙江						
上海	65427	132249	65427	131965	62061	128579
江苏	14876	15411	14876	15226	7496	15123
浙江	57038	61013	57038	61013	57038	61013
安徽	1797	1773	82	1773	82	1773
福建	23720	14237	23148	14237	20520	11334
江西	68055	76699	68055	76699	67544	69642
山东	43820	33772	43820	33772	43297	33103
河南	5682	5132	5682	5132		
湖北	3303	4293	602	1519		714
湖南	398970	359278	385270	341090	383384	339737
广东	118349	121512	116972	118812	60725	58837
广西	653	557	653	557		
海南						
重庆	9511	8614	6514	5445	5412	3867
四川	170760	49115	1524	4833	1524	4833
贵州						
云南	547169	575466	547169	575466		
西藏						
陕西						
甘肃	227	382	227	382	227	382
青海						
宁夏						
新疆						

单位：万元

非自有配送中心配送商品购进额		商品销售总额		零售额	
2016年	2015年	2016年	2015年	2016年	2015年
2284	**9685**	**2090781**	**2003846**	**1318191**	**1222806**
		282254	257902	282166	256076
		702	664	702	664
		4753	9816	4753	9816
	1314	147388	187212	97293	187212
119	94	26667	29171	26667	29171
		54714	65069	54714	61572
		2226	2254	66	2254
		3852	3602	3668	3263
	6576	67968	76006	67968	76006
		51032	41108	26810	24388
299	348	5620	5214	5620	5214
		6345	7528	6345	7372
1866	1353	400003	359224	385327	341588
		268405	299044	160216	157745
		742	582	742	582
		13981	11943	6357	5927
		188549	53575	188549	53575
		565354	593552		
		227	382	227	382

2–24 续表 8

厂家直销中心

地 区	商品购进总额		统一配送商品购进额		自有配送中心配送商品购进额	
	2016年	2015年	2016年	2015年	2016年	2015年
全 国	**15017**	**14671**	**13652**	**13337**	**12013**	**11863**
北 京						
天 津						
河 北						
山 西						
内蒙古						
辽 宁						
吉 林						
黑龙江						
上 海						
江 苏						
浙 江						
安 徽						
福 建						
江 西						
山 东						
河 南						
湖 北	15017	14671	13652	13337	12013	11863
湖 南						
广 东						
广 西						
海 南						
重 庆						
四 川						
贵 州						
云 南						
西 藏						
陕 西						
甘 肃						
青 海						
宁 夏						
新 疆						

单位：万元

非自有配送中心配送商品购进额		商品销售总额		零售额	
2016年	2015年	2016年	2015年	2016年	2015年
1365	**1334**	**17605**	**17413**	**17605**	**17413**
1365	1334	17605	17413	17605	17413

2-24 续表 9

其他

地区	商品购进总额		统一配送商品购进额		自有配送中心配送商品购进额	
	2016年	2015年	2016年	2015年	2016年	2015年
全国	**857853**	**1020183**	**739675**	**724662**	**385727**	**220483**
北京						
天津						
河北						
山西						
内蒙古						
辽宁						
吉林						
黑龙江						
上海						
江苏						
浙江	80891	84686	77122	79603	51241	57634
安徽	209831	298294	209831	208806	209831	10739
福建						
江西						
山东	89884	153770	62614	102520	62530	102403
河南						
湖北	5952	5071				
湖南						
广东	383327	395289	341190	287634	22067	13146
广西						
海南						
重庆	85367	80172	46314	43196	37455	33658
四川	448	425	448	425	448	425
贵州						
云南						
西藏						
陕西						
甘肃						
青海	2156	2478	2156	2478	2156	2478
宁夏						
新疆						

单位：万元

非自有配送中心配送商品购进额		商品销售总额		零售额	
2016年	2015年	2016年	2015年	2016年	2015年
323431	**332562**	**969964**	**967357**	**676601**	**615169**
24108	20347	82355	73920	50699	73920
	78749	210546	255565	35295	
84	117	107123	100133	107123	100133
		6856	4942	4112	3206
291262	226333	483518	459747	454149	412983
7977	7016	76629	69282	22287	21160
		573	548	573	548
		2364	3220	2364	3220

2-25 36城市连锁零售企业基本情况

地 区	连锁总店数（个）	门店数（个）		年末从业人员（人）		年末零售营业面积（平方米）	
	2016年	2016年	2015年	2016年	2015年	2016年	2015年
合 计	**1494**	**160340**	**153232**	**1811665**	**1895258**	**124229741**	**118423608**
北 京	156	7732	7548	173478	177418	9533809	9546396
天 津	37	2084	2237	29098	31242	1900580	1984623
石家庄	16	1144	1109	15845	16258	1509984	1493572
太 原	23	2812	2500	24573	27407	1611934	1205401
呼和浩特	3	396	417	1725	1732	42939	37497
沈 阳	46	2419	2019	30597	30966	1798274	2413490
大 连	14	2026	2001	15784	16926	1066467	1067317
长 春	17	1275	1046	11208	9869	503898	390745
哈尔滨	22	1563	1487	13213	13406	790503	721359
上 海	107	18211	18649	242496	263444	10795669	10950587
南 京	37	11516	11515	231579	274831	20331435	15686863
杭 州	75	10053	9933	56667	63446	7455638	7403728
宁 波	25	1412	1550	19066	21129	933744	938713
合 肥	29	8089	7994	70032	70233	4281456	4348938
福 州	29	1458	1288	51259	47732	6763893	5820464
厦 门	38	2464	2392	13820	14474	907711	837017
南 昌	46	2868	2699	31469	30629	1402513	1308880
济 南	10	3088	3057	60343	62205	3631328	3275556
青 岛	54	3044	2782	34205	34814	4616276	4669755
郑 州	22	1302	1130	17970	17743	1557435	1535442
武 汉	101	6410	5734	96471	104494	5743489	5906929
长 沙	72	12298	10796	57610	52580	2976752	2609825
广 州	113	10107	9922	116370	118009	15137420	15216758
深 圳	80	11978	11278	87251	86960	4035174	4806497
南 宁	20	1696	1612	18780	18492	1361667	1371003
海 口	6	791	766	5306	5816	390779	414497
重 庆	98	12714	12825	93796	98020	4336533	4263773
成 都	65	8634	6585	80057	72134	3216665	2870450
贵 阳	14	664	594	7247	6616	281665	282767
昆 明	34	4983	4700	42307	42763	1954556	1869086
拉 萨	1	3	3	820	790	29955	21700
西 安	27	1209	1228	18800	19341	829784	831733
兰 州	9	635	502	5765	5456	96815	82787
西 宁	10	194	184	6069	6106	209298	220730
银 川	10	442	422	8020	7974	440387	390203
乌鲁木齐	28	2626	2728	22569	23803	1753316	1628527

2-26　36城市连锁零售企业直营门店基本情况

地　区	门店数（个）		年末从业人员（人）		年末零售营业面积（平方米）	
	2016年	2015年	2016年	2015年	2016年	2015年
合　计	**100854**	**96722**	**1569542**	**1656883**	**115863371**	**110466060**
北　京	5884	5775	161650	166028	9263671	9284929
天　津	1563	1731	27731	29915	1846055	1931298
石家庄	858	816	15479	15888	1484984	1468172
太　原	1171	1087	16368	21527	1510246	1128897
呼和浩特	238	328	1251	1448	29794	32359
沈　阳	2104	1702	29299	29710	1773974	2381866
大　连	957	926	10238	11227	941214	939064
长　春	1275	1046	11208	9869	503898	390745
哈尔滨	1114	1056	11754	12149	759563	699139
上　海	11079	11366	153524	171442	6644330	7031878
南　京	8598	8561	215106	255001	19794599	15187730
杭　州	5928	6116	47808	54560	7083727	7065184
宁　波	1095	1121	18447	20545	903499	895914
合　肥	3136	3134	62032	62427	4007507	4030878
福　州	1450	1277	51199	47661	6762902	5819233
厦　门	833	804	8096	8537	656064	635200
南　昌	1652	1522	27259	26516	1166073	1099041
济　南	3088	3057	60343	62205	3631328	3275556
青　岛	2184	2019	31184	31734	4503561	4563864
郑　州	1290	1078	17923	17609	1556635	1526962
武　汉	5303	4858	93921	102111	5683280	5851411
长　沙	2988	2550	36794	35436	2720581	2382230
广　州	8390	8201	103282	104024	14601167	14690695
深　圳	5315	5619	73097	74455	3754664	4546510
南　宁	1117	1053	16214	15865	1304679	1273474
海　口	791	766	5306	5816	390779	414497
重　庆	4471	4194	79974	84416	3973213	3890789
成　都	7383	5753	75288	69281	3135490	2827517
贵　阳	521	462	6939	6132	274175	269029
昆　明	4798	4515	41735	42501	1953556	1868086
拉　萨	3	3	820	790	29955	21700
西　安	1035	1075	18008	18625	814770	812639
兰　州	633	500	5755	5446	96615	82587
西　宁	122	142	5902	5994	202298	212730
银　川	442	422	8020	7974	440387	390203
乌鲁木齐	2045	2087	20588	22019	1664138	1544054

2-27 36城市连锁零售企业加盟门店基本情况

地区	门店数（个）		年末从业人员（人）		年末零售营业面积（平方米）	
	2016年	2015年	2016年	2015年	2016年	2015年
合计	**59486**	**56510**	**242123**	**238375**	**8366370**	**7957548**
北京	1848	1773	11828	11390	270138	261467
天津	521	506	1367	1327	54525	53325
石家庄	286	293	366	370	25000	25400
太原	1641	1413	8205	5880	101688	76504
呼和浩特	158	89	474	284	13145	5138
沈阳	315	317	1298	1256	24300	31624
大连	1069	1075	5546	5699	125253	128253
长春						
哈尔滨	449	431	1459	1257	30940	22220
上海	7132	7283	88972	92002	4151339	3918709
南京	2918	2954	16473	19830	536836	499133
杭州	4125	3817	8859	8886	371911	338544
宁波	317	429	619	584	30245	42799
合肥	4953	4860	8000	7806	273949	318060
福州	8	11	60	71	991	1231
厦门	1631	1588	5724	5937	251647	201817
南昌	1216	1177	4210	4113	236440	209839
济南						
青岛	860	763	3021	3080	112715	105891
郑州	12	52	47	134	800	8480
武汉	1107	876	2550	2383	60209	55518
长沙	9310	8246	20816	17144	256171	227595
广州	1717	1721	13088	13985	536253	526063
深圳	6663	5659	14154	12505	280510	259987
南宁	579	559	2566	2627	56988	97529
海口						
重庆	8243	8631	13822	13604	363320	372984
成都	1251	832	4769	2853	81175	42933
贵阳	143	132	308	484	7490	13738
昆明	185	185	572	262	1000	1000
拉萨						
西安	174	153	792	716	15014	19094
兰州	2	2	10	10	200	200
西宁	72	42	167	112	7000	8000
银川						
乌鲁木齐	581	641	1981	1784	89178	84473

2–28　36城市连锁零售企业经营情况

单位：万元

地　区	商品购进总额		统一配送商品购进额		自有配送中心配送商品购进额	
	2016年	2015年	2016年	2015年	2016年	2015年
合　计	**236371321**	**233417321**	**183116616**	**179792171**	**108608817**	**107170804**
北　京	24121897	24569117	16829206	16729920	9481899	9295462
天　津	4198033	5155544	2416603	3208667	1799591	2343000
石家庄	3918810	4089005	1240435	1443568	384228	384366
太　原	1740305	1534241	1268723	1084328	643839	374276
呼和浩特	59761	52829	59761	52829	30529	24178
沈　阳	2969608	3578476	2350001	2839620	248984	200423
大　连	1818334	1824440	1637897	1638141	141477	443127
长　春	1356412	1212529	1348738	1206660	1181355	1044493
哈尔滨	1669351	1762146	1500657	1436346	270548	238318
上　海	27931539	28053568	22232359	21982137	8850043	9015471
南　京	33656049	31650990	27826419	26262748	27236052	25805668
杭　州	13866510	14114694	12982958	13171438	11989397	12173728
宁　波	1192915	1209462	1186568	1198996	834935	876528
合　肥	12762557	12885516	9129650	9366840	4248372	4415497
福　州	7378184	6323887	5035353	3767432	2317866	3138815
厦　门	812743	792013	576386	595278	460246	465163
南　昌	3569424	3366076	3067976	2882241	2018697	1878766
济　南	4172295	4230961	1866436	1748075	1151915	1010877
青　岛	4468944	4544383	3399234	3138301	2522830	1827609
郑　州	1752767	1719737	922455	844643	364335	422709
武　汉	13572424	13230075	9159974	9110936	7453014	7436970
长　沙	4573467	4540931	3481635	3405751	2807323	2837293
广　州	28165722	27008881	25935804	24594644	6643307	6039245
深　圳	11182159	10169611	7397234	6344259	5182839	4030358
南　宁	2141031	1992442	2125501	1969222	384968	306379
海　口	1219941	1359939	1199080	1335114	5707	6424
重　庆	7050386	6967930	4844151	5565467	3234952	3639428
成　都	5333419	4834571	3813045	3594313	1882733	1855440
贵　阳	573892	548171	570436	525951	326157	178000
昆　明	2674314	2829067	2287140	2398105	696189	833995
拉　萨	30552	30522	30552	30522		
西　安	2677416	3099474	2258224	2791305	2058438	2578479
兰　州	568331	593534	568331	593534	103068	96637
西　宁	190215	180401	71628	80184	5099	6313
银　川	854540	938469	488080	570545	451087	530979
乌鲁木齐	2147074	2423689	2007986	2284111	1196798	1416390

2-28 续表

单位：万元

地区	非自有配送中心配送商品购进额		商品销售总额		零售额	
	2016年	2015年	2016年	2015年	2016年	2015年
合计	**37008742**	**34191812**	**269314484**	**267315491**	**203400021**	**198003500**
北京	2997679	3197953	28965113	29522046	24507299	23790712
天津	93588	347690	4998621	6133255	4004510	4494932
石家庄			3886749	4110891	2989073	3019275
太原		2423	2400603	2334551	2344106	2211458
呼和浩特			75560	68157	75560	68157
沈阳	294538	345532	3078517	3282483	2516741	2486515
大连	1091480	1134912	1650566	1823069	1583117	1822724
长春	1027	1429	1526314	1408577	1311215	1231075
哈尔滨	143360	197280	1891167	1954620	1497341	1576658
上海	2681340	2689945	31144443	31745846	24065615	24562561
南京	145356	171649	36792382	34333632	13628080	12557613
杭州	619378	538035	15221988	15118784	10348407	10211713
宁波		6152	1471587	1407363	1306773	1225969
合肥	102107	151931	13894144	13818245	10859920	8761064
福州	2642703	542246	7124601	6699856	7028576	6544893
厦门	65921	82718	1229294	1170694	972031	1011103
南昌	134118	159667	4583926	4407031	3581354	3416671
济南	704307	727687	4218602	4262010	4218602	4262010
青岛	408499	80185	6039358	6154357	4222106	4384234
郑州	244507	254653	2236610	2269377	2236610	2269377
武汉	737554	707857	15261277	15247845	13466038	13248864
长沙	582027	522128	5469659	5284532	4390536	4575191
广州	19102157	18012708	30811725	30041995	25736916	24940815
深圳	1538892	1558397	12379991	12056925	10918320	10906969
南宁			2336776	2133176	1568067	1425289
海口			1309071	1511919	1199282	854009
重庆	1128931	1261088	9561915	9594019	7441719	7503650
成都	330454	288870	6144181	5437768	5996192	5318839
贵阳	7324	3250	588827	529769	587288	529108
昆明	309688	215756	4916897	4880760	3581872	3456739
拉萨			35760	35667	35760	35667
西安	90620	122096	3299229	3585557	1334454	1401769
兰州			658047	811675	566095	736026
西宁			290858	271895	287689	269150
银川			915088	902476	744261	714141
乌鲁木齐	811187	867575	2905038	2964669	2248496	2178560

2-29 36城市连锁零售企业直营门店经营情况

单位：万元

地 区	商品购进总额		统一配送商品购进额		自有配送中心配送商品购进额	
	2016年	2015年	2016年	2015年	2016年	2015年
合 计	**223594470**	**220505585**	**171495638**	**168067313**	**103514838**	**102406972**
北 京	23687296	24161225	16532611	16456364	9249625	9078253
天 津	4049283	5046164	2416603	3208667	1799591	2343000
石家庄	3879628	4067486	1201253	1422049	345046	362847
太 原	1516912	1335369	1117070	939378	492185	229327
呼和浩特	45045	44144	45045	44144	30529	24178
沈 阳	2950633	3557091	2331026	2818236	248984	200423
大 连	1765103	1765297	1584667	1578999	141231	442822
长 春	1356412	1212529	1348738	1206660	1181355	1044493
哈尔滨	1624227	1720088	1499779	1435473	269712	237483
上 海	21460646	21377246	15833912	15380757	7523082	7584483
南 京	32460760	30400090	26631147	25011908	26046714	24555368
杭 州	13579529	13901909	12723371	12996164	11754515	12016864
宁 波	1182797	1201310	1176449	1190845	825837	869046
合 肥	12212808	12248573	8581616	8819384	3785323	4167959
福 州	7350489	6298496	5007659	3742040	2317866	3138815
厦 门	757016	749137	523702	555620	422799	439991
南 昌	3257900	3067944	2892105	2707134	1842827	1710234
济 南	4172295	4230961	1866436	1748075	1151915	1010877
青 岛	4370979	4384304	3328539	3029472	2457979	1722791
郑 州	1752639	1717501	922455	842447	364335	420513
武 汉	13496837	13161227	9144285	9099029	7442395	7430309
长 沙	4093235	4117107	3015591	3000554	2390342	2470214
广 州	27658298	26558470	25487047	24201895	6223795	5696740
深 圳	10675388	9531984	6969051	5858708	5154177	4012759
南 宁	2120352	1958193	2105623	1942973	365307	280291
海 口	1219941	1359939	1199080	1335114	5707	6424
重 庆	6740032	6675422	4634590	5363755	3086489	3526951
成 都	5115284	4757116	3765834	3561761	1859929	1847142
贵 阳	570205	526189	566749	523649	326157	178000
昆 明	2127145	2253601	1739972	1822639	696189	833995
拉 萨	30552	30522	30552	30522		
西 安	2647521	3085360	2228329	2777192	2036484	2565893
兰 州	568104	593153	568104	593153	102840	96256
西 宁	188060	177923	69472	77707	2943	3835
银 川	854540	938469	488080	570545	451087	530979
乌鲁木齐	2056579	2294046	1919096	2174301	1119547	1327417

2-29 续表

单位：万元

地区	非自有配送中心配送商品购进额		商品销售总额		零售额	
	2016年	2015年	2016年	2015年	2016年	2015年
合计	**35844834**	**32977692**	**255510336**	**253180336**	**192076017**	**186958970**
北京	2935093	3143263	28382921	28960293	23931333	23234298
天津	93588	347690	4823621	6004573	3829510	4366249
石家庄			3847549	4089272	2949872	2997656
太原		2423	2172974	2131205	2116477	2008111
呼和浩特			56358	57382	56358	57382
沈阳	294538	345532	3051993	3259345	2490217	2463377
大连	1039475	1085048	1547665	1716079	1480216	1715733
长春	1027	1429	1526314	1408577	1311215	1231075
哈尔滨	143360	197280	1830047	1890517	1436367	1512692
上海	2110358	2086131	24335435	24564952	17594805	17737723
南京	145204	171109	35578878	33014636	13135943	11970502
杭州	597016	522924	15025711	14874180	10267560	10105796
宁波		6152	1459776	1396784	1295022	1215466
合肥	102107	73182	13345989	13213053	10489177	8638986
福州	2615008	516854	7093130	6661566	6997105	6506604
厦门	51188	68869	1172706	1125578	966283	1001454
南昌	134118	153092	4299933	4120892	3326929	3164346
济南	704307	727687	4218602	4262010	4218602	4262010
青岛	408415	80068	5921725	6048004	4104473	4277882
郑州	244507	254653	2236446	2267218	2236446	2267218
武汉	736239	706628	15146118	15136292	13439462	13224885
长沙	534307	484026	4977606	4860269	3913490	4185555
广州	19100775	18010619	30266028	29553576	25228531	24503662
深圳	1240709	1325610	11630221	11196550	10308267	10337583
南宁			2310568	2096097	1560647	1403710
海口			1309071	1511919	1199282	854009
重庆	1103855	1214946	9140507	9204997	7158550	7257763
成都	306046	264616	5894114	5353682	5771381	5256743
贵阳	3737	3250	583072	506644	581989	505983
昆明	309688	215756	4351543	4287208	3581872	3456739
拉萨			35760	35667	35760	35667
西安	90620	122096	3261752	3569291	1296976	1385504
兰州			657820	811293	565868	735644
西宁			287180	267880	285325	265930
银川			915088	902476	744261	714141
乌鲁木齐	799549	846759	2816115	2820379	2170446	2100892

2-30 36城市连锁零售企业加盟门店经营情况

单位：万元

地区	商品购进总额		统一配送商品购进额		自有配送中心配送商品购进额	
	2016年	2015年	2016年	2015年	2016年	2015年
合计	**12776850**	**12911739**	**11620981**	**11724864**	**5093983**	**4763835**
北京	434601	407892	296595	273556	232274	217210
天津	148750	109380				
石家庄	39182	21519	39182	21519	39182	21519
太原	223393	198872	151654	144949	151654	144949
呼和浩特	14716	8685	14716	8685		
沈阳	18975	21385	18975	21385		
大连	53231	59142	53231	59142	247	305
长春						
哈尔滨	45124	42059	878	873	836	835
上海	6470893	6676322	6398447	6601379	1326962	1430988
南京	1195289	1250900	1195272	1250840	1189338	1250300
杭州	286981	212785	259587	175274	234883	156865
宁波	10118	8152	10118	8152	9098	7482
合肥	549748	636944	548033	547456	463049	247538
福州	27694	25392	27694	25392		
厦门	55726	42875	52684	39657	37447	25171
南昌	311525	298132	175871	175108	175871	168532
济南						
青岛	97965	160079	70695	108830	64851	104818
郑州	128	2236		2196		2196
武汉	75587	68848	15690	11907	10619	6661
长沙	480232	423824	466044	405197	416981	367079
广州	507424	450412	448757	392750	419513	342505
深圳	506771	637627	428183	485551	28661	17600
南宁	20679	34249	19878	26248	19661	26089
海口						
重庆	310354	292508	209561	201713	148463	112477
成都	218135	77455	47212	32552	22804	8298
贵阳	3687	21982	3687	2303		
昆明	547169	575466	547169	575466		
拉萨						
西安	29895	14114	29895	14114	21954	12585
兰州	227	382	227	382	227	382
西宁	2156	2478	2156	2478	2156	2478
银川						
乌鲁木齐	90495	129643	88890	109810	77252	88973

2–30 续表

单位：万元

地区	非自有配送中心配送商品购进额		商品销售总额		零售额	
	2016年	2015年	2016年	2015年	2016年	2015年
合计	**1163910**	**1214124**	**13804144**	**14135153**	**11324002**	**11044530**
北京	62586	54690	582192	561753	575966	556414
天津			175000	128682	175000	128682
石家庄			39200	21619	39200	21619
太原			227629	203346	227629	203346
呼和浩特			19201	10775	19201	10775
沈阳			26524	23139	26524	23139
大连	52006	49864	102901	106990	102901	106990
长春						
哈尔滨			61120	64102	60974	63966
上海	570982	603814	6809007	7180893	6470811	6824838
南京	152	540	1213504	1318996	492137	587111
杭州	22363	15111	196277	244604	80847	105916
宁波			11811	10579	11751	10502
合肥		78749	548154	605192	370743	122078
福州	27694	25392	31471	38290	31471	38290
厦门	14733	13849	56588	45115	5747	9649
南昌		6576	283993	286139	254425	252325
济南						
青岛	84	117	117633	106353	117633	106353
郑州			163	2160	163	2160
武汉	1315	1230	115159	111553	26576	23978
长沙	47721	38102	492054	424263	477046	389636
广州	1383	2089	545697	488418	508386	437153
深圳	298183	232788	749770	860375	610054	569386
南宁			26208	37079	7419	21579
海口						
重庆	25076	46142	421408	389022	283169	245887
成都	24408	24254	250067	84086	224812	62097
贵阳	3586		5755	23125	5299	23125
昆明			565354	593552		
拉萨						
西安			37477	16266	37477	16266
兰州			227	382	227	382
西宁			3677	4015	2364	3220
银川						
乌鲁木齐	11638	20817	88923	144290	78050	77668

第三部分

餐饮企业综合篇

3-1 连锁餐饮企业总体情况

项目	单位	总计		直营店		加盟店	
		2016年	2015年	2016年	2015年	2016年	2015年
连锁总店数	个	459					
门店总数	个	25634	24126	21241	19901	4393	4225
年末从业人员	人	755936	729750	617946	591747	137990	138003
年末餐饮营业面积	平方米	10369037	9900054	8398654	7890857	1970383	2009197
年末餐位数	位	3411245	3320064	2632221	2533540	779024	786524
连锁门店商品购进总额	万元	6124272	5787372	5489070	5188140	635202	599232
其中：统一配送商品购进额	万元	4941039	4641303	4541125	4274161	399915	367142
其中：自有配送中心	万元	2026179	2074352	1864140	1927204	162039	147149
非自有配送中心	万元	788285	689885	682399	604005	105886	85880
营业额	万元	16351469	15488532	14558248	13736318	1793221	1752215
其中：餐费收入及商品销售额	万元	16250733	15402468	14460731	13651040	1790002	1751428

3-2 连锁餐饮企业基本情况

项　目	连锁总店数（个）	门店数（个）		年末从业人员（人）		年末餐饮营业面积（平方米）		年末餐位数（位）	
	2016年	2016年	2015年	2016年	2015年	2016年	2015年	2016年	2015年
总　计	**459**	**25634**	**24126**	**755936**	**729750**	**10369037**	**9900054**	**3411245**	**3320064**
一、按登记注册类型分									
内资企业	298	8339	8172	299234	301129	4972631	5005821	1549919	1546253
国有企业	6	139	125	3670	3626	40950	37633	11970	11630
集体企业	2	11	11	703	653	12589	12589	3225	3225
股份合作企业	3	9	8	171	208	6030	5350	2212	1855
联营企业									
国有联营企业									
集体联营企业									
国有与集体联营企业									
其他联营企业									
有限责任公司	98	3499	3365	99382	96973	1731801	1824744	574519	563684
国有独资公司	2	47	63	1518	2016	19279	25298	8802	9668
其他有限责任公司	96	3452	3302	97864	94957	1712522	1799446	565717	554016
股份有限公司	12	1027	1001	72173	71538	1218035	1080749	279999	254584
私营企业	174	3643	3651	122856	127771	1959240	2040770	675758	708650
私营独资企业	11	83	87	3513	3761	73037	77299	17232	17729
私营合伙企业									
私营有限责任公司	158	3523	3522	118517	122639	1853928	1912816	651506	681693
私营股份有限公司	5	37	42	826	1371	32275	50655	7020	9228
其他企业	3	11	11	279	360	3986	3986	2236	2625
港、澳、台商投资企业	66	5005	4487	134844	125793	1353507	1123441	490496	461167
港澳台商合资经营企业	14	1008	996	32098	34708	362799	363165	109564	108416
港澳台商合作经营企业	1	4	4	538	526	17000	17000	1700	1700
港、澳、台商独资经营企业	49	3966	3459	101278	89430	963224	731592	374681	346151
港、澳、台商投资股份有限公司	2	27	28	930	1129	10484	11684	4551	4900
其他港、澳、台商投资企业									
外商投资企业	95	12290	11467	321858	302828	4042899	3770792	1370830	1312644
中外合资经营企业	13	1995	1862	59409	58515	547307	528182	242302	228090
中外合作经营企业	1	47	47	900	900	20000	20000	5500	5500
外资企业	78	9869	9216	252493	236223	3201441	2993380	1010164	972560
外商投资股份有限公司	1	1	1	1	1				
其他外商投资企业	2	378	341	9055	7189	274151	229230	112864	106494
二、按行业分									
正餐服务	251	6589	6549	294028	298235	5303794	5299799	1596602	1601682
快餐服务	169	15009	14109	414761	389005	4458859	4085545	1610265	1540173
饮料及冷饮服务	21	3358	2754	38254	32253	521185	424690	156109	126133
其他餐饮业	18	678	714	8893	10257	85199	90020	48269	52076
直营门店合计		**21241**	**19901**	**617946**	**591747**	**8398654**	**7890857**	**2632221**	**2533540**
一、按登记注册类型分									
内资企业		5807	5701	200348	200463	3696357	3640781	1045577	1027249
国有企业		139	125	3670	3626	40950	37633	11970	11630
集体企业		8	8	682	631	12345	12345	3115	3115
股份合作企业		9	8	171	208	6030	5350	2212	1855
联营企业									
国有联营企业									
集体联营企业									
国有与集体联营企业									
其他联营企业									
有限责任公司		2407	2255	65218	63496	1176459	1158060	333808	323137
国有独资公司		45	56	1508	1996	19102	24469	8781	9542
其他有限责任公司		2362	2199	63710	61500	1157357	1133591	325027	313595
股份有限公司		728	707	52188	49685	909071	782298	213438	191856
私营企业		2505	2587	78140	82457	1547516	1641109	478798	493031
私营独资企业		78	82	3412	3656	72047	76134	16862	17359
私营合伙企业									
私营有限责任公司		2393	2467	73939	77587	1443664	1519790	455276	467432
私营股份有限公司		34	38	789	1214	31805	45185	6660	8240

3-2 续表

项目	连锁总店数（个）	门店数（个）		年末从业人员（人）		年末餐饮营业面积（平方米）		年末餐位数（位）	
	2016年	2016年	2015年	2016年	2015年	2016年	2015年	2016年	2015年
其他企业		11	11	279	360	3986	3986	2236	2625
港、澳、台商投资企业		4785	4335	129653	120712	1318488	1094540	474261	447968
港澳台商合资经营企业		1008	996	32098	34708	362799	363165	109564	108416
港澳台商合作经营企业		4	4	538	526	17000	17000	1700	1700
港、澳、台商独资经营企业		3746	3307	96087	84349	928205	702691	358446	332952
港、澳、台商投资股份有限公司		27	28	930	1129	10484	11684	4551	4900
其他港、澳、台商投资企业									
外商投资企业		10649	9865	287945	270572	3383809	3155536	1112383	1058323
中外合资经营企业		1993	1859	59353	58431	546681	527092	241942	227530
中外合作经营企业		47	47	900	900	20000	20000	5500	5500
外资企业		8561	7909	227323	210767	2807477	2597564	860421	820929
外商投资股份有限公司		1	1	1	1				
其他外商投资企业		47	49	368	473	9651	10880	4520	4364
二、按行业分									
正餐服务		3985	3926	182679	185542	3615353	3554998	945612	935160
快餐服务		13492	12793	390085	365970	4188676	3831706	1484838	1422722
饮料及冷饮服务		3341	2745	38129	32180	519209	423744	155634	125915
其他餐饮业		423	437	7053	8055	75416	80409	46137	49743
加盟门店合计		**4393**	**4225**	**137990**	**138003**	**1970383**	**2009197**	**779024**	**786524**
一、按登记注册类型分									
内资企业		2532	2471	98886	100666	1276274	1365040	504342	519004
国有企业									
集体企业		3	3	21	22	244	244	110	110
股份合作企业									
联营企业									
国有联营企业									
集体联营企业									
国有与集体联营企业									
其他联营企业									
有限责任公司		1092	1110	34164	33477	555342	666684	240711	240547
国有独资公司		2	7	10	20	177	829	21	126
其他有限责任公司		1090	1103	34154	33457	555165	665855	240690	240421
股份有限公司		299	294	19985	21853	308964	298451	66561	62728
私营企业		1138	1064	44716	45314	411724	399661	196960	215619
私营独资企业		5	5	101	105	990	1165	370	370
私营合伙企业									
私营有限责任公司		1130	1055	44578	45052	410264	393026	196230	214261
私营股份有限公司		3	4	37	157	470	5470	360	988
其他企业									
港、澳、台商投资企业		220	152	5191	5081	35019	28901	16235	13199
港澳台商合资经营企业									
港澳台商合作经营企业									
港、澳、台商独资经营企业		220	152	5191	5081	35019	28901	16235	13199
港、澳、台商投资股份有限公司									
其他港、澳、台商投资企业									
外商投资企业		1641	1602	33913	32256	659090	615256	258447	254321
中外合资经营企业		2	3	56	84	626	1090	360	560
中外合作经营企业									
外资企业		1308	1307	25170	25456	393964	395816	149743	151631
外商投资股份有限公司									
其他外商投资企业		331	292	8687	6716	264500	218350	108344	102130
二、按行业分									
正餐服务		2604	2623	111349	112693	1688441	1744801	650990	666522
快餐服务		1517	1316	24676	23035	270183	253839	125427	117451
饮料及冷饮服务		17	9	125	73	1976	946	475	218
其他餐饮业		255	277	1840	2202	9783	9611	2132	2333

3-3 连锁餐饮企业

项目	商品购进总额		统一配送商品购进额	
	2016年	2015年	2016年	2015年
总 计	**6124272**	**5787372**	**4941039**	**4641303**
一、按登记注册类型分				
内资企业	2308884	2208894	1592089	1520423
国有企业	29348	27964	16123	12859
集体企业	6477	5824	6477	5824
股份合作企业	829	1009	740	918
联营企业				
国有联营企业				
集体联营企业				
国有与集体联营企业				
其他联营企业				
有限责任公司	776553	751660	670295	646738
国有独资公司	7032	7276	2196	2755
其他有限责任公司	769522	744383	668100	643983
股份有限公司	688348	628267	420496	371614
私营企业	805895	792969	477708	482139
私营独资企业	45799	48355	11673	20914
私营合伙企业				
私营有限责任公司	755233	737152	462866	456973
私营股份有限公司	4863	7462	3169	4252
其他企业	1434	1201	250	331
港、澳、台商投资企业	939377	860018	784048	691191
港澳台商合资经营企业	309332	258253	289648	242449
港澳台商合作经营企业	10961	9798	10961	9798
港、澳、台商独资经营企业	617748	590564	482541	438173
港、澳、台商投资股份有限公司	1336	1403	898	771
其他港、澳、台商投资企业				
外商投资企业	2876011	2718460	2564903	2429689
中外合资经营企业	448794	446286	425156	427867
中外合作经营企业	35099	35099		
外资企业	2377396	2223578	2137527	1997234
外商投资股份有限公司		542		542
其他外商投资企业	14722	12956	2220	4046
二、按行业分				
正餐服务	2124828	2060518	1369461	1316661
快餐服务	3574819	3350599	3262254	3050931
饮料及冷饮服务	343715	293820	249250	212647
其他餐饮业	80910	82436	60075	61064

经营情况

单位：万元

自有配送中心配送商品购进额		非自有配送中心配送商品购进额		营业额		餐费收入及商品销售额	
2016年	2015年	2016年	2015年	2016年	2015年	2016年	2015年
2026179	**2074352**	**788285**	**689885**	**16351469**	**15488532**	**16250733**	**15402468**
664710	670851	236879	228895	5476945	5234423	5387466	5156152
3537	3183	990	702	79939	73011	77211	69564
				11551	9772	10807	9057
		326	320	3650	3632	3650	3632
368710	368721	36885	30302	1953422	1952991	1946354	1947236
2196	2755			22439	34348	22440	34348
366514	365966	36885	30302	1930983	1918643	1923914	1912888
55959	58542	94397	89460	1696291	1530048	1635059	1482338
236504	240405	104232	107980	1728855	1661537	1712438	1642170
1150	11082	101	2	79730	67668	77886	65059
233221	226874	103928	107762	1638036	1574587	1623504	1560369
2133	2449	204	216	11089	19283	11048	16742
		50	131	3237	3432	1948	2156
233122	198916	243734	167364	3005861	2749309	3003013	2747671
35669	38643	153701	91652	772203	752103	769659	751408
10961				22214	19985	22214	19985
185595	159502	90034	75711	2199048	1961879	2198743	1960955
898	771			12396	15343	12397	15323
1128347	1204585	307672	293627	7868663	7504800	7860255	7498646
202923	209955	110979	106327	1572197	1480566	1571779	1479385
				35099	35099	35099	35099
925423	994088	196693	187300	6062788	5821419	6057321	5817189
	542			23	2018		1275
				198556	165698	196056	165698
571518	567586	196456	192936	5454877	5253479	5372623	5189500
1427687	1482679	570562	478944	9286617	8905013	9270282	8883698
756	629	19524	16195	1380789	1102722	1378642	1101953
26219	23459	1743	1811	229187	227319	229187	227318

3-3 续表 1

项目	商品购进总额		统一配送商品购进额	
	2016年	2015年	2016年	2015年
直营门店合计	**5489070**	**5188140**	**4541125**	**4274161**
一、按登记注册类型分				
内资企业	1835846	1750890	1329031	1267715
国有企业	29348	27964	16123	12859
集体企业	6378	5729	6378	5729
股份合作企业	829	1009	740	918
联营企业				
国有联营企业				
集体联营企业				
国有与集体联营企业				
其他联营企业				
有限责任公司	581676	558142	499433	477144
国有独资公司	6941	7093	2105	2571
其他有限责任公司	574735	551049	497328	474573
股份有限公司	573605	504780	397491	347504
私营企业	642576	652065	408617	423229
私营独资企业	45379	47951	11658	20898
私营合伙企业				
私营有限责任公司	592624	597437	394079	398376
私营股份有限公司	4574	6677	2880	3956
其他企业	1434	1201	250	331
港、澳、台商投资企业	891497	823163	746048	667233
港澳台商合资经营企业	309332	258253	289648	242449
港澳台商合作经营企业	10961	9798	10961	9798
港、澳、台商独资经营企业	569868	553709	444541	414216
港、澳、台商投资股份有限公司	1336	1403	898	771
其他港、澳、台商投资企业				
外商投资企业	2761727	2614087	2466045	2339213
中外合资经营企业	448703	446236	425064	427817
中外合作经营企业	35099	35099		
外资企业	2271427	2125588	2038761	1906808
外商投资股份有限公司		542		542
其他外商投资企业	6499	6622	2220	4046
二、按行业分				
正餐服务	1687059	1631324	1147993	1097294
快餐服务	3397691	3201367	3094388	2910928
饮料及冷饮服务	339140	290340	244738	209212
其他餐饮业	65180	65108	54005	56728

单位：万元

自有配送中心配送商品购进额		非自有配送中心配送商品购进额		营业额		餐费收入及商品销售额	
2016年	2015年	2016年	2015年	2016年	2015年	2016年	2015年
1864140	**1927204**	**682399**	**604005**	**14558248**	**13736318**	**14460731**	**13651040**
537946	552231	185433	181051	4487338	4209165	4399579	4131680
3537	3183	990	702	79939	73011	77211	69564
				11279	9511	10535	8796
		326	320	3650	3632	3650	3632
265809	268274	36670	30019	1567289	1492490	1560221	1486735
2105	2571			22296	34087	22296	34087
263704	265703	36670	30019	1544993	1458403	1537924	1452648
55959	58542	73896	67853	1386168	1225811	1326272	1178102
212641	222231	73502	82026	1435777	1401279	1419743	1382698
1150	11082	101	2	78671	66654	76828	64045
209358	208700	73197	81808	1346412	1317498	1332262	1303522
2133	2449	204	216	10694	17126	10653	15132
		50	131	3237	3432	1948	2156
233122	198916	214752	152044	2871174	2647561	2868326	2645922
35669	38643	153701	91652	772203	752103	769659	751408
10961				22214	19985	22214	19985
185595	159502	61052	60391	2064360	1860130	2064056	1859207
898	771			12396	15343	12397	15323
1093072	1176057	282214	270911	7199737	6879592	7192828	6873438
202923	209955	110979	106327	1570759	1478915	1570341	1477734
				35099	35099	35099	35099
890149	965560	171235	164584	5574781	5340979	5569313	5336749
	542			23	2018		1275
				19075	22581	18075	22581
455523	455594	151797	147625	4188977	3959466	4109869	3896274
1387613	1451764	509335	438376	8804370	8494554	8788108	8473238
756	629	19524	16195	1372542	1098207	1370395	1097438
20248	19217	1743	1811	192359	184091	192359	184091

3-3 续表 2

项 目	商品购进总额		统一配送商品购进额	
	2016年	2015年	2016年	2015年
加盟门店合计	**635202**	**599232**	**399915**	**367142**
一、按登记注册类型分				
内资企业	473038	458004	263058	252708
国有企业				
集体企业	99	95	99	95
股份合作企业				
联营企业				
国有联营企业				
集体联营企业				
国有与集体联营企业				
其他联营企业				
有限责任公司	194877	193518	170862	169594
国有独资公司	91	184	91	184
其他有限责任公司	194787	193334	170771	169410
股份有限公司	114743	123487	23005	24110
私营企业	163318	140904	69092	58910
私营独资企业	420	404	15	17
私营合伙企业				
私营有限责任公司	162609	139715	68788	58597
私营股份有限公司	289	785	289	297
其他企业				
港、澳、台商投资企业	47880	36855	38000	23957
港澳台商合资经营企业				
港澳台商合作经营企业				
港、澳、台商独资经营企业	47880	36855	38000	23957
港、澳、台商投资股份有限公司				
其他港、澳、台商投资企业				
外商投资企业	114284	104374	98858	90476
中外合资经营企业	92	50	92	50
中外合作经营企业				
外资企业	105970	97990	98766	90426
外商投资股份有限公司				
其他外商投资企业	8223	6334		
二、按行业分				
正餐服务	437769	429193	221469	219367
快餐服务	177128	149232	167865	140003
饮料及冷饮服务	4576	3480	4512	3436
其他餐饮业	15730	17327	6070	4337

单位：万元

自有配送中心配送商品购进额		非自有配送中心配送商品购进额		营业额		餐费收入及商品销售额	
2016年	2015年	2016年	2015年	2016年	2015年	2016年	2015年
162039	**147149**	**105886**	**85880**	**1793221**	**1752215**	**1790002**	**1751428**
126765	118620	51446	47844	989607	1025258	987888	1024471
				273	262	273	262
102901	100447	215	283	386133	460501	386133	460501
91	184			143	261	143	261
102811	100263	215	283	385990	460240	385990	460240
		20500	21607	310123	304237	308787	304237
23863	18174	30731	25954	293079	260259	292696	259472
				1059	1014	1059	1014
23863	18174	30731	25954	291625	257088	291242	256848
				395	2157	395	1611
		28982	15320	134687	101748	134687	101748
		28982	15320	134687	101748	134687	101748
35275	28528	25458	22716	668927	625208	667427	625208
				1438	1651	1437	1651
35275	28528	25458	22716	488008	480440	488008	480441
				179481	143117	177981	143117
115995	111992	44659	45312	1265900	1294013	1262754	1293227
40074	30915	61227	40568	482247	410459	482175	410460
				8247	4514	8247	4514
5970	4242			36828	43228	36829	43228

3-4 按登记注册类型与行业分连锁餐饮企业基本情况

正餐服务

项　　目	连锁总店数（个）	门店数（个）		年末从业人员（人）		年末餐饮营业面积（平方米）		年末餐位数（位）	
	2016年	2016年	2015年	2016年	2015年	2016年	2015年	2016年	2015年
总　　计	**251**	**6589**	**6549**	**294028**	**298235**	**5303794**	**5299799**	**1596602**	**1601682**
内资企业	215	4362	4461	241139	246721	4273252	4357402	1270207	1285408
国有企业	2	28	27	1422	1450	16988	16403	5161	5244
集体企业	1	3	3	650	598	12000	12000	3000	3000
股份合作企业	3	9	8	171	208	6030	5350	2212	1855
联营企业									
有限责任公司	63	1395	1404	68698	68302	1332685	1472257	438918	441262
股份有限公司	9	623	596	68273	67478	1153267	1015761	245756	220260
私营企业	134	2293	2412	101646	108325	1748296	1831645	572924	611162
其他企业	3	11	11	279	360	3986	3986	2236	2625
港、澳、台商投资企业	19	220	208	7903	8504	157737	159210	38117	38286
外商投资企业	17	2007	1880	44986	43010	872805	783187	288278	277988
直营门店合计		**3985**	**3926**	**182679**	**185542**	**3615353**	**3554998**	**945612**	**935160**
内资企业		2661	2686	151059	153050	3071601	3049267	795924	788409
国有企业		28	27	1422	1450	16988	16403	5161	5244
集体企业		3	3	650	598	12000	12000	3000	3000
股份合作企业		9	8	171	208	6030	5350	2212	1855
联营企业									
有限责任公司		626	615	37561	37321	805038	823368	207144	207610
股份有限公司		495	473	49012	46349	850065	723072	180659	158996
私营企业		1489	1549	61964	66764	1377494	1465088	395512	409079
其他企业		11	11	279	360	3986	3986	2236	2625
港、澳、台商投资企业		220	208	7903	8504	157737	159210	38117	38286
外商投资企业		1104	1032	23717	23988	386015	346521	111571	108465
加盟门店合计		**2604**	**2623**	**111349**	**112693**	**1688441**	**1744801**	**650990**	**666522**
内资企业		1701	1775	90080	93671	1201651	1308135	474283	496999
国有企业									
集体企业									
股份合作企业									
联营企业									
有限责任公司		769	789	31137	30981	527647	648889	231774	233652
股份有限公司		128	123	19261	21129	303202	292689	65097	61264
私营企业		804	863	39682	41561	370802	366557	177412	202083
其他企业									
港、澳、台商投资企业									
外商投资企业		903	848	21269	19022	486790	436666	176707	169523

3-4 续表 1

快餐服务

项目	连锁总店数（个）	门店数（个）		年末从业人员（人）		年末餐饮营业面积（平方米）		年末餐位数（位）	
	2016年	2016年	2015年	2016年	2015年	2016年	2015年	2016年	2015年
总计	**169**	**15009**	**14109**	**414761**	**389005**	**4458859**	**4085545**	**1610265**	**1540173**
内资企业	65	3251	2951	53135	49403	648729	597956	263997	245676
国有企业	3	105	92	2137	2069	22029	19297	5993	5570
集体企业									
股份合作企业									
联营企业									
有限责任公司	30	1823	1668	28835	26920	386160	340125	132533	119867
股份有限公司	3	404	405	3900	4060	64768	64988	34243	34324
私营企业	29	919	786	18263	16354	175772	173546	91228	85915
其他企业									
港、澳、台商投资企业	34	3309	3036	108552	98871	942846	733500	343364	320055
外商投资企业	70	8449	8122	253074	240731	2867284	2754089	1002904	974442
直营门店合计		**13492**	**12793**	**390085**	**365970**	**4188676**	**3831706**	**1484838**	**1422722**
内资企业		2673	2526	45302	43261	582145	547548	235940	225472
国有企业		105	92	2137	2069	22029	19297	5993	5570
集体企业									
股份合作企业									
联营企业									
有限责任公司		1728	1594	26460	24959	362339	325132	124308	113565
股份有限公司		233	234	3176	3336	59006	59226	32779	32860
私营企业		607	606	13529	12897	138771	143893	72860	73477
其他企业									
港、澳、台商投资企业		3108	2899	104353	95212	911547	708659	327734	307606
外商投资企业		7711	7368	240430	227497	2694984	2575499	921164	889644
加盟门店合计		**1517**	**1316**	**24676**	**23035**	**270183**	**253839**	**125427**	**117451**
内资企业		578	425	7833	6142	66584	50408	28057	20204
国有企业									
集体企业									
股份合作企业									
联营企业									
有限责任公司		95	74	2375	1961	23821	14993	8225	6302
股份有限公司		171	171	724	724	5762	5762	1464	1464
私营企业		312	180	4734	3457	37001	29653	18368	12438
其他企业									
港、澳、台商投资企业		201	137	4199	3659	31299	24841	15630	12449
外商投资企业		738	754	12644	13234	172300	178590	81740	84798

3-4 续表 2

饮料及冷饮服务

项　目	连锁总店数（个）	门店数（个）		年末从业人员（人）		年末餐饮营业面积（平方米）		年末餐位数（位）	
	2016年	2016年	2015年	2016年	2015年	2016年	2015年	2016年	2015年
总　计	**21**	**3358**	**2754**	**38254**	**32253**	**521185**	**424690**	**156109**	**126133**
内资企业	5	216	222	689	668	11274	11007	2321	2272
国有企业	1	6	6	111	107	1933	1933	816	816
集体企业									
股份合作企业									
联营企业									
有限责任公司									
股份有限公司									
私营企业	4	210	216	578	561	9341	9074	1505	1456
其他企业									
港、澳、台商投资企业	10	1370	1123	15068	13904	215564	188381	75227	64775
外商投资企业	6	1772	1409	22497	17681	294347	225302	78561	59086
直营门店合计		**3341**	**2745**	**38129**	**32180**	**519209**	**423744**	**155634**	**125915**
内资企业		208	215	636	617	10018	10221	2071	2104
国有企业		6	6	111	107	1933	1933	816	816
集体企业									
股份合作企业									
联营企业									
有限责任公司									
股份有限公司									
私营企业		202	209	525	510	8085	8288	1255	1288
其他企业									
港、澳、台商投资企业		1361	1121	14996	13882	214844	188221	75002	64725
外商投资企业		1772	1409	22497	17681	294347	225302	78561	59086
加盟门店合计		**17**	**9**	**125**	**73**	**1976**	**946**	**475**	**218**
内资企业		8	7	53	51	1256	786	250	168
国有企业									
集体企业									
股份合作企业									
联营企业									
有限责任公司									
股份有限公司									
私营企业		8	7	53	51	1256	786	250	168
其他企业									
港、澳、台商投资企业		9	2	72	22	720	160	225	50
外商投资企业									

3-4 续表 3

其他餐饮业

项目	连锁总店数（个）	门店数（个）		年末从业人员（人）		年末餐饮营业面积（平方米）		年末餐位数（位）	
	2016年	2016年	2015年	2016年	2015年	2016年	2015年	2016年	2015年
总　计	**18**	**678**	**714**	**8893**	**10257**	**85199**	**90020**	**48269**	**52076**
内资企业	13	510	538	4271	4337	39376	39456	13394	12897
国有企业									
集体企业	1	8	8	53	55	589	589	225	225
股份合作企业									
联营企业									
有限责任公司	5	281	293	1849	1751	12956	12362	3068	2555
股份有限公司									
私营企业	7	221	237	2369	2531	25831	26505	10101	10117
其他企业									
港、澳、台商投资企业	3	106	120	3321	4514	37360	42350	33788	38051
外商投资企业	2	62	56	1301	1406	8463	8214	1087	1128
直营门店合计		**423**	**437**	**7053**	**8055**	**75416**	**80409**	**46137**	**49743**
内资企业		265	274	3351	3535	32593	33745	11642	11264
国有企业									
集体企业		5	5	32	33	345	345	115	115
股份合作企业									
联营企业									
有限责任公司		53	46	1197	1216	9082	9560	2356	1962
股份有限公司									
私营企业		207	223	2122	2286	23166	23840	9171	9187
其他企业									
港、澳、台商投资企业		96	107	2401	3114	34360	38450	33408	37351
外商投资企业		62	56	1301	1406	8463	8214	1087	1128
加盟门店合计		**255**	**277**	**1840**	**2202**	**9783**	**9611**	**2132**	**2333**
内资企业		245	264	920	802	6783	5711	1752	1633
国有企业									
集体企业		3	3	21	22	244	244	110	110
股份合作企业									
联营企业									
有限责任公司		228	247	652	535	3874	2802	712	593
股份有限公司									
私营企业		14	14	247	245	2665	2665	930	930
其他企业									
港、澳、台商投资企业		10	13	920	1400	3000	3900	380	700
外商投资企业									

3-5 按登记注册类型与行业分

正餐服务

项目	商品购进总额		统一配送商品购进额	
	2016年	2015年	2016年	2015年
总　计	**2124828**	**2060518**	**1369461**	**1316661**
内资企业	1820682	1743256	1133855	1081850
国有企业	12587	14271	700	653
集体企业	6256	5610	6256	5610
股份合作企业	829	1009	740	918
联营企业				
有限责任公司	476224	472499	388644	382914
股份有限公司	641244	584138	374089	328178
私营企业	682109	664530	363178	363247
其他企业	1434	1201	250	331
港、澳、台商投资企业	84526	99149	33594	30395
外商投资企业	219620	218112	202012	204416
直营门店合计	**1687059**	**1631324**	**1147993**	**1097294**
内资企业	1404121	1332471	925371	874557
国有企业	12587	14271	700	653
集体企业	6256	5610	6256	5610
股份合作企业	829	1009	740	918
联营企业				
有限责任公司	300759	293806	236155	227181
股份有限公司	539809	473405	364393	316822
私营企业	542448	543170	316879	323043
其他企业	1434	1201	250	331
港、澳、台商投资企业	84526	99149	33594	30395
外商投资企业	198412	199704	189027	192342
加盟门店合计	**437769**	**429193**	**221469**	**219367**
内资企业	416561	410785	208484	207293
国有企业				
集体企业				
股份合作企业				
联营企业				
有限责任公司	175465	178693	152488	155733
股份有限公司	101435	110733	9696	11356
私营企业	139661	121360	46299	40204
其他企业				
港、澳、台商投资企业				
外商投资企业	21208	18408	12985	12074

连锁餐饮企业经营情况

单位：万元

自有配送中心配送商品购进额		非自有配送中心配送商品购进额		营业额		餐费收入及商品销售额	
2016年	2015年	2016年	2015年	2016年	2015年	2016年	2015年
571518	**567586**	**196456**	**192936**	**5454877**	**5253479**	**5372623**	**5189500**
411347	414469	136439	137954	4171397	4020672	4094491	3959252
				33605	33309	33606	33309
				10895	9135	10151	8420
		326	320	3650	3632	3650	3632
165558	164770	17097	16579	1156276	1218905	1153903	1217780
55959	58542	47990	46024	1594178	1437913	1533525	1390928
189830	191157	70976	74900	1369557	1314347	1357708	1303028
		50	131	3237	3432	1948	2156
19593	8681	2859	2180	214114	205005	213673	204837
140578	144436	57159	52803	1069366	1027802	1064459	1025412
455523	**455594**	**151797**	**147625**	**4188977**	**3959466**	**4109869**	**3896274**
295352	302477	104673	104666	3319617	3103146	3244357	3042514
				33605	33309	33606	33309
				10895	9135	10151	8420
		326	320	3650	3632	3650	3632
70469	68064	16882	16296	818375	794673	816003	793548
55959	58542	40798	37171	1309061	1153360	1249745	1106375
168923	175871	46618	50748	1140794	1105606	1129256	1095074
		50	131	3237	3432	1948	2156
19593	8681	2859	2180	214114	205005	213673	204837
140578	144436	44265	40779	655246	651315	651839	648924
115995	**111992**	**44659**	**45312**	**1265900**	**1294013**	**1262754**	**1293227**
115995	111992	31765	33288	851780	917526	850133	916738
95089	96706	215	283	337901	424232	337901	424232
		7192	8853	285117	284553	283781	284553
20907	15286	24359	24152	228763	208741	228453	207954
		12894	12024	414120	376488	412620	376487

3-5 续表 1

快餐服务

项　　目	商品购进总额		统一配送商品购进额	
	2016年	2015年	2016年	2015年
总　　计	**3574819**	**3350599**	**3262254**	**3050931**
内资企业	446705	427085	427987	408281
国有企业	15831	13045	14493	11558
集体企业				
股份合作企业				
联营企业				
有限责任公司	280776	261004	271661	252211
股份有限公司	47104	44129	46407	43436
私营企业	102994	108908	95426	101076
其他企业				
港、澳、台商投资企业	687559	599854	657504	574589
外商投资企业	2440555	2323660	2176763	2068061
直营门店合计	**3397691**	**3201367**	**3094388**	**2910928**
内资企业	401433	388752	383346	370566
国有企业	15831	13045	14493	11558
集体企业				
股份合作企业				
联营企业				
有限责任公司	267449	250476	258340	241690
股份有限公司	33795	31375	33098	30682
私营企业	84358	93856	77415	86635
其他企业				
港、澳、台商投资企业	648778	574921	620152	550703
外商投资企业	2347479	2237694	2090890	1989659
加盟门店合计	**177128**	**149232**	**167865**	**140003**
内资企业	45272	38334	44641	37715
国有企业				
集体企业				
股份合作企业				
联营企业				
有限责任公司	13327	10527	13321	10520
股份有限公司	13309	12754	13309	12754
私营企业	18636	15052	18012	14441
其他企业				
港、澳、台商投资企业	38780	24933	37352	23885
外商投资企业	93076	85966	85872	78402

单位：万元

自有配送中心配送商品购进额		非自有配送中心配送商品购进额		营业额		餐费收入及商品销售额	
2016年	2015年	2016年	2015年	2016年	2015年	2016年	2015年
1427687	**1482679**	**570562**	**478944**	**9286617**	**8905013**	**9270282**	**8883698**
232066	237379	97766	88481	1178923	1102532	1166350	1085680
3537	3183	59	53	42580	36818	39853	33370
193162	195867	19788	13723	722768	670435	718072	665804
		46407	43436	102113	92135	101534	91411
35367	38328	31513	31270	311461	303145	306893	295097
213529	190235	224327	151086	2051028	1899956	2050467	1898486
982092	1055065	248468	239377	6056667	5902525	6053465	5899532
1387613	**1451764**	**509335**	**438376**	**8804370**	**8494554**	**8788108**	**8473238**
227267	234992	78086	73925	1059927	1008628	1047427	991777
3537	3183	59	53	42580	36818	39853	33370
190402	195467	19788	13723	685002	641326	680306	636695
		33098	30682	77107	72451	76528	71727
33328	36342	25141	29468	255238	258034	250742	249986
213529	190235	195345	135766	1942583	1832121	1942023	1830651
946817	1026537	235904	228685	5801860	5653804	5798658	5650811
40074	**30915**	**61227**	**40568**	**482247**	**410459**	**482175**	**410460**
4799	2386	19681	14556	118995	93904	118923	93904
2760	400			37766	29109	37766	29109
		13309	12754	25006	19684	25006	19684
2040	1986	6372	1802	56223	45111	56151	45111
		28982	15320	108445	67835	108445	67835
35275	28528	12564	10692	254807	248721	254807	248721

3-5 续表 2

饮料及冷饮服务

项目	商品购进总额		统一配送商品购进额	
	2016年	2015年	2016年	2015年
总计	**343715**	**293820**	**249250**	**212648**
内资企业	7556	6353	7341	6165
国有企业	931	649	931	649
集体企业				
股份合作企业				
联营企业				
有限责任公司				
股份有限公司				
私营企业	6625	5704	6410	5517
其他企业				
港、澳、台商投资企业	132561	120854	68019	59346
外商投资企业	203598	166613	173890	147137
直营门店合计	**339140**	**290340**	**244739**	**209212**
内资企业	3628	2945	3477	2802
国有企业	931	649	931	649
集体企业				
股份合作企业				
联营企业				
有限责任公司				
股份有限公司				
私营企业	2698	2297	2547	2153
其他企业				
港、澳、台商投资企业	131913	120782	67371	59274
外商投资企业	203598	166613	173890	147137
加盟门店合计	**4576**	**3480**	**4512**	**3436**
内资企业	3928	3408	3864	3364
国有企业				
集体企业				
股份合作企业				
联营企业				
有限责任公司				
股份有限公司				
私营企业	3928	3408	3864	3364
其他企业				
港、澳、台商投资企业	648	72	648	72
外商投资企业				

单位：万元

自有配送中心配送商品购进额		非自有配送中心配送商品购进额		营业额		餐费收入及商品销售额	
2016年	2015年	2016年	2015年	2016年	2015年	2016年	2015年
756	**629**	**19524**	**16194**	**1380789**	**1102722**	**1378641**	**1101952**
756	629	931	649	15381	12053	15382	12053
		931	649	3753	2885	3753	2885
756	629			11628	9168	11628	9168
		16548	14099	651721	541157	649874	541157
		2045	1447	713687	549512	713387	548742
756	**629**	**19524**	**16194**	**1372542**	**1098208**	**1370395**	**1097438**
756	629	931	649	9230	7594	9230	7595
		931	649	3753	2885	3753	2885
756	629			5477	4710	5476	4710
		16548	14099	649626	541101	647779	541101
		2045	1447	713687	549512	713387	548742
				8247	**4515**	**8247**	**4515**
				6152	4458	6152	4458
				6152	4458	6152	4458
				2095	56	2095	56

3-5 续表 3

其他餐饮业

项　目	商品购进总额		统一配送商品购进额	
	2016年	2015年	2016年	2015年
总　计	**80910**	**82436**	**60074**	**61064**
内资企业	33942	32199	22906	24128
国有企业				
集体企业	221	215	221	215
股份合作企业				
联营企业				
有限责任公司	19554	18158	9991	11614
股份有限公司				
私营企业	14167	13827	12694	12299
其他企业				
港、澳、台商投资企业	34731	40161	24931	26861
外商投资企业	12237	10075	12237	10075
直营门店合计	**65181**	**65108**	**54005**	**56727**
内资企业	26664	26722	16837	19791
国有企业				
集体企业	122	120	122	120
股份合作企业				
联营企业				
有限责任公司	13469	13860	4938	8273
股份有限公司				
私营企业	13073	12742	11777	11398
其他企业				
港、澳、台商投资企业	26279	28311	24931	26861
外商投资企业	12237	10075	12237	10075
加盟门店合计	**15730**	**17328**	**6069**	**4337**
内资企业	7278	5478	6069	4337
国有企业				
集体企业	99	95	99	95
股份合作企业				
联营企业				
有限责任公司	6085	4298	5053	3341
股份有限公司				
私营企业	1094	1085	918	902
其他企业				
港、澳、台商投资企业	8452	11850		
外商投资企业				

单位：万元

自有配送中心配送商品购进额		非自有配送中心配送商品购进额		营业额		餐费收入及商品销售额	
2016年	2015年	2016年	2015年	2016年	2015年	2016年	2015年
26218	**23459**	**1743**	**1811**	**229187**	**227318**	**229187**	**227318**
20542	18375	1743	1811	111244	99167	111244	99167
				656	637	656	637
9991	8084			74379	63652	74379	63652
10551	10291	1743	1811	36209	34878	36209	34878
				88998	103191	88998	103191
5677	5084			28944	24960	28944	24960
20248	**19217**	**1743**	**1811**	**192359**	**184091**	**192359**	**184090**
14571	14133	1743	1811	98564	89796	98564	89796
				383	376	383	376
4938	4743			63912	56492	63912	56492
9634	9390	1743	1811	34268	32929	34269	32929
				64851	69334	64851	69334
5677	5084			28944	24960	28944	24960
5970	**4242**			**36828**	**43228**	**36828**	**43228**
5970	4242			12680	9371	12681	9371
				273	262	273	262
5053	3341			10466	7160	10466	7160
917	901			1941	1949	1942	1949
				24147	33857	24147	33857

3-6 连锁餐饮企业门店分布情况

门店所在地	合计(个)		直营门店(个)		加盟门店(个)	
	2016年	2015年	2016年	2015年	2016年	2015年
全　国	**25634**	**24126**	**21241**	**19901**	**4393**	**4225**
北　京	3265	3068	3175	2985	90	83
天　津	582	542	541	504	41	38
河　北	671	618	580	514	91	104
山　西	277	270	155	148	122	122
内蒙古	183	179	135	123	48	56
辽　宁	699	673	637	609	62	64
吉　林	172	172	142	143	30	29
黑龙江	239	238	217	213	22	25
上　海	2363	2222	2296	2149	67	73
江　苏	2138	1996	1877	1726	261	270
浙　江	2113	1952	1807	1661	306	291
安　徽	1018	987	890	860	128	127
福　建	708	705	497	464	211	241
江　西	236	207	170	149	66	58
山　东	990	951	803	765	187	186
河　南	436	440	329	330	107	110
湖　北	828	783	673	631	155	152
湖　南	845	711	519	499	326	212
广　东	3689	3582	3567	3467	122	115
广　西	305	288	173	171	132	117
海　南	113	52	98	36	15	16
重　庆	1057	924	520	468	537	456
四　川	1253	1141	683	542	570	599
贵　州	102	108	66	69	36	39
云　南	311	309	172	174	139	135
西　藏	34	35	3	3	31	32
陕　西	435	415	297	279	138	136
甘　肃	142	136	50	50	92	86
青　海	67	59	16	12	51	47
宁　夏	100	94	27	20	73	74
新　疆	257	259	126	129	131	130
港澳台及国外	6	10		8	6	2

3-7 连锁餐饮企业配送中心分布情况

所在地	配送中心数(个)		自有配送中心数(个)	
	2016年	2015年	2016年	2015年
全国	**291**	**296**	**221**	**221**
北京	53	53	38	38
天津	4	5	3	3
河北	2	3	2	3
山西	3	3	3	3
内蒙古	3	3	3	3
辽宁	8	8	5	5
吉林	1	1	1	1
黑龙江	2	2	1	1
上海	24	24	15	15
江苏	30	32	21	21
浙江	18	17	15	15
安徽	5	5	5	5
福建	9	9	5	5
江西	2	3	2	3
山东	13	18	12	17
河南	5	5	4	4
湖北	14	12	13	12
湖南	30	32	20	20
广东	28	23	24	20
广西	2	2	1	1
海南				
重庆	13	14	13	11
四川	5	5	3	3
贵州				
云南	5	5	2	2
西藏				
陕西	4	4	3	3
甘肃	3	3	2	2
青海				
宁夏				
新疆	4	4	4	4
港澳台及国外	1	1	1	1

3-8 连锁餐饮企业门店在36城市分布情况

门店所在地	合计(个)		直营门店(个)		加盟门店(个)	
	2016年	2015年	2016年	2015年	2016年	2015年
合　　计	**16684**	**15578**	**14772**	**13871**	**1912**	**1707**
北　　京	3265	3068	3175	2985	90	83
天　　津	582	542	541	504	41	38
石 家 庄	132	113	115	96	17	17
太　　原	95	139	87	126	8	13
呼和浩特	35	29	29	24	6	5
沈　　阳	303	304	291	291	12	13
大　　连	220	211	199	189	21	22
长　　春	101	105	94	97	7	8
哈 尔 滨	128	131	121	123	7	8
上　　海	2363	2222	2296	2149	67	73
南　　京	485	444	462	418	23	26
杭　　州	933	789	895	758	38	31
宁　　波	296	281	279	265	17	16
合　　肥	465	434	436	412	29	22
福　　州	131	128	119	116	12	12
厦　　门	232	207	180	162	52	45
南　　昌	89	75	74	60	15	15
济　　南	262	231	246	215	16	16
青　　岛	242	239	200	199	42	40
郑　　州	153	144	140	131	13	13
武　　汉	553	526	482	458	71	68
长　　沙	477	366	260	249	217	117
广　　州	1024	1003	1005	984	19	19
深　　圳	1324	1328	1301	1313	23	15
南　　宁	158	137	104	97	54	40
海　　口	51	30	44	22	7	8
重　　庆	1057	924	520	468	537	456
成　　都	763	687	515	418	248	269
贵　　阳	48	55	39	44	9	11
昆　　明	195	197	153	160	42	37
拉　　萨	26	27	3	3	23	24
西　　安	258	229	239	210	19	19
兰　　州	55	52	32	31	23	21
西　　宁	33	28	16	12	17	16
银　　川	46	40	26	18	20	22
乌鲁木齐	98	103	54	56	44	47

3-9 连锁餐饮企业配送中心在36城市分布情况

所在地	配送中心数(个)		自有配送中心数(个)	
	2016年	2015年	2016年	2015年
合计	**209**	**209**	**161**	**159**
北京	53	53	38	38
天津	4	5	3	3
石家庄				
太原	1	1	1	1
呼和浩特				
沈阳	4	4	2	2
大连	2	2	2	2
长春	1	1	1	1
哈尔滨	1	1		
上海	24	24	15	15
南京	12	14	9	9
杭州	12	11	9	9
宁波	3	3	3	3
合肥	2	2	2	2
福州	3	3	3	3
厦门	6	5	2	2
南昌		1		1
济南	2	2	1	1
青岛	6	11	6	11
郑州	1	1	1	1
武汉	11	8	10	8
长沙	12	12	12	12
广州	11	6	9	5
深圳	7	7	5	5
南宁	2	2	1	1
海口				
重庆	13	14	13	11
成都	4	4	3	3
贵阳				
昆明	4	4	2	2
拉萨				
西安	3	3	3	3
兰州	1	1	1	1
西宁				
银川				
乌鲁木齐	3	3	3	3

第四部分

餐饮企业地区篇

4-1 各地区连锁餐饮企业基本情况

地区	连锁总店数（个）	门店数（个）		年末从业人员（人）		年末餐饮营业面积（平方米）		年末餐位数（位）	
	2016年	2016年	2015年	2016年	2015年	2016年	2015年	2016年	2015年
全国	**459**	**25634**	**24126**	**755936**	**729750**	**10369037**	**9900054**	**3411245**	**3320064**
北京	81	4734	4316	126208	119916	1977740	1911236	568208	541807
天津	7	517	495	15708	15887	199042	200891	59195	59704
河北	1	6	6	478	862	20750	24632	3192	4520
山西	5	107	109	5524	7217	62880	64030	19704	19914
内蒙古	5	130	162	3335	3344	77968	81226	23622	27078
辽宁	12	715	707	10016	10139	260234	266307	81559	79870
吉林	1	18	23	626	800	9595	12964	3393	3998
黑龙江	7	66	67	1905	2104	31152	31862	10597	11222
上海	38	3603	3269	74869	75159	1034608	959053	333830	321108
江苏	21	1527	1516	45889	45858	491181	497485	159964	162657
浙江	26	1741	1711	41552	42609	769588	809535	230086	225867
安徽	9	690	650	12445	12321	405140	405222	67980	68237
福建	12	567	595	21599	16561	159177	154342	46888	43680
江西	6	133	112	7081	6176	64393	58533	20398	18408
山东	16	579	564	19045	18943	369867	274829	88870	80408
河南	19	214	220	6802	7104	75226	97449	31516	32570
湖北	30	906	817	44287	36520	547748	369338	144696	135203
湖南	21	1101	900	42451	38885	618825	560780	246749	231468
广东	70	3984	3775	105259	100384	1134612	1033519	408824	395838
广西	3	187	176	7111	6141	47091	40444	17626	16490
海南	1	7	5	149	120	2612	1907	879	629
重庆	26	2411	2362	92014	93455	1313115	1304586	513700	521565
四川	13	951	834	42425	38261	442356	398750	155701	147403
贵州	2	13	17	507	645	19695	21998	3489	3872
云南	11	319	318	15473	15317	81009	177017	91996	93678
西藏	1	3	3	35	32	450	450	126	126
陕西	5	202	195	8919	10121	97026	88741	61528	55906
甘肃	3	36	35	1649	2027	13496	10996	3856	3801
青海									
宁夏									
新疆	7	167	167	2575	2842	42461	41932	13073	13037

4-2 各地区连锁餐饮企业直营门店基本情况

地 区	门店数（个）		年末从业人员（人）		年末餐饮营业面积（平方米）		年末餐位数（位）	
	2016年	2015年	2016年	2015年	2016年	2015年	2016年	2015年
全 国	**21241**	**19901**	**617946**	**591747**	**8398654**	**7890857**	**2632221**	**2533540**
北 京	4463	4064	113803	106903	1666875	1595134	500118	477121
天 津	516	494	15696	15870	198892	200741	59115	59624
河 北	6	6	478	862	20750	24632	3192	4520
山 西	103	105	5453	7145	60780	61930	18554	18764
内蒙古	46	56	2035	1847	37541	39040	18952	22562
辽 宁	715	707	10016	10139	260234	266307	81559	79870
吉 林	18	23	626	800	9595	12964	3393	3998
黑龙江	66	67	1905	2104	31152	31862	10597	11222
上 海	3585	3242	73858	73630	1030619	953048	333034	319687
江 苏	1324	1312	42207	42166	453450	458810	145792	148154
浙 江	1368	1336	35991	36772	676565	748262	201487	199511
安 徽	665	637	12144	12032	402471	398935	66385	66762
福 建	396	383	20853	15749	151907	147372	43838	40680
江 西	105	90	6181	5326	63663	57813	19838	17858
山 东	531	520	16625	17002	353695	260098	83562	75700
河 南	214	220	6802	7104	75226	97449	31516	32570
湖 北	906	816	44287	36450	547748	368338	144696	135103
湖 南	489	454	23359	23085	235448	232477	98475	94653
广 东	3930	3725	103449	98795	1115565	1014532	404490	390598
广 西	110	117	5006	4459	27891	29294	11076	11540
海 南	7	5	149	120	2612	1907	879	629
重 庆	530	482	20395	19447	381977	347199	122313	104840
四 川	644	539	38259	34114	367708	325232	117921	110507
贵 州	13	17	507	645	19695	21998	3489	3872
云 南	147	149	5732	5353	61362	61814	32738	33768
西 藏	3	3	35	32	450	450	126	126
陕 西	197	190	8596	9784	96326	88041	61362	55806
甘 肃	36	35	1649	2027	13496	10996	3856	3801
青 海								
宁 夏								
新 疆	108	107	1850	1985	34961	34182	9868	9694

4-3 各地区连锁餐饮企业加盟门店基本情况

地　区	门店数（个）		年末从业人员（人）		年末餐饮营业面积（平方米）		年末餐位数（位）	
	2016年	2015年	2016年	2015年	2016年	2015年	2016年	2015年
全　国	**4393**	**4225**	**137990**	**138003**	**1970383**	**2009197**	**779024**	**786524**
北　京	271	252	12405	13013	310865	316102	68090	64686
天　津	1	1	12	17	150	150	80	80
河　北								
山　西	4	4	71	72	2100	2100	1150	1150
内蒙古	84	106	1300	1497	40427	42186	4670	4516
辽　宁								
吉　林								
黑龙江								
上　海	18	27	1011	1529	3989	6005	796	1421
江　苏	203	204	3682	3692	37731	38675	14172	14503
浙　江	373	375	5561	5837	93023	61273	28599	26356
安　徽	25	13	301	289	2669	6287	1595	1475
福　建	171	212	746	812	7270	6970	3050	3000
江　西	28	22	900	850	730	720	560	550
山　东	48	44	2420	1941	16172	14731	5308	4708
河　南								
湖　北		1		70		1000		100
湖　南	612	446	19092	15800	383377	328303	148274	136815
广　东	54	50	1810	1589	19047	18987	4334	5240
广　西	77	59	2105	1682	19200	11150	6550	4950
海　南								
重　庆	1881	1880	71619	74008	931138	957387	391387	416725
四　川	307	295	4166	4147	74648	73518	37780	36896
贵　州								
云　南	172	169	9741	9964	19647	115203	59258	59910
西　藏								
陕　西	5	5	323	337	700	700	166	100
甘　肃								
青　海								
宁　夏								
新　疆	59	60	725	857	7500	7750	3205	3343

4-4 各地区连锁餐饮

地　区	商品购进总额		统一配送商品购进额		自有配送中心配送商品购进额	
	2016年	2015年	2016年	2015年	2016年	2015年
全　国	**6124272**	**5787372**	**4941039**	**4641303**	**2026179**	**2074352**
北　京	992656	986765	785911	784778	452223	452723
天　津	167785	173507	39074	41163	2884	2990
河　北	3083	9801		9801		9801
山　西	34375	46795	28070	38307	28070	38307
内蒙古	99113	88024	2760	3220	1375	1548
辽　宁	525037	488768	459000	425309	25318	26155
吉　林	2545	3043	2036	2434		
黑龙江	9131	9747	8280	8828	898	771
上　海	715648	669793	584442	529313	84868	226304
江　苏	381991	345714	360673	320780	215584	177438
浙　江	340092	330160	323977	311726	207106	201198
安　徽	70298	62270	68895	59363	39697	37933
福　建	119446	121710	114021	115725	37165	36962
江　西	39562	42557	37313	39730	1438	3992
山　东	155069	144874	132397	132427	105509	116038
河　南	43424	44767	39033	39573		
湖　北	156392	112271	127811	91680	42530	19004
湖　南	189270	181350	127159	118973	100832	92139
广　东	913560	855305	848339	797008	419285	378462
广　西	40219	36655	40219	36655	11295	8400
海　南	2075	1886	2075	1886		
重　庆	575742	550388	287022	263502	163336	162603
四　川	357875	309126	353121	305211	15344	15294
贵　州	3647	4516	3647	4516		
云　南	95469	83121	78984	79479		
西　藏	79	75				
陕　西	60018	55263	57750	52661	50090	45413
甘　肃	13724	13410	12636	12115	12304	11721
青　海						
宁　夏						
新　疆	16951	15714	16395	15142	9030	9156

企业经营情况

单位：万元

非自有配送中心配送商品购进额		营业额		餐费收入及商品销售额	
2016年	2015年	2016年	2015年	2016年	2015年
788285	**689885**	**16351469**	**15488532**	**16250733**	**15402468**
103790	108719	3304202	3029413	3285982	3004431
		389191	388213	389191	388213
		6741	5877	5660	5566
		71817	74964	71818	74965
260	332	136890	126895	136890	126895
		571423	584583	571424	584583
509	609	6964	8612	6964	8612
7331	7720	33300	37155	33300	37155
176837	110793	2225223	2094786	2224888	2093981
140378	137456	936687	921580	934630	921445
71709	69518	982448	932761	980671	932227
1941	1856	184926	165776	184882	163221
13400	15611	270986	270977	270985	270977
		85723	82674	85723	82673
9173	53	458926	454436	402727	412347
2722	2454	106047	105791	105414	105646
55182	40406	621901	554975	620183	554568
22105	22987	592909	530306	581496	522685
41888	47476	2598237	2510959	2595347	2509108
20792	20088	111712	98138	111712	98138
2075	1886	7804	6432	7804	6432
82516	69191	1257020	1165345	1254798	1165222
5617	5892	1023746	895770	1022458	894494
		7271	9248	7271	9248
18041	16611	152068	227156	152068	224858
		778	588	778	588
4655	4242	125277	123484	125277	123484
		31217	30001	31217	30001
7365	5986	50035	51640	49176	50710

4-5 各地区连锁餐饮企业

地区	商品购进总额		统一配送商品购进额		自有配送中心配送商品购进额	
	2016年	2015年	2016年	2015年	2016年	2015年
全国	**5489070**	**5188140**	**4541125**	**4274161**	**1864140**	**1927204**
北京	943907	929500	768893	766646	448370	448194
天津	167784	173507	39074	41163	2884	2990
河北	3083	9801		9801		9801
山西	34184	46585	28070	38307	28070	38307
内蒙古	96629	85475	1632	1828	462	454
辽宁	525037	488768	459000	425309	25318	26155
吉林	2545	3043	2036	2434		
黑龙江	9131	9747	8280	8828	898	771
上海	706790	657479	584100	528893	84777	226121
江苏	353450	317826	339361	300262	200862	162862
浙江	297963	302696	283652	284451	182807	188921
安徽	70054	61651	68651	59234	39466	37827
福建	118204	120552	113811	115525	37165	36962
江西	36020	38457	33771	35630	1438	3992
山东	145552	134528	123101	122082	105509	116038
河南	43424	44767	39033	39573		
湖北	156392	112071	127811	91680	42530	19004
湖南	146719	145229	114502	111296	95581	87023
广东	899706	841880	836718	785772	419285	378462
广西	29327	28088	29327	28088	8535	8000
海南	2075	1886	2075	1886		
重庆	266349	266490	127060	118065	55752	56303
四川	318772	268755	314621	265414	14877	14678
贵州	3647	4516	3647	4516		
云南	24476	13157	7991	9514		
西藏	79	75				
陕西	58994	54454	57750	52661	50090	45413
甘肃	13724	13410	12636	12115	12304	11721
青海						
宁夏						
新疆	15053	13750	14525	13192	7160	7206

直营门店经营情况

单位：万元

非自有配送中心配送商品购进额		营业额		餐费收入及商品销售额	
2016年	2015年	2016年	2015年	2016年	2015年
682399	**604005**	**14558248**	**13736318**	**14460731**	**13651040**
90624	95116	3132573	2860078	3114353	2835130
		389081	388103	389081	388103
		6741	5877	5660	5566
		70934	74174	70934	74174
45	49	102943	91729	102943	91729
		571423	584583	571424	584583
509	609	6964	8612	6964	8612
7331	7720	33300	37155	33300	37155
176837	110793	2198805	2058226	2198469	2057420
133787	131515	877877	865651	875821	865517
58400	56764	869384	838284	867608	837749
1928	1839	182386	163341	182341	161333
13190	15411	268805	269144	268805	269145
		72621	70649	72621	70649
9173	53	428367	425068	372168	382980
2722	2454	106047	105791	105414	105646
55182	40406	621901	554675	620183	554268
15733	21185	333043	316692	323441	309277
41888	47476	2560842	2477057	2557952	2475205
20792	20088	79560	73404	79560	73404
2075	1886	7804	6432	7804	6432
33841	33232	440058	384480	439172	384359
5617	5892	895776	774102	894488	772826
		7271	9248	7271	9248
706	1291	96442	98390	96443	96092
		778	588	778	588
4655	4242	123644	122072	123644	122072
		31217	30001	31217	30001
7365	5986	41661	42712	40875	41783

4-6 各地区连锁餐饮企业

地区	商品购进总额		统一配送商品购进额		自有配送中心配送商品购进额	
	2016年	2015年	2016年	2015年	2016年	2015年
全　国	**635202**	**599232**	**399915**	**367142**	**162039**	**147149**
北　京	48748	57265	17018	18133	3853	4529
天　津						
河　北						
山　西	191	210				
内蒙古	2484	2550	1128	1392	913	1093
辽　宁						
吉　林						
黑龙江						
上　海	8858	12314	342	420	91	184
江　苏	28540	27889	21313	20518	14722	14577
浙　江	42129	27464	40325	27275	24299	12277
安　徽	244	619	244	130	231	106
福　建	1242	1158	210	200		
江　西	3542	4100	3542	4100		
山　东	9517	10346	9296	10346		
河　南						
湖　北		200				
湖　南	42551	36121	12658	7678	5252	5117
广　东	13854	13425	11621	11235		
广　西	10892	8567	10892	8567	2760	400
海　南						
重　庆	309393	283898	159963	145437	107584	106300
四　川	39102	40371	38501	39797	467	615
贵　州						
云　南	70993	69965	70993	69965		
西　藏						
陕　西	1024	809				
甘　肃						
青　海						
宁　夏						
新　疆	1898	1964	1870	1950	1870	1950

加盟门店经营情况

单位：万元

	非自有配送中心配送商品购进额		营业额		餐费收入及商品销售额	
	2016年	2015年	2016年	2015年	2016年	2015年
	105886	**85880**	**1793221**	**1752215**	**1790002**	**1751428**
	13165	13603	171629	169335	171629	169300
			110	110	110	110
			884	790	884	791
	215	283	33947	35167	33947	35167
			26418	36560	26418	36560
	6591	5942	58810	55929	58810	55929
	13309	12754	113064	94477	113063	94477
	13	17	2541	2434	2541	1888
	210	200	2181	1833	2181	1833
			13102	12025	13102	12025
			30559	29368	30559	29368
				300		300
	6372	1802	259866	213614	258056	213407
			37395	33902	37396	33902
			32153	24734	32153	24734
	48676	35960	816962	780865	815626	780865
			127970	121668	127970	121668
	17335	15320	55626	128766	55626	128766
			1632	1412	1632	1412
			8374	8928	8301	8928

4-7 按登记注册类型分各地区连锁餐饮企业基本情况

内资企业

地区	连锁总店数（个）	门店数（个）		年末从业人员（人）		年末餐饮营业面积（平方米）		年末餐位数（位）	
	2016年	2016年	2015年	2016年	2015年	2016年	2015年	2016年	2015年
全国	**298**	**8339**	**8172**	**299234**	**301129**	**4972631**	**5005821**	**1549919**	**1546253**
北京	52	1054	1005	53730	51730	949262	948381	215256	211369
天津	4	19	18	463	495	7080	7080	1674	1661
河北	1	6	6	478	862	20750	24632	3192	4520
山西	4	24	25	1532	2424	33830	34630	10574	10674
内蒙古	5	130	162	3335	3344	77968	81226	23622	27078
辽宁	2	4	6	317	600	4420	7560	790	1342
吉林	1	18	23	626	800	9595	12964	3393	3998
黑龙江	4	32	30	867	853	14570	13870	4728	4874
上海	16	337	357	8208	9100	117464	123822	35990	38068
江苏	11	128	121	2631	2669	53021	51340	18427	17883
浙江	20	945	908	16370	17187	502386	534634	127410	124273
安徽	8	650	610	10531	10430	389021	388993	62757	62598
福建	5	200	242	2078	2127	17073	16311	8663	7913
江西	4	37	31	1673	1804	16765	16755	6188	6178
山东	13	252	243	13638	12262	289699	201598	48030	41420
河南	16	67	73	1793	1983	35779	42778	10240	11915
湖北	23	162	162	9417	9699	311062	306732	82896	81424
湖南	18	559	420	24545	22977	282414	278851	114811	107507
广东	38	1314	1320	28516	29421	366083	357608	121493	124206
广西	2	120	105	2785	2382	23800	16150	9450	8150
海南									
重庆	23	1780	1799	77355	79373	1079529	1079083	441716	454059
四川	6	135	134	22743	22426	230661	227182	63857	62717
贵州	2	13	17	507	645	19695	21998	3489	3872
云南	9	153	151	9562	9721	45845	141342	75609	77224
西藏	1	3	3	35	32	450	450	126	126
陕西	3	53	55	3425	3369	40263	35443	45538	40816
甘肃	1	2	3	160	205	2036	2036	556	701
青海									
宁夏									
新疆	6	142	143	1914	2209	32110	32372	9444	9687

4-7 续表 1

国有企业

地区	连锁总店数（个）	门店数（个）		年末从业人员（人）		年末餐饮营业面积（平方米）		年末餐位数（位）	
	2016年	2016年	2015年	2016年	2015年	2016年	2015年	2016年	2015年
全　国	**6**	**139**	**125**	**3670**	**3626**	**40950**	**37633**	**11970**	**11630**
北　京	1	23	23	541	518	5484	5608	1545	1662
天　津	1	2	2	143	159	4800	4800	600	600
河　北									
山　西									
内蒙古									
辽　宁									
吉　林									
黑龙江									
上　海	1	26	25	1279	1291	12188	11603	4561	4644
江　苏									
浙　江	1	6	6	111	107	1933	1933	816	816
安　徽									
福　建									
江　西									
山　东	1	41	36	768	723	13069	10400	3688	3422
河　南									
湖　北									
湖　南									
广　东	1	41	33	828	828	3476	3289	760	486
广　西									
海　南									
重　庆									
四　川									
贵　州									
云　南									
西　藏									
陕　西									
甘　肃									
青　海									
宁　夏									
新　疆									

4-7 续表 2

集体企业

地区	连锁总店数（个）	门店数（个）		年末从业人员（人）		年末餐饮营业面积（平方米）		年末餐位数（位）	
	2016年	2016年	2015年	2016年	2015年	2016年	2015年	2016年	2015年
全国	**2**	**11**	**11**	**703**	**653**	**12589**	**12589**	**3225**	**3225**
北京									
天津									
河北									
山西									
内蒙古									
辽宁									
吉林									
黑龙江									
上海									
江苏									
浙江									
安徽									
福建									
江西									
山东									
河南									
湖北									
湖南									
广东	2	11	11	703	653	12589	12589	3225	3225
广西									
海南									
重庆									
四川									
贵州									
云南									
西藏									
陕西									
甘肃									
青海									
宁夏									
新疆									

4-7 续表 3

股份合作企业

地　区	连锁总店数（个）	门店数（个）		年末从业人员（人）		年末餐饮营业面积（平方米）		年末餐位数（位）	
	2016年	2016年	2015年	2016年	2015年	2016年	2015年	2016年	2015年
全　国	**3**	**9**	**8**	**171**	**208**	**6030**	**5350**	**2212**	**1855**
北　京	2	7	6	123	158	4990	4310	1862	1505
天　津									
河　北									
山　西									
内蒙古									
辽　宁									
吉　林									
黑龙江									
上　海									
江　苏									
浙　江									
安　徽									
福　建									
江　西									
山　东									
河　南									
湖　北									
湖　南									
广　东	1	2	2	48	50	1040	1040	350	350
广　西									
海　南									
重　庆									
四　川									
贵　州									
云　南									
西　藏									
陕　西									
甘　肃									
青　海									
宁　夏									
新　疆									

4-7 续表 4

有限责任公司

地区	连锁总店数（个）	门店数（个）		年末从业人员（人）		年末餐饮营业面积（平方米）		年末餐位数（位）	
	2016年	2016年	2015年	2016年	2015年	2016年	2015年	2016年	2015年
全　国	**98**	**3499**	**3365**	**99382**	**96973**	**1731801**	**1824744**	**574519**	**563684**
北　京	21	550	501	23469	20796	337397	345476	88776	82887
天　津	1	2	2	85	85	380	380	260	260
河　北									
山　西									
内蒙古	1	89	111	1586	1757	45358	47816	6035	5992
辽　宁	2	4	6	317	600	4420	7560	790	1342
吉　林									
黑龙江									
上　海	5	77	86	1868	1948	24233	25996	8411	8934
江　苏	1	8	9	300	330	2000	2270	700	900
浙　江	6	233	139	6009	4848	175809	152821	40839	34033
安　徽	1	350	334	3500	3210	70000	66600	20100	19880
福　建	2	102	149	494	593	1570	1730	330	420
江　西	2	30	24	1032	1025	3230	3220	1360	1350
山　东	7	123	126	1240	1324	28472	26111	11881	12048
河　南	6	18	21	441	551	14610	19610	2988	4571
湖　北	12	79	81	6946	7169	231020	239140	67742	67244
湖　南	6	155	138	8888	9448	157554	164108	40600	39069
广　东	9	721	725	14098	15085	156726	150954	53722	55201
广　西	2	120	105	2785	2382	23800	16150	9450	8150
海　南									
重　庆	4	695	657	16315	15663	415187	417559	158258	157745
四　川	2	7	7	208	221	5880	5880	2040	2040
贵　州	1	6	8	61	62	1000	2903	255	490
云　南	3	84	84	7663	7813	15406	110531	53536	55126
西　藏	1	3	3	35	32	450	450	126	126
陕　西	2	41	46	1882	1826	15263	15443	5764	5175
甘　肃	1	2	3	160	205	2036	2036	556	701
青　海									
宁　夏									
新　疆									

4-7 续表 5

股份有限公司

地区	连锁总店数（个）	门店数（个）		年末从业人员（人）		年末餐饮营业面积（平方米）		年末餐位数（位）	
	2016年	2016年	2015年	2016年	2015年	2016年	2015年	2016年	2015年
全国	**12**	**1027**	**1001**	**72173**	**71538**	**1218035**	**1080749**	**279999**	**254584**
北京	1	107	96	12532	13677	322074	310062	52642	48091
天津									
河北									
山西									
内蒙古	1	29	38	1465	1230	30010	30010	3506	3506
辽宁									
吉林									
黑龙江									
上海									
江苏									
浙江	2	380	378	4166	4200	97861	97589	34310	27260
安徽									
福建									
江西	1	2	2	330	452	6885	6885	1990	1990
山东	1	30	25	8860	7667	218309	119461	25462	17830
河南									
湖北									
湖南									
广东	1	19	16	2766	2024	67377	55033	7951	7030
广西									
海南									
重庆	2	290	280	19038	19614	253551	248262	77668	74110
四川	1	95	90	21173	20671	193000	184259	55357	53573
贵州									
云南	1	18	18	953	964	9752	9752	17348	17348
西藏									
陕西									
甘肃									
青海									
宁夏									
新疆	1	57	58	890	1039	19216	19436	3765	3846

4-7 续表 6

私营企业

地区	连锁总店数（个）	门店数（个）		年末从业人员（人）		年末餐饮营业面积（平方米）		年末餐位数（位）	
	2016年	2016年	2015年	2016年	2015年	2016年	2015年	2016年	2015年
全国	**174**	**3643**	**3651**	**122856**	**127771**	**1959240**	**2040770**	**675758**	**708650**
北京	27	367	379	17065	16581	279317	282925	70431	77224
天津	2	15	14	235	251	1900	1900	814	801
河北	1	6	6	478	862	20750	24632	3192	4520
山西	4	24	25	1532	2424	33830	34630	10574	10674
内蒙古	2	5	6	202	207	800	1600	13700	16880
辽宁									
吉林	1	18	23	626	800	9595	12964	3393	3998
黑龙江	4	32	30	867	853	14570	13870	4728	4874
上海	10	234	246	5061	5861	81043	86223	23018	24490
江苏	9	118	110	2307	2307	49521	47570	17547	16733
浙江	11	326	385	6084	8032	226783	282291	51445	62164
安徽	7	300	276	7031	7220	319021	322393	42657	42718
福建	3	98	93	1584	1534	15503	14581	8333	7493
江西	1	5	5	311	327	6650	6650	2838	2838
山东	4	58	56	2770	2548	29849	45626	6999	8120
河南	10	49	52	1352	1432	21169	23168	7252	7344
湖北	11	83	81	2471	2530	80042	67592	15154	14180
湖南	12	404	282	15657	13529	124860	114743	74211	68438
广东	24	520	533	10073	10781	124875	134703	55485	57914
广西									
海南									
重庆	17	795	862	42002	44096	410791	413262	205790	222204
四川	2	31	35	1189	1356	31095	36357	4785	5429
贵州	1	7	9	446	583	18695	19095	3234	3382
云南	5	51	49	946	944	20687	21059	4725	4750
西藏									
陕西	1	12	9	1543	1543	25000	20000	39774	35641
甘肃									
青海									
宁夏									
新疆	5	85	85	1024	1170	12894	12936	5679	5841

4-7 续表 7

其他企业

地 区	连锁总店数（个）	门店数（个）		年末从业人员（人）		年末餐饮营业面积（平方米）		年末餐位数（位）	
	2016年	2016年	2015年	2016年	2015年	2016年	2015年	2016年	2015年
全 国	**3**	**11**	**11**	**279**	**360**	**3986**	**3986**	**2236**	**2625**
北 京									
天 津									
河 北									
山 西									
内 蒙 古	1	7	7	82	150	1800	1800	381	700
辽 宁									
吉 林									
黑 龙 江									
上 海									
江 苏	1	2	2	24	32	1500	1500	180	250
浙 江									
安 徽									
福 建									
江 西									
山 东									
河 南									
湖 北									
湖 南									
广 东									
广 西									
海 南									
重 庆									
四 川	1	2	2	173	178	686	686	1675	1675
贵 州									
云 南									
西 藏									
陕 西									
甘 肃									
青 海									
宁 夏									
新 疆									

4-7 续表 8

港、澳、台商投资企业

地区	连锁总店数（个）	门店数（个）		年末从业人员（人）		年末餐饮营业面积（平方米）		年末餐位数（位）	
	2016年	2016年	2015年	2016年	2015年	2016年	2015年	2016年	2015年
全　国	**66**	**5005**	**4487**	**134844**	**125793**	**1353507**	**1123441**	**490496**	**461167**
北　京	10	1956	1688	36503	32632	497003	449761	193201	175728
天　津	1	7	7	142	135	2073	2073	892	892
河　北									
山　西									
内蒙古									
辽　宁	4	100	92	1089	1142	28186	26950	11264	11002
吉　林									
黑龙江	1	25	27	895	1100	8924	10124	4303	4652
上　海	9	591	603	22743	26581	197771	204243	87029	91881
江　苏	4	237	267	5169	5986	64290	71104	16845	18227
浙　江	3	70	71	1281	1342	16399	17099	7233	7265
安　徽	1	40	40	1914	1891	16119	16229	5223	5639
福　建	3	108	99	3748	2801	32884	29992	17297	15787
江　西	1	4	4	282	320	11748	11748	2066	2066
山　东	1	27	23	240	215	5733	4573	1824	1537
河　南									
湖　北	4	620	536	32065	24148	191045	25300	48629	41637
湖　南	1	25	21	450	422	7500	5378	3224	3355
广　东	16	804	717	22828	21763	202955	189793	57508	55360
广　西									
海　南	1	7	5	149	120	2612	1907	879	629
重　庆	1	73	9	605	198	8769	2103	4672	586
四　川	2	185	148	1962	2105	39963	35721	16192	12880
贵　州									
云　南	1	103	107	2369	2469	11865	11675	8825	8654
西　藏									
陕　西	1	19	19	345	345	6708	6708	3090	3090
甘　肃	1	4	4	65	78	960	960	300	300
青　海									
宁　夏									
新　疆									

4-7 续表 9

外商投资企业

地区	连锁总店数（个）	门店数（个）		年末从业人员（人）		年末餐饮营业面积（平方米）		年末餐位数（位）	
	2016年	2016年	2015年	2016年	2015年	2016年	2015年	2016年	2015年
全　国	**95**	**12290**	**11467**	**321858**	**302828**	**4042899**	**3770792**	**1370830**	**1312644**
北　京	19	1724	1623	35975	35554	531475	513094	159751	154710
天　津	2	491	470	15103	15257	189889	191738	56629	57151
河　北									
山　西	1	83	84	3992	4793	29050	29400	9130	9240
内蒙古									
辽　宁	6	611	609	8610	8397	227628	231797	69505	67526
吉　林									
黑龙江	2	9	10	143	151	7658	7868	1566	1696
上　海	13	2675	2309	43918	39478	719373	630988	210811	191159
江　苏	6	1162	1128	38089	37203	373870	375041	124692	126547
浙　江	3	726	732	23901	24080	250803	257802	95443	94329
安　徽									
福　建	4	259	254	15773	11633	109220	108039	20928	19980
江　西	1	92	77	5126	4052	35880	30030	12144	10164
山　东	2	300	298	5167	6466	74435	68658	39016	37451
河　南	3	147	147	5009	5121	39447	54671	21276	20655
湖　北	3	124	119	2805	2673	45641	37306	13171	12142
湖　南	2	517	459	17456	15486	328911	276551	128714	120606
广　东	16	1866	1738	53915	49200	565574	486118	229823	216272
广　西	1	67	71	4326	3759	23291	24294	8176	8340
海　南									
重　庆	2	558	554	14054	13884	224817	223400	67312	66920
四　川	5	631	552	17720	13730	171732	135847	75652	71806
贵　州									
云　南	1	63	60	3542	3127	23299	24000	7562	7800
西　藏									
陕　西	1	130	121	5149	6407	50055	46590	12900	12000
甘　肃	1	30	28	1424	1744	10500	8000	3000	2800
青　海									
宁　夏									
新　疆	1	25	24	661	633	10351	9560	3629	3350

4-8 按登记注册类型分各地区连锁餐饮企业直营门店基本情况

内资企业

地区	门店数(个)		年末从业人员(人)		年末餐饮营业面积(平方米)		年末餐位数(位)	
	2016年	2015年	2016年	2015年	2016年	2015年	2016年	2015年
全国	**5807**	**5701**	**200348**	**200463**	**3696357**	**3640781**	**1045577**	**1027249**
北京	955	910	44648	41595	701258	692714	169724	168681
天津	18	17	451	478	6930	6930	1594	1581
河北	6	6	478	862	20750	24632	3192	4520
山西	20	21	1461	2352	31730	32530	9424	9524
内蒙古	46	56	2035	1847	37541	39040	18952	22562
辽宁	4	6	317	600	4420	7560	790	1342
吉林	18	23	626	800	9595	12964	3393	3998
黑龙江	32	30	867	853	14570	13870	4728	4874
上海	331	346	8173	9055	117101	122807	35934	37907
江苏	120	113	2482	2519	52316	50635	17917	17373
浙江	727	717	14684	15950	448113	519361	117411	119997
安徽	625	597	10230	10141	386352	382706	61162	61123
福建	29	30	1332	1315	9803	9341	5613	4913
江西	9	9	773	954	16035	16035	5628	5628
山东	204	199	11218	10321	273527	186867	42722	36712
河南	67	73	1793	1983	35779	42778	10240	11915
湖北	162	161	9417	9629	311062	305732	82896	81324
湖南	278	266	14140	13893	163537	168898	74881	72822
广东	1307	1313	28252	29172	360889	352414	120428	123157
广西	43	46	680	700	4600	5000	2900	3200
海南								
重庆	465	421	17123	16415	355881	322496	114667	97584
四川	110	105	22077	21665	210516	203475	60748	59131
贵州	13	17	507	645	19695	21998	3489	3872
云南	82	80	2098	2098	37698	38147	24851	25622
西藏	3	3	35	32	450	450	126	126
陕西	48	50	3102	3032	39563	34743	45372	40716
甘肃	2	3	160	205	2036	2036	556	701
青海								
宁夏								
新疆	83	83	1189	1352	24610	24622	6239	6344

4-8 续表 1

国有企业

地区	门店数（个）		年末从业人员（人）		年末餐饮营业面积（平方米）		年末餐位数（位）	
	2016年	2015年	2016年	2015年	2016年	2015年	2016年	2015年
全国	**139**	**125**	**3670**	**3626**	**40950**	**37633**	**11970**	**11630**
北京	23	23	541	518	5484	5608	1545	1662
天津	2	2	143	159	4800	4800	600	600
河北								
山西								
内蒙古								
辽宁								
吉林								
黑龙江								
上海	26	25	1279	1291	12188	11603	4561	4644
江苏								
浙江	6	6	111	107	1933	1933	816	816
安徽								
福建								
江西								
山东	41	36	768	723	13069	10400	3688	3422
河南								
湖北								
湖南								
广东	41	33	828	828	3476	3289	760	486
广西								
海南								
重庆								
四川								
贵州								
云南								
西藏								
陕西								
甘肃								
青海								
宁夏								
新疆								

4-8 续表 2

集体企业

地区	门店数（个）		年末从业人员（人）		年末餐饮营业面积（平方米）		年末餐位数（位）	
	2016年	2015年	2016年	2015年	2016年	2015年	2016年	2015年
全　国	**8**	**8**	**682**	**631**	**12345**	**12345**	**3115**	**3115**
北　京								
天　津								
河　北								
山　西								
内蒙古								
辽　宁								
吉　林								
黑龙江								
上　海								
江　苏								
浙　江								
安　徽								
福　建								
江　西								
山　东								
河　南								
湖　北								
湖　南								
广　东	8	8	682	631	12345	12345	3115	3115
广　西								
海　南								
重　庆								
四　川								
贵　州								
云　南								
西　藏								
陕　西								
甘　肃								
青　海								
宁　夏								
新　疆								

4-8 续表 3

股份合作企业

地区	门店数（个）		年末从业人员（人）		年末餐饮营业面积（平方米）		年末餐位数（位）	
	2016年	2015年	2016年	2015年	2016年	2015年	2016年	2015年
全　国	**9**	**8**	**171**	**208**	**6030**	**5350**	**2212**	**1855**
北　京	7	6	123	158	4990	4310	1862	1505
天　津								
河　北								
山　西								
内蒙古								
辽　宁								
吉　林								
黑龙江								
上　海								
江　苏								
浙　江								
安　徽								
福　建								
江　西								
山　东								
河　南								
湖　北								
湖　南								
广　东	2	2	48	50	1040	1040	350	350
广　西								
海　南								
重　庆								
四　川								
贵　州								
云　南								
西　藏								
陕　西								
甘　肃								
青　海								
宁　夏								
新　疆								

4-8 续表 4

有限责任公司

地区	门店数（个）		年末从业人员（人）		年末餐饮营业面积（平方米）		年末餐位数（位）	
	2016年	2015年	2016年	2015年	2016年	2015年	2016年	2015年
全 国	**2407**	**2255**	**65218**	**63496**	**1176459**	**1158060**	**333808**	**323137**
北 京	525	476	21903	19328	303986	294747	81710	75264
天 津	2	2	85	85	380	380	260	260
河 北								
山 西								
内蒙古	5	5	286	260	4931	5630	1365	1476
辽 宁	4	6	317	600	4420	7560	790	1342
吉 林								
黑龙江								
上 海	75	79	1858	1928	24056	25167	8390	8808
江 苏	8	9	300	330	2000	2270	700	900
浙 江	215	124	5610	4439	167268	145058	38364	31881
安 徽	350	334	3500	3210	70000	66600	20100	19880
福 建	6	7	373	481	600	760	330	420
江 西	2	2	132	175	2500	2500	800	800
山 东	123	126	1240	1324	28472	26111	11881	12048
河 南	18	21	441	551	14610	19610	2988	4571
湖 北	79	80	6946	7099	231020	238140	67742	67144
湖 南	93	76	3734	4279	69894	75348	19710	18119
广 东	721	725	14098	15085	156726	150954	53722	55201
广 西	43	46	680	700	4600	5000	2900	3200
海 南								
重 庆	70	61	1487	1410	59788	58682	10688	9852
四 川	7	7	208	221	5880	5880	2040	2040
贵 州	6	8	61	62	1000	2903	255	490
云 南	14	14	205	203	7279	7531	2793	3539
西 藏	3	3	35	32	450	450	126	126
陕 西	36	41	1559	1489	14563	14743	5598	5075
甘 肃	2	3	160	205	2036	2036	556	701
青 海								
宁 夏								
新 疆								

4-8 续表 5

股份有限公司

地区	门店数（个）		年末从业人员（人）		年末餐饮营业面积（平方米）		年末餐位数（位）	
	2016年	2015年	2016年	2015年	2016年	2015年	2016年	2015年
全国	**728**	**707**	**52188**	**49685**	**909071**	**782298**	**213438**	**191856**
北京	37	32	5112	5215	109981	108890	15060	14246
天津								
河北								
山西								
内蒙古	29	38	1465	1230	30010	30010	3506	3506
辽宁								
吉林								
黑龙江								
上海								
江苏								
浙江	209	207	3442	3476	92099	91827	32846	25796
安徽								
福建								
江西	2	2	330	452	6885	6885	1990	1990
山东	30	25	8860	7667	218309	119461	25462	17830
河南								
湖北								
湖南								
广东	17	14	2563	1857	63427	51083	7307	6352
广西								
海南								
重庆	234	223	7400	7114	166392	160695	50797	47369
四川	95	90	21173	20671	193000	184259	55357	53573
贵州								
云南	18	18	953	964	9752	9752	17348	17348
西藏								
陕西								
甘肃								
青海								
宁夏								
新疆	57	58	890	1039	19216	19436	3765	3846

4-8 续表 6

私营企业

地区	门店数（个）		年末从业人员（人）		年末餐饮营业面积（平方米）		年末餐位数（位）	
	2016年	2015年	2016年	2015年	2016年	2015年	2016年	2015年
全　国	**2505**	**2587**	**78140**	**82457**	**1547516**	**1641109**	**478798**	**493031**
北　京	363	373	16969	16376	276817	279159	69547	76004
天　津	14	13	223	234	1750	1750	734	721
河　北	6	6	478	862	20750	24632	3192	4520
山　西	20	21	1461	2352	31730	32530	9424	9524
内蒙古	5	6	202	207	800	1600	13700	16880
辽　宁								
吉　林	18	23	626	800	9595	12964	3393	3998
黑龙江	32	30	867	853	14570	13870	4728	4874
上　海	230	242	5036	5836	80857	86037	22983	24455
江　苏	110	102	2158	2157	48816	46865	17037	16223
浙　江	297	380	5521	7928	186813	280543	45385	61504
安　徽	275	263	6730	6931	316352	316106	41062	41243
福　建	23	23	959	834	9203	8581	5283	4493
江　西	5	5	311	327	6650	6650	2838	2838
山　东	10	12	350	607	13677	30895	1691	3412
河　南	49	52	1352	1432	21169	23168	7252	7344
湖　北	83	81	2471	2530	80042	67592	15154	14180
湖　南	185	190	10406	9614	93643	93550	55171	54703
广　东	518	531	10033	10721	123875	133703	55174	57653
广　西								
海　南								
重　庆	161	137	8236	7891	129701	103119	53182	40363
四　川	6	6	523	595	10950	12650	1676	1843
贵　州	7	9	446	583	18695	19095	3234	3382
云　南	50	48	940	931	20667	20864	4710	4735
西　藏								
陕　西	12	9	1543	1543	25000	20000	39774	35641
甘　肃								
青　海								
宁　夏								
新　疆	26	25	299	313	5394	5186	2474	2498

4-8 续表 7

其他企业

地区	门店数（个）		年末从业人员（人）		年末餐饮营业面积（平方米）		年末餐位数（位）	
	2016年	2015年	2016年	2015年	2016年	2015年	2016年	2015年
全　国	**11**	**11**	**279**	**360**	**3986**	**3986**	**2236**	**2625**
北　京								
天　津								
河　北								
山　西								
内蒙古	7	7	82	150	1800	1800	381	700
辽　宁								
吉　林								
黑龙江								
上　海								
江　苏	2	2	24	32	1500	1500	180	250
浙　江								
安　徽								
福　建								
江　西								
山　东								
河　南								
湖　北								
湖　南								
广　东								
广　西								
海　南								
重　庆								
四　川	2	2	173	178	686	686	1675	1675
贵　州								
云　南								
西　藏								
陕　西								
甘　肃								
青　海								
宁　夏								
新　疆								

4-8 续表 8

港、澳、台商投资企业

地区	门店数(个)		年末从业人员(人)		年末餐饮营业面积(平方米)		年末餐位数(位)	
	2016年	2015年	2016年	2015年	2016年	2015年	2016年	2015年
全国	**4785**	**4335**	**129653**	**120712**	**1318488**	**1094540**	**474261**	**447968**
北京	1956	1688	36503	32632	497003	449761	193201	175728
天津	7	7	142	135	2073	2073	892	892
河北								
山西								
内蒙古								
辽宁	100	92	1089	1142	28186	26950	11264	11002
吉林								
黑龙江	25	27	895	1100	8924	10124	4303	4652
上海	581	590	21823	25181	194771	200343	86649	91181
江苏	237	267	5169	5986	64290	71104	16845	18227
浙江	70	71	1281	1342	16399	17099	7233	7265
安徽	40	40	1914	1891	16119	16229	5223	5639
福建	108	99	3748	2801	32884	29992	17297	15787
江西	4	4	282	320	11748	11748	2066	2066
山东	27	23	240	215	5733	4573	1824	1537
河南								
湖北	620	536	32065	24148	191045	25300	48629	41637
湖南	25	21	450	422	7500	5378	3224	3355
广东	757	674	21282	20423	189102	176000	54239	51169
广西								
海南	7	5	149	120	2612	1907	879	629
重庆	9	9	157	198	2103	2103	586	586
四川	185	148	1962	2105	39963	35721	16192	12880
贵州								
云南	4	11	92	128	365	467	325	346
西藏								
陕西	19	19	345	345	6708	6708	3090	3090
甘肃	4	4	65	78	960	960	300	300
青海								
宁夏								
新疆								

4-8 续表 9

外商投资企业

地区	门店数（个）		年末从业人员（人）		年末餐饮营业面积（平方米）		年末餐位数（位）	
	2016年	2015年	2016年	2015年	2016年	2015年	2016年	2015年
全国	**10649**	**9865**	**287945**	**270572**	**3383809**	**3155536**	**1112383**	**1058323**
北京	1552	1466	32652	32676	468614	452659	137193	132712
天津	491	470	15103	15257	189889	191738	56629	57151
河北								
山西	83	84	3992	4793	29050	29400	9130	9240
内蒙古								
辽宁	611	609	8610	8397	227628	231797	69505	67526
吉林								
黑龙江	9	10	143	151	7658	7868	1566	1696
上海	2673	2306	43862	39394	718747	629898	210451	190599
江苏	967	932	34556	33661	336844	337071	111030	112554
浙江	571	548	20026	19480	212053	211802	76843	72249
安徽								
福建	259	254	15773	11633	109220	108039	20928	19980
江西	92	77	5126	4052	35880	30030	12144	10164
山东	300	298	5167	6466	74435	68658	39016	37451
河南	147	147	5009	5121	39447	54671	21276	20655
湖北	124	119	2805	2673	45641	37306	13171	12142
湖南	186	167	8769	8770	64411	58201	20370	18476
广东	1866	1738	53915	49200	565574	486118	229823	216272
广西	67	71	4326	3759	23291	24294	8176	8340
海南								
重庆	56	52	3115	2834	23993	22600	7060	6670
四川	349	286	14220	10344	117229	86036	40981	38496
贵州								
云南	61	58	3542	3127	23299	23200	7562	7800
西藏								
陕西	130	121	5149	6407	50055	46590	12900	12000
甘肃	30	28	1424	1744	10500	8000	3000	2800
青海								
宁夏								
新疆	25	24	661	633	10351	9560	3629	3350

4-9 按登记注册类型分各地区连锁餐饮企业加盟门店基本情况

内资企业

地区	门店数（个）		年末从业人员（人）		年末餐饮营业面积（平方米）		年末餐位数（位）	
	2016年	2015年	2016年	2015年	2016年	2015年	2016年	2015年
全国	**2532**	**2471**	**98886**	**100666**	**1276274**	**1365040**	**504342**	**519004**
北京	99	95	9082	10135	248004	255667	45532	42688
天津	1	1	12	17	150	150	80	80
河北								
山西	4	4	71	72	2100	2100	1150	1150
内蒙古	84	106	1300	1497	40427	42186	4670	4516
辽宁								
吉林								
黑龙江								
上海	6	11	35	45	363	1015	56	161
江苏	8	8	149	150	705	705	510	510
浙江	218	191	1686	1237	54273	15273	9999	4276
安徽	25	13	301	289	2669	6287	1595	1475
福建	171	212	746	812	7270	6970	3050	3000
江西	28	22	900	850	730	720	560	550
山东	48	44	2420	1941	16172	14731	5308	4708
河南								
湖北		1		70		1000		100
湖南	281	154	10405	9084	118877	109953	39930	34685
广东	7	7	264	249	5194	5194	1065	1049
广西	77	59	2105	1682	19200	11150	6550	4950
海南								
重庆	1315	1378	60232	62958	723648	756587	327049	356475
四川	25	29	666	761	20145	23707	3109	3586
贵州								
云南	71	71	7464	7623	8147	103195	50758	51602
西藏								
陕西	5	5	323	337	700	700	166	100
甘肃								
青海								
宁夏								
新疆	59	60	725	857	7500	7750	3205	3343

4-9 续表 1

集体企业

地区	门店数(个)		年末从业人员(人)		年末餐饮营业面积(平方米)		年末餐位数(位)	
	2016年	2015年	2016年	2015年	2016年	2015年	2016年	2015年
全国	**3**	**3**	**21**	**22**	**244**	**244**	**110**	**110**
北京								
天津								
河北								
山西								
内蒙古								
辽宁								
吉林								
黑龙江								
上海								
江苏								
浙江								
安徽								
福建								
江西								
山东								
河南								
湖北								
湖南								
广东	3	3	21	22	244	244	110	110
广西								
海南								
重庆								
四川								
贵州								
云南								
西藏								
陕西								
甘肃								
青海								
宁夏								
新疆								

4-9 续表 2

有限责任公司

地区	门店数（个）		年末从业人员（人）		年末餐饮营业面积（平方米）		年末餐位数（位）	
	2016年	2015年	2016年	2015年	2016年	2015年	2016年	2015年
全国	**1092**	**1110**	**34164**	**33477**	**555342**	**666684**	**240711**	**240547**
北京	25	25	1566	1468	33411	50729	7066	7623
天津								
河北								
山西								
内蒙古	84	106	1300	1497	40427	42186	4670	4516
辽宁								
吉林								
黑龙江								
上海	2	7	10	20	177	829	21	126
江苏								
浙江	18	15	399	409	8541	7763	2475	2152
安徽								
福建	96	142	121	112	970	970		
江西	28	22	900	850	730	720	560	550
山东								
河南								
湖北		1		70		1000		100
湖南	62	62	5154	5169	87660	88760	20890	20950
广东								
广西	77	59	2105	1682	19200	11150	6550	4950
海南								
重庆	625	596	14828	14253	355399	358877	147570	147893
四川								
贵州								
云南	70	70	7458	7610	8127	103000	50743	51587
西藏								
陕西	5	5	323	337	700	700	166	100
甘肃								
青海								
宁夏								
新疆								

4-9 续表 3

股份有限公司

地区	门店数（个）		年末从业人员（人）		年末餐饮营业面积（平方米）		年末餐位数（位）	
	2016年	2015年	2016年	2015年	2016年	2015年	2016年	2015年
全　国	**299**	**294**	**19985**	**21853**	**308964**	**298451**	**66561**	**62728**
北　京	70	64	7420	8462	212093	201172	37582	33845
天　津								
河　北								
山　西								
内蒙古								
辽　宁								
吉　林								
黑龙江								
上　海								
江　苏								
浙　江	171	171	724	724	5762	5762	1464	1464
安　徽								
福　建								
江　西								
山　东								
河　南								
湖　北								
湖　南								
广　东	2	2	203	167	3950	3950	644	678
广　西								
海　南								
重　庆	56	57	11638	12500	87159	87567	26871	26741
四　川								
贵　州								
云　南								
西　藏								
陕　西								
甘　肃								
青　海								
宁　夏								
新　疆								

4–9 续表 4

私营企业

地区	门店数(个)		年末从业人员(人)		年末餐饮营业面积(平方米)		年末餐位数(位)	
	2016年	2015年	2016年	2015年	2016年	2015年	2016年	2015年
全国	**1138**	**1064**	**44716**	**45314**	**411724**	**399661**	**196960**	**215619**
北京	4	6	96	205	2500	3766	884	1220
天津	1	1	12	17	150	150	80	80
河北								
山西	4	4	71	72	2100	2100	1150	1150
内蒙古								
辽宁								
吉林								
黑龙江								
上海	4	4	25	25	186	186	35	35
江苏	8	8	149	150	705	705	510	510
浙江	29	5	563	104	39970	1748	6060	660
安徽	25	13	301	289	2669	6287	1595	1475
福建	75	70	625	700	6300	6000	3050	3000
江西								
山东	48	44	2420	1941	16172	14731	5308	4708
河南								
湖北								
湖南	219	92	5251	3915	31217	21193	19040	13735
广东	2	2	40	60	1000	1000	311	261
广西								
海南								
重庆	634	725	33766	36205	281090	310143	152608	181841
四川	25	29	666	761	20145	23707	3109	3586
贵州								
云南	1	1	6	13	20	195	15	15
西藏								
陕西								
甘肃								
青海								
宁夏								
新疆	59	60	725	857	7500	7750	3205	3343

4-9 续表 5

港、澳、台商投资企业

地区	门店数（个）		年末从业人员（人）		年末餐饮营业面积（平方米）		年末餐位数（位）	
	2016年	2015年	2016年	2015年	2016年	2015年	2016年	2015年
全国	**220**	**152**	**5191**	**5081**	**35019**	**28901**	**16235**	**13199**
北京								
天津								
河北								
山西								
内蒙古								
辽宁								
吉林								
黑龙江								
上海	10	13	920	1400	3000	3900	380	700
江苏								
浙江								
安徽								
福建								
江西								
山东								
河南								
湖北								
湖南								
广东	47	43	1546	1340	13853	13793	3269	4191
广西								
海南								
重庆	64		448		6666		4086	
四川								
贵州								
云南	99	96	2277	2341	11500	11208	8500	8308
西藏								
陕西								
甘肃								
青海								
宁夏								
新疆								

4-9 续表 6

外商投资企业

地区	门店数(个)		年末从业人员(人)		年末餐饮营业面积(平方米)		年末餐位数(位)	
	2016年	2015年	2016年	2015年	2016年	2015年	2016年	2015年
全　国	**1641**	**1602**	**33913**	**32256**	**659090**	**615256**	**258447**	**254321**
北　京	172	157	3323	2878	62861	60435	22558	21998
天　津								
河　北								
山　西								
内蒙古								
辽　宁								
吉　林								
黑龙江								
上　海	2	3	56	84	626	1090	360	560
江　苏	195	196	3533	3542	37026	37970	13662	13993
浙　江	155	184	3875	4600	38750	46000	18600	22080
安　徽								
福　建								
江　西								
山　东								
河　南								
湖　北								
湖　南	331	292	8687	6716	264500	218350	108344	102130
广　东								
广　西								
海　南								
重　庆	502	502	10939	11050	200824	200800	60252	60250
四　川	282	266	3500	3386	54503	49811	34671	33310
贵　州								
云　南	2	2				800		
西　藏								
陕　西								
甘　肃								
青　海								
宁　夏								
新　疆								

4-10 按登记注册类型分各地区连锁餐饮企业经营情况

内资企业 单位：万元

地区	商品购进总额		统一配送商品购进额	
	2016年	2015年	2016年	2015年
全国	**2308884**	**2208894**	**1592089**	**1520423**
北京	379420	367075	253588	243220
天津	4881	4319	4881	4187
河北	3083	9801		9801
山西	6445	8622	140	134
内蒙古	99113	88024	2760	3220
辽宁	31727	30603	31727	30603
吉林	2545	3043	2036	2434
黑龙江	7377	8009	7331	7824
上海	83077	89737	43553	51023
江苏	21724	20964	21603	20841
浙江	165098	160991	150340	144100
安徽	62777	54385	61373	51478
福建	9924	9644	4573	3743
江西	8081	9368	8081	9368
山东	50622	36613	34957	32258
河南	10880	10922	6489	5728
湖北	59132	51795	35309	36183
湖南	103119	101892	53510	48426
广东	293998	295242	262992	265009
广西	19427	16567	19427	16567
海南				
重庆	540766	526073	252046	239417
四川	249279	208856	246292	206266
贵州	3647	4516	3647	4516
云南	64491	66495	60943	62868
西藏	79	75		
陕西	16097	14228	13829	11625
甘肃	1191	1276	332	394
青海				
宁夏				
新疆	10886	9762	10329	9190

4-10 续表 1

内资企业

地区	自有配送中心配送商品购进额		非自有配送中心配送商品购进额	
	2016年	2015年	2016年	2015年
全国	**664710**	**670851**	**236879**	**228895**
北京	92156	82873	65028	70810
天津	1917	1899		
河北		9801		
山西	140	134		
内蒙古	1375	1548	260	332
辽宁	388	453		
吉林			509	609
黑龙江			7331	7720
上海	20795	24843	5681	6372
江苏	19254	17160	2349	3612
浙江	60709	61239	45369	42751
安徽	39697	37933	1941	1856
福建			406	462
江西	1438	3992		
山东	12554	18835	9173	53
河南			2722	2454
湖北	5316	4979	2984	2610
湖南	27776	24541	21513	20038
广东	200559	205833	2907	3733
广西	11295	8400		
海南				
重庆	154569	152803	56306	54906
四川	2636	2998	380	350
贵州				
云南				
西藏				
陕西	9174	7384	4655	4242
甘肃				
青海				
宁夏				
新疆	2964	3204	7365	5986

单位：万元

营业额		餐费收入及商品销售额	
2016年	2015年	2016年	2015年
5476945	**5234423**	**5387466**	**5156152**
1205656	1079967	1192330	1061838
11171	10665	11171	10666
6741	5877	5660	5566
14200	16162	14201	16163
136890	126895	136890	126895
32613	31435	32613	31435
6964	8612	6964	8612
20812	22133	20812	22134
237825	249819	237825	249819
46424	46162	46424	46162
369683	349302	367906	348767
161526	141981	161482	139426
18906	18144	18906	18144
21636	22337	21637	22338
233944	221186	177745	179098
21500	21800	20867	21654
183972	168035	182254	167628
263838	251367	254925	243746
726421	734181	724649	732330
50530	41771	50530	41771
972817	915477	970949	915354
608775	545000	607486	543724
7271	9248	7271	9248
53216	129545	53216	127247
778	588	778	588
32539	34689	32539	34689
2145	2718	2145	2718
28154	29328	27295	28399

4-10 续表 2

国有企业

地区	商品购进总额		统一配送商品购进额		自有配送中心配送商品购进额	
	2016年	2015年	2016年	2015年	2016年	2015年
全国	**29348**	**27964**	**16123**	**12859**	**3537**	**3183**
北京	4017	3214	2867	1800		
天津	700	653	700	653		
河北						
山西						
内蒙古						
辽宁						
吉林						
黑龙江						
上海	11887	13618				
江苏						
浙江	931	649	931	649		
安徽						
福建						
江西						
山东	3784	3309	3596	3236	3537	3183
河南						
湖北						
湖南						
广东	8030	6522	8030	6522		
广西						
海南						
重庆						
四川						
贵州						
云南						
西藏						
陕西						
甘肃						
青海						
宁夏						
新疆						

单位：万元

非自有配送中心配送商品购进额		营业额		餐费收入及商品销售额	
2016年	2015年	2016年	2015年	2016年	2015年
990	**702**	**79939**	**73011**	**77211**	**69564**
		14964	12396	12235	8948
		2569	2641	2569	2642
		31037	30668	31037	30668
931	649	3753	2885	3753	2885
59	53	9664	8873	9664	8873
		17953	15549	17953	15549

4-10 续表 3

集体企业

地区	商品购进总额		统一配送商品购进额		自有配送中心配送商品购进额	
	2016年	2015年	2016年	2015年	2016年	2015年
全国	**6477**	**5824**	**6477**	**5824**		
北京						
天津						
河北						
山西						
内蒙古						
辽宁						
吉林						
黑龙江						
上海						
江苏						
浙江						
安徽						
福建						
江西						
山东						
河南						
湖北						
湖南						
广东	6477	5824	6477	5824		
广西						
海南						
重庆						
四川						
贵州						
云南						
西藏						
陕西						
甘肃						
青海						
宁夏						
新疆						

单位：万元

非自有配送中心配送商品购进额		营业额		餐费收入及商品销售额	
2016年	2015年	2016年	2015年	2016年	2015年
		11551	**9772**	**10807**	**9057**
		11551	9772	10807	9057

4-10 续表 4

股份合作企业

地区	商品购进总额		统一配送商品购进额		自有配送中心配送商品购进额	
	2016年	2015年	2016年	2015年	2016年	2015年
全国	**829**	**1009**	**740**	**918**		
北京	503	689	414	598		
天津						
河北						
山西						
内蒙古						
辽宁						
吉林						
黑龙江						
上海						
江苏						
浙江						
安徽						
福建						
江西						
山东						
河南						
湖北						
湖南						
广东	326	320	326	320		
广西						
海南						
重庆						
四川						
贵州						
云南						
西藏						
陕西						
甘肃						
青海						
宁夏						
新疆						

单位：万元

非自有配送中心配送商品购进额		营业额		餐费收入及商品销售额	
2016年	2015年	2016年	2015年	2016年	2015年
326	**320**	**3650**	**3632**	**3650**	**3632**
		2952	2979	2952	2979
326	320	698	653	698	653

4-10 续表 5

有限责任公司

地　区	商品购进总额		统一配送商品购进额		自有配送中心配送商品购进额	
	2016年	2015年	2016年	2015年	2016年	2015年
全　国	**776553**	**751660**	**670295**	**646738**	**368710**	**368721**
北　京	177632	164069	149388	135471	43385	39577
天　津	1864	1438	1864	1438		
河　北						
山　西						
内蒙古	3450	3559	1580	1870	1320	1490
辽　宁	31727	30603	31727	30603	388	453
吉　林						
黑龙江						
上　海	12593	13843	6084	11173	4104	5921
江　苏	1200	1359	1200	1359	1200	1359
浙　江	41140	36292	32395	28067	6054	7112
安　徽	19730	10920	19730	10920		
福　建	4122	4713	159	227		
江　西	5355	6712	5355	6712		2612
山　东	10473	11209	9438	10103	4474	7152
河　南	3622	4346	400	450		
湖　北	31204	29248	27823	27415	1028	801
湖　南	52840	55113	20232	18432	19705	17957
广　东	178307	180518	170008	172747	169380	171781
广　西	19427	16567	19427	16567	11295	8400
海　南						
重　庆	110235	107778	106360	104094	102882	100857
四　川	3858	5143	3858	5143		
贵　州	326	544	326	544		
云　南	56359	57341	54548	55518		
西　藏	79	75				
陕　西	9821	8995	8062	7492	3497	3250
甘　肃	1191	1276	332	394		
青　海						
宁　夏						
新　疆						

单位：万元

非自有配送中心配送商品购进额		营业额		餐费收入及商品销售额	
2016年	2015年	2016年	2015年	2016年	2015年
36885	**30302**	**1953422**	**1952991**	**1946354**	**1947236**
22558	17976	538075	492665	533115	487930
		2602	2260	2602	2260
260	332	38470	40127	38470	40127
		32613	31435	32613	31435
		33018	33854	33018	33854
		2930	3252	2930	3252
1505	1570	105312	94175	105312	94175
		65766	45554	65766	45553
159	227	6678	7947	6678	7947
		16803	17594	16804	17594
1299		28453	30392	28452	30392
		9149	10448	8516	10302
2154	1893	143024	133075	142082	132667
528	476	134537	139755	134537	139755
		456828	455692	456294	455225
		50530	41771	50530	41771
3478	3237	247172	247130	247172	247130
380	350	5737	7475	5737	7475
		628	562	628	562
		12123	91948	12123	91948
		778	588	778	588
4565	4242	20052	22578	20052	22578
		2145	2718	2145	2718

4-10 续表 6

股份有限公司

地 区	商品购进总额		统一配送商品购进额		自有配送中心配送商品购进额	
	2016年	2015年	2016年	2015年	2016年	2015年
全 国	**688348**	**628267**	**420496**	**371614**	**55959**	**58542**
北 京	65843	81672	29033	35743		
天 津						
河 北						
山 西						
内 蒙 古	94031	82739				
辽 宁						
吉 林						
黑 龙 江						
上 海						
江 苏						
浙 江	62690	59588	62690	59588	23648	22138
安 徽						
福 建						
江 西	1438	1380	1438	1380	1438	1380
山 东	24924	8681	12484	5633	4469	5633
河 南						
湖 北						
湖 南						
广 东	30142	25487	30142	25487		
广 西						
海 南						
重 庆	161421	163917	37546	39671	26405	29391
四 川	239798	198125	239798	198125		
贵 州						
云 南	697	693				
西 藏						
陕 西						
甘 肃						
青 海						
宁 夏						
新 疆	7365	5986	7365	5986		

单位：万元

非自有配送中心配送商品购进额		营业额		餐费收入及商品销售额	
2016年	2015年	2016年	2015年	2016年	2015年
94397	**89460**	**1696291**	**1530048**	**1635059**	**1482338**
29033	35743	290271	245302	288313	240406
		94031	82739	94031	82739
39042	37450	122472	104262	121402	104262
		2521	2422	2521	2422
7815		160356	143643	104157	101554
		64125	62698	64125	62699
11141	10281	354707	349178	353281	349177
		574027	505471	574027	505471
		18052	18031	18052	18031
7365	5986	15729	16302	15150	15578

4-10 续表 7

私营企业

地区	商品购进总额		统一配送商品购进额		自有配送中心配送商品购进额	
	2016年	2015年	2016年	2015年	2016年	2015年
全国	**805895**	**792969**	**477708**	**482139**	**236504**	**240405**
北京	131425	117431	71886	69607	48771	43296
天津	2317	2228	2317	2096	1917	1899
河北	3083	9801		9801		9801
山西	6445	8622	140	134	140	134
内蒙古	1431	1527	980	1150	55	58
辽宁						
吉林	2545	3043	2036	2434		
黑龙江	7377	8009	7331	7824		
上海	58597	62276	37469	39851	16692	18923
江苏	20475	19473	20353	19351	18054	15801
浙江	60337	64463	54324	55797	31007	31989
安徽	43047	43465	41644	40558	39697	37933
福建	5803	4931	4414	3517		
江西	1289	1276	1289	1276		
山东	11442	13415	9439	13285	74	2866
河南	7258	6576	6089	5278		
湖北	27928	22547	7486	8768	4288	4178
湖南	50280	46779	33278	29993	8071	6584
广东	70716	76572	48009	54110	31179	34053
广西						
海南						
重庆	269109	254378	108140	95652	25282	22556
四川	4439	4718	2636	2998	2636	2998
贵州	3321	3971	3321	3971		
云南	7436	8461	6395	7350		
西藏						
陕西	6276	5233	5767	4134	5677	4134
甘肃						
青海						
宁夏						
新疆	3520	3776	2964	3204	2964	3204

单位：万元

非自有配送中心配送商品购进额		营业额		餐费收入及商品销售额	
2016年	2015年	2016年	2015年	2016年	2015年
104232	**107980**	**1728855**	**1661537**	**1712438**	**1642170**
13437	17091	359394	326625	355715	321576
		6000	5764	6000	5764
		6741	5877	5660	5566
		14200	16162	14201	16163
		3981	3475	3981	3475
509	609	6964	8612	6964	8612
7331	7720	20812	22133	20812	22134
5681	6372	173770	185298	173770	185298
2299	3481	43369	42706	43370	42706
3891	3082	138147	147980	137440	147444
1941	1856	95760	96427	95716	93873
248	235	12228	10198	12228	10198
		2312	2322	2312	2322
		35472	38278	35472	38278
2722	2454	12351	11352	12351	11352
830	717	40948	34960	40172	34960
20985	19562	129301	111612	120388	103991
2581	3413	175267	189817	174772	189148
41688	41388	370938	319169	370496	319047
		26306	29380	26306	29380
		6643	8685	6643	8685
		23041	19567	23041	17269
90		12487	12112	12487	12112
		12424	13026	12145	12821

4-10 续表 8

其他企业

地区	商品购进总额		统一配送商品购进额		自有配送中心配送商品购进额	
	2016年	2015年	2016年	2015年	2016年	2015年
全国	**1434**	**1201**	**250**	**331**		
北京						
天津						
河北						
山西						
内蒙古	200	200	200	200		
辽宁						
吉林						
黑龙江						
上海						
江苏	50	131	50	131		
浙江						
安徽						
福建						
江西						
山东						
河南						
湖北						
湖南						
广东						
广西						
海南						
重庆						
四川	1184	870				
贵州						
云南						
西藏						
陕西						
甘肃						
青海						
宁夏						
新疆						

单位：万元

非自有配送中心配送商品购进额		营业额		餐费收入及商品销售额	
2016年	2015年	2016年	2015年	2016年	2015年
50	**131**	**3237**	**3432**	**1948**	**2156**
		408	555	408	555
50	131	124	203	124	204
		2705	2674	1416	1398

4-10 续表 9

港、澳、台商投资企业

地区	商品购进总额		统一配送商品购进额		自有配送中心配送商品购进额	
	2016年	2015年	2016年	2015年	2016年	2015年
全国	**939377**	**860018**	**784048**	**691191**	**233122**	**198916**
北京	344245	339980	271936	269225	141321	141630
天津	967	1091	967	1091	967	1091
河北						
山西						
内蒙古						
辽宁	20761	22369	17822	19492	9850	10703
吉林						
黑龙江	898	771	898	771	898	771
上海	228776	186965	172895	111980		
江苏	40396	44721	40118	44721	18805	21842
浙江	8447	8873	7090	7330	6190	6417
安徽	7521	7885	7521	7885		
福建	25958	28512	25885	28429		
江西	2249	2827				
山东	4484	2967	4484	2967		
河南						
湖北	58405	32948	54017	28378	37214	14025
湖南	593	2949	593	2949		
广东	156925	151434	143067	141985	17877	2439
广西						
海南	2075	1886	2075	1886		
重庆	13082	2045	13082	2045		
四川	2318	1767	552	441		
贵州						
云南	18041	16611	18041	16611		
西藏						
陕西	3006	3006	3006	3006		
甘肃	229	413				
青海						
宁夏						
新疆						

单位：万元

非自有配送中心配送商品购进额		营业额		餐费收入及商品销售额	
2016年	2015年	2016年	2015年	2016年	2015年
243734	**167364**	**3005861**	**2749309**	**3003013**	**2747671**
10064	7866	1094422	960307	1094015	958788
		3233	3596	3233	3596
		51067	50285	51067	50286
		10547	13185	10547	13185
148165	85318	501433	502094	501433	502094
21312	20987	110961	123047	108905	122926
	13	25979	27220	25979	27220
		23400	23795	23400	23795
12994	15150	79983	79352	79983	79352
		3558	4249	3558	4249
		12886	9925	12886	9925
16548	14099	353914	307550	353914	307550
593	2949	8608	6712	8608	6712
309		534878	502140	534492	502140
2075	1886	7804	6432	7804	6432
13082	2045	36088	5316	36088	5316
552	441	89352	70579	89352	70579
18041	16611	49999	45451	49999	45451
		7228	7228	7228	7228
		522	849	522	849

4-10 续表 10

外商投资企业

地　区	商品购进总额		统一配送商品购进额		自有配送中心配送商品购进额	
	2016年	2015年	2016年	2015年	2016年	2015年
全　国	**2876011**	**2718460**	**2564903**	**2429689**	**1128347**	**1204585**
北　京	268990	279710	260387	272333	218746	228221
天　津	161937	168098	33226	35885		
河　北						
山　西	27930	38173	27930	38173	27930	38173
内蒙古						
辽　宁	472549	435796	409451	375214	15080	15000
吉　林						
黑龙江	856	967	51	233		
上　海	403795	393091	367994	366310	64072	201461
江　苏	319871	280030	298953	255218	177525	138436
浙　江	166547	160296	166547	160296	140206	133543
安　徽						
福　建	83564	83553	83564	83553	37165	36962
江　西	29231	30362	29231	30362		
山　东	99963	105294	92955	97203	92955	97203
河　南	32544	33845	32544	33845		
湖　北	38855	27528	38485	27118		
湖　南	85558	76509	73057	67599	73057	67599
广　东	462637	408628	442279	390014	200850	170190
广　西	20792	20088	20792	20088		
海　南						
重　庆	21894	22270	21894	22040	8767	9800
四　川	106278	98503	106278	98503	12708	12295
贵　州						
云　南	12936	16				
西　藏						
陕　西	40916	38030	40916	38030	40916	38030
甘　肃	12304	11721	12304	11721	12304	11721
青　海						
宁　夏						
新　疆	6066	5952	6066	5952	6066	5952

单位：万元

非自有配送中心配送商品购进额		营业额		餐费收入及商品销售额	
2016年	2015年	2016年	2015年	2016年	2015年
307672	**293627**	**7868663**	**7504800**	**7860255**	**7498646**
28698	30043	1004125	989139	999637	983805
		374787	373952	374787	373952
		57617	58802	57617	58802
		487743	502863	487743	502863
		1941	1837	1941	1838
22991	19103	1485965	1342872	1485630	1342067
116717	112858	779302	752371	779302	752357
26340	26753	586786	556240	586786	556240
		172097	173481	172097	173481
		60528	56087	60528	56087
		212096	223325	212096	223325
		84547	83992	84547	83992
35649	23698	84016	79391	84016	79391
		320463	272227	317963	272227
38673	43743	1336939	1274638	1336207	1274638
20792	20088	61182	56368	61182	56368
13128	12240	248116	244553	247761	244553
4685	5101	325619	280191	325619	280191
		48853	52160	48853	52160
		85510	81567	85510	81567
		28551	26434	28551	26434
		21881	22311	21881	22311

4-11 按登记注册类型分各地区

内资企业

地区	商品购进总额		统一配送商品购进额		自有配送中心配送商品购进额	
	2016年	2015年	2016年	2015年	2016年	2015年
全国	**1835846**	**1750890**	**1329031**	**1267715**	**537946**	**552231**
北京	339997	318591	245896	233868	91656	82374
天津	4881	4318	4881	4187	1917	1899
河北	3083	9801		9801		9801
山西	6253	8412	140	134	140	134
内蒙古	96629	85475	1632	1828	462	454
辽宁	31727	30603	31727	30603	388	453
吉林	2545	3043	2036	2434		
黑龙江	7377	8009	7331	7824		
上海	82763	89323	43303	50654	20705	24660
江苏	20783	20025	20686	19940	18337	16259
浙江	141087	144350	128133	127648	54529	59784
安徽	62533	53766	61129	51349	39466	37827
福建	8682	8486	4363	3543		
江西	4540	5268	4540	5268	1438	3992
山东	41105	26268	25661	21912	12554	18835
河南	10880	10922	6489	5728		
湖北	59132	51595	35309	36183	5316	4979
湖南	68791	72105	40853	40748	22524	19424
广东	290590	291502	260389	262411	200559	205833
广西	8535	8000	8535	8000	8535	8000
海南						
重庆	255913	254429	116624	106004	46986	46503
四川	248210	207666	245825	205651	2169	2383
贵州	3647	4516	3647	4516		
云南	10833	11850	7285	8223		
西藏	79	75				
陕西	15073	13419	13829	11625	9174	7384
甘肃	1191	1276	332	394		
青海						
宁夏						
新疆	8988	7798	8459	7240	1094	1254

连锁餐饮企业直营门店经营情况

单位：万元

非自有配送中心配送商品购进额		营业额		餐费收入及商品销售额	
2016年	2015年	2016年	2015年	2016年	2015年
185433	**181051**	**4487338**	**4209165**	**4399579**	**4131680**
57837	61957	1085141	957925	1071815	939830
		11061	10555	11061	10556
		6741	5877	5660	5566
		13317	15372	13317	15372
45	49	102943	91729	102943	91729
		32613	31435	32613	31435
509	609	6964	8612	6964	8612
7331	7720	20812	22133	20812	22134
5681	6372	236992	248767	236992	248767
2349	3612	44889	44607	44889	44607
32060	29997	317121	322090	315344	321555
1928	1839	158986	139546	158941	137538
196	262	16725	16312	16725	16312
		8535	10313	8535	10313
9173	53	203385	191819	147186	149730
2722	2454	21500	21800	20867	21654
2984	2610	183972	167735	182254	167328
15141	18236	183453	180871	174850	173456
2907	3733	719744	726906	717972	725055
		18377	17037	18377	17037
32171	30971	397727	345632	397196	345510
380	350	589912	523820	588624	522544
		7271	9248	7271	9248
		45549	42043	45550	39745
		778	588	778	588
4655	4242	30907	33278	30907	33278
		2145	2718	2145	2718
7365	5986	19780	20401	18994	19472

4-11 续表 1

国有企业

地区	商品购进总额		统一配送商品购进额		自有配送中心配送商品购进额	
	2016年	2015年	2016年	2015年	2016年	2015年
全国	**29348**	**27964**	**16123**	**12859**	**3537**	**3183**
北京	4017	3214	2867	1800		
天津	700	653	700	653		
河北						
山西						
内蒙古						
辽宁						
吉林						
黑龙江						
上海	11887	13618				
江苏						
浙江	931	649	931	649		
安徽						
福建						
江西						
山东	3784	3309	3596	3236	3537	3183
河南						
湖北						
湖南						
广东	8030	6522	8030	6522		
广西						
海南						
重庆						
四川						
贵州						
云南						
西藏						
陕西						
甘肃						
青海						
宁夏						
新疆						

单位：万元

非自有配送中心配送商品购进额		营业额		餐费收入及商品销售额	
2016年	2015年	2016年	2015年	2016年	2015年
990	**702**	**79939**	**73011**	**77211**	**69564**
		14964	12396	12235	8948
		2569	2641	2569	2642
		31037	30668	31037	30668
931	649	3753	2885	3753	2885
59	53	9664	8873	9664	8873
		17953	15549	17953	15549

4-11 续表 2

集体企业

地区	商品购进总额		统一配送商品购进额		自有配送中心配送商品购进额	
	2016年	2015年	2016年	2015年	2016年	2015年
全国	**6378**	**5729**	**6378**	**5729**		
北京						
天津						
河北						
山西						
内蒙古						
辽宁						
吉林						
黑龙江						
上海						
江苏						
浙江						
安徽						
福建						
江西						
山东						
河南						
湖北						
湖南						
广东	6378	5729	6378	5729		
广西						
海南						
重庆						
四川						
贵州						
云南						
西藏						
陕西						
甘肃						
青海						
宁夏						
新疆						

单位：万元

非自有配送中心配送商品购进额		营业额		餐费收入及商品销售额	
2016年	2015年	2016年	2015年	2016年	2015年
		11279	**9511**	**10535**	**8796**
		11279	9511	10535	8796

4-11 续表 3

股份合作企业

地区	商品购进总额		统一配送商品购进额		自有配送中心配送商品购进额	
	2016年	2015年	2016年	2015年	2016年	2015年
全　国	**829**	**1009**	**740**	**918**		
北　京	503	689	414	598		
天　津						
河　北						
山　西						
内蒙古						
辽　宁						
吉　林						
黑龙江						
上　海						
江　苏						
浙　江						
安　徽						
福　建						
江　西						
山　东						
河　南						
湖　北						
湖　南						
广　东	326	320	326	320		
广　西						
海　南						
重　庆						
四　川						
贵　州						
云　南						
西　藏						
陕　西						
甘　肃						
青　海						
宁　夏						
新　疆						

单位：万元

非自有配送中心配送商品购进额		营业额		餐费收入及商品销售额	
2016年	2015年	2016年	2015年	2016年	2015年
326	**320**	**3650**	**3632**	**3650**	**3632**
		2952	2979	2952	2979
326	320	698	653	698	653

4-11 续表 4

有限责任公司

地区	商品购进总额		统一配送商品购进额		自有配送中心配送商品购进额	
	2016年	2015年	2016年	2015年	2016年	2015年
全国	**581676**	**558142**	**499433**	**477144**	**265809**	**268274**
北京	176551	163024	149388	135471	43385	39577
天津	1864	1438	1864	1438		
河北						
山西						
内蒙古	966	1009	452	478	407	396
辽宁	31727	30603	31727	30603	388	453
吉林						
黑龙江						
上海	12502	13659	5993	10989	4013	5737
江苏	1200	1359	1200	1359	1200	1359
浙江	37466	32883	28721	24658	4809	5657
安徽	19730	10920	19730	10920		
福建	3089	3755	159	227		
江西	1813	2612	1813	2612		2612
山东	10473	11209	9438	10103	4474	7152
河南	3622	4346	400	450		
湖北	31204	29048	27823	27415	1028	801
湖南	28557	30631	15471	13706	14943	13230
广东	178307	180518	170008	172747	169380	171781
广西	8535	8000	8535	8000	8535	8000
海南						
重庆	17104	15190	13229	11506	9751	8269
四川	3858	5143	3858	5143		
贵州	326	544	326	544		
云南	2716	2713	905	890		
西藏	79	75				
陕西	8797	8186	8062	7492	3497	3250
甘肃	1191	1276	332	394		
青海						
宁夏						
新疆						

单位：万元

非自有配送中心配送商品购进额		营业额		餐费收入及商品销售额	
2016年	2015年	2016年	2015年	2016年	2015年
36670	**30019**	**1567289**	**1492490**	**1560221**	**1486735**
22558	17976	522689	476192	517729	471456
		2602	2260	2602	2260
45	49	4523	4960	4523	4960
		32613	31435	32613	31435
		32875	33593	32875	33593
		2930	3252	2930	3252
1505	1570	97236	87521	97236	87521
		65766	45554	65766	45553
159	227	4913	6514	4913	6514
		3701	5569	3702	5570
1299		28453	30392	28452	30392
		9149	10448	8516	10302
2154	1893	143024	132775	142082	132367
528	476	75525	80575	75525	80575
		456828	455692	456294	455225
		18377	17037	18377	17037
3478	3237	33875	31724	33875	31724
380	350	5737	7475	5737	7475
		628	562	628	562
		4502	4491	4502	4491
		778	588	778	588
4565	4242	18420	21166	18420	21166
		2145	2718	2145	2718

4—11 续表 5

股份有限公司

地　区	商品购进总额		统一配送商品购进额		自有配送中心配送商品购进额	
	2016年	2015年	2016年	2015年	2016年	2015年
全　国	**573605**	**504780**	**397491**	**347504**	**55959**	**58542**
北　京	28002	34853	21842	26891		
天　津						
河　北						
山　西						
内蒙古	94031	82739				
辽　宁						
吉　林						
黑龙江						
上　海						
江　苏						
浙　江	49381	46834	49381	46834	23648	22138
安　徽						
福　建						
江　西	1438	1380	1438	1380	1438	1380
山　东	24924	8681	12484	5633	4469	5633
河　南						
湖　北						
湖　南						
广　东	27637	22983	27637	22983		
广　西						
海　南						
重　庆	100331	102506	37546	39671	26405	29391
四　川	239798	198125	239798	198125		
贵　州						
云　南	697	693				
西　藏						
陕　西						
甘　肃						
青　海						
宁　夏						
新　疆	7365	5986	7365	5986		

单位：万元

非自有配送中心配送商品购进额		营业额		餐费收入及商品销售额	
2016年	2015年	2016年	2015年	2016年	2015年
73896	**67853**	**1386168**	**1225811**	**1326272**	**1178102**
21842	26891	186154	141259	184196	136363
		94031	82739	94031	82739
25733	24696	97465	84578	96396	84578
		2521	2422	2521	2422
7815		160356	143643	104157	101554
		59039	57375	59040	57375
11141	10281	178793	173991	178703	173991
		574027	505471	574027	505471
		18052	18031	18052	18031
7365	5986	15729	16302	15150	15578

4-11 续表 6

私营企业

地区	商品购进总额		统一配送商品购进额		自有配送中心配送商品购进额	
	2016年	2015年	2016年	2015年	2016年	2015年
全国	**642576**	**652065**	**408617**	**423229**	**212641**	**222231**
北京	130924	116812	71386	69109	48271	42797
天津	2317	2227	2317	2096	1917	1899
河北	3083	9801		9801		9801
山西	6253	8412	140	134	140	134
内蒙古	1431	1527	980	1150	55	58
辽宁						
吉林	2545	3043	2036	2434		
黑龙江	7377	8009	7331	7824		
上海	58373	62046	37309	39665	16692	18923
江苏	19533	18535	19436	18450	17137	14899
浙江	53309	63983	49100	55507	26072	31989
安徽	42803	42846	41399	40429	39466	37827
福建	5593	4731	4204	3317		
江西	1289	1276	1289	1276		
山东	1926	3069	143	2939	74	2866
河南	7258	6576	6089	5278		
湖北	27928	22547	7486	8768	4288	4178
湖南	40235	41474	25382	27042	7581	6194
广东	69911	75430	48009	54110	31179	34053
广西						
海南						
重庆	138478	136733	65849	54827	10830	8844
四川	3370	3528	2169	2383	2169	2383
贵州	3321	3971	3321	3971		
云南	7421	8444	6380	7334		
西藏						
陕西	6276	5233	5767	4134	5677	4134
甘肃						
青海						
宁夏						
新疆	1622	1812	1094	1254	1094	1254

单位：万元

非自有配送中心配送商品购进额		营业额		餐费收入及商品销售额	
2016年	2015年	2016年	2015年	2016年	2015年
73502	**82026**	**1435777**	**1401279**	**1419743**	**1382698**
13437	17091	358381	325098	354702	320084
		5890	5654	5890	5654
		6741	5877	5660	5566
		13317	15372	13317	15372
		3981	3475	3981	3475
509	609	6964	8612	6964	8612
7331	7720	20812	22133	20812	22134
5681	6372	173080	184507	173080	184507
2299	3481	41835	41152	41835	41151
3891	3082	118667	147106	117960	146571
1928	1839	93220	93993	93175	91984
38	35	11813	9798	11813	9798
		2312	2322	2312	2322
		4913	8911	4913	8910
2722	2454	12351	11352	12351	11352
830	717	40948	34960	40172	34960
14613	17760	107928	100296	99326	92881
2581	3413	173948	188128	173453	187458
17553	17453	185059	139917	184617	139795
		7443	8200	7444	8200
		6643	8685	6643	8685
		22995	19521	22995	17223
90		12487	12112	12487	12112
		4051	4099	3844	3894

4-11　续表 7

其他企业

地　区	商品购进总额		统一配送商品购进额		自有配送中心配送商品购进额	
	2016年	2015年	2016年	2015年	2016年	2015年
全　国	**1434**	**1201**	**250**	**331**		
北　京						
天　津						
河　北						
山　西						
内蒙古	200	200	200	200		
辽　宁						
吉　林						
黑龙江						
上　海						
江　苏	50	131	50	131		
浙　江						
安　徽						
福　建						
江　西						
山　东						
河　南						
湖　北						
湖　南						
广　东						
广　西						
海　南						
重　庆						
四　川	1184	870				
贵　州						
云　南						
西　藏						
陕　西						
甘　肃						
青　海						
宁　夏						
新　疆						

单位：万元

非自有配送中心配送商品购进额		营业额		餐费收入及商品销售额	
2016年	2015年	2016年	2015年	2016年	2015年
50	**131**	**3237**	**3432**	**1948**	**2156**
		408	555	408	555
50	131	124	203	124	204
		2705	2674	1416	1398

4-11 续表 8

港、澳、台商投资企业

地区	商品购进总额		统一配送商品购进额		自有配送中心配送商品购进额	
	2016年	2015年	2016年	2015年	2016年	2015年
全国	**891497**	**823163**	**746048**	**667233**	**233122**	**198916**
北京	344245	339980	271936	269225	141321	141630
天津	967	1091	967	1091	967	1091
河北						
山西						
内蒙古						
辽宁	20761	22369	17822	19492	9850	10703
吉林						
黑龙江	898	771	898	771	898	771
上海	220324	175115	172895	111980		
江苏	40396	44721	40118	44721	18805	21842
浙江	8447	8873	7090	7330	6190	6417
安徽	7521	7885	7521	7885		
福建	25958	28512	25885	28429		
江西	2249	2827				
山东	4484	2967	4484	2967		
河南						
湖北	58405	32948	54017	28378	37214	14025
湖南	593	2949	593	2949		
广东	146479	141749	134050	133348	17877	2439
广西						
海南	2075	1886	2075	1886		
重庆	1436	2045	1436	2045		
四川	2318	1767	552	441		
贵州						
云南	706	1291	706	1291		
西藏						
陕西	3006	3006	3006	3006		
甘肃	229	413				
青海						
宁夏						
新疆						

单位：万元

非自有配送中心配送商品购进额		营业额		餐费收入及商品销售额	
2016年	2015年	2016年	2015年	2016年	2015年
214752	**152044**	**2871174**	**2647561**	**2868326**	**2645922**
10064	7866	1094422	960307	1094015	958788
		3233	3596	3233	3596
		51067	50285	51067	50286
		10547	13185	10547	13185
148165	85318	477285	468237	477285	468237
21312	20987	110961	123047	108905	122926
	13	25979	27220	25979	27220
		23400	23795	23400	23795
12994	15150	79983	79352	79983	79352
		3558	4249	3558	4249
		12886	9925	12886	9925
16548	14099	353914	307550	353914	307550
593	2949	8608	6712	8608	6712
309		504160	475512	503774	475512
2075	1886	7804	6432	7804	6432
1436	2045	4225	5316	4225	5316
552	441	89352	70579	89352	70579
706	1291	2040	4187	2040	4187
		7228	7228	7228	7228
		522	849	522	849

4-11 续表 9

外商投资企业

地　区	商品购进总额		统一配送商品购进额		自有配送中心配送商品购进额	
	2016年	2015年	2016年	2015年	2016年	2015年
全　国	**2761727**	**2614087**	**2466045**	**2339213**	**1093072**	**1176057**
北　京	259665	270929	251062	263552	215394	224190
天　津	161937	168098	33226	35885		
河　北						
山　西	27930	38173	27930	38173	27930	38173
内蒙古						
辽　宁	472549	435796	409451	375214	15080	15000
吉　林						
黑龙江	856	967	51	233		
上　海	403703	393041	367903	366260	64072	201461
江　苏	292272	253080	278557	235601	163720	124761
浙　江	148429	149474	148429	149474	122089	122721
安　徽						
福　建	83564	83553	83564	83553	37165	36962
江　西	29231	30362	29231	30362		
山　东	99963	105294	92955	97203	92955	97203
河　南	32544	33845	32544	33845		
湖　北	38855	27528	38485	27118		
湖　南	77335	70175	73057	67599	73057	67599
广　东	462637	408628	442279	390014	200850	170190
广　西	20792	20088	20792	20088		
海　南						
重　庆	9001	10016	9001	10016	8767	9800
四　川	68244	59322	68244	59322	12708	12295
贵　州						
云　南	12936	16				
西　藏						
陕　西	40916	38030	40916	38030	40916	38030
甘　肃	12304	11721	12304	11721	12304	11721
青　海						
宁　夏						
新　疆	6066	5952	6066	5952	6066	5952

单位：万元

非自有配送中心配送商品购进额		营业额		餐费收入及商品销售额	
2016年	2015年	2016年	2015年	2016年	2015年
282214	**270911**	**7199737**	**6879592**	**7192828**	**6873438**
22724	25293	953011	941847	948523	936512
		374787	373952	374787	373952
		57617	58802	57617	58802
		487743	502863	487743	502863
		1941	1837	1941	1838
22991	19103	1484528	1341221	1484193	1340416
110126	106916	722027	697997	722028	697983
26340	26753	526285	488975	526285	488975
		172097	173481	172097	173481
		60528	56087	60528	56087
		212096	223325	212096	223325
		84547	83992	84547	83992
35649	23698	84016	79391	84016	79391
		140982	129110	139982	129110
38673	43743	1336939	1274638	1336207	1274638
20792	20088	61182	56368	61182	56368
234	216	38106	33533	37751	33533
4685	5101	216512	179703	216512	179703
		48853	52160	48853	52160
		85510	81567	85510	81567
		28551	26434	28551	26434
		21881	22311	21881	22311

4-12 按登记注册类型分各地区

内资企业

地区	商品购进总额		统一配送商品购进额		自有配送中心配送商品购进额	
	2016年	2015年	2016年	2015年	2016年	2015年
全国	**473038**	**458004**	**263058**	**252708**	**126765**	**118620**
北京	39423	48483	7692	9351	501	499
天津						
河北						
山西	191	210				
内蒙古	2484	2550	1128	1392	913	1093
辽宁						
吉林						
黑龙江						
上海	315	414	251	370	91	184
江苏	941	939	917	901	917	901
浙江	24011	16641	22207	16452	6181	1455
安徽	244	619	244	130	231	106
福建	1242	1158	210	200		
江西	3542	4100	3542	4100		
山东	9517	10346	9296	10346		
河南						
湖北		200				
湖南	34328	29787	12658	7678	5252	5117
广东	3408	3740	2603	2598		
广西	10892	8567	10892	8567	2760	400
海南						
重庆	284853	271644	135422	133413	107584	106300
四川	1069	1190	467	615	467	615
贵州						
云南	53658	54645	53658	54645		
西藏						
陕西	1024	809				
甘肃						
青海						
宁夏						
新疆	1898	1964	1870	1950	1870	1950

连锁餐饮企业加盟门店经营情况

单位：万元

非自有配送中心配送商品购进额		营业额		餐费收入及商品销售额	
2016年	2015年	2016年	2015年	2016年	2015年
51446	**47844**	**989607**	**1025258**	**987888**	**1024471**
7192	8853	120515	122042	120515	122008
		110	110	110	110
		884	790	884	791
215	283	33947	35167	33947	35167
		833	1052	833	1052
		1535	1555	1535	1555
13309	12754	52562	27212	52562	27212
13	17	2541	2434	2541	1888
210	200	2181	1833	2181	1833
		13102	12025	13102	12025
		30559	29368	30559	29368
			300		300
6372	1802	80385	70497	80074	70290
		6677	7275	6678	7275
		32153	24734	32153	24734
24135	23936	575089	569845	573753	569845
		18862	21180	18862	21180
		7667	87502	7667	87502
		1632	1412	1632	1412
		8374	8928	8301	8928

4-12 续表 1

集体企业

地　区	商品购进总额		统一配送商品购进额		自有配送中心配送商品购进额	
	2016年	2015年	2016年	2015年	2016年	2015年
全　国	**99**	**95**	**99**	**95**		
北　京						
天　津						
河　北						
山　西						
内蒙古						
辽　宁						
吉　林						
黑龙江						
上　海						
江　苏						
浙　江						
安　徽						
福　建						
江　西						
山　东						
河　南						
湖　北						
湖　南						
广　东	99	95	99	95		
广　西						
海　南						
重　庆						
四　川						
贵　州						
云　南						
西　藏						
陕　西						
甘　肃						
青　海						
宁　夏						
新　疆						

单位：万元

非自有配送中心配送商品购进额		营业额		餐费收入及商品销售额	
2016年	2015年	2016年	2015年	2016年	2015年
		273	**262**	**273**	**262**
		273	262	273	262

4-12 续表 2

有限责任公司

地区	商品购进总额		统一配送商品购进额		自有配送中心配送商品购进额	
	2016年	2015年	2016年	2015年	2016年	2015年
全国	**194877**	**193518**	**170862**	**169594**	**102901**	**100447**
北京	1082	1045				
天津						
河北						
山西						
内蒙古	2484	2550	1128	1392	913	1093
辽宁						
吉林						
黑龙江						
上海	91	184	91	184	91	184
江苏						
浙江	3674	3408	3674	3408	1245	1455
安徽						
福建	1032	958				
江西	3542	4100	3542	4100		
山东						
河南						
湖北		200				
湖南	24283	24482	4762	4727	4762	4727
广东						
广西	10892	8567	10892	8567	2760	400
海南						
重庆	93131	92588	93131	92588	93131	92588
四川						
贵州						
云南	53643	54628	53643	54628		
西藏						
陕西	1024	809				
甘肃						
青海						
宁夏						
新疆						

单位：万元

非自有配送中心配送商品购进额		营业额		餐费收入及商品销售额	
2016年	2015年	2016年	2015年	2016年	2015年
215	**283**	**386133**	**460501**	**386133**	**460501**
		15386	16473	15386	16473
215	283	33947	35167	33947	35167
		143	261	143	261
		8076	6654	8076	6654
		1765	1433	1765	1433
		13102	12025	13102	12025
			300		300
		59012	59180	59012	59180
		32153	24734	32153	24734
		213297	215406	213297	215406
		7621	87457	7621	87457
		1632	1412	1632	1412

4-12 续表 3

股份有限公司

地区	商品购进总额		统一配送商品购进额		自有配送中心配送商品购进额	
	2016年	2015年	2016年	2015年	2016年	2015年
全国	**114743**	**123487**	**23005**	**24110**		
北京	37841	46819	7192	8853		
天津						
河北						
山西						
内蒙古						
辽宁						
吉林						
黑龙江						
上海						
江苏						
浙江	13309	12754	13309	12754		
安徽						
福建						
江西						
山东						
河南						
湖北						
湖南						
广东	2504	2503	2504	2503		
广西						
海南						
重庆	61090	61411				
四川						
贵州						
云南						
西藏						
陕西						
甘肃						
青海						
宁夏						
新疆						

单位：万元

非自有配送中心配送商品购进额		营业额		餐费收入及商品销售额	
2016年	2015年	2016年	2015年	2016年	2015年
20500	**21607**	**310123**	**304237**	**308787**	**304237**
7192	8853	104117	104043	104117	104043
13309	12754	25006	19684	25006	19684
		5086	5324	5086	5324
		175914	175187	174578	175187

4-12 续表 4

私营企业

地　区	商品购进总额		统一配送商品购进额		自有配送中心配送商品购进额	
	2016年	2015年	2016年	2015年	2016年	2015年
全　国	**163318**	**140904**	**69092**	**58910**	**23863**	**18174**
北　京	501	619	501	499	501	499
天　津						
河　北						
山　西	191	210				
内蒙古						
辽　宁						
吉　林						
黑龙江						
上　海	224	230	160	186		
江　苏	941	939	917	901	917	901
浙　江	7028	479	5224	290	4935	
安　徽	244	619	244	130	231	106
福　建	210	200	210	200		
江　西						
山　东	9517	10346	9296	10346		
河　南						
湖　北						
湖　南	10045	5305	7896	2951	490	390
广　东	804	1142				
广　西						
海　南						
重　庆	130632	117645	42291	40825	14453	13712
四　川	1069	1190	467	615	467	615
贵　州						
云　南	15	17	15	17		
西　藏						
陕　西						
甘　肃						
青　海						
宁　夏						
新　疆	1898	1964	1870	1950	1870	1950

单位：万元

非自有配送中心配送商品购进额		营业额		餐费收入及商品销售额	
2016年	2015年	2016年	2015年	2016年	2015年
30731	**25954**	**293079**	**260259**	**292696**	**259472**
		1012	1526	1012	1492
		110	110	110	110
		884	790	884	791
		690	791	690	791
		1535	1555	1535	1555
		19480	874	19480	874
13	17	2541	2434	2541	1888
210	200	416	400	416	400
		30559	29368	30559	29368
6372	1802	21373	11317	21062	11110
		1319	1690	1319	1690
24135	23936	185879	179252	185879	179252
		18862	21180	18862	21180
		46	46	46	46
		8374	8928	8301	8928

4-12 续表 5

港、澳、台投资企业

地区	商品购进总额		统一配送商品购进额		自有配送中心配送商品购进额	
	2016年	2015年	2016年	2015年	2016年	2015年
全国	**47880**	**36855**	**38000**	**23957**		
北京						
天津						
河北						
山西						
内蒙古						
辽宁						
吉林						
黑龙江						
上海	8452	11850				
江苏						
浙江						
安徽						
福建						
江西						
山东						
河南						
湖北						
湖南						
广东	10446	9685	9018	8637		
广西						
海南						
重庆	11647		11647			
四川						
贵州						
云南	17335	15320	17335	15320		
西藏						
陕西						
甘肃						
青海						
宁夏						
新疆						

单位：万元

非自有配送中心配送商品购进额		营业额		餐费收入及商品销售额	
2016年	2015年	2016年	2015年	2016年	2015年
28982	**15320**	**134687**	**101748**	**134687**	**101748**
		24147	33857	24147	33857
		30718	26628	30718	26628
11647		31863		31863	
17335	15320	47959	41264	47959	41264

4-12 续表 6

外商投资企业

地区	商品购进总额		统一配送商品购进额		自有配送中心配送商品购进额	
	2016年	2015年	2016年	2015年	2016年	2015年
全国	**114284**	**104374**	**98858**	**90476**	**35275**	**28528**
北京	9326	8781	9326	8781	3352	4031
天津						
河北						
山西						
内蒙古						
辽宁						
吉林						
黑龙江						
上海	92	50	92	50		
江苏	27599	26950	20395	19617	13805	13675
浙江	18118	10823	18118	10823	18118	10823
安徽						
福建						
江西						
山东						
河南						
湖北						
湖南	8223	6334				
广东						
广西						
海南						
重庆	12894	12254	12894	12024		
四川	38034	39182	38034	39182		
贵州						
云南						
西藏						
陕西						
甘肃						
青海						
宁夏						
新疆						

单位：万元

非自有配送中心配送商品购进额		营业额		餐费收入及商品销售额	
2016年	2015年	2016年	2015年	2016年	2015年
25458	**22716**	**668927**	**625208**	**667427**	**625208**
5974	4751	51114	47292	51114	47292
		1438	1651	1437	1651
6591	5942	57275	54374	57275	54374
		60502	67265	60502	67265
		179481	143117	177981	143117
12894	12024	210010	211020	210010	211020
		109107	100488	109107	100488

4-13 按行业分各地区连锁餐饮企业基本情况

正餐服务

地区	连锁总店数（个）	门店数（个）		年末从业人员（人）		年末餐饮营业面积（平方米）		年末餐位数（位）	
	2016年	2016年	2015年	2016年	2015年	2016年	2015年	2016年	2015年
全国	**251**	**6589**	**6549**	**294028**	**298235**	**5303794**	**5299799**	**1596602**	**1601682**
北京	45	1419	1338	67925	67483	1190373	1173294	264587	261531
天津	1	2	2	143	159	4800	4800	600	600
河北	1	6	6	478	862	20750	24632	3192	4520
山西	3	20	21	1461	2352	31730	32530	9424	9524
内蒙古	5	130	162	3335	3344	77968	81226	23622	27078
辽宁	2	12	14	380	498	7300	10465	1800	2482
吉林	1	18	23	626	800	9595	12964	3393	3998
黑龙江	6	40	43	1305	1522	23412	24822	8297	9022
上海	22	568	567	12515	14627	202333	202658	64012	66855
江苏	6	66	57	1039	1026	37531	35331	10489	9649
浙江	15	297	338	10182	11947	412550	465026	94938	98389
安徽	6	245	237	6406	6838	313300	318380	39515	40503
福建	5	106	101	1723	1688	16963	16201	8993	8243
江西	5	41	35	1955	2124	28513	28503	8254	8244
山东	6	53	49	9463	8475	236491	154511	29212	23301
河南	15	63	69	1712	1902	31979	38978	9540	11215
湖北	24	159	158	9707	9990	312044	306894	83062	81551
湖南	14	615	554	28646	26914	524794	480631	202772	194474
广东	28	302	286	12276	10546	227277	202980	60146	60482
广西									
海南									
重庆	22	2125	2180	87966	90261	1279900	1281271	501444	514221
四川	5	127	126	22559	22249	226051	222572	62967	61827
贵州	2	13	17	507	645	19695	21998	3489	3872
云南	6	96	96	7947	8202	23026	118391	55516	57286
西藏									
陕西	3	53	55	3425	3369	40263	35443	45538	40816
甘肃	1	2	3	160	205	2036	2036	556	701
青海									
宁夏									
新疆	2	11	12	187	207	3120	3262	1244	1298

4-13 续表 1

快餐服务

地区	连锁总店数（个）	门店数（个）		年末从业人员（人）		年末餐饮营业面积（平方米）		年末餐位数（位）	
	2016年	2016年	2015年	2016年	2015年	2016年	2015年	2016年	2015年
全　国	**169**	**15009**	**14109**	**414761**	**389005**	**4458859**	**4085545**	**1610265**	**1540173**
北　京	31	2560	2331	51912	46356	671485	631911	264774	243560
天　津	5	509	487	15495	15653	193802	195651	58415	58924
河　北									
山　西	2	87	88	4063	4865	31150	31500	10280	10390
内蒙古									
辽　宁	9	677	667	9405	9377	247655	250563	78002	75631
吉　林									
黑龙江	1	26	24	600	582	7740	7040	2300	2200
上　海	9	1420	1404	38077	39503	544152	527987	172004	170119
江　苏	10	1385	1376	42688	42520	425000	433162	141060	144404
浙　江	8	1280	1194	30404	29529	347304	334260	132217	124587
安　徽	3	445	413	6039	5483	91840	86842	28465	27734
福　建	6	363	349	19428	14335	141144	137071	37815	35357
江　西	1	92	77	5126	4052	35880	30030	12144	10164
山　东	9	499	492	9342	10253	127643	115745	57834	55570
河　南	3	147	147	5009	5121	39447	54671	21276	20655
湖　北	4	567	521	32965	24673	218744	48706	47471	43262
湖　南	7	486	346	13805	11971	94031	80149	43977	36994
广　东	35	2983	2879	85895	84558	831027	766509	329669	319044
广　西	3	187	176	7111	6141	47091	40444	17626	16490
海　南	1	7	5	149	120	2612	1907	879	629
重　庆	2	121	53	3259	2578	27786	19703	10784	6306
四　川	5	603	528	17057	12979	167329	131690	75548	71706
贵　州									
云　南	5	223	222	7526	7115	57983	58626	36480	36392
西　藏	1	3	3	35	32	450	450	126	126
陕　西	2	149	140	5494	6752	56763	53298	15990	15090
甘　肃	2	34	32	1489	1822	11460	8960	3300	3100
青　海									
宁　夏									
新　疆	5	156	155	2388	2635	39341	38670	11829	11739

4-13 续表 2

饮料及冷饮服务

地　区	连锁总店数（个）	门店数（个）		年末从业人员（人）		年末餐饮营业面积（平方米）		年末餐位数（位）	
	2016年	2016年	2015年	2016年	2015年	2016年	2015年	2016年	2015年
全　国	**21**	**3358**	**2754**	**38254**	**32253**	**521185**	**424690**	**156109**	**126133**
北　京	4	726	619	5820	5497	113022	102974	38380	36188
天　津									
河　北									
山　西									
内蒙古									
辽　宁	1	26	26	231	264	5279	5279	1757	1757
吉　林									
黑龙江									
上　海	4	1500	1170	20474	16052	248939	184301	63377	45634
江　苏	2	27	33	902	1059	15670	15853	1499	1632
浙　江	1	6	6	111	107	1933	1933	816	816
安　徽									
福　建									
江　西									
山　东	1	27	23	240	215	5733	4573	1824	1537
河　南									
湖　北	1	172	129	1547	1788	14620	10578	13792	9980
湖　南									
广　东	5	689	600	7004	5191	75476	63198	18603	15906
广　西									
海　南									
重　庆	1	5	4	50	50	1750	1280	385	303
四　川	1	180	144	1875	2030	38763	34721	15676	12380
贵　州									
云　南									
西　藏									
陕　西									
甘　肃									
青　海									
宁　夏									
新　疆									

4-13 续表 3

其他餐饮业

地区	连锁总店数（个）	门店数（个）		年末从业人员（人）		年末餐饮营业面积（平方米）		年末餐位数（位）	
	2016年	2016年	2015年	2016年	2015年	2016年	2015年	2016年	2015年
全　国	**18**	**678**	**714**	**8893**	**10257**	**85199**	**90020**	**48269**	**52076**
北　京	1	29	28	551	580	2860	3057	467	528
天　津	1	6	6	70	75	440	440	180	180
河　北									
山　西									
内蒙古									
辽　宁									
吉　林									
黑龙江									
上　海	3	115	128	3803	4977	39184	44107	34437	38500
江　苏	3	49	50	1260	1253	12980	13139	6916	6972
浙　江	2	158	173	855	1026	7801	8316	2115	2075
安　徽									
福　建	1	98	145	448	538	1070	1070	80	80
江　西									
山　东									
河　南	1	4	4	81	81	3800	3800	700	700
湖　北	1	8	9	68	69	2340	3160	371	410
湖　南									
广　东	2	10	10	84	89	832	832	406	406
广　西									
海　南									
重　庆	1	160	125	739	566	3679	2332	1087	735
四　川	2	41	36	934	1003	10213	9767	1510	1490
贵　州									
云　南									
西　藏									
陕　西									
甘　肃									
青　海									
宁　夏									
新　疆									

4-14 按行业分各地区连锁餐饮企业直营门店基本情况

正餐服务

地区	门店数（个）		年末从业人员（人）		年末餐饮营业面积（平方米）		年末餐位数（位）	
	2016年	2015年	2016年	2015年	2016年	2015年	2016年	2015年
全　国	**3985**	**3926**	**182679**	**185542**	**3615353**	**3554998**	**945612**	**935160**
北　京	1252	1192	57262	56156	921185	900881	211222	212180
天　津	2	2	143	159	4800	4800	600	600
河　北	6	6	478	862	20750	24632	3192	4520
山　西	20	21	1461	2352	31730	32530	9424	9524
内蒙古	46	56	2035	1847	37541	39040	18952	22562
辽　宁	12	14	380	498	7300	10465	1800	2482
吉　林	18	23	626	800	9595	12964	3393	3998
黑龙江	40	43	1305	1522	23412	24822	8297	9022
上　海	564	557	12449	14523	201530	200739	63631	66169
江　苏	66	57	1039	1026	37531	35331	10489	9649
浙　江	270	335	9521	11742	369050	459748	88388	97239
安　徽	238	229	6308	6618	312500	312580	38915	39275
福　建	31	31	1098	988	10663	10201	5943	5243
江　西	13	13	1055	1274	27783	27783	7694	7694
山　东	51	49	9401	8475	235541	154511	29112	23301
河　南	63	69	1712	1902	31979	38978	9540	11215
湖　北	159	157	9707	9920	312044	305894	83062	81451
湖　南	184	171	10888	11582	151237	156248	61933	60274
广　东	298	282	12033	10319	222327	198030	59191	59543
广　西								
海　南								
重　庆	445	409	17354	16730	359826	326716	115202	98352
四　川	107	102	21979	21566	207716	200675	60198	58581
贵　州	13	17	507	645	19695	21998	3489	3872
云　南	26	26	489	592	14899	15391	4773	5699
西　藏								
陕　西	48	50	3102	3032	39563	34743	45372	40716
甘　肃	2	3	160	205	2036	2036	556	701
青　海								
宁　夏								
新　疆	11	12	187	207	3120	3262	1244	1298

4-14 续表 1

快餐服务

地区	门店数（个）		年末从业人员（人）		年末餐饮营业面积（平方米）		年末餐位数（位）	
	2016年	2015年	2016年	2015年	2016年	2015年	2016年	2015年
全　国	**13492**	**12793**	**390085**	**365970**	**4188676**	**3831706**	**1484838**	**1422722**
北　京	2456	2225	50170	44670	629808	588222	250049	228225
天　津	509	487	15495	15653	193802	195651	58415	58924
河　北								
山　西	83	84	3992	4793	29050	29400	9130	9240
内蒙古								
辽　宁	677	667	9405	9377	247655	250563	78002	75631
吉　林								
黑龙江	26	24	600	582	7740	7040	2300	2200
上　海	1420	1404	38077	39503	544152	527987	172004	170119
江　苏	1190	1180	39155	38978	387974	395192	127398	130411
浙　江	934	822	25504	23897	297781	278265	110168	99381
安　徽	427	408	5836	5414	89971	86355	27470	27487
福　建	363	349	19428	14335	141144	137071	37815	35357
江　西	92	77	5126	4052	35880	30030	12144	10164
山　东	453	448	6984	8312	112421	101014	52626	50862
河　南	147	147	5009	5121	39447	54671	21276	20655
湖　北	567	521	32965	24673	218744	48706	47471	43262
湖　南	305	283	12471	11503	84211	76229	36542	34379
广　东	2945	2838	84421	83240	817894	752876	326625	314903
广　西	110	117	5006	4459	27891	29294	11076	11540
海　南	7	5	149	120	2612	1907	879	629
重　庆	56	52	2811	2550	20696	19303	6566	6176
四　川	321	262	13557	9593	112826	81879	40877	38396
贵　州								
云　南	121	123	5243	4761	46463	46423	27965	28069
西　藏	3	3	35	32	450	450	126	126
陕　西	149	140	5494	6752	56763	53298	15990	15090
甘　肃	34	32	1489	1822	11460	8960	3300	3100
青　海								
宁　夏								
新　疆	97	95	1663	1778	31841	30920	8624	8396

4-14 续表 2

饮料及冷饮服务

地区	门店数（个）		年末从业人员（人）		年末餐饮营业面积（平方米）		年末餐位数（位）	
	2016年	2015年	2016年	2015年	2016年	2015年	2016年	2015年
全国	**3341**	**2745**	**38129**	**32180**	**519209**	**423744**	**155634**	**125915**
北京	726	619	5820	5497	113022	102974	38380	36188
天津								
河北								
山西								
内蒙古								
辽宁	26	26	231	264	5279	5279	1757	1757
吉林								
黑龙江								
上海	1496	1166	20449	16027	248753	184115	63342	45599
江苏	27	33	902	1059	15670	15853	1499	1632
浙江	6	6	111	107	1933	1933	816	816
安徽								
福建								
江西								
山东	27	23	240	215	5733	4573	1824	1537
河南								
湖北	172	129	1547	1788	14620	10578	13792	9980
湖南								
广东	680	598	6932	5169	74756	63038	18378	15856
广西								
海南								
重庆	1	1	22	24	680	680	170	170
四川	180	144	1875	2030	38763	34721	15676	12380
贵州								
云南								
西藏								
陕西								
甘肃								
青海								
宁夏								
新疆								

4-14 续表 3

其他餐饮业

地区	门店数（个）		年末从业人员（人）		年末餐饮营业面积（平方米）		年末餐位数（位）	
	2016年	2015年	2016年	2015年	2016年	2015年	2016年	2015年
全国	**423**	**437**	**7053**	**8055**	**75416**	**80409**	**46137**	**49743**
北京	29	28	551	580	2860	3057	467	528
天津	5	5	58	58	290	290	100	100
河北								
山西								
内蒙古								
辽宁								
吉林								
黑龙江								
上海	105	115	2883	3577	36184	40207	34057	37800
江苏	41	42	1111	1103	12275	12434	6406	6462
浙江	158	173	855	1026	7801	8316	2115	2075
安徽								
福建	2	3	327	426	100	100	80	80
江西								
山东								
河南	4	4	81	81	3800	3800	700	700
湖北	8	9	68	69	2340	3160	371	410
湖南								
广东	7	7	63	67	588	588	296	296
广西								
海南								
重庆	28	20	208	143	775	500	375	142
四川	36	31	848	925	8403	7957	1170	1150
贵州								
云南								
西藏								
陕西								
甘肃								
青海								
宁夏								
新疆								

4-15 按行业分各地区连锁餐饮企业加盟门店基本情况

正餐服务

地区	门店数（个）		年末从业人员（人）		年末餐饮营业面积（平方米）		年末餐位数（位）	
	2016年	2015年	2016年	2015年	2016年	2015年	2016年	2015年
全国	**2604**	**2623**	**111349**	**112693**	**1688441**	**1744801**	**650990**	**666522**
北京	167	146	10663	11327	269188	272413	53365	49351
天津								
河北								
山西								
内蒙古	84	106	1300	1497	40427	42186	4670	4516
辽宁								
吉林								
黑龙江								
上海	4	10	66	104	803	1919	381	686
江苏								
浙江	27	3	661	205	43500	5278	6550	1150
安徽	7	8	98	220	800	5800	600	1228
福建	75	70	625	700	6300	6000	3050	3000
江西	28	22	900	850	730	720	560	550
山东	2		62		950		100	
河南								
湖北		1		70		1000		100
湖南	431	383	17758	15332	373557	324383	140839	134200
广东	4	4	243	227	4950	4950	955	939
广西								
海南								
重庆	1680	1771	70612	73531	920074	954555	386242	415869
四川	20	24	580	683	18335	21897	2769	3246
贵州								
云南	70	70	7458	7610	8127	103000	50743	51587
西藏								
陕西	5	5	323	337	700	700	166	100
甘肃								
青海								
宁夏								
新疆								

4-15 续表 1

快餐服务

地区	门店数(个)		年末从业人员(人)		年末餐饮营业面积(平方米)		年末餐位数(位)	
	2016年	2015年	2016年	2015年	2016年	2015年	2016年	2015年
全国	**1517**	**1316**	**24676**	**23035**	**270183**	**253839**	**125427**	**117451**
北京	104	106	1742	1686	41677	43689	14725	15335
天津								
河北								
山西	4	4	71	72	2100	2100	1150	1150
内蒙古								
辽宁								
吉林								
黑龙江								
上海								
江苏	195	196	3533	3542	37026	37970	13662	13993
浙江	346	372	4900	5632	49523	55995	22049	25206
安徽	18	5	203	69	1869	487	995	247
福建								
江西								
山东	46	44	2358	1941	15222	14731	5208	4708
河南								
湖北								
湖南	181	63	1334	468	9820	3920	7435	2615
广东	38	41	1474	1318	13133	13633	3044	4141
广西	77	59	2105	1682	19200	11150	6550	4950
海南								
重庆	65	1	448	28	7090	400	4218	130
四川	282	266	3500	3386	54503	49811	34671	33310
贵州								
云南	102	99	2283	2354	11520	12203	8515	8323
西藏								
陕西								
甘肃								
青海								
宁夏								
新疆	59	60	725	857	7500	7750	3205	3343

4-15 续表 2

饮料及冷饮服务

地区	门店数（个）		年末从业人员（人）		年末餐饮营业面积（平方米）		年末餐位数（位）	
	2016年	2015年	2016年	2015年	2016年	2015年	2016年	2015年
全　国	**17**	**9**	**125**	**73**	**1976**	**946**	**475**	**218**
北　京								
天　津								
河　北								
山　西								
内蒙古								
辽　宁								
吉　林								
黑龙江								
上　海	4	4	25	25	186	186	35	35
江　苏								
浙　江								
安　徽								
福　建								
江　西								
山　东								
河　南								
湖　北								
湖　南								
广　东	9	2	72	22	720	160	225	50
广　西								
海　南								
重　庆	4	3	28	26	1070	600	215	133
四　川								
贵　州								
云　南								
西　藏								
陕　西								
甘　肃								
青　海								
宁　夏								
新　疆								

4-15 续表 3

其他餐饮业

地区	门店数（个）		年末从业人员（人）		年末餐饮营业面积（平方米）		年末餐位数（位）	
	2016年	2015年	2016年	2015年	2016年	2015年	2016年	2015年
全国	**255**	**277**	**1840**	**2202**	**9783**	**9611**	**2132**	**2333**
北京								
天津	1	1	12	17	150	150	80	80
河北								
山西								
内蒙古								
辽宁								
吉林								
黑龙江								
上海	10	13	920	1400	3000	3900	380	700
江苏	8	8	149	150	705	705	510	510
浙江								
安徽								
福建	96	142	121	112	970	970		
江西								
山东								
河南								
湖北								
湖南								
广东	3	3	21	22	244	244	110	110
广西								
海南								
重庆	132	105	531	423	2904	1832	712	593
四川	5	5	86	78	1810	1810	340	340
贵州								
云南								
西藏								
陕西								
甘肃								
青海								
宁夏								
新疆								

4-16 按行业分各地区

正餐服务

地区	商品购进总额		统一配送商品购进额		自有配送中心配送商品购进额	
	2016年	2015年	2016年	2015年	2016年	2015年
全国	**2124828**	**2060518**	**1369461**	**1316661**	**571518**	**567586**
北京	489165	486743	350069	348475	214088	207105
天津	700	653	700	653		
河北	3083	9801		9801		9801
山西	6253	8412	140	134	140	134
内蒙古	99113	88024	2760	3220	1375	1548
辽宁	31936	30595	31286	29975		
吉林	2545	3043	2036	2434		
黑龙江	3900	4606	3049	3687	898	771
上海	139446	156909	77027	78783	29412	33405
江苏	12355	11274	12355	11274	11749	9412
浙江	102384	105493	86595	87264	62585	63671
安徽	42499	43163	41096	40257	39149	37632
福建	6098	5316	4636	3818		
江西	10331	12195	8081	9368	1438	3992
山东	28048	12691	13628	9538	5140	9027
河南	10379	10424	6489	5728		
湖北	63775	56620	35564	36438	5316	4979
湖南	93344	89937	32425	28736	27629	24359
广东	113083	108953	91960	86307	15583	4340
广西						
海南						
重庆	538871	527556	250151	240901	144578	146280
四川	247925	207565	246292	206266	2636	2998
贵州	3647	4516	3647	4516		
云南	57539	59253	54688	56320		
西藏						
陕西	16097	14228	13829	11625	9174	7384
甘肃	1191	1276	332	394		
青海						
宁夏						
新疆	1122	1274	627	750	627	750

连锁餐饮企业经营情况

单位：万元

非自有配送中心配送商品购进额		营业额		餐费收入及商品销售额	
2016年	2015年	2016年	2015年	2016年	2015年
196456	**192936**	**5454877**	**5253479**	**5372623**	**5189500**
43538	52309	1610662	1495730	1603293	1484700
		2569	2641	2569	2642
		6741	5877	5660	5566
		13317	15372	13317	15372
260	332	136890	126895	136890	126895
		32600	31340	32600	31340
509	609	6964	8612	6964	8612
2101	2579	17298	21150	17298	21150
28672	25475	390788	395596	390789	395597
606	1793	24613	22812	24612	22812
5396	4666	235165	239148	233469	238867
1941	1856	88192	91257	88147	88703
406	462	13547	11709	13547	11709
		25195	26586	25195	26586
7815		167223	154349	111024	112260
2722	2454	20458	20764	19825	20618
2984	2610	151574	142571	149856	142164
1375	1230	383148	342234	374049	337727
23664	24825	295595	295011	294544	293962
69434	67146	1166406	1116263	1164538	1116141
380	350	606295	542805	605007	541529
		7271	9248	7271	9248
		14976	95419	14976	95419
4655	4242	32539	34689	32539	34689
		2145	2718	2145	2718
		2709	2684	2501	2479

4-16 续表 1

快餐服务

地区	商品购进总额		统一配送商品购进额		自有配送中心配送商品购进额	
	2016年	2015年	2016年	2015年	2016年	2015年
全国	**3574819**	**3350599**	**3262254**	**3050931**	**1427687**	**1482679**
北京	424074	426031	418959	419814	232458	240533
天津	166685	172526	37974	40313	2884	2990
河北						
山西	28122	38383	27930	38173	27930	38173
内蒙古						
辽宁	490162	455297	427714	395335	25318	26155
吉林						
黑龙江	5231	5141	5231	5141		
上海	353002	315788	326064	287762	55456	191340
江苏	356548	320402	335628	295573	197599	161720
浙江	232463	220034	232136	219829	140206	133543
安徽	27799	19106	27799	19106	548	301
福建	109386	111907	109386	111907	37165	36962
江西	29231	30362	29231	30362		
山东	122537	129216	114284	119923	100369	107011
河南	32544	33845	32544	33845		
湖北	76069	41553	75699	41144	37214	14025
湖南	95926	91413	94734	90238	73203	67781
广东	750267	703474	706169	667823	402946	373493
广西	40219	36655	40219	36655	11295	8400
海南	2075	1886	2075	1886		
重庆	21849	12075	21849	11845	8767	9800
四川	100341	93953	100341	93953	12708	12295
贵州						
云南	37930	23868	24297	23159		
西藏	79	75				
陕西	43921	41035	43921	41035	40916	38030
甘肃	12533	12134	12304	11721	12304	11721
青海						
宁夏						
新疆	15829	14440	15768	14391	8403	8405

单位：万元

非自有配送中心配送商品购进额		营业额		餐费收入及商品销售额	
2016年	2015年	2016年	2015年	2016年	2015年
570562	**478944**	**9286617**	**8905013**	**9270282**	**8883698**
60252	56411	1389662	1279304	1378811	1265352
		384913	383928	384912	383928
		58501	59592	58501	59593
		526886	542958	526886	542958
5231	5141	16002	16005	16002	16005
148165	85318	1085544	1092620	1085509	1092584
138029	133853	877412	862249	877203	862115
65382	64203	730142	679451	730061	679196
		96735	74518	96734	74518
12994	15150	251366	252106	251366	252106
		60528	56087	60528	56087
1357	53	278818	290163	278818	290163
		84547	83992	84547	83992
35649	23698	360688	323028	360688	323028
20731	21757	209762	188072	207448	184957
16180	21204	2067560	2014857	2065720	2014055
20792	20088	111712	98138	111712	98138
2075	1886	7804	6432	7804	6432
13082	2045	68423	34316	68069	34316
5237	5542	312608	269838	312608	269838
18041	16611	137092	131737	137092	129439
		778	588	778	588
		92738	88795	92738	88795
		29073	27283	29073	27283
7365	5986	47326	48956	46674	48232

4-16 续表 2

饮料及冷饮服务

地区	商品购进总额		统一配送商品购进额		自有配送中心配送商品购进额	
	2016年	2015年	2016年	2015年	2016年	2015年
全国	**343715**	**293820**	**249250**	**212648**	**756**	**629**
北京	73668	68907	11135	11405		
天津						
河北						
山西						
内蒙古						
辽宁	2940	2877				
吉林						
黑龙江						
上海	183569	150484	156622	131016		
江苏	4989	5815	4711	5815		
浙江	931	649	931	649		
安徽						
福建						
江西						
山东	4484	2967	4484	2967		
河南						
湖北	16548	14099	16548	14099		
湖南						
广东	49788	42464	49788	42464	756	629
广西						
海南						
重庆	5032	4233	5032	4233		
四川	1767	1326				
贵州						
云南						
西藏						
陕西						
甘肃						
青海						
宁夏						
新疆						

单位：万元

非自有配送中心配送商品购进额		营业额		餐费收入及商品销售额	
2016年	2015年	2016年	2015年	2016年	2015年
19524	**16194**	**1380789**	**1102722**	**1378641**	**1101952**
		289449	241088	289450	241088
		11937	10285	11938	10286
		649844	493500	649544	492730
		16031	16757	14183	16757
931	649	3753	2885	3753	2885
		12886	9925	12886	9925
16548	14099	68438	54672	68438	54672
2045	1447	233548	199458	233549	199458
		7056	4891	7056	4891
		87848	69263	87848	69263

4–16 续表 3

其他餐饮业

地区	商品购进总额		统一配送商品购进额		自有配送中心配送商品购进额	
	2016年	2015年	2016年	2015年	2016年	2015年
全国	**80910**	**82436**	**60074**	**61064**	**26218**	**23459**
北京	5749	5084	5749	5084	5677	5084
天津	400	329	400	197		
河北						
山西						
内蒙古						
辽宁						
吉林						
黑龙江						
上海	39630	46612	24730	31752		1560
江苏	8098	8223	7979	8118	6236	6307
浙江	4315	3984	4315	3984	4315	3984
安徽						
福建	3963	4486				
江西						
山东						
河南	500	498				
湖北						
湖南						
广东	422	414	422	414		
广西						
海南						
重庆	9991	6524	9991	6524	9991	6524
四川	7842	6282	6489	4991		
贵州						
云南						
西藏						
陕西						
甘肃						
青海						
宁夏						
新疆						

单位：万元

非自有配送中心配送商品购进额		营业额		餐费收入及商品销售额	
2016年	2015年	2016年	2015年	2016年	2015年
1743	**1811**	**229187**	**227318**	**229187**	**227318**
		14429	13291	14429	13291
		1710	1643	1710	1643
		99047	113069	99047	113069
1743	1811	18632	19762	18631	19762
		13388	11278	13388	11278
		6072	7162	6072	7162
		1042	1036	1042	1036
		41202	34704	41202	34704
		1534	1634	1534	1634
		15136	9875	15136	9875
		16995	13864	16995	13864

4–17 按行业分各地区连锁餐饮

正餐服务

地区	商品购进总额		统一配送商品购进额		自有配送中心配送商品购进额	
	2016年	2015年	2016年	2015年	2016年	2015年
全国	**1687059**	**1631324**	**1147993**	**1097294**	**455523**	**455594**
北京	449748	438267	342377	339124	213588	206607
天津	700	653	700	653		
河北	3083	9801		9801		9801
山西	6253	8412	140	134	140	134
内蒙古	96629	85475	1632	1828	462	454
辽宁	31936	30595	31286	29975		
吉林	2545	3043	2036	2434		
黑龙江	3900	4606	3049	3687	898	771
上海	139264	156675	76845	78549	29321	33221
江苏	12355	11274	12355	11274	11749	9412
浙江	94399	103849	80415	85809	56404	62216
安徽	42425	42581	41021	40164	39088	37562
福建	5888	5116	4426	3618		
江西	6789	8095	4540	5268	1438	3992
山东	27828	12691	13628	9538	5140	9027
河南	10379	10424	6489	5728		
湖北	63775	56420	35564	36438	5316	4979
湖南	57571	56005	26140	22860	22378	19242
广东	109774	105307	89456	83804	15583	4340
广西						
海南						
重庆	249881	250407	110592	101982	42048	43320
四川	247009	206521	245825	205651	2169	2383
贵州	3647	4516	3647	4516		
云南	3896	4625	1045	1692		
西藏						
陕西	15073	13419	13829	11625	9174	7384
甘肃	1191	1276	332	394		
青海						
宁夏						
新疆	1122	1274	627	750	627	750

企业直营门店经营情况

单位：万元

非自有配送中心配送商品购进额		营业额		餐费收入及商品销售额	
2016年	2015年	2016年	2015年	2016年	2015年
151797	**147625**	**4188977**	**3959466**	**4109869**	**3896274**
36346	43456	1466980	1352411	1459610	1341416
		2569	2641	2569	2642
		6741	5877	5660	5566
		13317	15372	13317	15372
45	49	102943	91729	102943	91729
		32600	31340	32600	31340
509	609	6964	8612	6964	8612
2101	2579	17298	21150	17298	21150
28672	25475	389208	393684	389208	393684
606	1793	24613	22812	24612	22812
5396	4666	213594	236362	211898	236081
1928	1839	88110	89395	88065	87387
196	262	13131	11309	13131	11309
		12093	14562	12093	14561
7815		166972	154349	110773	112260
2722	2454	20458	20764	19825	20618
2984	2610	151574	142271	149856	141864
1375	1230	137039	133638	129750	129339
23664	24825	289191	287998	288140	286948
32405	31187	395470	345394	394938	345273
380	350	587730	521909	586441	520633
		7271	9248	7271	9248
		7355	7962	7355	7962
4655	4242	30907	33278	30907	33278
		2145	2718	2145	2718
		2709	2684	2501	2479

4—17 续表 1

快餐服务

地　区	商品购进总额		统一配送商品购进额		自有配送中心配送商品购进额	
	2016年	2015年	2016年	2015年	2016年	2015年
全　国	**3397691**	**3201367**	**3094388**	**2910928**	**1387613**	**1451764**
北　京	414742	417243	409633	411032	229106	236503
天　津	166685	172526	37974	40313	2884	2990
河　北						
山　西	27930	38173	27930	38173	27930	38173
内蒙古						
辽　宁	490162	455297	427714	395335	25318	26155
吉　林						
黑龙江	5231	5141	5231	5141		
上　海	353002	315788	326064	287762	55456	191340
江　苏	328949	293452	315233	275956	183794	148045
浙　江	198318	194214	197992	194009	122089	122721
安　徽	27630	19070	27630	19070	378	265
福　建	109386	111907	109386	111907	37165	36962
江　西	29231	30362	29231	30362		
山　东	113240	118871	104988	109577	100369	107011
河　南	32544	33845	32544	33845		
湖　北	76069	41553	75699	41144	37214	14025
湖　南	89148	89224	88362	88436	73203	67781
广　东	740469	693861	697799	659257	402946	373493
广　西	29327	28088	29327	28088	8535	8000
海　南	2075	1886	2075	1886		
重　庆	10202	11845	10202	11845	8767	9800
四　川	62307	54772	62307	54772	12708	12295
贵　州						
云　南	20579	8531	6946	7822		
西　藏	79	75				
陕　西	43921	41035	43921	41035	40916	38030
甘　肃	12533	12134	12304	11721	12304	11721
青　海						
宁　夏						
新　疆	13931	12476	13898	12441	6533	6455

单位：万元

非自有配送中心配送商品购进额		营业额		餐费收入及商品销售额	
2016年	2015年	2016年	2015年	2016年	2015年
509335	**438376**	**8804370**	**8494554**	**8788108**	**8473238**
54279	51660	1361715	1253288	1350864	1239336
		384913	383928	384912	383928
		57617	58802	57617	58802
		526886	542958	526886	542958
5231	5141	16002	16005	16002	16005
148165	85318	1085544	1092620	1085509	1092584
131439	127911	820137	807875	819928	807741
52074	51449	638649	587760	638569	587506
		94276	73946	94276	73946
12994	15150	251366	252106	251366	252106
		60528	56087	60528	56087
1357	53	248509	260795	248509	260795
		84547	83992	84547	83992
35649	23698	360688	323028	360688	323028
14359	19955	196005	183054	193691	179939
16180	21204	2038937	1988286	2037098	1987484
20792	20088	79560	73404	79560	73404
2075	1886	7804	6432	7804	6432
1436	2045	36560	33716	36206	33716
5237	5542	203501	169350	203501	169350
706	1291	89087	90428	89088	88130
		778	588	778	588
		92738	88795	92738	88795
		29073	27283	29073	27283
7365	5986	38953	40028	38373	39304

4-17 续表 2

饮料及冷饮服务

地区	商品购进总额		统一配送商品购进额		自有配送中心配送商品购进额	
	2016年	2015年	2016年	2015年	2016年	2015年
全国	**339140**	**290340**	**244739**	**209212**	**756**	**629**
北京	73668	68907	11135	11405		
天津						
河北						
山西						
内蒙古						
辽宁	2940	2877				
吉林						
黑龙江						
上海	183345	150254	156462	130830		
江苏	4989	5815	4711	5815		
浙江	931	649	931	649		
安徽						
福建						
江西						
山东	4484	2967	4484	2967		
河南						
湖北	16548	14099	16548	14099		
湖南						
广东	49140	42392	49140	42392	756	629
广西						
海南						
重庆	1328	1055	1328	1055		
四川	1767	1326				
贵州						
云南						
西藏						
陕西						
甘肃						
青海						
宁夏						
新疆						

单位：万元

非自有配送中心配送商品购进额		营业额		餐费收入及商品销售额	
2016年	2015年	2016年	2015年	2016年	2015年
19524	**16194**	**1372542**	**1098208**	**1370395**	**1097438**
		289449	241088	289450	241088
		11937	10285	11938	10286
		649154	492710	648854	491940
		16031	16757	14183	16757
931	649	3753	2885	3753	2885
		12886	9925	12886	9925
16548	14099	68438	54672	68438	54672
2045	1447	231453	199401	231454	199402
		1594	1223	1594	1223
		87848	69263	87848	69263

4-17 续表 3

其他餐饮业

地 区	商品购进总额		统一配送商品购进额		自有配送中心配送商品购进额	
	2016年	2015年	2016年	2015年	2016年	2015年
全 国	**65181**	**65108**	**54005**	**56727**	**20248**	**19217**
北 京	5749	5084	5749	5084	5677	5084
天 津	400	329	400	197		
河 北						
山 西						
内蒙古						
辽 宁						
吉 林						
黑龙江						
上 海	31179	34762	24730	31752		1560
江 苏	7157	7284	7062	7216	5319	5406
浙 江	4315	3984	4315	3984	4315	3984
安 徽						
福 建	2931	3529				
江 西						
山 东						
河 南	500	498				
湖 北						
湖 南						
广 东	323	319	323	319		
广 西						
海 南						
重 庆	4938	3183	4938	3183	4938	3183
四 川	7690	6136	6489	4991		
贵 州						
云 南						
西 藏						
陕 西						
甘 肃						
青 海						
宁 夏						
新 疆						

单位：万元

非自有配送中心配送商品购进额		营业额		餐费收入及商品销售额	
2016年	2015年	2016年	2015年	2016年	2015年
1743	**1811**	**192359**	**184091**	**192359**	**184090**
		14429	13291	14429	13291
		1600	1533	1600	1533
		74900	79212	74900	79212
1743	1811	17097	18207	17097	18207
		13388	11278	13388	11278
		4308	5730	4308	5730
		1042	1036	1042	1036
		41202	34704	41202	34704
		1261	1372	1261	1372
		6434	4148	6434	4148
		16698	13580	16699	13580

4-18 按行业分各地区连锁餐饮

正餐服务

地区	商品购进总额		统一配送商品购进额		自有配送中心配送商品购进额	
	2016年	2015年	2016年	2015年	2016年	2015年
全国	**437769**	**429193**	**221469**	**219367**	**115995**	**111992**
北京	39417	48476	7692	9351	501	499
天津						
河北						
山西						
内蒙古	2484	2550	1128	1392	913	1093
辽宁						
吉林						
黑龙江						
上海	182	234	182	234	91	184
江苏						
浙江	7984	1644	6181	1455	6181	1455
安徽	75	582	75	94	61	70
福建	210	200	210	200		
江西	3542	4100	3542	4100		
山东	221					
河南						
湖北		200				
湖南	35773	33932	6286	5876	5252	5117
广东	3309	3645	2504	2503		
广西						
海南						
重庆	288990	277150	139559	138919	102531	102959
四川	916	1044	467	615	467	615
贵州						
云南	53643	54628	53643	54628		
西藏						
陕西	1024	809				
甘肃						
青海						
宁夏						
新疆						

企业加盟门店经营情况

单位：万元

非自有配送中心配送商品购进额		营业额		餐费收入及商品销售额	
2016年	2015年	2016年	2015年	2016年	2015年
44659	**45312**	**1265900**	**1294013**	**1262754**	**1293227**
7192	8853	143683	143319	143683	143284
215	283	33947	35167	33947	35167
		1581	1912	1581	1912
		21571	2787	21571	2787
13	17	82	1862	82	1316
210	200	416	400	416	400
		13102	12025	13102	12025
		251		251	
			300		300
		246109	208596	244299	208389
		6405	7013	6405	7013
37029	35960	770936	770869	769600	770870
		18566	20896	18566	20896
		7621	87457	7621	87457
		1632	1412	1632	1412

4-18 续表 1

快餐服务

地 区	商品购进总额		统一配送商品购进额		自有配送中心配送商品购进额	
	2016年	2015年	2016年	2015年	2016年	2015年
全 国	**177128**	**149232**	**167865**	**140003**	**40074**	**30915**
北 京	9332	8788	9326	8781	3352	4031
天 津						
河 北						
山 西	191	210				
内蒙古						
辽 宁						
吉 林						
黑龙江						
上 海						
江 苏	27599	26950	20395	19617	13805	13675
浙 江	34144	25820	34144	25820	18118	10823
安 徽	170	36	170	36	170	36
福 建						
江 西						
山 东	9296	10346	9296	10346		
河 南						
湖 北						
湖 南	6777	2189	6372	1802		
广 东	9798	9613	8370	8565		
广 西	10892	8567	10892	8567	2760	400
海 南						
重 庆	11647	230	11647			
四 川	38034	39182	38034	39182		
贵 州						
云 南	17350	15337	17350	15337		
西 藏						
陕 西						
甘 肃						
青 海						
宁 夏						
新 疆	1898	1964	1870	1950	1870	1950

单位：万元

非自有配送中心配送商品购进额		营业额		餐费收入及商品销售额	
2016年	2015年	2016年	2015年	2016年	2015年
61227	**40568**	**482247**	**410459**	**482175**	**410460**
5974	4751	27947	26016	27947	26015
		884	790	884	791
6591	5942	57275	54374	57275	54374
13309	12754	91493	91691	91492	91691
		2459	572	2459	572
		30309	29368	30309	29368
6372	1802	13757	5018	13757	5018
		28623	26571	28623	26571
		32153	24734	32153	24734
11647		31863	600	31863	600
		109107	100488	109107	100488
17335	15320	48005	41309	48005	41309
		8374	8928	8301	8928

4-18 续表 2

饮料及冷饮服务

地区	商品购进总额		统一配送商品购进额		自有配送中心配送商品购进额	
	2016年	2015年	2016年	2015年	2016年	2015年
全国	**4576**	**3480**	**4512**	**3436**		
北京						
天津						
河北						
山西						
内蒙古						
辽宁						
吉林						
黑龙江						
上海	224	230	160	186		
江苏						
浙江						
安徽						
福建						
江西						
山东						
河南						
湖北						
湖南						
广东	648	72	648	72		
广西						
海南						
重庆	3704	3178	3704	3178		
四川						
贵州						
云南						
西藏						
陕西						
甘肃						
青海						
宁夏						
新疆						

单位：万元

非自有配送中心配送商品购进额		营业额		餐费收入及商品销售额	
2016年	2015年	2016年	2015年	2016年	2015年
		8247	**4515**	**8247**	**4515**
		690	791	690	791
		2095	56	2095	56
		5462	3668	5462	3668

4-18 续表 3

其他餐饮业

地区	商品购进总额		统一配送商品购进额		自有配送中心配送商品购进额	
	2016年	2015年	2016年	2015年	2016年	2015年
全国	**15730**	**17328**	**6069**	**4337**	**5970**	**4242**
北京						
天津						
河北						
山西						
内蒙古						
辽宁						
吉林						
黑龙江						
上海	8452	11850				
江苏	941	939	917	901	917	901
浙江						
安徽						
福建	1032	958				
江西						
山东						
河南						
湖北						
湖南						
广东	99	95	99	95		
广西						
海南						
重庆	5053	3341	5053	3341	5053	3341
四川	152	146				
贵州						
云南						
西藏						
陕西						
甘肃						
青海						
宁夏						
新疆						

单位：万元

非自有配送中心配送商品购进额		营业额		餐费收入及商品销售额	
2016年	2015年	2016年	2015年	2016年	2015年
		36828	**43228**	**36828**	**43228**
		110	110	110	110
		24147	33857	24147	33857
		1535	1555	1535	1555
		1765	1433	1765	1433
		273	262	273	262
		8702	5728	8702	5728
		297	284	297	284

4-19 36城市连锁餐饮企业基本情况

地 区	连锁总店数（个）	门店数（个）		年末从业人员（人）		年末餐饮营业面积（平方米）		年末餐位数（位）	
	2016年	2016年	2015年	2016年	2015年	2016年	2015年	2016年	2015年
合 计	**385**	**23161**	**21692**	**677501**	**654066**	**9386711**	**9024307**	**3108332**	**3022299**
北 京	81	4734	4316	126208	119916	1977740	1911236	568208	541807
天 津	7	517	495	15708	15887	199042	200891	59195	59704
石家庄									
太 原	3	100	102	5413	7105	59780	60930	18154	18364
呼和浩特	1	7	7	82	150	1800	1800	381	700
沈 阳	7	550	546	7437	7371	206285	208479	65920	66487
大 连	5	165	161	2579	2768	53949	57828	15639	13383
长 春	1	18	23	626	800	9595	12964	3393	3998
哈尔滨	7	66	67	1905	2104	31152	31862	10597	11222
上 海	38	3603	3269	74869	75159	1034608	959053	333830	321108
南 京	10	524	527	10748	10580	195311	200049	61799	63166
杭 州	18	1164	1226	32898	35165	565517	624707	170802	172499
宁 波	4	44	45	2183	2122	104748	106293	20289	21279
合 肥	5	674	634	11553	11371	374140	374222	59365	59622
福 州	4	211	198	11516	8115	85717	80669	23992	21072
厦 门	8	356	397	10083	8446	73460	73673	22896	22608
南 昌	4	126	105	6440	5397	50858	44998	15570	13580
济 南	4	147	132	2340	3025	42859	36320	13899	12395
青 岛	9	389	395	7608	8064	104599	115498	48149	48823
郑 州	4	151	151	5074	5244	46947	64671	22429	22881
武 汉	25	890	802	43287	35493	512578	334868	136972	127595
长 沙	15	971	781	32715	29733	554325	500780	200446	185765
广 州	23	2097	1884	44684	41126	607117	520494	226149	209742
深 圳	35	1420	1374	51274	50562	446553	426323	152075	151659
南 宁	3	187	176	7111	6141	47091	40444	17626	16490
海 口	1	7	5	149	120	2612	1907	879	629
重 庆	26	2411	2362	92014	93455	1313115	1304586	513700	521565
成 都	11	941	824	42191	38036	437246	393640	154491	146193
贵 阳	2	13	17	507	645	19695	21998	3489	3872
昆 明	11	319	318	15473	15317	81009	177017	91996	93678
拉 萨	1	3	3	35	32	450	450	126	126
西 安	5	202	195	8919	10121	97026	88741	61528	55906
兰 州	3	36	35	1649	2027	13496	10996	3856	3801
西 宁									
银 川									
乌鲁木齐	4	118	120	2223	2469	36291	35920	10492	10580

4-20 36城市连锁餐饮企业直营门店基本情况

地区	门店数（个）		年末从业人员（人）		年末餐饮营业面积（平方米）		年末餐位数（位）	
	2016年	2015年	2016年	2015年	2016年	2015年	2016年	2015年
合计	**19363**	**18071**	**551224**	**527204**	**7543552**	**7139159**	**2368333**	**2274889**
北京	4463	4064	113803	106903	1666875	1595134	500118	477121
天津	516	494	15696	15870	198892	200741	59115	59624
石家庄								
太原	100	102	5413	7105	59780	60930	18154	18364
呼和浩特	7	7	82	150	1800	1800	381	700
沈阳	550	546	7437	7371	206285	208479	65920	66487
大连	165	161	2579	2768	53949	57828	15639	13383
长春	18	23	626	800	9595	12964	3393	3998
哈尔滨	66	67	1905	2104	31152	31862	10597	11222
上海	3585	3242	73858	73630	1030619	953048	333034	319687
南京	524	527	10748	10580	195311	200049	61799	63166
杭州	983	1040	28497	30498	487267	577429	146502	150119
宁波	40	41	2011	1947	100278	101823	19079	20069
合肥	649	621	11252	11082	371471	367935	57770	58147
福州	211	198	11516	8115	85717	80669	23992	21072
厦门	185	185	9337	7634	66190	66703	19846	19608
南昌	98	83	5540	4547	50128	44278	15010	13030
济南	147	132	2340	3025	42859	36320	13899	12395
青岛	343	351	5250	6123	89377	100767	42941	44115
郑州	151	151	5074	5244	46947	64671	22429	22881
武汉	890	801	43287	35423	512578	333868	136972	127495
长沙	397	362	17518	17265	189418	186447	63527	59705
广州	2092	1879	44460	40937	602923	516300	225395	208954
深圳	1409	1370	51162	50480	444833	425163	151539	151348
南宁	110	117	5006	4459	27891	29294	11076	11540
海口	7	5	149	120	2612	1907	879	629
重庆	530	482	20395	19447	381977	347199	122313	104840
成都	639	534	38111	33967	364408	321932	117051	109637
贵阳	13	17	507	645	19695	21998	3489	3872
昆明	147	149	5732	5353	61362	61814	32738	33768
拉萨	3	3	35	32	450	450	126	126
西安	197	190	8596	9784	96326	88041	61362	55806
兰州	36	35	1649	2027	13496	10996	3856	3801
西宁								
银川								
乌鲁木齐	92	92	1653	1769	31091	30320	8392	8180

4-21 36城市连锁餐饮企业加盟门店基本情况

地区	门店数（个）		年末从业人员（人）		年末餐饮营业面积（平方米）		年末餐位数（位）	
	2016年	2015年	2016年	2015年	2016年	2015年	2016年	2015年
合计	**3798**	**3621**	**126277**	**126862**	**1843159**	**1885148**	**739999**	**747410**
北京	271	252	12405	13013	310865	316102	68090	64686
天津	1	1	12	17	150	150	80	80
石家庄								
太原								
呼和浩特								
沈阳								
大连								
长春								
哈尔滨								
上海	18	27	1011	1529	3989	6005	796	1421
南京								
杭州	181	186	4401	4667	78250	47278	24300	22380
宁波	4	4	172	175	4470	4470	1210	1210
合肥	25	13	301	289	2669	6287	1595	1475
福州								
厦门	171	212	746	812	7270	6970	3050	3000
南昌	28	22	900	850	730	720	560	550
济南								
青岛	46	44	2358	1941	15222	14731	5208	4708
郑州								
武汉		1		70		1000		100
长沙	574	419	15197	12468	364907	314333	136919	126060
广州	5	5	224	189	4194	4194	754	788
深圳	11	4	112	82	1720	1160	536	311
南宁	77	59	2105	1682	19200	11150	6550	4950
海口								
重庆	1881	1880	71619	74008	931138	957387	391387	416725
成都	302	290	4080	4069	72838	71708	37440	36556
贵阳								
昆明	172	169	9741	9964	19647	115203	59258	59910
拉萨								
西安	5	5	323	337	700	700	166	100
兰州								
西宁								
银川								
乌鲁木齐	26	28	570	700	5200	5600	2100	2400

4-22 36城市连锁餐饮企业经营情况

单位：万元

地区	商品购进总额		统一配送商品购进额		自有配送中心配送商品购进额	
	2016年	2015年	2016年	2015年	2016年	2015年
合计	**5638858**	**5325903**	**4616090**	**4313943**	**1938341**	**1970385**
北京	992656	986765	785911	784778	452223	452723
天津	167785	173507	39074	41163	2884	2990
石家庄						
太原	34044	46451	27930	38173	27930	38173
呼和浩特	200	200	200	200		
沈阳	463696	428247	425007	389651	9850	10703
大连	61342	60521	33993	35658	15468	15453
长春	2545	3043	2036	2434		
哈尔滨	9131	9747	8280	8828	898	771
上海	715648	669793	584442	529313	84868	226304
南京	178555	137855	178553	137838	151974	111188
杭州	256866	253273	248444	242083	201052	194087
宁波	17165	18691	9799	11652	6054	7112
合肥	66396	58243	66118	56501	36920	35071
福州	63541	63267	63541	63267	1091	1320
厦门	55905	58443	50480	52459	36074	35642
南昌	36835	39901	34586	37074		2612
济南	15524	16044	7308	6784	4699	4291
青岛	114220	119963	112530	119930	96265	106034
郑州	33669	35769	32544	33845		
武汉	140046	100856	126404	90374	42530	19004
长沙	180385	173339	122038	114327	99932	91339
广州	554163	513330	552731	511974	351028	303861
深圳	315659	291465	253299	235571	55829	59871
南宁	40219	36655	40219	36655	11295	8400
海口	2075	1886	2075	1886		
重庆	575742	550388	287022	263502	163336	162603
成都	356141	307485	352741	304861	15344	15294
贵阳	3647	4516	3647	4516		
拉萨	95469	83121	78984	79479		
昆明	79	75				
西安	60018	55263	57750	52661	50090	45413
兰州	13724	13410	12636	12115	12304	11721
西宁						
银川						
乌鲁木齐	15768	14391	15768	14391	8403	8405

4–22 续表

单位：万元

地　区	非自有配送中心配送商品购进额		营业额		餐费收入及商品销售额	
	2016年	2015年	2016年	2015年	2016年	2015年
合　计	**604371**	**513441**	**15116717**	**14328088**	**15085650**	**14292560**
北　京	103790	108719	3304202	3029413	3285982	3004431
天　津			389191	388213	389191	388213
石家庄						
太　原			70711	73958	70711	73958
呼和浩特			408	555	408	555
沈　阳			439473	453072	439474	453073
大　连			131950	131511	131950	131510
长　春	509	609	6964	8612	6964	8612
哈尔滨	7331	7720	33300	37155	33300	37155
上　海	176837	110793	2225223	2094786	2224888	2093981
南　京	21869	22657	396982	394518	396773	394397
杭　州	28777	29069	800115	771090	798816	771091
宁　波			39551	42628	39470	42374
合　肥	1941	1856	174774	158039	174732	155499
福　州			140610	136366	140610	136366
厦　门	13400	15611	130376	134611	130376	134611
南　昌			80890	77930	80890	77930
济　南	59	53	44768	45035	44768	45035
青　岛	1299		253154	265355	253154	265355
郑　州			88218	89514	87771	89368
武　汉	55182	40406	602602	540139	601647	539731
长　沙	22105	22987	565886	509950	563386	509949
广　州	23605	24079	1502918	1445283	1502174	1444569
深　圳	6986	5336	936017	900916	933871	899779
南　宁	20792	20088	111712	98138	111712	98138
海　口	2075	1886	7804	6432	7804	6432
重　庆	82516	69191	1257020	1165345	1254798	1165222
成　都	5237	5542	1020175	892625	1018886	891349
贵　阳			7271	9248	7271	9248
拉　萨	18041	16611	152068	227156	152068	224858
昆　明			778	588	778	588
西　安	4655	4242	125277	123484	125277	123484
兰　州			31217	30001	31217	30001
西　宁						
银　川						
乌鲁木齐	7365	5986	45112	46422	44533	45698

4–23　36城市连锁餐饮企业直营门店经营情况

单位：万元

地　区	商品购进总额		统一配送商品购进额		自有配送中心配送商品购进额	
	2016年	2015年	2016年	2015年	2016年	2015年
合　计	**5063037**	**4783536**	**4264248**	**3993134**	**1792427**	**1839297**
北　京	943907	929500	768893	766646	448370	448194
天　津	167784	173507	39074	41163	2884	2990
石家庄						
太　原	34044	46451	27930	38173	27930	38173
呼和浩特	200	200	200	200		
沈　阳	463696	428247	425007	389651	9850	10703
大　连	61342	60521	33993	35658	15468	15453
长　春	2545	3043	2036	2434		
哈尔滨	9131	9747	8280	8828	898	771
上　海	706790	657479	584100	528893	84777	226121
南　京	178555	137855	178553	137838	151974	111188
杭　州	232010	242261	225390	231260	177999	183264
宁　波	15630	16946	8265	9908	4809	5657
合　肥	66152	57624	65874	56372	36690	34965
福　州	63541	63267	63541	63267	1091	1320
厦　门	54663	57285	50270	52259	36074	35642
南　昌	33293	35801	31044	32974		2612
济　南	15524	16044	7308	6784	4699	4291
青　岛	104924	109618	103234	109584	96265	106034
郑　州	33669	35769	32544	33845		
武　汉	140046	100656	126404	90374	42530	19004
长　沙	140064	138955	110904	107798	95171	86613
广　州	551560	510732	550128	509376	351028	303861
深　圳	314207	290251	252651	235499	55829	59871
南　宁	29327	28088	29327	28088	8535	8000
海　口	2075	1886	2075	1886		
重　庆	266349	266490	127060	118065	55752	56303
成　都	317191	267260	314241	265064	14877	14678
贵　阳	3647	4516	3647	4516		
拉　萨	24476	13157	7991	9514		
昆　明	79	75				
西　安	58994	54454	57750	52661	50090	45413
兰　州	13724	13410	12636	12115	12304	11721
西　宁						
银　川						
乌鲁木齐	13898	12441	13898	12441	6533	6455

4–23 续表

单位：万元

地区	非自有配送中心配送商品购进额		营业额		餐费收入及商品销售额	
	2016年	2015年	2016年	2015年	2016年	2015年
合计	**518600**	**446540**	**13483771**	**12724469**	**13455542**	**12689523**
北京	90624	95116	3132573	2860078	3114353	2835130
天津			389081	388103	389081	388103
石家庄						
太原			70711	73958	70711	73958
呼和浩特			408	555	408	555
沈阳			439473	453072	439474	453073
大连			131950	131511	131950	131510
长春	509	609	6964	8612	6964	8612
哈尔滨	7331	7720	33300	37155	33300	37155
上海	176837	110793	2198805	2058226	2198469	2057420
南京	21869	22657	396982	394518	396773	394397
杭州	28777	29069	720529	703340	719230	703341
宁波			36669	39937	36588	39683
合肥	1928	1839	172233	155605	172192	153611
福州			140610	136366	140610	136366
厦门	13190	15411	128196	132778	128195	132778
南昌			67788	65906	67788	65905
济南	59	53	44768	45035	44768	45035
青岛	1299		222845	235987	222845	235988
郑州			88218	89514	87771	89368
武汉	55182	40406	602602	539839	601647	539431
长沙	15733	21185	310758	299677	309758	299677
广州	23605	24079	1497559	1439698	1496816	1438984
深圳	6986	5336	932603	899170	930457	898034
南宁	20792	20088	79560	73404	79560	73404
海口	2075	1886	7804	6432	7804	6432
重庆	33841	33232	440058	384480	439172	384359
成都	5237	5542	892501	771241	891213	769965
贵阳			7271	9248	7271	9248
拉萨	706	1291	96442	98390	96443	96092
昆明			778	588	778	588
西安	4655	4242	123644	122072	123644	122072
兰州			31217	30001	31217	30001
西宁						
银川						
乌鲁木齐	7365	5986	38871	39973	38292	39248

4-24 36城市连锁餐饮企业加盟门店经营情况

单位：万元

地区	商品购进总额		统一配送商品购进额		自有配送中心配送商品购进额	
	2016年	2015年	2016年	2015年	2016年	2015年
合　计	**575819**	**542370**	**351843**	**320812**	**145916**	**131089**
北　京	48748	57265	17018	18133	3853	4529
天　津						
石家庄						
太　原						
呼和浩特						
沈　阳						
大　连						
长　春						
哈尔滨						
上　海	8858	12314	342	420	91	184
南　京						
杭　州	24857	11012	23053	10823	23053	10823
宁　波	1534	1745	1534	1745	1245	1455
合　肥	244	619	244	130	231	106
福　州						
厦　门	1242	1158	210	200		
南　昌	3542	4100	3542	4100		
济　南						
青　岛	9296	10346	9296	10346		
郑　州						
武　汉		200				
长　沙	40321	34384	11134	6529	4762	4727
广　州	2603	2598	2603	2598		
深　圳	1452	1214	648	72		
南　宁	10892	8567	10892	8567	2760	400
海　口						
重　庆	309393	283898	159963	145437	107584	106300
成　都	38950	40226	38501	39797	467	615
贵　阳						
拉　萨	70993	69965	70993	69965		
昆　明						
西　安	1024	809				
兰　州						
西　宁						
银　川						
乌鲁木齐	1870	1950	1870	1950	1870	1950

4–24 续表

单位：万元

地　区	非自有配送中心配送商品购进额		营业额		餐费收入及商品销售额	
	2016年	2015年	2016年	2015年	2016年	2015年
合　计	**85771**	**66902**	**1632945**	**1603620**	**1630110**	**1603039**
北　京	13165	13603	171629	169335	171629	169300
天　津			110	110	110	110
石家庄						
太　原						
呼和浩特						
沈　阳						
大　连						
长　春						
哈尔滨						
上　海			26418	36560	26418	36560
南　京						
杭　州			79586	67750	79586	67750
宁　波			2882	2691	2882	2691
合　肥	13	17	2541	2434	2541	1888
福　州						
厦　门	210	200	2181	1833	2181	1833
南　昌			13102	12025	13102	12025
济　南						
青　岛			30309	29368	30309	29368
郑　州						
武　汉				300		300
长　沙	6372	1802	255128	210273	253628	210273
广　州			5358	5585	5359	5585
深　圳			3414	1746	3414	1746
南　宁			32153	24734	32153	24734
海　口						
重　庆	48676	35960	816962	780865	815626	780865
成　都			127673	121384	127673	121384
贵　阳						
拉　萨	17335	15320	55626	128766	55626	128766
昆　明						
西　安			1632	1412	1632	1412
兰　州						
西　宁						
银　川						
乌鲁木齐			6241	6449	6241	6449

第五部分

连锁企业情况

5-1 销售额10亿元以上连锁零售企业

企业名称	业态	连锁商号	所在地
中国石油化工股份有限公司江苏石油分公司	加油站	中国石化	江苏省南京市
苏宁云商集团股份有限公司	专业店	苏宁	江苏省南京市
中国石油化工股份有限公司广东石油分公司	加油站	中国石化	广东省广州市
中国石油化工股份有限公司浙江石油分公司	加油站	中国石化	浙江省杭州市
永辉超市股份有限公司福建福州鼓楼分公司	大型超市	永辉、轩辉	福建省福州市
合肥百货大楼集团股份有限公司	百货店	合肥百大	安徽省合肥市
中国石油化工股份有限公司上海石油分公司	加油站	中国石化	上海市
上海大润发有限公司	大型超市	大拇指	上海市
中国石油化工股份有限公司安徽石油分公司	加油站	中国石化	安徽省合肥市
苏果超市有限公司	大型超市	苏果超市	江苏省南京市
中国石油天然气股份有限公司广东销售分公司	加油站	中国石油	广东省广州市
物美控股集团有限公司	超市	物美品牌	北京市
联华超市股份有限公司	超市	联华、华联	上海市
华润万家有限公司	大型超市	华润万家	广东省深圳市
中国石油化工股份有限公司北京石油分公司	加油站	中国石化	北京市
武汉武商集团股份有限公司	百货店	武商	湖北省武汉市
重庆百货大楼股份有限公司	百货店	重庆百货、商社电器、新世纪	重庆市
苹果电子产品商贸(北京)有限公司	专卖店	苹果电子	北京市
中百控股集团股份有限公司	超市	中百	湖北省武汉市
广东物资集团汽车贸易公司	专业店	广物汽贸	广东省广州市
昆山润华商业有限公司	大型超市	大润发	江苏省苏州市
北国商城股份有限公司	百货店	北国商城	河北省石家庄市
山东银座商城股份有限公司	百货店	银座商城	山东省济南市
利群集团股份有限公司	其他	利群	山东省青岛市
锦江麦德龙现购自运有限公司	仓储会员店	METRO麦德龙	上海市
上海老凤祥银楼有限公司	专卖店	老凤祥	上海市
中国石油天然气股份有限公司江苏销售分公司	加油站	中国石油	江苏省南京市
中国石油天然气股份有限公司浙江销售分公司	加油站	中国石油	浙江省杭州市
文峰大世界连锁发展股份有限公司南通文峰大世界	百货店	文峰大世界、文峰千家惠、文峰	江苏省南通市
北京王府井百货(集团)股份有限公司	百货店	王府井百货	北京市
中国石化天津石油分公司	加油站	中国石化销售有限公司天津石油分公司	天津市
北京苏宁云商销售有限公司	专业店	苏宁	北京市
中国石油化工股份有限公司广东广州石油分公司	加油站	中国石化	广东省广州市
山东潍坊百货集团股份有限公司	百货店	中百	山东省潍坊市
安徽辉隆农资集团股份有限公司	专业店	辉隆农资	安徽省合肥市
中国石油天然气股份有限公司安徽销售分公司	专业店	中国石油	安徽省合肥市
天虹商场股份有限公司	百货店	天虹	广东省深圳市
浙江省新华书店集团有限公司	专业店	新华书店	浙江省杭州市
武汉中商集团股份有限公司	大型超市	中商	湖北省武汉市
中国石油化工股份有限公司云南昆明石油分公司	加油站	中国石化	云南省昆明市
中国石油天然气股份有限公司北京销售分公司	加油站	中国石油	北京市
北京菜市口百货股份有限公司	专业店	菜百首饰	北京市
北京华联综合超市股份有限公司	大型超市	华联超市	北京市
陕西省烟草公司西安市公司	专业店	西安烟草	陕西省西安市
中国石油天然气股份有限公司渭南销售分公司	加油站	中国石油	陕西省渭南市
步步高商业连锁股份有限公司	大型超市	步步高商业	湖南省湘潭市
重庆永辉超市有限公司	大型超市	永辉超市	重庆市
江苏苏农农资连锁集团股份有限公司	专业店	苏农连锁	江苏省南京市

5-1 续表 1

企业名称	业态	连锁商号	所在地
中国石化销售有限公司广东深圳石油分公司	加油站	中国石化	广东省深圳市
江苏凤凰出版传媒股份有限公司	专业店	新华书店	江苏省南京市
郑州丹尼斯百货有限公司	大型超市	丹尼斯	河南省郑州市
山东家家悦集团有限公司	超市	家家悦	山东省威海市
上海世纪联华超市发展有限公司	大型超市	世纪联华	上海市
山东鲁花集团商贸有限公司	专业店	鲁花	山东省烟台市
武汉屈臣氏个人用品商店有限公司	百货店	屈臣氏	湖北省武汉市
中国石油天然气股份有限公司辽宁大连销售分公司	加油站	中国石油	辽宁省大连市
中国石油化工股份有限公司辽宁石油分公司	专业店	中国石化	辽宁省沈阳市
深圳沃尔玛百货零售有限公司	大型超市	沃尔玛	广东省深圳市
中国石化销售有限公司广西南宁石油分公司	加油站	中国石化	广西壮族自治区南宁市
广州易初莲花连锁超市有限公司	大型超市	易初莲花	广东省广州市
中国石油天然气股份有限公司	加油站	中国石油	吉林省长春市
广东骏和通信设备连锁销售有限公司	专业店	骏和通信	广东省广州市
中国石油化工股份有限公司海南石油分公司	加油站	中国石化	海南省海口市
江苏五星电器有限公司	专业店	五星电器	江苏省南京市
中国石油天然气股份有限公司上海销售分公司	加油站	中国石油	上海市
安徽商之都股份有限公司	百货店	商之都	安徽省合肥市
江苏乐天玛特商业有限公司	大型超市	乐天玛特	江苏省南通市
中国石油化工股份有限公司湖北武汉分公司	加油站	中国石化	湖北省武汉市
济南华联商厦集团股份有限公司	大型超市	华联	山东省济南市
中国石化壳牌(江苏)石油销售有限公司	加油站	壳牌	江苏省苏州市
中国石油天然气股份有限公司黑龙江哈尔滨销售分公司	加油站	中国石油	黑龙江省哈尔滨市
中国石油天然气股份有限公司陕西西安销售分公司	加油站	中国石油	陕西省西安市
北京市大中家用电器连锁销售有限公司	专业店	大中电器	北京市
中国石油化工有限公司广东东莞石油分公司	加油站	中国石化	广东省东莞市
农工商超市(集团)有限公司	超市	农工商	上海市
中国石油化工股份有限公司湖南长沙石油分公司	加油站	中国石化	湖南省长沙市
中国石油化工股份有限公司山东青岛石油分公司	加油站	中国石化	山东省青岛市
中国石油化工股份有限公司江西赣州石油分公司	加油站	中国石油	江西省赣州市
中国石油化工股份有限公司石家庄分公司	加油站	中国石化	河北省石家庄市
山西美特好连锁超市有限公司	大型超市	美特好	山西省太原市
苹果贸易(上海)有限公司	专卖店	苹果	上海市
路易威登(中国)商业销售有限公司	专卖店	路易威登	上海市
中国石油天然气股份有限公司云南昆明销售分公司	加油站	中国石油	云南省昆明市
中国石油化工股份有限公司福建石油分公司	加油站	中国石化	福建省福州市
延长壳牌(四川)石油有限公司	专卖店	壳牌	四川省成都市
上海苏宁电器有限公司	专业店	苏宁电器	上海市
新疆友好(集团)股份有限公司	百货店	友好	新疆维吾尔自治区乌鲁木齐市
成都红旗连锁股份有限公司	超市	红旗连锁	四川省成都市
中国石化销售有限公司广西桂林石油分公司	加油站	中国石化	广西壮族自治区桂林市
广州市广百股份有限公司	百货店	广百	广东省广州市
江西新华发行集团有限公司	专业店	新华书店	江西省南昌市
山东全福元商业集团有限责任公司总店	大型超市	全福元	山东省潍坊市
中国石油天然气股份有限公司湖北武汉销售分公司	加油站	中国石油	湖北省武汉市
武汉工贸有限公司	专业店	工贸家电	湖北省武汉市
中国石油天然气股份有限公司天津销售分公司	加油站	中国石油	天津市
广州市国美电器有限公司	专业店	国美	广东省广州市
江西洪客隆百货投资有限公司	百货店	洪客隆	江西省南昌市

5-1　续表 2

企业名称	业态	连锁商号	所在地
北京京客隆商业集团股份有限公司	超市	京客隆	北京市北京市
广东苏宁电器有限公司	专业店	苏宁	广东省广州市
湖南友谊阿波罗商业股份有限公司	百货店	友谊阿波罗	湖南省长沙市
山东新星集团有限公司	超市	山东新星集团	山东省淄博市
上海联家超市有限公司	大型超市	家乐福	上海市
江西省烟草公司赣州市公司	专业店	江西烟草	江西省赣州市
中国石油化工有限公司湖北十堰石油分公司	加油站	中国石化	湖北省十堰市
中国石油化工股份有限公司河南南阳石油分公司	加油站	中国石化	河南省南阳市
青岛利客来集团股份有限公司	大型超市	利客来	山东省青岛市
江西省烟草公司南昌市公司	专业店	香澄连锁	江西省南昌市
四川苏宁云商销售有限公司	专业店	苏宁易购	四川省成都市
中国石油化工股份有限公司河北唐山石油分公司	加油站	中国石化	河北省唐山市
云南鸿翔一心堂药业(集团)股份有限公司	专业店	一心堂	云南省昆明市
江西省烟草公司上饶分公司	专业店	江西烟草	江西省上饶市
中国石油化工股份有限公司广东惠州石油分公司	加油站	中国石化	广东省惠州市
青岛维客集团股份有限公司	百货店	维客	山东省青岛市
北京永辉超市有限公司	大型超市	永辉超市	北京市
永乐(中国)电器销售有限公司	专业店	永乐	上海市
中国石油化工股份有限公司河南洛阳石油分公司	加油站	中国石化	河南省洛阳市
天盟农资连锁有限责任公司	专卖店	金沙江	云南省昆明市
河南大张实业有限公司	大型超市	河南大张实业有限公司	河南省洛阳市
中国石油化工股份有限公司江西南昌石油分公司	加油站	中国石化	江西省南昌市
华润万家生活超市(广州)有限公司	超市	润之家、简约组合	广东省广州市
壳牌华北石油集团有限公司	加油站	壳牌	天津市天津市
中国石化销售有限公司广西柳州石油分公司	加油站	中国石化	广西壮族自治区柳州市
中国石油天然气股份有限公司重庆销售分公司	加油站	中国石油	重庆市
中国石油天然气股份有限公司新疆乌鲁木齐销售公司	加油站	中国石油	新疆维吾尔自治区乌鲁木齐市
雄风集团有限公司	百货店	雄风百货	浙江省绍兴市
重庆苏宁云商销售有限公司	专业店	苏宁	重庆市
成都国美电器有限公司	专业店	国美电器	四川省成都市
国美电器有限公司	专业店	国美电器	北京市
华润万家生活超市(浙江)有限公司	大型超市	华润万家	浙江省杭州市
新华文轩出版传媒股份有限公司	专业店	新华文轩	四川省成都市
上海易初莲花连锁超市有限公司	大型超市	卜蜂莲花	上海市
广州屈臣氏个人用品商店有限公司	百货店	屈臣氏	广东省广州市
北京家乐福商业有限公司	大型超市	家乐福	北京市
中油碧辟石油有限公司广州分公司	加油站	中油碧辟	广东省广州市
江西省烟草公司宜春市公司	专业店	江西烟草	江西省宜春市
中国石油化工股份有限公司广东江门石油分公司	专业店	中国石化	广东省江门市
中国石油化工股份有限公司山东石油分公司	加油站	中国石化	山东省济南市
成都伊藤洋华堂有限公司	百货店	伊藤洋华堂	四川省成都市
江西省烟草公司九江分公司	专业店	江西烟草	江西省九江市
中国石化森美(福建)石油有限公司泉州分公司	加油站	中国石化	福建省泉州市
山东银宝食品有限公司	专卖店	银宝	山东省泰安市
深圳茂业商厦有限公司	百货店	茂业百货	广东省深圳市
天津华润万家生活超市有限公司	大型超市	华润万家	天津市
长沙通程控股股份有限公司	专业店	通程电器、通程万惠、通程商业广场	湖南省长沙市
九禾股份有限公司	厂家直销中心	九禾	重庆市
中国石化销售有限公司陕西宝鸡分公司	加油站	中国石化	陕西省宝鸡市

5-1 续表 3

企业名称	业态	连锁商号	所在地
中国石油天然气股份有限公司甘肃兰州分公司	加油站	中国石油	甘肃省兰州市
湖南省新华书店有限责任公司	专业店	新华书店	湖南省长沙市
中国石油天然气股份有限公司广西南宁销售分公司	加油站	中国石油	广西壮族自治区南宁市
三江购物俱乐部股份有限公司	超市	三江购物	浙江省宁波市
中国石油化工股份有限公司广东中山石油分公司	加油站	中国石化	广东省中山市
深圳市顺电连锁股份有限公司	专业店	顺电	广东省深圳市
飒拉商业(上海)有限公司	专卖店	ZARA	上海市
湖北省新华书店(集团)有限公司	专业店	新华书店	湖北省武汉市
重庆新华书店集团公司	专业店	新华书店	重庆市
上海联华快客便利有限公司	便利店	快客	上海市
中国石油化工股份有限公司山西太原石油分公司	加油站	中国石化	山西省太原市
中国石油化工股份有限公司湖南怀化石油分公司	加油站	中国石化	湖南省怀化市
陕西省烟草公司榆林市公司	专卖店	陕西烟草	陕西省榆林市
无印良品(上海)商业有限公司	专卖店	无印良品MUJI	上海市
中国石化销售有限公司广西百色石油分公司	加油站	中国石化	广西壮族自治区百色市
江西省烟草公司抚州分公司	专业店	江西烟草	江西省抚州市
深圳市苏宁电器有限公司	专业店	苏宁	广东省深圳市
广东永旺天河城商业有限公司	百货店	吉之岛	广东省广州市
山东九州商业集团有限公司	大型超市	九州集团	山东省临沂市
中国石油化工股份有限公司江西宜春石油分公司	加油站	中国石化	江西省宜春市
中国石油化工股份有限公司襄樊石油分公司	加油站	中国石化	湖北省襄阳市
山东贵诚集团购物中心有限公司	百货店	山东贵诚	山东省枣庄市
中国石油化工股份公司江西吉安分公司	加油站	中国石化	江西省吉安市
中国石油化工股份有限公司新疆石油分公司	加油站	易捷	新疆维吾尔自治区乌鲁木齐市
中国石油天然气股份有限公司江西南昌销售分公司	加油站	中国石油	江西省南昌市
泸州汇通百货股份有限公司	百货店	汇通百货	四川省泸州市
大参林医药集团股份有限公司	专业店	恩莱芙	广东省广州市
北京翠微大厦股份有限公司	百货店	翠微百货	北京市
湖南绝味食品股份有限公司	专卖店	绝味	湖南省长沙市
江苏新合作常客隆连锁超市有限公司	超市	新合作常客隆	江苏省苏州市
中国石油天然气股份有限公司湖南长沙销售分公司	加油站	中国石油	湖南省长沙市
北京华冠商业经营股份有限公司	超市	北京华冠	北京市
中国石化森美(福建)石油有限公司福州分公司	加油站	中国石化(森美)	福建省福州市
中国石油化工股份有限公司湖南岳阳石油分公司	加油站	中国石化	湖南省岳阳市
上海福满家便利有限公司	便利店	全家	上海市
沈阳国美电器有限公司	专业店	国美电器	辽宁省沈阳市
中国石油化工股份有限公司山东济宁石油分公司	加油站	中国石化	山东省济宁市
成都家乐福超市有限公司	大型超市	家乐福	四川省成都市
四川永辉超市有限公司	大型超市	永辉超市	四川省成都市
湖北省十堰市寿康永乐有限公司	超市	寿康永乐	湖北省十堰市
深圳市百果园实业发展有限公司	其他	百果园	广东省深圳市
中国石油化工股份有限公司广东茂名石油分公司	加油站	中国石化	广东省茂名市
江苏华润万家超市有限公司	超市	华润万家	江苏省苏州市
话机世界通信集团股份有限公司	专业店	话机世界、众泰数码、T-WORLD、沃达科技	浙江省杭州市
中国石油天然气股份有限公司新疆喀什销售分公司	加油站	中国石油	新疆维吾尔自治区喀什地区
中国石油天然气股份有限公司新疆阿克苏销售分公司	加油站	中国石油	新疆维吾尔自治区阿克苏地区
中国石油天然气股份有限公司山东青岛销售分公司	加油站	中国石油	山东省青岛市
中国石油化工股份有限公司驻马店分公司	加油站	中国石化	河南省驻马店市
北京超市发连锁股份有限公司	超市	超市发	北京市

5-1 续表 4

企业名称	业态	连锁商号	所在地
荆门市东方百货大厦	百货店	东方百货	湖北省荆门市
湖北高路油站经营有限责任公司	加油站	中国石化	湖北省武汉市
广州壳牌石油化工有限公司	加油站	延长壳牌	广东省广州市
中国石油化工股份有限公司湖南株洲石油公司	加油站	中国石化	湖南省株洲市
中国石化森美(福建)石油有限公司厦门分公司	加油站	中国石化(森美)	福建省厦门市
中国石油化工股份有限公司湖南石油高速分公司	加油站	中国石化	湖南省长沙市
中化道达尔油品有限公司	加油站	道达尔	上海市
四川省汇星实业(集团)有限公司	超市	汇星超市	四川省绵阳市
天津天宁苏宁电器有限公司	专业店	苏宁	天津市
中国石化森美(福建)石油有限公司漳州分公司	加油站	中国石化(森美)	福建省漳州市
江西中国石化股份有限公司抚州分公司	加油站	中国石化	江西省抚州市
中国石油化工股份有限公司上饶分公司	加油站	中国石化	江西省上饶市
中国石油化工股份有限公司湖南常德石油分公司	专业店	中国石化	湖南省常德市
中国石油化工股份有限公司河北保定石油分公司	加油站	中国石化	河北省保定市
广东天河城百货有限公司	百货店	天河城百货	广东省广州市
中国石油天然气股份有限公司四川德阳销售分公司	加油站	中国石油	四川省德阳市
中国石油化工股份有限公司河北邢台石油分公司	加油站	中国石化	河北省邢台市
中国石油天然气股份有限公司广东广州销售分公司	加油站	中国石油	广东省广州市
陕西省烟草公司宝鸡市分公司	其他	陕西烟草	陕西省宝鸡市
中国石化安徽安庆石油分公司	加油站	中国石化	安徽省安庆市
武汉苏宁电器有限公司	专业店	苏宁电器	湖北省武汉市
中国石油化工股份有限公司重庆石油分公司	加油站	中国石化	重庆市
美克美家家具连锁有限公司	专卖店	美克美家	新疆维吾尔自治区乌鲁木齐市
烟台市家家悦超市有限公司	超市	家家悦	山东省烟台市
上海国美电器有限公司	专业店	国美电器	上海市
北京沃尔玛百货有限公司	仓储会员店	沃尔玛超市	北京市
中国石油化工股份有限公司九江石油分公司	加油站	中国石化	江西省九江市
陕西省烟草公司安康市公司	专卖店	安康烟草	陕西省安康市
山西省烟草公司晋中市公司	专业店	中国烟草	山西省晋中市
中国石油天然气股份有限公司陕西延安销售分公司	加油站	中国石油	陕西省延安市
中国石油天然气股份有限公司河北保定销售分公司	加油站	中国石油	河北省保定市
中国石化销售有限公司河北承德石油分公司	加油站	中国石化	河北省承德市
中国石化销售有限公司河南信阳石油分公司	加油站	中国石化	河南省信阳市
华联集团吉买盛购物中心有限公司	大型超市	吉买盛	上海市
中国石油天然气股份有限公司宁夏银川销售分公司	加油站	中国石油	宁夏回族自治区银川市
中国石油化工股份有限公司山东滨州石油分公司	加油站	中国石化	山东省滨州市
银川新华百货连锁超市有限公司	大型超市	银川新华百货连锁超市	宁夏回族自治区银川市
阜阳华联集团股份有限公司	超市	华联	安徽省阜阳市
中国石油化工股份有限公司湖南永州石油分公司	加油站	中国石化	湖南省永州市
浙江银泰百货有限公司	百货店	银泰	浙江省杭州市
中国石油化工股份有限公司河北廊坊石油分公司	加油站	中国石化	河北省廊坊市
中国石油化工股份有限公司河北邯郸石油分公司	加油站	中国石化	河北省邯郸市
中国石油天然气股份有限公司辽宁锦州销售分公司	加油站	中国石油	辽宁省锦州市
广州百佳超级市场有限公司	超市	百佳	广东省广州市
安徽永辉超市有限公司	大型超市	永辉超市	安徽省合肥市
中国石油天然气股份有限公司新疆昌吉销售分公司	加油站	中国石油	新疆维吾尔自治区昌吉州
中国石油天然气股份有限公司陕西宝鸡销售分公司	加油站	中国石油	陕西省宝鸡市
中国石油化工股份有限公司河南新乡石油分公司	加油站	中国石化	河南省新乡市
山西省烟草公司长治市公司	专业店	中国烟草	山西省长治市

5-1 续表 5

企业名称	业态	连锁商号	所在地
苏州欧尚超市有限公司	大型超市	欧尚	江苏省苏州市
广州友谊集团有限公司	百货店	广州友谊	广东省广州市
中国石油新疆销售有限公司巴州分公司	加油站	中国石油	新疆维吾尔自治区巴州
中国石油化工股份有限公司山西临汾石油分公司	加油站	中国石化	山西省临汾市
中国石油化工股份有限公司河北沧州石油分公司	加油站	中国石化	河北省沧州市
中国石油化工股份有限公司珠海石油分公司	专业店	中国石化	广东省珠海市
中国石油天然气股份有限公司河南洛阳销售分公司	加油站	中国石油	河南省洛阳市
沃尔玛华东百货有限公司	大型超市	沃尔玛	上海市
中国石油化工股份有限公司山东东营石油分公司	加油站	中国石化	山东省东营市
中国石化销售有限公司广西河池石油分公司	加油站	中国石化	广西壮族自治区河池市
中国石油化工股份有限公司广东梅州石油分公司	加油站	中国石化	广东省梅州市
中国石化销售有限公司广西玉林石油分公司	加油站	中国石化	广西壮族自治区玉林市
中国石化森美(福建)石油有限公司龙岩分公司	加油站	中国石化（森美）	福建省龙岩市
中国石油化工股份有限公司广东阳江分公司	加油站	中国石化	广东省阳江市
中国石油化工股份有限公司	加油站	中国石化	陕西省西安市
中国石油天然气股份有限公司辽宁营口销售分公司	加油站	中国石油	辽宁省营口市
四川壹玖壹玖酒类供应链管理股份有限公司	专卖店	1919	四川省成都市
沃尔玛(湖北)商业零售有限公司	大型超市	沃尔玛	湖北省武汉市
中国石油天然气股份有限公司海南销售分公司	加油站	中国石油	海南省海口市
中国石油天然气股份有限公司新疆克拉玛依销售分公司	加油站	中国石油	新疆维吾尔自治区克拉玛依市
迪卡侬(上海)体育用品有限公司	专业店	迪卡侬	上海市
北京稻香村食品有限责任公司	专卖店	三禾品牌	北京市
中国石油化工股份有限公司江西新余石油分公司	加油站	中国石化	江西省新余市
许昌市胖东来商贸集团有限公司	大型超市	胖东来	河南省许昌市
福建苏宁云商商贸有限公司	专卖店	苏宁易购	福建省福州市
中国石油天然气股份有限公司陕西榆林销售分公司	加油站	中国石油	陕西省榆林市
中国石油化工股份有限公司山西晋中石油分公司	加油站	中国石化	山西省晋中市
中国石油天然气股份有限公司新疆哈密销售分公司	加油站	中国石油	新疆维吾尔自治区哈密市
中油股份陕西咸阳销售分公司	加油站	中国石油	陕西省咸阳市
中国石油天然气股份有限公司陕西汉中销售分公司	加油站	中国石油	陕西省汉中市
中国石油化工股份有限公司湖南邵阳石油分公司	加油站	中国石化	湖南省邵阳市
中国石化森美(福建)石油有限公司莆田分公司	加油站	中国石化	福建省莆田市
天津国美电器有限公司	专业店	国美电器	天津市
中山市壹加壹连锁商业有限公司	大型超市	壹加壹	广东省中山市
中国石油化工股份有限公司福建福州分公司	加油站	中国石化	福建省福州市
青岛永旺东泰商业有限公司	大型超市	永旺	山东省青岛市
天津劝宝超市有限责任公司	超市	劝宝	天津市
中国石化森美(福建)石油有限公司南平分公司	加油站	中国石化(森美)	福建省南平市
深圳市人人乐商业有限公司	大型超市	人人乐	广东省深圳市
中国石化销售有限公司广西贵港石油分公司	加油站	中国石化	广西壮族自治区贵港市
上海老庙黄金连锁经营有限公司	专业店	老庙黄金	上海市
浙江华润慈客隆超市有限公司	超市	华润万家	浙江省宁波市
中国石油天然气股份有限公司新疆伊犁销售分公司	加油站	中国石油	新疆维吾尔自治区伊犁州
十堰市新合作超市有限公司	超市	新合作超市	湖北省十堰市
中国石化销售有限公司广西钦州石油分公司	加油站	中国石化	广西壮族自治区钦州市
百盛商业发展有限公司	百货店	百盛	北京市
西安民生集团股份有限公司	百货店	西安民生	陕西省西安市
中国石油化工股份有限公司河南三门峡石油分公司	加油站	中国石化	河南省三门峡市
浙江宏图三胞科技发展有限公司	专卖店	宏图三胞	浙江省杭州市

5-1 续表 6

企业名称	业态	连锁商号	所在地
中国石油天然气股份有限公司广西桂林销售分公司	加油站	中国石油	广西壮族自治区桂林市
飒拉商业(北京)有限公司	专卖店	飒拉商业	北京市
重庆和平药房连锁有限责任公司	专业店	和平药房	重庆市
中国石油化工股份有限公司湖南湘西分公司	加油站	中国石化	湖南省湘西土家族苗族自治州
湖北良品铺子食品有限公司	专业店	良品铺子	湖北省武汉市
中国石油天然气股份有限公司辽宁葫芦岛分公司	加油站	中国石油	辽宁省葫芦岛市
中国石油天然气股份有限公司甘肃天水销售分公司	加油站	中国石油	甘肃省天水市
武汉国美电器有限公司	专业店	国美电器	湖北省武汉市
云南沃尔玛百货有限公司	大型超市	沃尔玛	云南省昆明市
中国石油天然气股份有限公司广西钦州销售分公司	加油站	中国石油	广西壮族自治区钦州市
浙江惠多利农资连锁有限公司	专业店	惠多利	浙江省杭州市
哈尔滨中央红集团股份有限公司	便利店	小月亮	黑龙江哈尔滨
广东赛壹便利店有限公司	便利店	7-ELEVEn	广东省广州市
永旺华南商业有限公司	大型超市	永旺	广东省深圳市
江苏省苏盐连锁有限公司	专业店	苏盐连锁	江苏省南京市
沈阳家乐福商业有限公司	大型超市	家乐福	辽宁省沈阳市
中国石油化工股份有限公司陕西渭南石油公司	加油站	中国石化	陕西省渭南市
重庆市国美电器有限公司	专卖店	国美电器	重庆市
中国石油化工股份有限公司山东枣庄石油分公司	加油站	中国石化	山东省枣庄市
沃尔玛(深圳)百货有限公司	大型超市	沃尔玛百货	广东省深圳市
中国石油化工股份有限公司湖南娄底石油分公司	加油站	中国石化	湖南省娄底市
廊坊市明珠商业企业集团有限公司	百货店	廊坊明珠	河北省廊坊市
沃尔玛(江苏)商业零售有限公司	大型超市	沃尔玛	江苏省南京市
中国石化销售有限公司广西梧州石油分公司	加油站	中国石化	广西壮族自治区梧州市
中国石油天然气股份有限公司酒泉销售公司	加油站	中国石油	甘肃省酒泉市
深圳市国美电器有限公司	专业店	国美电器	广东省深圳市
中国石油化工股份有限公司湖北荆门石油分公司	加油站	中国石化	湖北省荆门市
中国石化森美(福建)石油有限公司三明分公司	加油站	中国石化(森美)	福建省三明市
周大福珠宝金行(武汉)有限公司	专卖店	周大福	湖北省武汉市
泉州新华都购物广场有限公司	大型超市	新华都	福建省泉州市
中国石油化工股份有限公司河南商丘分公司	加油站	中国石化	河南省商丘市
沃尔玛(四川)百货有限公司	大型超市	沃尔玛	四川省成都市
浙江供销超市有限公司	大型超市	浙江供销超市、供销便利、家连便利	浙江省绍兴市
浙江永辉超市有限公司	大型超市	永辉超市	浙江省杭州市
中国石油化工股份有限公司河北衡水石油分公司	加油站	中国石化	河北省衡水市
湖北博通电器有限公司	专业店	博通电器	湖北省省直辖县级行政区划
中国石油天然气股份有限公司福建福州销售分公司	加油站	中国石油	福建省福州市
重庆重客隆超市连锁有限责任公司	超市	重客隆	重庆市
平和堂(中国)有限公司	百货店	平和堂	湖南省长沙市
中国石油天然气股份有限公司陕西铜川销售分公司	加油站	中国石油	陕西省铜川市
中国石油化工股份有限公司周口分公司	加油站	中国石化	河南省周口市
中国石油天然气股份有限公司河北石家庄销售分公司	加油站	中国石油	河北省石家庄市
中国石油化工股份有限公司河南平顶山石油分公司	加油站	中国石化	河南省平顶山市
中国石油天然气股份有限公司辽宁抚顺销售分公司	加油站	中国石油	辽宁省抚顺市
安徽徽商农家福有限公司	其他	农家福	安徽省合肥市
辽宁成大方圆医药连锁有限公司	专业店	成大方圆	辽宁沈阳市
乐天超市有限公司	大型超市	乐天玛特、乐之选	北京市
昆明家乐福超市有限公司	大型超市	家乐福	云南省昆明市
中国石化销售有限公司西北新疆阿克苏分公司	加油站	中国石化	新疆维吾尔自治区阿克苏地区

5-1 续表 7

企业名称	业态	连锁商号	所在地
湖北富迪实业有限公司	超市	湖北富迪实业	湖北省仙桃市
山东苏宁电器有限公司	专业店	苏宁	山东省济南市
中国石油天然气股份有限公司甘肃张掖销售分公司	加油站	中国石油	甘肃省张掖市
中国石化销售有限公司广西崇左石油分公司	加油站	中国石化	广西崇左市
青岛苏宁云商商贸有限公司	专业店	苏宁云商	山东省青岛市
中国石化湖南益阳石油分公司	加油站	中国石化	湖南省益阳市
上海来伊份食品连锁经营有限公司	专业店	来伊份	上海市
上海好德便利有限公司	便利店	好德alldays	上海市
中国石化销售有限公司广西北海石油分公司	加油站	中国石化	广西壮族自治区北海市
贵州合力购物有限责任公司	大型超市	合力购物	贵州省贵阳市
安徽国生电器有限责任公司	专业店	国生电器	安徽省合肥市
西亚和美商业股份有限公司	大型超市	西亚和美	河南省信阳市
江西鹏润国美电器有限公司	专业店	国美电器	江西省南昌市
湖南家润多超市有限公司	超市	海航家润多	湖南省长沙市
广西辉煌交通石化有限公司	加油站	中国石化	广西壮族自治区南宁市
益丰大药房连锁股份有限公司	专业店	益丰大药房	湖南省常德市
深圳市亨吉利世界名表中心有限公司	专卖店	亨吉利名表	广东省深圳市
中国石油天然气股份有限公司辽宁辽阳销售分公司	加油站	中国石油	辽宁省辽阳市
中国石化销售有限公司山西长治石油分公司	加油站	中国石化	山西省长治市
东莞市嘉荣超市有限公司	大型超市	嘉荣	广东省东莞市
江苏苏盛商贸有限公司	专业店	苏盛	江苏省南京市
烟台振华量贩超市有限公司	超市	振华量贩	山东省烟台市
联盛商业连锁股份有限公司	大型超市	联盛	江西省九江市
迪卡侬(北京)体育用品有限公司	专业店	迪卡侬	北京市
中国石油天然气股份有限公司辽宁丹东销售分公司	加油站	中国石油	辽宁省丹东市
中国石油天然气股份有限公司辽宁朝阳销售分公司	加油站	中国石油	辽宁省朝阳市
深圳市恒波商业连锁股份有限公司	专业店	holpe恒波	广东省深圳市
长沙步步高商业连锁有限责任公司	大型超市	步步高	湖南省长沙市
北京同仁堂连锁药店有限责任公司	专业店	同仁堂	北京市
上海新欧尚超市有限公司	大型超市	欧尚	上海市
北京宜家家居有限公司	家居建材商店	宜家家居	北京市
中国石油天然气股份有限公司陕西安康销售分公司	加油站	中国石油	陕西省安康市
湖南佳惠百货有限责任公司	大型超市	佳惠百货	湖南省怀化市
中海石油炼化惠州销售有限责任公司	专业店	中海石油	广东省惠州市
中国天然气股分有限公司宁夏固原销售分公司	加油站	中国石油	宁夏回族自治区固原市
中国石油化工股份有限公司河南许昌石油分公司	加油站	中国石化	河南省许昌市
中国石化销售有限公司广西贺州石油分公司	加油站	中国石化	广西壮族自治区贺州市
永辉超市河南有限公司	大型超市	永辉超市	河南省郑州市
中国石油新疆吐鲁番销售分公司	加油站	中国石油	新疆维吾尔自治区吐鲁番市
B H G(北京)百货有限公司	百货店	B H G	北京市
东营银座商城有限公司	百货店	银座	山东省东营市
浙江上百贸易有限公司	百货店	上百贸易	浙江省绍兴市
昆明百货大楼(集团)珠宝经营有限公司	专业店	昆明百货大楼	云南省昆明市
北京美廉美连锁商业有限公司	大型超市	北京美廉美	北京市
中国石油化工股份有限公司湖北高速公路油站管理分公司	加油站	中国石化	湖北省武汉市
中国石油化工股份有限公司福建泉州石油分公司	加油站	中国石化	福建省泉州市
山西苏宁云商销售有限公司	专业店	苏宁易购	山西省太原市
昆明云顺和商业发展有限公司	百货店	昆明百盛	云南省昆明市

5-1 续表 8

企业名称	业态	连锁商号	所在地
广西苏宁电器有限公司	专业店	苏宁电器	广西壮族自治区南宁市
江西高速实业开发有限公司	加油站	中国石化	江西省南昌市
中国石油天然气股份有限公司广西玉林销售分公司	加油站	中国石油	广西壮族自治区玉林市
凉山州达达商贸有限责任公司	超市	凉山州达达商贸	四川省凉山州
安徽苏宁云商销售有限公司	专业店	苏宁云商	安徽省合肥市
深圳市百佳华百货有限公司	百货店	百佳华百货	广东深圳市
中国石化销售有限公司广西来宾石油分公司	加油站	中国石化	广西壮族自治区来宾市
浙江诸暨第一百货有限公司	超市	诸暨一百	浙江省绍兴市
山东鲁百百货大楼集团有限公司	百货店	鲁百百货	山东省东营市
中国石油天然气股份有限公司泉州销售分公司	加油站	中国石油	福建省泉州市
广州友谊班尼路服饰有限公司	专卖店	友谊班尼路	广东省广州市
中国石油化工股份有限公司江西景德镇石油分公司	加油站	中国石化	江西省景德镇市
中国石油化工股份有限公司安徽马鞍山石油分公司	加油站	中国石化	安徽省马鞍山
东莞市大地通讯连锁服务有限公司	专业店	大地通讯	广东省东莞市
中国石油天然气股份有限公司福建厦门销售分	加油站	中国石油	福建省厦门市
中国石油天然气股份有限公司甘肃临夏销售分公司	加油站	石油制品	甘肃省临夏市
北京鑫方盛五金交电有限公司	专业店	鑫方盛五金交电	北京市
湖北世纪愿景商贸有限公司	专卖店	周黑鸭	湖北省武汉市
银川新华百货东桥电器有限公司	专业店	新华百货东桥电器	宁夏回族自治区银川市
中国石油化工股份有限公司陕西榆林石油分公司	专业店	中国石化	陕西省榆林市
北京屈臣氏个人用品连锁商店有限公司	超市	屈臣氏	北京市
成都舞东风连锁超市有限责任公司	便利店	舞东风	四川省成都市
北京欧尚超市有限公司	大型超市	欧尚超市	北京市
中国石油化工股份有限公司陕西汉中石油分公司	加油站	中国石化	陕西省汉中市
中国石油天然气股份有限公司河北承德销售分公司	加油站	中国石油	河北省承德市
山西省太原唐久超市有限公司	便利店	唐久便利	山西省太原市
北京宏图三胞科技发展有限公司	专业店	宏图三胞	北京市
中国石油化工股份有限公司广东粤东石油公司	专业店	中国石化	广东省汕头市
江苏雅家乐集团有限公司	超市	雅家乐	江苏省盐城市
中国石化销售有限公司江西萍乡石油分公司	加油站	中国石化	江西省萍乡市
中国石油化工股份有限公司广东云浮石油分公司	加油站	中国石化	广东省云浮市
中国石油天然气股份有限公司新疆阿勒泰销售分公司	加油站	中国石油	新疆维吾尔自治区阿勒泰地区
中国石油天然气股份有限公司山东济宁销售分公司	加油站	中国石油	山东省济宁市
中国石油化工股份有限公司河北秦皇岛石油分公司	加油站	中国石化	河北省秦皇岛市
云南苏宁电器有限公司	专业店	苏宁电器	云南省昆明市
中国石油天然气股份有限公司山西太原销售分公司	专业店	中国石油	山西省太原市
南昌市天虹商场有限公司	百货店	天虹	江西省南昌市
中国石油天然气股份有限公司广西柳州销售分公司	加油站	中国石油	广西壮族自治区柳州市
潜江市惠美家商贸有限公司	超市	惠美家	湖北省潜江市
武汉市南浦食品有限责任公司	专业店	南浦	湖北省武汉市
中国石油天然气股份有限公司陕西商洛销售分公司	加油站	中国石油	陕西省商洛市
南昌百货大楼股份有限公司	百货店	百货大楼	江西省南昌市
中国石油化工股份有限公司陕西咸阳石油分公司	加油站	中国石化	陕西省咸阳市
宁波新江厦连锁超市有限公司	超市	新江厦连锁超市有限公司	浙江省宁波市
上海可的便利店有限公司	便利店	可的	上海市
老百姓大药房连锁有限公司	专业店	老百姓大药房	湖南省长沙市
西雅衣家(中国)商业有限公司	专卖店	西雅衣家	上海市
新疆维吾尔自治区伊犁哈萨克自治州烟草公司	专卖店	新疆烟草	新疆维吾尔自治区伊犁州

5-1 续表 9

企业名称	业态	连锁商号	所在地
贵阳苏宁云商销售有限公司	专业店	苏宁	贵州省贵阳市
洛阳丹尼斯量贩有限公司	大型超市	丹尼斯	河南省洛阳市
中国石油化工股份有限公司新疆喀什石油分公司	加油站	中国石化	新疆维吾尔自治区喀什地区
柒一拾壹(北京)有限公司	便利店	7-ELEVEN	北京市
上海家得利超市有限公司	超市	家得利	上海市
广东康爱多连锁药店有限公司	专业店	康爱多	广东省广州市
中国石油天然气股份有限公司新疆和田销售分公司	加油站	中国石油	新疆维吾尔自治区和田地区
北京国泰平安百货有限公司	百货店	国泰百货	北京市
上海古今内衣有限公司	专卖店	古今、古今花、古今龙、美慕莎	上海市
中国石化森美(福建)石油有限公司宁德分公司	加油站	中国石化(森美)	福建省宁德市
宁波欧尚超市有限公司	大型超市	欧尚	浙江省宁波市
安徽五星电器有限公司	专业店	五星电器	安徽省合肥市
中国石油化工股份有限公司河南开封石油分公司	加油站	中国石化	河南省开封市
上海迪亚零售有限公司	折扣店	迪亚	上海市
新疆国美电器有限公司	专业店	国美电器	新疆维吾尔自治区乌鲁木齐市
上海屈臣氏日用品有限公司	百货店	屈臣氏	上海市
新疆兵团农业生产资料供应公司	专业店	兵团农资	新疆维吾尔自治区乌鲁木齐市
北京迪信通电子通信技术有限公司	专业店	北京迪信通	北京市
孩子王儿童用品(中国)有限公司	百货店	孩子王	江苏省南京市
河南永乐生活电器有限公司	专业店	永乐生活电器	河南省郑州市
秦皇岛中油华奥销售有限公司	加油站	中国石油	河北省秦皇岛市
安徽省安德利百货股份有限公司	百货店	安德利	安徽省合肥市
深圳岁宝百货有限公司	百货店	岁宝百货	广东省深圳市
株洲东都步步高商业连锁有限责任公司	大型超市	步步高商业	湖南省株洲市
中国石油天然气股份有限公司河北张家口销售分公司	加油站	中国石油	河北省张家口市
上海欧尚超市有限公司	大型超市	欧尚	上海市
河南张仲景大药房股份有限公司	专业店	张仲景	河南省郑州市
中国石油天然气股份有限公司辽宁阜新销售分公司	加油站	中国石油	辽宁省阜新市
青岛国美电器有限公司	专业店	国美电器	山东省青岛市
犍为县黄家超市	超市	黄家超市	四川省乐山市
大连国美电器有限公司	专业店	国美电器	辽宁省大连市
中国石油辽宁本溪销售分公司	加油站	中国石油	辽宁省本溪市
特易购商业(江苏)有限公司	大型超市	特易购	江苏省南京市
北京市上品商业发展有限责任公司	折扣店	上品折扣	北京市
深圳岁宝连锁商业发展有限公司	百货店	岁宝连锁	广东省深圳市
哈药集团医药有限公司	专业店	人民同泰	黑龙江省哈尔滨市
上海三枪(集团)有限公司	专卖店	三枪、鹅牌、迪士尼	上海市
中国石油天然气股份有限公司广东肇庆分公司	加油站	中国石油	广东省肇庆市
沃尔玛(北京)商业零售有限公司	大型超市	沃尔玛	北京市
合肥悦家商业有限公司	大型超市	家乐福	安徽省合肥市
北京味多美食品有限责任公司	专卖店	味多美	北京市
上海捷强烟草糖酒(集团)连锁有限公司	专业店	捷强	上海市
黑龙江黑天鹅家电有限公司	专业店	黑天鹅	黑龙江省哈尔滨市
中国石化江西鹰潭石油分公司	加油站	中国石化	江西省鹰潭市
秦皇岛市兴龙广缘商厦有限公司	大型超市	广缘超市	河北省秦皇岛市
中国石油化工股份有限公司新疆巴州石油分公司	加油站	中国石化	新疆维吾尔自治区巴州
中国石油化工股份有限公司湖南张家界石油分公司	加油站	中国石化	湖南省张家界市
大连苏宁云商销售有限公司	专业店	苏宁	辽宁省大连市

5-1 续表 10

企业名称	业态	连锁商号	所在地
上海伍缘现代杂货有限公司	超市	伍缘	上海市
江西省烟草公司鹰潭市公司	专业店	江西烟草	江西省鹰潭市
河南苏宁云商销售有限公司	专业店	苏宁易购	河南省郑州市
福州国美电器有限公司	专卖店	国美电器	福建省福州市
苏州宏图三胞科技发展有限公司	专业店	宏图三胞	江苏省苏州市
江苏大众医药连锁有限公司	专业店	大众医药	江苏省无锡市
华润潍坊远东医药有限公司	专业店	远东平民大药房	山东省潍坊市
中国天然气股份有限公司江西鹰潭销售分公司	加油站	中国石油	江西省鹰潭市
中国石油天然气股份有限公司河北邢台销售分公司	加油站	中国石油	河北省邢台市
无锡悦家商业有限公司	大型超市	家乐福	江苏省无锡市
广东万宁连锁商业有限公司	百货店	万宁	广东省广州市
浙江十足商贸有限公司	便利店	十足便利店	浙江省温州市
云南健之佳连锁健康药房有限公司	专业店	健之佳	云南省昆明市
青岛屈臣氏个人用品商店有限公司	超市	屈臣氏	山东省青岛市
十堰天海贸易有限公司	加油站	湖北天海石油集团有限公司	湖北省十堰市
上海新华传媒连锁有限公司	专卖店	上海书城	上海市
中国石油天然气股份有限公司河北邯郸销售分公司	加油站	中国石油	河北省邯郸市
上海长宁苏宁云商销售有限公司	专业店	苏宁云商	上海市
安徽省台客隆连锁超市有限责任公司	超市	台客隆	安徽省宣城市
中国石油天然气股份有限公司广东江门销售分公司	加油站	中国石油	广东省江门市
中国石油天然气股份有限公司河北廊坊销售分公司	加油站	中国石油	河北省廊坊市
广州市好又多百货商业广场有限公司	大型超市	好又多	广东省广州市
南宁国美电器有限公司	专业店	国美电器	广西壮族自治区南宁市
中油碧辟石油有限公司江门分公司	加油站	中油BP	广东省江门市
十足集团股份有限公司	便利店	十足、之上、真生活、当家人	浙江省杭州市
玉林金城商厦有限责任公司	百货店	金城商厦	广西壮族自治区玉林市
中国石油天然气股份有限公司山东枣庄销售分公司	加油站	中国石油	山东省枣庄市
深圳汇骏服装有限公司	专卖店	G2000	广东省深圳市
山西国美电器有限公司	专业店	家电	山西省太原市
大连金玛超市连锁有限公司	大型超市	金玛超市	辽宁省大连市
大庆市庆客隆连锁商贸有限公司	超市	庆客隆	黑龙江省大庆市
河北惠友商业连锁发展有限公司	超市	惠友	河北省保定市
上海良友金伴便利连锁有限公司	便利店	良友金伴	上海市
武汉汉福超市有限公司	大型超市	家乐福	湖北省武汉市
湖南国美电器有限公司	专业店	国美电器	湖南省长沙市
吉林大药房药业股份有限公司	专业店	吉林大药房	吉林省长春市
浙江汇德隆实业集团有限公司	大型超市	汇德隆	浙江省杭州市
北京首商集团股份有限公司西单商场	百货店	西单商场	北京市北京市
云南玉溪百信商贸集团有限公司	超市	云南玉溪百信商贸集团有限公司	云南省玉溪市
中国石油天然气股份有限公司山西晋中销售分公司	加油站	中国石油	山西省晋中市
重庆粮食集团江津区粮食有限责任公司	专卖店	江津粮油	重庆市
中国石油天然气股份有限公司河北沧州销售分公司	加油站	中国石油	河北省沧州市
广州市余庆堂大药房连锁有限公司	专业店	余庆堂	广东省广州市
上海烟草集团杨浦烟草糖酒有限公司	专卖店	杨浦烟草	上海市
北京壳牌石油有限公司	加油站	壳牌石油	北京市
胜利油田胜大超市	超市	胜大超市	山东省东营市
安徽欧尚超市有限公司	大型超市	欧尚	安徽省芜湖市
宁波市北仑加贝购物俱乐部(普通合伙)	超市	加贝	浙江省宁波市

5-1 续表 11

企业名称	业态	连锁商号	所在地
中国石油天然气股份有限公司湖南销售常德分公司	加油站	中国石油	湖南省常德市
浙江驰骋控股有限公司	其他	左邻右舍、生活驿站	浙江省衢州市
衢州东方商厦有限公司	超市	衢佬大	浙江省衢州市
沈阳苏宁电器有限公司	专业店	苏宁	辽宁省沈阳市
中油碧辟石油有限公司惠州分公司	加油站	中油BP	广东省惠州市
飞亚达销售有限公司	其他	飞亚达	广东省深圳市
上海烟草集团普陀烟草糖酒有限公司	专卖店	普陀烟草	上海市
通用磨坊贸易(上海)有限公司	专卖店	哈根达斯	上海市
长春苏宁电器有限公司	专业店	苏宁云商	吉林省长春市
华糖洋华堂商业有限公司	百货店	华堂商场	北京市
中国石油天然气股份有限公司广东茂名销售分公司	加油站	中国石油	广东省茂名市
厦门永乐思文家电有限公司	专业店	永乐	福建省厦门市
杭州萧然商厦有限责任公司	百货店	萧然超市	浙江省杭州市
连云港家得福商贸有限公司	超市	家得福	江苏省连云港市
辽宁华润万家生活超市有限公司	大型超市	华润万家	辽宁省沈阳市
厦门福厦苏宁电器有限公司	专卖店	福厦苏宁	福建省厦门市
江西苏宁电器有限公司	专业店	苏宁	江西省南昌市
中国石油化工股份有限公司新疆哈密石油分公司	加油站	中国石化	新疆维吾尔自治区哈密市
绰琪服装(深圳)有限公司	专卖店	6ixty8ight	广东省深圳市
哈尔滨家乐福超市有限公司	大型超市	家乐福	黑龙江省哈尔滨市
中国石油化工股份有限公司陕西延安石油分公司	加油站	中国石化	陕西省延安市
成都欧尚超市有限公司	大型超市	欧尚	四川省成都市
绍兴大通超市有限公司	超市	大通超市	浙江省绍兴市
湖南邵阳中油销售有限公司	加油站	中国石油	湖南省邵阳市
广州家广超市有限公司	大型超市	家乐福	广东省广州市
沈阳国大天益堂药房连锁有限公司	专业店	天益堂	辽宁省沈阳市
东莞市时尚电器有限公司	专业店	时尚电器	广东省东莞市
浙江东兴商厦股份有限公司	超市	东兴商厦	浙江省嘉兴市
吉林省威宝恒客隆仓储百货有限公司	超市	恒客隆	吉林省长春市
北京张一元茶叶有限责任公司	专卖店	张一元	北京市
美心食品(广州)有限公司	专卖店	香港美心	广东省广州市
深圳家乐福商业有限公司	大型超市	家乐福	广东省深圳市
山东京博新能源控股发展有限公司	加油站	京博新能源	山东省滨州市
中国石油天然气股份有限公司辽宁盘锦销售分公司	加油站	中国石油	辽宁省盘锦市
中国石化股份有限公司广东汕尾石油分公司	加油站	中国石化	广东省汕尾市
重庆家乐福商业有限公司	大型超市	家乐福	重庆市
深圳市海王星辰健康药房连锁有限公司	其他	海王星辰	广东省深圳市
北京首航国力商贸有限公司	超市	首航国力	北京市
大同市华林有限责任公司	百货店	华林	山西省大同市
国药控股国大药房上海国大药房连锁有限公司	专业店	国大药房	上海市
湖南华润万家生活超市有限公司	大型超市	华润万家	湖南省长沙市
永州步步高商业连锁有限责任公司	百货店	步步高	湖南省永州市
中国石油化工股份有限公司江西瑞昌石油分公司	加油站	中国石化	江西省九江市
中国石油天然气股份有限公司河北衡水销售分公司	加油站	中国石油	河北省衡水市
山东统一银座商业有限公司	超市	统一银座	山东省济南市
合肥新华书店有限公司	专业店	新华书店	安徽省合肥市
广东龙粤通信设备集团有限公司	专业店	龙粤通信	广东省广州市

5-2 100门店以上连锁零售企业

企业名称	业态	连锁商号	所在地
湖南绝味食品股份有限公司	专卖店	绝味	湖南省长沙市
飞亚达销售有限公司	其他	飞亚达	广东省深圳市
浙江驰骋控股有限公司	其他	左邻右舍、生活驿站	浙江省衢州市
安徽辉隆农资集团股份有限公司	专业店	辉隆农资	安徽省合肥市
云南鸿翔一心堂药业(集团)股份有限公司	专业店	一心堂	云南省昆明市
成都红旗连锁股份有限公司	超市	红旗连锁	四川省成都市
中国石油化工股份有限公司山东石油分公司	加油站	中国石化	山东省济南市
重庆桐君阁大药房连锁有限责任公司	专业店	桐君阁大药房	重庆市
中国石油化工股份有限公司广东石油分公司	加油站	中国石化	广东省广州市
中国石油化工股份有限公司江苏石油分公司	加油站	中国石化	江苏省南京市
中国石油化工股份有限公司浙江石油分公司	加油站	中国石化	浙江省杭州市
联华超市股份有限公司	超市	联华、华联	上海市
安徽徽商农家福有限公司	其他	农家福	安徽省合肥市
江苏苏农农资连锁集团股份有限公司	专业店	苏农连锁	江苏省南京市
浙江惠多利农资连锁有限公司	专业店	惠多利	浙江省杭州市
苏果超市有限公司	仓储会员店	苏果超市	江苏省南京市
云阳县腾龙商贸有限公司	超市	腾龙超市	重庆市
深圳市百果园实业发展有限公司	其他	百果园	广东省深圳市
苏宁云商集团股份有限公司	专业店	苏宁	江苏省南京市
浙江供销超市有限公司	仓储会员店	浙江供销超市、供销便利、家连便利	浙江省绍兴市
湖北良品铺子食品有限公司	专业店	良品铺子	湖北省武汉市
十足集团股份有限公司	便利店	十足、之上、真生活、当家人	浙江省杭州市
中国石油化工股份有限公司安徽石油分公司	加油站	中国石化	安徽省合肥市
宜宾绿源食品有限公司	超市	宜宾绿源食品有限公司	四川省宜宾市
上海联华快客便利有限公司	便利店	快客	上海市
深圳市安奈儿股份有限公司	专卖店	安奈儿	广东省深圳市
上海古今内衣有限公司	专卖店	古今、古今花、古今龙、美慕莎	上海市
新疆兵团农业生产资料供应公司	专业店	兵团农资	新疆维吾尔自治区乌鲁木齐市
上海福满家便利有限公司	便利店	全家	上海市
上海来伊份食品连锁经营有限公司	专业店	来伊份	上海市
中国石油天然气股份有限公司广东销售分公司	加油站	中国石油	广东省广州市
江西煌上煌集团食品有限公司	专卖店	煌上煌	江西省南昌市
中百控股集团股份有限公司	超市	中百	湖北省武汉市
中域电讯连锁集团股份有限公司	专业店	中域电讯	广东省东莞市
大连金玛超市连锁有限公司	仓储会员店	金玛超市	辽宁省大连市
江苏新合作常客隆连锁超市有限公司	超市	新合作常客隆	江苏省苏州市
博马努瓦服饰商贸(上海)有限公司	专卖店	Cache-cache	上海市
四川壹玖壹玖酒类供应链管理股份有限公司	专卖店	1919	四川省成都市
湖南汇丰年农资连锁超市股份有限公司	专业店	汇丰年农资	湖南省株洲市
成都舞东风连锁超市有限责任公司	便利店	舞东风	四川省成都市
金华市华洲连锁超市有限公司	专业店	华洲	浙江省金华市

5-2　续表 1

企业名称	业态	连锁商号	所在地
山西省太原唐久超市有限公司	便利店	唐久便利	山西省太原市
山西金虎生活便利服务有限公司	便利店	山西金虎便利连锁股份有限公司	山西省太原市
福建华祥苑茶业有限公司	专卖店	华祥苑	福建省厦门市
广东赛壹便利店有限公司	便利店	7-ELEVEn	广东省广州市
上海好德便利有限公司	便利店	好德alldays	上海市
辽宁成大方圆医药连锁有限公司	专业店	成大方圆	辽宁省沈阳市
深圳虎威制衣有限公司广州分公司	专卖店	佐丹奴	广东省广州市
中国石油天然气股份有限公司江苏销售分公司	加油站	中国石油	江苏省南京市
文峰大世界连锁发展股份有限公司南通文峰大世界	百货店	文峰大世界、文峰千家惠、文峰	江苏省南通市
上海可的便利店有限公司	便利店	可的	上海市
山东潍坊百货集团股份有限公司	百货店	中百	山东省潍坊市
江苏苏盛商贸有限公司	专业店	苏盛	江苏省南京市
益丰大药房连锁股份有限公司	专业店	益丰大药房	湖南省常德市
湖州老大房超市有限公司	超市	湖州老大房超市	浙江省湖州市
厦门鑫福客商贸有限公司	便利店	见福	福建省厦门市
浙江十足商贸有限公司	便利店	十足便利店	浙江省温州市
山东家家悦集团有限公司	超市	家家悦	山东省威海市
绵阳太极大药房连锁有限责任公司	专业店	绵阳太极大药房	四川省绵阳市
云南健之佳连锁健康药房有限公司	专业店	健之佳	云南省昆明市
绍兴大通超市有限公司	超市	大通超市	浙江省绍兴市
重庆鑫斛药房连锁有限公司	专业店	鑫斛药庄	重庆市
利群集团股份有限公司	其他	利群	山东省青岛市
阜阳华联集团股份有限公司	超市	阜阳华联	安徽省阜阳市
老百姓大药房连锁有限公司	专业店	老百姓大药房	湖南省长沙市
中国石油化工股份有限公司上海石油分公司	加油站	中国石化	上海市
台州市三和连锁超市有限公司	超市	三和连锁	浙江省台州市
重庆和平药房连锁有限责任公司	专业店	和平药房	重庆市
中国石油天然气股份有限公司重庆销售分公司	加油站	中国石油	重庆市
天津劝宝超市有限责任公司	超市	劝宝	天津市
上海复美益星大药房连锁有限公司	专业店	复美益星	上海市
上海好药师大药房连锁有限公司	专业店	好药师大药房	上海市
湖南千金金沙大药房零售连锁有限公司	专业店	千金大药房	湖南省长沙市
湘乡市振兴连锁超市有限责任公司	超市	振兴连锁超市	湖南省湘潭市
中国石油化工股份有限公司北京石油分公司	加油站	中国石化	北京市
江西新华发行集团有限公司	专业店	新华书店	江西省南昌市
河南张仲景大药房股份有限公司	专业店	张仲景	河南省郑州市
深圳市南北药行连锁有限公司	其他	南北药房	广东省深圳市
江苏省苏盐连锁有限公司	专业店	苏盐连锁	江苏省南京市
中国石油天然气股份有限公司安徽销售分公司	专业店	中石油	安徽省合肥市
浙江诸暨第一百货有限公司	超市	诸暨一百	浙江省绍兴市
永辉超市股份有限公司福建福州鼓楼分公司	仓储会员店	永辉、轩辉	福建省福州市

5-2 续表 2

企业名称	业态	连锁商号	所在地
深圳市海王星辰健康药房连锁有限公司	其他	海王星辰	广东省深圳市
中国石油天然气股份有限公司浙江销售分公司	加油站	中国石油	浙江省杭州市
广州屈臣氏个人用品商店有限公司	百货店	屈臣氏	广东省广州市
深圳汇骏服装有限公司	专卖店	G2000	广东省深圳市
瑞安市五洲超市连锁有限公司	超市	五洲超市	浙江省温州市
山东新星集团有限公司	超市	山东新星集团	山东省淄博市
重庆绝味食品销售有限公司	专卖店	绝味	重庆市
话机世界通信集团股份有限公司	专业店	话机世界、众泰数码、T-WORLD、沃达科技	浙江省杭州市
辽宁亿家商业集团有限公司	超市	亿家	辽宁省鞍山市
北京吴裕泰茶业股份有限公司	专卖店	吴裕泰	北京市
山东燕喜堂医药连锁有限公司	专业店	燕喜堂	山东省威海市
四川省汇星实业(集团)有限公司	超市	汇星超市	四川省绵阳市
重庆津科农业有限责任公司	专业店	津科农业	重庆市
重庆市万州区福意百货有限公司	超市	福意百货	重庆市
上海捷强烟草糖酒(集团)连锁有限公司	专业店	捷强	上海市
仙桃市丰联农业生产资料有限公司	厂家直销中心	仙桃市丰联农业生产资料有限公司	湖北省仙桃市
漯河双汇商业连锁有限公司	专卖店	双汇	河南省漯河市
上海迪亚零售有限公司	折扣店	迪亚	上海市
农工商超市(集团)有限公司	超市	农工商	上海市
物美控股集团有限公司	超市	物美品牌	北京市
吉林省益和大药房有限公司	专业店	益和	吉林省长春市
广州喜市多便利连锁有限公司	便利店	C-STORE	广东省广州市
上海伍缘现代杂货有限公司	超市	伍缘	上海市
吉林大药房药业股份有限公司	专业店	吉林大药房	吉林省长春市
通用磨坊贸易(上海)有限公司	专卖店	哈根达斯	上海市
山东银宝食品有限公司	专卖店	银宝	山东省泰安市
重庆沁园餐饮管理有限公司	专卖店	沁园	重庆市
北京福兰德连锁超市	超市	福兰德	北京市
哈尔滨中央红集团股份有限公司	便利店	小月亮	黑龙江哈尔滨
杭州萧山农业生产资料有限公司	其他	萧农	浙江省杭州市
广西一心医药集团有限责任公司	专业店	广西一心医药	广西壮族自治区南宁市
上海良友金伴便利连锁有限公司	便利店	良友金伴	上海市
广西鸿翔一心堂药业有限责任公司	专业店	一心堂	广西壮族自治区南宁市
江苏阿仕顿服饰有限公司	专卖店	阿仕顿男装	江苏省苏州市
深圳市瑞草堂大药房有限公司	专业店	瑞草堂	广东省深圳市
重庆市新大兴爱家商业连锁有限公司	超市	爱家超市	重庆市
开县孙氏商贸有限责任公司	其他	渝开心连心超市	重庆市
中石化天津石油分公司	加油站	中国石化	天津市
江苏来伊份食品有限公司	专卖店	来伊份	江苏省南京市
哈药集团医药有限公司	专业店	人民同泰	黑龙江哈尔滨
中国石油天然气股份有限公司辽宁大连销售分公司	加油站	中国石油	辽宁省大连市

5-2 续表 3

企业名称	业态	连锁商号	所在地
上海雷允上药品连锁经营有限公司	专业店	雷允上	上海市
呼和浩特市利冠商贸有限责任公司	便利店	利客便利店	内蒙古自治区呼和浩特市
郏县万客来商贸有限公司	超市	万客来	河南省平顶山市
重庆市万和药房连锁有限公司	专业店	万和	重庆市
四川富江超市连锁有限责任公司	超市	四川富江超市	四川省德阳市
江苏海王星辰健康药房连锁有限公司	专业店	海王星辰	江苏省苏州市
新华文轩出版传媒股份有限公司	专业店	新华文轩	四川省成都市
四川省神龙医药连锁有限公司	专业店	天府神龙	四川省德阳市
中国石油化工股份有限公司海南石油分公司	加油站	中国石化	海南省海口市
辽宁天士力大药房连锁有限公司	专业店	天士力	辽宁省沈阳市
国药控股国大药房山西益源连锁有限公司	专业店	益源	山西省太原市
浙江省新华书店集团有限公司	专业店	新华书店	浙江省杭州市
怀化阳光苗苗孕婴童连锁有限公司	专卖店	阳光苗苗	湖南省怀化市
中国石油化工股份有限公司福建石油分公司	加油站	中国石化	福建省福州市
大参林医药集团股份有限公司	专业店	恩莱芙	广东省广州市
玉溪家佳购物超市有限公司	超市	玉溪家佳购物超市	云南省玉溪市
重庆市万州区江南医药有限公司	专业店	江南医药	重庆市
成都市金牛区红旗连锁有限公司	便利店	红旗	四川省成都市
中国石油化工股份有限公司广东广州石油分公司	加油站	中国石化	广东省广州市
台州人本十足便利店有限公司	便利店	台州人本十足便利店	浙江省台州市
成都市青羊区红旗连锁有限公司	超市	红旗连锁	四川省成都市
北京港佳好邻居连锁便利店有限责任公司	便利店	好邻居	北京市
湖北世纪愿景商贸有限公司	专卖店	周黑鸭	湖北省武汉市
湖南诺舟大药房连锁有限公司	专业店	诺舟大药房	湖南省长沙市
上海梅林正广和便利连锁有限公司	便利店	光明、正广和	上海市
株洲奥湘鞋业营销有限公司	专卖店	奥康皮鞋	湖南省株洲市
中国石油化工股份有限公司江西赣州石油分公司	加油站	中国石油	江西省赣州市
天济大药房连锁有限公司	专业店	天济大药房	湖北省襄阳市
河北国大连锁商业有限公司	便利店	河北国大	河北省石家庄市
湖北富迪实业有限公司	超市	湖北富迪实业有限公司	湖北省仙桃市
北京张一元茶叶有限责任公司	专卖店	张一元	北京市
南京市江宁区土产棉麻有限公司	百货店	岗山超市	江苏省南京市
杭州余杭禹倡商厦有限公司	超市	杭州余杭禹倡商厦	浙江省杭州市
大连海王星辰医药有限公司	专业店	海王星辰	辽宁省大连市
中山市中智大药房连锁有限公司	专业店	中智	广东省中山市
北京味多美食品有限责任公司	专卖店	味多美	北京市
甘肃众友医药连锁有限公司	专卖店	众友药业	甘肃省兰州市
郑州丹尼斯百货有限公司	仓储会员店	丹尼斯	河南省郑州市
广州友谊班尼路服饰有限公司	专卖店	友谊班尼路	广东省广州市
华润万家有限公司	仓储会员店	华润万家	广东省深圳市
云南东骏药业有限公司	专业店	东骏药业	云南省昆明市

5–2 续表 4

企业名称	业态	连锁商号	所在地
梓潼县鸿锋商贸有限公司	超市	鸿锋连锁	四川省绵阳市
张家口市华佗药房连锁有限公司	专业店	华佗药房	河北省张家口市
青岛同方药业连锁有限公司	专业店	同方药业	山东省青岛市
重庆百货大楼股份有限公司	百货店	重庆百货、商社电器、新世纪	重庆市
中国石油化工股份有限公司山东青岛石油分公司	加油站	中国石化	山东省青岛市
中山市及时便利连锁有限公司	便利店	及时便利	广东省中山市
四川新希望鲜生活商业连锁有限公司	便利店	新希望鲜生活	四川省成都市
中国石油化工股份有限公司石家庄分公司	加油站	中国石化	河北省石家庄市
河北德仁堂大药房连锁有限公司	专业店	河北德仁堂大药房	河北张家口市
辽宁国大一致药店连锁有限公司	专业店	国大一致	辽宁省沈阳市
中国石油化工股份有限公司河北保定石油分公司	加油站	中国石化	河北省保定市
广东万宁连锁商业有限公司	百货店	万宁	广东省广州市
江苏五星电器有限公司	专业店	五星电器	江苏省南京市
合肥采蝶轩企业管理服务有限公司	专卖店	采蝶轩	安徽省合肥市
北京京客隆商业集团股份有限公司	超市	京客隆	北京市
华润万家生活超市(广州)有限公司	超市	润之家、简约组合	广东省广州市
成都市成华区红旗连锁有限公司	超市	红旗连锁	四川省成都市
云南之佳便利店有限公司	便利店	之佳便利	云南省昆明市
柒一拾壹(北京)有限公司	便利店	柒一拾壹	北京市
河南思达连锁商业有限公司	超市	河南正道思达连锁商业有限公司	河南省郑州市
中国石油天然气股份有限公司天津销售分公司	加油站	中国石油	天津市
石家庄新兴药房连锁股份有限公司	专业店	新兴	河北省石家庄市
旺苍县粮贸超市连锁有限责任公司	超市	粮贸超市	四川省广元市
江西益丰大药房连锁有限公司	专业店	江西益丰	江西省南昌市
中国石油化工股份有限公司河北唐山石油分公司	加油站	中国石化	河北省唐山市
嘉兴市万寿堂医药连锁有限公司	专业店	万寿堂	浙江省嘉兴市
中国石油化工股份有限公司湖北武汉分公司	加油站	中国石化	湖北省武汉市
中国石油天然气股份有限公司	加油站	中国石油	吉林省长春市
浙江凤凰尚品贸易有限公司	专卖店	报喜鸟、HAZZYS、法兰诗顿	浙江省温州市
江苏超越超市连锁发展有限公司	超市	江苏超越	江苏省南通市
广西大参林连锁药店有限公司	专卖店	大参林	广西壮族自治区玉林市
重庆市佳盛药房连锁有限公司	专业店	佳盛药房	重庆市
浙江江南大厦股份有限公司	超市	江南大厦	浙江省嘉兴市
北京金凤成祥食品有限责任公司	专业店	金凤成祥	北京市
大连联华快客中山便利商业有限公司	便利店	联华快客	辽宁省大连市
上海喜士多便利连锁有限公司	便利店	喜士多	上海市
江西昌盛大药房有限公司	专业店	昌盛	江西省南昌市
烟台市家家悦超市有限公司	超市	家家悦	山东省烟台市
湖南千惠商贸连锁有限公司	超市	千惠超市	湖南省长沙市
柳州桂中大药房连锁有限责任公司	专业店	桂中大药房	广西壮族自治区柳州市
中山市华润万家便利超市有限公司	便利店	华润万家	广东省中山市

5-2 续表 5

企业名称	业态	连锁商号	所在地
日春股份公司	专业店	日春茶业	福建省泉州市
青岛屈臣氏个人用品商店有限公司	超市	屈臣氏	山东省青岛市
四川省老邻居商贸连锁有限责任公司	超市	老邻居连锁	四川省成都市
金华市太和堂医药连锁有限公司	专业店	太和堂	浙江省金华市
山东统一银座商业有限公司	超市	统一银座	山东省济南市
重庆市万州区中兴医药有限责任公司	专业店	中兴医药	重庆市
四川一心堂医药连锁有限公司	专业店	一心堂	四川省成都市
新疆康宁医药连锁有限责任公司	专业店	康宁医药	新疆维吾尔自治区巴州
大足唯一食品有限公司	便利店	唯一	重庆市
浙江瑞人堂医药连锁有限公司	专业店	瑞人堂	浙江省台州市
重庆丰谷农资荣昌连锁超市有限公司	其他	丰谷农资	重庆市
北京屈臣氏个人用品连锁商店有限公司	超市	屈臣氏	北京市
宁波市北仑加贝购物俱乐部(普通合伙)	超市	加贝	浙江省宁波市
杭州惠耳听力技术设备有限公司	专业店	惠耳听力	浙江省杭州市
杭州海王星辰健康药房有限公司	专业店	海王星辰	浙江省杭州市
湖南华唯崇源堂医药连锁有限公司	专业店	崇源堂大药房	湖南省长沙市
延长壳牌(四川)石油有限公司	专卖店	壳牌	四川省成都市
中国石油化工股份有限公司山西临汾石油分公司	加油站	中国石化	山西省临汾市
国药控股国大药房(深圳)连锁有限公司	专业店	国大药房	广东省深圳市
西安怡康医药连锁有限责任公司	专业店	西安怡康医药	陕西省西安市
北京稻香村食品有限责任公司	专卖店	三禾品牌	北京市
中国石油化工股份有限公司广东江门石油分公司	专业店	中国石化	广东省江门市
四川圣杰药业有限公司	专业店	四川圣杰	四川省泸州市
兰州惠仁堂药业连锁有限公司	专卖店	惠仁堂药业	甘肃省兰州市
先声再康江苏药业有限公司	专业店	先声再康	江苏省南京市
中国石油化工股份有限公司襄樊石油分公司	加油站	中国石化	湖北省襄阳市
深圳市亨吉利世界名表中心有限公司	专卖店	亨吉利名表	广东省深圳市
天盟农资连锁有限责任公司	专卖店	金沙江	云南省昆明市
浙江来伊份食品有限公司	专业店	来伊份	浙江省杭州市
合肥百货大楼集团股份有限公司	百货店	合肥百大	安徽省合肥市
柳州百草堂医药连锁有限责任公司	专业店	百草堂	广西壮族自治区柳州市
犍为县黄家超市	超市	黄家超市	四川省乐山市
无锡市天信农资有限公司	专业店	阳羡天信	江苏省无锡市
中石化壳牌(江苏)石油销售有限公司	加油站	壳牌	江苏省苏州市
浙江兴泰隆商业有限公司	超市	兴泰隆	浙江省丽水市
步步高商业连锁股份有限公司	仓储会员店	步步高商业	湖南省湘潭市
广西联华超市股份有限公司	超市	联华超市	广西壮族自治区柳州市
中国石油化工股份有限公司河北邯郸石油分公司	加油站	中国石化	河北省邯郸市
广东爱心大药房连锁有限公司	专业店	爱心	广东省韶关市
浙江雅莹时装销售有限公司	专卖店	EP雅莹、doublelove、npaia	浙江省嘉兴市
深圳市卡尔丹顿服饰股份有限公司	厂家直销中心	卡尔丹顿、GENTLE	广东省深圳市

5-2 续表 6

企业名称	业态	连锁商号	所在地
中国石油化工股份有限公司云南昆明石油分公司	加油站	成品油销售	云南省昆明市
苏州来伊份食品有限公司	专卖店	来伊份	江苏省苏州市
广西康全药业连锁有限公司	专业店	康全药业	广西壮族自治区南宁市
成都市锦江区红旗连锁有限公司	便利店	红旗连锁	四川省成都市
上海华氏大药房有限公司	专业店	华氏	上海市
东莞市大地通讯连锁服务有限公司	专业店	大地通讯	广东省东莞市
湖南仁康泰大药房连锁有限公司	专业店	仁康泰	湖南省长沙市
深圳市中联大药房有限公司	专业店	中联大药房	广东省深圳市
中国石化销售有限公司山西长治石油分公司	加油站	中国石化	山西省长治市
国药控股国大药房上海国大药房连锁有限公司	专业店	国大药房	上海市
湖南良品铺子食品有限公司	专卖店	良品铺子	湖南省长沙市
广东金康药房连锁有限公司	专业店	金康	广东省广州市
深圳市恒波商业连锁股份有限公司	专业店	holpe恒波	广东省深圳市
中国石油化工股份有限公司广东惠州石油分公司	加油站	中国石化	广东省惠州市
新疆百草堂医药连锁经销有限公司	专业店	百草堂	新疆维吾尔自治区乌鲁木齐市
乌鲁木齐市好幸福超市有限公司	便利店	每日每夜	新疆维吾尔自治区乌鲁木齐市
上海屈臣氏日用品有限公司	百货店	屈臣氏	上海市
江西黄庆仁栈华氏大药房有限公司	专业店	黄庆仁	江西省南昌市
中国石化销售有限公司广西南宁石油分公司	加油站	中国石化	广西壮族自治区南宁市
浙江上百贸易有限公司	百货店	上百贸易	浙江省绍兴市
肇庆天天邦建医药连锁有限公司	专业店	天天邦建	广东省肇庆市
海南联合广安堂药品超市连锁经营有限公司	超市	广安堂	海南省海口市
山东省幸福人医药连锁有限公司	专业店	幸福人	山东省枣庄市
上海大润发有限公司	仓储会员店	大拇指	上海市
三江购物俱乐部股份有限公司	超市	三江购物	浙江省宁波市
中国石油化工股份有限公司湖南长沙石油分公司	加油站	中国石化	湖南省长沙市
中国石油化工股份有限公司河北衡水石油分公司	加油站	中国石化	河北省衡水市
广州市海王星辰医药连锁有限公司	专业店	海王医药	广东省广州市
国药控股国大药房河南连锁有限公司	专业店	国大药房	河南省平顶山市
北京农业生产资料有限公司	专业店	首都农资	北京市
四川天寿药业有限公司	专业店	天寿药房	四川省泸州市
中国石油天然气股份有限公司北京销售分公司	加油站	中国石油	北京市
中国石油化工股份公司江西吉安分公司	加油站	中国石化	江西省吉安市
无印良品(上海)商业有限公司	专卖店	无印良品MUJI	上海市
嘉兴禾丰农业生产资料有限公司	专业店	禾丰农资	浙江省嘉兴市
中国石油化工股份有限公司山东济宁石油分公司	加油站	中国石化	山东省济宁市
周大福珠宝金行(武汉)有限公司	专卖店	周大福	湖北省武汉市
贵州鸿翔一心堂医药连锁有限公司	专业店	鸿翔一心堂	贵州省黔西南州
沈阳红太阳大药房连锁有限公司	专业店	红太阳大药房	辽宁省沈阳市
漳州金正农农化有限公司	专业店	金正农	福建省漳州市
中国石油化工股份有限公司河南洛阳石油分公司	加油站	中国石化	河南省洛阳市

5-2 续表 7

企业名称	业态	连锁商号	所在地
温州一正药房连锁有限公司	专业店	一正	浙江省温州市
北京金象大药房医药连锁有限责任公司	专业店	金象大药房	北京市
北京迪信通电子通信技术有限公司	专业店	北京迪信通	北京市
孩子王儿童用品(中国)有限公司	百货店	孩子王	江苏省南京市
青岛紫光药业有限公司	专业店	紫光	山东省青岛市
重庆市江津区新联佳商贸有限责任公司	超市	新联佳	重庆市
中国石油天然气股份有限公司河北保定销售分公司	加油站	中国石油	河北省保定市
四川德仁堂连锁有限公司	专业店	四川德仁堂	四川省成都市
中国石油化工股份有限公司河北沧州石油分公司	加油站	中国石化	河北省沧州市
盘锦阳光大药房医药连锁有限公司	专业店	盘锦阳光大药房	辽宁省盘锦市
中国石油天然气股份有限公司黑龙江哈尔滨销售分公司	加油站	中国石油	黑龙江哈尔滨
中国石油天然气股份有限公司上海销售分公司	加油站	中国石油	上海市
深圳市八马茶业连锁有限公司	专卖店	八马茶业	广东省深圳市
荣昌县老百姓副食超市	超市	老百姓	重庆市
天津华润超级市场有限公司	便利店	华润	天津市
中国石油化工股份有限公司湖南株洲石油公司	加油站	中国石化	湖南省株洲市
贵州芝林大药房零售连锁有限公司	专业店	贵州芝林大药房	贵州省贵阳市
茂名市大参林连锁药店有限公司	专卖店	茂名市大参林连锁药店	广东省茂名市
七色纺商业连锁有限公司	专业店	七色纺	四川省成都市
厦门向阳坊食品有限公司	专业店	厦门向阳坊食品	福建省厦门市
山东银座商城股份有限公司	百货店	银座商城	山东省济南市
中国石化销售有限公司河北承德石油分公司	加油站	中国石化	河北省承德市
盘锦金社裕农乡村百货超市连锁有限公司	超市	金社裕农	辽宁省盘锦市
深圳市庄信实业有限公司	其他	百里臣	广东省深圳市
中国石油天然气股份有限公司陕西西安销售分公司	加油站	中国石油	陕西省西安市
新疆普济堂医药零售连锁有限公司	专业店	普济堂	新疆维吾尔自治区乌鲁木齐市
宁波海王星辰健康药房有限公司	专业店	海王星辰	浙江省宁波市
广东济和堂药业连锁有限公司	其他	济和堂	广东省广州市
广东赛壹便利店有限公司深圳分公司	便利店	7-ELEVEN	广东省深圳市
广西老百姓大药房连锁有限公司	专业店	老百姓大药房	广西壮族自治区南宁市
重庆市涪陵医药总公司	专业店	桐君阁大药房	重庆市
成都壹加玖电子商务有限公司	专业店	1919连锁酒业	四川省成都市
安徽百姓缘大药房连锁有限公司	超市	百姓缘	安徽省合肥市
广州市宝生园有限公司	其他	宝生园	广东省广州市
博士眼镜连锁股份有限公司	专卖店	博士眼镜	广东省深圳市
中国石化销售有限公司广西桂林石油分公司	加油站	中国石化	广西壮族自治区桂林市
宁海县小小食品超市有限公司	超市	小小	浙江省宁波市
浙江万客隆商贸有限公司	超市	永客隆、万客缘、吉客	浙江省丽水市
中国石油化工股份有限公司湖北荆门石油分公司	加油站	中国石化	湖北省荆门市
成都市温江区红旗连锁有限公司	便利店	红旗连锁	四川省成都市
北京华联综合超市股份有限公司	仓储会员店	华联超市	北京市

5-2 续表 8

企业名称	业态	连锁商号	所在地
山西荣华大药房连锁有限公司	专业店	荣华	山西省太原市
大庆福瑞邦药房连锁有限公司	专业店	福瑞邦	黑龙江省大庆市
中石化森美(福建)石油有限公司南平分公司	加油站	中国石化(森美)	福建省南平市
十堰市新合作超市有限公司	超市	十堰市新合作超市	湖北省十堰市
中国石油化工股份有限公司湖南常德石油分公司	专业店	中国石化	湖南省常德市
银川新华百货连锁超市有限公司	仓储会员店	银川新华百货连锁超市	宁夏回族自治区银川市
天津津工超市有限责任公司	超市	津工	天津市
中国石油化工股份有限公司山西晋中石油分公司	加油站	中国石化	山西省晋中市
中国石油化工股份有限公司河南新乡石油分公司	加油站	中国石化	河南省新乡市
中国石油化工股份有限公司河南南阳石油分公司	加油站	中国石化	河南省南阳市
武汉屈臣氏个人用品商店有限公司	百货店	屈臣氏	湖北省武汉市
广东物资集团汽车贸易公司	专业店	广物汽贸	广东省广州市
北京全时叁陆伍连锁便利店有限公司	便利店	全时叁陆伍	北京市
北京超市发连锁股份有限公司	超市	超市发	北京市
河北神威大药房连锁有限公司	专业店	河北神威	河北省石家庄市
中石化森美(福建)石油有限公司泉州分公司	加油站	中国石化	福建省泉州市
武汉今天梦想商贸有限公司	超市	今天	湖北省武汉市
杭州蜂之语健康食品有限公司	专卖店	蜂之语	浙江省杭州市
哈尔滨乾坤医药连锁有限公司	专业店	乾坤	黑龙江哈尔滨
飒拉商业(上海)有限公司	专卖店	ZARA	上海市
常山县青草地超市	便利店	常山县青草地超市	浙江省衢州市
深圳市自然醒商业连锁有限公司	折扣店	自然醒	广东省深圳市
中国石油化工有限公司广东东莞石油分公司	加油站	中国石化	广东省东莞市
新疆万盛堂医药零售连锁有限责任公司	专业店	万盛堂	新疆维吾尔自治区乌鲁木齐市
云南白药大药房有限公司	专业店	云南白药	云南省昆明市
湖北省十堰市寿康永乐有限公司	超市	寿康永乐	湖北省十堰市
贵州一树连锁药业有限公司	专业店	一树	贵州省贵阳市
成都利民药业连锁有限公司	专业店	成都利民药业连锁	四川省成都市
北京同仁堂连锁药店有限责任公司	专业店	同仁堂	北京市
沈阳东北大药房连锁店	专业店	东北大药房	辽宁省沈阳市
江苏大众医药连锁有限公司	专业店	大众医药	江苏省无锡市
浏阳市湘朵生鲜销售有限公司	专卖店	湘朵生鲜	湖南省长沙市
四川美迪大药房连锁有限公司	专业店	美迪大药房	四川省德阳市
张家港市新百信超市连锁经营有限公司	超市	新百信	江苏省苏州市
山东聊城利民大药店连锁有限公司	专业店	利民大药店	山东省聊城市
江苏同济大药房连锁有限公司	专业店	同济大药房	江苏省南通市
中石化森美(福建)石油有限公司龙岩分公司	加油站	中国石化(森美)	福建省龙岩市
中国石油化工股份有限公司上饶分公司	加油站	中国石化	江西省上饶市
中国石油化工股份有限公司湖南邵阳石油分公司	加油站	中国石化	湖南省邵阳市
中国石化销售有限公司广东深圳石油分公司	加油站	中国石化	广东省深圳市
辽宁福缘堂大药房连锁有限公司	专卖店	福缘堂大药房	辽宁省鞍山市

5-2 续表 9

企业名称	业态	连锁商号	所在地
泉州市东南医药连锁有限公司	专业店	泉州市东南医药连锁	福建省泉州市
山东京博新能源控股发展有限公司	加油站	京博新能源	山东省滨州市
重庆市合川区国泰生化药品有限责任公司	专业店	国泰	重庆市
江苏大德生药房连锁有限公司	专业店	大德生	江苏省扬州市
中国石油河北唐山销售分公司	加油站	中国石油	河北省唐山市
安徽省丰原大药房连锁有限公司	专业店	丰原	安徽省蚌埠市
中石化森美(福建)石油有限公司漳州分公司	加油站	中国石化(森美)	福建省漳州市
湖南六三六连锁管理有限公司	专卖店	湖南六三六	湖南省长沙市
贵州一品药业连锁有限公司	专业店	黔一品	贵州省贵阳市
西安唐久便利连锁有限公司	便利店	西安唐久便利连锁	陕西省西安市
中油股份陕西咸阳销售分公司	加油站	中国石油	陕西省咸阳市
中国石油天然气股份有限公司辽宁营口销售分公司	加油站	中国石油	辽宁省营口市
江西中石化股份有限公司抚州分公司	加油站	中国石化	江西省抚州市
中国石油化工股份有限公司湖南永州石油分公司	加油站	中国石化	湖南省永州市
温州市平阳县平安医药连锁有限公司	其他	平安医药	浙江省温州市
福建富源茶业有限公司	专业店	富源茶叶	福建省泉州市
重庆聚富再生资源有限公司	专业店	聚富再生资源	重庆市
中国石油天然气股份有限公司河北石家庄销售分公司	加油站	中国石油	河北省石家庄市
四川海王星辰健康药房有限公司	专业店	海王星辰	四川省成都市
新疆济康医药连锁有限责任公司	专业店	济康	新疆维吾尔自治区乌鲁木齐市
怀化市好伴便利店连锁有限公司	便利店	好伴便利	湖南省怀化市
中国石油化工股份有限公司新疆石油分公司	加油站	易捷	新疆维吾尔自治区乌鲁木齐市
山东三信商贸股份有限公司	超市	山东三信商贸	山东省菏泽市
桂林市华荣自选商店有限责任公司	便利店	华荣	广西壮族自治区桂林市
北京一手店食品有限公司	专业店	一手店	北京市
济宁市广联医药连锁有限公司	专业店	广联	山东省济宁市
聊城漱玉平民大药房有限公司	专业店	漱玉平民	山东省聊城市
中国石油化工股份有限公司广东茂名石油分公司	加油站	中国石化	广东省茂名市
中国石油化工股份有限公司湖南岳阳石油分公司	加油站	中国石化	湖南省岳阳市
老百姓大药房连锁(湖北)有限公司	专业店	老百姓大药房	湖北省武汉市
太极集团四川德阳荣升药业有限公司	专业店	太极大药房	四川省德阳市
四川阳光盛源商业有限公司	超市	阳光盛源	四川省德阳市
中国石油化工股份有限公司江西宜春石油分公司	加油站	中国石化	江西省宜春市
武汉工贸有限公司	专业店	工贸家电	湖北省武汉市
北京嘉事堂连锁药店有限责任公司	专业店	嘉事堂	北京市
中国石油化工股份有限公司山东滨州石油分公司	加油站	中国石化	山东省滨州市
中国石化销售有限公司河南信阳石油分公司	加油站	中国石化	河南省信阳市
好药师大药房连锁有限公司	专业店	好药师大药房	湖北省武汉市
中石化工股份有限公司广东肇庆石油分公司	加油站	中国石化	广东省肇庆市
重庆市合川区金利医药贸易有限公司	其他	金利	重庆市
中国石油化工股份有限公司河北廊坊石油分公司	加油站	中国石化	河北省廊坊市

5–2 续表 10

企业名称	业态	连锁商号	所在地
中石化森美(福建)石油有限公司三明分公司	加油站	中国石化(森美)	福建省三明市
中国石油化工股份有限公司周口分公司	加油站	中国石化	河南省周口市
江西良品铺子食品有限公司	专卖店	良品铺子	江西省南昌市
河南家天下商贸有限公司	超市	家天下	河南省鹤壁市
江门大参林药店有限公司	专业店	大参林	广东省江门市
青岛宏风大药房连锁有限公司	专卖店	宏风药业	山东省青岛市
中国石油化工股份有限公司河南商丘分公司	加油站	中国石化	河南省商丘市
重庆新华书店集团公司	专业店	新华书店	重庆市
宁波开开便利超市连锁有限公司	便利店	开开便利	浙江省宁波市
湖州益农农资连锁有限公司	专业店	益农农资	浙江省湖州市
湖南民生堂药店连锁有限公司	专业店	民生堂	湖南省衡阳市
北京义利食品商业连锁有限公司	便利店	百年义利	北京市
中国石油化工股份有限公司九江石油分公司	加油站	中国石化	江西省九江市
湖南隆禹生鲜连锁管理有限公司	专卖店	隆禹生鲜	湖南省长沙市
长沙屈臣氏个人用品商店有限公司	专业店	屈臣氏	湖南省长沙市
中油碧辟石油有限公司广州分公司	加油站	中油碧辟	广东省广州市
贵州吉大夫药房连锁有限公司	专业店	吉大夫	贵州省黔东南州
中卫市兴拓农业生产资料有限责任公司	专业店	兴拓农资	宁夏回族自治区中卫市
抚州华民康大药房连锁有限公司	专业店	华民康	江西省抚州市
中国石油天然气股份有限公司山东青岛销售分公司	加油站	中国石油	山东省青岛市
重庆永辉超市有限公司	仓储会员店	永辉超市	重庆市
贵州老百姓药业连锁有限公司	专业店	贵州老百姓药业连锁	贵州省六盘水市
中国石油天然气股份有限公司渭南销售分公司	加油站	中国石油	陕西省渭南市
邯郸市阳光超市有限公司	超市	邯郸市阳光超市	河北省邯郸市
哈尔滨健康医药连锁有限公司	专业店	哈尔滨健康医药连锁	黑龙江哈尔滨
老百姓大药房连锁(浙江)有限公司	专业店	老百姓	浙江省杭州市
胜利油田胜大超市	超市	胜大超市	山东省东营市
中国石油天然气股份有限公司海南销售分公司	加油站	中国石油	海南省海口市
山西国大万民药房连锁有限公司	专业店	万民	山西省太原市
统一超商(上海)便利有限公司	便利店	7-ELEVEN	上海市
浙江元祖食品有限公司	专卖店	GANSO	浙江省杭州市
兖州新合作百意商贸有限公司	超市	百意	山东省济宁市
中国石油天然气股份有限公司河北邢台销售分公司	加油站	中国石油	河北省邢台市
中国石油化工股份有限公司山西太原石油分公司	加油站	中国石化	山西省太原市
中国石油天然气股份有限公司泉州销售分公司	加油站	中国石油	福建省泉州市
宜昌市北山商业连锁有限责任公司	超市	北山	湖北省宜昌市
重庆重客隆超市连锁有限责任公司	超市	重客隆	重庆市
泸州宝光药房连锁有限公司	专业店	宝光连锁	四川省泸州市
中国石油天然气股份有限公司陕西榆林销售分公司	加油站	中国石油	陕西省榆林市
中国石油天然气股份有限公司新疆阿克苏销售分公司	加油站	中国石油	新疆维吾尔自治区阿克苏地区

5-3 营业额亿元以上连锁餐饮企业

企业名称	所属行业	连锁商号	所在地
上海统一星巴克咖啡有限公司	饮料及冷饮服务	星巴克	上海市
四川海底捞餐饮股份有限公司	正餐服务	海底捞火锅	四川省成都市
百胜餐饮(广东)有限公司	快餐服务	百胜餐饮	广东省广州市
上海必胜客有限公司	快餐服务	Pizza Hut	上海市
杭州肯德基有限公司	快餐服务	肯德基	浙江省杭州市
北京必胜客比萨饼有限公司	正餐服务	必胜客	北京市
百胜餐饮(沈阳)有限公司	快餐服务	肯德基、必胜客	辽宁省沈阳市
广东三元麦当劳食品有限公司	快餐服务	麦当劳	广东省广州市
北京麦当劳食品有限公司	快餐服务	麦当劳	北京市
南京肯德基有限公司	快餐服务	肯德基	江苏省南京市
北京肯德基有限公司	快餐服务	肯德基	北京市
上海肯德基有限公司	快餐服务	肯德基	上海市
中国全聚德(集团)股份有限公司	正餐服务	全聚德、丰泽园、四川饭店、仿膳饭庄	北京市
百胜餐饮(武汉)有限公司	快餐服务	肯德基、必胜客	湖北省武汉市
天津肯德基有限公司	快餐服务	肯德基	天津市
重庆陶然居饮食文化(集团)股份有限公司	正餐服务	陶然居	重庆市
呷哺呷哺餐饮管理有限公司	快餐服务	呷哺呷哺	北京市
北京星巴克咖啡有限公司	饮料及冷饮服务	星巴克	北京市
广州真功夫经营管理有限公司	快餐服务	真功夫	广东省广州市
百胜餐饮(深圳)有限公司	快餐服务	肯德基	广东省深圳市
重庆德庄酒店管理有限公司	正餐服务	德庄火锅	重庆市
苏州肯德基有限公司	快餐服务	肯德基	江苏省苏州市
重庆秦妈餐饮管理有限公司	正餐服务	秦妈餐饮	重庆市
海鸿达(北京)餐饮管理有限公司	正餐服务	海底捞火锅	北京市
青岛肯德基有限公司	快餐服务	肯德基	山东省青岛市
花之林餐饮管理(湖南)有限公司	正餐服务	花之林	湖南省长沙市
麦当劳餐厅(深圳)有限公司	快餐服务	麦当劳	广东省深圳市
上海麦当劳食品有限公司	快餐服务	麦当劳	上海市
眉州东坡餐饮管理(北京)有限公司	正餐服务	眉州东坡	北京市
山东蓝海股份有限公司	正餐服务	蓝海	山东省东营市
广东星巴克咖啡有限公司	饮料及冷饮服务	星巴克咖啡	广东省广州市
北京吉野家快餐有限公司	快餐服务	吉野家、DQ	北京市
长沙肯德基有限公司	快餐服务	肯德基	湖南省长沙市
百胜餐饮成都有限公司	快餐服务	肯德基	四川省成都市
无锡肯德基有限公司	快餐服务	肯德基	江苏省无锡市
四川德克士食品开发有限公司	快餐服务	德克士	四川省成都市
大娘水饺餐饮集团股份有限公司	快餐服务	大娘水饺	江苏省常州市
天津麦当劳食品有限公司	快餐服务	麦当劳	天津市
重庆和之吉饮食文化有限公司	正餐服务	和之吉	重庆市
重庆骑龙饮食文化有限责任公司	正餐服务	骑龙	重庆市
重庆兴红得聪餐饮管理有限公司	正餐服务	乡村基	重庆市

5–3 续表 1

企业名称	所属行业	连锁商号	所在地
北京西贝万家餐饮管理有限公司	正餐服务	西贝	北京市
内蒙古小尾羊餐饮连锁股份有限公司	正餐服务	小尾羊	内蒙古自治区包头市
百胜餐饮(福州)有限公司	快餐服务	肯德基、必胜客	福建省福州市
成都星巴克咖啡有限公司	饮料及冷饮服务	星巴克	四川省成都市
浙江麦当劳餐厅食品有限公司	快餐服务	麦当劳	浙江省杭州市
百胜餐饮(西安)有限公司	快餐服务	肯德基	陕西省西安市
深圳面点王饮食连锁有限公司	快餐服务	面点王	广东省深圳市
汉堡王(北京)餐饮管理有限公司	快餐服务	汉堡王	北京市
湖南餐谋天下餐饮管理有限公司	正餐服务	餐谋天下	湖南省长沙市
安徽蜀王饮食服务有限责任公司	正餐服务	蜀王	安徽省合肥市
厦门肯德基有限公司	快餐服务	肯德基	福建省厦门市
武汉麦当劳餐饮食品有限公司	快餐服务	麦当劳	湖北省武汉市
快乐蜂(中国)餐饮管理有限公司	快餐服务	永和大王	上海市
广州真功夫快餐连锁管理有限公司	快餐服务	真功夫	广东省广州市
湖北星巴克咖啡有限公司	饮料及冷饮服务	星巴克	湖北省武汉市
浙江五芳斋实业股份有限公司五芳斋粽子总店	快餐服务	五芳斋粽子	浙江省嘉兴市
杭州德克士食品有限公司	快餐服务	德克士	浙江省杭州市
安徽老乡鸡餐饮有限公司	快餐服务	老乡鸡	安徽省合肥市
浙江老娘舅餐饮有限公司	快餐服务	老娘舅	浙江省湖州市
广州酒家集团股份有限公司	正餐服务	广州酒家	广东省广州市
郑州肯德基有限公司	快餐服务	肯德基	河南省郑州市
南宁肯德基有限公司	快餐服务	肯德基	广西壮族自治区南宁市
深圳真功夫餐饮管理有限公司	快餐服务	真功夫	广东省深圳市
南昌肯德基有限公司	快餐服务	肯德基	江西省南昌市
星巴克咖啡(深圳)有限公司	饮料及冷饮服务	星巴克	广东省深圳市
津味(上海)餐饮管理有限公司	其他餐饮业	85°C	上海市
太原肯德基有限公司	快餐服务	肯德基	山西省太原市
浙江凯旋门澳门豆捞控股集团有限公司	正餐服务	澳门豆捞	浙江省杭州市
上海领先餐饮管理有限公司	快餐服务	味千拉面	上海市
上海萨莉亚餐饮有限公司	正餐服务	萨莉亚	上海市
悦达咖世家(上海)餐饮管理有限公司	饮料及冷饮服务	COSTA	上海市
武汉艳阳天商贸发展有限公司	正餐服务	艳阳天	湖北省武汉市
广州萨莉亚餐饮有限公司	正餐服务	萨莉亚	广东省广州市
杭州饮食服务集团有限公司	正餐服务	知味观	浙江省杭州市
望湘园(上海)餐饮管理有限公司	正餐服务	望湘园、旺池川菜、辣些鱼、百春原	上海市
大连肯德基有限公司	快餐服务	肯德基、必胜客	辽宁省大连市
上海小南国海之源餐饮管理有限公司	正餐服务	上海小南国	上海市
昆明德克士食品开发有限公司	快餐服务	德克士	云南省昆明市
昆明肯德基有限公司	快餐服务	肯德基	云南省昆明市
湖南迈湘餐厅食品有限公司	快餐服务	麦当劳	湖南省长沙市
重庆菜香源餐饮文化有限公司	正餐服务	菜香源	重庆市

5-3 续表 2

企业名称	所属行业	连锁商号	所在地
北京金鼎轩酒楼有限责任公司	正餐服务	金鼎轩酒楼	北京市
重庆市小八仙餐饮有限公司	正餐服务	小八仙	重庆市
南京麦当劳餐饮食品有限公司	快餐服务	麦当劳	江苏省南京市
上海爱一特餐饮有限公司	正餐服务	西贝莜面村	上海市
武汉户部巷文化投资有限公司	其他餐饮业	武汉户部巷	湖北省武汉市
厦门麦当劳食品发展有限公司	快餐服务	麦当劳	福建省厦门市
常州丽华快餐集团有限公司	快餐服务	丽华快餐	江苏省常州市
东莞肯德基有限公司	快餐服务	肯德基	广东省东莞市
上海沃歌斯餐饮有限公司	快餐服务	Wagas	上海市
北京便宜坊烤鸭集团有限公司	正餐服务	便宜坊、御膳、功德林、老正兴	北京市
华联咖世家(北京)餐饮管理有限公司	饮料及冷饮服务	costa	北京市
福州麦当劳食品有限公司	快餐服务	麦当劳	福建省福州市
北京真功夫快餐连锁管理有限公司	快餐服务	真功夫	北京市
内蒙古草原牧歌餐饮连锁股份有限公司	正餐服务	草原牧歌	内蒙古自治区包头市
汉堡王食品(深圳)有限公司	快餐服务	汉堡王	广东省深圳市
北京永和大王餐饮有限公司	快餐服务	永和大王	北京市
四川乡村基餐饮有限公司	快餐服务	乡村基、大米先生	四川省成都市
亚惠美食有限公司	快餐服务	亚惠快餐	辽宁省大连市
重庆德克士食品开发有限公司	快餐服务	德克士	重庆市
深圳市海底捞餐饮有限责任公司	正餐服务	海底捞	广东省深圳市
北京和合谷餐饮管理有限公司	快餐服务	和合谷、嘉和乐乐面	北京市
沈阳麦当劳(餐厅食品)有限公司	快餐服务	麦当劳	辽宁省沈阳市
上海一茶一坐餐饮有限公司	正餐服务	一茶一坐	上海市
无锡麦当劳餐厅食品有限公司	快餐服务	麦当劳	江苏省无锡市
北京宏状元餐饮管理有限公司	正餐服务	北京宏状元	北京市
四川麦当劳餐厅食品有限公司	快餐服务	麦当劳餐饮	四川省成都市
重庆肯德基有限公司	快餐服务	肯德基	重庆市
北京米斯特比萨餐饮管理有限公司	正餐服务	米斯特比萨	北京市
长沙五十七度湘餐饮管理有限公司	正餐服务	五十七度湘	湖南省武汉市
元气寿司餐饮服务管理(深圳)有限公司	正餐服务	元气寿司	广东省深圳市
沈阳顺峰饮食有限公司	正餐服务	沈阳顺峰饮食有限公司	辽宁省沈阳市
上海大富贵酒楼有限公司	正餐服务	大富贵	上海市
大连麦当劳餐厅食品有限公司	快餐服务	麦当劳	辽宁省大连市
青岛麦当劳(餐厅食品)有限公司	快餐服务	麦当劳	山东省青岛市
北京大董烤鸭店有限责任公司	正餐服务	大董(大懂)	北京市
湖南徐记酒店管理有限公司	正餐服务	徐记海鲜	湖南省长沙市
上海领御餐饮管理有限公司	正餐服务	新石器烧烤	上海市
兰州肯德基有限公司	快餐服务	肯德基	甘肃省兰州市
上海拉亚餐饮有限公司	其他餐饮业	laya bueger	上海市
康师傅私房牛肉面	快餐服务	德克士	北京市
深圳永和大王餐饮有限公司	快餐服务	永和大王	广东省深圳市

5-3 续表 3

企业名称	所属行业	连锁商号	所在地
北京东来顺集团有限责任公司	正餐服务	百年东来顺	北京市
浙江外婆家餐饮有限公司	正餐服务	外婆家	浙江省杭州市
广西禾唛餐饮有限公司	快餐服务	麦当劳	广西壮族自治区南宁市
北京好伦哥餐饮有限公司	快餐服务	好伦哥	北京市
辽宁合兴快餐有限公司	快餐服务	吉野家	辽宁省沈阳市
中山麦当奴食品有限公司	快餐服务	麦当劳	广东省中山市
北京味千餐饮管理有限公司	快餐服务	味千拉面	北京市
广西三品王餐饮管理有限公司	快餐服务	三品王	广西壮族自治区南宁市
成都市皇城老妈酒店管理有限公司	正餐服务	皇城老妈	四川省成都市
安徽麦当劳(餐厅食品)有限公司	快餐服务	麦当劳	安徽省合肥市
深圳市禾绿餐饮管理有限公司	快餐服务	禾绿寿司	广东省深圳市
南海渔村有限公司	正餐服务	南海渔村	广东省广州市
山东麦当劳(餐厅)有限公司	快餐服务	麦当劳	山东省济南市
新疆肯德基有限公司	快餐服务	肯德基	新疆维吾尔自治区乌鲁木齐
味千拉面饮食服务(深圳)有限公司	快餐服务	味千拉面	广东省深圳市
顺峰饮食酒店管理股份有限公司	正餐服务	顺峰	北京市
北市市西单麻辣诱惑餐饮有限公司	正餐服务	麻辣诱惑	北京市
河南麦当劳(餐厅食品)有限公司	快餐服务	麦当劳	河南省郑州市
真功夫餐饮管理有限公司	快餐服务	真功夫	广东省东莞市
北京俏江南餐饮管理有限公司	正餐服务	俏江南	北京市
杭州花中城大酒店有限公司	正餐服务	花中城	浙江省杭州市
武汉市亢龙太子酒轩有限责任公司	正餐服务	亢龙太子	湖北省武汉市
南京味千餐饮管理有限公司	快餐服务	味千拉面	江苏省南京市
东莞麦华食品有限公司	快餐服务	麦当劳	广东省东莞市
上海盘古餐饮管理有限公司	正餐服务	新石器烤肉、釜山料理	上海市
云南滇美餐饮有限公司	快餐服务	麦当劳	云南省昆明市
华润太平洋餐饮管理(北京)有限公司	饮料及冷饮服务	太平洋咖啡	北京市
浙江向阳渔港集团股份有限公司	正餐服务	向阳渔港、玺悦宴会酒店、豪食汇、文鼎一号、文鼎阁	浙江省宁波市
重庆满店香饮食文化传播有限公司	正餐服务	满店香	重庆市
深圳市嘉旺餐饮连锁有限公司	快餐服务	嘉旺	广东省深圳市
昆明饮食服务有限公司	快餐服务	建新园、福华园	云南省昆明市
深圳新语餐饮管理有限公司	快餐服务	新语	广东省深圳市
西安小六汤包餐饮有限责任公司	正餐服务	小六汤包	陕西省西安市
杭州味千餐饮管理有限公司	正餐服务	味千拉面	浙江省杭州市
黑龙江麦当劳餐厅食品有限公司	快餐服务	麦当劳	黑龙江哈尔滨市
首都机场餐饮发展有限公司	正餐服务	好食候、花漾咖啡、麦麦面、星阳舫、有食候	北京市
新疆百富餐饮管理有限公司	快餐服务	百富餐饮	新疆维吾尔自治区乌鲁木齐市
北京马氏东方饺子王餐饮有限责任公司	正餐服务	东方饺子王	北京市
长沙饮食集团长沙火宫殿有限公司	正餐服务	长沙火宫殿	湖南省长沙市
重庆市明海食品有限公司	其他餐饮业	明海食品	重庆市
北京庆丰包子铺	快餐服务	庆丰	北京市

5-3 续表 4

企业名称	所属行业	连锁商号	所在地
北京嘉和一品餐饮管理有限公司	快餐服务	嘉和一品	北京市
成都八十五度餐饮管理有限公司	其他餐饮业	成都八十五度	四川省成都市
北京星物语餐饮管理有限公司	其他餐饮业	面包新语、吐司新语	北京市
深圳市粤菜王府餐饮管理有限公司	正餐服务	粤菜王府	广东省深圳市
湖南韶山毛家饭店发展有限公司	正餐服务	湖南韶山毛家饭店	湖南省湘潭市
深圳威耀饮食有限公司	快餐服务	大家乐	广东省深圳市
惠州麦当劳(餐厅食品)有限公司	快餐服务	麦当劳	广东省惠州市
北京达美乐比萨饼有限公司	快餐服务	Dominos	北京市
江西海印餐饮管理有限公司	正餐服务	麦当劳	江西省南昌市
长沙市香他她餐饮管理有限公司	快餐服务	香他她煲仔饭	湖南省长沙市
杭州新丰小吃有限公司	其他餐饮业	新丰小吃	浙江省杭州市
江门麦当劳(餐厅食品)有限公司	快餐服务	麦当劳	广东省江门市
青岛美国星巴克咖啡有限公司	饮料及冷饮服务	星巴克	山东省青岛市
深圳家乐缘餐饮顾问有限公司	快餐服务	家乐缘	广东省深圳市
北京比格餐饮管理有限责任公司	快餐服务	比格	北京市
北京万龙洲饮食有限责任公司	正餐服务	万龙洲海鲜	北京市
西安百姓厨房大馄饨餐饮有限责任公司	正餐服务	百姓厨房大馄饨	陕西省西安市
广州泛亚饮食有限公司	快餐服务	大家乐	广东省广州市
十堰市高登酒店管理有限公司	正餐服务	金威酒店	湖北省十堰市
东莞麦长食品有限公司	快餐服务	麦当劳	广东省东莞市
北京禾绿回转寿司饮食有限公司	快餐服务	禾绿寿司	北京市
宁波市海曙汉通中央花园酒店有限公司	正餐服务	汉通	浙江省宁波市
南京百年同庆餐饮有限公司	正餐服务	百年同庆餐饮	江苏省南京市
山东味千餐饮管理有限公司	快餐服务	味千拉面	山东省青岛市
美诺(北京)餐饮管理有限公司	正餐服务	时时乐、品奇、心泰心厨	北京市
星巴克咖啡(辽宁)有限公司	饮料及冷饮服务	星巴克	辽宁省沈阳市
北京新世纪青年饮食有限公司	正餐服务	青年餐厅	北京市
上海新区小南国餐饮管理有限公司	正餐服务	小南国	上海市
苏州市大娘水饺餐饮有限公司	其他餐饮业	大娘水饺	江苏省苏州市
重庆市合川区威格城大酒店	正餐服务	威格城	重庆市
北京安妮餐饮有限公司	正餐服务	安妮	北京市
上海丰裕餐饮管理有限公司	其他餐饮业	丰裕小吃	上海市
芭菲盛宴环球餐饮集团有限公司	正餐服务	芭菲盛宴	重庆市
广州黄埔华苑大酒店	正餐服务	黄埔华苑	广东省广州市
大连合兴快餐有限公司	快餐服务	吉野家、DQ	辽宁省大连市
哈尔滨东方众合餐饮有限责任公司	正餐服务	东方饺子王	黑龙江哈尔滨市
武汉市小蓝鲸健康美食酒店管理有限公司	正餐服务	小蓝鲸	湖北省武汉市
深圳大快活快餐有限公司	快餐服务	大快活	广东省深圳市
武汉永和大王餐饮有限公司	快餐服务	永和大王	湖北省武汉市
深圳吉野家快餐有限公司	快餐服务	吉野家	广东省深圳市

5-4 50门店以上连锁餐饮企业

企业名称	所属行业	连锁商号	所在地
上海统一星巴克咖啡有限公司	饮料及冷饮服务	星巴克	上海市
百胜餐饮(广东)有限公司	快餐服务	百胜餐饮	广东省广州市
上海必胜客有限公司	快餐服务	必胜客	上海市
北京必胜客比萨饼有限公司	正餐服务	必胜客	北京市
呷哺呷哺餐饮管理有限公司	快餐服务	呷哺呷哺	北京市
重庆德庄酒店管理有限公司	正餐服务	德庄火锅	重庆市
重庆秦妈餐饮管理有限公司	正餐服务	秦妈餐饮	重庆市
杭州肯德基有限公司	快餐服务	肯德基	浙江省杭州市
百胜餐饮(武汉)有限公司	快餐服务	肯德基、必胜客	湖北省武汉市
北京星巴克咖啡有限公司	饮料及冷饮服务	星巴克	北京市
百胜餐饮(沈阳)有限公司	快餐服务	肯德基、必胜客	辽宁省沈阳市
大娘水饺餐饮集团股份有限公司	快餐服务	大娘水饺	江苏省常州市
南京肯德基有限公司	快餐服务	肯德基	江苏省南京市
天津肯德基有限公司	快餐服务	肯德基	天津市
安徽老乡鸡餐饮有限公司	快餐服务	老乡鸡	安徽省合肥市
广东星巴克咖啡有限公司	饮料及冷饮服务	星巴克咖啡	广东省广州市
花之林餐饮管理(湖南)有限公司	正餐服务	花之林	湖南省长沙市
重庆骑龙饮食文化有限责任公司	正餐服务	骑龙	重庆市
广东三元麦当劳食品有限公司	快餐服务	麦当劳	广东省广州市
浙江五芳斋实业股份有限公司五芳斋粽子总店	快餐服务	五芳斋粽子	浙江省嘉兴市
北京麦当劳食品有限公司	快餐服务	麦当劳	北京市
北京吉野家快餐有限公司	快餐服务	YOS、DQ、UF	北京市
上海肯德基有限公司	快餐服务	肯德基	上海市
广州真功夫经营管理有限公司	快餐服务	真功夫	广东省广州市
北京肯德基有限公司	快餐服务	肯德基	北京市
四川德克士食品开发有限公司	快餐服务	德克士	四川省成都市
悦达咖世家(上海)餐饮管理有限公司	饮料及冷饮服务	COSTA	上海市
青岛肯德基有限公司	快餐服务	肯德基	山东省青岛市
百胜餐饮(深圳)有限公司	快餐服务	肯德基	广东省深圳市
苏州肯德基有限公司	快餐服务	肯德基	江苏省苏州市
安徽蜀王饮食服务有限责任公司	正餐服务	蜀王	安徽省合肥市
汉堡王(北京)餐饮管理有限公司	快餐服务	汉堡王	北京市
重庆兴红得聪餐饮管理有限公司	正餐服务	乡村基	重庆市
浙江老娘舅餐饮有限公司	快餐服务	老娘舅	浙江省湖州市
东莞市杏林春凉茶有限公司	饮料及冷饮服务	杏林春	广东省东莞市
长沙市香他她餐饮管理有限公司	快餐服务	香他她煲仔饭	湖南省长沙市
成都星巴克咖啡有限公司	饮料及冷饮服务	星巴克	四川省成都市
长沙肯德基有限公司	快餐服务	肯德基	湖南省长沙市
麦当劳餐厅(深圳)有限公司	快餐服务	麦当劳	广东省深圳市

5-4 续表 1

企业名称	所属行业	连锁商号	所在地
杭州德克士食品有限公司	快餐服务	德克士	浙江省杭州市
重庆顺水鱼饮食文化有限公司	正餐服务	顺水鱼	重庆市
湖北星巴克咖啡有限公司	饮料及冷饮服务	星巴克	湖北省武汉市
上海麦当劳食品有限公司	快餐服务	麦当劳	上海市
百胜餐饮成都有限公司	快餐服务	肯德基	四川省成都市
重庆市明海食品有限公司	其他餐饮业	明海食品	重庆市
华润太平洋餐饮管理(北京)有限公司	饮料及冷饮服务	太平洋咖啡	北京市
华联咖世家(北京)餐饮管理有限公司	饮料及冷饮服务	costa	北京市
无锡肯德基有限公司	快餐服务	肯德基	江苏省无锡市
深圳面点王饮食连锁有限公司	快餐服务	面点王	广东省深圳市
天津麦当劳食品有限公司	快餐服务	麦当劳	天津市
百胜餐饮(福州)有限公司	快餐服务	百胜餐饮(福州)有限公司	福建省福州市
杭州甘其食餐饮管理有限公司	其他餐饮业	甘其食	浙江省杭州市
广州真功夫快餐连锁管理有限公司	快餐服务	真功夫	广东省广州市
百胜餐饮(西安)有限公司	快餐服务	肯德基	陕西省西安市
上海领先餐饮管理有限公司	快餐服务	味千拉面	上海市
上海萨莉亚餐饮有限公司	正餐服务	萨莉亚	上海市
广州萨莉亚餐饮有限公司	正餐服务	萨莉亚	广东省广州市
星巴克咖啡(深圳)有限公司	饮料及冷饮服务	星巴克	广东省深圳市
深圳真功夫餐饮管理有限公司	快餐服务	真功夫	广东省深圳市
中国全聚德(集团)股份有限公司	正餐服务	全聚德、丰泽园、四川饭店、仿膳饭庄	北京市
汉堡王食品(深圳)有限公司	快餐服务	汉堡王	广东省深圳市
重庆和之吉饮食文化有限公司	正餐服务	和之吉	重庆市
快乐蜂(中国)餐饮管理有限公司	快餐服务	永和大王	上海市
浙江麦当劳餐厅食品有限公司	快餐服务	麦当劳	浙江省杭州市
昆明德克士食品开发有限公司	快餐服务	德克士	云南省昆明市
郑州肯德基有限公司	快餐服务	肯德基	河南省郑州市
四川乡村基餐饮有限公司	快餐服务	乡村基、大米先生	四川省成都市
武汉麦当劳餐饮食品有限公司	快餐服务	麦当劳	湖北省武汉市
厦门市黄则和食品有限公司	其他餐饮业	黄则和	福建省厦门市
北京龙盛众望早餐有限公司	快餐服务	龙盛众望	北京市
浙江凯旋门澳门豆捞控股集团有限公司	正餐服务	澳门豆捞	浙江省杭州市
四川海底捞餐饮股份有限公司	正餐服务	海底捞火锅	四川省成都市
厦门肯德基有限公司	快餐服务	肯德基	福建省厦门市
南昌肯德基有限公司	快餐服务	肯德基	江西省南昌市
湖南韶山毛家饭店发展有限公司	正餐服务	湖南韶山毛家饭店	湖南省湘潭市
北京和合谷餐饮管理有限公司	快餐服务	和合谷、嘉和乐乐面	北京市
重庆陶然居饮食文化(集团)股份有限公司	正餐服务	陶然居	重庆市
内蒙古草原牧歌餐饮连锁股份有限公司	正餐服务	草原牧歌	内蒙古自治区包头市

5-4 续表 2

企业名称	所属行业	连锁商号	所在地
上海领御餐饮管理有限公司	正餐服务	新石器烧烤	上海市
津味(上海)餐饮管理有限公司	其他餐饮业	85°C	上海市
南京味千餐饮管理有限公司	快餐服务	味千拉面	江苏省南京市
北京米斯特比萨餐饮管理有限公司	正餐服务	mrpizza	北京市
北京好伦哥餐饮有限公司	快餐服务	好伦哥餐饮	北京市
湖南餐谋天下餐饮管理有限公司	正餐服务	餐谋天下	湖南省长沙市
太原肯德基有限公司	快餐服务	肯德基	山西省太原市
常州丽华快餐集团有限公司	快餐服务	丽华快餐	江苏省常州市
眉州东坡餐饮管理(北京)有限公司	正餐服务	眉州东坡	北京市
北京真功夫快餐连锁管理有限公司	快餐服务	真功夫	北京市
厦门沃头中餐有限公司	正餐服务	厦门沃头蚝干粥	福建省厦门市
北京永和大王餐饮有限公司	快餐服务	永和大王	北京市
大连肯德基有限公司	快餐服务	肯德基、必胜客	辽宁省大连市
味千拉面饮食服务(深圳)有限公司	快餐服务	味千拉面	广东省深圳市
重庆德克士食品开发有限公司	快餐服务	德克士	重庆市
昆明大滇园有限公司	正餐服务	大滇园	云南省昆明市
深圳市嘉旺餐饮连锁有限公司	快餐服务	嘉旺	广东省深圳市
南宁肯德基有限公司	快餐服务	肯德基	广西壮族自治区南宁市
四川麦当劳餐厅食品有限公司	快餐服务	麦当劳餐饮	四川省成都市
真功夫餐饮管理有限公司	快餐服务	真功夫	广东省东莞市
广西三品王餐饮管理有限公司	快餐服务	三品王	广西壮族自治区南宁市
昆明肯德基有限公司	快餐服务	肯德基	云南省昆明市
上海一茶一坐餐饮有限公司	正餐服务	一茶一坐	上海市
湖南迈湘餐厅食品有限公司	快餐服务	麦当劳	湖南省长沙市
东莞肯德基有限公司	快餐服务	肯德基	广东省东莞市
北京嘉和一品餐饮管理有限公司	快餐服务	嘉和一品	北京市
北京西贝万家餐饮管理有限公司	正餐服务	西贝	北京市
上海沃歌斯餐饮有限公司	快餐服务	Wagas	上海市
新疆百富餐饮管理有限公司	快餐服务	百富餐饮	新疆维吾尔自治区乌鲁木齐市
合肥爱玛肥东老母鸡餐饮有限公司	快餐服务	肥东老母鸡	安徽省合肥市
北京市正一味快餐管理有限公司	快餐服务	正一味韩式快餐	北京市
广西禾唛餐饮有限公司	快餐服务	麦当劳	广西壮族自治区南宁市
康师傅私房牛肉面	快餐服务	康师傅私房牛肉面	北京市
杭州味千餐饮管理有限公司	正餐服务	味千拉面	浙江省杭州市
福州麦当劳食品有限公司	快餐服务	麦当劳	福建省福州市
厦门麦当劳食品发展有限公司	快餐服务	麦当劳	福建省厦门市
无锡麦当劳餐厅食品有限公司	快餐服务	麦当劳	江苏省无锡市
杭州饮食服务集团有限公司	正餐服务	知味观	浙江省杭州市

附录

统计指标解释

附录　统计指标解释

连锁经营：指经营同类商品或服务，使用统一商号的若干店铺，在同一总店（总部）的管理下，采取统一采购或特许经营等方式,实现规模效益的组织形式,包括直营连锁、特许连锁和自愿连锁三种形式。

连锁总店（总部）：负责连锁企业资源（商号、商誉、经营模式、服务标准、管理模式等等）的开发、配置、控制或使用等功能的企业核心管理机构。

连锁门店：在连锁企业经营管理的基础上，按照总店（总部）的指示和服务规范要求，承担日常销售业务的店铺，包括直营店和加盟店。

直营店是指由连锁企业总部投资开设，按连锁经营管理模式，由总部统一管理的店铺。

加盟店是指在特许连锁中，被特许人获得特许人授权后，使用其商标、商号、经营模式、专利和专有技术等经营资源建立的店铺，也包括自愿连锁的成员店。

连锁品牌（商标或商号名称）：指连锁经营使用的统一的商号或商标名称。

批发零售连锁业态

—便利店：满足顾客便利性需求为主要目的的零售业态。位于商业中心区、交通要道以及车站、医院、学校、娱乐场所、办公楼、加油站等公共活动区；商圈范围小，顾客步行 5 分钟内到达，目标顾客主要为单身者、年轻人，顾客多为有目的的购买；营业面积一般在 100 平方米左右，利用率高；以即时食品、日用小百货为主，有即时消费性、小容量、应急性等特点，商品品种在 3000 种左右，售价一般高于市场平均水平；商品销售方式以开架自选为主，结算在收银处统一进行；营业时间一般在 16 小时以上，提供即时性食品的辅助设施，开设多项服务项目；信息管理系统程度较高。

—折扣店：店铺装修简单，提供有限服务，商品价格低廉的一种小型超市业态。拥有不到 2000 个品种，经营一定数量的自有品牌商品。位于居民区、交通要道等租金相对便宜的地区；辐射半径 2 公里左右，目标顾客主要为商圈内的居民；自有品牌占有较大的比例，商品平均价格低于市场平均水平；以开架自选方式进行商品销售，并统一结算；用工精简，为顾客提供有限的服务；信息管理系统程度一般。

—超市：开架售货，集中收款，满足社区消费者日常生活需要的零售业态。根据商品结构的不同，可以分为食品超市和综合超市。位于市、区商业中心、居住区；辐射半径 2 公里左右，目标顾客以居民为主；营业面积在 6000 平方米以下；经营包装食品、生鲜食品和日用品。食品超市与综合超市商品结构有所不同；采用自选销售，出入口分设，在收银台统一结算；营业时间一般在 12 小时以上；信息管理系统程度较高。

—大型超市：实际营业面积 6000 平方米以上，品种齐全，满足顾客一次性购齐的零售业态。根据商品结构，可以分为以经营食品为主的大型超市和以经营日用品为主的大型超市。位于市、区商业中心、城郊结合部、交通要道及大型居住区；辐射半径 2 公里以上，目标顾客以居民、流动顾客为主；实际营业面积在 6000 平方米以上；以大众化衣、食、日用品为主，品种齐全，注重自有品牌开发；采用自选销售方式，出入口分设，在收银台统一结算；一般设不低于营业面积 40%的停车场；信息管理系统程度较高。

一仓储会员店：以会员制为基础，实行储销一体、批零兼营，以提供有限服务和低价格商品为主要特征的零售业态。位于城乡结合部的交通要道；辐射半径5公里以上，目标顾客以中小零售店、餐饮店、集团购买和流动顾客为主；营业面积一般在6000平方米以上；以大众化衣、食、日用品为主，自有品牌占相当部分，商品在4000种左右，实行低价、批量销售；采用自选销售，出入口分设，在收银台统一结算；设相当于营业面积的停车场；信息管理系统程度较高并对顾客实行会员制管理。

一百货店：在一个建筑物内，经营若干大类商品，实行统一管理，分区销售，满足顾客对时尚商品多样化选择需求的零售业态。位于市、区级商业中心、历史形成的商业集聚地；目标顾客以追求时尚和品味的流动顾客为主；营业面积一般在6000平方米以上；综合性商品结构，门类齐全，以服饰、鞋类、箱包、化妆品、家庭用品、家用电器为主；采取柜台销售和开架面售相结合方式进行商品销售；注重服务，设餐饮、娱乐等服务项目和设施；信息管理系统程度较高。

一专业店：以专门经营某一大类商品为主的零售业态。例如办公用品专业店（office supply）、玩具专业店（toy stores）、家电专业店（home appliance）、药品专业店（drug store）、服饰店（apparel shop）。位于市、区级商业中心以及百货店、购物中心内；目标顾客以有目的选购某类商品的流动顾客为主；营业面积根据商品特点而定；以销售某类商品为主，体现专业性、深度性、品种丰富，选择余地大；采取柜台销售或开架面售方式进行商品销售；从业人员具有丰富的专业知识；信息管理系统程度较高。

一加油站：指经营石油、石化商品的零售门店。

一专卖店：以专门经营或被授权经营某一主要品牌商品为主的零售业态。一般位于市、区级商业中心、专业街以及百货店、购物中心内；目标顾客以中高档消费者和追求时尚的年轻人为主；以销售某一品牌系列商品为主，具有销售量少、质优、高毛利等特点；采取柜台销售或开架面售方式进行商品销售，商店陈列、照明、包装、广告讲究；注重品牌声誉，从业人员具备丰富的专业知识，提供专业性服务；信息管理系统程度一般。

一家居建材商店：以专门销售建材、装饰、家居用品为主的零售业态。位于城乡结合部、交通要道或消费者自有房产比较高的地区；目标顾客以拥有自有房产的顾客为主；营业面积一般在6000平方米以上；经营商品以改善、建设家庭居住环境有关的装饰、装修等用品、日用杂品、技术及服务为主；采取开架自选方式销售商品；提供一站式购足和一条龙服务，停车位一般在300个以上；信息管理系统程度较高。

一厂家直销中心：由生产商直接设立或委托独立经营者设立,专门经营本企业品牌商品,并且多个企业品牌的营业场所集中在一个区域的零售业态。一般远离市区；目标顾客多为重视品牌的有目的的购买；单个建筑面积在100-200平方米左右；品牌商品生产商直接设立，商品均为本企业的品牌；采用自选式售货方式进行商品销售；各个租赁店使用各自的信息管理系统。

一其他：其他未列明的零售业态

门店总数：指该连锁企业所拥有的全部连锁门店数量，包括总店（如果总公司有门店的话）和全部直营分店、加盟分店数。

连锁门店年末从业人员数：指在连锁总店（总部）或门店工作并取得劳动报酬的年末实有人员数。包括在岗职工、再就业的离退休人员、在该企业工作的兼职人员、借用的外单位人员和第二职业者。不包括离开本单位但仍保留劳动关系的职工。从业人数包括总店和全部门店以及自有配送中心的年末从业人员数。

连锁门店商品购进额：指连锁门店由连锁总店（总部）统一配送与自主采购，用于门店销售的商品金额之和（含增值税）。

统一配送商品购进额：是指由连锁总店（总部）统一购进后，配送到门店的商品金额（按购进价计算）。

配送中心：是指从事配送业务且具有完善信息网络的场所或组织。配送是指在经济合理区域范围内，根据客户要求，对物品进行拣选、加工、包装、分割、组配等作业，并按时送达指定地点的物流活动。配送中心应基本符合下列要求：（1）主要为特定客户或末端客户提供服务；（2）配送功能健全；（3）辐射范围小；（4）提供高频率、小批量、多批次配送服务。

自有配送中心配送商品购进额：指连锁总店（总部）通过自有配送中心配送到门店的商品金额。

非自有配送中心配送商品购进额：指连锁总店（总部）通过第三方物流配送中心配送到门店的商品金额。

连锁门店年末零售营业面积：指批发和零售业连锁门店用于零售连锁经营的营业面积，不包括其办公用房、仓库和加工场地。该指标按年末实有建筑面积统计。

连锁门店商品销售额：批发和零售业连锁门店对本门店以外单位和个人出售的商品金额（含增值税）。

连锁门店零售额：指批发和零售业连锁门店售给城乡居民用于生活消费和社会集团用于公共消费的商品金额。

零售商品包括：（1）售给城乡居民的各种生活消费品，售给入境旅游的外国人、华侨、港澳台同胞的各类商品；（2）售给行政事业单位、社会团体、军队和武警等机构的商品，以及以零售方式售给各类企业的商品。具体包括：用于非生产和社会交往的办公用品，如通讯设备、计算器具和设备、电讯网络设备、文印设备、音像视听器材和设备、纸张、本册、文具及装订文印材料、家具、日用电器、针纺织品、清洁卫生用品、文体用品、奖品、纪念品、礼品等；供内部人员乘坐的交通工具和燃料；用于办公设施修缮的各类配件、材料、工具等；用于取暖和防暑降温的设备、燃料、材料及食品等；专用于教学的用品和设备；非营利医疗机构的中、西药品、中药材和医疗设备器材；非专用的劳动保护用品；不对外营业的内部食堂用的餐具、炊具、设备、清洁卫生工具和食品、燃料等；军队、武警用于其人员生活的衣着品和个人用品；其它各类非生产性设备和用品。

零售商品不包括：（1）售给城乡居民已确知是用于生产、经营的商品；（2）售给各类农业生产者的生产资料类商品，如农机、农药化肥、农膜、种子饲料等商品；（3）售给企业单位生产用具及生产上专用的劳动保护用品。

连锁门店年末餐饮营业面积：住宿和餐饮业连锁门店对外提供就餐服务的门店建筑面积和从事食品加工、烹饪、调制的厨房面积，不包括办公用房和仓库等面积。该指标按年末实有建筑面积统计。

连锁门店客房数：指住宿和餐饮业连锁门店提供住宿服务的房间数，该指标按报告期内正常情况下的实有数统计。

连锁门店床位数：指住宿和餐饮业连锁门店供应旅客使用的床位数，不包括临时加床和门店内部工作人员使用的床位。该指标按报告期内正常情况下的实有数统计。

连锁门店餐位数：指住宿和餐饮业连锁门店为顾客提供就餐服务时，正常可同时容纳就餐人员的餐位数量，不包括临时加的餐位数量。该指标按报告期内正常情况下的实有数统计。

连锁门店营业额：指住宿和餐饮业连锁门店在经营活动中因提供服务或销售商品所取得的全部收入。包括：客房收入、餐费收入、商品销售额（含增值税）和其它收入。

连锁门店餐费收入：指住宿和餐饮业连锁门店因提供就餐服务（包括经烹饪、调制加工后出售的各种食品，如主食、炒菜、凉拌菜等的收入）所取得的收入合计。

连锁门店商品销售额：指住宿和餐饮业连锁门店因出售商品（含增值税）所取得的收入合计。

登记注册类型

一国有企业：指企业全部资产归国家所有，并按《中华人民共和国企业法人登记管理条例》规定登记注册的非公司制的经济组织。不包括有限责任公司中的国有独资公司。

一集体企业：指企业资产归集体所有，并按《中华人民共和国企业法人登记管理条例》规定登记注册的经济组织。

一股份合作企业：指以合作制为基础，由企业职工共同出资入股，吸收一定比例的社会资产投资组建，实行自主经营，自负盈亏，共同劳动，民主管理，按劳分配与按股分红相结合的一种集体经济组织。

一联营企业：指两个及两个以上相同或不同所有制性质的企业法人或事业单位法人，按自愿、平等、互利的原则，共同投资组成的经济组织。联营企业包括国有联营企业、集体联营企业、国有与集体联营企业和其他联营企业。

国有联营企业：指所有联营单位均为国有。

集体联营企业：指所有联营单位均为集体。

国有与集体联营企业：指联营单位既有国有也有集体。

其他联营企业：指上述三种联营企业之外的其他联营形式的企业。

一有限责任公司：指根据《中华人民共和国公司登记管理条例》规定登记注册，由两个以上，五十个以下的股东共同出资，每个股东以其所认缴的出资额对公司承担有限责任，公司以其全部资产对其债务承担责任的经济组织。有限责任公司分为国有独资公司以及其他有限责任公司。

国有独资公司：指国家授权的投资机构或者国家授权的部门单独投资设立的有限责任公司。

其他有限责任公司：指国有独资公司以外的其他有限责任公司。

一股份有限公司：指根据《中华人民共和国公司登记管理条例》规定登记注册，其全部注册资本由等额股份构成并通过发行股票筹集资本，股东以其认购的股份对公司承担有限责任，公司以其全部资产对其债务承担责任的经济组织。

一私营企业：指由自然人投资设立或由自然人控股，以雇佣劳动为基础的营利性经济组织。包括按照《公司法》、《合伙企业法》、《私营企业暂行条例》以及《个人独资企业法》规定登记注册的私营独资企业、私营合伙企业、私营有限责任公司、私营股份有限公司和个人独资企业。

私营独资企业：指按《私营企业暂行条例》的规定，由一名自然人投资经营，以雇佣劳动为基础，投资者对企业债务承担无限责任的企业。

私营合伙企业：指按《合伙企业法》或《私营企业暂行条例》的规定，由两个以上自然人按照协议共同投资、共同经营、共负盈亏，以雇佣劳动为基础，对债务承担无限责任的企业。

私营有限责任公司：指按《公司法》、《私营企业暂行条例》的规定，由两个以上自然人投资或由单个自然人控股的有限责任公司。

私营股份有限公司：指按《公司法》的规定，由五个以上自然人投资，或由单个自然人控股的股份有限公司。

个人独资企业：指按《个人独资企业法》、《个人独资企业登记管理办法》的规定，由一个自然人投资，财产为投资人个人所有，投资人以其个人财产对企业债务承担无限责任的经营实体。个人独资企业填表时归入私营独资企业。

一其他内资企业：指上述之外的其他内资经济组织。

一与港澳台商合资经营企业：指港澳台地区投资者与内地的企业依照《中华人民共和国中外合资经

营企业法》及有关法律的规定，按合同规定的比例投资设立，分享利润和分担风险的企业。

—与港澳台商合作经营企业：指港澳台地区投资者与内地企业依照《中华人民共和国中外合作经营企业法》及有关法律的规定，依照合作合同的约定进行投资或提供条件设立，分配利润、分担风险和亏损的企业。

—港澳台商独资经营企业：指依照《中华人民共和国外资企业法》及有关法律的规定，在内地由港澳台地区投资者全额投资设立的企业。

—港澳台商投资股份有限公司：指根据国家有关规定，经商务部(原外经贸部)批准设立，并且其中港、澳、台商的股本占公司注册资本的比例达25%以上的股份有限公司。凡其中港、澳、台商的股本占公司注册资本的比例小于25%的，属于内资中的股份有限公司。

—其他港、澳、台商投资企业：指在中国境内参照《外国企业或个人在中国境内设立合伙企业管理办法》和《外商投资合伙企业登记管理规定》，依法设立的港、澳、台商投资合伙企业。

—中外合资经营企业：指外国企业或外国人与中国内地企业依照《中华人民共和国中外合资经营企业法》及有关法律的规定，按合同规定的比例投资设立，分享利润和分担风险的企业。

—中外合作经营企业：指外国企业或外国人与中国内地企业依照《中华人民共和国中外合作经营企业法》及有关法律的规定，依照合作合同的约定进行投资或提供条件设立，分配利润、分担风险和亏损的企业。

—外资企业：指依照《中华人民共和国外资企业法》及有关法律的规定，在中国内地设立的由外国投资者全额投资设立的企业。

—外商投资股份有限公司：指根据国家有关规定，经商务部(原外经贸部)批准设立，并且其中外资的股本占公司注册资本的比例达25%以上的股份有限公司。凡其中外资股本占公司注册资本的比例小于25%的，属于内资中的股份有限公司。

—其他外商投资企业：指在中国境内依照《外国企业或个人在中国境内设立合伙企业管理办法》和《外商投资合伙企业登记管理规定》，依法设立的外商投资合伙企业。